ARBITRAGEM

O GEN | Grupo Editorial Nacional – maior plataforma editorial brasileira no segmento científico, técnico e profissional – publica conteúdos nas áreas de concursos, ciências jurídicas, humanas, exatas, da saúde e sociais aplicadas, além de prover serviços direcionados à educação continuada.

As editoras que integram o GEN, das mais respeitadas no mercado editorial, construíram catálogos inigualáveis, com obras decisivas para a formação acadêmica e o aperfeiçoamento de várias gerações de profissionais e estudantes, tendo se tornado sinônimo de qualidade e seriedade.

A missão do GEN e dos núcleos de conteúdo que o compõem é prover a melhor informação científica e distribuí-la de maneira flexível e conveniente, a preços justos, gerando benefícios e servindo a autores, docentes, livreiros, funcionários, colaboradores e acionistas.

Nosso comportamento ético incondicional e nossa responsabilidade social e ambiental são reforçados pela natureza educacional de nossa atividade e dão sustentabilidade ao crescimento contínuo e à rentabilidade do grupo.

JOEL FIGUEIRA JR.

ARBITRAGEM

3ª edição revista, atualizada e ampliada

- A EDITORA FORENSE se responsabiliza pelos vícios do produto no que concerne à sua edição (impressão e apresentação a fim de possibilitar ao consumidor bem manuseá-lo e lê-lo). Nem a editora nem o autor assumem qualquer responsabilidade por eventuais danos ou perdas a pessoa ou bens, decorrentes do uso da presente obra.
- Nas obras em que há material suplementar *on-line*, o acesso a esse material será disponibilizado somente durante a vigência da respectiva edição. Não obstante, a editora poderá franquear o acesso a ele por mais uma edição.
- Todos os direitos reservados. Nos termos da Lei que resguarda os direitos autorais, é proibida a reprodução total ou parcial de qualquer forma ou por qualquer meio, eletrônico ou mecânico, inclusive através de processos xerográficos, fotocópia e gravação, sem permissão por escrito do autor e do editor.

    Impresso no Brasil – *Printed in Brazil*

- Direitos exclusivos para o Brasil na língua portuguesa
    Copyright © 2019 by
    EDITORA FORENSE LTDA.
    Uma editora integrante do GEN | Grupo Editorial Nacional
    Travessa do Ouvidor, 11 – Térreo e 6º andar – 20040-040 – Rio de Janeiro – RJ
    Tel.: (21) 3543-0770 – Fax: (21) 3543-0896
    faleconosco@grupogen.com.br | www.grupogen.com.br

- O titular cuja obra seja fraudulentamente reproduzida, divulgada ou de qualquer forma utilizada poderá requerer a apreensão dos exemplares reproduzidos ou a suspensão da divulgação, sem prejuízo da indenização cabível (art. 102 da Lei n. 9.610, de 19.02.1998). Quem vender, expuser à venda, ocultar, adquirir, distribuir, tiver em depósito ou utilizar obra ou fonograma reproduzidos com fraude, com a finalidade de vender, obter ganho, vantagem, proveito, lucro direto ou indireto, para si ou para outrem, será solidariamente responsável com o contrafator, nos termos dos artigos precedentes, respondendo como contrafatores o importador e o distribuidor em caso de reprodução no exterior (art. 104 da Lei n. 9.610/98).

- Capa: Aurélio Corrêa

- Data de fechamento: 18.06.2019

- A partir da 3ª edição, a obra *Arbitragem, Jurisdição e Execução* teve o título alterado para *Arbitragem* e passou a ser publicada pela Editora Forense.

- **CIP – BRASIL. CATALOGAÇÃO NA FONTE.
    SINDICATO NACIONAL DOS EDITORES DE LIVROS, RJ.**

    F485a
    Figueira Jr., Joel Dias

    Arbitragem / Joel Dias Figueira Jr. – 3. ed. – Rio de Janeiro: Forense, 2019.

    Inclui bibliografia
    ISBN 978-85-309-8702-2

    1. Arbitragem e sentença. 2. Negociação. 3. Mediação. 4. Conciliação (Processo civil). I. Título.

    19-57006   CDU: 347.918

    Vanessa Mafra Xavier Salgado – Bibliotecária – CRB-7/6644

"A experiência tumultuosa destes últimos quarenta anos [setenta e cinco anos] demonstra que a imagem do Estado onipotente e centralizador é um mito, que não pode (e, talvez não mereça) ser cultivado. Deste mito faz parte a ideia de que a justiça deva ser administrada exclusivamente pelos seus juízes."

(GIOVANNI VERDE, *L'arbitrato secondo la Legge 28/1983.*
Arbitrato e giurisdizione, *p. 168.*)

Para
Beatriz Magrin Figueira,
presente eterno de Deus,
e
Tatiane Michels,
encanto de amor, ternura e dedicação em minha vida.

Meus sinceros agradecimentos à
Dra. Bianca Michelli Zanelato,
colaboradora competente, exímia pesquisadora e revisora.

OBRAS DO AUTOR

AUTORIA INDIVIDUAL

1. *Ação de busca e apreensão em propriedade fiduciária*. 2. ed. São Paulo: Saraiva, 2018

2. *Arbitragem, jurisdição e execução*. 2. ed. São Paulo: RT, 1999.

3. *Arbitragem: legislação nacional e estrangeira e o monopólio jurisdicional*. São Paulo: LTr, 1999.

4. *Código de Processo Civil sistematizado em perguntas e respostas*. São Paulo: Saraiva, 2017.

5. *Comentários à novíssima reforma do Código de Processo Civil: Lei 10.444, de 07 de maio de 2002*. Rio de Janeiro: Forense, 2002.

6. *Comentários ao Código de Processo Civil*. São Paulo: RT, 2007. v. 4, t. I. 7. *Comentários ao Código de Processo Civil*. 2. ed. São Paulo: RT, 2007. v. 4, t. II.

8. *Da competência nos Juizados Especiais Cíveis*. São Paulo: RT, 1996 (Coleção Estudos de Direito de Processo Enrico Tullio Liebman, v. 36).

9. *Da posse e dos direitos reais*. 3. ed. Florianópolis: Gráfica, s.n., 1982.

10. *Juizados Especiais da Fazenda Pública: comentários à Lei 12.153, de 22 de dezembro de 2009*. 3. ed. São Paulo: Saraiva, 2017.

11. *Lições de teoria geral do processo*. Florianópolis: Gráfica, s.n., 1992.

12. *Liminares nas ações possessórias*. São Paulo: RT, 2. ed. 1999.

13. *Manual da arbitragem*. São Paulo: RT, 1997.

14. *Manual dos Juizados Especiais Cíveis Estaduais e Federais*. São Paulo: RT, 2006.

15. *Posse e ações possessórias: fundamentos da posse*. Curitiba: Juruá, 1995.

16. *Procedimento sumário: Lei 9.245, de 26.12.1995*. 3. ed. São Paulo: RT, 2012.

17. *Responsabilidade civil do Estado-juiz*. Curitiba: Juruá, 1995.

EM COAUTORIA

18. *A prova no direito processual civil: estudos em homenagem ao Prof. João Batista Lopes* [coords. Elias Marques de Medeiros Neto; Ricardo Augusto de Castro Lopes e

Olavo de Oliveira Neto]; autor do capítulo "Provas e requisitos à obtenção da tutela antecipatória prevista no art. 273, inciso I, do Código de Processo Civil Brasileiro". São Paulo: Verbatim, 2013.

19. *Código Civil comentado* [coord. Regina Beatriz Tavares da Silva]. 10. ed. São Paulo: Saraiva, 2016.

20. *Direito imobiliário: escritos em homenagem ao professor Ricardo Pereira Lira* [coords. Fábio de Oliveira Azevedo e Marco Aurélio Bezerra de Melo]. "Lineamentos sobre a posse e as ações possessórias". São Paulo: Atlas, 2015.

21. *Filosofia do direito contemporâneo: homenagem ao professor Nicolau Apóstolo Pítsica* [coord. Joel Dias Figueira Júnior]. "A equidade como elemento axiológico de interpretação, integração e correção da norma jurídica ao caso concreto e o princípio da legalidade". São Paulo: Conceito, 2011.

22. *Grandes temas de direito de família e das sucessões* [coords. Regina Beatriz Tavares da Silva e Theodureto de Almeida Camargo Neto]. "Ação de fiscalização de pensão alimentícia (exegese do art. 1.589 do Código Civil)". São Paulo: Saraiva, 2011.

23. *Execução civil e temas afins – do CPC/1973 ao novo CPC: estudos em homenagem ao Prof. Araken de Assis* [coords. Arruda Alvim, Eduardo Arruda Alvim, Gilberto G. Bruschi, Mara Larsen Chechi e Mônica Bonetti Couto]. "Execução simplificada e a desjudicialização do processo civil: Mito ou realidade". São Paulo: RT, 2014.

24. *Juizados especiais: homenagem ao desembargador José Fernandes Filho* [coords. Luís Fernando Nigro Correa e Augusto Vinícius Fonseca e Silva]. "Uniformização de jurisprudência: incidente processual a desserviço do jurisdicionado e violador de princípios processuais constitucionais orientadores dos Juizados Especiais Cíveis". Belo Horizonte: Del Rey, 2011.

25. *Juizados Especiais Estaduais Cíveis e Criminais: comentários à Lei 9.099/1995* [Em coautoria com Fernando da Costa Tourinho Neto]. 8. ed. São Paulo: Saraiva, 2017.

26. *Juizados Especiais Federais Cíveis e Criminais: comentários à Lei 10.259, de 10.07.2001* [Em coautoria com Fernando da Costa Tourinho Neto]. 4. ed. São Paulo: Saraiva, 2018.

27. *Meios de impugnação ao julgado civil: estudos em homenagem a José Carlos Barbosa Moreira* [coord. Adroaldo Furtado Fabrício]. "Do recurso cabível contra ato judicial que posterga a análise de pedido de antecipação de tutela para momento subsequente ao oferecimento de resposta". Rio de Janeiro: Forense, 2007.

28. *O terceiro no processo civil brasileiro e assuntos correlatos: estudos em homenagem ao professor Athos Gusmão Carneiro* [coord. Teresa Arruda Alvim Wambier]. "Intervenção de terceiros nos Juizados Especiais Cíveis". São Paulo: RT, 2010.

29. *Processo civil: novas tendências. Homenagem ao professor Humberto Theodoro Júnior* [coords. Fernando G. Jayme Juliana Cordeiro de Faria e Maira Terra Lauar]. "(Des) cumprimento de ordem judicial emanada de sentença ou decisão interlocutória". Belo Horizonte: Del Rey, 2008.

30. *Processo civil: novas tendências. Estudos em homenagem ao Ministro Sálvio de Figueiredo Teixeira*. [coords. Fernando Gonzaga Jayme, Juliana Cordeiro de Faria e Maira Terra Lauar]. "Jurisdição de equidade e jurisdição de direito: exegese do art. 127 do CPC e do artigo 109 do PL 166/2010". Belo Horizonte: Del Rey, 2011.

31. *Responsabilidade civil do fabricante e intermediários por defeitos de equipamentos e programas de informática* [coords. Rui Stoco e Joel Dias Figueira Júnior]. São Paulo: RT, 2000.

32. *Tutelas de urgência e cautelares: estudos em homenagem a Ovídio A. Baptista da Silva* [coord. Donaldo Armelin]. "A crise do processo civil clássico, a superação pelo sincretismo das ações através do instituto jurídico da antecipação de tutela e a concepção originária de Ovídio Araújo Baptista da Silva acerca do tema". São Paulo: Saraiva, 20.

33. *Teses jurídicas dos tribunais superiores*: direito civil – III. São Paulo: Ed. Revista dos Tribunais, 2017 (coautoria; coord. Arruda Alvim [et al.]). "Da prisão civil de advogado por inadimplemento de obrigação alimentícia e o cumprimento da medida restritiva de liberdade".

34. PRODIREITO: Direito Processual Civil – Programa de atualização em Direito. Ciclo 2, vol. 4 (coautoria; org. de Cássio Scarpinella Bueno). Porto Alegre: Artmed Panamericana, 2017.

PREFÁCIO

Foi para nós um prazer que se tem reiterado: o de termos sido convidados para prefaciar esta obra. Já prefaciamos com satisfação mais de uma obra do Prof. e Des. Joel Dias Figueira Júnior.

O renomado Autor destaca-se marcantemente há tempos no cenário nacional como um grande jurista. Tem escrito sobre direito processual civil e sobre direito material, sempre com aceitação plena de suas obras pelo público leitor.

Em relação ao assunto da arbitragem é um dos nossos mais notáveis especialistas, seara em que produziu excelentes obras.

A obra que ora vem a lume – *Arbitragem* – é um trabalho que encontra suas origens na tese de doutoramento de seu Autor, intitulada *Arbitragem, Jurisdição e Execução*, defendida na Pontifícia Universidade Católica de São Paulo, nos idos de 1997, em cuja defesa obteve distinção e louvor e nota 10 atribuída por todos os membros da banca examinadora. Éramos o seu orientador. Isso apenas nominalmente, porquanto Joel Dias Figueira Júnior sempre apresentou trabalhos prontos e acabados, e irretocáveis.

Li este trabalho com marcas de texto, o que permite verificar o zelo do autor em escrever uma obra em que incorporou tudo o que é relevante sobre o tema e assuntos correlatos, em absoluta sintonia com a legislação e a doutrina (nacional e estrangeira) contemporâneas. Essas marcas de texto permitem verificar mão de artesão na reelaboração desta obra.

Recordo-me do prefácio (9ª edição) que antecedeu à obra *Direito Processual Civil*, originariamente da autoria de Leo Rosenberg e que depois passou a ser em coautoria de Rosenberg-Schwab. Aí disse o Prof. Karl Heinz Schwab, quando assumiu a atualização do texto, que "não ficou uma linha sem ser reescrita". É a hipótese desta edição, que em tudo evoluiu e modificou-se quando cotejada com a obra original, intitulada *Manual da Arbitragem* (publicada em 1997) e com a tese de doutoramento (*Arbitragem, Jurisdição e Execução*, publicada em 1999 pela Editora Revista dos Tribunais). Isso mostra que Figueira Júnior, como sempre, trabalha com mãos de artesão.

Há inúmeros textos, como é o caso do Capítulo Segundo – Acesso à Justiça e Jurisdição Arbitral, que são praticamente inéditos, extremamente ricos em informações. Aliás, esse novo texto é uma análise primorosa da *Crise da Justiça*.

A nossa literatura ganhará um trabalho novo e de excepcional valor, que auxiliará muito na compreensão da *arbitragem* dentro da situação atual do nosso Direito.

São Paulo, maio de 2019.

Arruda Alvim

NOTAS DO AUTOR À TERCEIRA EDIÇÃO

Iniciamos nossos estudos sobre o tema da *arbitragem* na década de 1990, defendendo, em 1997, a tese de Doutorado na Pontifícia Universidade Católica de São Paulo,[1] em que procuramos analisar dogmática e criticamente o instituto jurídico em voga, sob a luz da então alvissareira Lei 9.307, de 23 de setembro de 1996, que não só revogou os artigos 1.072 a 1.102 do vetusto Código de 1973 como também inseriu em nosso direito positivo um novo e revolucionário microssistema sintonizado com os influxos universais do processo civil contemporâneo, de maneira que oferecesse às pessoas capazes a possibilidade de resolverem seus conflitos de natureza patrimonial disponível mediante o acesso facultativo à jurisdição privada.

Em 1997, lançamos, pela Editora Revista dos Tribunais, o nosso primeiro trabalho sobre o tema, intitulado *Manual da Arbitragem* e, em 1999, publicamos, também pela mesma casa editorial, a nossa tese de doutoramento, intitulada *Arbitragem, Jurisdição e Execução*, obra que encontrou grande repercussão no meio acadêmico e no foro, notadamente nos Tribunais Superiores, e, após algumas tiragens, esgotou-se.

Desde então, o Código de Processo Civil de 1973 passou a receber inúmeras alterações que refletiram, direta ou indiretamente, na jurisdição arbitral, na exata medida em que, na qualidade de macrossistema instrumental, seus institutos encontram de alguma forma, ressonância em normas de processo e de procedimento, desde que omissas ou não conflitantes com seus princípios orientadores.

Intensificou-se também o movimento reformista – na época, liderado pelos saudosos ministros Sálvio de Figueiredo Teixeira e Athos Gusmão Carneiro – e, na sequência, formou-se a comissão de juristas incumbida da elaboração do projeto de lei que daria ensejo ao novo Código de Processo Civil. Diante das profundas mudanças legislativas esboçadas e que se avizinhavam, muitas com efeitos a incidir no processo e no procedimento arbitral, entendemos por bem aguardar a aprovação do projeto e respectiva sanção

---

[1] Tese defendida em 25 de agosto de 1997 na Pontifícia Universidade Católica de São Paulo, perante a seleta banca de doutrinadores, composta pelos Professores Doutores Arruda Alvim (Orientador)/PUC-SP, Donaldo Armelin/PUC-SP, João Batista Lopes/PUC-SP, Antônio Carlos Marcato/USP e Carlos Alberto Carmona/USP, oportunidade em que tivemos a honra e grande satisfação de obter a nota máxima (10, com distinção e louvor).

presidencial, o que somente ocorreu em 16 de março de 2015 (Lei 13.105) para, só então, dar início à revisão e à atualização da obra, há muito esgotada em sua segunda edição.

Ocorre que, naquele mesmo ano, vieram a lume outras duas novas e importantes normas, quais sejam, a Lei 13.129, de 26 de maio 2015, que alterou a Lei da Arbitragem, versando acerca da escolha dos árbitros quando as partes recorrem a órgão arbitral, interrupção da prescrição, concessão de tutelas de urgência, carta arbitral, sentença parcial, além de revogar dispositivos da aludida norma de regência, e, a Lei 13.140, de 26 de junho de 2015, que introduziu e regulou a *mediação judicial e extrajudicial*.

O surgimento quase que simultâneo dessas três e importantes novas leis exigiu-nos a ressistematização de toda a nossa obra, há muitos anos esgotada, e a consequente ampliação de seu conteúdo, o que terminou afastando-a do modelo delineado no trabalho precedente, seja no que tange à matéria de fundo, seja quanto à forma.

Por conseguinte, o resultado foi o surgimento de uma *nova obra*, substancialmente distinta da edição precedente e muito mais completa, densa e, como dissemos, com sistematização diversa, além de tratar de temas inéditos, tais como as *tutelas provisórias*, a *carta arbitral* e a *sentença parcial*, dentre tantos outros.

Parece-nos que a prudência que nos moveu a aguardar essas importantíssimas inovações legislativas agora reverte em favor do consumidor que esperou pacientemente para receber esta nossa nova obra sobre a *Arbitragem*, forjada em sintonia fina com os novos desígnios normativos e jurisprudenciais, além de incorporar a prática consolidada dos vinte e três anos de acesso à jurisdição privada no Brasil.

Este novo estudo que agora apresentamos aos estudiosos e profissionais que atuam com a *Arbitragem* vem a lume auspiciado pelo Grupo GEN, que congrega renomadas editoras e, por sua vez, oferece ao leitor um trabalho primoroso de editoração que em muito facilita e agrada o consumidor.

Esta obra apresenta-se sistematizada em doze capítulos, somando-se à bibliografia, a um anexo legislativo que contém o texto atualizado da Lei 9.307/1996 e, ainda, um índice alfabético-remissivo, que em muito contribui para a agilização e o resultado das pesquisas.

O *Capítulo Primeiro* introduz o estudioso no tema central da obra, versando, em especial, sobre o *desenvolvimento histórico-jurídico da arbitragem no Brasil e no exterior*.

O *Capítulo Segundo* discorre sobre o *acesso à jurisdição*, abordando a crise da jurisdição estatal, as tendências universais do processo civil contemporâneo e as formas alternativas de resolução de conflitos (*Alternative Dispute Resolution – ADR*), o *Projeto Florença e os equivalentes jurisdicionais*, com detalhada exposição acerca da justiça coexistencial e dos diversos métodos de heterocomposição e autocomposição, além de outros importantes temas, tais como a natureza jurídica da arbitragem, sua constitucionalidade, princípios processuais aplicáveis à jurisdição privada etc.

O *Terceiro Capítulo* dispõe sobre os *requisitos de admissibilidade do juízo arbitral*, as pessoas que podem convencionar a arbitragem, bem como sobre o objeto litigioso em suas diversas espécies e matérias controvertidas (*v.g.*, conflitos de família, direito sucessório e partilha de bens, direitos metaindividuais, recuperação judicial), além de convenção arbitral e terceiros em sede de jurisdição privada.

Por sua vez, o *Capítulo Quarto* trata *dos árbitros* em geral, da escolha dos julgadores, dos requisitos para o desempenho da função e questões deontológicas, do impedimento e da suspeição, da recusa e das escusas à nomeação, da responsabilidade civil e de outros assuntos correlatos.

O *Capítulo Quinto* é reservado à análise de aspectos destacados do *processo e do procedimento arbitral*, tais como a instauração do painel, o importantíssimo princípio *kompetenz-kompetenz* e conflitos de competência, conexão e continência, fases procedimentais e provas, entre outros temas.

O *Capítulo Sexto* destina-se a esmiuçar o palpitante tema das *tutelas provisórias* (antecedentes e incidentais), em sintonia com a Lei 13.129/2015, que dispôs a respeito do instituto jurídico em sede de jurisdição arbitral, bem como com os regulamentos de entidades arbitrais e a eventual aplicação subsidiária do Código de Processo Civil.

O *Capítulo Sétimo* destina-se à análise da *carta arbitral*, seu objeto, competência do Estado-juiz para o cumprimento, aspectos de fundo e de forma, cumprimento e recusa etc.

O *Capítulo Oitavo* é destinado ao estudo dos *atos processuais e procedimentos arbitrais*, a começar pela classificação, tipos de pronunciamentos dos árbitros, princípios aplicáveis, coisa julgada e seus limites objetivos e subjetivos, bem como seus efeitos, questões prévias, preliminares e prejudiciais, arbitragem de equidade e de direito – neste ponto, realizamos uma profunda análise do tormentoso tema da (in)observância dos precedentes judiciais pelos árbitros, anulabilidade da sentença arbitral, entre outros.

O *Capítulo Nono* destina-se ao estudo das *despesas, da sucumbência* e da litigância de má-fé, enquanto o *Capítulo Décimo* volta-se à análise dos *recursos e meios de impugnação* das decisões arbitrais, passando pelas ações desconstitutivas e seus efeitos, litispendência, preclusão e coisa julgada, subsidiariedade do controle estatal da sentença arbitral, efeitos das sentenças arbitrais "citra petita", multiplicidade de contratos e pluralidade de sujeitos, conexão e consolidação de arbitragens, ação anulatória etc.

O *Capítulo Décimo Primeiro* trata da eficácia e da *execução da sentença arbitral*, da competência acerca de seu cumprimento e respectivo regime execucional.

Em arremate, o *Capítulo Décimo Segundo* dispõe sobre o *reconhecimento e a execução de sentenças arbitrais estrangeiras*, a competência, os requisitos, a homologação e a eficácia, vícios de fundo e de forma e, finalmente, a execução propriamente dita da decisão arbitral estrangeira.

Sinceramente, esperamos que os trabalhos por nós empreendidos, com muita dedicação e afinco, por dois anos e meio, venham a contribuir, com efetivo sucesso, para os estudos, a prática e a evolução da *Arbitragem* no Brasil, quando o cenário descortinado é de incremento e crescente utilização deste importante instituto jurídico, diante das suas inúmeras vantagens, diferencial quantitativo e qualitativo, sobretudo quando confrontado com a ineficiente e paquidérmica tutela jurisdicional prestada pelo Estado-juiz.

Como dissemos alhures, não objetivamos erguer um farol que venha a lançar um forte e reluzente facho de luz capaz de desvendar todos os problemas atinentes ao tema versado nesta obra; por outro lado, não pretendemos apenas, parafraseando Roberto Campos, trazer a lume uma *lanterna na popa*, mas, quiçá, um farol reluzente na proa, hábil a indicar as linhas mestras dos institutos jurídicos correlatos à jurisdição privada, diante de sua importância da *Arbitragem* no mundo contemporâneo, com reflexos diretos e imediatos na órbita social e econômica do País.

Florianópolis, 10 de fevereiro de 2019.

O Autor

SUMÁRIO

Capítulo I – Desenvolvimento histórico-jurídico da arbitragem no direito brasileiro e estrangeiro.. 1

1. Breves considerações históricas 1
2. A arbitragem no cenário internacional 11
3. Análise da arbitragem no direito estrangeiro 17
   - 3.1. Alguns sistemas jurídicos originários da *civil law* 18
     - 3.1.1. *Civil law* – breves considerações 18
     - 3.1.2. Breves considerações sobre o instituto da arbitragem em países da América Latina 19
     - 3.1.3. Países da Europa continental 21
   - 3.2. Sistemas jurídicos originários da *common law* 24
     - 3.2.1. *Common law* – breves considerações 24
       - 3.2.1.1. Inglaterra 30
       - 3.2.1.2. Estados Unidos da América 32
   - 3.3. A arbitragem no Código Tipo para a Ibero-América 33
4. O insucesso do instituto da arbitragem no Código de Processo Civil de 1973 35
5. A arbitragem e o Código de Processo Civil de 2015 38
6. Anteprojetos e projetos de lei que antecederam a Lei 9.307/1996 42
7. A Lei de Arbitragem, seu regime jurídico e as principais modificações com o advento da Lei 13.129/2015 44
8. A eficácia da Lei 9.307/1996 e da Lei 13.129/2015 no tempo e no espaço.... 46
9. Aplicação subsidiária do Código de Processo Civil em jurisdição arbitral?... 46

Capítulo II – Acesso à justiça e à jurisdição arbitral 51

1. A crise do processo e da jurisdição estatal 51
2. As tendências universais do processo civil contemporâneo e as formas alternativas de resolução de conflitos (*Alternative Dispute Resolution – ADR*) 60

2.1.		Noções introdutivas: "*Alternative Dispute Resolution – ADR*", o Projeto Florença e os equivalentes jurisdicionais	60
2.2.		Métodos diversos de heterocomposição	67
	2.2.1.	Peritagem e avaliação vinculantes	67
	2.2.2.	*Rent-a-judge*	67
	2.2.3.	*Court-annexed arbitration*	68
	2.2.4.	*Baseball arbitration*	68
	2.2.5.	*Arbitration night baseball*	68
	2.2.6.	*Arbitration bounded*	68
2.3.		Justiça coexistencial e métodos de autocomposição	69
	2.3.1.	*Dispute Review Board (DRB)*	69
	2.3.2.	*Mini-trial*	71
	2.3.3.	*Authorized representative*	72
	2.3.4.	*Early Neutral Evaluation – ENE*	72
	2.3.5.	*Neutral Fact-finder*	73
	2.3.6.	*Summary jury trial*	73
	2.3.7.	*Confidential listener*	74
	2.3.8.	*Joint fact-finder*	74
	2.3.9.	*Focused group*	75
	2.3.10.	*Court-annexed mediation*	75
	2.3.11.	*Non-binding arbitration*	76
	2.3.12.	*Arbitration incentive*	76
	2.3.13.	*Ombudsman*	76
	2.3.14.	Portais ou programas para recebimento de reclamações e apoio voltados à resolução de conflitos	77
2.4.		Métodos híbridos	78
	2.4.1.	*Mediatio-arbitratio*	78
	2.4.2.	*Arbitratio-mediatio*	79
2.5.		O Brasil e o movimento da prevenção e solução extrajudicial de litígios	80

3. Arbitragem, arbitramento, peritagem, avaliação, negociação, transação, conciliação e mediação. Distinções e similitudes ônticas............ 86
4. Arbitragem e acesso à justiça 104
5. Escopos e importância da arbitragem nos cenários nacional e internacional ... 109
6. Algumas considerações sobre a arbitragem regulada na Lei 9.307/1996 e na Lei 9.099/1995 115
7. Natureza jurídica da arbitragem 117

8.	O princípio da inafastabilidade da jurisdição estatal e o regime jurídico da arbitragem	125
9.	Da constitucionalidade dos arts. 6º, 7º, 41 e 42 da Lei 9.307/1996	129
10.	Jurisdição arbitral × jurisdição estatal: "vantagens" e "desvantagens"	134
11.	Princípios processuais aplicáveis à jurisdição privada	137

Capítulo III – Requisitos de admissibilidade do juízo arbitral 139

1.	Introdução	139
2.	Das pessoas que podem convencionar a arbitragem	140
3.	Objeto litigioso no juízo arbitral	148
	3.1. Arbitragem e conflitos de família	149
	3.2. Arbitragem, direito sucessório e partilha de bens	150
	3.3. Arbitragem e direitos metaindividuais	152
	3.4. Arbitragem e título executivo extrajudicial	154
	3.5. Arbitragem e recuperação judicial	154
	3.6. Arbitragem e questões incidentais	158
	3.7. Arbitragem e direitos da personalidade	159
	3.8. Arbitragem e conflitos trabalhistas	160
	3.9. Arbitragem e conflitos tributários	164
	3.10. Arbitragem, direitos autorais e fonográficos	167
4.	Da convenção de arbitragem: cláusula compromissória e compromisso arbitral	168
5.	Cláusula compromissória em contrato de adesão e de consumo	176
6.	Efeitos da cláusula compromissória e a demanda prevista no art. 7º da LA	186
7.	Efeitos do compromisso arbitral	192
8.	"Terceiros" em sede arbitral	197

Capítulo IV – Dos árbitros 211

1.	Quem pode ser árbitro	211
2.	Do número de árbitros	212
3.	Da escolha dos árbitros	213
4.	Requisitos para o desempenho da função e questões deontológicas	232
5.	Das exceções de caráter subjetivo – impedimento e suspeição	235
6.	Da recusa do árbitro	241
7.	Das escusas à nomeação	242
8.	Do falecimento e outros obstáculos ao exercício da função	243
9.	Da equiparação aos funcionários públicos para fins de responsabilidade	243

Capítulo V – Do processo e do procedimento arbitral... 247
1. Da instauração do processo arbitral.. 247
2. Momento processual oportuno para arguição das exceções................... 250
3. O princípio *kompetenz-kompetenz* e conflitos de competência............... 251
4. Conexão e continência... 264
5. Do procedimento arbitral, suas fases, das provas e da confidencialidade ... 271
    5.1. Do procedimento arbitral e suas fases... 271
    5.2. Das provas.. 274
    5.3. Confidencialidade, privacidade, sigilo e segredo.......................... 286

Capítulo VI – Das tutelas provisórias.. 293
1. Abordagem sinóptica das tutelas provisórias no CPC e na Lei 13.129/2015 293
2. Tutelas provisórias: noções fundamentais.. 294
3. Tutelas de urgência e sua função social 296
4. Tutela provisória antecedente e sua eficácia 297
5. Tutela provisória incidental... 304
6. Tutela provisória contra a Fazenda Pública.. 311

Capítulo VII – Da carta arbitral 315
1. Da comunicação entre árbitro e o juiz estatal e o princípio da cooperação ... 315
2. Objeto da carta arbitral.. 316
3. Da competência e dos poderes do Estado-juiz para o cumprimento da carta arbitral 317
4. Da observância do sigilo no cumprimento da carta arbitral 319
5. Dos conteúdos de fundo e de forma da carta arbitral............................. 319
6. Da recusa de cumprimento da carta arbitral 321
7. Do cumprimento e da devolução da carta arbitral.................................. 322

Capítulo VIII – Atos processuais e pronunciamentos arbitrais........................... 323
1. Atos processuais arbitrais e sua classificação 323
2. Pronunciamentos dos árbitros 324
    2.1. Sentença.. 324
        2.1.1. Noções fundamentais introdutórias 324
        2.1.2. Elementos constitutivos da sentença arbitral 325
        2.1.3. Natureza jurídica e classificação das ações e das sentenças.. 331

		2.1.4.	Sentença parcial, sentença global e julgamento antecipado do mérito	338
		2.1.5.	Princípios da congruência, da publicidade e da definitividade da sentença	340
		2.1.6.	Sentença parcial e única	342
		2.1.7.	Liquidação de sentença arbitral	346
3.	Decisões não terminativas			350
4.	Despachos			350
5.	Coisa julgada arbitral: limites objetivos e subjetivos da sentença arbitral ...			351
6.	Sucessão e efeitos da sentença arbitral			356
7.	Questões prévias, preliminares e prejudiciais			357
8.	Da superveniência de fato independente			364
9.	Arbitragem de direito e de equidade			365
	9.1.	Arbitragem de equidade		365
	9.2.	Arbitragem de direito		376
		9.2.1.	Arbitragem e precedentes judiciais	379
		9.2.2.	Precedentes arbitrais	393
10.	Princípios gerais de direito, usos, costumes e regras internacionais de comércio			394
11.	Momento processual oportuno à prolação da sentença arbitral			396
12.	Do término do juízo arbitral			396
13.	Função da sentença arbitral			397
14.	Anulabilidade da sentença arbitral			398

Capítulo IX – Das despesas e da sucumbência 401

1.	Das despesas do processo arbitral e da sucumbência			401
2.	Litigância de má-fé e seus efeitos			405

Capítulo X – Recursos e meios de impugnação 407

1.	"Embargos de declaração"			407
2.	"Ação anulatória" e seus efeitos			410
	2.1.	Subsidiariedade do controle estatal da sentença arbitral		410
	2.2.	Do interesse e da legitimidade		412
	2.3.	Ajuizamento e fundamentos da "ação anulatória"		413
	2.4.	Ação anulatória fundada em violação da "ordem pública"		417
	2.5.	Ação anulatória, litispendência, preclusão e coisa julgada		419
	2.6.	Ação anulatória de sentenças parciais		423

	2.7.	Efeitos da sentença proferida em "ação anulatória"............................	425
	2.8.	Sentença *citra petita* e seus efeitos	425
	2.9.	Multiplicidade de contratos e pluralidade de sujeitos: conexão e consolidação de arbitragens e ação anulatória	428
	2.10.	Da renúncia à ação anulatória e aos meios de impugnação........	436
3.	Da impugnação ao cumprimento de sentença parcial e final...................		438
4.	Outros meios de impugnação..		442

Capítulo XI – Da execução da sentença arbitral.. 445

1. Eficácia da sentença arbitral e a força preponderante de seu comando ... 445
2. Jurisdição e competência para a execução da sentença arbitral................ 447
3. Regime execucional da sentença arbitral... 448

Capítulo XII – Do reconhecimento e execução de sentenças arbitrais estrangeiras.. 451

1. Sentença arbitral estrangeira... 451
2. Da competência para o reconhecimento da sentença arbitral estrangeira ... 452
3. Requisitos para o reconhecimento da sentença arbitral estrangeira......... 454
4. Da homologação e eficácia da sentença arbitral estrangeira em território brasileiro 456
5. Do processo e do procedimento para o reconhecimento da sentença arbitral estrangeira... 457
6. Denegação da homologação. Vícios de fundo e forma.............................. 458
7. Da execução da sentença arbitral estrangeira.. 460

Bibliografia.. 463

Índice alfabético-remissivo.. 511

Anexo – Lei nº 9.307, de 23 de setembro de 1996.. 521

CAPÍTULO I
DESENVOLVIMENTO HISTÓRICO-JURÍDICO DA ARBITRAGEM NO DIREITO BRASILEIRO E ESTRANGEIRO

Sumário: 1. Breves considerações históricas – 2. A arbitragem no cenário internacional – 3. Análise da arbitragem no direito estrangeiro; 3.1. Alguns sistemas jurídicos originários da *civil law*; 3.1.1. *Civil law* – breves considerações; 3.1.2. Breves considerações sobre o instituto da arbitragem em países da América Latina; 3.1.3. Países da Europa continental; 3.2. Sistemas jurídicos originários da *common law*; 3.2.1. *Common law* – breves considerações; 3.2.1.1. Inglaterra; 3.2.1.2. Estados Unidos da América; 3.3. A arbitragem no Código Tipo para a Ibero-América – 4. O insucesso do instituto da arbitragem no Código de Processo Civil de 1973 – 5. A arbitragem e o Código de Processo Civil de 2015 – 6. Anteprojetos e projetos de lei que antecederam a Lei 9.307/1996 – 7. A Lei de Arbitragem, seu regime jurídico e as principais modificações com o advento da Lei 13.129/2015 – 8. A eficácia da Lei 9.307/1996 e da Lei 13.129/2015 no tempo e no espaço – 9. Aplicação subsidiária do Código de Processo Civil em jurisdição arbitral?

1. BREVES CONSIDERAÇÕES HISTÓRICAS

A importância do estudo da história do Direito e, em particular, da história do Processo Civil aparece estampada em excelentes obras de autoria dos professores Ovídio A. Baptista da Silva – *Jurisdição e execução na tradição romano-canônica* –, José Rogério Cruz e Tucci e Luiz Carlos de Azevedo – *Lições de história do processo civil romano*. Da obra destes dois mestres paulistas extrai-se a síntese da razão, do prestígio e do propósito da história do Direito, ou seja, "[...] oferecer ao Direito atual a compreensão de sua retrospectiva, esclarecendo as dúvidas e levantando, passo a passo, a estrutura do seu ordenamento, seus institutos mais perenes, suas bases de fundo e suas características de forma, até chegar à razão de ser de seu significado e conteúdo".[1]

---

[1] José Rogério Cruz e Tucci e Luiz Carlos de Azevedo, *Lições de história do processo civil romano*, p. 23, n. 2.
Na literatura estrangeira v. John Gilissen, *Introduction historique au droit*, Bruxelles, Établissements Émille Bruyant, 1979 (*Introdução histórica do direito*, trad. António Manuel Botelho Hespanha e Manuel Macaísta Malheiros, Lisboa: Fundação Calouste Gulbenkian, 1995) e Franz Wieacker, *Privatrechtsgeschichte der neuzeit inter besonderer berücksichtigung der deutschen entwicklung*, 2. ed., Göttingen: Vandenhoeck & Ruprecht, 1967 (*História*

"O estudo da evolução desse Direito permite fornecer os fundamentos sociais, políticos, econômicos e culturais que nortearam a conduta desse conglomerado humano, estabelecendo, também, os motivos que causaram periódicas transformações na sua legislação."[2]

É com esse espírito de investigação que poderemos constatar que o instituto jurídico da arbitragem é, por certo, um dos mais antigos de que se têm notícia na história do Direito e, especificamente, acerca da jurisdição ou *justiça privada*, noticiado na Babilônia de 3.000 anos a.C., na Grécia antiga e em Roma.

A tutela dos direitos originou-se nos povos primitivos como consequência do próprio instinto humano de preservação e da concepção individualista do justo e do injusto, cotejada não raras vezes com os princípios rudimentares sociais e religiosos do clã, da tribo ou da cidade antiga.

Fez-se, numa etapa preliminar das civilizações, a justiça de mão própria ou autotutela, na medida em que as instituições eram ainda tênues e insuscetíveis de resolver os conflitos de interesse, seja por falta de organização, seja de autoridade. Confundiam-se na mesma pessoa tanto na Grécia antiga[3] quanto em Roma – inclusive durante a realeza e o regime republicano – as funções de autoridade política do magistrado com a de sacerdote.[4]

Em fase sucessiva, dá-se a continuidade da chamada *justiça privada*, todavia não mais diretamente pelo ofendido, e sim pelo grupo social ou por terceiros designados especialmente para dirimir determinadas controvérsias. Apenas em momento histórico muito posterior é que vem à tona a *justiça pública* oferecida pelo Estado.

---

do direito privado moderno, trad. António Manuel Botelho Hespanha, Lisboa: Fundação Calouste Gulbenkian, 1993).

V. também José Carlos Moreira Alves, *Direito Romano*, Forense, 1995, v. I e II; Alberto Burdese, *Manuale di diritto privato romano*, Utet, 1987; Eugène Petit, *Traité Élémentaire de droit romain* (*Tratado Elemental de Derecho Romano*, trad. José Ferrández González, Editorial Universidad, 1994).

[2] José Rogério Cruz e Tucci e Luiz Carlos de Azevedo, ob. cit., p. 22, n. 2. Fundamentados em Helmut Coing, escrevem os citados professores que "[...] quem quiser compreender qualquer ordenamento jurídico deverá desdobrar o seu estudo em várias etapas: deverá dirigir sua atenção para o conteúdo de suas normas e instituições; para as condições temporais em que esse ordenamento surgiu; e para a questão da efetividade desse ordenamento na sociedade que lhe corresponde, isto é, deverá certificar-se de que aquelas normas e instituições ainda se encontram atuantes; se não, por que deixaram de prevalecer; ou ainda, por que não exercem a sua influência com igual intensidade" (*idem, ibidem*).

[3] Sobre a arbitragem na Antiguidade e na Grécia, v. Guido Fernando Silva Soares, "Arbitragem internacional. Introdução histórica", *Enciclopédia Saraiva*, v. 7, p. 374-402.

[4] Cf. Fustel de Coulanges. *A cidade antiga*, cap. X, p. 144-149.

A evolução da forma de resolução dos conflitos aparece em quatro etapas: *a)* a resolução de questões pela força individual ou do grupo (*autotutela*), sendo que os costumes, com o passar dos tempos, foram estabelecendo as regras para distinguir a violência legítima da ilegítima; *b) arbitramento facultativo,* através do qual o ofendido, em vez de usar da força e violência individual ou coletiva contra o ofensor, opta em comum acordo com a parte contrária por receber uma indenização ou escolher um terceiro (*árbitro*) para fixá-la; *c) arbitramento obrigatório* determinado pelo Estado quando os litigantes não indicavam árbitros de sua escolha para dirimir a controvérsia – o Estado passou também a assegurar a execução forçada da sentença caso o sucumbente não a cumprisse espontaneamente; *d) justiça pública,* porque encampada pelo Estado para solução dos conflitos, inclusive com execução forçada da sentença, se necessário. Contudo, a possibilidade de as partes instituírem um *árbitro* não foi excluída, apenas deixou de ser regra para transformar-se em exceção.[5]

Tendo-se em conta que a justiça privada antecedeu historicamente aos juízes ou tribunais estatais, é no Direito Romano que vamos encontrar as raízes mais profícuas do instituto da *arbitragem* ou do *compromisso arbitral*.

Destarte, o Direito Romano conheceu bem as quatro fases evolutivas dos mecanismos empregados para a solução dos conflitos. "Da primeira, na pena de talião (vingança privada: olho por olho, dente por dente), estabelecida ainda na Lei das XII Tábuas; da segunda, durante toda a evolução do direito romano, pois sempre se admitiu que os conflitos individuais fossem resolvidos por árbitros, escolhidos, sem a interferência do Estado, pelos litigantes; da terceira, nos dois primeiros sistemas de processo civil romano – o das *legis actiones* e o *per formulas*; e da quarta, no terceiro desses sistemas – a *cognitio extraordinaria*".[6]

É interessante observarmos, mesmo que de passagem, os três sistemas diversos de processo civil conhecidos pelo Direito Romano (*legis actiones* – ações das leis –, *per formulas* – formulário – e *cognitio extra ordinem* – extraordinário) para melhor compreendermos o instituto da arbitragem e o seu desenvolvimento histórico.[7]

A primeira das formas processuais conhecidas na antiga Roma (*legis actiones*) já aparecia desenvolvida na época da Lei das XII Tábuas, conservando-se por toda

---

[5] Cf. Moreira Alves, *Direito romano,* v. I, p. 183, n. 117.
[6] *Ibidem,* p. 183-184. Observa ainda o festejado ministro e romanista que, em face disso, a organização da instância varia com relação aos três sistemas do processo civil romano; nos dois primeiros (*legis actiones* e *per formulas*), vigora o *ordo iudiciorum privatorum* (ordem dos processos civis), enquanto no último (*cognitio extraordinaria*) não, a justiça é pública (ob. cit., p. 184, n. 118).
[7] Sobre o desenvolvimento histórico do processo nesses três períodos, v. Tucci e Azevedo, *Lições de história do processo civil romano,* p. 27-158.

a idade republicana, não obstante ter sofrido algumas modificações. Apresentava ainda traços do primitivo recurso da autodefesa privada e influências arcaicas dos elementos de natureza religiosa, caracterizando-se pelo uso de um rígido formalismo, resultante de uma estilização ou esquematização ritual, em gestos e formulários fixos, de atos de defesa privada.

A partir das XII Tábuas, apresenta-se com bipartição do processo, qual seja, *in iure,* isto é, o que se desenvolvia perante um tribunal, com a presença de magistrado, e outro, *apud iudicem,* desenvolvido diante de um cidadão privado. Na primeira fase, as partes praticavam os atos preliminares do processo sob o controle do magistrado, ocasião em que se fixavam os pontos da controvérsia; na segunda, o juiz privado analisava as razões das partes e proferia a sentença.

Em idade republicana avançada e estendendo-se até o século II a.C., firma-se um novo tipo de processo, concorrentemente com o já existente, *per formulas,* inicialmente aplicado às pessoas não legitimadas ao uso das *legis actiones* ou em face de matéria que não encontrava tutela jurisdicional por intermédio dos trâmites daquele outro, tornando-se tipo processual civil normal com a eliminação do anterior, no início do principado.[8]

Nesse tipo de processo, supera-se o rígido formalismo e ameniza-se a utilização da autodefesa, diante da consolidação da autoridade estatal; continua existindo um formalismo, porém mais aberto, consistente na necessidade de articular as pretensões com base em determinadas fórmulas. De outro lado, conserva-se ainda a separação do processo em duas fases – *in iure* e *apud iudicem* –, o que adquire o valor de atribuição do poder de decidir a controvérsia por parte de uma pessoa livremente escolhida pelas partes em comum acordo.

Ao iniciar o período do principado, aparece um novo tipo de processo, chamado de *cognitio extra ordinem,* diferenciando-se das anteriores formas de processo ordinário denominadas *ordo iudiciorum privatorum* e que, por sua vez, tornou-se depois da idade pós-clássica a única forma de processo civil romano.[9]

Suas principais características são o abandono do formalismo residual do processo formular e o incremento à participação estatal, com relativa abolição da separação das duas fases, diminuição da intervenção das partes e redução da

---

[8] Nas *Instituições de Gaio* (cf. Gaio 4.30), encontra-se o sinal da passagem das *legis actiones* ao processo *per formulas,* determinado por uma *lex Aebutia* e duas *leges Iuliae* (a primeira datada do final do século II a.C. e as outras duas por volta de 17 a.C.), sendo uma destinada aos juízos privados (cf. Burdese, *Diritto privato romano,* p. 91, n. 14).

[9] Sobre "L'ordo judiciarius medioevale (riflessione su un modello puro di ordine isonomico)", v. A. Giuliani, *RDP,* v. 43, p. 598, em artigo assim intitulado.

defesa privada. Desenvolve-se o processo do início ao fim perante órgão estatal, o qual impulsiona o feito e a quem é também reservada a emanação da sentença.[10]

Tanto no sistema das *ações das leis* como no sistema *por fórmulas*, a fase denominada *apud iudicem* desenvolvia-se perante um *juiz particular* ou *juiz popular* (*iudex*), que procedia à cognição, apurava os fatos e proferia a sentença. Observa Moreira Alves que "nem sempre, no entanto, encontramos, na fase *apud iudicem*, o *iudex privatus*; em certos processos, em lugar dele funcionam tribunais permanentes (isto é, órgãos formados por vários membros, e que existem permanentemente,[11] ao contrário do *iudex privatus*, que é escolhido, para cada caso, pelas partes litigantes)".[12]

Mas foi através da *Lex Iulia iudiciorum privatorum* que se atingiu a abolição de todas as *legis actiones*. O processo por fórmulas, em relação ao processo civil por ações, conserva a característica fundamental de participação de uma primeira fase destinada à colocação da controvérsia e preparação do juízo e de uma segunda dirigida ao exame da lide e pertinente à formulação do juízo. A primeira desenvolve-se *in iure*, isto é, diante do magistrado que é órgão da *iurisdictio*[13] ou diante de um delegado seu; a segunda, *apud iudicem*, ou seja, diante de um órgão judicante, que era por regra um *iudex unus* privado,[14] designado pelo magistrado em acordo com as partes, no âmbito de uma lista de pessoas detentoras de certos requisitos, a menos que as partes não estivessem inicialmente de acordo sobre o nome de pessoa idônea não inscrita na referida lista, mas que podia ser constituída,

---

[10] Cf. Alberto Burdese, *Diritto privato romano*, p. 76-77, n. 1.

[11] Os *tribunais permanentes* funcionaram em Roma no fim do período republicano e durante o principado. Funcionavam na fase processual denominada de *iudicem* e, diferentemente do *iudex privatus*, do *arbiter* e do *recuperator*, conhecem apenas determinadas categorias de ações. Nesse sentido, v. Moreira Alves, *Direito romano*, v. I, p. 190-191, n. 121; e Cretella Jr., *Direito romano*, p. 410-411.

[12] *Direito romano*, v. I, p. 188-189, n. 121. Salienta Moreira Alves que alguns textos aludem em certas passagens ao *iudex*, enquanto outros ao *arbiter* (árbitro). Segundo o mestre, as fontes não esclarecem suficientemente esse ponto, havendo divergência entre os romanistas. Baseado nos ensinamentos de Costa, Wenger e Luzzatto, conclui que "o *arbiter* é o juiz popular que tem de deslocar-se para o local do litígio (assim, por exemplo, nas questões sobre limites de terras), e que, em face da natureza dessas lides, tem poderes mais amplos do que o *iudex*" (ob. cit., p. 189-190, n. 121).

[13] Eram os seguintes os magistrados que exerciam a jurisdição: *pretor urbano*, para controvérsias entre cidadãos romanos; *pretor peregrino*, para controvérsias entre peregrinos ou entre *cives* e *peregrini*; *edil curul*, para tratar de controvérsias essencialmente relativas à compra e venda de escravos e animais. Nos *municipia*, os magistrados municipais para resolver controvérsias não excedentes a certo valor; nas províncias, magistrados e funcionários provinciais.

[14] O *iudex unus* era também chamado de *arbiter*, quando lhe era atribuída certa discricionariedade para conhecer da matéria posta *sub iudice* e para determinados tipos de juízos.

para determinados tipos de controvérsia ou para questões individuais concretas, de um colégio de *reciperatores* (ou *recuperatores*)[15] escolhidos da listagem.[16]

O instituto do *juízo arbitral* chegou a merecer disposição expressa no Digesto (Liv. IV, Tít. 8; Cód. Liv. II, Tít. 55),[17] sob a epígrafe *De receptis*. O *receptum* era uma assunção não formal de responsabilidade, sancionada pelo pretor de vários modos, da parte de determinados sujeitos, árbitros, armadores de navios, hoteleiros, estaleiros e banqueiros, do que resultavam três distintas formas de *recepta*: *arbitrii, nautarum cauponum* e *stabulariorum, argentarii*.[18]

Dentre as formas de *recepta*, a que mais nos interessa é a primeira, porquanto a denominada *recepta* ou *receptum arbitrii*, era a assunção, por parte de um árbitro escolhido mediante *compromissum*[19] pelos contendores, da tarefa de emanar o juízo sobre a controvérsia apresentada à sua decisão. O pretor, por sua vez, concedia no seu édito, em vez de uma ação, meios de coerção, tais como a irrogação de uma multa ou a *pignoris capio*, para que o árbitro executasse o compromisso assumido desde que não subsistissem causas de escusa (*excusationes*).[20]

Infere-se do Digesto, Livro IV, 8, 3, que o ato do árbitro consistente em aceitar o encargo se denominava *arbitrium recipere* e o julgamento recebia a designação de *sententia*. Segundo Buzaid, "as partes estabeleciam uma pena pelo descumprimento do julgado, de caráter pecuniário; mas diferente da *sententia*, da qual nascia a *actio iudicati*, o julgado proferido pelo árbitro só conferia uma *actio in factum*. O árbitro escolhido pelas partes mediante compromisso é bem distinto do designado pelo pretor no sistema do *ordo iudiciorum privatorum*, embora seja certo que àquele tempo a Justiça era, em ambos os casos, privada".[21]

Em idade pós-clássica, no Direito justinianeo, o *pacto de compromisso* é sancionado por ação quando vem reforçado pelo juramento das partes e dos árbitros, ou ainda quando os litigantes tenham aceitado por escrito a decisão arbitral e deixado de impugná-la no prazo de dez dias,[22] tornando-se, assim, obrigatória a pronúncia arbitral, cujo inadimplemento espontâneo era atacado através da *actio*

---

[15] Esse colégio teve origem nas controvérsias sucedidas entre romanos e peregrinos.
[16] Cf. Burdese, ob. cit., p. 91-92, n. 4.
[17] Dig. Liv. IV, 8, 1: *Compromissum ad similitudinem iudiciorum redigitur et ad finiendas lites pertinet*.
[18] Sobre essas distinções, v. Burdese, ob. cit., p. 491- 493, n. 18.
[19] O *pacto de compromisso* era o acordo entre as partes litigantes destinado à definição da controvérsia por intermédio da *arbitragem* de um terceiro.
[20] Cf. Burdese, ob. cit., p. 492. Esse *pacto de compromisso* era, na idade clássica, operativo em via de ação nas hipóteses em que os litigantes fixavam uma multa para o caso de inobservância da decisão do árbitro (cf. Digesto, IV, 8. 11. 2 – *pecuniam compromissam*).
[21] "Do juízo arbitral", *RT,* 271, p. 7-8.
[22] Cf. Burdese, ob. cit., p. 489.

in factum ou *conditio ex lege*, que era uma ação ajuizada perante o magistrado para compelir a parte recalcitrante à execução do laudo arbitral, estando vedado ao juiz o julgamento do mérito.

"Posteriormente, na sua primeira Constituição, Justiniano modificaria o sistema, devido a frequentes perjúrios das partes interessadas em iludir o laudo arbitral; determinaria que o magistrado interviria na execução do laudo, se tivesse havido uma anterior *stipulatio poenae*, no compromisso ou na cláusula compromissória."[23]

Na Idade Média, no direito comum,[24] vamos encontrar a origem mais próxima do juízo arbitral, período em que o instituto foi bastante incrementado. Observa Carmona, seguindo a lição de Gianni Schizzeroto, que é possível apontar "[...] pelo menos cinco causas para o desenvolvimento da arbitragem durante a Idade Média: ausência de leis ou sua excessiva dureza e incivilidade; falta de garantias jurisdicionais; grande variedade de ordenamentos; fraqueza dos Estados; e conflitos entre Estado e Igreja".[25]

A verdade é que, a partir do século XII, a Idade Média está repleta de casos de arbitragem entre cavaleiros, entre barões, entre proprietários feudais e entre soberanos distintos, além de ter surgido, nessa mesma época, a *arbitragem comercial*, à medida que os comerciantes preferiam que seus conflitos fossem dirimidos por árbitros que eles indicassem, porquanto mais rápidos e eficientes em relação aos tribunais oficiais.[26]

Merece ainda registro a prática da arbitragem no seio da Igreja medieval, que representava não só a força espiritual de toda uma época, como era ainda a mais

---

[23] Guido Fernando Silva Soares, "Arbitragem internacional. Introdução histórica", *Enciclopédia Saraiva*, v. 7, p. 379, n. 9.

[24] Denomina-se direito comum o sistema normativo que vigia no continente europeu durante a Idade Média (1º período dos glosadores, de 1100 até 1271; 2º período dos pós-glosadores, de 1271 a 1400; 3º período da jurisprudência culta, do início de 1400 até 1500 – cf. Arruda Alvim, *Manual*, p. 35-36, n. 11 a 14), que resultou das influências e associações de institutos do direito romano, germânico, usos e costumes de cada localidade e do direito canônico. Segundo Chiovenda, tratava-se de uma derivação que resultou num processo misto, "[...] porque se aplicava enquanto não fosse derrogado por leis especiais locais, onde viviam ainda numerosas formas e institutos do processo germânico e sobretudo o espírito formalístico deste processo" (*Istituzioni di diritto processuale civile*, v. I, p. 98, n. 31).
V. Claude Reymond, "L'evoluzione del diritto comune dell'arbitrato internazionale: esperienze e prospettive", *Rivista Trimestrale di Diritto e Proceduria Civile*, 39/120.

[25] *A arbitragem no processo civil*, 1993, p. 42, n. 6.

[26] Guido Soares, ob. cit., p. 380, n. 10 e 11.
Dentre alguns exemplos, relata o papel exercido pelo rei da França, em 1264, entre Luiz III da Inglaterra e seus barões; a arbitragem exercida pelo parlamento de Paris nas questões entre o Papa Inocêncio IV e o Imperador Frederico II; a linha de Tordesilhas, fixada pela bula do Papa Alexandre VI, que dividiu entre Espanha e Portugal as terras no Novo Mundo.

coerente, a mais extensa organização social e a que apresentava ordem jurídica interna mais poderosa. Nos dizeres de Franz Wieacker, a importância da ordem jurídica do direito canônico, nascida no século XII, ultrapassa de longe as fronteiras da história do direito privado e não pode ser aqui descrita em sua totalidade.[27]

Ao analisar a matéria, John Gilissen vai ainda mais além, quando observa que o poder jurisdicional da Igreja durante a Idade Média teve duas origens, a *arbitral* e a disciplinar, o que se verifica até o século XVI, quando tem início a decadência dos tribunais eclesiásticos.[28]

No direito lusitano medieval, mesmo antes de Portugal ser elevado à condição de reino, o instituto da arbitragem já estava presente, tendo em vista que o *Forum Iudicium* representou o direito vigente na península hispânica. Na monarquia lusitana, D. Afonso III publicou norma sobre *juyzes aluydores*, segundo se constata nos *Portugaliae Monumenta Historica, Leges et Consuetudines* (v. I, fascículo II).[29]

Em sequência, com algumas melhoras, o instituto passou a ser regulado pelas Ordenações Afonsinas,[30] Manuelinas[31] e Filipinas,[32] esta última com aplicação em terras brasileiras mesmo depois da nossa Independência.

---

[27] Cf. *História do direito privado moderno*, p. 67-78, especialmente o § 4º, que trata da *canonística e a sua influência na ciência jurídica profana*.
Sobre *a prática da arbitragem pela Igreja Católica-Romana*, observa Guido Soares que a jurisdição eclesiástica era muito extensa em face de serem os clérigos proprietários de grandes áreas de terra e que a origem de tal prática pode ser justificada pela facilidade com que se resolviam os conflitos e especialmente diante das orientações de São Paulo aos coríntios de não recorrerem à justiça romana (I Cor, VI, 1 e ss.), ob. cit., p. 380, n. 10 (v. nota de rodapé seguinte).

[28] *Introdução histórica ao direito*, p. 138-142, item 3.
A respeito da *jurisdição eclesiástica*, assinala com muita propriedade John Gilissen: "Os cristãos encontraram nos ensinamentos de Cristo alguns princípios a seguir no caso de se levantarem diferenças entre eles. Assim, segundo as Epístolas de São Paulo, é aconselhável procurar a conciliação em caso de desacordo entre cristãos e, havendo fracasso, recorrer à *arbitragem da comunidade cristã*; a excomunhão, ou seja, a exclusão do membro que não se submete à decisão da comunidade, é a sanção suprema. Vivendo numa semiclandestinidade, os cristãos deviam evitar a intervenção dos juízes romanos não cristãos; ao mesmo tempo, deviam submeter-se à autoridade disciplinar dos seus chefes religiosos, os padres e os bispos" (ob. cit., p. 138-139, letra "a": *origem da competência dos tribunais eclesiásticos*).

[29] Cf. Alfredo Buzaid, art. cit., p. 8.
Sobre a *História do direito português*, v. a obra assim intitulada de Nuno J. E. Gomes da Silva.

[30] Cf. Livro II, Título 113.

[31] Cf. Livro III, Títulos 81 e 82.

[32] Cf. Livro III, Título 16 (*Dos juízes árbitros*) e Título 17 (*Dos arbitradores*).

A Constituição do Império (1824) dispunha sobre a matéria no art. 160, no Título destinado a tratar do Poder Judiciário, *in verbis*: "Nas cíveis, e nas penais civilmente intentadas, poderão as Partes nomear Juízes Árbitros. Suas sentenças serão executadas sem recurso, se assim o convencionarem as mesmas Partes".

A obrigatoriedade de instituição do juízo arbitral para as demandas que envolvessem seguro e locação ocorreu através das Leis de 1831 e 1837, ampliando-se com o advento do Código Comercial, em 1850, para abranger todas as controvérsias de natureza mercantil. Por sua vez, os processos pertinentes a essas causas passaram, a partir de 25.11.1850, a ser disciplinados pelo Regulamento 737 (art. 411 *et seq.*), que fazia distinção entre arbitragem voluntária e necessária.

O regime da arbitragem obrigatória sofreu duras críticas dos juristas da época, terminando por retornar à voluntariedade, por meio da Lei 1.350, de 1866, que, por sua vez, foi regulamentada pelo Decreto 3.900, de 26.06.1867.

O Código Comercial (Lei 556, de 1850) dispunha sobre o juízo arbitral no art. 245, quando tratava da locação mercantil, e no art. 294, a respeito das questões entre sócios. Esses dois dispositivos, que definiam a arbitragem como forma obrigatória de solução desses conflitos, conforme afirmamos em passagem anterior, foram revogados pela Lei 1.350, de 1866, e o art. 739, que versava sobre as questões decorrentes de naufrágios, foi revogado pela Lei 7.542, de 1986 e, por fim, o Código Civil de 2002 revogou toda a primeira parte do Código Comercial.

Com o advento da República, os Estados mantiveram em seus respectivos Códigos de Processo Civil o instituto da arbitragem, com algumas variações, enquanto o Código nacional ou unificado de 1939 passou a tratar da matéria no Livro IX, Título Único (*Do juízo arbitral*), em dezesseis dispositivos (art. 1.031 *usque* 1.046), sendo que o vetusto Código de 1973 versava acerca desse instituto no Livro IV, Título I (*Dos procedimentos especiais de jurisdição contenciosa*), Capítulo XIV (*Do juízo arbitral*), em trinta artigos (art. 1.072 *usque* 1.102), tendo sido revogados esses dispositivos com o advento da Lei de Arbitragem (Lei 9.307/1996). Por sua vez, o Código de Processo Civil de 2015, acertadamente, não disciplina o tema em voga, pois a matéria é versada em lei especial.[33]

---

[33] Nada obstante, em diversas passagens, o Código de Processo Civil recepciona expressamente a jurisdição privada, a começar pelo art. 3º, § 1º, ao dispor que "é permitida a arbitragem, na forma da lei", e, no decorrer dos artigos, em diversas abordagens sobre temas específicos, pontualmente, dispõe acerca da arbitragem, vejamos: *a)* competência (art. 42); *b)* cooperação nacional (art. 69, § 1º); *c)* dos atos processuais em geral (art. 189, IV); *d)* da comunicação dos atos processuais – das cartas (art. 237, IV c/c art. 260, § 3º e art. 267); *e) defesa indireta ou processual* (art. 337, X e §§ 5º e 6º); *f)* audiência de instrução e julgamento (art. 359 – a alusão à arbitragem neste dispositivo é totalmente imprópria, tratando-se de sério equívoco do legislador, porquanto elementar, na exata medida em que esse instituto não é forma de "solução consensual de conflitos", tratando-se de jurisdição

Por sua vez, o revogado Código Civil (Lei 3.071/1916) dispunha sobre a matéria nos arts. 1.037 *usque* 1.048, no Capítulo X, intitulado *Do compromisso*, com algumas alterações trazidas pelo Decreto Legislativo 3.725, de 1919, enquanto o atual Código (Lei 10.406/2002), de maneira acertada, não trata do instituto jurídico da arbitragem.

No plano do Direito Comercial, poucas normas ainda hoje no Brasil contemplam expressamente o instituto da arbitragem. Podemos mencionar a Lei das Sociedades Anônimas (Lei 6.404/1976), que aborda o assunto no § 2º do art. 129, sobre o *quorum* das deliberações,[34] e, ainda, sobre o acordo de acionistas, no que tange à possibilidade de promoção da execução específica da obrigação assumida, nas condições previstas no acordo respectivo, que permite a inserção de *cláusula arbitral* ensejadora de futura executividade (art. 118, § 3º).[35]

---

privada que, aliás, exclui estatal; g) extinção do processo, sem resolução do mérito (art. 485, VII); h) título executivo judicial (art. 515, VII; i) cumprimento de sentença (art. 516, III); j) homologação de decisão arbitral estrangeira (art. 960, § 3º); k) efeito suspensivo à apelação que julga procedente o pedido de instituição de arbitragem (art. 1.021, § 1º, IV); l) cabimento de agravo das decisões que rejeitam preliminar de convenção de arbitragem (art. 1015, III).

[34] "Art. 129 [...] § 2º No caso de empate, se o estatuto não estabelecer procedimento de arbitragem e não contiver norma diversa, a assembleia será convocada, com intervalo mínimo de 2 (dois) meses, para votar a deliberação; se permanecer o empate e os acionistas não concordarem em cometer a decisão a um terceiro, caberá ao Poder Judiciário decidir, no interesse da companhia."

[35] "Art. 118 [...] § 3º Nas condições previstas no acordo, os acionistas podem promover a execução específica das obrigações assumidas."
Comentando esse dispositivo, assinala Celso Barbi Filho que, mesmo diante do sistema anterior, a doutrina já identificava duas circunstâncias no direito pátrio em que a cláusula arbitral poderia vir a instituir, desde logo, a arbitragem, independentemente do estabelecimento posterior do compromisso. "A primeira delas é quando, em um contrato qualquer, a cláusula arbitral é firmada ao amparo do *Protocolo Relativo às Cláusulas Arbitrais*, de Genebra, de 1923, vigente no Brasil, após sua ratificação e promulgação pelo Decreto 21.187. E a segunda é a da cláusula arbitral inserida em acordo de acionistas de sociedades anônimas, uma vez que a própria Lei das S/A prevê expressamente *que, nas condições previstas no acordo, os acionistas podem promover a execução específica das obrigações assumidas* (art. 118, § 3º). Isso faz supor que a cláusula arbitral nesses acordos tenha execução específica, não se resolvendo em perdas e danos" (*Acordo de acionistas*, p. 163-164, n. 9).
E arremata o professor mineiro: "Tendo por apoio esse ponto de vista, animo-me a concluir que a estipulação de cláusula arbitral em acordo de acionistas enseja a solução de eventual controvérsia por arbitragem, independentemente da celebração voluntária de compromisso posterior ao surgimento do conflito" (*idem, ibidem*).
Nada obstante, assinala-se *en passant* que essa questão perdeu relevância em face do advento da nova Lei Arbitral, na medida em que atualmente a cláusula arbitral cheia equipara-se para todos os efeitos ao compromisso arbitral (convenção arbitral), perdendo assim a execução específica razão de ser.

Ainda em sede mercantil, porém voltada ao Direito Marítimo, a arbitragem também é admitida na Lei 7.203/1984, que dispõe sobre a assistência e salvamento (arts. 7º, 10, §§ 3º e 4º), ressalvada a impossibilidade de julgamento por tribunal estrangeiro na hipótese de envolvimento de embarcação brasileira em águas nacionais.

2. A ARBITRAGEM NO CENÁRIO INTERNACIONAL

O fenômeno da *globalização*, que, dentre outras facetas, designa a interligação e a integração das pessoas e nações do mundo contemporâneo, vem acompanhado também pela formação de grandes blocos econômicos que possuem objetivos comuns previamente definidos e afinidades políticas,[36] com tendência de acentuar-

---

[36] Veja-se, por exemplo, a Associação Latino-Americana de Livre Comércio (Alalc), criada pelo Tratado de Montevidéu em 1960, que, nada obstante o seu insucesso (institui-se posteriormente, em 1980, a Aladi – Associação Latino-Americana de Integração), serviu como embrião para a formação do Mercosul; o Pacto Andino, firmado em 1969 pela Bolívia, Colômbia, Equador, Peru e Chile, com a adesão da Venezuela em 1973 e desistência do Chile em 1976 (dentre outros órgãos, possui Tribunal de Justiça e Parlamento); o Acordo de Livre Comércio da América do Norte (*Nafta*), firmado em 1990 entre os Estados Unidos, Canadá e México; o Tratado de Assunção, inspirado na Comunidade Europeia, firmado em 1991 e que instituiu o Mercado Comum do Sul (Mercosul), inicialmente firmado pelo Brasil, Argentina, Paraguai e Uruguai, tendo o Chile e a Bolívia assinado o acordo em junho de 1996, que entrou em vigor a partir de 1º de outubro para aquele e, para este último, começou a vigorar em 1º.01.1997; Tratado da União Europeia – que teve como origem a Comunidade Econômica Europeia –, consolidado através do Tratado de Roma e de Maastricht, com a formação de mercado comum, união econômica, monetária, política e social (dentre os seus órgãos, encontra-se o Tribunal de Justiça Supranacional ou da Comunidade Europeia, também chamado de Tribunal de Luxemburgo – especificamente sobre esse tema, v. Luiz R. Sabbato, O Tribunal de Luxemburgo, *RT*, 717, p. 56-61).

Sobre o tema *Mercosul e União Europeia*, v. a monografia de Elizabet A. P. de Almeida. V. também Sérgio A. Bonilla, *Mercosur e integración*; Heber Vignali e outros organizadores, *Mercosur – Balance y perspectivas* (coletânea de estudos sobre o IV Encuentro Internacional de Derecho para América del Sur); Haroldo Pabst, *Mercosul. Direito da integração*; Wilson Fernandez, *Mercosur. Economia, política y estrategia en la integración*; Jorge P. Otermin, *El Mercado Comun del Sur*; Janine da Silva Alves, *Mercosul. Características estruturais*; Deisy de Freitas Lima Ventura, *A ordem jurídica do Mercosul*; Alcides Abreu, *A magistratura no Mercosul*; Marcelo S. Barrandeguy, Importancia del derecho internacional privado en el ámbito del Mercosur, *Revista Jurídica del Centro Estudiante de Derecho*, volume especial para o Mercosul; Siegbert Rippe, *El derecho comercial ante el Mercosur*; Heber A. Vignali, El concepto de soberanía y el ingreso al Mercosur, *Revista Jurídica del Centro Estudiante de Derecho*, volume especial para o Mercosul; Santiago P. de Castillo, Las posibilidades del Mercosur y nuestro desarrollo social, *Revista Jurídica del Centro Estudiante de Derecho*, volume especial para o Mercosul; Ramón V. Costa, Aspectos Jurídicos-tributários del Mercosur, *Revista Jurídica del Centro Estudiante de Derecho*, volume especial para o Mercosul; Héctor G. Espiell, El Tratado de Asunción, *Revista Jurídica del Centro Estudiantes de Derecho*, volume especial para o Mercosul. Ainda sobre o *Mercosul*, registramos que,

-se paulatinamente, por razões diversas que envolvem fatores históricos, sociais, políticos, financeiros e econômicos, com reflexos imediatos no plano jurídico de direito público, privado, nacional e internacional.

Por certo, o ponto nevrálgico da globalização reside na questão da soberania dos Estados que entre si realizam e incrementam diuturnamente suas atividades mercantis, assim como na das pessoas físicas e jurídicas dos respectivos países, integrantes ou não de determinados blocos político-econômicos; enquanto o nosso planeta transforma--se paulatinamente numa grande aldeia geopolítica, na mesma velocidade surgem os conflitos de interesses, dos quais exsurgem os problemas de ordem jurídica.

Ocorre que, para a solução desses conflitos, a jurisdição estatal já se mostrou historicamente inadequada, sobretudo porque envolve a delicada e não menos problemática questão da *soberania* entre os Estados e de suas respectivas jurisdições. Para a melhor compreensão desse fenômeno, há que se fazer primeiramente a distinção entre o modelo *societário,* que está calcado na cooperação entre nações soberanas e, assim, formando uma relação horizontal de integração e coordenação de soberanias, e o modelo *comunitário,* calcado em bases verticais, em que os Estados têm suas soberanias limitadas, sendo que o controle mútuo assegura o poder de integração, o poder comunitário ou, ainda melhor, o *poder supranacional.* Assim, "o direito comunitário nasce nesse modelo e vincula os Estados-membros e, no âmbito interno de cada um deles, as pessoas físicas ou jurídicas diretamente, porque esse direito prima sobre todo o direito nacional".[37]

É nesse quadro multicor que a *arbitragem* aparece como instrumento viável de pacificação social e mundialmente aceito para dirimir os litígios de maneira tecnicamente qualificada, rápida, menos onerosa e efetiva. Sem dúvida, não é a única forma de solução desses conflitos, em face da possibilidade da instituição de tribunais supranacionais ou comuns;[38] todavia, as dificuldades havidas para a

---

em data de 12.09.1996, o Congresso Nacional aprovou e o Presidente do Senado Federal promulgou o Decreto Legislativo 96, que dispõe sobre a aprovação do texto do Acordo de Livre Comércio Mercosul – Chile, firmado por ocasião da Reunião do Conselho do Mercosul, em San Luís, na Argentina, em 25.06.1996, e que foi objeto da Mensagem Presidencial 780, de 21.08.1996.

[37] Elizabeth A. P. de Almeida, *Mercosul e União Europeia,* p. 17.

[38] No âmbito do Mercosul, há muito se discute acerca da instituição de órgãos supranacionais voltados à decisão de conflitos internacionais civis e econômicos, na qualidade de "[...] órgão garantidor da segurança jurídica e dos valores, direitos e liberdades fundamentais que norteiam a união dos povos que integram o Mercosul" (cf. item 4º extraído da Carta de Foz do Iguaçu – *Congresso Internacional de Direito Comunitário e do Mercosul,* 24 a 26.04.1997). Registram-se *en passant* entendimentos favoráveis à criação desses órgãos supranacionais e outros, em sentido inverso, defendendo a tese de que para a solução dessas questões bastaria a utilização da arbitragem e de técnicas extrajudiciais de negociação direta.

formação desses órgãos não encontram qualquer paralelo com o juízo arbitral, sem contar que a existência daqueles não exclui a formação deste último.

No Brasil, em que pese o instituto da arbitragem encontrar-se presente em nosso sistema jurídico desde as Ordenações do Reino (v. n. 1, *supra)*, foi somente com o advento da Lei 9.307/1996 que a sua utilização passou a consolidar-se através da prática sempre crescente, seja por meio de instituições arbitrais ou de árbitros singulares ou colegiados, o que se deve à excelência e contemporaneidade da aludida norma de regência, porquanto em sintonia com as legislações de ponta da atualidade.

A verdade é que, antes de mais nada, haveremos de alterar o texto de nossa Carta Magna a fim de legitimar a recepção da tão decantada Corte Supranacional, sem que o princípio da soberania nacional seja ferido. Significa dizer, em outros termos, que hoje seria inviável para o Brasil a assinatura de qualquer tratado internacional (no âmbito de lei ordinária federal) que criasse um tribunal que viesse a implicar despojamento de parte da nossa jurisdição (subtração da apreciação do Poder Judiciário de determinadas matérias), por afrontar o art. 5º, XXXV, da Lei Maior. Soma-se a esse óbice constitucional a pouca experiência de relações entre os países integrantes do Mercosul, o que, a nosso sentir, dificulta ou inibe a criação da Corte Supranacional.

A respeito da necessidade de criação de uma Corte Comunitária para o Cone Sul, v. artigo da lavra do Min. Sálvio de Figueiredo Teixeira, intitulado "Arbitragem como meio de solução de conflitos no âmbito do Mercosul e a imprescindibilidade da Corte Comunitária" (*RJ*, 236, p. 15, jun. 1997).

Ainda, com referência ao Mercosul, ressaltamos a instituição da Federação Latino-Americana de Magistrados (Flam).

Em arremate, cita-se o Decreto 4.719, de 4 de junho de 2003, que promulga o acordo sobre Arbitragem Comercial Internacional do Mercosul e o Protocolo de Olivos, assinado em 2002, e em vigor desde 2004, que dispõe acerca do novo sistema de solução de controvérsias do Mercosul, derrogando o Protocolo de Brasília para a Solução de Controvérsias, adotado em 17 de dezembro de 1991 e o Regulamento do Protocolo de Brasília, aprovado pela Decisão CMC 17/1998. A principal novidade contida no Protocolo de Olivos é a criação do Tribunal Permanente de Revisão (TPR) que poderá revisar os laudos dos tribunais arbitrais *ad hoc*, confirmando, modificando ou revogando a decisão, limitando-se o recurso às questões de direito já examinadas pelo tribunal *ad hoc*. O Protocolo permite também que as partes se dirijam diretamente ao TPR, sem que façam uso anterior do tribunal arbitral *ad hoc*, desde que frustradas as tentativas de negociações diretas entre os Estados-Partes. Outra interessante novidade trazida a lume com o Protocolo de Olivos é a possibilidade conferida às partes de escolher entre o sistema de controvérsias do Mercosul e outro eventualmente competente. Sobre o tema, v. Eliane M. Octaviano Martins, "Sistema de solução de controvérsias do MERCOSUL: o Protocolo de Brasília e o Protocolo de Olivos", *Revista Bonijuris*, n. 525, p. XIII/XVII, ago. 2007; Welber Barral, "O novo sistema de solução de controvérsias do Mercosul", disponível em: www.camarb.com.br, no *link* "artigos jurídicos nacionais"; Eugenio Xavier de Mello, "Vigência del arbitraje en un Mercosur cuestionado", *Revista de Arbitragem e Mediação*, v. 8, p. 176, jan. 2006; e in Arnoldo Wald (org.), *Arbitragem e Mediação*, v. V, p. 1.019-1.045 (Coleção Doutrinas Essenciais).

Com razão observa Alejandro Garro não haver dúvida de que "[...] a prática da arbitragem vem crescendo, tanto na América Central como na América do Sul. As razões para essa tendência são várias, mas o descrédito na administração da justiça em muitos países da América Latina é uma parte importante destes motivos. Um outro elemento favorável para o crescimento e popularidade da arbitragem é a adoção de uma nova leva de regras sobre a arbitragem durante as últimas décadas, que retiram os mais significativos obstáculos legais à viabilidade da arbitragem na região, incluindo os diferentes efeitos legais dados à cláusula compromissória e ao compromisso arbitral".

"O crescimento da popularidade da arbitragem comercial internacional também facilitou o crescimento do uso da arbitragem no nível interno. A literatura sobre a arbitragem comercial é agora tão vasta que é praticamente impossível que um profissional ignore este popular método de solução de controvérsias."[39]

Por intermédio da *Comissão das Nações Unidas para o Direito Comercial Internacional* (*"Uncitral" – United Nations Commission International Trade Law*), composta por representantes dos Estados-membros,[40] vieram a lume duas disposições relativas à arbitragem internacional, quais sejam, a Resolução 31/98, da Assembleia-Geral das Nações Unidas, que aprovou em 1976 o Regulamento de Arbitragem (Uncitral-RA), e a Resolução 40/72, em 1985, um texto de Lei Modelo para a Arbitragem Comercial Internacional (Uncitral-LM).[41]

---

[39] Entrevista dada à Câmara de Arbitragem de Minas Gerais, publicada em seu *Informativo CAMARB*, n. 11, 2003.
No Brasil, possuímos algumas instituições habilitadas para atuarem em lides nacionais e internacionais de natureza mercantil, valendo citar, dentre outras, o Instituto Nacional de Mediação e Arbitragem, em São Paulo e, como observa Jürgen Samtleben, "[...] na cidade do Rio de Janeiro, o comitê nacional da CCI Paris, denominado de Comitê Brasileiro da Câmara de Comércio Internacional, a seção nacional da *Inter-American Commercial Arbitration Commission*, denominada de Centro Brasileiro de Mediação e Arbitragem e o Centro de Arbitragem e Mediação da Câmara de Comércio Brasil-Canadá (CAM/CCBC). No meio-tempo, porém, constata-se, em outros círculos negociais, crescente interesse sobre a arbitragem organizada, tendo sido, inclusive, cogitada a instalação de centro de arbitragem latino-americano com sede no Brasil" ("Questões atuais da arbitragem comercial internacional no Brasil", *RT,* 712, p. 55).

[40] Em 1966, a Assembleia Geral das Nações Unidas instituiu através da Resolução 2.205 (XXI) a "Comissão" denominada *United Nations Commission International Trade Law,* que passou a ser conhecida pela sigla Uncitral, destinada a tratar do comércio internacional e, de uma maneira geral, de promover a harmonização e, dentro do possível, a unificação das regras atinentes a essa matéria, sendo uma de suas primeiras incumbências a elaboração da Lei Modelo de Arbitragem.

[41] Esse "Código Modelo da Arbitragem" foi elaborado por uma comissão formada por juristas de vários países, que recomendaram aos Estados-membros que, ao elaborarem suas respectivas legislações internas sobre a matéria ou processarem a sua revisão, considerassem as

Em 2006, reuniu-se a Uncitral, oportunidade em que os membros, articulados em vários grupos (mais de cem países), decidiram realizar uma revisão das regras atinentes à arbitragem internacional (mediante análise artigo por artigo), não porque estivessem inadequadas ou ultrapassadas, mas, contrariamente, para mantê-las no mesmo nível de excelência que definira o seu sucesso em todo o mundo.

O grupo de trabalho completou a primeira leitura crítica das regras em Nova Iorque, em fevereiro de 2008, oportunidade em que decidiu proceder a um segundo exame, desta vez com base nas observações feitas pelas várias delegações. Assim, em setembro de 2008, o *Working Group* terminou o reexame dos arts. 1 a 17, concernente à fase introdutiva do procedimento arbitral, a composição do tribunal e algumas disposições procedimentais, efetuando a revisão até o art. 26. Segundo Vincenzo Vigoriti, "construíram-se, desta maneira, fundamentos comuns acerca da arbitragem e sobre eles ergueu-se uma verdadeira *common law of arbitration*".[42]

Entre as instituições arbitrais internacionais,[43] podemos citar a Câmara de Comércio Internacional – CCI, já aludida anteriormente, a *Chambre de Commerce et D'Industrie de Genève – CCIG*, a *London Court of International Arbitration – LCIA*, e a *American Arbitration Association – AAA*. Por sua vez, "as fontes normativas que regulam as arbitragens comerciais internacionais são: a) tratados internacionais (do tipo *law making treaties*, ou seja, tratados internacionais entre Estados para a adoção de normas uniformes sobre institutos de Direitos Privados internos); b) usos e costumes do Direito do Comércio Internacional; c) a jurisprudência arbitral, em particular aquela elaborada por árbitros pertencentes a um corpo de árbitros de instituição arbitral reconhecida (os precedentes arbitrais elaborados dentro de uma instituição arbitral); d) leis internas e jurisprudência dos tribunais judiciários dos Estados (em particular daqueles países que sediam os tribunais arbitrais ou instituições arbitrais internacionais, como Paris, Londres, Genebra, Hamburgo, Nova Iorque etc.), que se têm manifestado nos inúmeros casos de pe-

---

orientações ali contidas. Sobre a *Uncitral*, v. Guido Soares, "Arbitragens comerciais internacionais no Brasil: vicissitudes", *RT*, 641, p. 53-57, item 6; Gerold Hermann, *Arbitration. Uncitral Conciliation and arbitrations rules*, p. 85; Maria Soares e Rui Ramos, *Contratos internacionais*, p. 315 *et seq.*

[42] "La revisione delle rules of arbitration dell'UNCITRAL (a proposito della seduta di New York del 9-13 febbraio 2009)", in Donaldo Armelin (coord.), *Tutelas de urgência e cautelares – Estudos em homenagem a Ovídio A. Baptista da Silva*, p. 1.035.

[43] Dentre outros autores, para aprofundamento sobre o tema da arbitragem internacional, v. Irineu Strenger, *Arbitragem comercial internacional*; Piero Bernardini, *L'arbitrato internazionale*; Claude Reymond, "L'evoluzione del diritto comune dell'arbitrato internazionale: esperienze e prospettive", *Rivista Trimestrale di Diritto e Proceduria Civile*, 39, p. 120; Giuseppe Franchi, "La convenzione arbitrale secondo le convenzioni internazionali", *Rivista Trimestrale di Diritto e Proceduria Civile*, 39, p. 244.
V. também Emmanuel Gaillard, *Teoria jurídica da arbitragem internacional*.

didos de homologações judiciais dos laudos arbitrais expedidos em seu território; e) a doutrina; f) os princípios gerais de Direito que, numa matéria tão complexa e tendente a ser regulada por normas costumeiras internacionais, ganham força devido às lacunas existentes".[44]

Para finalizar, assinalamos, a título exemplificativo, algumas convenções internacionais que tratam da matéria: a Convenção de Nova Iorque, sobre o reconhecimento e execução de sentenças arbitrais estrangeiras (1958);[45] a Convenção do Panamá (1975), sobre a arbitragem comercial internacional regional e interamericana (ratificada no Brasil por meio do Decreto Legislativo 90, de 06.06.1995); e, sobre o mesmo tema, a Convenção de Montevidéu (1979), a Convenção de Washington, que versou sobre a resolução de conflitos pertinentes a investimentos e que foi submetida aos Estados pelo Banco Internacional de Reconstrução e Desenvolvimento – BIRD (1965), e o Protocolo de Genebra, sobre cláusulas arbitrais (1923), em vigor nos países que não aderiram à Convenção de Nova Iorque (regulada pelo Decreto 21.187, de 1923).[46] Esse Protocolo e a Convenção do Panamá têm particular relevância por se tratarem de convenções multilaterais sobre a arbitragem, aplicáveis aos contratos comerciais internacionais. Mencionaríamos ainda outros tratados ou convenções internacionais, tais como a Convenção Europeia sobre Arbitragem Comercial Internacional, firmada em Genebra (1961).[47]

---

[44] Guido Soares, "Arbitragens comerciais internacionais no Brasil: vicissitudes", *RT*, 641, p. 34-35, n. 2.2. O festejado professor frisa, ainda, a relevância, para a arbitragem comercial internacional, das fontes normativas consistentes nas resoluções de organizações internacionais, interestatais, de natureza consultiva, como *Uncitral* e *Unidroit* (organização diplomática sediada em Roma).

[45] A Convenção de Genebra, de 1927, versava sobre o mesmo tema.
Com referência ao tema, v. a excelente obra coordenada por Arnoldo Wald e Selma Lemes, que apresenta vasta coletânea de estudos sobre a Convenção de Nova Iorque, intitulada *Arbitragem comercial internacional*.

[46] Sobre o tema, v. Selma Lemes, "Arbitragem. Princípios jurídicos fundamentais. Direito brasileiro e comparado", *RT*, 686, p. 80; e in Arnoldo Wald (org.), *Arbitragem e Mediação*, v. I, p. 215-245, n. 8 (Coleção Doutrinas Essenciais).
A esse respeito, assinala Guido Soares: "Nenhum outro texto internacional dos vigentes na maioria dos países e anteriormente mencionados é lei no Brasil ou para o Brasil [observação feita antes da entrada em vigor no Brasil da Convenção do Panamá]. Não tendo havido denúncia do referido Protocolo de 1923 (nem a assinatura da Convenção de Nova Iorque pelo Brasil). Segue-se que o mesmo se encontra plenamente vigente no País (inda que seja um texto sepultado para a maioria dos outros países)" (*ibidem*, p. 36).
V. também José Carlos de Magalhães, "A arbitragem como forma de atuação da sociedade civil", *RArb* 9, p. 165, abr. 2006; e in Arnoldo Wald (org.), *Arbitragem e Mediação*, v. I, p. 959-967, n. 61 (Coleção Doutrinas Essenciais).

[47] Segundo Guido Soares, esses tratados podem ser classificados, tomando-se como critério a sua incidência, da seguinte maneira: "[...] 1. tratados universais: 1.1. gerais, sobre

3. ANÁLISE DA ARBITRAGEM NO DIREITO ESTRANGEIRO

As comparações de sistemas jurídicos alienígenas servem sobremaneira aos intérpretes e aplicadores do direito à medida que oferecem compreensão e visão macroscópica de realidades distintas de fenômenos, institutos e instituições integrantes de universos normativos, tornando-se hábeis a elucidar ou minimizar as dúvidas resultantes de exegeses múltiplas formuladas a partir de determinado microssistema objeto de análise específica.

Nos dizeres de Clóvis Beviláqua, as comparações legislativas "[...] elucidam as questões, robustecem as inteligências na pesquisa do justo e, assimilados, constituem, com os princípios da ciência, elementos que entram na formação da consciência jurídica".[48]

É com esse espírito e preocupação que faremos um estudo sinóptico de alguns sistemas jurídicos estrangeiros pertinentes ao tema enfocado, como tentativa de oferecer ao estudioso da matéria um despretensioso mapeamento de alguns aspectos destacados de alguns modelos legislativos, que apesar de encontrarem suas origens históricas em nascentes distintas – a *common law* e a *civil law* – afluem para a harmonização universalizada do juízo arbitral.

Daremos mais ênfase aos sistemas da denominada *civil law*, diante do enquadramento do Direito brasileiro que se identifica com as raízes romano-canônicas. Assim, faremos inicialmente algumas observações com o escopo de traçar as linhas mestras entre os dois sistemas, buscando em suas origens históricas os matizes distintivos e aproximativos que nos permitam melhor conhecer o instituto jurídico da arbitragem.

Nessa tarefa poderemos bem constatar as razões e fundamentos que fazem um dos sistemas ser conhecido como "lei codificada" (basicamente escrita) e o outro, inversamente, como "lei não codificada" ou "lei comum" (baseada nos costumes e tradições).[49]

---

arbitragem comercial internacional (Convenção de Nova Iorque de 1958); 1.2. especiais, sobre investimentos entre Estados e particulares estrangeiros (Convenção Bird de 1966); 2. tratados regionais: 2.1. Europa (Convenção Europeia de 1961); 2.2. América Latina e Estados Unidos da América (Convenção do Panamá de 1975 e de Montevidéu de 1978" (art. cit., p. 35). Ainda para maior aprofundamento sobre as convenções internacionais, v. também Guido Soares, *Enciclopédia Saraiva do Direito*, v. 7, p. 394-398, n. 28 a 31.

[48] Clóvis Beviláqua, *Teoria geral do direito civil*, p. 33, n. 29a.
[49] Observa Henry J. Abraham, em suas *Análises introdutórias das Cortes dos Estados Unidos, Inglaterra e França*, que, em virtude de a lei feita por representantes políticos (Parlamento) apresentar-se não raras vezes com imprecisões, é rotulada comumente nos Estados Unidos de estilo "lei feita no bar" (*bar-made law*) ou em estilo de "lei feita na corte" (*bench-made law*) por juízes e tribunais.

3.1. Alguns sistemas jurídicos originários da *civil law*

3.1.1. Civil law – *breves considerações*[50]

Apesar da origem do conceito de *statutory law* remontar à Roma antiga – variavelmente conhecida como código, escrita, neorromana, romana, ou *civil law* –, sua larga aplicação é essencialmente moderna. Enquanto a *common law* é aplicada tradicionalmente em questões de caráter privado, a *statutory law* é pertinente à sociedade, donde decorre a sua publicização como um conjunto de regras que se origina no poder de legislar do Estado, em sentido amplo.

Historicamente, embora possamos remontar aos tempos de Moisés, Manu e Hamurabi, a *statutory law* identifica-se com mais proximidade aos Códigos do Imperador Justiniano I (527-565) – o *Corpus Iuris Civilis*, que foi promulgado por volta de 535 d.C. – em face do desenvolvimento e homogenia das cidades-estado. Como se sabe, o Código de Justiniano foi inicialmente introduzido na Europa Ocidental em 544 quando o Império Oriental reconquistou a Itália. Contudo, não teve grande importância para o Ocidente até que se verificasse a sistematização por intermédio de novos estudos das leis romanas, revividos nas universidades italianas no século XII.

A *statutory law* é conhecida também como "Lei Romana" e, para confundir estudantes, professores e aplicadores do direito, é denominada ainda de *Civil Law* (Lei Civil), o que não tem nenhuma ligação com jurisdição civil.

Em contraste com a diversificada Inglaterra, com os seus vários costumes que pareceram implorar verdadeiramente por um novo tipo de *common law*, Roma prestou-se idealmente para o desenvolvimento de um sistema estatutário, que poderia ser prontamente escrito ou codificado. *Statutory law* teve – e tem, claro – as vantagens da precisão, simplicidade e clara aplicabilidade, embora ainda esteja sujeita à interpretação por juízes e outros operadores do Direito.

Decretada pelos corpos legislativo e/ou executivo-administrativo do governo, codificada e escrita corretamente por profissionais da área, clara e prontamente disponível para todos, a *statutory law* sobreviveu até os dias de hoje como a norma geralmente aceita na maioria dos Estados da Europa continental, Rússia, América Latina e muitas das nações africanas emergentes.

Assinala ainda o mesmo professor que os termos *bar-made* e *bench-made* nunca são usados na Inglaterra, onde são conhecidos por *statutory* e *judge-made*, ou seja, lei codificada e lei feita por juízes (cf. *The judicial process* – An introductory analysis of the Courts of the United States, England and France, p. 7).

[50] Cf. Henry J. Abraham, ob. cit., p. 14-15.

3.1.2. Breves considerações sobre o instituto da arbitragem em países da América Latina

Considerando a expansão das relações comerciais, políticas, econômicas, sociais e jurídicas decorrentes da integração cada vez mais acentuada, notadamente entre os países integrantes do Mercosul,[51] optamos por dirigir a nossa análise sobre os principais sistemas arbitrais da América Latina.

Na Argentina, a arbitragem está regulada nos arts. 736-765 e o juízo de "amigables componedores", que aparece como variação do juízo arbitral, nos arts. 766-773, todos do Código Procesal Civil y Comercial de la Nación (Ley 17.454, com as alterações introduzidas pela lei reformadora do Código, Ley 22.434/1981). Além desse Diploma, o tema também é tratado no "Nuevo Código Civil y Comercial de la Nación" (em vigor desde 1º de agosto de 2015), que dedicou os arts. 1.649 e 1.665 (Libro Tercero, Título IV, Capítulo 29) à análise do "contrato de arbitraje".

No Paraguai, a matéria é regulada pela Ley 1.879/2002 de "Arbitraje e Mediación" que, em setenta artigos, estabelece todas as diretrizes para aplicação do instituto da arbitragem.

No Uruguai, por sua vez, o assunto está disposto nos arts. 472-507 do Código General del Proceso (Ley 15.982/1988, com as alterações introduzidas pela Ley 16.699/1995 e pela Ley 10.090/2013).

Finalmente, na Venezuela, que foi admitida como Estado-membro do Mercosul em 12.08.2012,[52] o tema é abordado pela "Ley de Arbitraje Comercial", publicada na *Gaceta Oficial* n. 36.430, de 7 de abril de 1998.

No que tange à *matéria* que pode ser objeto de solução arbitral, os quatro sistemas não apresentam discrepância, excluindo, em qualquer hipótese, os conflitos fundados em direitos indisponíveis.

As *pessoas* naturais ou jurídicas de natureza privada que podem instituir a arbitragem são também as mesmas, com alguma variação em relação à participação das pessoas jurídicas de direito público interno. Tendem, porém, de uma forma geral, a admitir a presença do Estado como parte nos juízos arbitrais.

---

[51] Membros efetivos do Mercosul: Argentina, Brasil, Paraguai, Uruguai e Venezuela (2012) e, Membros associados: Bolívia (1996), Chile (1996), Peru (2003), Colômbia (2004), Equador (2004), Guiana (2013) e Suriname (2013).
Sobre o tema v. Adriana Pucci, "A Arbitragem nos países do Mercosul". *RT*, v. 738, p. 41; e in Arnoldo Wald (org.), *Arbitragem e Mediação*, v. V, p. 783-802, n. 40 (Coleção Doutrinas Essenciais).
V. a análise feita por Adolfo Gelsi Bidart, intitulada "Un enfoque sobre procedimientos no adversariales y arbitrales en el Mercosur", *Rev. Uruguaya de Der. Proc.* 3, p. 306-320, 1995.

[52] Vale lembrar que a Venezuela teve seus direitos políticos suspensos pelo Mercosul em face da "ruptura da ordem democrática", em 2017.

Quanto ao *procedimento arbitral,* os sistemas latino-americanos não são idênticos, vejamos algumas variações: no Brasil, as partes podem disciplinar o rito no compromisso ou transferir ao árbitro, tribunal ou instituição arbitral essa definição; diversamente, o Código paraguaio prevê expressamente o procedimento arbitral, enquanto o argentino e o uruguaio fazem referência aos procedimentos ordinário ou sumário, desde que outro não tenha sido estipulado no compromisso arbitral. Por sua vez, a lei venezuelana distingue o procedimento a ser utilizado levando em consideração tratar-se de arbitragem institucional – caso em que serão adotados, via de regra, os regramentos do centro de arbitragem ao qual as partes tenham se submetido (art. 12), ou, arbitragem independente – quando poderá ser utilizado o rito definido pelas próprias partes, ou, aquele estabelecido na própria legislação (art. 15). Por seu turno, a lei boliviana faculta às partes convencionar o procedimento, além da possibilidade de adotar as regras estabelecidas pela instituição administradora do painel, enquanto o Código Orgânico chileno dispõe no sentido de agasalhar o procedimento delineado pelas partes no ato constitutivo do compromisso arbitral, ou, se nada definirem, incidirão as normas específicas contidas para aquele tipo de demanda no Código de Procedimiento Civil.

Na Bolívia, a matéria está disposta na Ley 708, de 25 de junho de 2015 (Ley de Conciliación y Arbitraje), que revogou a Ley 1.770/1997; e, no Chile, o tema é regulamentado pelo Código de Procedimiento Civil – arts. 628 a 644, localizados no Título VIII, do "Libro Tercero" –, pelo Código Orgánico de los Tribunales (arts. 227-243), e pela Ley 19.971/2004, que trata da Arbitragem Comercial Internacional.

Percebe-se, em síntese, que as orientações legislativas citadas se fundam harmonicamente em modelos jurídicos atuais que acompanham as tendências universais a respeito da arbitragem, assim como acolhem as orientações contidas nas convenções internacionais pertinentes ao tema.

Por sua vez, no direito mexicano, a arbitragem civil aparece regulada no Código Federal de Procedimientos Civiles (de 24.02.1943, recebendo a última reforma em 09.04.2012) e nos Códigos Estaduais (*v.g.,* CPC para El Distrito Federal, arts. 609 a 636 – Título oitavo – "Del juicio arbitral"), enquanto a arbitragem comercial está regulada no Código Comercial Mexicano, em seu Título IV, que, através da Lei de 22.07.1993, adotou a Lei Modelo da CNUDCI sobre a arbitragem comercial internacional.

A *matéria* que pode ser objeto de conhecimento em juízo arbitral no México é toda aquela que não envolve estado e capacidade das pessoas. As demandas decorrentes de relações de família, de cunho eminentemente patrimonial, são, todavia, admitidas, assim como aquelas em que tutores poderão optar pelo juízo arbitral para decidir questões negociais de seus tutelados, desde que haja previamente consentimento judicial, salvo se os incapazes forem herdeiros de quem celebrou o compromisso. Os juízos concursais de falências e concordatas poderão ser submetidos à arbitragem desde que verificado o assentimento de todos os credores.

As *pessoas* (naturais ou jurídicas) que podem instituir a arbitragem são todas aquelas que estejam em pleno exercício de seus direitos.

A *cláusula compromissória* gera efeitos de obrigatoriedade de constituição da arbitragem, não fazendo, o sistema mexicano, distinção quanto aos efeitos entre cláusula compromissória e compromisso arbitral, apesar de usar as duas expressões no texto legal.

Não se distingue também com precisão a figura do *árbitro* e do *amigável compositor* – ao contrário, por exemplo, do que se verifica no sistema argentino. Contudo, existe disposição no sentido de que os árbitros decidirão segundo as regras de direito, a menos que o compromisso ou a cláusula recomendem a amigável composição ou a decisão segundo a sua consciência.[53]

Quanto ao *procedimento arbitral,* as partes podem disciplinar o rito ou transferir ao árbitro ou tribunal arbitral essa definição, quando então aplicarão as regras previamente estabelecidas pelo respectivo colégio.

A *sentença arbitral* mexicana não será submetida à homologação pelo Poder Judiciário, procedendo-se de imediato à execução através da atuação do Estado-juiz após a notificação se a decisão não for cumprida espontaneamente, ressalvada a possibilidade de embargos de declaração (art. 571 do Código Federal de Procedimentos Civiles). Mas as partes poderão convencionar se a decisão será ou não apelável; nessa hipótese, o recurso será dirigido ao Poder Judiciário, salvo se o compromisso arbitral for celebrado quando a demanda proposta perante o Estado-juiz já se encontrava em segunda instância, quando então não será admitida apelação.

3.1.3. Países da Europa continental

A arbitragem está disciplinada no sistema normativo português na Lei da Arbitragem Voluntária (Lei 63, de 14 de dezembro de 2011) e no Livro VI do Código de Processo Civil português (Lei 41, de 26 de junho de 2013), que versa sobre o "tribunal arbitral necessário". As disposições referentes ao tribunal arbitral necessário serão aplicáveis apenas quando o litígio for submetido a julgamento arbitral em virtude de expressa previsão em lei especial, e desde que seja esta lei omissa acerca do procedimento a ser adotado pelas partes.

Ainda tratando da arbitragem, a Lei 18, de 21 de abril de 2008 que "autoriza o Governo a alterar o Código de Processo Civil, o Estatuto da Câmara dos Solicitadores e o Estatuto da Ordem dos Advogados, no que respeita à ação de execução", disciplinou em seu art. 9º acerca da possibilidade de instituir-se jurisdição privada no âmbito das demandas executivas. Em outros termos, a aludida norma portu-

---

[53] Entende-se por essa expressão a decisão tomada com base exclusiva em equidade.

guesa faculta às partes litigantes, em processo executivo em curso, a instituição de arbitragem com o escopo de agilização da demanda.

Na Espanha, a Ley 60/2003 revogou a Ley 36, de 05.12.1988, que havia reestruturado substancialmente o regime da arbitragem no Direito espanhol, em substituição à Lei de 22.12.1953.[54] Após a sua entrada em vigor, a referida lei passou por sucessivas alterações, tendo a última ocorrido em 6 de outubro de 2015 (alterações promovidas pela Lei 42/2015).

Na França, por sua vez, as arbitragens interna e internacional estão reguladas nos arts. 1.442 a 1.527 do "Nouveau Code de Procédure Civile", com redação dada pelo Decreto 2011/48, de 13 de janeiro de 2011.

Por sua vez, na Itália, a Lei 25, de 05.01.1994, que entrou em vigor em 17.04.1994, modificou substancialmente a disciplina da arbitragem (anteriormente regulada através da Lei 28, de 09.02.1983),[55] tendo sido alterada pelo Decreto Legislativo 40, de 2 de fevereiro de 2006, encontrando-se a matéria exaustivamente

---

[54] Sobre o tema, v. Francisco Ramos Mendez, "La nuova disciplina dell'arbitrato in Spagna", *Rivista Trimestrale di Diritto e Proceduria Civile*, 44, p. 241; Sergio La China, "La nuova legge spagnola sull'arbitrato", *Riv. di Dir. Proc.*, 45, p. 486.

[55] A respeito do sistema revogado, críticas e escritos que antecederam a reforma do instituto da arbitragem no direito italiano, dentre outros, v. Federico Dalla Verità, "Un disegno di legge per la riforma dell'arbitrato", *Riv. Trim.*, 44, p. 633; Federico Carpi, "Il procedimento nell'arbitrato irrituale", *Riv. Trim.*, 45, p. 389; idem, "Gli aspetti processuali della riforma dell'arbitrato", *Riv. Trim.*, 38, p. 47-65; Giorgio De Nova, "Nullità del contratto e arbitrato irrituale", *Riv. Trim.*, 45, p. 401; Luigi Montesano, "Aspetti problematici dell'arbitrato irrituale dopo la riforma del 1983", *Riv. Trim.*, 45, p. 441; Giuseppe Tarzia, "Nullità e annullamento del lodo arbitrale irrituale", *Riv. Trim.*, 45, p. 451; Francesco P. Luiso, "Il giudice delegato: problemi attuali e prospettive di riforma", *Riv. Trim.*, 47, p. 817; Elena Zucconi Galli Fonseca, "Riflessioni sulla sospensione dell'esecuzione della sentenza arbitrale", *Riv. Trim.*, 47, p. 385; Francesco Vanz, "Domanda de delibazione del lodo arbitrale straniero e sua riproponibilità", *Riv. Trim.*, 47, p. 409; Gerhard Walter, "L'arbitrato irrituale: osservazioni di uno straniero", *Riv. Trim.*, 48, p. 151; Carmine Punzi, "La riforma dell'arbitrato", *Riv. Trim.*, 38, p. 78; E. Ricci, "Sull'efficacia del lodo rituale dopo la legge 9 febbraio 1983", *Riv. Dir. Proc.*, 38, p. 635, n. 28; G. Monteleone, "Il nuovo regime giuridico dei lodi arbitrali rituali", *Riv. Dir. Proc.*, 40, p. 552; L. Montesano, "Negozio e processo nel nuovo arbitrato", *Riv. Dir. Proc.*, 39, p. 214; C. Nicoletti, "L'arbitrato della riforma", *Riv. Dir. Proc.*, 40, p. 116; Edoardo F. Ricci, "Disciplina dell'arbitrato e riforme dell'ordinario processo civile", *Riv. Dir. Proc.*, 41, p. 913; C. Cecchella, "Arbitrato libero e processo (contributo ad una nozione unitaria dell'arbitrato italiano)", *Riv. Dir. Proc.*, 42, p. 881; G. Boaretto, "L'esperienza del collegio arbitrale per il licenziamento dei dirigenti", *Riv. Dir. Proc.*, 43, p. 496; Aldo Formiggini, "Arbitrato irrituale e provvedimenti cautelari", *Riv. Trim.*, n. 2, p. 701, 1992; Sergio La China, "L'arbitrato interno ed internazionale", *Riv. Trim.*, n. 1, p. 345, 1992.

versada nos arts. 806 a 840 do *Codice di Procedura Civile* (Livro IV, *Dei procedimenti speciali*, Título VIII, *Dell'arbitrato*).[56]

Fazia-se mister no Direito peninsular, além da exclusão de interpretações doutrinárias e jurisprudenciais cada vez mais confusas e que agravavam com a praxe judiciária a consolidação dessa forma alternativa de oferecimento de jurisdição privada, também a adequação da legislação às obrigações derivadas da ratificação das Convenções Internacionais de Nova Iorque (de 1958) e de Genebra (de 1961) em tema de reconhecimento dos laudos arbitrais e, sobretudo, a harmonização do sistema legislativo com as necessidades do mundo contemporâneo, das quais derivam as relações comerciais internacionais. Assim, a Lei 25/1994 e o Decreto

---

[56] Dentre outros, sobre a Lei 25, de 05.01.1994 v. Crisanto Mandrioli, *Corso di diritto processuale civile* – "Appendice di aggiornamento alla nona edizione con riguardo alla L. 5 gennaio 1994, n. 25, che modifica la disciplina dell'arbitrato", v. III; Andrea Lugo, *Manuale di diritto processuale civile*, II – "Adenda, 10. ed. revista e atualizada"; G. Cian e A. Trabucchi, *Commentario breve al Codice di Procedura Civile*; N. Picardi, *Codice di Procedura Civile*; Piero Bernardini, *L'arbitrato internazionale*; Luigi Montesano, "Sugli effetti del nuovo lodo arbitrale e sulle funzioni della sua 'omologazione'", *Riv. Trim.*, 48, p. 821; Giuseppe Tarzia, "La legge di riforma dell'arbitrato", *Riv. di Dir. Proc.*, 49, p. 241; Luigi Montesano, "Magistrature – ordinarie e speciali – e arbitri nella giustizia civile secondo la Costituzione", *Riv. Dir. Proc.*, n. 3, p. 645, 1996; Gerhard Walter, "Aspetti internazionali del diritto processuale", *Riv. Trim.*, n. 4, p. 1.159, 1996; Edoardo Ricci, "L' 'efficacia vincolante' del lodo arbitrale dopo la legge n. 25 del 1994", *Riv. Trim.*, 48, p. 809.

Sobre as reformas introduzidas acerca da arbitragem no CPCi através do Decreto Legislativo 40, de 2 de fevereiro de 2006, vide, entre outros estudos: Michele E. Puglia, "La nuova disciplina dell'arbitrato", disponível em: <www.camera-arbitrale-venezia.com, acesso em: 30 mar. 2008; Franco Portento, "Breve introduzione Allá riforma dell'arbitrato", disponível em: <www.altalex.com/index.php>, acesso em: 30 mar. 2008; Cecilia Carrara, "Occasione perduta sull'arbitrato", disponível em: <www.professionisti24.isole24ore.com>, acesso em: 30 mar. 2008; Mario Barbuto, "La riforma dell'arbitrato", disponível em: <www.csm.it/quaderni/qua_92_36.pdf>, acesso em: 30 mar. 2008; Ferruccio Tommaseo, "Le impugnazioni del lodo arbitrale nella riforma dell'arbitrato (d. lgs. n. 40 2 febbraio, 2006)", *Rivista dell'arbitrato*, v. 17, tomo 2, p. 199-217, 2007; Elena Occhipinti, "La rilevanza della volontà delle parti nell'impugnazione per nullità e i requisiti del lodo dopo La riforma 2006", *Rivista dell'arbitrato*, v. 17, tomo 2, p. 249-261; Danele Cutolo, "La conciliazione stragiudiziale societária". *Rivista dell'arbitrato*, v. 17, tomo 4, p. 764-780; Dante Grossi, "Il 'giusto processo' arbitrale: La nuova disciplina del termine per La pronuncia del lodo", *Rivista dell' arbitrato*, v. 16, tomo 4, p. 655-672; Guido Alpa, "Le clausole arbitrali Nei contrati del consumatore", *Rivista dell'arbitrato*, p. 619-627; Giorgio Barbieri e Enrico Bella, *Il nuovo diritto dell'arbitrato*, Padova: Cedam, 2007 (Trattato di diritto commerciale e di diritto pubblico dell'economia, dir. Francesco Galgano, v. XLV); Sergio La China, *L'arbitrato. Il sistema e l'esperienza*, Milano: Giuffrè, 2007; Giovanni Novelli e Stefano Petitti, *Codice di procedura civile. Annotato con la giurisprudenza* Giuffrè, Milano, 2007; Maurizio de Giorgi, Il nuovo arbitrato, Halley Editrice, 2007; Damiano Marinelli, *ADR. Alternative Dispute Resolution.* Guida operativa per conciliatori e arbitri, Edizioni Giuridiche Simone, 2007.

Legislativo 40/2006 complementam-se e servem de arcabouço legislativo para o novo processo e procedimento arbitral italiano.

Na Alemanha, o Livro Décimo da ZPO (*Zivilprozessordnung*) dispõe sobre a arbitragem nacional e o reconhecimento da sentença arbitral estrangeira, nos §§ 1.025 a 1.066.

Por fim, a Bélgica – cujo estudo assume particular relevância na medida em que foi o primeiro país a adequar a sua legislação interna aos termos da Convenção de Estrasburgo – incorporou ao "Code Judiciaire Belge", através da Lei de 24.07.1972, a sexta e última parte, destinada a regular integralmente *L'arbitrage* (arts. 1.676 a 1.723).[57] Referido título passou por sucessivas alterações, tendo as duas mais substanciais ocorrido em junho de 2013 e em dezembro de 2016.

3.2. Sistemas jurídicos originários da *common law*

3.2.1. Common law – *breves considerações*[58]

Utilizada pela maioria dos Estados que falam a língua inglesa, a chamada *common law* é conhecida também como lei anglo-saxônica, anglo-americana ou inglesa. Apesar de ter sido conceituada por Lorde Coke como "a perfeição da razão", é, de fato, um vasto e complexo instrumento de busca da realização da justiça.

A *lei comum* decorre da criação dos juízes (*judge-made*) ou, em outros termos, da feitura dos tribunais (*bench-made*), sendo preferida, nos países que a adotam, a um corpo fixo de regras previamente estabelecidas.

Nas palavras de Roscoe Pound, trata-se de um "modo de pensamento judicial e jurídico, um modo de tratar problemas legais". Muitas vezes baseada em precedentes, a lei comum engloba continuidade naquilo que liga o presente ao passado; desse modo, cresceu necessariamente e ainda cresce, pela virtude das decisões judiciais.

---

[57] A respeito da Corte de Arbitragem Belga, v. Francis Delpérée e outros, *La Cour d'Arbitrage – Actualité et perspectives*, 1988.

[58] Cf. Henry J. Abraham, ob. cit., p. 8-12.
Ainda para aprofundamento sobre o sistema de *common law* e, em particular, do direito inglês, v. A. Manchester, *A modern legal history of England and Wales 1750-1950*, p. 22-32; F. W. Maitland, *The constitutional history of England*; R. Pound, *The spirit of the common law*, p. 1.
V. também Vittorio Denti, "Diritto e processo nella *common law*: letture di un *civil lawyer*", *Riv. Trim.*, 40, p. 150-157 e Guido Fernando Silva Soares, *Common law – Introdução ao direito nos EUA*, RT.

O cenário histórico bem serve para a melhor compreensão desse sistema, vejamos: com o crescimento do cristianismo e da filosofia cristã, vieram o declínio e a queda de Roma enquanto o conceito de Estado como a maior forma de sociedade começou a ser questionado com o fortalecimento da Igreja cristã.

De outra parte, com a invasão normanda às Ilhas Britânicas em 1.066, métodos precisos e de ordem foram introduzidos no governo e nas leis da Inglaterra. Desse modo, começaram, sob as monarquias normandas e angevinas[59] dos séculos XI e XII, o crescimento gradual de uma administração central e o desenvolvimento de cortes de justiça. O termo *common law* passou a ser usado para designar a lei desenvolvida nas cortes dos reis e geralmente empregado para distinguir essas normas daquelas oriundas das cortes eclesiásticas.

Com efeito, o conceito de *common law* foi adotado da *canon law* da Igreja cristã, que era a lei comum da cristandade; destarte, a *common law* veio a ser usada durante o reinado de Edward I (1272-1307). Passou então a significar o "geral" em oposição à lei "especial"; a norma dos leigos em oposição à das cortes eclesiásticas. Mais tarde, a *common law* passou a ser contrastada com a equidade. A *common law* das cortes reais foi feita pelos juízes reais, a partir da maioria de leis costumeiras do reino, tornando-se a lei comum da Inglaterra.

Havia três grandes cortes de *common law*: Corte do Rei, Corte do Tesouro Público e Corte de Argumentos Comuns. Como as rotinas dessas cortes reais foram firmemente estabelecidas, tornou-se possível prever suas decisões em termos de casos similares decididos por elas anteriormente. Entretanto, de acordo com Theodor F. T. Plucknett,[60] a prática de basear decisões em precedentes não aconteceu porque era a melhor regra para se seguir nas sentenças, mas porque possibilitou a todas as cortes existentes funcionarem com um mínimo de problemas.

Em pelo menos algumas circunstâncias, a *common law* reflete a estrutura feudal da qual deriva. Durante séculos a lei que definia a relação entre os monarcas anglo-normandos e seus súditos ou vassalos ("arrendatários do rei" – *tenants-in-chief*) tornou-se a lei aplicável a todos os ingleses. No começo era apenas lei privada, mas foi gradualmente estendida para cobrir a lei pública também. A essência da lei feudal era o conceito de fidelidade, que prevaleceu mesmo com o fim do feudalismo.

Os que governavam, assim como os súditos, estavam inter-relacionados, com direitos e obrigações a serem cumpridos por todas as classes; os direitos privados dos homens livres não estavam sujeitos a mudanças arbitrárias, enquanto o dever primário do monarca era preservar e proteger a lei. Nada obstante, o espectro

---

[59] Antigas monarquias francesas pertencentes à região de Anju.
[60] *A concise history of the common law*, 5. ed.

jurídico de conhecimento dos monarcas era limitado à nobreza e a alguns segmentos da crescente burguesia. Nesse sentido, causa-nos espécie o fato de a *common law*, que era essencialmente a lei da propriedade, e, em particular, da propriedade imobiliária, ter sido considerada um escudo pela classe política influente.[61]

Durante os séculos XVII e XVIII, foi intensificada a prática de editar escritos reais, limitados a poucas questões civis. Mas foi no início do reinado de Henry II (1154-1189) – muitas vezes chamado de "pai da *common law*", em que pese o entendimento de alguns estudiosos que atribuem esse título a Henry I (1100-1135) – que se proclamou um decreto no sentido de que nenhum homem poderia ter sua liberdade cerceada, exceto através de ordem real.

Essa concepção foi seguida por muitos escritos que mantiveram a tendência que culminou no *Assize of Novel Disseisin of 1166*, admitindo que qualquer um que tivesse cerceada sua liberdade pudesse procurar solução imediata junto à Corte Real. Observa-se ainda que o *Assize*[62] também era formado por um júri popular para afrontar questões de fato. Desse modo, em 1166, o rei estava firmemente estabilizado como o protetor da liberdade.

Em 1178, o trabalho da Corte Real era tanto que o rei e o conselho não conseguiam mais controlá-lo, e cinco juízes com tempo integral foram indicados, alguns dos quais viajavam pelo país intermediando disputas em cada localidade de acordo com os hábitos prevalecentes. Eles atendiam à maior parte dos casos, embora o monarca e seu conselho ainda decidissem questões de *novel and difficult*.

Essas soluções eram dirigidas de acordo com os esquemas de procedimentos legais baseados em escritos, editados em números cada vez maiores e por um preço fixo. Até a metade do século XIII, o rei editou novos escritos para lidar com os problemas emergentes.

Contudo, o baronato indignou-se com o poder real de criação das leis a ponto de, em 1258, ser o rei proibido de editar seus escritos sem o consentimento do Conselho. Como resultado dessa restrição, os trinta ou quarenta escritos restantes foram muitas vezes interpretados e estendidos a assuntos sobre os quais não versavam.

Com o advento do *Inns of Court* como "corporações" legais, durante a segunda metade do século XIII, publicações não oficiais de casos foram inseridas e veiculadas no *Year's Book*. Esses livros representavam a documentação dos procedimentos da Corte, versando principalmente sobre pontos processuais em benefício dos profissionais liberais, em vez de publicações *casebook law* no sentido moderno.

---

[61] Cf. Sir Charles Ogilvie, *The king's government and the common law: 1471-1641*, p. 6.
[62] *Assize*: tribunal ou júri que se reunia periodicamente nos condados da Inglaterra; julgamento; sessões de um tribunal.

Muitos serviram como fonte gradual de precedentes, frequentemente referidos pelos profissionais liberais nas Cortes – *stare decisis et non quieta movere* (fique com as decisões passadas e não perturbe o resto das coisas) –, e começaram a ter um significado como supremacia judicial. De acordo com Charles Ogilvie, o primeiro boato do futuro sistema inglês de lei casual (*case law*) pode ser encontrado no *Dialogus de Scaccario*, escrito por Richard Fitz-Negel, entre 1177 e 1179: "Existem casos em que o desenrolar dos acontecimentos e as razões para decisões são obscuras, já sendo isso suficiente para citar precedentes".

Desse modo, foram formadas as bases sobre as quais a *common law* atualmente repousa. Mas como a sociedade torna-se cada vez mais complexa, o mesmo processo sucede com as leis.

Assim, as normas, inicialmente, eram feitas pelas Cortes Reais e, a partir do século XIII, tal circunstância passou a ser aceita como a suprema e fundamental lei da terra – o divino direito dos reis era uma ideia do século XVI e não uma ideia medieval.[63]

Nesse sentido, seria equivocada a ideia de que os juízes existem para servir ao povo. A *common law*, reconhecida como autoridade do rei e do Parlamento, requer a reverência de todos os homens à lei, agindo dentro dos limites. Os juízes ingleses sempre cumpriram seu juramento judicial de "administrar a lei sem medo e sem favorecer a ninguém".

---

[63] Depreende-se do item 2º do prefácio para o *Dialogus* que "o único poder existente é o de Deus". Bracton ou Henry de Bratton (1216-1268), um juiz da Corte do Rei Henry III (1207-1272) – e sem igual como escritor judicial até Blackstone, que surgiu cinco séculos depois –, declarou em seu *De Legibus* que o rei estava "sob Deus e a Lei [...] para a Lei Deus fez o rei".
Ele foi auxiliado em 1442 por Sir John Fortescue (1394-1476), Chefe Judicial da Corte dos Reis, em seu tratado notável, *De Laudibus Legum Angliae*, e por Sir Edmund Plowden (1518-85), chefe construtor do *Middle Temple Hall*, que era provavelmente o principal conhecedor, comentarista e intérprete da *common law* de sua época.
Sir Edward (mais tarde Lorde) Coke (1552-1634) – advogado, membro do Parlamento e *Chief Justice* da *Court of Common Pleas* (Corte dos Argumentos Comuns) –, quando chamado diante de seu rei, James I (1603-1625), fez o mesmo que os seus famosos três antecessores, ao declarar que o monarca também deveria ser submetido à lei. Quando disse-lhe o rei que não poderia subjugar-se a nenhum homem, Coke respondeu que concordava, e asseverou: o rei "não é submetido a nenhum homem, mas a Deus e à Lei".
Lorde Coke compilou e analisou precedentes da lei comum e foi o grande responsável pela crescente aplicação prática de mencionar os casos já julgados. A partir daí planejou um conjunto de máximas e regras, que mais tarde seriam ampliadas e explicadas precisamente por Sir William Blackstone (1723-1780).
O monumental trabalho de quatro volumes (*Comentários à Lei da Inglaterra – 1765-29*) foi por muito tempo a bíblia de prática legal na Inglaterra e na América. Seus princípios básicos ainda são pilares úteis das leis inglesa e americana.

Durante anos a lei comum foi exportada da Inglaterra[64] para muitos países – dentre eles Canadá, Austrália, Nova Zelândia, Índia, Paquistão, Israel e treze colônias que vieram a se tornar os Estados Unidos. A Escócia, apesar de fazer parte do Reino Unido, é uma exceção interessante: seu sistema de leis é derivado da lei romana, assim como os sistemas continentais; nada obstante, foi extremamente influenciada pela lei comum.

É importante ainda lembrar que, fundamentalmente, a *statutory law* é suprema, no sentido de que os juízes têm o dever de dar efeito a um ato do Parlamento. Desse modo, muitos estatutos modificaram a lei comum ou a codificaram.

Uma das principais características da *common law* reside em ser predominantemente *judge-made law;* o juiz é o criador, intérprete e modificador das leis. Mesmo quando ele simplesmente "interpreta" a lei, ao mesmo tempo está criando o direito. Por isso, a *common law* é geralmente chamada de "lei não escrita", por ser menos codificada em confronto com os sistemas de *civil law*.[65]

Por sua vez, a *statutory law* (lei decretada pelos corpos legislativos) é experimental. Discutindo os benefícios da *judge-made law,* Benjamin N. Cardozo apontou que o juiz pode usar "pesquisa livre científica" quando está analisando um problema concreto. Entende-se por essa expressão que existe sempre um elemento objetivo na decisão do juiz. Assim, o julgador aproxima-se do imparcial e verdadeiro, desenvolvendo a experiência judicial nas decisões de casos.[66]

Outra característica significante da *common law* é a "doutrina do precedente", sob a qual os juízes se referem a uma prévia decisão ou decisões com o objetivo de solucionar o caso em exame. A importância do precedente varia de acordo com cada juiz, embora a *common law* normalmente reconheça-o como um vínculo.

---

[64] Para uma descrição do sistema judicial britânico v. Henry J. Abraham, ob. cit., Capítulo VI.

Observa-se no sistema inglês que, embora a Casa dos Lordes Britânicos – seu maior e mais importante tribunal – tenha anunciado em 1966 que, a partir de então, deixaria de levar necessariamente em conta os seus precedentes, como até ali se verificava, os juízes de primeira instância continuaram ligados às decisões das Cortes Superiores (Casa dos Lordes e Tribunal de Recursos, sendo este último subordinado à decisão daquela).

[65] A verdade é que mesmo no sistema de *common law* encontramos diversas normas escritas e precedentes registrados, normalmente derivados de princípios legais expressos nos julgamentos de casos. Por isso, a larga maioria dos órgãos de julgamento mantém seus registros, embora não seja obrigada a assim proceder (alguns juízes de paz, por exemplo, em certos estados norte-americanos não possuem esses registros).

[66] Cf. Pound, ob. cit., p. 216.

Por exemplo, em 1972, a Suprema Corte dos Estados Unidos, invocando a antiga *common law* do "incômodo ou perturbação", declarou unanimemente que os tribunais do distrito federal poderiam ordenar aos poluidores do meio ambiente que parassem de destruí-lo, sob pena de sanção civil e penal.

Todavia, os juízes não apenas podem partir de precedentes quando "parece certo tomar certas decisões", mas podem distinguir vários deles envolvendo a nova lei.

Além do mais, os tempos e as condições sociais mudam velozmente, sobretudo na conjuntura hodierna, valendo o emprego do pensamento de que "uma época não deveria ser obstruída por uma lei antiquada". Certa feita, escreveu o Juiz Holmes que é revoltante quando as bases nas quais uma norma foi estipulada não mais existem, apesar de a regra imposta continuar simplesmente a persistir, como se fosse uma cega imitação do passado.[67]

Foram a prontidão e a permanente atualização da *common law* que contribuíram para a sua adoção total ou parcial em tantos países. A esse respeito, salientou o já mencionado Juiz Benjamin Nathan Cardozo que, apesar dessas características, enquanto o julgador pode descartar o velho e adotar o novo, deve também entender e lembrar que o passado é muitas vezes uma reflexão do presente.[68]

Em resumo, a *common law* parece ter três características distintas, as quais, juntas, tornaram possível o desenvolvimento e o crescimento do sistema. Em primeiro lugar, destacamos sua vitalidade e capacidade em sustentar mudanças, auxiliando o desenvolvimento sistemático de uma norma mais rica e mais justa.

Em segundo lugar, sua qualidade prática; ela é relutante em aceitar qualquer circunstância como prioridade e segue a noção de que o ideal seria todas as leis serem testadas nos tribunais. Desse modo, regras e regulamentos são tratados como hipóteses de trabalho, continuamente testados, ao que Munroe Smith chamou de "aqueles grandes laboratórios da lei, os tribunais de justiça".[69]

Em terceiro lugar, destacamos sua força como obrigação moral a ser seguida. Os resultados dos "testes de laboratório da lei" são aceitos como válidos e todos são obrigados a obedecer-lhes.[70] Nos dizeres de Oliver Wendell Holmes Jr.: "A vida da lei não tem sido lógica, mas experiência. As necessidades sentidas no decorrer dos tempos, as prevalentes teorias morais e políticas, a diplomacia pública declarada ou inconsciente ou mesmo os prejuízos que os magistrados dividem com os seus pares têm exigido algo mais a fazer do que o silogismo relativo à determinação de regras através das quais os homens deveriam ser governados. A lei engloba a história do desenvolvimento de uma nação através de vários séculos, não se podendo

---

[67] Extraído de um discurso proferido em 1897, reimpresso em seu *Collected legal papers*, p. 187.
[68] Cf. Margaret E. Hall, *Selected writings of Benjamin Nathan Cardozo*, p. 78. Em outra de suas reflexões, dizia Cardozo que "para as profundezas, existe sempre a fundação das alturas".
[69] Cf. citação de Benjamin N. Cardozo, *The nature of the judicial process*, p. 23.
[70] Nas palavras do Juiz Oliver Wendell Holmes Jr.: "A *common law* não é uma onipresença celestial, mas é a voz articulada de alguns soberanos ou quase soberanos que pode ser identificada" (cf. Southern Pacific Co. v. Jensen, 244 U.S. 205, at 22, 1916).

lidar com ela como se contivesse apenas axiomas e corolários encontrados nos livros de matemática. Com o objetivo de saber o que é a lei, nós devemos buscar o entendimento do que ela foi e o que tende a ser [...]".[71]

3.2.1.1. Inglaterra

O instituto da arbitragem encontra suas origens no Direito inglês há muitos séculos,[72] tendo sido regulado pela primeira vez em 1698, através da *Arbitration Act*, embora utilizado na praxe comercial da Idade Média, denominado de *voluntary submission out of the court*.

Quase um século e meio mais tarde, por intermédio de uma lei processual civil geral que continha algumas disposições sobre a arbitragem (*Civil Procedure Act*, de 1833), a decisão do árbitro passou a ser revogável somente com autorização da corte que havia homologado o acordo compromissório.

Todavia, esse sistema ainda não era muito prático, porquanto havia necessidade de o interessado dirigir-se sempre à autoridade *judiciária para conferir eficácia ao compromisso*. O problema foi melhor solucionado pouco tempo depois, através de outra lei processual civil geral, o *Common Law Procedure Act*, de 1854. Essa norma passou a autorizar as cortes de justiça, em que tramitavam processos com compromisso arbitral previamente firmado entre os litigantes, a não só suspender o procedimento como também a organizar, em certos casos, o procedimento arbitral. Introduziu-se ainda, pela primeira vez, o procedimento do *special case*.

As inovações introduzidas pelas duas referidas leis de processo foram transfundidas na *Arbitration Act*, de 1889, que ofereceu as bases para a atual legislação arbitral inglesa. Em linhas gerais, tornou a decisão arbitral vinculante e irrevogável, assim como a recusa de uma das partes em indicar o árbitro deixava de ser obstáculo ao desenvolvimento do processo arbitral, e ainda consolidou a

---

[71] *The common law*, p. 1-2.
Observava ainda o festejado jurista: "As considerações que os juízes raramente mencionam e sempre com uma apologia em suas decisões são as raízes secretas das quais a lei desenha todos os sumos da vida" (*idem, ibidem*).
Três décadas mais tarde, Holmes enfatizou seu sempre e repetido tema ao fundamentar decisão junto à Suprema Corte dos Estados Unidos (caso Gompers *versus* EUA): "As cláusulas da Constituição não são fórmulas matemáticas, que encontram a sua essência em sua respectiva fórmula; elas são instituições orgânicas vivas transplantadas do solo inglês. O significado delas é vital e não formal; é para ser compreendido não só tomando as palavras em um dicionário, mas considerando sua origem e a linha de seu crescimento" (Cf. 233 U.S. 604, at 610, 1914).

[72] Sobre o tema *arbitration*, v. H. A. Manchester, *A modern legal history of England and Wales 1750-1950*, p. 157-160.

normativa do *special case*, ou seja, a adequação do procedimento ao caso concreto pelos próprios árbitros.

Objetivando favorecer ainda mais a utilização do processo arbitral, editou-se em 1934 a *Arbitration Act*, sendo que, neste meio-tempo, a Inglaterra já havia aderido ao Protocolo de Genebra de 1923 e à Convenção de 1927, para o reconhecimento e execução das sentenças arbitrais estrangeiras, ratificados por uma lei de 1930.

De outra parte, as normas de 1889, 1930 e 1934 foram reproduzidas sem grandes modificações na *Arbitration Act* de 1950, que permanece, nada obstante a reforma de 1979 e a introduzida em 1995, a pedra fundamental da arbitragem inglesa. A lei de 1950 dividia-se em duas partes: a primeira, sobre a arbitragem nacional, e a segunda ocupava-se com a execução da sentença arbitral estrangeira.

Sucessivamente, para dar efeito à Convenção de Nova Iorque de 1958[73] editou-se a *Arbitration Act* de 1975 e, finalmente, com a *Arbitration Act* de 1979, modifica-se a norma de 1950, com o reforço e melhoramento do procedimento arbitral, tornando-o mais rápido e, sobretudo, reduzindo sensivelmente a possibilidade de impugnação da sentença arbitral, com o escopo de torná-la definitiva.[74] Em 1990, entra em vigor o *CLSA*, com o escopo de suplementar o *AA* de 1979 (cf. ss. 99-103).

Diante do desenvolvimento acentuado do instituto da arbitragem, sentiu a Inglaterra necessidade de atualizar o seu sistema jurídico.[75] Para tanto, o *Department of Trade and Industry*, em fevereiro de 1994, publicou um *Draft Arbitration Bill* colocando-o em discussão pública. Esse projeto distanciava-se voluntariamente da *model law* e, em razão desse fator, suscitou muita desconfiança por parte dos especialistas na matéria, que criticaram a falta de *user-friendliness* e *accessibility*.[76]

---

[73] Lembramos que a Inglaterra não aderiu à Convenção de Genebra de 1961.
[74] Cf. relato histórico fornecido por Brunella Brunelli, "La nuova disciplina dell'arbitrato in Inghilterra", *Riv. Trim.*, 39, p. 358-361, n. 3. Especificamente sobre a *Arbitration Act de 1979*, v. n. 4 *et seq*.
V. também Snijders, Boer, Dam-Lely, Koppenol-Laforce, Koteenhagen, Mejer, Nauta, Smits e Ynzonides, *Access to civil procedure abroad*, p. 127-129.
Sobre o regulamento da *London Court of International Arbitration Rules*, de 01.01.1985, v. Irineu Strenger, *Arbitragem comercial internacional*, p. 537-547. Na mesma obra, v. o modelo de cláusula arbitral da *London Corn Trade Association Ltd.* (p. 608-617).
[75] V. Nicola Picardi e Alessandro Giuliani, "Attualità del processo civile inglese", *Riv. di Dir. Proc.*, 46, p. 156-165. Também, Elisabetta Vianello, "Appunti sulle recenti riforme processuali in Inghilterra", *Riv. Trim.*, 47, p. 893-1.096.
[76] Cf. Gerhard Walter, "Aspetti internazionali del diritto processuale", *Riv. Trim.*, 4, p. 1.173-1.174, n. 11, 1996.

Não obstante as aludidas críticas, o projeto foi apresentado ao Parlamento em setembro de 1995 e, finalmente, aprovada a *Arbitration Act*, em 17.06.1996,[77] prestando-se até os dias atuais como principal fonte normativa do sistema arbitral inglês.

Por fim, importante ressaltar que além da Inglaterra, o ato de 1996 tem aplicação também em Gales e Irlanda do Norte, com relação à Parte II do texto.

3.2.1.2. Estados Unidos da América

O instituto jurídico da arbitragem é fundamentalmente regulado nos Estados Unidos da América[78] pela *Uniform Arbitration Act – UAA* (Ato Uniforme de Arbitragem), servindo como orientação e principal norte à legislação federal conhecida também como Federal *Arbitration Act* e oficialmente denominada de *U.S. Arbitration Act (USAA)*.[79]

A *Uniform Arbitraction Act – UAA*, amplamente adotada nos estados norte-americanos, foi promulgada em 1955, tendo seu texto original sofrido duas alterações: a primeira, em agosto de 1956 e, a segunda, mais ampla, ocorrida em agosto de 2000. Além de tal ato normativo, existem várias outras leis federais e estaduais que tratam do processo arbitral, inclusive versando a respeito de questões trabalhistas e de funcionários públicos.[80] Nada obstante, a maior parte dos estados que possuem suas respectivas leis arbitrais tem como modelo o Ato Uniforme de Arbitragem.

---

[77] Ressalta-se que o instituto da arbitragem na Inglaterra assume relevância, tendo em vista que as demais formas alternativas de composição dos conflitos sem a participação das cortes estatais são raramente utilizadas, ao contrário do que se verifica nos Estados Unidos da América.

[78] Para um exame histórico da legislação arbitral estadunidense, v. Catron Jones, "History of commercial arbitration in England and the United States: a summary view, *International trade arbitration*", p. 127-136 (*apud* Brunella Brunelli, *Riv. Trim.*, 41, p. 1.016).

[79] A *USAA* foi promulgada em 12.02.1925 e já recebeu diversas emendas e alterações, sendo a mais importante a de 1970, que introduziu a adequação à Convenção de Nova Iorque. Originariamente, a *USAA* possuía um único capítulo que regulava a disciplina da arbitragem em questões marítimas ou comerciais interestaduais. Em 1970, o Congresso dos Estados Unidos acrescentou um segundo capítulo, com o escopo de ratificar, como se disse, a Convenção de Nova Iorque de 1958, sobre o reconhecimento e a execução de sentença arbitral estrangeira. Assim, atualmente a primeira parte da *Act* versa sobre a arbitragem nacional e internacional, sendo esta última somente naquilo que não se contraponha às seções do capítulo segundo, destinado exclusivamente a regular a arbitragem comercial internacional.

[80] Como exemplo de lei federal que trata da arbitragem (*Federal Arbitration Act – 9 USCA*) poderíamos mencionar o Título 9 da *USCA*, § 1º *et seq.*, que dispõe sobre as disputas envolvendo comércio e transações marítimas reguladas por normas federais.

Em termos gerais, essas *Acts* têm por escopos principais validar os acordos de arbitragem, tornar efetivo o respectivo processo, fornecer as salvaguardas necessárias à sua consecução e prover um processo eficiente quando for necessária a assistência judicial.

Tem-se usado também nos Estados Unidos a arbitragem não só para solução de grandes conflitos como para demandas menores, tais como disputas entre comerciantes e para as relações de consumo.

Informa-nos Alejandro Garro, da *Columbia Law School* acerca da tendente expansão da arbitragem nos Estados Unidos da América em áreas do Direito que anteriormente eram excluídas, contudo, cada vez mais aceitas, como se verifica, por exemplo, nas demandas chamadas de "estatutárias", ou seja, aquelas que envolvem questões de políticas públicas, tais como antitruste, seguros, franquias etc. Outra área que também vem se desenvolvendo sensivelmente respeita às relações de trabalho.[81] Em outros termos, a utilização da arbitragem nos Estados Unidos da América não só é absolutamente intensa como também a *Supreme Court,* em diversas oportunidades, tem se manifestado de forma favorável à solidificação e difusão desse instituto.

Finalmente, assinalamos que existem nos Estados Unidos inúmeras organizações paraestatais especializadas como prestadoras de serviços voltados à solução alternativa de conflitos, aptas a oferecer ao consumidor da justiça – o jurisdicionado – tutela privada e outras formas não ortodoxas de composição de lides civis e comerciais (*v.g.*, mediação, conciliação etc.).

Como grandes organizações privadas que fornecem serviços de arbitragem (dentre outros métodos alternativos de solução dos conflitos) podemos citar o *National Arbitration Forum* (Fórum Nacional de Arbitragem) e a *American Arbitration Association – AAA* (Associação Americana de Arbitragem).[82] Essa última entidade (cuja sede principal é Nova Iorque) conta com um corpo de profissionais altamente gabaritados (jurados), que são selecionados para funcionar como árbitros em disputas trabalhistas e comerciais. A Associação criou também um Código de Ética e Padrões Profissionais para orientar os árbitros.

3.3. A arbitragem no Código Tipo para a Ibero-América

O *Código Tipo para a Ibero-América* ou *Código Modelo* resultou da feliz iniciativa e de laboriosos estudos empreendidos pelos eminentes professores-

---

[81] Entrevista publicada no *Informativo CAMARB* – Câmara de Arbitragem de Minas Gerais, n. 11, 2003.
[82] Sobre o novo regulamento de 1992 da AAA, v. Irineu Strenger, *Arbitragem comercial internacional*, p. 521-536.

-membros do Instituto Ibero-americano de Direito Processual, começados durante a IV Jornada da Venezuela, em 1967, e concluído o Anteprojeto em 1988, na XI Jornada do Instituto, no Rio de Janeiro,[83] tendo servido como precioso norte para a reestruturação e reformas implementadas nas legislações instrumentais desses países, como se verificou concretamente nas substanciais alterações implementadas no decurso de duas décadas no Código de Processo Civil brasileiro de 1973.

O *processo arbitral* aparece regulado no Livro II, Título VIII, arts. 363-371, do Código Tipo que, por sua vez, busca facilitar e reconhecer a importância do instituto em voga, consagrando as Câmaras de Arbitragem. Com tal finalidade, disciplinou-se a arbitragem com poucos detalhes e o máximo de simplicidade, utilizando-se a cláusula compromissória, o compromisso, a assistência judicial, a atuação dos árbitros uni ou pluripessoais, o procedimento e a conciliação obrigatória.[84]

Em linha de princípio, o Código Modelo admite, salvo restrições legais, a utilização da arbitragem para dirimir quaisquer tipos de conflitos pendentes, eventuais ou futuros, individuais (art. 363); os conflitos serão remetidos à decisão arbitral através de *compromisso arbitral*, enquanto os eventuais ou futuros por intermédio de *cláusula* ou *convênio arbitral* (art. 364, 1).

A *cláusula compromissória* integrará o contrato principal e será sempre, assim como o *compromisso arbitral,* formalizada por escrito (art. 364, 2).

São requisitos necessários do *compromisso arbitral*: *a)* nome e domicílio das partes; *b)* nome dos árbitros, os quais serão designados sempre em número ímpar; *c)* objeto da arbitragem; *d)* se o tribunal arbitral funcionará com secretário; *e)* prazo de duração do processo; *f)* procedimento que atenda o devido processo legal; *g)* menção se a arbitragem será de direito ou equidade, sendo que, no silêncio das partes, a decisão será pela última (art. 365, 1).

Caso uma das partes contratantes negue-se a firmar o compromisso, o interessado poderá solicitar ao Poder Judiciário que o outorgue em nome do recalcitrante, ocasião em que designará os árbitros, o procedimento e o objeto da arbitragem (art. 365, 2).

O processo arbitral, de regra, não estará sujeito a formas especiais e o prazo de conclusão, salvo estipulação em contrário, será de cento e oitenta dias (art. 366).

---

[83] Para uma visão a respeito da história do Instituto Ibero-americano (fundado em 1957) e suas respectivas Jornadas e sobre a formação das bases preparatórias para elaboração da legislação da América Latina e exposição de motivos do Anteproyecto de Código Procesal Civil Modelo para Iberoamérica, v. o trabalho editado pela Secretaria Geral do Instituto, publicado pela Editorial M.B.A., Montevidéu, 1988, p. 7-83.

[84] Cf. Exposição de Motivos do Código, p. 83 (de autoria dos professores Adolfo Gelsi Bidart, Luis Torello e Enrique Vescovi).

Caso não haja referência das partes a respeito do procedimento a ser aplicado, imprimir-se-á o rito ordinário (art. 368, 1).

Constituído o tribunal arbitral, este, de início, convocará as partes para uma audiência de tentativa de conciliação (art. 368, 2), sendo que, ainda em qualquer fase do procedimento, os árbitros poderão tentar a conciliação (art. 368, 3).

Havendo necessidade da adoção de medidas de urgência ou outras coercitivas, as partes ou o próprio tribunal arbitral poderão solicitar a assistência devida ao Estado-juiz (art. 367, 2).

O "laudo" arbitral será irrecorrível, salvo impugnação por motivo de nulidade (*recurso de nulidade*), a ser interposta perante o tribunal judicial competente, no prazo de dez dias, a contar da notificação da decisão às partes, a qual será recebida com efeito suspensivo (art. 369, 1 a 3).

A execução forçada da decisão arbitral ("laudo") será também requerida e processada perante o juiz competente para conhecer das questões conflituosas (art. 367, 3 e 4), obedecendo ao rito do correspondente processo execucional (art. 370).

4. O INSUCESSO DO INSTITUTO DA ARBITRAGEM NO CÓDIGO DE PROCESSO CIVIL DE 1973

O manifesto insucesso do instituto jurídico da arbitragem em nosso país, ao contrário do que pensam alguns, não deve ser atribuído à falta de legislação pertinente ao tema, porquanto sempre o tivemos presente e sistematizado, a começar pelas Ordenações do Reino (v. n. 1, *supra*).

A justificativa histórica para o fenômeno da ausência de efetiva utilização e consequente falta de tradição do instituto no Brasil reside nos entraves criados pelas normativas então vigentes, hábeis a desencorajar o pretenso interessado em solucionar seus conflitos por meio da arbitragem, a ponto de fazê-lo terminar por escolher a burocrática, dispendiosa e lenta jurisdição estatal,[85] ou, tratando-se

---

[85] Sobre o tema, v. Pedro A. Batista da Silva, em artigo intitulado "Apontamentos sobre a arbitragem no Brasil", disponível em: <www.batistamartins.com>.
V. também Carlos Alberto Carmona, "A propósito do novo anteprojeto de Lei sobre a arbitragem no Brasil", *RePro*, v. 55, p. 244, jul. 1989; e in Arnoldo Wald (org.), *Arbitragem e Mediação*, v. I, p. 273-283, n. 11 (Coleção Doutrinas Essenciais); "A arbitragem no Brasil: em busca de uma nova lei", *RePro*, v. 72, p. 53, out. 1993; e in Arnoldo Wald (org.), *Arbitragem e Mediação*, v. I, p. 285-319, n. 12 (Coleção Doutrinas Essenciais); Luiz Cézar Ramos Pereira, "O juízo arbitral e o projeto de lei sobre arbitragem", *RT*, 564, p. 275, out. 1982; e in Arnoldo Wald (org.), *Arbitragem e Mediação*, v. I, p. 493-509, n. 23 (Coleção Doutrinas Essenciais); Sidnei Agostinho Beneti, "Perspectivas da arbitragem no processo civil brasileiro", *RT*, 696, p. 78, out. 1993; e in Arnoldo Wald (org.), *Arbitragem e Mediação*, v. I, p. 549-557, n. 27 (Coleção Doutrinas Essenciais).

de contratos internacionais ou nacionais de elevado valor econômico, o uso da jurisdição privada em cortes arbitrais do exterior.

Essa opção, feita costumeiramente pelos sujeitos envolvidos em conflitos individuais ou coletivos, de descartar a jurisdição privada, é o mais forte indicador da lamentável realidade por nós vivida até o advento da tão esperada Lei de Arbitragem que, finalmente, veio a lume em 1996, bem sintonizada com a Lei Modelo das Nações Unidas e, por conseguinte, compatibilizada com os sistemas normativos estrangeiros de maneira a fomentar a prática comercial interna e internacional.

Vale lembrar os problemas vivenciados pelos jurisdicionados e operadores do Direito, através da expressão do saudoso Mestre Athos Gusmão Carneiro, formulada nos idos de 1982, acerca do Código de Processo Civil de 1973: "Em muitos países, o juízo arbitral, 'equivalente jurisdicional' em tema de litígios versando direitos patrimoniais disponíveis, contribui eficazmente para desafogar os pretórios. Mas, no Brasil, embora o CPC lhe consagre nada menos de 31 artigos e 12 o CC, regulando minudentemente a matéria, não se tem notícia, ao longo dos anos, de sequer um laudo arbitral devidamente homologado. Juiz há 30 anos, nunca vi um compromisso, judicial ou extrajudicial, e nem tive notícia de nenhum juízo arbitral em andamento (não confundir com as 'promessas de compromisso', inseridas em formulários de contratos e vazias de significação jurídica)". Indaga então o professor gaúcho: "Será por ser instituto alheio à tradição nacional? Ou terão os advogados justas razões para, embora a apregoada lentidão do aparelhamento judiciário, desaconselhar aos clientes o recurso ao arbitramento?" E arremata: "Embora verdadeiro o primeiro motivo, creio que, fundamentalmente, a razão do completo abandono em que jaz o juízo arbitral é que seu uso não apresenta vantagem alguma, quer quanto à rapidez no deslinde do conflito como no alusivo à 'justiça' do julgamento".[86]

Na verdade, a sistemática arbitral regulada pelo revogado Código de 1973 era muito pior do que os mecanismos oferecidos pelo Poder Judiciário à solução dos conflitos, a ponto de influenciar (negativamente) o espírito dos jurisdicionados que, em quase absoluta unanimidade, "optavam" pela justiça estatal, sobretudo porque, mesmo se optassem pelo juízo privado, não conseguiriam escapar da carcomida máquina estatizante, na medida em que, em último termo, necessitariam da homologação judicial do então denominado "laudo arbitral".

Outro aspecto desfavorável à utilização da arbitragem no sistema do Código de Processo Civil de 1973 era a ineficácia obrigacional de observância da *cláusula compromissória*; em que pese fosse estipulada livremente entre as partes contratantes, não assumia qualquer feição impositiva, tendo em vista que havia

---

[86] "O juízo arbitral e a simplificação do processo", *Ajuris*, 24, p. 51.

um distanciamento abismal entre o *compromisso arbitral* a instituir o regime da arbitragem e a cláusula em si mesma.

Significa dizer que não dispunham os litigantes, antes do advento da Lei 9.307/1996 de mecanismos para compelir a parte recalcitrante a lavrar o compromisso e instituir a arbitragem. As cláusulas compromissórias significavam letra morta inseridas nos contratos (meramente programáticas), pois, diante do surgimento do litígio, se um dos contratantes se negasse a firmar o compromisso arbitral, a parte contrária, via de regra, nada poderia fazer em termos efetivos para obrigá-lo a observar a opção contratual pela jurisdição privada, mas apenas ajuizar incerta demanda de indenização por perdas e danos ao Estado-juiz e, ainda, a solução do conflito propriamente dito, respeitante ao contrato em questão.

A *execução específica* da cláusula compromissória, nos termos do revogado art. 466-B (obrigação de fazer), em tese era possível, desde que contivesse os elementos mínimos capazes de ensejar a demanda executiva, em que a sentença judicial produziria os mesmos efeitos do compromisso arbitral.[87]

Nesses termos, a controvérsia precisava ser primeiramente instaurada para depois se realizar o compromisso arbitral que, além de ficar ao talante dos litigantes, se firmado, deveria obedecer a requisitos inflexíveis, sob pena de nulidade, nada obstante a dificuldade natural comumente encontrada, como se verificava, por exemplo, com a fixação do "objeto litigioso, com todas as suas especificações, inclusive o seu valor (art. 1.074, III, do CPC/1973).

Como decorrência, os órgãos institucionais de arbitragem perderam a sua importância, notadamente porque a indicação das partes de determinada instituição arbitral para a solução do conflito seria totalmente ineficaz, tendo em vista que a indicação de árbitro feita por esse órgão se equiparava à autorização vedada a terceiros para este fim. Em consequência, o prestígio da arbitragem não veio à tona, ocasionando o temor generalizado de um julgamento descomprometido com a imparcialidade e, assim, terminando por permanecer a jurisdição como monopólio absoluto do Poder Judiciário.[88]

Outro entrave constatado na sistemática anterior à Lei 9.307/1996 residia nas dificuldades impostas pelo Supremo Tribunal Federal para o reconhecimento e execução das sentenças arbitrais estrangeiras, as quais ficavam submetidas

---

[87] Cf. Carlos A. Carmona, ob. cit., p. 86-87, n. 12.
Esses elementos mínimos, segundo Carmona, são os seguintes: *a)* qualificação das partes; *b)* referência a um determinado negócio jurídico; *c)* referência a um órgão arbitral institucional, cujo regulamento será adotado (p. 87).

[88] Cf. Clóvis V. do Couto e Silva, "O juízo arbitral no direito brasileiro", *Rev. Inf. Leg.*, 98, p. 150.

à homologação do país de origem onde foram proferidas e pela Corte Superior brasileira ("dupla homologação" ou "duplo *exequatur*").

Todavia, essa exigência não advinha do Código de Processo Civil de 1973, e sim de jurisprudência do Supremo que, nesse particular, sempre se mostrou rigoroso e até descompassado das exigências do mundo contemporâneo, mormente porque diversos países não consideram necessário o procedimento homologatório da decisão arbitral.[89] Criava-se, nesses casos, um impasse insuperável que foi definitivamente removido através dos dispositivos contidos no Capítulo VI da Lei 9.307/1996.

5. A ARBITRAGEM E O CÓDIGO DE PROCESSO CIVIL DE 2015

Acertadamente, o Código de Processo Civil de 2015 deixa de regular a jurisdição arbitral, na exata medida em que o instituto é amplamente regido de maneira exemplar pela Lei 9.307, de 23 de setembro de 1996, com as atualizações aportadas com a Lei 13.140, de 26 de junho de 2015.

Por outro lado, o Diploma de 2015 reserva-se ao tratamento pontual de institutos processuais específicos atinentes à arbitragem que encontram reflexos, diretos ou indiretos, na jurisdição estatal e que, por conseguinte, necessitam de normativa publicista, conforme demonstraremos mais adiante.

Contudo, a mais significativa referência à arbitragem encontra-se logo no início do Código (Parte Geral, Livro I – Das normas processuais civis; Título único – Das normas fundamentais e da aplicação das normas processuais; Capítulo I – Das normas fundamentais do processo civil), quando o legislador, em momento de elevada inspiração e lucidez, trouxe para dentro do novel Diploma a norma de direito e garantia fundamental insculpida no art. 5º, XXXV, da Constituição Federal, ao permitir expressamente a arbitragem, na forma da lei, sem que esse permissivo viole o pleno acesso à jurisdição estatal e, assim, colocando mais uma pá de cal ao tema da constitucionalidade da jurisdição privada,[90] desta feita como

---

[89] Sobre essas críticas, dentre outros, v. Hermes M. Huck, *Sentença estrangeira e lex mercatoria*, p. 77-82, n. 8; Carlos A. Carmona, ob. cit., p. 121-122, n. 6.6; José C. de Magalhães, *Arbitragem comercial*. Execução de laudo arbitral, p. 109-110; Guido F. S. Soares, "Arbitragens comerciais", *RT*, 641, p. 48-51.
A antiga orientação firmada pelo STF pode ser sintetizada no seguinte aresto: "*Sentença estrangeira. Inadmissibilidade de homologação, no Brasil, de laudo arbitral, não chancelado, na origem, por autoridade judiciária ou órgão público equivalente*" (Plenário, SE 4724-2, Reino Unido da Grã-Bretanha, Rel. Min. Sepúlveda Pertence, j. 27.04.1994. Indeferido o pedido de homologação. *DJU*, 19.12.1994, p. 35.181) (*apud* Theotonio Negrão, *CPC*, 27. ed., p. 1.245; RISTF, art. 216, n. 5).

[90] O Supremo Tribunal Federal já se manifestou acerca do tema da constitucionalidade da jurisdição arbitral e institutos correlatos previstos na Lei 9.307/1996, servindo como pa-

regra insculpida no próprio Código de Processo Civil, segundo se infere do disposto no art. 3º, *in verbis*: "Não se excluirá da *apreciação jurisdicional* ameaça ou lesão a direito. § 1º. É permitida a arbitragem, na forma da lei [...]". (grifos nossos).

Percebe-se que o legislador deu um largo salto, à frente, ao tratar do tema atinente ao princípio da inafastabilidade da jurisdição ao conferir no *caput* do aludido art. 3º, redação diversa do disposto na Constituição Federal, art. 5º, XXXV, qual seja, "a lei não excluirá da *apreciação do Poder Judiciário* lesão ou ameaça a direito" (grifos nossos). Em outros termos, o legislador infraconstitucional tratou com precisão técnica esse instituto, pois o que o sistema garante a todos, indistintamente, não é apenas o acesso ao Poder Judiciário, mas o acesso à jurisdição, que tem espectro muito mais amplo e, como corolário, o *acesso à justiça*, isto é, o *acesso à jurisdição* (pública ou privada).[91]

Aliás, dispõe o art. 1º do Código de 2015, que "o processo civil será ordenado, disciplinado e interpretado conforme os valores e as normas fundamentais estabelecidos na Constituição da República Federativa do Brasil, observando-se as disposições deste Código". Nessa linha principiológica ordinatória, no que concerne ao tema em exame, o Diploma Instrumental requer do exegeta que proceda à interpretação sistemática da regra insculpida no inciso XXXV do art. 5º da Lei Maior em sintonia fina com o § 1º do art. 3º do Código de 2015, de maneira a relativizar o vetusto princípio da inafastabilidade da jurisdição estatal, adequando-o aos novos desígnios do processo contemporâneo e, portanto, concebido como garantia de pleno acesso à jurisdição para a resolução de todas as espécies de conflitos fundados em direitos patrimoniais indisponíveis, assim como os demais que admitam transação, desde que as partes integrantes da controvérsia não façam a opção pela arbitragem.

Em outras palavras, harmoniza-se o permissivo legal à utilização da jurisdição arbitral prevista na lei de regência (art. 1º)[92] com a chancela do CPC (art. 3º, § 1º) e a garantia constitucional do pleno acesso ao Poder Judiciário (CF, art. 5º,

---

radigma o acórdão proferido em SE 5206 AgR/EP – Espanha AgReg, Rel. Min. Sepúlveda Pertence, j. 12.12.2001, Tribunal Pleno, *DJ* 30.04.2004, p. 00029.

[91] E em sintonia com a jurisdição (pública ou privada) gravitam outras formas, desta feita não adversariais, de resolução de controvérsias, destinadas à solução das lides (sociológicas e jurídicas), na qualidade de *equivalentes jurisdicionais*, quiçá *essenciais*, voltadas à autocomposição, mediante técnicas de mediação e conciliação. Para aprofundamento sobre o tema do acesso à justiça e a efetividade do processo, v. Joel Dias Figueira Jr., *Juizados especiais estaduais cíveis e criminais*, 8. ed., 2017, Introdução, item 1, p. 51-76.

[92] LA, art. 1º, *in verbis*: "As pessoas capazes de contratar poderão valer-se da arbitragem para dirimir litígios relativos a direitos patrimoniais disponíveis. § 1º. A administração pública direta e indireta poderá utilizar-se da arbitragem para dirimir conflitos relativos a direitos patrimoniais disponíveis. [...]".

XXXV), de maneira que a jurisdição estatal venha a ser preservada integralmente, com permissivo de afastamento somente nas hipóteses em que as partes integrantes do conflito façam livre e conscientemente esta opção e que o litígio verse sobre direitos patrimoniais disponíveis; não é por menos que a arbitragem é permitida, nos termos da lei (CPC, art. 3º, § 1º).

Contudo, verifica-se um sério deslize do legislador ao redigir o artigo que inaugura o Livro II, Título I, da Parte Geral que, por sua vez, trata da "função jurisdicional", "da jurisdição e da ação", *in verbis:* "a *jurisdição civil* é exercida pelos juízes e pelos tribunais em todo o território nacional, conforme as disposições deste Código" (grifos nossos). Ocorre que, conforme bem já expusemos e do que se pode inferir de todo o sistema normativo e instrumental brasileiro (assim como em outros países), a *jurisdição* não é função ou atividade privativa dos juízes de direito, na medida em que é exercida pelos juízes togados e juízes privados (árbitros), razão pela qual, o mais acertado teria sido a referência à *jurisdição civil pública (ou estatal),* esta sim, via de regra, exercida pelos juízes togados e tribunais (estaduais e federais). Dissemos "via de regra", pois é assente que a jurisdição estatal também funciona com juízes privados, denominados de juízes leigos, nos juizados especiais cíveis (Lei 9.099/1995, art. 7º).[93]

Por outro lado, conforme já mencionado alhures, diversas são as passagens do Código de 2015 em que a arbitragem e institutos afins do processo civil são disciplinados, valendo fazer o registro sobre essas importantes normativas, a saber: em sede de competência, dispõe o art. 42 que "as causas cíveis serão processadas e decididas pelo juiz nos limites de sua competência, *ressalvado às partes o direito de instituir juízo arbitral, na forma da lei";* ao dispor sobre a "cooperação nacional", dispõe o art. 69 que "o pedido de cooperação jurisdicional deve ser prontamente atendido, prescinde de forma específica e pode ser executado como: [...]. § 1º As cartas de ordem, precatória e arbitral seguirão o regime previsto neste Código [...]"; no que concerne aos atos processuais em geral, dispõe o art. 189 que tramitarão em segredo de justiça os processos "[...] IV – que versem sobre arbitragem, inclusive sobre cumprimento de carta arbitral, desde que a confidencialidade estipulada na arbitragem seja comprovada perante o juízo"; no tocante à comunicação dos atos processuais, dispõe o art. 237 que "será expedida carta: [...] IV – arbitral, para que o órgão do Poder Judiciário pratique ou determine o cumprimento, na área de sua competência territorial, de ato objeto do pedido de cooperação judiciária formulado por juízo arbitral, inclusive os que importem efetivação de tutela provisória"; quando trata no art. 260 dos requisitos das cartas de ordem, precatória e rogatória, pontua no § 3º que "a carta arbitral atenderá, no que couber, aos requisitos a que se refere o *caput* e será instruída com a convenção de arbitragem e com as provas

---

[93] Para aprofundamento sobre o tema v. Joel Dias Figueira Jr., *Juizados especiais cíveis e criminais,* 8. ed., art. 7º.

da nomeação do árbitro e de sua aceitação da função"; mais adiante, no art. 267, informa as hipóteses em que o juiz pode recusar o cumprimento de carta arbitral; quando trata do tema atinente à contestação, define o art. 337 que "incumbe ao réu, antes de discutir o mérito, alegar: [...] X – convenção de arbitragem; [...] § 5º excetuadas a convenção de arbitragem e a incompetência relativa, o juiz conhecerá de ofício das matérias enumeradas neste artigo; § 6º A ausência de alegação da existência de convenção de arbitragem, na forma prevista neste Capítulo, implica aceitação da jurisdição estatal e renúncia ao juízo arbitral"; ao versar sobre a audiência de instrução e julgamento, mais precisamente o início dos trabalhos, o legislador faz uma referência totalmente equivocada à arbitragem, apontando-a como um dos "métodos de solução consensual de conflitos, como a mediação [...]".

O erro em que incide o legislador é elementar, inexplicável, na verdade, imperdoável, pois deixa a infeliz impressão (por certo, falsa) de que desconhece os conceitos de institutos jurídicos ontologicamente distintos – mediação e arbitragem.

Mediação é técnica não adversarial de resolução de conflitos que tem por escopo o consenso a ser delineado pelas próprias partes litigantes, com a intervenção do mediador, em prol da solução consensual do litígio; em outras palavras, mediação é método tendente à *autocomposição*, sem a prolação de sentença – nada se decide, tudo se compõe em comum acordo através de transação, renúncia ou reconhecimento total ou parcial do pedido.

Diferente em tudo e por tudo é a *arbitragem*, sabidamente jurisdição privada e, como tal, método adversarial (conflituoso) de resolução de controvérsias, em que o árbitro ou tribunal arbitral exerce o *ius imperi* e, com esse poder, diz o direito e, por conseguinte, quem tem razão e, ao fim e ao cabo, quem é o vencedor e o sucumbente na demanda. Aliás, não é por menos que dispõe o art. 18 da LA que "o árbitro é juiz de fato e de direito, e a sentença que proferir não fica sujeita a recurso ou a homologação pelo Poder Judiciário".

Assim, há de ser desconsiderada a infeliz e equivocada referência feita ao instituto da arbitragem no art. 359 do CPC.

Mais adiante, quando o Código trata "da sentença e da coisa julgada", dispõe que uma das hipóteses em que o juiz não resolverá o mérito reside quando "acolher a alegação de existência de convenção de arbitragem ou quando o juízo arbitral reconhecer sua competência" (art. 485, VII); ao versar sobre o cumprimento de sentença indica que a sentença arbitral é título executivo judicial, cujo cumprimento dar-se-á de acordo com as disposições de regência do CPC (art. 515, VII) e perante o juiz cível competente (art. 516, III c/c parágrafo único).

Quando o Código aborda o tema "da homologação de decisão estrangeira e da concessão do *exequatur* à carta rogatória" define que "a homologação de decisão arbitral estrangeira obedecerá ao disposto em tratado e em lei, aplicando-se, subsidiariamente, as disposições deste Capítulo" (art. 960, § 3º).

Para as sentenças proferidas pelo Estado-juiz em face da incidência do art. 7º da LA, as apelações delas interpostas não terão efeito suspensivo quando julgado procedente o pedido de instituição de arbitragem (art. 1.012, IV) e, nos processos em que o juiz rejeitar a alegação de convenção de arbitragem em contestação (art. 337, X), caberá agravo de instrumento dessa decisão interlocutória (art. 1.015, III).

6. ANTEPROJETOS E PROJETOS DE LEI QUE ANTECEDERAM A LEI 9.307/1996

O vetusto Código Buzaid deixou, por timidez ou temor (infundado) de inovar com profundidade em sede de juízo arbitral, e, assim, o Código de 1973 manteve-se na contramão da História, alheio às transformações que já se operavam nessa matéria em diversos países, notadamente na Europa e nos Estados Unidos da América.

Receoso, preferiu o legislador de 1973 (arts. 1.072 a 1.102) manter um regime ortodoxo e de pouquíssimo efeito pragmático em sede de arbitragem, cujos pecados capitais eram representados, em síntese, pela não vinculação e obrigatoriedade da cláusula compromissória e pela não atribuição de verdadeira jurisdição privada aos árbitros, na medida em que os "laudos" ficavam na dependência de apreciação e homologação pelo Poder Judiciário, sem contar que da sentença que homologava ou não o laudo admitia-se a interposição do recurso de apelação, enquanto a sentença arbitral estrangeira ficava na dependência de preencher requisito da chamada "dupla homologação" (no país de origem e perante o STF).

Portanto, perdido o trem da história que passava no início da década de 1970 para o processo civil, a comunidade científica pensante e mais iluminada jamais conformou-se com esse fato, considerando-o um retrocesso inaceitável e que estava a exigir reparação mediante alterações legislativas.

Assim, num curto espaço de dez anos, tivemos nada menos do que três anteprojetos destinados a tentar adequar ou reestruturar com mais ou menos profundidade o malsinado regime jurídico da arbitragem.[94]

---

[94] Para maiores detalhes e análises desses anteprojetos, v., Jürgen Samtleben: "Questões atuais da arbitragem comercial internacional no Brasil", *RT*, 712, p. 51-65, item n. 2.1, "d"; Guido F. S. Soares, "Arbitragens comerciais internacionais no Brasil: vicissitudes", *RT*, 641, p. 47-48, n. 3.3; Carlos Alberto Carmona, "A arbitragem no Brasil: em busca de uma nova lei", *RePro*, 72, p. 55-57, e "A propósito do novo anteprojeto de lei sobre a arbitragem no Brasil", *JB*, 142, p. 27-33; Paulo Furtado, "Juízo arbitral", *Rev. Dir. Civ.*, 72, p. 90-97, n. 7; Pedro Antônio B. Martins, "Anotações sobre a arbitragem no Brasil e o Projeto de Lei no Senado n. 78/92", *RF*, 332, p. 27-165, n. 4 e 5; Luiz Cézar Ramos Pereira, "O juízo arbitral e o projeto de lei sobre arbitragem", *RT*, 564, p. 275-278; Roberto Rosas, "Juízo arbitral", *RT*, 568, p. 9-11; Sérgio J. Porto, "Perspectivas da arbitragem comercial no Brasil", *RT*, 638, p. 47-49, n. 2; Edson C. Bortolai, "Do juízo arbitral", *RePro*, 31, p. 27-28.

Nos idos de 1981, constituiu-se então uma comissão para afrontar a matéria, coordenada pelo Desembargador Severo da Costa, do Rio de Janeiro, que, por sua vez, apresentou um anteprojeto composto de 28 artigos, publicado no DOU de 27.05.1981. Este estudo não foi adiante, tendo-se perdido nos corredores da burocracia parlamentar e acabado no esquecimento.

Seis anos mais tarde, por determinação do Ministério da Justiça, publicou-se um novo anteprojeto versando sobre a matéria, no DOU de 27.02.1987, contendo 37 artigos. Nada obstante os elogios recebidos na época, também não obteve êxito.

Em 14.07.1988, o DOU publicou o terceiro anteprojeto de lei relativo ao tema, contendo apenas dez dispositivos que alteravam superficialmente o Código de Processo Civil. Merecedor de críticas, terminou também por não prosperar.

Finalmente, em novembro de 1991, por iniciativa do Instituto Liberal de Pernambuco, lançou-se a *Operação Arbiter*, com o objetivo de – aproveitando no que fosse pertinente os anteriores anteprojetos lançados pelo Poder Executivo – formalizar-se novo anteprojeto que pudesse preencher os anseios da sociedade civil e de profissionais do Direito para a revitalização da arbitragem.

Foi então nomeada a comissão relatora, integrada por Selma M. Ferreira Lemes, Pedro Antônio Batista Martins e Carlos Alberto Carmona. Essa equipe de estudiosos da matéria procurou aproveitar o que havia de interessante nos anteprojetos anteriores e, partindo dali, concluir pela apresentação de um novo trabalho que fosse hábil a preencher as expectativas de todos.

Para satisfação daqueles que participaram do projeto, foram recebidas inúmeras contribuições e sugestões, demonstrando o interesse dos mais variados setores, e com a ativa participação, entre outros, de entidades como a Associação Comercial de São Paulo, a Federação das Indústrias do Estado de São Paulo (Fiesp), o Instituto Brasileiro de Direito Processual, além de contribuições de professores de diversas universidades, de advogados, juízes, empresários, todos unindo esforços para que, finalmente, fosse possível colocar o Brasil na rota da modernidade jurídica em sede de juízo arbitral.

Assim, em linhas gerais, o anteprojeto prestigiou o princípio da autonomia da vontade e fortaleceu a arbitragem institucional, tratou de forma conjunta a cláusula e o compromisso arbitral, que receberam a denominação de "convenção de arbitragem", equiparou o laudo à "sentença arbitral" e superou o problema da homologação da decisão arbitral e do respectivo recurso de apelação.[95]

Nessa linha, o então Senador Marco Maciel tomou a iniciativa e deu origem ao Projeto de Lei que recebeu no Senado o n. 78/1992[96] e n. 4.018/1993, na Câmara

---

[95] Cf. Carlos A. Carmona, *Arbitragem no processo civil*, p. 134-137.
[96] Sobre o tema, v. Marco Maciel, "Reforma do Judiciário e juízo arbitral", *Informativo COAD – ADV*, 21, p. 420-421, 1996.

dos Deputados, terminando por se transformar no novo e tão esperado microssistema da arbitragem, materializado na Lei 9.307, de 23.09.1996.

De outra banda, não podemos esquecer também que a Lei de Arbitragem brasileira teve inspiração em trabalho técnico editado pelo Banco Mundial (denominado "Documento n. 319", de 1996), acerca da necessidade de os países desenvolvidos promoverem soluções alternativas para a resolução de conflitos.[97]

7. A LEI DE ARBITRAGEM, SEU REGIME JURÍDICO E AS PRINCIPAIS MODIFICAÇÕES COM O ADVENTO DA LEI 13.129/2015

A Lei 9.307/1996, apesar de ter vindo a lume tardiamente, trouxe consigo o positivo resultado do amadurecimento que só o tempo, alquimicamente, consegue operar com naturalidade e, nesse contexto, realizaram-se inúmeros debates versando sobre o projeto de lei que daria ensejo à tão decantada Lei de Arbitragem, assim como foram recebidas sugestões advindas de diversos segmentos da comunidade nacional, terminando por vir a lume em 23 de setembro de 1996, chancelando significativo avanço no sistema normativo brasileiro, especialmente quando comparado com o regime retrógrado até então em vigor, agasalhado nos arts. 1.072 a 1.102 do revogado Código de Processo Civil de 1973.

A espera pela Lei de regência não foi em vão, pois colocou o Brasil lado a lado com outros países detentores da mais moderna e atualizada legislação sobre o tema e em sintonia com os princípios e as regras norteadoras do processo civil constitucional, recepcionadas em nossa Magna Carta.

A Lei de Arbitragem, diferentemente do que pensam os menos desavisados, não veio para resolver as mazelas da prestação da tutela jurisdicional estatal, mas sim tornar-se mais um mecanismo oferecido aos jurisdicionados para a resolução de seus conflitos de forma não ortodoxa, servindo de equivalente jurisdicional hábil, capaz de preencher a lacuna normativa até então existente em prol de uma ordem jurídica justa.

---

[97] O "Documento 319/1996" trata da matéria intitulada *O setor judiciário na América Latina e no Caribe – Elementos para reforma*.
O aludido documento foi produzido nos Estados Unidos, tendo recebido o suporte técnico de Malcolm D. Rowat e Sri-Ram Aiyer, fundado em pesquisa de Manning Cabrol e Bryant Garth, dispondo acerca da necessidade de reformas profundas nos Poderes Judiciários da América Latina e no Caribe, propondo projeto global, com adaptações às condições específicas de cada país, todavia, baseado nos mesmos princípios, quais sejam, romper com a natureza monopolística do Judiciário, melhor garantir o direito de propriedade e propiciar o desenvolvimento econômico e do setor privado.

Em outras palavras, a arbitragem é simplesmente mais um instrumento válido e colocado à disposição dos interessados para a solução de seus conflitos de natureza patrimonial disponível, ao lado de outras formas alternativas de composição (*v.g.* Juizados Especiais, Mediação etc.), concomitantemente à jurisdição estatal.[98]

Funda-se todo o regime jurídico da legislação arbitral na Constituição Federal, na exata medida em que os direitos e garantias fundamentais atinentes ao devido processo legal estão resguardados também na jurisdição privada, notadamente o contraditório, a igualdade das partes, a imparcialidade do árbitro e o livre convencimento motivado, segundo se infere do disposto no art. 21, § 1º, da Lei 9.307/1996, sob pena de nulidade da sentença arbitral (art. 32, VIII).

Tratando-se de *jurisdição privada* facultativa, hábil à resolução de conflitos travados entre pessoas capazes (naturais ou jurídicas, de direito público ou privado) e relativos a direitos patrimoniais disponíveis (LA, art. 1º c/c CPC, art. 3º, § 1º e art. 42, *in fine*), a Lei de Arbitragem reveste-se de um regime jurídico especialíssimo, contudo, em perfeita harmonia simbiótica com a Constituição Federal e o Código de Processo Civil, de maneira a conferir aos jurisdicionados uma tutela segura, rápida e tecnicamente qualificada.

Por outro lado, a LA permite que os próprios litigantes definam na convenção de arbitragem o procedimento a ser observado processualmente, sem prejuízo de opção pelas regras de um órgão arbitral institucional ou entidade especializada ou, ainda, mediante delegação ao próprio árbitro ou tribunal arbitral (art. 21).

Em 26 de maio de 2015, foi publicada a Lei 13.129, que alterou parcialmente a LA, passando a ampliar o âmbito de sua aplicação e dispor sobre a escolha dos árbitros quando as partes recorrem a órgão arbitral, a interrupção da prescrição pela instituição da arbitragem, a concessão de tutelas cautelares e de urgência nos casos de arbitragem, carta e sentença arbitral, além de revogar alguns dispositivos da Lei 9.307/1996.

Em síntese, a Lei 13.129/2015, além de ampliar o espectro de sujeitos legitimados e demandas suscetíveis de serem resolvidas em sede arbitral, mais precisamente a administração pública direta e indireta, que poderá doravante dirimir seus conflitos relativos a direitos patrimoniais disponíveis (art. 1º, §§ 1º e 2º), também passou a harmonizar a LA ao Código de 2015 em diversos dispositivos (*v.g.*, carta arbitral), regular o agir cautelar ou de urgência antecedente à instituição da arbitragem, dentre outras inovações já mencionadas e que, no decorrer deste estudo, serão objeto de nossa atenção e análise em tópicos específicos.[99]

---

[98] Assim também STJ, REsp 450.881/DF, Rel. Min. Castro Filho, j. 11.04.2003.
[99] Sobre o tema, v. Mario Roberto Mannheimer, "Mudanças na Lei de Arbitragem (Lei 9.307, de 23.09.1996). Observações sobre a Lei 13.129, de 26.05.2015. Visão de um antigo magistrado", *Revista de Arbitragem e Mediação*, São Paulo, v. 47, p. 45-65, out./dez. 2015.

8. A EFICÁCIA DA LEI 9.307/1996 E DA LEI 13.129/2015 NO TEMPO E NO ESPAÇO

A Lei 9.307/1996 entrou em vigor sessenta dias após a data de sua publicação, nos termos do disposto no art. 43 da referida norma, revogando-se as disposições em contrário e, em especial, os arts. 1.037 a 1.048 do Código Civil de 1916, que vigorava naquela ocasião, bem como os arts. 101 e 1.072 a 1.102 do Código de Processo Civil de 1973.

Como a Lei 9.307/1996 tem natureza instrumental (norma essencialmente processual), sua eficácia é imediata, ou seja, decorrido o prazo de *vacatio legis*, entra imediatamente em vigor, sendo irrelevante que a arbitragem tenha sido convencionada antes de sua vigência, nos moldes do disposto no art. 1.046 do CPC.[100]

No tocante à eficácia territorial da Lei 9.307/1996, ela não só encontra aplicação em todo o território nacional como também pode ser escolhida livremente pelas partes contratantes para dirimir conflitos internacionais sediados em outros países ou no Brasil, segundo se depreende das regras inseridas no art. 2º da lei em exame, ao preconizar que a arbitragem pode ser de direito ou de equidade, a critério das partes, ademais, elas poderão ainda optar pelas regras de direito que serão aplicáveis, somando-se a possibilidade de realização baseada em princípios gerais de Direito, usos e costumes e regras internacionais de comércio.

Por sua vez, a Lei 13.129 foi publicada em 26 de maio de 2015 (terça-feira), entrando em vigor sessenta dias após (art. 5º), mais precisamente, dia 27 de julho do mesmo ano e, por se tratar também de norma de natureza processual, sua eficácia é imediata, para todos os fins de direito.

9. APLICAÇÃO SUBSIDIÁRIA DO CÓDIGO DE PROCESSO CIVIL EM JURISDIÇÃO ARBITRAL?

A regra geral atinente à interpretação e aplicação das normas é no sentido de que os macrossistemas sempre encontrem incidência ou aplicabilidade em microssistemas correlatos, quando estes últimos são omissos a respeito de determinado instituto, e não violar os seus princípios orientadores. Assim, por exemplo, uma relação consumerista rege-se pelas normas definidas no Código de Defesa do Consumidor que, por sua vez, receberá os influxos do Código Civil, no que

---

[100] Assim já se manifestou também o Supremo Tribunal Federal, *in verbis*: "[...] 3. As disposições processuais da Lei n. 9.307/1996 têm incidência imediata nos casos pendentes de julgamento (RE n. 91.839/GO, Rafael Mayer, *DJ* de 15.05.1981) [...]" (Sentença Estrangeira Contestada 5.847-1, Reino Unido da Grã-Bretanha e da Irlanda do Norte, Rel. Min. Maurício Corrêa, j. 01.12.1999).

couber, ou seja, quando omisso o CDC e a aplicação subsidiária do macrossistema civil não violar os princípios norteadores na norma especial.

É assente que o Código de Processo Civil é o macrossistema instrumental, o que lhe confere magnitude de aplicabilidade, em tese, em todos os microssistemas que, de alguma forma, regulem institutos de natureza processual. Por outro lado, a Lei de Arbitragem traz em seu bojo diversos dispositivos reguladores de matérias de natureza eminentemente processual, o que sinaliza, nessa linha de raciocínio exposta, à primeira vista, para a incidência subsidiária do CPC. Ocorre que, no caso da arbitragem, a regra não se aplica dentro da mesma lógica, merecendo algumas considerações para que dúvidas não pairem acerca deste importante tema e das consequências indesejáveis de seus desdobramentos.

De início, há de considerar-se que o Código de Processo Civil foi idealizado para regular, instrumentalmente, a resolução de conflitos entre as partes em demandas que tramitam perante o Poder Judiciário, portanto, dentro de um sistema[101] de natureza pública.

Por sua vez, a arbitragem integra um sistema voltado à resolução de conflitos totalmente distinto daquele em que se encontra inserido o Estado-juiz, revestida de pura e plena jurisdição privada,[102] fundada na autonomia absoluta da vontade das partes, eixo central de tudo e de todos os instrumentos e mecanismos nela empregados, em torno do qual gravitam de forma imbricada as suas normas reguladoras.

Portanto, exsurge de plano a compreensão de que estamos diante de dois sistemas jurisdicionais distintos e independentes, regulados por normas e orientados por princípios diversos, exceto aqueles atinentes ao devido processo legal constitucional.

É o que se infere do próprio texto da LA ao dispor que "serão, sempre, respeitados no procedimento arbitral os princípios do contraditório, da igualdade das partes, da imparcialidade do árbitro e de seu livre convencimento" (art. 21, § 2º), além da necessidade de observância de requisitos de fundo da sentença arbitral (art. 26), sob pena de nulidade (art. 32).

Em outros termos, ainda melhor, a jurisdição privada submete-se à observância dos seguintes princípios: *a)* inafastabilidade da jurisdição; *b)* imparcialidade do julgador; *c)* igualdade das partes; *d)* contraditório; *e)* juiz natural;[103] *f)* motivação

---

[101] Entende-se por sistema a reunião de elementos, regras e princípios bem sintonizados entre si e que formam um todo harmonizado e independente no plano jurídico-normativo.
[102] Assim compreendida a jurisdição como revestida de *poder, função e prática de atividade*.
[103] Para fins de jurisdição privada, o princípio do juiz natural reside na liberdade que o sistema confere às partes de escolha da entidade ou órgão arbitral, seleção ou sorteio dos julgadores, definição do árbitro ou de tribunal arbitral independente.

das decisões; *g)* publicidade (mitigada pela vontade das partes – sigilo dos atos processuais).

Destarte, a arbitragem integra sistema jurídico distinto que é regido processual e procedimentalmente pela vontade das partes, segundo disposição inserta no art. 21, *caput* da LA: "A arbitragem obedecerá ao procedimento estabelecido pelas partes na convenção de arbitragem, que poderá reportar-se às regras de um órgão arbitral institucional ou entidade especializada, facultando-se, ainda, às partes delegar ao próprio árbitro, ou ao tribunal arbitral, regular o procedimento", interpretando-se o silêncio como delegação ao árbitro ou tribunal arbitral para discipliná-lo (§ 1º).

Ocorre que os órgãos ou entidades especializadas arbitrais são dotados de regulamentos internos que oferecem às partes arcabouço normativo completo, contendo desde as tabelas de custas e honorários de seus árbitros, as regras de processo e de procedimento que serão observadas durante todo o contencioso privado, até o seu término, repita-se, em estrita observância do devido processo legal.[104]

Porém, nada obsta que as partes ou os árbitros *ad hoc*[105] optem pela incidência das regras do Código de Processo Civil, no que couber, à arbitragem que por eles será administrada; contudo, trata-se de hipótese de rara verificação, mostrando a prática situação inversa, justamente por ser a autonomia da vontade das partes o mote da jurisdição privada, o que transita pela liberdade de definição das regras particulares e adequadas ao caso concreto a que desejam ser submetidos os litigantes.

Portanto, estando o árbitro ou árbitros jungidos a regras próprias, particulares ou de entidades arbitrais, preceitos do Código de Processo Civil, exceto os princípios acima mencionados que transcendem o próprio Diploma e encontram suas origens na Constituição Federal, não podem ser invocados para aplicação

---

[104] Se, por um lado, os regulamentos internos de entidades arbitrais conferem ao procedimento um bom grau de certeza e segurança na condução do rito do painel arbitral, existe alguma resistência (nacional e internacional) no que concerne à implementação e uso de "códigos arbitrais", tais como as *guidelines* editadas pela *International Bar Association – IBA*, conceituada entidade internacional da advocacia.

Durante o II Congresso Internacional promovido pelo Centro Brasileiro de Mediação e Arbitragem – CBMA (organismo mantido pela Federação das Indústrias do Rio de Janeiro – FIRJAN, pela Associação Comercial do Rio de Janeiro – ACRJ – e Confederação Nacional das Seguradoras (CNSeg), realizado nos dias 10 e 11 de agosto de 2017, o professor suíço Marc Veit abordou o tema atinente às vantagens e desvantagens da utilização de "códigos processuais arbitrais", oportunidade em que assentou que apesar de essa prática aumentar a confiabilidade processual, notadamente nos casos em que os litigantes não estão no mesmo nível ou os árbitros não são muito experientes, esses "códigos" tendem a limitar a atuação dos árbitros, em especial porque esses diplomas estão se tornando cada vez mais amplos e detalhados, não sendo bem aceita a adoção de um modelo único de processo e de procedimento.

[105] Assim compreendida a arbitragem não administrada por órgão ou entidade arbitral.

na jurisdição privada; assim, por exemplo, não encontrará incidência a regra de vedação da tomada de "decisão surpresa" (CPC, art. 10 c/c arts. 317 e 493, parágrafo único), observância de precedentes, reclamação, mandado de segurança etc.

Aliás, conforme teremos oportunidade de expor nos capítulos seguintes deste estudo, a forte doutrina dominante posiciona-se no mesmo diapasão, de maneira a encontrar incidência do Código de Processo Civil em sede arbitral apenas nas hipóteses excepcionais em que as partes assim dispuserem em convenção arbitral, o que importa dizer, em outras palavras, que o macrossistema instrumental civil, via de regra, não se aplica na jurisdição privada.

CAPÍTULO II
ACESSO À JUSTIÇA E À JURISDIÇÃO ARBITRAL

Sumário: 1. A crise do processo e da jurisdição estatal – 2. As tendências universais do processo civil contemporâneo e as formas alternativas de resolução de conflitos (*Alternative Dispute Resolution – ADR*); 2.1. Noções introdutivas: *"Alternative Dispute Resolution – ADR"*, o Projeto Florença e os equivalentes jurisdicionais; 2.2. Métodos diversos de heterocomposição; 2.2.1. Peritagem e avaliação vinculantes; 2.2.2. *Rent-a-judge*; 2.2.3. *Court-annexed arbitration*; 2.2.4. *Baseball arbitration*; 2.2.5. *Arbitration night baseball*; 2.2.6. *Arbitration bounded*; 2.3. Justiça coexistencial e métodos de autocomposição; 2.3.1. *Dispute Review Board* (DRB); 2.3.2. *Mini-trial*; 2.3.3. *Authorized representative*; 2.3.4. *Early Neutral Evaluation – ENE*; 2.3.5. *Neutral Fact-finder*; 2.3.6. *Summary jury trial*; 2.3.7. *Confidential listener*; 2.3.8. *Joint fact-finder*; 2.3.9. *Focused group*; 2.3.10. *Court-annexed mediation*; 2.3.11. *Non-binding arbitration*; 2.3.12. *Arbitration incentive*; 2.3.13. *Ombudsman*; 2.3.14. Portais ou programas para recebimento de reclamações e apoio voltados à resolução de conflitos; 2.4. Métodos híbridos; 2.4.1. *Mediatio-arbitratio*; 2.4.2. *Arbitratio-mediatio*; 2.5. O Brasil e o movimento da prevenção e solução extrajudicial de litígios – 3. Arbitragem, arbitramento, peritagem, avaliação, negociação, transação, conciliação e mediação. Distinções e similitudes ônticas – 4. Arbitragem e acesso à justiça – 5. Escopos e importância da arbitragem nos cenários nacional e internacional – 6. Algumas considerações sobre a arbitragem regulada na Lei 9.307/1996 e na Lei 9.099/1995 – 7. Natureza jurídica da arbitragem – 8. O princípio da inafastabilidade da jurisdição estatal e o regime jurídico da arbitragem – 9. Da constitucionalidade dos arts. 6º, 7º, 41 e 42 da Lei 9.307/1996 – 10. Jurisdição arbitral x jurisdição estatal: "vantagens" e "desvantagens" – 11. Princípios processuais aplicáveis à jurisdição privada

1. A CRISE DO PROCESSO E DA JURISDIÇÃO ESTATAL

Não é de hoje que se ouve falar que o processo civil brasileiro está em crise e que existe um descompasso entre o instrumento e a rápida prestação da tutela por parte do Estado-juiz,[1] e, por conseguinte, um descontentamento difuso por parte dos jurisdicionados.

---

[1] V. Joel Dias Figueira Jr., "A trama recursal no processo civil brasileiro e a crise da jurisdição estatal", *RePro*, 188, p. 265-276.

Temos de reconhecer que o modelo, tal como se encontrava posto até o advento do "movimento reformista" encetado no início da década de 1990,[2] cujo êxito na reestruturação do processo civil é digno de nota, não atendia às necessidades dos aplicadores e consumidores do Direito, em busca infindável da satisfação de suas pretensões.

Não foi por menos que já se disse que esta incômoda situação, sobretudo a dos juízes, e a insatisfação dos jurisdicionados ofendem gravemente a proteção estatal de natureza civil, seja por parte da norma, seja pelo modo pelo qual a tutela jurisdicional é assegurada, isto é, o funcionamento do processo. Na verdade, "o problema da justiça civil e da sua crise envolvem a justiça das normas e a justiça do processo".[3]

Nos dizeres de Francisco Rezek, a crise na Justiça do Brasil "é uma espécie de vírus que contamina nossas regras de vida em sociedade, está presente no seu processo de produção, projeta-se mais tarde sobre sua vigência, envolve e compromete de modo direto e constante todos os seus operadores, não só os juízes. Quando o Direito ganha mais em volume o que perde em qualidade, mais parece nos asfixiar do que trazer alguma ordem à nossa vida. Um produto que alardeia prevenir e resolver problemas acaba por criá-los. [...] A situação que vivemos é patológica, e é puro cinismo pretender vendê-la ao público como normal, saudável, quem sabe como prova da vitalidade da democracia pluralista".[4]

Não menos preocupante é também o papel desenvolvido pelos magistrados na sociedade atual. Dentro de um esquema mais simplificado, os modelos de juízes podem ser reduzidos a dois: o primeiro, que se define como "administrador", ao tornar concreta a vontade da lei em cada caso, buscando realizar um dos escopos do Estado dentro da clássica tripartição dos poderes; o segundo, que se pode definir como o juiz "garante", à medida que opera por fora e por sobre os outros

---

[2] Sobre o tema *da efetividade do processo e a reforma processual*, v. Sálvio de Figueiredo Teixeira, *Processo civil* (coletânea), p. 229-243, e *RePro*, 78, p. 85.

[3] Carmine Punzi, "La giustizia civile: giustizia delle norme e giustizia del processo", *Riv. di Dir. Proc.*, XXIX, p. 47, 1974.

Assinala ainda o professor da Universidade de Palermo que "justiça do processo significa, antes de mais nada, assegurar a todos os sujeitos a possibilidade de recorrerem à tutela jurisdicional e de exercitarem de modo livre e completo o direito de defesa, diante de um juiz natural, independente e imparcial. Isto comporta um tríplice empenho, de valor constitucional: a) garantir a independência e autonomia da magistratura; b) assegurar a todos os cidadãos o exercício da ação civil, removendo eventuais obstáculos de caráter econômico, que limitem ou impeçam o livre exercício desta ação; c) garantir o direito de defesa e, assim, o exercício mais pleno do contraditório" (ob. cit., p. 66).

[4] "O Direito que atormenta", *Folha de S. Paulo*, 15 nov. 1998.

poderes do Estado, realizando substancialmente uma função de salvaguarda dos direitos fundamentais do cidadão.

O primeiro modelo corresponde historicamente ao rol dos juízes integrantes dos países da *civil law* (ou de derivação românica), que têm a sua expressão máxima na Europa continental; o segundo corresponde aos juízes integrantes dos países da *common law* (ou anglo-americanos), nos quais é tradicional a contraposição da magistratura aos outros poderes do Estado, como garantia de retidão em suas respectivas funções.[5]

No Brasil, na década de 1980, experimentava-se no foro e na academia uma sensação generalizada de que, se providências emergenciais não fossem tomadas por meio de uma reforma profunda e bem estruturada em relação ao Código de Processo Civil e no sistema processual civil como todo, bem como nas formas de resolução dos conflitos e, de maneira mais abrangente, de prestação da tutela jurisdicional, estaríamos nos encaminhando para uma crise institucional, ocasionada por fatores multifacetados que resultariam em consequências sérias e imprevisíveis de cunho político, social e jurídico.

Se formos investigar as causas da chamada crise judiciária,[6] constataremos, sem maiores dificuldades, que ela se encontra intimamente ligada a fatores de

---

[5] Cf. Vittorio Denti, "Crisi della giustizia e crisi della società", *Riv. di Dir. Proc.*, 38, p. 586, n. 2.

[6] A respeito do tema da *crise no Judiciário,* v. também Joel Dias Figueira Júnior, artigo intitulado "Execução simplificada e a desjudicialização do processo civil: mito ou realidade", notadamente o item III do estudo em que abordamos a crise da jurisdição em face da judicialização das execuções, in Arruda Alvim; Eduardo Arruda Alvim; Gilberto Gomes Bruschi; Mara Larsen Chechi,; Mônica Bonetti Couto, (coord.), *Execução e temas afins – Estudos em homenagem ao Professor Araken de Assis,* p. 576-604, 2014.

V. o diagnóstico completo sobre a administração da justiça brasileira, realizado por Roberto Portugal Bacellar, na obra *Administração judiciária com justiça,* 2016.

Ainda, do citado autor paranaense, v. o estudo sobre os problemas da administração da justiça, as possíveis soluções e técnicas a serem empregadas para minimizar a crise da jurisdição, na obra *Juiz servidor, gestor e mediador.*

Também, v. o estudo realizado por Ombretta F. Carulli, "Il potere giudiziario tra crisi e rinnovamento", *Riv. Trim. di Dir. e Proc. Civ.*, XXXVII, p. 628-639, 1983.

Interessante o estudo de Genacéia da Silva Alberton, intitulado "Repensando a jurisdição conflitual", assim resumido: "A jurisdição, na sua evolução histórica, tem demonstrado deslocamentos interessantes que sinalizam momentos da evolução do direito processual. Observa-se que a jurisdição no modelo conflitual está centrada no poder do Estado-juiz, dando ênfase ao conflito e não aos sujeitos nele envolvidos. Problematizar a jurisdição é reconhecer como ela se apresenta no momento atual, avaliando o que pode ser revisto. O consenso e a liberdade comunicativa de Habermas permitem repensar a jurisdição e ver na mediação uma possibilidade de tratamento de conflito de forma não adversarial. Inserir a mediação no espaço do atuar da jurisdição contribui na reelaboração do modelo tipo ganha/perde, substituindo o modelo da lógica da subsunção do caso à norma pela lógica

profunda modificação nas órbitas social, política e econômica, assim como vinculada à crise jurídica. Queiramos ou não, a questão judiciária é, antes de tudo, uma complexa questão política; aliás, a História nos fala sobre isso com singular eloquência.[7]

A vida em sociedade, sobretudo a contemporânea, gera conflitos intersubjetivos e de massa e, não raramente, de elevado valor econômico, os quais exigem soluções rápidas e eficientes, levando com frequência os aplicadores da norma sistematizada a agirem casuística e pragmaticamente.

Seguindo essa linha de raciocínio, podemos dizer que, "apesar dos dispositivos constitucionais relativos a garantias individuais, controles políticos e liberdades públicas, o regime transformou o direito em simples meio de governo. Desse modo, a crescente utilização da legislação dispositiva esvaziou o equilíbrio entre os poderes, a hierarquia das leis, o controle de constitucionalidade, o princípio de legalidade e a segurança jurídica, configurando, no limite, um quadro de 'inutilidade das leis'. Quanto mais a intrincada manipulação de decretos, das portarias, das resoluções e das instruções normativas converteu-se num mecanismo kafkiano capaz de propiciar soluções conjunturais para conflitos estruturais, aprisionando o cidadão comum nas malhas do cipoal legislativo, menos a legislação ordinária e constitucional passou a ser respeitada por parte dos governantes – logo, mais se enfraquecem os tradicionais princípios jurídicos subjacentes ao modelo liberal de organização política e administrativa do Estado".[8]

Se por um lado o processo cada vez mais encontra a sua autoafirmação como mecanismo de realização efetiva das pretensões de direito material dos jurisdicionados, na busca da solução dos seus conflitos qualificados, minimizando-se a chamada "crise jurídica do processo", por outro, agrava-se sensivelmente o estado patológico e crônico no qual se encontra mergulhado o Poder Judiciário, bastando um lançar d'olhos no *site* do Conselho Nacional de Justiça para constatarem-se os estarrecedores indicativos da "justiça em números", que apontam para mais de cem milhões de processos em tramitação em todo o País, assim como se verifica a desproporção do número de magistrados para dar vazão a toda essa gama de demandas, crise esta inserida em todas as instâncias e esferas da jurisdição, da mais alta Corte do país até os juízes de primeira instância.

---

discursiva do entendimento" (Athos Gusmão Carneiro e Petrônio Calmon [coord.], *Bases científicas para um renovado direito processual*, v. I, p. 301).

[7] Cf. Eugênio R. Zaffaroni, *Poder Judiciário, crise, acertos e desacertos*, p. 78.
V., também, Mauro Cappelletti, "Appunti per una fenomenologia della giustizia", *Riv. Trim. di Dir. e Proc. Civ.*, XXXII, p. 1.318, 1978.

[8] José Eduardo Faria, *A crise constitucional e a restauração da legitimidade*, p. 33.

É inegável a "cultura do litígio" disseminada em nosso país,[9] somada à crença equivocada de que a solução dos conflitos passa, necessariamente, pela esfera de apreciação do Estado-juiz, como se outras formas de resolução de controvérsias não existissem ou não fossem oportunizadas aos jurisdicionados. Destarte, o diagnóstico da alta litigiosidade no Brasil é assustador, notadamente se comparado com outros países, tendo-se como certo que a solução para esse grave problema secular não reside na edição de boas e milagrosas leis de processo, mas sim na mudança de mentalidade da população,[10] a começar pelo cumprimento das normas e respeito ao direito alheio (leia-se, educação), e na busca da autocomposição quando verificar-se o surgimento de conflitos, mediante a utilização de formas não ortodoxas de resolução de controvérsias.[11]

---

[9] Não foi por menos que, em 21 de maio de 2018, o Superior Tribunal de Justiça e a Fundação Getulio Vargas – FGV Projetos – promoveram o seminário intitulado *Acesso à Justiça: o custo do litígio no Brasil e o uso predatório do Sistema de Justiça* para discutir o fenômeno cultural da judicialização no país e o impacto de ações judiciais desnecessárias na eficiência do Poder Judiciário.

[10] Sobre o tema, v. o artigo de Gustavo Gonçalves Gomes, intitulado "Diagnóstico da litigiosidade no Brasil: Necessárias mudanças estruturais e conceituais, muito mais complexas que a criação de um novo CPC", in Paulo Lucon e Pedro de Oliveira (coord.), *Panorama atual do novo CPC*, v. 2, p. 229-238.

Contudo, equivoca-se num ponto o ilustre Autor, ao afirmar que a cultura de litigiosidade agravou-se abruptamente a partir da vigência da Lei 9.099/1995 que instituiu rito processual simplificado e tornou acessível a Justiça pela desnecessidade de pagamento de custas (p. 233). Com a devida vênia, a Lei 9.099/1995 veio justamente resolver o gravíssimo problema da litigiosidade até então existente no Brasil, oferecendo ao jurisdicionado mecanismo fundado no princípio da oralidade em grau máximo, donde exsurgem os seus demais subprincípios (simplicidade, informalidade, concentração, celeridade e economia), em observância à norma cogente inserida no art. 98 da Lei Maior. Infelizmente o legislador infraconstitucional confundiu acesso gratuito à justiça com o princípio da sucumbência. Aliás, assim já nos manifestamos em nossos comentários à Lei 9.099/1995, na obra *Juizados Especiais Cíveis e Criminais – Comentários à Lei 9.099/1995*, 8. ed., Saraiva, 2017.

[11] Nessa linha também o pensamento de Júlio Müller ao salientar que "uma das maiores dificuldades para a substituição de um paradigma por outro é a cultura em vigor. [...] É necessária uma mudança de comportamento e de consciência prestigiando, incentivando e priorizando a liberdade, vontade e interesse das partes – e a correlata responsabilidade. Com elas são abertas outras portas de acesso à justiça. [...] O *ethos* determinante, para aqueles que se interessam pela negociação como meio de solução de litígios ou como mecanismo de apoio para um processo mais efetivo e célere, precisa estar comprometido com a consciência de que é melhor dialogar, cooperar, negociar. Parte do desafio, portanto, será a incorporação desta consciência até a consolidação de hábitos e formação de uma cultura mais conciliadora e menos litigante. Uma nova cultura, novos hábitos, um novo *ethos*, uma nova ética profissional e processual, priorizando soluções negociadas para os conflitos e para as situações processuais, seja pela cúpula e órgãos de direção dos Tribunais, seja pelas

A "crise judiciária" não se confunde com a "crise do processo", nada obstante haver entre elas interligação. Ocorre que as causas determinantes dessa última não são as mesmas daquela e os seus sintomas indicam apenas uma parcela do diagnóstico – ainda impreciso – do grave problema.

Essa realidade não é apenas brasileira, porquanto o mesmo fenômeno tem ocorrido em diversos países desenvolvidos, de forma mais ou menos acentuada. Todavia, inquestionável é o estado em que se encontra o nosso Poder Judiciário, o qual, por inúmeros fatores (conhecidos por todos nós a ponto de dispensar maiores comentários) não consegue reduzir o *tempo* da prestação e efetivação da tutela jurisdicional oferecida, de forma sintonizada com os valores *segurança* e *justiça da decisão*, em que pese o tema da *razoável duração do processo* ter sido erigido ao patamar constitucional como direito e garantia fundamental de todos, com a inserção do inciso LXXVIII ao art. 5º da Lei Maior, por intermédio da Emenda Constitucional 45 e, mais recentemente, reafirmado com a edição do Código de Processo Civil de 2015, ao garantir às partes a obtenção, em prazo razoável, da solução integral do mérito, incluída a atividade satisfativa (art. 4º). É verdade e boa verdade: temos lei... infelizmente, não conseguimos fazê-la sair do papel e transformá-la em realidade com justiça social.

Destarte, "o Poder Judiciário continua a operar sob a égide de uma racionalidade própria de um tempo social diferente, que não se alinha às exigências das demandas sociais atuais, o que faz (re)pensar em formas alternativas de organização e de distribuição do ofício judicante, uma vez que a tradicional distribuição de competência se tornou ineficaz. Processos com tramitação demasiadamente demorada – e que, muitas vezes, acabam perdendo o objeto, carência de fundamentação das decisões judiciais: eis que a qualidade passou a ser acessório da produção jurisdicional, prevalecendo a mentalidade da quantidade e a insuficiência de recurso humano para desempenhar as funções exigidas pelo número de ações ajuizadas, são apenas algumas constatações que atestam a crise funcional da jurisdição".[12]

Essas duas crises (processual e jurisdicional) passaram a ser reduzidas, como dissemos, de um lado, a partir do movimento reformista da década de 1980, que introduziu em mais de duas décadas centenas de modificações no vetusto Código de 1973 e que, por sua vez, culminou com a edição de um novo diploma instrumental – o Código de Processo Civil de 2015 – e, de outra parte, com a absorção paulatina dos ensinamentos de Mauro Cappelletti, que tem como um de seus grandes legados a sistematização e difusão mundial das formas alternativas (adversariais

---

partes e seus advogados" ("Apontamentos sobre conciliação e mediação", in Paulo Lucon e Pedro de Oliveira [coord.], *Panorama atual do novo CPC*, v. 2, p. 276-277).

[12] Fernando Fortes Said Filho, *(Re)pensando o acesso à justiça*: a arbitragem como mecanismo alternativo à crise funcional do Poder Judiciário, Rio de Janeiro: Lumen Juris, 2016, p. 107.

e não adversariais) de resolução de controvérsias – *ADR*, d'onde se origina, dentre outros novos institutos, as ações de classe, a reformulação e adequação aos novos tempos do instituto da arbitragem e da mediação, da conciliação, além de outras não menos importantes inovações incorporadas ao sistema normativo brasileiro nas últimas quatro décadas.

Com a introdução da Lei de Arbitragem, em 1996, no sistema normativo nacional, apesar de tardia,[13] abriram-se novos horizontes para os jurisdicionados que há muito aguardavam uma norma sintonizada com as exigências do século XXI, tendo como corolário o fomento das negociações nacionais e internacionais, notadamente as relações comerciais de médio e de grande porte, pois, via de regra, os objetos desses contratos são complexos e seus conteúdos de elevado valor econômico.[14]

Por conseguinte, sentiram-se os contratantes seguros em inserir cláusulas arbitrais (abertas ou fechadas) e, com isso, a certeza de que, na hipótese de surgimento futuro de algum conflito entre eles, a sua resolução dar-se-á em sede de jurisdição privada, com a característica tão desejada da rapidez e da qualidade do julgamento, dentre outras tantas vantagens.

A Lei 9.307/1996 (com as alterações trazidas pela Lei 13.129/2015) representa muito mais do que um microssistema específico; acima de tudo, é representativo de verdadeira revolução em nossa cultura jurídica, na medida em que coloca, lado a lado, a jurisdição estatal com a privada, à escolha do jurisdicionado.

No plano da jurisdição estatal, para as demandas de menor complexidade e menor expressão econômica, buscou-se a ampliação do *acesso à justiça* com a simplificação do processo, então baseado no princípio da oralidade, em grau máximo, de maneira a minimizar a *litigiosidade contida*, mediante a instauração dos Juizados Especiais Cíveis Estaduais, Federais e Fazendários.[15]

Destarte, o direito processual civil precisa retomar a sua dimensão social, adequando-se à realidade e às necessidades dos novos tempos, a começar pelo rompimento do mito do monopólio estatal da jurisdição e, como diz Carmona, exorcizando o terror da imposição da cláusula arbitral em todo e qualquer contrato,

---

[13] Por exemplo, em relação a alguns países europeus, já estávamos atrasados, em termos de legislação arbitral, na época da edição da LA, há quase vinte anos (*v.g.*, Bélgica em 1972; França em 1980).

[14] Sobre o tema, v. Arnoldo Wald, "Arbitragem e os contratos empresariais complexos", in Arnoldo Wald (org.), *Arbitragem e Mediação*, v. IV, p. 79-90, n. 2 (Coleção Doutrinas Essenciais); e *RArb*, 7, p. 11, out. 2005.

[15] Para aprofundamento sobre o tema v. Joel Dias Figueira Júnior, *Juizados Especiais da Fazenda Pública* e, em coautoria de Fernando da Costa Tourinho Filho, v. *Juizados Especiais Estaduais Cíveis e Criminais e Juizados Especiais Federais Cíveis e Criminais*.

sem que isso importe em enfraquecimento do Judiciário ou na inafastabilidade do controle jurisdicional.[16]

Um dos principais problemas do processo civil moderno talvez resida na superação dos "mitos" criados pela ciência jurídica. Aliás, depois que o processo civil tornou-se ciência, passou, como tal, a construir regras que, por sua vez, transformaram-se em princípios e estes, em mitos, os quais tendem a eternizar-se, resultando na desatenção para com o direito material e na extrema dificuldade de ajustarem-se instrumentos às necessidades contemporâneas.[17]

A arbitragem, quando era regulada pelo Código de 1973, para nada ou muito pouco servia; por sua vez, a Lei 9.307/1996 libertou-a das teias em que se encontrava presa para torná-la, verdadeiramente, *jurisdição privada* capaz de atender aos anseios de todos, equiparando-se às modernas normas europeias e norte-americanas reguladoras da matéria.[18]

Esse modelo – inversamente do que pensavam alguns operadores e estudiosos do Direito – em nada afronta a Lei Maior, enfraquece ou desprestigia o Judiciário. Muito pelo contrário, veio para minimizar reflexamente a crise jurisdicional, e, permitir ao Estado-juiz que dirija a sua atividade principal à solução dos conflitos que não podem, por questões de ordem pública, ser conhecidos pelo particular.

Houve sim – e o tempo vem sendo a maior testemunha do que se afirma – o revigoramento da legitimação do Poder Judiciário perante o povo brasileiro e a reestruturação de nossa cultura jurídica, à medida que a Lei 9.307/1996 passou a oferecer mais uma forma de resolução de conflitos que envolvam direitos patrimoniais disponíveis, especialmente os mais complexos, de elevado valor econômico.

Por outro lado, não é suficiente a ampliação do acesso à jurisdição (pública ou privada). Torna-se imprescindível que tenhamos, acima de tudo, uma *justiça de resultados*, a ser alcançada através da *socialização do processo*. Aliás, outra não é a realidade que se tem verificado como inclinação natural dos últimos tempos, sobretudo nos países de origem legislativa romano-canônica, no sentido de formarem-se "núcleos de convergência" para três pontos essenciais: *publicização, oralidade* e *socialização do processo*.[19]

---

[16] Cf. Carlos A. Carmona, ob. cit., p. 136, n. 5.4.
[17] Cf. Ovídio A. Baptista da Silva, em conferência proferida no Congresso Brasileiro de Direito Processual Civil, realizado em Brasília, em junho de 1995.
[18] Nesse sentido também, v. Carlos A. Carmona, *Participação e processo* (coletânea), p. 306, n. 13.
[19] Carlos Alberto Nogueira, *La justicia entre dos épocas. Las transformaciones del proceso civil*, p. 24.

De maneira não muito diversa, verifica-se o mesmo nos países do sistema de *common law*,[20] em particular nos Estados Unidos, cuja tendência é o abandono do chamado *adversary system*[21] em prol de ritos mais simplificados e céleres, tipo inquisitorial (*inquisitory system*)[22] e administrativo, sobretudo para afrontar questões de natureza eminentemente social,[23] inclusive a utilização cada vez mais intensa do juízo arbitral.

"A realidade social pujante em que vivemos não se contenta mais com o modelo individualista das soluções judiciais de antanho. Desde o final do século passado, vem-se construindo um novo perfil, alicerçado na prevalência do interesse social sobre o individual. Daí exigir-se um Judiciário mais participativo e ativista, na busca de uma sociedade mais justa, humana e solidária, contando para isso com instrumentos processuais mais eficientes, a exemplo da ação civil pública, das ações coletivas, dos juizados especiais, do mandado de segurança, das ações de controle da constitucionalidade. Mecanismos hábeis e eficazes que suplementem a atividade estatal, priorizando o social. Se assim é, não há também por que excluir desses mecanismos a arbitragem, em atenção aos interesses de importantes segmentos sociais, aos quais a Justiça oficial não tem dado abrigo satisfatório".[24]

Somente assim, com uma visão ampla, tridimensional e voltada para o futuro, o qual já se faz presente, é que poderão emergir novas experiências e resultados

---

[20] Sobre a "European common law", v. Guido Pini, *Riv. Trim. Dir. e Proc. Civ.*, 48, p. 949.
V. também John Baldwin, "L'erosione del sistema accusatorio in Inghilterra", *Riv. Trim. di Dir. e Proc. Civ.*, 44, p. 991.

[21] V. Elisabetta Silvestri, "*Adversary* e *inquisitorial system* nella prospettiva di *common law*: un problema aperto", *Riv. Trim. di Dir. e Proc. Civ.*, 42, p. 257.

[22] Essa tendência em reverter a prevalência dos sistemas norte-americanos de um tipo de processo antagonístico (*adversary system*) para o tipo processual dirigido pelo juiz, como é em geral o modelo europeu continental (*inquisitory system*), já se estende por mais de quatro décadas. A esse respeito, v. Angelo Piero Sereni, *El proceso civil en los Estados Unidos*, trad. S. S. Melendo, p. 15-16.

[23] A esse respeito, v. Michele Taruffo, "La ricerca della verità nell *adversary system* anglo-americano", *Riv. Dir. Proc.*, XXXII, p. 596-634.
Diz ainda o mestre italiano que "isso implica uma forte redução do campo de aplicação do *adversary system* tradicional, que apresenta índices de insatisfação, com tendência a privilegiar um modo diverso de oferecimento de justiça, como alternativa às regras e às estruturas processuais ordinárias" (ob. cit., p. 602).
V. também: A. Giuliane, "Dalla 'litis contestatio' al 'pleading-system' (riflessioni sui fondamenti del processo comune europeo)", *Riv. di Dir. Proc.*, 48, p. 954; Carlos A. Carmona, "A crise do processo e os meios alternativos para a solução de controvérsias", *RePro*, 56, p. 91.

[24] Sálvio de Figueiredo Teixeira, "A arbitragem no sistema jurídico brasileiro". Conferência proferida no seminário *A arbitragem e o Brasil – uma perspectiva múltipla*, São Paulo, 13 nov. 1996.

absolutamente positivos, ao encontro dos interesses dos consumidores do Direito, além de fazer renascer a crença no Judiciário e no ideal de justiça, o que se coaduna perfeitamente com a prestação de tutela por intermédio da *jurisdição privada*, na qualidade de equivalente jurisdicional, minimizando-se, assim, a crise da prestação da tutela estatal e, por conseguinte, elevando o grau de satisfação dos jurisdicionados que necessitam da resolução de seus conflitos em tempo e modo razoáveis.

2. AS TENDÊNCIAS UNIVERSAIS DO PROCESSO CIVIL CONTEMPORÂNEO E AS FORMAS ALTERNATIVAS DE RESOLUÇÃO DE CONFLITOS (*ALTERNATIVE DISPUTE RESOLUTION - ADR*)

2.1. Noções introdutivas: "*Alternative Dispute Resolution - ADR*", o Projeto Florença e os equivalentes jurisdicionais

Tivemos oportunidade de constatar, através da breve exposição que realizamos no Capítulo Primeiro, item n. 1, deste estudo, que a história do processo civil é pródiga, desde a primeira fase do Direito Romano, em buscar formas diferenciadas de tutelas, *inclusive*, utilizando-se da justiça privada, enquanto, no item anterior (n. 1, *supra*), traçamos um breve panorama sobre a *crise do processo* (na qualidade de instrumento realizador do direito material) e a *crise da jurisdição*, de maneira a situarmo-nos nesse imenso contexto, e, assim, adentrarmos com maior facilidade à nova etapa de reflexão, desta feita sobre temas que respeitam às formas e métodos voltados à superação desses problemas, os quais deságuam no *pleno acesso à ordem jurídica justa*,[25] na *efetividade do processo* e na *pacificação dos conflitos*.

Os estudiosos do Direito Processual têm procurado, há décadas, *formas* ou *métodos alternativos* para a solução dos litígios individuais e de massa (assim compreendidos os que envolvem direitos difusos, coletivos e individuais homogêneos) e, concomitantemente, hábeis a produzir efeitos mais rápidos e eficazes, sem descurar dos valores *segurança* e *justiça* na solução da lide, capazes de gerar o menor reflexo negativo possível de insatisfação entre as partes.[26]

---

[25] Kazuo Watanabe observa que "a política judiciária adotada pela Resolução 125 trouxe uma profunda *mudança de paradigma dos serviços judiciários* e por via de consequência, *atualizou o conceito de acesso à justiça*, tornando-o muito *mais acesso à ordem jurídica justa*, e não *mero acesso aos órgãos judiciários* para a obtenção de solução adjudicada por meio de sentença". "Política judiciária nacional de tratamento adequado dos conflitos de interesses – utilização dos meios alternativos de resolução de controvérsias", in João da Silveira e José Amorim (coord.), *A nova ordem nas soluções alternativas de conflitos e o Conselho Nacional de Justiça*, p. 229.

[26] Nos dizeres de Adolfo Alvarado Velloso, que retira ainda da Exposição de Motivos da Lei espanhola de 1953, relativa ao tema, a seguinte lição: "Diante da necessidade de ordenar

Destarte, "a tendência observada hoje, não só no sistema jurídico brasileiro, é de um sistema de solução de controvérsias que permita diversas possibilidades ao jurisdicionado, conferindo a ele a possibilidade de adaptar o método de solução ao tipo de controvérsia que possa enfrentar. Nesse contexto, são postos à disposição métodos de solução de controvérsias que podem ser caracterizados como consensuais, nos quais as próprias partes ou um terceiro imparcial não decidem, mas trabalham até que seja atingida uma solução, ou adjudicatórios, nos quais um terceiro imparcial escolhido pelas partes decide e impõe a sua decisão".[27]

Os métodos alternativos[28] de solução dos conflitos (*ADR*), também conhecidos como *equivalentes jurisdicionais*, são melhor compreendidos quando enquadrados no movimento universal do acesso à justiça, na medida em que aparecem como novos caminhos a serem trilhados, facultativamente, pelos jurisdicionados que necessitam resolver seus litígios, de forma diferenciada dos moldes tradicionais de prestação de tutela oferecida pelo Estado-juiz.

A expressão *Alternative Dispute Resolution* (*ADR*)[29] tem sido comumente concebida não apenas no sentido técnico, mas sobretudo como expedientes *não*

---

igualmente esses conflitos de interesses, o Direito, antes de chegar ao puro mecanismo coativo da intervenção inapelável do Poder Público, idealiza uma série de meios de conciliação que tratam de restabelecer, na medida do possível, a interrompida ordem da convivência social ("El arbitraje: solución eficiente de conflictos de intereses", *RePro*, 45, p. 94).

Sobre o nascimento do movimento para a resolução alternativa de controvérsias (*ADR*) e o contexto cultural, v. Oscar Chase, *Gestire i conflitti, diritto, cultura, rituali*, 2009, p. 112-135.

[27] Luis Fernando Guerrero, *Os métodos de solução de conflitos e o processo civil*, 2015, p. 167. Assinala ainda Guerrero que "A análise dos objetivos dos métodos de solução de controvérsias, nesse sentido, demonstra de modo claro que a pacificação social é o liame que une todos os métodos de solução de controvérsias que se utilizam de diferentes instrumentos, poder estatal, acordo de vontade das partes e determinação legal para que a sua decisão tenha os mesmos efeitos de uma decisão judicial, vínculo contratual, persuasão etc. Em linhas gerais, a origem decorre da permissão estatal ou do acordo de vontade entre as partes" (*idem, ibidem*).

[28] Não confundir a expressão "método alternativo" com o malsinado "direito alternativo" ou "justiça alternativa" ou, ainda, "escola do direito livre", concepção com a qual não comungamos, por se tratar de verdadeira subversão do Estado Democrático de Direito, na medida em que apregoa a inobservância do Direito legitimamente constituído em nome de uma pseudojustiça aplicável ao caso concreto. Em síntese, assim entendemos porque a "verdade hermenêutica" pode ser buscada através de técnicas disponíveis existentes no próprio sistema, capazes de levar o intérprete a encontrar os fins sociais da lei e as exigências do bem comum (Lei de Introdução às Normas do Direito Brasileiro, art. 5º; CPC, art. 8º). A esse respeito, v. Gilberto Callado de Oliveira, *A verdadeira face do direito alternativo*.

[29] Sobre a origem das *ADR* observa Oscar Chase que, no último quartel do século XX houve uma mudança no sistema de solução de controvérsias nos Estados Unidos, com a fuga da jurisdição estatal através da utilização de métodos alternativos de resolução de disputas.

judiciais destinados à resolução de conflitos. Todavia, como bem observa Mauro Cappelletti, esse não é o único sentido que deve emergir dessa terceira fase ou "terceira onda" (por ele e Bryant Garth assim denominada) do "movimento de acesso à justiça", porquanto visa a ocupar-se não só desses meios em sede extrajudicial como também judicial, donde exsurge como *alternativa* aos tipos *ordinários* ou *tradicionais* de procedimento.[30]

Neste ponto, merecem destaque os magníficos estudos realizados por Cappelletti, notadamente aqueles que ensejaram o movimento revolucionário mundial do *acesso à justiça*, que teve início com a edição do denominado *Projeto Florença*[31] e culminou, quatro anos depois, com a publicação de quatro volumes (entre 1978 e 1979), pelas editoras Giuffrè (italiana) e Sijthoff (americana), da obra *Access to Justice*.

Há de esclarecer-se que o chamado movimento mundial do *acesso à justiça* ("terceira onda") não pode ser compreendido em senso estrito de "acesso à jurisdição", pois a perspectiva definida por Cappelletti em seus estudos é muito mais ampla, assim compreendida adequadamente a expressão como *movimento voltado à "efetivação dos direitos"*.[32]

Assevera, também, que o seu desenvolvimento deu-se na sequência à expansão da discricionariedade judicial, correspondente a uma tendência social e como consequência da crise da jurisdição, somando-se a componentes institucionais, políticos e culturais. Mais precisamente, diz o citado Autor, esses elementos têm relação com a mudança de valores da época que, de modo contraditório, comportou a desconfiança no Estado, privatizações, humanizações de grandes instituições, progresso social através dos melhoramentos de natureza individual, e, o ceticismo pós-moderno a respeito de uma realidade objetiva. Esses temas, afirma Chase, respeitam as mais amplas categorias de valores definidos como essenciais para a cultura americana: liberdade, individualismo, populismo, igualitarismo e liberalismo.

Nesse interessante estudo, Oscar Chase vai além da origem das *ADR* nos Estados Unidos, chegando a tratar das mudanças culturais, institucionais e políticas que deram vida a esse movimento, e, na sequência, analisa observatórios, segundo os quais as *ADR* favoreceram mudanças positivas na vida pessoal e social dos cidadãos americanos, ou seja, que os sistemas de resolução de controvérsias teriam influenciado esses resultados (*Gestire I conflitti, diritto, cultura, rituali*, cap. 6, p. 112-135).

[30] Cf. Mauro Cappelletti, "Os métodos alternativos de solução de conflitos no quadro do movimento universal de acesso à justiça", *RePro*, 74, p. 82.

[31] O *Florence Access-to-Justice Project*, capitaneado por Mauro Cappelletti, foi patrocinado pela Ford Foundation (Fundação criada em 1934, em Detroit – atualmente com sede em Nova Iorque –, para financiar programas de promoção da democracia e redução da pobreza) e pela *Italian National Council of Research (CNR)*.

[32] *Access to justice: The newest wave in the worldwide movement to make rights effective*. Com esse título, Mauro Cappelletti e Bryant Garth publicaram a síntese dos seus estudos atinentes à "terceira onda" do movimento mundial do acesso à justiça, ao que denominaram

Vale registrar a síntese desse estudo comparativo acerca dos problemas atinentes à eficiência e efetividade da jurisdição ("qualidade da justiça") que envolveu mais de 23 países de diversos continentes,[33] tendo como escopo mapear e definir os principais problemas referentes ao tema em voga e, ao final, indicar os possíveis caminhos a serem trilhados para minimizá-los ou solucioná-los, em prol dos consumidores do Direito. O longo, profundo e exaustivo trabalho de comparação entre sistemas de países diversos protagonizado por Mauro Cappelletti, em busca de um mapeamento da crise do processo e da jurisdição, representa um marco revolucionário para as novas concepções acerca do processo civil contemporâneo, especialmente no tocante à prestação da jurisdição, a sua eficácia e a sua efetividade.

Destarte, os estudos atinentes ao "acesso à justiça" foram divididos pelo saudoso professor fiorentino em três "ondas": 1ª) *assistência judiciária aos pobres*; 2ª) *representação dos interesses difusos*; 3ª) *acesso pela representação legal a uma concepção mais ampla de acesso à justiça. Uma nova abordagem (concepção) de "acesso à justiça"*.[34]

É justamente na terceira fase desse estudo que Cappelletti enfrenta o tema "*do acesso pela representação legal a uma nova concepção de acesso à justiça*" e, ao versar sobre as tendências e concepções sobre a matéria, ele reserva um tópico

---

de "concepção mais ampla" do acesso à justiça (*Buffalo Law Review* – State University of New York at Buffalo School of Law, v. 27, n. 2, p. 181-292).

[33] Foram objeto de estudo comparado os países do leste e do oeste europeu, Rússia, América Latina, Austrália, Canadá, China, Indonésia, Israel, Japão, Estados Unidos e países africanos.

[34] O trabalho, apresentado em quatro volumes, está assim distribuído: v. I – *Access to Justice – A World Survey* (Cappelletti e Garth); v. II – *Access to Justice: Studies of Promising Institutions* (Cappelletti e John Weisner); v. III – *Access to Justice: Emerging Perspectives and Issues* (Cappelletti, Gartht e Messrs); v. IV – *Access to Justice: The anthropological Perspective – Patterns of Conflict Management: Essays in The Ethnography of Law* (Klaus--Friedrich Kock).

Os estudos comparativos de Cappelletti abordam aspectos de vários temas, tais como a justiça dos pobres, dos interesses coletivos, difusos e individuais homogêneos ("superindividuali"), chamados por ele de "pobreza organizada", cujo problema e necessidade social respeita à construção de formas de tutelas capazes de romper o isolamento da vítima individual.

Diante da crescente importância de problemas ligados à produção, ao consumo e à responsabilidade de massa, à poluição ambiental e outros do gênero, percebeu Cappelletti que as antigas concepções individualistas do direito de agir e legitimidade, próprias dos países de *civil law*, estavam a exigir novos tipos de demandas – *as ações de classe* (*class actions*), nos moldes estabelecidos no Direito norte-americano, de maneira a evoluir-se da garantia individual para a garantia social ou de grupo.

Finalmente, a capacidade intuitiva de Cappelletti leva-o a individualizar a "terceira onda" do acesso à justiça, fundada em instrumentos e técnicas mais atuais, denominando-as de ADR (*Alternative Dispute Resolution*).

em que elabora *métodos alternativos de resoluções de controvérsias*, ponto em que a *arbitragem* aparece em primeiro lugar, como *equivalente* (e não substitutivo) *jurisdicional*.

Nada obstante presenciarmos nos dias de hoje uma verdadeira "corrida" em busca das *ADR*, por outro lado, percebe-se que se têm deixado de colocar em prática, exatamente, os ensinamentos contidos nas páginas do *Access to Justice*. Essa precisa observação é feita por Vincenzo Varano, ao escrever que, apesar do entusiasmo pelo fenômeno, é generalizada a sensação de que se trata de privatização da justiça, e que as *ADR* transformaram a questão do acesso à justiça, limitando, na realidade, o possível acesso aos tribunais. Estamos longe da visão originária de Cappelletti, segundo o qual, complementa Varano, a terceira onda deveria acompanhar as duas primeiras ondas do acesso à justiça, e não substituí-las, sob a ótica de melhorar também o acesso à jurisdição estatal.[35]

Assim, mister se faz, cada vez mais, ampliar as formas não ortodoxas voltadas à resolução de conflitos – jurisdicionalizados ou não –, como também o espectro de acesso aos tribunais, seja pela ampliação da legitimidade ativa, seja através da colocação à disposição dos interessados de novos mecanismos de pacificação social, da assistência judiciária gratuita, dos Juizados Especiais, das ações de classe etc.

É nesse contexto social, político e jurídico que, paulatinamente, têm entrado no sistema normativo brasileiro institutos e práticas que em muito acrescentam ao oferecer novas perspectivas e métodos de resolução de controvérsias, notadamente, a busca da autocomposição, a ser alcançada por técnicas ou mecanismos variados, tais como a *mediação* (judicial ou extrajudicial)[36] e a *conciliação* (judicial ou extrajudicial, por transação, renúncia ou reconhecimento do direito), a *privatização dos interesses pelas instituições de classe* e a *arbitragem*, além do aprimoramento de *técnicas diferenciadas de tutela jurisdicional e sumarização das formas*,[37] de maneira

---

[35] "La cultura dell'ADR: una comparazione fra modelli", *Rivista critica del diritto privato*, 2015, p. 495 e ss.

[36] *V.g.*, a Associação Brasileira de Árbitros e Mediadores, que tem por objetivo principal a congregação de profissionais mediadores, formação e aperfeiçoamento, bem como a implantação em nosso país de técnicas voltadas à autocomposição.
Segundo Roger Fisher e Willian Ury, "uma mediação sensata define-se como aquela que atende aos interesses legítimos das partes, na medida do possível; o acordo, se houver, resolve imparcialmente os interesses conflitantes, é duradouro e leva em conta os interesses da comunidade" (*apud* Áureo Simões Jr., Conferência sobre *a mediação*, proferida no *I Workshop relativo aos Juizados Especiais*, realizado em Florianópolis, em 31 out. 1996).
Sobre "A mediação de conflitos e outros métodos não adversariais de resolução de controvérsias", v. o artigo assim intitulado de Tânia Almeida, disponível em: <www.mediare.com.br/artigos/cnc21.htm>, acesso em: 11 abr. 2003.

[37] Trata-se de melhor adequar-se a *ação de direito material* à *ação de direito processual*.

que o processo civil e a jurisdição estatal propiciem aos litigantes a solução integral de seus conflitos, em prazo razoável, incluindo-se a atividade satisfativa.[38]

De outra banda, não se pode perder de vista que as formas não adversariais de resolução de controvérsias, notadamente as que antecedem a deflagração da demanda judicial (estatal ou paraestatal), são as mais prestigiadas hodiernamente, por concentrarem os seus esforços na busca da *autocomposição* – inquestionavelmente a melhor maneira de solucionar as lides sociológicas (jurisdicionalizadas ou não) –, na exata medida em que as próprias partes litigantes encontram a solução mais adequada para a pacificação de seus conflitos, em sintonia com os seus interesses, com o menor reflexo de insatisfação para ambos os contendores, pois essa é a única forma para colocação de um ponto-final aos conflitos sem que deles resultem vencedores ou vencidos.[39]

Mister compreender que "a justiça é virtude que pode e deve ser praticada por todos os humanos, não é um terreno minado de dificuldades, óbices, empecilhos e armadilhas, quais as hoje encontradas naquela *arena de astúcias* ou *quintal de espertezas*, que é a instrução judicial".[40]

A verdade é que as exigências do mundo contemporâneo não são mais aquelas de nossos antepassados, razão pela qual se buscam incessantemente mecanismos diversificados e hábeis à solução dos conflitos fora do sistema judicial tradicional, rompendo-se em definitivo com o monopólio estatal da jurisdição, sem que tal concepção represente a afastabilidade absoluta da jurisdição estatal, porquanto chancelada como direito e garantia fundamental (CF, art. 5º, XXXV).

Nos dizeres de José Vicente Haro, a função jurisdicional não é exclusiva dos órgãos estatais, podendo ser delegada, por lei, a particulares ou outros órgãos, até porque não existe disposição que reserve exclusivamente ao Estado essa função, sendo a única limitação a chamada "reserva legal".[41]

Muitos são os países que já assimilaram, aprovaram e difundiram as chamadas *ADR*, com tendência ao aparecimento de novos instrumentos ou técnicas capazes de oferecer mais uma opção de solução e composição das lides,

---

[38] V. CPC, art. 4º.

[39] Nos dizeres de Cappelletti, significa admitir que, em certos setores, seria mais conveniente e mais apto assegurar o acesso à justiça com o enfoque da *justiça coexistencial*, ou seja, da autocomposição ("Os métodos alternativos de solução de conflitos no quadro do movimento de acesso à justiça", *RePro*, 74, p. 88).

[40] José Renato Nalini, "Implicações éticas nas alternativas de resolução de conflitos", in João da Silveira e José Amorim (coord.), *A nova ordem nas soluções alternativas de conflitos e o Conselho Nacional de Justiça*, p. 212.

[41] "La administración de justicia: ¿Monopolio exclusivo del Estado?", *Revista de Derecho Administrativo*, n. 1, sep./dic., p. 187.

sejam elas de *heterocomposição* (assim denominados os meios ou técnicas de resolução de conflitos de maneira *impositiva* ou *vinculante*) ou de *autocomposição* (assim denominados os meios ou técnicas de resolução *consensual* de conflitos, perante a jurisdição estatal ou particular), tais como: *rent-a-judge, court-annexed arbitration, mock-jury (mini-trial), summary jury trail, baseball arbitration (final offer), arbitration night baseball, arbitration bounded (high-law)*, peritagem, avaliação, *authorized representative, dispute review boards (partnering), neutral fact-finder, early neutral evaluation (expert fact-finder), joint fact-finder, focused group, confidential listener, court-annexed mediation, non-binding arbitration* (arbitragem não vinculante), *ombudsman* (ouvidorias), portais ou programas de reclamações e apoio voltados à resolução de conflitos, dentre outras.[42]

Para facilitar a compreensão acerca do tema em exame, faremos uma breve exposição sobre esses *métodos alternativos de resolução de controvérsias* – verdadeiros *equivalentes jurisdicionais* – subdividindo-os dentro de um quadro classificatório que toma como critério distintivo a vinculação (imposição) ou

---

[42] Assinala-se que número expressivo desses métodos de resolução de controvérsias não é utilizado no Brasil, mas sim em países integrantes do denominado sistema de *common law*.
Sobre o tema, v. Petrônio Calmon, *Fundamentos da mediação e da conciliação*, 3. ed., Brasília: Gazeta Jurídica, 2015.
V. Peter Schlosser, em particular sobre o surgimento das seguintes formas alternativas de disputa: *mediatio-arbitratio; special master; fact-finding; summary jury trial; early neutral evaluation; lemon law procedure; compulsory arbitration* (cf. "Alternative Dispute Resolution ('uno stimolo alla riforma per l'Europa?')", *Riv. di Dir. Proc.*, 44, p. 1.005-1.006).
Também, v. Valeria Lagrasta, "Outros métodos de solução de conflitos", in Bacellar e Lagrasta (coord.), *Conciliação e Mediação*, p. 365. Valeria elenca uma das modalidades de técnicas de justiça consensual vinculadas ao Estado – o *special master* – acerca da qual, com a devida vênia, deixamos de comungar do mesmo entendimento, pois, a nosso sentir, o "mestre especial", não é um terceiro facilitador de autocomposição, nada obstante a sua atuação possa, reflexa e eventualmente, resultar na resolução amigável da controvérsia, como aliás, observa também a própria ilustre articulista.
O *special master* é um colaborador que atua nos Tribunais Federais dos Estados Unidos (nomeado com base na norma 53 das Leis Federais de Processo Civil), mediante consentimento prévio das partes nas hipóteses de julgamentos sem a formação de júri e, se for necessário, realizam-se análises contábeis ou cálculos complexos ou resolvem-se questões que antecedam ao julgamento; o *special master* poderá também atuar após a prolação da decisão do Tribunal. Trata-se, na verdade, de uma espécie de colaborador, conselheiro ou supervisor da Corte e do cumprimento efetivo de suas ordens, via de regra, um funcionário do próprio Judiciário, nada obstante a possibilidade de ser nomeado um particular.
A respeito do *sistema multiportas de solução de conflitos* e o âmbito de *aplicação dos sistemas de autocomposição e heterocomposição*, v. Luis Fernando Guerrero, *Os métodos de solução de conflitos e o processo civil*, 2015, p. 11-26.

não da decisão, ou, orientação aos litigantes, assim denominados de mecanismos de *a) heterocomposição* e de *b) autocomposição,* além dos chamados mecanismos *c) mistos* (ou *híbridos*) que incluem técnicas de autocomposição (comumente a mediação) com a jurisdição (arbitragem), conhecidas como *mediatio-arbitratio* e *arbitratio-mediatio.*

2.2. Métodos diversos de heterocomposição

Vejamos então alguns dos principais *métodos de heterocomposição,* além da *arbitragem,* que é objeto central deste estudo, cuja análise aprofundada verifica-se ao longo de toda a nossa exposição, em diversos capítulos desta obra.

2.2.1. Peritagem e avaliação vinculantes

As partes envolvidas em conflitos de interesses podem em fase que antecede a instauração da jurisdição (pública ou privada) ou no decorrer da demanda jurisdicionalizada, valer-se de um terceiro detentor de conhecimento especializado acerca do tema objeto da controvérsia para emitir seu parecer técnico orientando-as à resolução da lide.

Por sua vez, as partes podem, em comum acordo, definir previamente se a conclusão (laudo) do perito ou do avaliador terá natureza vinculante ou será meramente orientadora, assim como poderão ajustar se a mesma será levada ao conhecimento do árbitro ou juiz estatal para ser considerada como mais um elemento de convencimento (prova) quando da prolação da sentença.

Para não incidirmos em repetição, considerando que reservamos um ponto específico deste capítulo (n. 3, *infra*) para tratar da arbitragem e outros institutos afins, dentre eles a *avaliação* e a *peritagem,* enviamos o leitor interessado ao aprofundamento dos estudos sobre esses temas ao item seguinte.

2.2.2. Rent-a-judge

Em que pese pouco comum entre nós a expressão "juiz de aluguel", não deve ser o método desprestigiado ou tomado em sentido pejorativo; pelo contrário, esse método de heterocomposição é muito difundido nos Estados Unidos e, como bem observa Valeria Lagrasta, verifica-se a sua utilização quando nada obstante já estiver em curso um processo perante a jurisdição estatal, com o escopo de ganhar tempo, as mesmas partes litigantes contratam em comum acordo um terceiro imparcial ("juiz de aluguel") que fará uso de todo o elenco probatório produzido perante o Estado-juiz e, com base nele, proferirá a sua decisão com base na lei local vigente, não podendo, por conseguinte, decidir por equidade.

Percebe-se, facilmente, que a função de dizer o direito conferida pelas partes ao "juiz de aluguel" é idêntica àquela atribuída ao árbitro, no que tange ao poder decisório, mas isso não é suficiente para equipará-la com a plenitude e consectários da jurisdição arbitral propriamente dita.[43]

2.2.3. Court-annexed arbitration

O método denominado "arbitragem anexa ao juízo" baseia-se na inserção da arbitragem no programa de resolução de conflitos do próprio Judiciário que, por sua vez, mantém convênios com instituições arbitrais de maneira a incentivar e facultar às partes submeterem seus conflitos à jurisdição privada, em substituição ao Estado-juiz. Nessas hipóteses, verificando-se a opção pela arbitragem, extingue-se o processo perante a jurisdição estatal.

2.2.4. Baseball arbitration

Método também conhecido como *final offer*, consiste em as partes declararem ou definirem suas pretensões que entendem de direito, razoáveis, de maneira a outorgar ao árbitro o poder de decidir em sintonia com uma das propostas por elas apresentadas; assim, o "árbitro" fica adstrito apenas a essas proposições, o que significa discricionariedade limitada na tomada da decisão, e, dessa forma, leva as partes a observarem a razoabilidade e a proporcionalidade de suas proposições, de maneira a direcionar a escolha da melhor das alternativas por elas oferecidas ao julgador.[44]

2.2.5. Arbitration night baseball

É um método muito semelhante ao anterior, diferindo apenas no que concerne ao momento da tomada de decisão pelo árbitro, que se verifica antes do recebimento das propostas das partes; porém, nessa técnica, o árbitro não divulga sua conclusão aos litigantes, e sim, diante das proposições apresentadas, escolhe aquela que mais se assemelha ao conteúdo de seu julgado.

2.2.6. Arbitration bounded

Também conhecido por *arbitration high-low*, esse método segue à semelhança dos dois anteriores, com uma pequena diferenciação, qual seja, as partes formulam suas propostas, mas não as apresentam ao árbitro que, por sua vez, formulará sua

---

[43] Sobre o tema, v. também José R. Gomes Cruz, "Juiz particular (*rent-a-judge*): nova tendência do juízo arbitral?", *Ajuris*, 44, p. 107-110.

[44] Cf. Pedro Martins, "Anotações sobre a arbitragem no Brasil e o Projeto de Lei do Senado n. 78/92", *RF*, 332, p. 138, nota de rodapé 35).
Ressaltamos que, apesar da referência ao árbitro e ao instituto da arbitragem, esse método assemelha-se mais com o instituto do *arbitramento*.

decisão. Apresentada a sentença, será a conclusão cotejada com as propostas das partes, de maneira que, se estiver próxima à do autor, essa será acolhida, ou, se estiver mais próxima daquela apresentada pelo réu, será a deste último recepcionada. Porém, se a conclusão do árbitro for intermediária, essa será a decisão final e, por conseguinte, rejeitadas as propostas das partes.

2.3. Justiça coexistencial e métodos de autocomposição

Passemos agora à exposição acerca dos principais *métodos de autocomposição* também conhecidos por *justiça coexistencial*, ou, simplesmente *justiça consensual*; de início, registra-se que, em geral, esses métodos fazem uso de um *terceiro imparcial* (ou grupo de pessoas) que auxilia as partes a encontrarem a melhor alternativa coincidente com os interesses de ambas e, por isso, também é denominada de *justiça participativa*.[45]

2.3.1. Dispute Review Board (DRB)

Também conhecido apenas como *Dispute Board* (*DB*) ou *partnering* é um outro método de resolução ou inibidor de conflitos que consiste na instauração de um comitê de especialistas com o escopo de acompanhar, do início ao fim, toda a execução de um contrato, podendo a sua constituição já estar prevista em cláusula específica.

O conselho ou comitê tem, na verdade, duas principais atribuições, quais sejam: acompanhar toda a execução do objeto do contrato de maneira a mantê-lo em perfeita sintonia com o interesse das partes e, com isso, fazer com que observem todos os termos previamente estipulados e, em segundo lugar, dirimir eventuais conflitos surgidos durante esse período, apresentando conclusões ou recomendações aos contratantes, sem qualquer efeito vinculante, e, sempre observando a manutenção da salutar relação entre as partes.

Em que pese, via de regra, as partes assumirem o compromisso de atender às ditas "recomendações", nada obsta que delas discordem e submetam apenas o conflito à resolução perante a jurisdição, preferencialmente arbitral, em razão da rapidez e especialidade do julgamento, sem prejuízo da continuidade da execução do contrato em todos os seus demais termos. Em comum acordo, na definição das cláusulas contratuais, nada impede também que as partes ajustem a vinculação

---

[45] Denomina-se de *participativa* a justiça que se utiliza, para a consecução da resolução de um conflito, da intervenção de terceiros, por exemplo, um conciliador, o próprio magistrado, ou o árbitro, o que levou Mauro Cappelletti a cunhar a expressão *justiça participativa e coexistencial*; em outros termos, a *justiça da autocomposição por meio de terceiros interventores*.

das recomendações ou a previsão de cláusula penal em face do descumprimento das "decisões" do comitê.

O procedimento padrão a ser seguido consiste na realização de reuniões, em que são ouvidas ambas as partes, para que os técnicos do painel profiram, ao final, uma decisão, repita-se, em princípio, não vinculante.

Essa forma não adversarial de resolução de controvérsias que vem tomando simpatia dos consumidores e operadores do Direito, está cada vez mais presente na prática dos contratos, podendo ser bem sintetizada nas palavras de Gilberto Vaz e Pedro Nicoli, *in verbis:* "Os *Dispute Boards* (*DB*) – modelo de solução alternativa de controvérsias, surgido na indústria da construção na década de 70 – constituem-se essencialmente de juntas de profissionais capacitados e imparciais formados, em geral, no início de um contrato para acompanhar seu progresso e resolver disputas que venham a surgir. Pelas suas características e íntima relação com o mundo da construção, os *DBs* podem ser utilizados em contratos de obras dos quais sejam parte a Administração Pública, desde que respeitadas algumas balizas normativas especiais que se colocam quando o Estado é parte em relações contratuais. Diante da especialidade, celeridade e função essencial na prevenção de litígios, os *DBs* podem ser um instrumento de profunda utilidade nas complexas relações contratuais em um modelo de Administração Pública eficiente".[46]

Percebe-se facilmente que essa forma de "parceria" (*partnering*) traz em seu bojo múltiplos objetivos positivos, a começar pela redução de custos contratuais e de projetos, definição de cronogramas e solução de possíveis reclamações acerca de sua execução, definição de metas, dentre outros; ademais, os "parceiros" (equipe ou comitê) ficam encarregados de processar a resolução de disputas e conflitos ("escala de resolução de conflitos") que eventualmente possam surgir durante a execução do contrato, sempre visando à sua boa e cabal realização.

Com o acompanhamento e orientação desses *terceiros* desde o início do projeto, fica evidente a redução de probabilidade do surgimento de conflitos, na exata medida em que a atuação dos *parceiros* funda-se antes de tudo na orientação das partes em realizar de forma harmoniosa o projeto, por meio do delineamento sintonizado na busca dos interesses comuns.

---

[46] "Os *Dispute Boards* e os contratos administrativos – São os *DBs* uma boa solução para disputas sujeitas a normas de ordem pública?", in Arnoldo Wald (org.), *Arbitragem e Mediação*, v. IV, p. 1.145, n. 59 (Coleção Doutrinas Essenciais); e *Revista de Arbitragem e Mediação – RArb*, v. 31, p. 37, jul. 2013.
Ainda, de Gilberto José Vaz, v. "Breves considerações sobre os *dispute boards* no direito brasileiro", *Revista de Arbitragem e Mediação – RArb*, v. 10, p. 165, jul. 2006.
Também, v. Flávia Bittar Neves, "Arbitragem e construção civil", *Justilex*, n. 16, p. 58, abr. 2003.

2.3.2. Mini-trial

Os "minijulgamentos" são decisões simuladas, via de regra colegiadas (sem prejuízo de ser tomada por "julgador" único), que se desenvolvem antes da jurisdicionalização do conflito, ou seja, antecede a instauração da arbitragem ou de demanda perante o Estado-juiz, tendo por escopo a resolução da lide sem que as partes acessem a jurisdição.

Esses *julgamentos simulados* são normalmente oferecidos por instituições (por exemplo, nos Estados Unidos, pela *American Arbitration Association (AAA)*[47], ou, mantidos informalmente por acordo entre as próprias partes litigantes e seus respectivos advogados, via de regra, empresas interessadas na resolução rápida de seus conflitos.

Esse colegiado costuma ser composto por um presidente (terceiro imparcial de confiança das partes e detentor de elevado conhecimento acerca do objeto litigioso – árbitro, juiz aposentado ou outro profissional de renome) e por administradores das empresas envolvidas no conflito, sendo que o *mini-trial* pode ser escrito ou baseado no princípio da oralidade, concluindo-se de qualquer forma numa única sessão, ou, em poucos dias. Via de regra, indica-se apenas um só julgador, em comum acordo das partes, normalmente um profissional destacado que também exerce a função de árbitro (juiz aposentado, advogado experiente ou outro profissional de renome).

Nessa forma alternativa de composição de conflitos, os advogados costumam trocar informações e encaminhá-las por escrito ao juiz ou colegiado. Os advogados dos litigantes fazem a sua sustentação oral por aproximadamente meia hora, expondo suas razões e provas, sintetizando o que poderia ser provado em juízo (público ou privado).

As partes ou as testemunhas podem ser sumariamente ouvidas, ocasião em que descreverão os fatos em forma de simples narrativa, em vez do sistema de perguntas e respostas. Excepcionalmente, o julgador poderá fazer algumas perguntas e, se o caso exigir, informações e esclarecimentos de especialistas ou técnicos detentores de conhecimento de determinado ramo da ciência (*experts*)

---

[47] Trata-se de entidade de natureza privada com diversos escritórios espalhados pelos EUA. A *American Arbitration Association* possui regras próprias orientadoras de seus processos e um extenso rol de árbitros credenciados. Proposta a instituição da arbitragem por intermédio da *AAA*, ela encaminha uma lista contendo o nome de sete a dez possíveis árbitros, acompanhada de uma síntese da biografia e *curriculum vitae* de cada um deles. Caso os litigantes não aceitem os árbitros indicados, a própria *AAA* torna-se autorizada a fazer a escolha e indicação daqueles. Esses profissionais recebem, em média, por dia, US$ 500 a US$ 700, acrescidos das despesas necessárias ao desenvolvimento e realização da arbitragem.

que, por sua vez, poderão manifestar-se oralmente ou formular breves relatórios ou laudos a respeito do caso em exame, os quais serão trazidos à colação. Em qualquer hipótese, procede-se a uma cognição sumária a respeito das provas colhidas.

Logo após, o julgador ou julgadores proferem a decisão e, se os litigantes concordarem, o julgamento é submetido a um veredicto final, o qual poderá vir a ser executado perante o Estado-juiz competente, caso não seja cumprido espontaneamente pelos litigantes. Diversamente, se a decisão não for aceita pelas partes, não terá força executiva (não vinculante), servindo apenas para orientá-las a respeito da possível conclusão a que também chegaria um terceiro imparcial (juiz ou árbitro) sobre o mesmo conflito, caso submetido à jurisdição.

Na verdade, essa forma de tentativa de resolução de conflitos serve de forte incentivo aos litigantes à solução privada de suas lides, sem que tenham de buscar o resultado (provavelmente o mesmo já esboçado) através de caminhos menos simplificados, tais como a jurisdição estatal ou a arbitragem, o que, por certo, demandará muito mais tempo e gastos.

2.3.3. Authorized representative

Procedimento utilizado em relações de natureza diversa em que as partes, separadamente, indicam um "representante autorizado" para o qual serão levados questionamentos, reclamações ou conflitos surgidos entre elas, que, por sua vez, haverá de conhecê-los e proferir uma decisão que não terá efeito vinculante, mas servirá para orientá-las na resolução do respectivo conflito.

2.3.4. Early Neutral Evaluation – ENE

Método também conhecido por *Neutral Evaluation – NE*, ou, *Expert Fact-finder* é outra forma alternativa de resolução de conflitos, semelhante à anterior relatada, pois reside na escolha informal de um terceiro estranho à lide (imparcial), respeitado por ambas as partes e detentor de conhecimento técnico ou científico acerca do objeto da controvérsia para, de maneira simplificada, após ouvir os interessados e analisar algum elemento de prova que se faça eventualmente necessário, apresentar as suas considerações e conclusões acerca da lide ainda não jurisdicionalizada.

Esse método também não vincula os litigantes à decisão do terceiro, servindo apenas para lhes dar a compreensão primeira acerca da controvérsia, como espécie de esboço de possível e futura decisão do conflito a ser preferida por juiz ou árbitro. Em especial, serve como ferramenta útil em busca da composição amigável extrajudicial da lide ainda não jurisdicionalizada, assim como ocorre igualmente com o *mini-trial*.

Sobre essa forma de solução de conflitos, Francisco José Cahali apresenta boa sugestão para que seja a técnica prevista em regulamentos de instituições de mediação e arbitragem, oferecida como mecanismo prévio ao respectivo procedimento.[48] Diria mais: a boa ideia merece ser estendida aos contratos em geral, mediante a inserção de cláusulas de *avaliação de terceiro neutro*.

2.3.5. Neutral Fact-finder

Técnica muito semelhante às outras duas que acabamos de descrever nas alíneas precedentes, consiste na indicação de um terceiro, pelas partes em conflito, com o escopo de prestar esclarecimentos acerca de *questões fáticas*, baseado nas informações por elas prestadas, a fim de emitir um juízo (tomada de posição) a esse respeito. Essa conclusão (laudo) poderá ser aceita pelas partes (vinculante ou não, a critério dos interessados), ou, encaminhada por elas ao conhecimento do juiz ou árbitro da causa, para que seja levada em consideração no momento da decisão.

2.3.6. Summary jury trial

Trata-se de um método muito semelhante ou espécie de *mini-trial*, consistindo a variação da técnica no julgamento a ser realizado sempre por um colegiado de primeiro grau.

Em sessão sumária simulada, as partes apresentam, de maneira sintética, suas pretensões, fundamentos e provas e, na sequência, o júri formado por terceiros imparciais por elas escolhidos, em reduzido número de integrantes (normalmente três) apresenta a sua conclusão acerca do conflito que lhe foi levado à cognição, decisão esta que não tem conteúdo vinculativo, mas meramente opinativo e orientativo.

Nessa técnica, não é incomum as partes formarem dois pequenos grupos distintos de jurados para colher dois veredictos que poderão, ou não, coincidir e, com isso, delinear a melhor forma possível da resolução do conflito, acatando uma das orientações dos jurados para a composição amigável da lide extrajudicialmente, levando em consideração que, se a matéria for encaminhada à cognição de um juiz privado ou estatal, provavelmente a decisão haverá de coincidir com aquela tomada pelo corpo de jurados.

Ademais, essa técnica permite aos litigantes resolverem seus conflitos rapidamente, com qualidade de decisão e com baixo custo, cotejado com a jurisdição arbitral ou pública.

---

[48] *Curso de arbitragem: mediação – conciliação*, 4. ed., p. 50, nota de rodapé n. 13.
Lembra Cahali que o método se encontra inserido nas regras da *American Arbitration Association – AAA*.

2.3.7. Confidential listener

A técnica do "ouvinte confidencial"[49] busca determinar a proximidade das proposições (pretensões) formuladas pelas partes em conflito e, com isso, encontrar a via de meio e, assim, pôr fim ao litígio.

De maneira geral, essa técnica desenvolve-se com o oferecimento da melhor proposta de acordo por cada uma das partes ao terceiro imparcial que é o "ouvinte confidencial" que, por sua vez, não as repassa num primeiro momento.

Normalmente as partes estabelecem previamente os limites de oferta e os critérios para definição de eventual diferença entre as propostas apresentadas, acordando no sentido de que se as quantias ofertadas se sobrepuserem, a diferença encontrada será dividida. Em outros termos, as partes apresentam confidencialmente as propostas finais de acordo ao "ouvinte" que, por sua vez, analisará se elas estão dentro dos limites previamente estipulados pelos próprios litigantes, contudo, sem informá-las acerca dos respectivos conteúdos.

Caso essa diferença de proposta apresentada pelos litigantes esteja em torno de 10%, as partes autorizam também antecipadamente o "ouvinte" a informá-las acerca das propostas e que ele participe auxiliando-as a encontrar uma maneira de reduzir esse percentual em prol da realização de um acordo.

Se as propostas apresentadas pelas partes não estiverem dentro de um intervalo de variação por elas previamente estabelecido (p. ex. 10% a 30%), podem também estabelecer previamente que, nesses casos, o "ouvinte confidencial" lhes dará essa informação, oportunidade em que elas apresentarão nova proposta sigilosa para uma nova tentativa de encontro da via de meio, de maneira a aproximar o interesse de ambos os litigantes.

Poderão ainda, em vez de apresentar nova proposta sigilosa, autorizar o "ouvinte" a atuar como mediador em busca da autocomposição, trabalhando em conjunto com os litigantes com base nas ofertas já apresentadas por eles.

2.3.8. Joint fact-finder

Esse é um método em que as partes em conflito não fazem uso de um terceiro neutro e imparcial, mas elas próprias, por intermédio de seus representantes, trabalham em conjunto na busca da "localização" e "identificação de fatos", dados, definição de cronogramas de atuação, indicação comum de eventual perito para auxiliar no deslinde da causa, documentos, dentre outros, que servirão, no con-

---

[49] Técnica desenvolvida nos Estados Unidos pelo árbitro e mediador John De Groote, disponível em: <www.settlementperspectives.com>.

junto final, para orientá-las a chegar a um acordo, ou, quiçá, para fazer uso desses elementos perante a jurisdição pública ou privada.

Nada obstante a semelhança com os métodos *expert fact-finder* e *neutral fact-finder*, que se processam sempre mediante a participação de um *terceiro*, o *joint fact-finder* realiza-se apenas com as próprias partes, o que requer, portanto, verdadeira intenção e empenho dos litigantes em viabilizar harmoniosamente a resolução da controvérsia, na exata medida em que eles próprios haverão de conduzir os trabalhos em prol do interesse comum, o que não é nada fácil, diga-se de passagem.

2.3.9. Focused group

Assemelha-se essa técnica às três outras já mencionadas – *neutral fact-finder, expert fact-finder* e *joint fact-finder* –, pois é utilizada pelas partes trazendo terceiros imparciais detentores de conhecimentos especializados para orientá-las com *pareceres conclusivos* acerca de algum aspecto ou sobre todo o objeto do conflito, independentemente de ter sido ou não jurisdicionalizada a contenda.

Esse método funda-se na utilização de um *grupo* especializado de pessoas escolhidas pelas partes que irão *focar* o exame a realizar-se a respeito de determinada matéria objeto da controvérsia e, ao final, emitirão um parecer acerca do tema que, por sua vez, poderá servir como norte à composição amigável do conflito.

2.3.10. Court-annexed mediation

A técnica da "mediação anexa ao tribunal" consiste na imbricação da jurisdição estatal ou privada com a mediação, de maneira que ela venha a realizar-se em fase pré-processual ou no curso do próprio processo.

O Código de Processo Civil de 2015 encampou largamente esse método, a começar pela definição de norma cogente determinando aos tribunais a criação de "centros judiciários de solução consensual de conflitos, responsáveis pela realização de sessões e audiências de conciliação e mediação e pelo desenvolvimento de programas destinados a auxiliar, orientar e estimular a autocomposição" (art. 165).

E mais: instituiu o Código de 2015, a título de "normas fundamentais do processo civil" a promoção pelo Estado, sempre que possível, de soluções consensuais de controvérsias, sendo que os juízes, advogados, defensores públicos e membros do Ministério Público deverão estimular a conciliação, a mediação e outros métodos de solução consensual de conflitos, *inclusive no curso do processo judicial* (mediação ou conciliação incidental), segundo se infere do disposto no art. 3º, em sintonia com os poderes e deveres do juiz, de assim proceder a qualquer tempo (art. 139, V), com possibilidade de, inclusive, estender-se a sujeito estranho ao processo e sobre relação jurídica que não tenha sido deduzida em juízo (art. 515, § 2º).

Com o incentivo prestado pelo Código vigente, essa técnica é também empregada nos tribunais, que passaram a criar os seus respectivos "centros de autocomposição", realizando-se triagens de casos que são encaminhados pelos relatores, de ofício, ou a pedido das partes.

Nos Estados Unidos da América, essa prática denomina-se *appelate mediation*, instituída por meio do programa denominado *Federal Courts of Appeals*, voltado ao segundo grau de jurisdição e que conta com o auxílio de um corpo qualificado de mediadores.

2.3.11. Non-binding arbitration

O método da *arbitragem não vinculante* processa-se em tudo e por tudo como na arbitragem clássica, e, como já informa a própria nomenclatura, a conclusão do árbitro ou tribunal arbitral não é uma sentença, porquanto despida de seus requisitos de fundo, forma e efeitos, tendo em vista que as partes estipulam previamente que não estarão submetidas, vinculadas ao ato derradeiro que, na verdade, não passa de um mero laudo ou parecer que servirá para dar uma ideia precisa acerca do possível deslinde da causa e, com isso, propiciar um eventual acordo.

2.3.12. Arbitration incentive

A *arbitragem de incentivo* é um método semelhante ao anterior que também não vincula as partes litigantes ao veredicto final; a diferença está no ponto em que elas estabelecem previamente algumas penalidades para aquele que deixar de cumprir com a orientação contida no laudo arbitral e, assim, terminar por acessar a jurisdição estatal.

A título de penalidade pela recalcitrância no cumprimento do laudo, costumam as partes estabelecer uma multa pecuniária ou o pagamento de todas as despesas processuais e arbitrais, honorários advocatícios, dentre outras.

2.3.13. Ombudsman[50]

O método que consiste na prevenção ou solução de conflitos por intermédio da figura do ouvidor encontra sua origem na Constituição da Suécia, de 1809,[51] passando a ser mais conhecido e difundido após a Segunda Grande Guerra, com

---

[50] Sobre o tema, v. o interessante estudo de Helga Maria Saboia, intitulado "Defensor do Povo: origens do instituto do *Ombudsman* e a malograda experiência brasileira", *Revista de Direito, Estado e Sociedade* – PUC-SP, v. 36, p. 46-73, jan./jun. 2010.

[51] Criou-se o cargo de "agente parlamentar de justiça" para "limitar os poderes do rei". Por sua vez, a palavra tem origem nas línguas sueca, norueguesa dinamarquesa, derivando etimologicamente do idioma nórdico antigo *umboðsmaðr*, que significava "representante"

a implementação da doutrina do bem-estar social com a intervenção do Estado na prestação de serviços à população, de maneira a limitar a liberdade individual e a iniciativa privada, dando causa ao aumento de burocracia, da discricionariedade da administração pública e, com isso, ao paulatino descontentamento das pessoas.

É nesse cenário histórico, a começar pelo Estado e seus entes públicos, que a figura do *ombudsman* começou a ser utilizada e, a partir de então, difundida a prática também para as empresas ou instituições privadas, cuja função de elevada importância, diga-se de passagem, tem por base filtrar informações de toda ordem, receber críticas, sugestões e reclamações, denúncias de abuso de poder, defeito ou má prestação de serviços etc.

Por sua vez, o ouvidor leva os dados colhidos aos órgãos competentes da administração em que atua (pública ou privada) com o escopo de sanar ou minimizar os problemas apontados pelos consumidores de serviços ou produtos, e, de forma imparcial, mediar os possíveis conflitos e buscar soluções não adversariais para as controvérsias que lhe são apresentadas.

Essa boa prática melhora a prestação de serviços e qualidade de produtos ofertados aos consumidores e, em especial, inibe a proliferação de conflitos, evitando que sejam resolvidos perante a jurisdição privada ou estatal.

Em outros termos, o ouvidor é o filtro e o canal de comunicação entre os consumidores e os órgãos ou as empresas públicas e privadas, ou, ainda, entre as pessoas (físicas ou jurídicas) e os Municípios, Estados e a União, e, dessa maneira, presta um inestimável serviço a toda a comunidade, indistintamente.

2.3.14. *Portais ou programas para recebimento de reclamações e apoio voltados à resolução de conflitos*

Esses portais ou programas para recebimento de reclamações e apoio à resolução de conflitos não são propriamente um *método* de solução de controvérsias, mas um *instrumento* colocado à disposição dos interessados, via de regra, consumidores, que desejam solucionar com rapidez e economia os conflitos decorrentes de relações consumeristas.

O exemplo maior desses "portais" de acesso à resolução de conflitos é o Procon – Programa de Proteção e Defesa do Consumidor –, representado por uma fundação organizacional responsável por ajudar a mediar os conflitos entre

---

(*umbud/ombud* – procurador, *delegatário*, ou seja, pessoa autorizada a agir em nome de outrem).

Nos países de língua portuguesa, utilizam-se as palavras "ouvidor" ("ouvidoria") e "provedor" ("provedoria"), enquanto na Espanha emprega-se a expressão "defensor do povo" (*defensor del pueblo*), e, na Itália "defensor cívico" (*difensore civico*).

os consumidores e os fornecedores de produtos e de serviços, vinculado à Secretaria da Justiça e da Defesa da Cidadania, agindo como um instituto de natureza jurídica de direito público.[52]

Observa Valeria Lagrasta que "a maioria dos programas de reclamação dispõe de serviço específico para reunir o reclamante com o representante da empresa reclamada, com o objetivo de solucionar o conflito de forma amigável; e alguns dispõem, ainda, de poder de polícia, atuando administrativamente contra a empresa que não segue as regras de defesa do consumidor ou encaminhando o problema ao órgão público especializado na fiscalização". Lembra, ainda, que "nos Estados Unidos da América esses programas são tão respeitados que as empresas se empenham para enquadrar-se dentre aquelas que nunca foram mencionadas em alguma queixa ou reclamação, o que contribui para sua imagem pública".[53]

2.4. Métodos híbridos

Em arremate, analisaremos os métodos *mistos* (ou *híbridos*) que incluem técnicas de autocomposição (comumente a mediação) com a jurisdição (arbitragem), conhecidas como *mediatio-arbitratio* (*med-arb*) e *arbitratio-mediatio* (*arb-med*).

2.4.1. Mediatio-arbitratio

Esse método híbrido, também conhecido apenas pela abreviatura *med-arb* garante às partes que eventual e futuro conflito que venha a surgir entre elas será solucionado através de mediação e, na hipótese de não frutificar a autocomposição, que a resolução do conflito dar-se-á por meio de jurisdição privada.

Essa previsão normalmente já é inserida em cláusula contratual, em seus últimos termos, também conhecida como cláusula "med-arb", com indicação da entidade ou das pessoas que haverão de figurar como mediadores e árbitros.

É de bom alvitre que a mediação seja realizada por pessoa diversa daquela que exercerá as funções de árbitro, de maneira a preservar ao máximo a sua imparcialidade, com isenção cabal acerca dos fatos e do direito objeto do conflito, assim como é interessante que essas pessoas integrem a mesma entidade.

Nada obsta, contudo, que a mediação seja realizada por mediador independente ou integrante de determinada entidade e, na hipótese de não frutificar o

---

[52] Vale lembrar que o CDC estabelece que os Procons – estaduais e municipais – e demais entidades que visam à defesa do consumidor, estão amparados e pertencem ao Sistema Nacional de Defesa do Consumidor.

[53] "Outros métodos de solução de conflitos", in Bacellar e Lagrasta (coord.), *Conciliação e Mediação* – ensino em construção, p. 369.

acordo, que a arbitragem venha a ser realizada por pessoas de outro escritório ou entidade arbitral.

Diante da liberdade e da autonomia da vontade das partes que norteiam esses procedimentos, pode ocorrer que, em meio a um procedimento de mediação afigure-se necessária a verificação e tomada de decisão sobre determinado ponto controvertido (parcela do conflito) acerca do qual as partes não evoluem para a autocomposição, sem o que todo o restante fica prejudicado para esse fim.

Nessas hipóteses, podem as partes deliberar a suspensão temporária da mediação para solucionar incidentalmente o ponto controvertido através de arbitragem e, na sequência, dar-se o prosseguimento da mediação atinente às demais questões ainda pendentes.

Guarda certa similitude com o tema o art. 21 da Lei de Arbitragem quando, em seu § 4º, dispõe que competirá ao árbitro ou ao tribunal arbitral, no início do procedimento, tentar conciliar as partes, o que não deixa de ser, de alguma forma, também a presença de forma híbrida em modelo alternativo de resolução de controvérsias.

Em conflitos fracionáveis, em que as partes litigam com pretensões diversas (vários pedidos), não é incomum que elas acordem em mediação a respeito de alguns deles, deixando os outros para a resolução arbitral, o que pode tornar a arbitragem mais rápida e reduzir seus custos, pois o espectro da lide é reduzido.[54]

2.4.2. *Arbitratio-mediatio*

O método *arb-med* segue o mesmo perfil do modelo anterior, contudo, em forma inversa, pois a resolução do conflito tem início com o procedimento arbitral e, eventualmente, pode terminar com um acordo decorrente de mediação, realizada sempre ao final.

Nessa técnica, a arbitragem processa-se regularmente até a prolação da sentença que, em princípio, não será divulgada aos litigantes. Na sequência, portanto, desconhecendo o teor da decisão arbitral, as partes iniciam um procedimento de mediação e se obtiverem êxito total com o acordo, este será reduzido a termo pondo-se fim ao conflito amigavelmente, desprezando-se, por conseguinte, a sentença arbitral.

Se as partes não acordarem, a sentença será então apresentada aos litigantes, com todos os seus consectários.

---

[54] Michele Paumgartten aponta esse fator como sendo a principal vantagem do método med--arb (*Novo processo civil brasileiro*: métodos adequados de resolução de conflitos, p. 505).

O mais interessante deste método em exame verifica-se quando as partes conseguem acordar parcialmente em procedimento de mediação, restando uma parcela do conflito sem a obtenção do resultado amigável, quando então o mediador notificará o árbitro por escrito dando conta do acordo parcial realizado e quais são os pontos controvertidos que ficaram pendentes, a fim de que a sentença seja ajustada aos novos termos da proposição.

Observa-se ainda que as Cortes norte-americanas de Justiça estão apoiando e encorajando as *ADR* em demandas de natureza civil e comercial.[55] Trata-se de um verdadeiro movimento americano, como observa Peter Schlosser, que já se estabelece há mais de quatro décadas, em busca das *alternative dispute resolution*, na esperança de encontrar melhores e diferentes métodos de resolução das controvérsias em relação àquele antigo prestado pelo Estado-juiz, sendo a *jurisdição arbitral* (*arbitragem*) a forma alternativa mais tradicional.[56]

2.5. O BRASIL E O MOVIMENTO DA PREVENÇÃO E SOLUÇÃO EXTRAJUDICIAL DE LITÍGIOS

Em terras brasileiras,[57] merece registro o "Conclave" realizado em Brasília, nos dias 22 e 23 de agosto de 2016, auspiciado pelo Superior Tribunal de Justiça, por intermédio do Centro de Estudos Jurídicos do Conselho da Justiça Federal – *I Jornada de Prevenção e Solução Extrajudicial de Litígios*, coordenada pelo Ministro Luis Felipe Salomão –, que bem serve para refletir, com clareza, a importância conferida pela Corte da Cidadania ao tema das *ADR*, assim como o desejo de

---

[55] Pedro Martins, *ibidem*.
V. também Brunella Brunelli, "L'arbitrato commerciale negli Stati Uniti e i metodi di risoluzione alternativa delle controversie", *Riv. Trim. di Dir. e Proc. Civ.*, 41, p. 1.015; idem, "L'arbitrato commerciale negli Stati Uniti e i metodi di risoluzione alternativa delle controversie (parte seconda)", *Riv. Trim. di Dir. e Proc. Civ.*, 42, p. 235; A. Giuliane, "Dalla 'litis contestatio' al 'pleading-system' (riflessioni sui fondamenti del processo comune europeo)", *Riv. di Dir. Proc.*, 48, p. 954.

[56] Cf. Peter Schlosser, "*Alternative Dispute Resolution* (uno stimolo alla riforma per l'Europa?)", *Riv. di Dir. Proc.*, 44, p. 1.005.

[57] Vale lembrar que, "nos ordenamentos jurídicos que se aplicavam no Brasil Colônia, já havia referências a alguns meios alternativos de resolução de conflitos, como as Ordenações Filipinas (Livro III, Título 20, 1) e nas Constituições do Império. Na Carta de 1824, eram previstas a *arbitragem* e a *reconciliação* (arts. 160 e 161), não havendo nenhuma referência a mecanismo alternativo, nos diplomas posteriores, de 1891 e 1934. A Constituição de 1937 concedia aos Estados o poder de legislar sobre 'organização pública', com o fim de *conciliação* extrajudiciária dos litígios ou sua decisão *arbitral* (art. 18, *d*). O mesmo diploma constitucional determinava a extinção das questões de limites entre Estados, ainda que em andamento ou pendentes de sentença no Supremo Tribunal Federal ou em Juízo Arbitral (art. 184, § 1º)" (Rêmolo Letterielo, *Temas de mediação no direito comparado*, p. 67).

reflexão e definição de diretrizes, através de Enunciados, além da busca de novos instrumentos não adversariais de resolução de controvérsias e, de maneira indireta, a tentativa de formação de uma nova cultura nacional acerca dessa matéria.[58]

Trata-se, nos dizeres de Kazuo Watanabe, da transformação da *cultura da sentença* em *cultura da pacificação*,[59] o que somente pode ser alcançado mediante a implementação de uma política nacional intensiva de tratamento adequado dos conflitos de interesses, de maneira a chegar-se, ao fim e ao cabo, à formação de uma cultura geral de resolução de conflitos mediante o uso de técnicas não adversariais.

Naquela ocasião, tratou-se sobre *arbitragem* (13 enunciados), *mediação* (34 enunciados) e *outras formas de solução de conflitos* (39 enunciados); observa-se que o maior número de enunciados partiu da comissão que tratou das formas diversificadas de solução de conflitos extrajudiciais,[60] forte indicador de que está se formando no Brasil, mesmo que ainda tímida e gradativamente, a cultura tendente à resolução de controvérsias através de técnicas não adversariais, o que é bastante

---

[58] Para verificação do conteúdo, acessar <www.cjf.jus.br/enunciados>.

[59] "Política judiciária nacional de tratamento adequado dos conflitos de interesses – utilização dos meios alternativos de resolução de controvérsias", in João da Silveira e José Amorim (coord.), *A nova ordem nas soluções alternativas de conflitos e o Conselho Nacional de Justiça*, p. 229.
Lembra Watanabe que a semente da política judiciária nacional atinente ao tratamento adequado dos conflitos de interesses no âmbito do Poder Judiciário já se encontra bem lançada com a Resolução 125/2010 do Conselho Nacional de Justiça.

[60] Vale destacar alguns enunciados acerca do tema, sem perder de vista que a maior parte deles não define novas técnicas ou métodos não adversariais de resolução de controvérsias, assemelhando-se muito mais a um "protocolo ou carta de intenções", vejamos:
"48 É recomendável que, na judicialização da saúde, previamente à propositura de ação versando sobre a concretização do direito à saúde – fornecimento de medicamentos e/ou internações hospitalares –, promova-se uma etapa de composição extrajudicial mediante interlocução com os órgãos estatais de saúde".
"49 Os Comitês de Resolução de Disputas (*Dispute Boards*) são métodos de solução consensual de conflito, na forma prevista no § 3º do art. 3º do Código de Processo Civil Brasileiro".
"50 O Poder Público, os fornecedores e a sociedade deverão estimular a utilização de mecanismos como a plataforma CONSUMIDOR.GOV.BR, política pública criada pela Secretaria Nacional do Consumidor – Senacon – e pelos Procons, com vistas a possibilitar o acesso, bem como a solução dos conflitos de consumo de forma extrajudicial, de maneira rápida e eficiente".
"54 A Administração Pública deverá oportunizar a transação por adesão nas hipóteses em que houver precedente judicial de observância obrigatória".
"55 O Poder Judiciário e a sociedade civil deverão fomentar a adoção da *advocacia colaborativa* como prática pública de resolução de conflitos na área do direito de família, de modo a que os advogados das partes busquem sempre a atuação conjunta voltada para encontrar um ajuste viável, criativo e que beneficie a todos os envolvidos".

alvissareiro e sintoniza-se com a disposição contida no art. 3º, § 3º do CPC, *in verbis*: "A conciliação, a mediação e outros métodos de solução consensual de conflitos deverão ser estimulados por juízes, advogados, defensores públicos e membros do Ministério Público, inclusive no curso do processo judicial",[61] somando-se a admissibilidade de utilização de *técnicas de negociação*[62] com o objetivo de proporcionar ambiente favorável à autocomposição (CPC, art. 166, § 3º).

Mais recentemente, em 21 de maio de 2018, o Superior Tribunal de Justiça e a Fundação Getulio Vargas – FGV Projetos – promoveram o seminário intitulado *Acesso à Justiça: o custo do litígio no Brasil e o uso predatório do Sistema de Justiça*, com o escopo de discutir o fenômeno cultural da judicialização[63] no país e o impacto de ações judiciais desnecessárias na eficiência do Poder Judiciário.

"56 As ouvidorias servem como um importante instrumento de solução extrajudicial de conflitos, devendo ser estimulada a sua implantação, tanto no âmbito das empresas, como da Administração Pública".

"65 O emprego dos meios consensuais de solução de conflito deve ser estimulado nacionalmente como política pública, podendo ser utilizados nos Centros de Referência da Assistência Social (CRAS), cujos profissionais, predominantemente psicólogos e assistentes sociais, lotados em áreas de vulnerabilidade social, estão voltados à atenção básica e preventiva".

"66 É fundamental a atualização das matrizes curriculares dos cursos de direito, bem como a criação de programas de formação continuada aos docentes do ensino superior jurídico, com ênfase na temática da prevenção e solução extrajudicial de litígios e na busca pelo consenso".

"76 As decisões proferidas por um Comitê de Resolução de Disputas (*Dispute Board*), quando os contratantes tiverem acordado pela sua adoção obrigatória, vinculam as partes ao seu cumprimento até que o Poder Judiciário ou o juízo arbitral competente emitam nova decisão ou a confirmem, caso venham a ser provocados pela parte inconformada".

"80 A utilização dos Comitês de Resolução de Disputas (*Dispute Boards*), com a inserção da respectiva cláusula contratual, é recomendável para os contratos de construção ou de obras de infraestrutura, como mecanismo voltado para a prevenção de litígios e redução dos custos correlatos, permitindo a imediata resolução de conflitos surgidos no curso da execução dos contratos".

"85 O Poder Público – inclusive o Poder Judiciário – e a sociedade civil deverão estimular a criação, no âmbito das entidades de classe, de conselhos de autorregulamentação, voltados para a solução de conflitos setoriais".

[61] Sobre a *conciliação judicial* v. a obra assim intitulada de Érica Barbosa e Silva, em particular, a "Parte II".

[62] Sobre a "arte da negociação", v. Fisher, Ury e Patton, *L'arte dell negoziato*, trad. Giobbio, 2011.
Sobre esse tema, v. também Pedro Cunha, *Conflito e negociação*.

[63] Nos dizeres de José Renato Nalini, "a *judicialização* de todos os conflitos amarra a sociedade, mantém-na calada, sob a blindagem formalística do processo. Inibe a criatividade, sepulta a solidariedade, torna *fraternidade* uma palavra destinada à arqueologia semântica". Mais

Nos dizeres de Arruda Alvim, manifesto e crescente é o interesse na autocomposição e em meios consensuais de resolução de conflitos, alargando-se, com isso, o objeto da ciência do Direito Processual Civil e do próprio conceito de jurisdição. Ainda, observa com acuidade o festejado mestre que "o CPC/2015, nessa medida, apresenta uma série de dispositivos que permitem concluir por uma preferência – ou uma intenção fortemente manifestada – nas soluções não conflitivas".[64]

No que respeita à utilização da arbitragem, o Brasil ocupa o primeiro lugar do *ranking* na América Latina e quarto lugar no mundo e é o terceiro país com processos em tramitação na Câmara de Comércio Internacional/Brasil – ICC-BR[65], o que bem demonstra a insatisfação e o descrédito dos jurisdicionados com a jurisdição estatal – para resolver demandas de elevado valor, repita-se –, que partem em busca de soluções rápidas, qualificadas e eficazes, para demandas que envolvem questões societárias, empresariais, comerciais, civis, com destaque para lides que versam sobre contratos da construção civil e de energia, além de franquias e propriedade intelectual.[66]

---

adiante, arremata Nalini ao versar sobre o subproduto mais relevante das *ADR* no sentido de que a sociedade que prefere *aguardar soluções* formatadas pelo Estado, de acordo com a sistemática vigente e não *encontrar alternativas* mais singelas e efetivas de pacificação, "será uma sociedade incapaz de implementar no Brasil a *Democracia Participativa* promovida pelo constituinte. [...] estimular as alternativas de resolução das controvérsias treina o ser humano para a maturidade. Faz com que ele passe a desenvolver um *discernimento racional* e não apenas atuar com o insuficiente *discernimento instintivo*" ("Implicações éticas nas alternativas de resolução de conflitos", in João da Silveira e José Amorim [coord.], *A nova ordem nas soluções alternativas de conflitos e o Conselho Nacional de Justiça*, p. 211-212).

[64] *Manual de direito processual civil*, 17. ed., p. 107, item 3.1.5.

[65] Conforme dados levantados em 2015, tramitavam no Brasil aproximadamente 550 arbitragens, sendo que nesse período 50% dessas demandas estavam sob a responsabilidade do Centro de Mediação e Arbitragem da Câmara de Comércio Brasil-Canadá (período em que foram julgadas 115 contendas). Disponível em: <http://www.ccbc.org.br/Portal/Index>. Acesso em: set. 2016.
V. também <http://www.portaldaindustria.com.br/agenciacni/noticias/2017/05/camara-de-comercio-internacional-lanca-corte-internacional-de-arbitragem-no-brasil/>. Acesso em: jul. 2017.
Em dezembro de 2017, o comitê temático de arbitragem do Centro de Estudos das Sociedades de Advogados (CESA) lançou o *Anuário da Arbitragem no Brasil 2016*, que oferece um mapeamento do cenário da arbitragem nacional, além de informações de câmaras internacionais que fornecem dados relacionados com arbitragem brasileira.

[66] O fenômeno do crescimento da arbitragem no Brasil é digno de nota e vem sendo registrado há alguns anos. Nos idos de 2011 (30 de junho), o jornal *Folha de S. Paulo* publicava editorial a esse respeito, intitulado "A expansão da arbitragem", donde se retira o seguinte excerto: "[...] Nos últimos anos, as câmaras brasileiras de arbitragem tornaram-se mais rápidas do que várias câmaras estrangeiras – inclusive a mais tradicional de todas, a Câmara de Comércio Internacional, com sede em Paris. Entre 2007 e 2009, o valor das

"Também como forma de solução administrativa de controvérsias, com inspiração em modelos existentes em outros países, em decorrência da criatividade saudável dos envolvidos no segmento específico de nomes de domínio, criou-se também no Brasil o *Sistema Administrativo de Conflitos de Internet – SACI-Adm.* Esse procedimento foi estabelecido pelo nosso Comitê Gestor de Internet – CGI,

---

pendências decididas por arbitragem passou de R$ 594,2 milhões para R$ 2,4 bilhões. Entre 2008 e 2010, o número de novos casos cresceu 86,36% na Câmara de Mediação e Arbitragem (CMA), vinculada à Federação das Indústrias do Estado de São Paulo (Fiesp), e 77,78% na Câmara de Comércio Brasil-Canadá (CCBC). Nas duas entidades, o número de arbitragens em curso cresceu 126,92% e 136,11%, respectivamente, no período. Como muitas arbitragens são sigilosas, o número de arbitragens em curso no País deve ser ainda maior. Além da Fiesp e da CCBC, várias outras instituições oferecem esse tipo de serviço – as mais respeitadas são os centros de arbitragem da Câmara Americana de Comércio (Amcham) e da BM&FBovespa, em São Paulo; a Câmara de Arbitragem da Fundação Getulio Vargas (FGV), no Rio de Janeiro; e a Câmara de Arbitragem Empresarial do Brasil, em Belo Horizonte. A expansão da arbitragem no País é mais um sinal da diversificação que a economia brasileira já atingiu".

Em 2014, foi publicado estudo elaborado pela professora Selma Lemes, responsável pela pesquisa "Arbitragem em número e valores" – período 2010 a 2013, feita com base em dados de seis câmaras arbitrais, a saber: Centro de Arbitragem da Câmara Americana de Comércio Brasil-Estados Unidos – Amcham-Brasil; Centro de Arbitragem da Câmara de Comércio Brasil-Canadá – CCBC; Câmara de Mediação, Conciliação e Arbitragem de São Paulo – CIESP/FIESP; Câmara de Arbitragem do Mercado (CAM); Câmara de Arbitragem da Fundação Getulio Vargas (CAM/FGV) e Câmara de Arbitragem Empresarial-Brasil (Camarb).

No período analisado, o número total de procedimentos iniciados foi de 603 e os valores dos litígios nesse período de quatro anos atingiu quase 16 bilhões de reais. No primeiro ano da pesquisa (2010), as arbitragens entrantes perfaziam o total de R$ 2,8 bilhões de valores envolvidos e, em 2013, o valor saltou para R$ 4,8 bilhões, repartidos em 188 procedimentos entrantes, sendo a câmara com maior número de procedimentos a CCBC, com 265 entrantes. A Câmara da Ciesp/Fiesp também é uma das líderes, tendo movimentado no período de quatro anos mais de R$ 3,5 bilhões, mantendo a média de quase quarenta procedimentos entrantes a cada ano e o total de 147 novos casos no período de 2010 a 2013 (matéria publicada com o título "Arbitragem em números – números mostram maior aceitação da arbitragem no Brasil", em 10 abr. 2014, *Revista Consultor Jurídico*, disponível em: <http://www.conjur.com.br/2014-abril-10/selma-lemes-numeros-mostram-maior-aceitação-arbitragem-brasil>).

Mais recentemente, em 2016, foi publicado novo estudo de levantamento de dados, sob a responsabilidade da festejada Selma Lemes, que demonstra ter crescido a arbitragem no Brasil nos últimos seis anos em 73%, somando mais de 38 bilhões de reais em procedimentos solucionados extrajudicialmente por meio da arbitragem. No período compreendido entre 2010 e 2015, somente o Centro de Arbitragem da Câmara Americana de Comércio Brasil-Canadá – CCBC – resolveu 472 conflitos que lhe foram submetidos para julgamento, montante que representa apenas 45% dos 1.043 processos computados na pesquisa (*Revista Consultor Jurídico*, disponível em: <http://conjur.com.br>, acesso em: 15 jul. 2016).

para administração do *Registro.br*, e está implantado com regras próprias desde 2010. As soluções podem ser buscadas através de instituições parceiras credenciadas, com estrutura e regulamento próprio para esta finalidade."[67]

Aliás, não foi por menos que, há mais de duas décadas, o saudoso Ministro Sálvio de Figueiredo Teixeira vaticinou a necessidade de buscar-se métodos alternativos (não ortodoxos) de resolução de conflitos, realizar-se investimentos nessa área, instituir-se órgãos de planejamento permanente do Poder Judiciário, criar-se escolas de formação e aperfeiçoamento de magistrados, promover-se "conclaves" nacionais e internacionais acerca desses temas, sobretudo em face da insatisfação dos jurisdicionados, em dimensões mundiais, com a ineficiência da jurisdição estatal.[68]

Sem dúvida, o acolhimento das *ADR* em nosso sistema normativo (Lei da Mediação, Lei de Arbitragem, fomento da autocomposição no CPC por meio da conciliação e mediação, somando-se às diretrizes capitaneadas pelo Conselho Nacional de Justiça – CNJ,[69] Juizados Especiais Cíveis, Fazendários e Federais, ações de classe, dentre outros), é ótimo indicativo da tendência acentuada de ampliação das formas judiciais e extrajudiciais de resolução de conflitos, na qualidade de instrumentos constitucionalmente legítimos colocados à disposição dos consumidores do direito, para melhor atender às suas pretensões (direito material violado ou ameaçado), com efetividade e satisfatividade.

Por outro lado, para que as *ADR* sejam absorvidas em nossa cultura sociojurídica, faz-se mister a divulgação desses institutos e a sua importância no cenário metajurídico da pacificação social – a introdução nos currículos das escolas fundamentais contendo noções primárias sobre o assunto, e, a inserção de disciplinas obrigatórias nas faculdades –, de maneira a modificar-se, cada vez

---

[67] Francisco José Cahali, ob. cit., p. 53.
As instituições parceiras credenciadas do SACI-Adm são: Associação Brasileira da Propriedade Intelectual – ABPI; Câmara de Comércio Brasil-Canadá – CCBC; e *World Intellectual Property Organization – WIPO* (cf. pesquisa realizada na data de 11 mar. 2018 em: <https://registro.br/dominio/saci-adm.html>).

[68] Conferência intitulada *A arbitragem no sistema jurídico brasileiro*, proferida no seminário cujo tema central foi *A arbitragem e o Brasil – uma perspectiva múltipla*. São Paulo, em 13 nov. 1996.

[69] Em sede de jurisdição estatal, v. a Resolução 125/2010 do CNJ que dispõe sobre a Política Judiciária Nacional de tratamento adequado dos conflitos de interesses no âmbito do Poder Judiciário e o Provimento n. 67, de 26 de março de 2018, baixado pela Corregedoria Nacional da Justiça – CNJ, que dispõe sobre os procedimentos de conciliação e de mediação nos serviços notariais e de registro.
Sobre o tema, v. *A nova ordem das soluções alternativas de conflitos e o Conselho Nacional de Justiça* (coletânea de estudos coordenada por João José Custódio da Silveira e José Roberto Neves Amorim).

mais com o passar do tempo, as posturas mentais dos profissionais do direito e dos jurisdicionados, não sendo demais assinalar que ainda estamos arraigados aos ensinamentos ditados no século XIX contidos na clássica obra de Rudolf von Jhering, *A luta pelo direito* (*Kampf ums Recht*), enquanto o século XXI exige a *luta pela autocomposição*.

Em arremate, havemos de extirpar a cultura equivocada da crença mitológica no sentido de que a jurisdição e os meios de resolução de conflitos haverão de passar, inexoravelmente, pelas portas do Poder Judiciário. Nessa linha, escreveu o processualista italiano Giovanni Verde, com incomum propriedade, há quase quarenta anos – e suas palavras ecoam como se tivessem sido escritas hoje –, *in verbis*: "A experiência tumultuosa desses últimos quarenta anos [hoje, mais de setenta anos] nos demonstra que a imagem do Estado onipotente e centralizador é um mito, que não pode (e, talvez não mereça) ser cultivado. Deste mito faz parte a ideia de que a justiça deva ser administrada exclusivamente pelos seus juízes".[70]

3. ARBITRAGEM, ARBITRAMENTO, PERITAGEM, AVALIAÇÃO, NEGOCIAÇÃO, TRANSAÇÃO, CONCILIAÇÃO E MEDIAÇÃO. DISTINÇÕES E SIMILITUDES ÔNTICAS

É importante que façamos algumas distinções preliminares a respeito dos temas ora propostos a fim de que dúvidas não surjam no decorrer deste trabalho e a compreensão acerca do tema central – arbitragem – torne-se mais nítida e precisa.

Vimos no capítulo anterior o quanto tem-se buscado criar e implementar técnicas alternativas de resolução de controvérsias e tornar o processo civil um instrumento efetivo de realização do direito material (violado ou ameaçado) do jurisdicionado que acessa a jurisdição, voltado ao conseguimento da pacificação social mediante resolução de controvérsias em prazo razoável, seja por métodos adversariais ou não adversariais.

Os institutos da arbitragem, arbitramento, peritagem, transação, avaliação, negociação, conciliação e mediação hão de ser bem delineados para que o operador do Direito consiga, com clareza, distingui-los e compreendê-los e, só assim, fazer bom uso de cada um desses métodos ou instrumentos auxiliares de composição de controvérsias. Aliás, não é incomum encontrarmos doutrinadores, tribunais, operadores do Direito e, até mesmo o legislador, fazendo confusão acerca dessas matérias.[71]

---

[70] "Arbitrato e giurisdizione", *L'arbitrato secondo la Legge 28/1993*, p. 168.
[71] Por exemplo, vejamos o equívoco em que incorreu o legislador ao dispor no art. 359 do CPC sobre o início dos trabalhos da audiência de instrução e julgamento, ao confundir *arbitragem* com *mediação*, colocando-os como espécies do gênero *método de solução consensual de conflitos*, *in verbis*: "Instalada a audiência, o juiz tentará conciliar as partes,

Ao contrário do que possa parecer, como já foi observado por Carlos Carmona, não significa um preciosismo inútil, mas sim a necessidade de se procurar extirpar do instituto da arbitragem certas pretensas raízes romanistas que tendem a vincular esta última – meio de solucionar um litígio – ao arbitramento (fixação de um dos elementos do contrato).[72]

Para melhor sistematização do nosso estudo, com a realização das distinções e similitudes existentes entre os mencionados institutos, é de bom alvitre classificarmos a matéria em exame em dois grandes grupos: o *primeiro*, que se funda na participação de terceiros imparciais com o escopo de decidir, julgar ou apontar definições com a exclusão de outras possibilidades ou alternativas, nele incluindo-se a *arbitragem*, o *arbitramento*, a *peritagem*[73] e a avaliação; o *segundo grupo*, que açambarca os institutos que se fundam na autocomposição e, para atingir esse objetivo, pode utilizar-se, ou não, da intervenção de terceiros imparciais, tais como a *negociação, a conciliação,* a *transação* e a *mediação*.

Comecemos, então, pela *arbitragem*. Este instituto jurídico de natureza publicista (melhor seria classificá-lo de heteropublicista ou paraestatal) apresenta-se como forma alternativa e facultativa de resolução adversarial de conflitos de interesses qualificados por pretensões resistidas.

Trata-se de jurisdição paraestatal que, de alguma forma, desenvolve-se sob os "auspícios e a garantia do Estado, mas com a decisão delegada a particular, cujas decisões se estabilizam uma vez proferidas, inclusive com sanções típicas de solução estatal".[74]

A arbitragem é instituto antigo e há muito conhecido, cujas origens remontam ao Direito Romano e, hodiernamente, encontra-se bem difundido e utilizado para a solução de controvérsias, via de regra, de elevada complexidade e valor econômico, notadamente em relações comerciais internacionais e nacionais.

O árbitro é detentor de jurisdição delegada por lei que, por sua vez, concede-lhe o poder de *dizer o direito* (*juris dictio*)[75] em conflitos patrimoniais disponíveis,

---

independentemente do emprego anterior de outros métodos de solução consensual de conflitos, como a *mediação e a arbitragem*". (grifos nossos).

[72] Cf. Carlos A. Carmona, ob. cit., p. 22, n. 5.
[73] Para aprofundamento sobre o tema, v. Giovanni Marani, "In tema di arbitrato, arbitraggio, perizia contrattuale", *Riv. Trim. di Dir. e Proc. Civ.*, 37, p. 610.
[74] Sálvio de Figueiredo Teixeira, conferência proferida no seminário *A arbitragem e o Brasil – Uma perspectiva múltipla. A arbitragem no sistema jurídico brasileiro*, São Paulo, 13 nov. 1996.
[75] LA, art. 18: "O árbitro é juiz de fato e de direito, e a sentença que proferir não fica sujeita a recurso ou a homologação pelo Poder Judiciário".

portanto, destituído da parcela atinente ao exercício forçado do direito (*jus imperii*), sendo este último poder reservado exclusivamente ao Estado-juiz.

As expressões *arbitragem, juízo arbitral* ou *jurisdição privada* são sinônimas, e, designativas de uma das formas adversariais alternativas de resolução de conflitos, na qualidade de verdadeiro *equivalente jurisdicional*.

Carmona demonstra muito bem a distinção que lhe parece fundamental entre *arbitragem* e *arbitramento* e, via de consequência, entre *árbitro* e *arbitrador*. Sintetizando o entendimento do ilustre professor paulista, podemos dizer que o arbitramento significa o procedimento de apuração de determinada circunstância, fato, valor ou coisa, do qual não se têm elementos certos de avaliação, em que a atividade do arbitrador não objetiva a resolução de litígios, mas sim a composição de interesses conflitantes. Assim, enquanto o arbitrador simplesmente arbitra (declaração de vontade constitutiva), o árbitro não decide arbitrariamente, mas sob a égide da lei ou da equidade, solucionando a lide.[76] Nada obsta, porém, que a declaração de vontade emanada do arbitrador possa também, em alguns casos, servir de norte às partes em conflito de interesses para encontrarem a solução pacífica e extrajudicial da lide até então não jurisdicionalizada (pública ou privada).

No vernáculo, *arbitragem* e *arbitramento* aparecem como substantivos sinônimos para indicar o 'ato de sentenciar, julgar ou solucionar um conflito', dentre outros similares, sendo ambas as palavras detentoras etimologicamente do mesmo radical – *arbitrar* – do latim *arbitrare*.

No direito pátrio, a Lei de Arbitragem, acertadamente, em momento algum faz alusão ao instituto do *arbitramento*, justamente por serem tecnicamente distintos, em que pesem alguns traços de semelhança, a começar pelo radical latino comum de ambas as palavras, conforme acabamos de demonstrar.

Em senso jurídico, *arbitramento* é o ato conclusivo de um parecer técnico formulado por um perito (*expert*) *arbitrador*, sem qualquer conteúdo decisório, isto é, de julgamento ou vinculação das partes à sua conclusão; o arbitramento é realizado por um *arbitrador* (perito/*expert*), enquanto a arbitragem realiza-se por *árbitro* ou *tribunal arbitral* (árbitros/colegiado).

Portanto, diferentemente do *arbitramento*, a *arbitragem* é jurisdição privada por excelência, voltada à resolução de conflitos de direitos patrimoniais que admitem transação (LA, art. 1º), que culmina com a prolação de sentença por *árbitro* ou *colegiado arbitral*, não sujeita a homologação ou a recurso ao Poder Judiciário,

---

[76] Nada obstante, sabemos que *arbitragem* e *arbitramento*, em que pesem institutos ontologicamente diferentes, podem ser confundidos.
Nesse sentido, também, José Antônio de Almeida Amazonas (*Do arbitramento*, p. 17, *apud* Carmona, ob. cit., p. 25, nota de rodapé 14).

sendo o julgador considerado *juiz de fato e de direito* (LA, art. 18), ou seja, *juris dictio* que, por força de lei, vincula as partes.

Segundo Cretella Jr., a arbitragem é "o sistema especial de julgamento, com procedimento, técnica e princípios informativos próprios e com força executória reconhecida pelo direito comum, mas a este subtraído, mediante o qual duas ou mais pessoas físicas, ou jurídicas, de direito privado ou de direito público, em conflito de interesses, escolhem de comum acordo, contratualmente, uma terceira pessoa, o árbitro, a quem confiam o papel de resolver-lhes a pendência, anuindo os litigantes em aceitar a decisão proferida".[77]

O *arbitramento* também poderá ser utilizado pelas partes com o escopo de, com o auxílio da figura do arbitrador, determinar um dos elementos do negócio jurídico em formação, ainda não perfectibilizado justamente em razão da ausência de identificação do elemento faltante, ou seja, numa relação contratual incompleta, o arbitrador é encarregado de completar a formação negocial com a integração de um elemento faltante.[78]

Por sua vez, o instituto da *peritagem* representa a consecução de *perícia técnica* materializada em forma de laudo e elaborada por um profissional detentor de conhecimentos especializados (*expert*) acerca do objeto sobre o qual recai a análise.

A *peritagem* pode ser realizada em sede judicial (pública ou privada) ou extrajudicialmente, e, inclusive anteceder a instauração de qualquer processo, isto é, pode ser utilizada pelas partes como procedimento preliminar de averiguação sobre determinado fato que mereça ser elucidado, sem que o juízo estatal ou arbitral venha a ser provocado. Nesse caso, o perito não atua como arbitrador, ou, muito menos como julgador, mas apenas oferece subsídios técnicos ou científicos aos interessados que, dependendo da conclusão constante do laudo pericial, poderão servir como elemento facilitador da resolução do conflito de maneira não adversarial, tendente à autocomposição.

Em sede de juízo arbitral, a peritagem é comumente utilizada, assim como outros tipos de prova (LA, art. 22), com o escopo de auxiliar o julgador na formação de seu convencimento, a ser analisada e sopesada dentro de todo o contexto

---

[77] "Da arbitragem e seu conceito categorial", *Rev. de Inf. Leg.*, 98, p. 137.

[78] Cf. Umberto Braga, in Roberto Barberio, Dario Lupo e Andrea Gaudenzi (coord.), *Mediazione e Conciliazione delle Liti*, p. 37-38. Funda-se a doutrina de Braga no art. 1.349 do CC italiano.

O citado autor faz também no Cap. III da obra (em coautoria) distinção entre os institutos da arbitragem, perícia, arbitramento, mediação, conciliação, transação e outros afins ("Procedure contenziose e non contenziose: giudizio, arbitrato, perizia contrattuale, arbitraggio, mediazione, conciliazione, transazione etc.", p. 32-40).

probatório,[79] valendo frisar que, assim como o juiz togado, o árbitro não fica jungido ou vinculado exclusivamente ao laudo para a tomada de sua decisão, sobretudo se estiver autorizado a julgar por equidade.[80]

Nada obstante, a perícia constitui-se em forte elemento probatório em processos de cognição; como bem salienta Irineu Strenger, ao escrever respaldado na lição de Pierre Lalive, "impõe-se desejar que a arbitragem se torne, pelo menos nos casos tecnicamente complexos, uma de suas razões de ser, isto é, submeter o litígio a verdadeiros conhecedores da matéria. E uma das condições de total progresso nesse sentido consiste, com evidência, em uma colaboração e, portanto, compreensão cada vez melhores entre esses *conhecedores* de todas as formações e de todos os países, que são os juristas e os peritos".[81]

Destarte, o *árbitro* prolata decisão quanto ao mérito da causa que lhe foi posta a conhecimento, solucionando a lide, enquanto o *perito* limita-se a produzir a prova que é confiada pelas partes, juiz estatal ou privado.

Distingue-se, portanto, o simples *conhecer* (peritagem) do *conhecer jurisdicionalmente para decidir* (arbitragem).

Por seu turno, a *avaliação* é o ato consistente em averiguar e comparar, direta ou indiretamente, determinado objeto com o escopo de conferir-lhe um valor econômico, via de regra, em sintonia com os de mercado para objetos idênticos ou similares.

O *ato de avaliar* é praticado por um *avaliador* que pode ser ad hoc (nomeado para o ato) ou servidor público ocupante do respectivo cargo, podendo realizar-se em juízo ou extrajudicialmente.

A avaliação, assim como a perícia, não se enquadra como método de resolução de controvérsias, nos moldes definidos no item precedente, pois é instrumento auxiliar das partes e, em especial do julgador (público ou privado), para a formação de convencimento e a tomada de decisão. Nada obsta, contudo, que as partes em fase pré-processual, ou seja, antes de jurisdicionalizado o conflito, dependendo do objeto da controvérsia, indiquem um perito ou avaliador para a elaboração de um parecer (laudo) acerca da questão posta, de maneira que, ao final, poderá servir perfeitamente para o esclarecimento e a orientação aos litigantes rumo a um possível acordo.[82]

---

[79] Especificamente sobre o tema *expedientes periciais na arbitragem*, v. a obra de Irineu Strenger, *Arbitragem comercial internacional*, Cap. IX, p. 249-269.
[80] Diferentemente, no Direito argentino, a peritagem tem a conotação de vincular os árbitros às orientações insculpidas nos laudos provenientes de peritos, que apresentam a solução fática para o conflito.
[81] Ob. cit., p. 268-269, n. 335.
[82] Assemelha-se à técnica que utiliza para a resolução do conflito um *terceiro neutro* (*Early Neutral Evalution* ou *Neutral Evalution*) (v. item n. 2, *supra*).

O *segundo grupo* de nossa classificação, conforme já assentamos, toma por base as técnicas não adversariais de resolução de controvérsias, tendentes à autocomposição, em que residem a *negociação*, a *transação*, a *conciliação* e a *mediação*, que, apesar de apresentarem algumas semelhanças, não se confundem, muito menos com a *arbitragem*, o *arbitramento*, a *peritagem* ou a *avaliação*.

Primeiramente, mister salientar que a *autocomposição* é o gênero, enquanto a *transação* e a *conciliação* são espécies daquela, assim como a *renúncia ao direito sobre o qual se funda a ação* e o *reconhecimento espontâneo do pedido, por parte do réu*, enquanto a *negociação* e a *mediação* são técnicas empregadas para a consecução desses fins.

A *negociação*[83] é o ato de negociar com o objetivo de alcançar um acordo entre partes acerca de algum tema ou objeto que pode ou não ser litigioso, contudo, de interesses controvertidos. A negociação é um *método*, ou, quiçá ainda melhor, uma *arte* a ser praticada quando se pretende não litigar ou retroceder em alguma espécie de conflito já instaurado, seja ele judicial ou extrajudicial que, por sua vez, desenvolve-se com base em teorias e técnicas diversas, sendo as mais difundidas as da Universidade de Harvard, oriundas das Escolas de Direito e de Administração – "Projeto de Negociação", dando ensejo à denominada "Teoria de Harvard".[84]

---

[83] *Negociação* origina-se do latim, sendo palavra formada da conjugação de *nec* + *ocium* com o significado de atividade trabalhosa ou difícil, isto é, a negação (*nec*) de inatividade ou descanso (*ocium*), o que pressupõe um agir, atuar.

[84] Sobre o tema v. a monografia de autoria de três expoentes de Harvard Law School, Roger Fisherm, William Ury e Bruce Patton, intitulada *Getting to Yes* (*L'arte del negoziato* – Per chi vuole ottenere il meglio in uma trattativa ed evitar elo scontro, trad. Aldo Gobbio). Trata-se de um *best-seller* internacional, em que os autores, cientes da importância do tema, compreenderam que as mesmas técnicas ensinadas aos diplomatas e políticos poderiam ser colocadas à disposição de todos.

Os citados professores, além de Max Bazerman, James Sebenius, Lawrence Susskind e Robert Mnooking, dentre outros não menos renomados expoentes sobre o assunto, tornaram-se mundialmente famosos por desenvolverem a teoria conhecida por "ganha-ganha" (em brevíssima síntese, com boa negociação, ninguém perde, todos ganham).

O *Harvard Negotiation Project* é um projeto de pesquisa realizado em *Harvard University* que se ocupa com o tema da negociação e desenvolve e difunde métodos de negociação e de mediação. Desse "Programa", faz parte um consórcio de estudiosos e de projetos em que participam *Harvard*, o *MIT*, o *Simmons College* e a *Tufts University*, com o objetivo de melhorar a teoria e a prática da resolução de conflitos. A atividade do "Projeto" compreende, em síntese: *a)* elaboração de teorias; *b)* formação e preparo de profissionais da negociação (estudantes, advogados, empresários, diplomatas, jornalistas, funcionários públicos, dirigentes sindicais, oficiais, dentre outros); *c)* publicações de estudos científicos; e *d)* pesquisa e participação em casos reais colaborando na solução de conflitos (Fisher, Ury e Patton, *L'arte del negoziato* – Nota sullo Harvard Negotiation Projet, p. 245-246, tradução italiana).

Na clássica obra de Fisher, Ury e Patton (*Getting to Yes*), os professores de Harvard deixam claro, logo no início do texto, que, apesar de as negociações ocorrerem diuturnamente em todos os setores de nossas vidas (familiar, social, política, econômica etc.), não é fácil realizá-las bem e com resultados satisfatórios, pois as técnicas empregadas habitualmente deixam as pessoas envolvidas no conflito insatisfeitas, exaustas ou irritadas, ou todas as três coisas simultaneamente, vez que se colocam num dilema ao negociar: ser "duro" ou "macio" com o adversário.

Nesse contexto dual, observam os festejados professores que o negociador "macio" procura evitar o conflito pessoal, e, assim, faz rapidamente a concessão com o objetivo de atingir o acordo, pois deseja uma solução amigável; todavia, normalmente, termina frustrado e "mastiga amargo". Por sua vez, o negociador "duro" vê cada situação como um confronto de vontades, no qual a parte que assume uma posição mais radical e a mantém por mais tempo, obtém êxito melhor, pois deseja vencer; contudo, é comum provocar uma reação na parte contrária igualmente "dura", que termina por exaurir os seus recursos e desgasta a relação com o adversário.

Outras técnicas consolidadas ocupam uma posição intermediária entre o "duro" e o "macio", mas todas pressupõem uma troca implícita entre obter o que se deseja e a manutenção de boas relações com o adversário.

Segundo os citados professores, existe um terceiro modelo de negociação, nem "duro" nem "macio", mas "duro" *e* "macio". Trata-se do método de *negociação de princípios*[85] desenvolvido no curso de *Harvard Negotiation Project* que se baseia em encontrar a solução nos próprios méritos e não através de um processo de "puxa e solta", concentrado naquilo que cada uma das partes diz e deseja ou não deseja fazer. Sugere-se mirar até onde for possível a vantagem recíproca e que, onde os interesses encontram-se em conflito, se insista até que os resultados baseiem-se em alguns critérios de equidade independentemente da vontade das partes. Assim, o método da *negociação de princípios* é "duro" no mérito, "macio" no que concerne às pessoas. Não recorre a truques nem a tentativas de impressionar a parte contrária. A *negociação de princípios* mostra como obter aquilo a que se tem direito por bom comportamento, ou seja, permite que a parte aja de maneira correta protegendo-a contra aqueles que desejariam aproveitar-se de sua retidão.[86]

---

[85] A expressão original denomina-se *principled negotiation* e, em português (assim como em italiano) deve ser entendida no sentido de que se fala de um "homem de princípios", e não do sentido ínsito de "uma questão de princípios" (cf. esclarecimento prestado em nota de rodapé pelo tradutor da obra, em língua italiana, Aldo Giobbio – *L'arte del negoziato*, 2011, p. 22).

[86] Roger Fisher, William Ury e Bruce Patton, *L'arte dell negoziato*, 2011, p. 21-23 (tradução italiana).

O *Program on Negotiation* de Harvard, desenvolve a *negociação integrativa*, que tem por princípios, em síntese, *a)* separar as pessoas do problema; *b)* concentrar-se nos interesses das partes, e não em suas respectivas posições; *c)* criar várias opções antes da formulação de um acordo; e *d)* que o acordo seja baseado em critérios objetivos.

Para o desenvolvimento de uma boa negociação voltada ao êxito, o citado "Programa" faz uso do método denominado dos "Sete Elementos" os quais haverão de ser aplicados durante o encaminhamento das tratativas, quais sejam, *a)* comunicação; *b)* relacionamento; *c)* alternativas; *d)* interesses; *e)* opções; *f)* critérios; e *g)* compromisso.

Destarte, a *negociação integrativa* é bem adequada para resolução de conflitos, na exata medida em que os negociadores buscam atingir ao máximo os interesses recíprocos dos contendores, acrescendo, a ambos, valores, ganhos e oportunidades dentro do possível e razoável a ser aquilatado caso a caso, em que a soma seja o mote e não a divisão.

"*Negociações integrativas* requerem outra atitude mental, que vê o outro lado como um parceiro na resolução de um problema mútuo, ao invés de um inimigo que deve ser combatido. Sempre que exista uma relação importante ou continuada com o outro, a *negociação integrativa* é especialmente apropriada. Isto porque ela enfatiza e preserva a qualidade da relação entre negociadores."[87]

Porém, o método mais usual, em que pese menos adequado e promissor, é o da *negociação distributiva*, também conhecida como "barganha", que "presume que os recursos a serem negociados são fixos, tal que o ganho de um negociador resulta em uma perda para o outro. [...] Geralmente é empregada quando as partes não se conhecem e não acreditam que terão de desenvolver uma relação entre si no futuro. Uma abordagem distributiva para a negociação é geralmente o que encontramos quando fazemos uma compra. Negociações Distributivas são também conhecidas como ganha-perde ou de reivindicação de valor. Se não há concordância a respeito do montante desse valor, o clima predominante é de competição. Esse tipo de negociação pode ser conduzido como um jogo de barganha, no qual as partes fazem propostas de abertura que vão sendo modificadas, por meio de concessões, até que ocorra o fechamento do acordo. Utilizam-se técnicas de argumentação e persuasão [...] é melhor manter a informação para si mesmo enquanto tenta obter informações de outra parte. Se você é o comprador, vai revelar as alternativas que você tem, tais como ofertas de concorrentes, mas também vai estar disposto a fazer concessões para chegar a um resultado realista".[88]

---

[87] Eduardo Hidal e Lia Sampaio, "Negociação e suas técnicas", in Bacellar e Lagrasta (coord.), *Conciliação e Mediação*, p. 340.

[88] Eduardo Hidal e Lia Sampaio, "Negociação e suas técnicas", in Bacellar e Lagrasta (coord.), *Conciliação e Mediação*, p. 337-338.

É bem verdade que muitas negociações nem sempre estão baseadas em técnicas puramente *distributivas* ou *integrativas*, desenvolvendo-se através da combinação desses dois métodos. Nada obstante, é importante que as tratativas entre as partes se iniciem com as técnicas *integrativas*, pois se iniciadas com *distributivas* a competição tende a prevalecer e, dificilmente, será possível o retorno ao estado de cooperação proporcionado inicialmente.[89]

Característica marcante das técnicas de negociação reside no diálogo entre as partes envolvidas em conflitos de interesses voltado ao encontro de uma solução amistosa para os problemas, diferenças ou questões entre elas, sem que ocorra, necessariamente, a participação de um terceiro, excluindo-se sempre a possibilidade de imposição de qualquer espécie de decisão, de quem quer que seja.

Desse contexto, percebe-se facilmente a importância do trabalho desenvolvido pelo negociador à consecução de um acordo bem-sucedido,[90] o que exige do profissional elevada qualificação técnica, notadamente em métodos e prática de negociação; em outras palavras, o êxito de qualquer forma não adversarial de resolução de controvérsias tendente à autocomposição (mediação, conciliação, transação) depende da formação do negociador.[91]

Portanto, a *negociação* é corolário para a prática de resolução de conflitos de maneira não adversarial, modificando-se apenas os métodos, técnicas ou abordagens que serão realizadas pelo terceiro imparcial responsável pela condução dos respectivos trabalhos.

Vejamos agora o instituto da *transação*, cujo vocábulo "transação" encontra sua origem etimológica no latim *transactione* (= ato ou efeito de transigir). *A transação* é o "negócio jurídico bilateral pelo qual as partes interessadas, fazendo-se concessões mútuas, previnem ou extinguem obrigações litigiosas ou duvidosas",[92] enquanto a *conciliação* (etimologicamente, deriva do latim *conciliatione* – harmo-

---

[89] Cf. Hidal e Sampaio, *ibidem*, p. 342.
[90] Nos dizeres de Fisher, Ury e Patton, o acordo bem-sucedido é aquele que atende, dentro do possível, aos legítimos interesses das partes e que soluciona o conflito de maneira leve e equitativa (ob. cit.).
[91] A respeito desse tema, interessante a abordagem feita pela professora e mediadora Maria Martello, na obra *Mediatore di sucesso – cosa fare/cosa essere*, em particular no Capítulo III, que versa sobre a arte da mediação e a importância da formação dos mediadores, 2011, p. 29-50.
Acerca da importância e necessidade da adequada capacitação profissional dos conciliadores e mediadores v. o estudo de Maria Lúcia Pizzotti, intitulado "Conciliação e mediação – da necessidade de adequada capacitação para obtenção de resultados efetivos", in João da Silveira e José Amorim (coord.), *A nova ordem nas soluções alternativas de conflitos e o Conselho Nacional de Justiça*, p. 234-236.
[92] Maria Helena Diniz, *Código Civil anotado*, art. 1.025, p. 673.

nização entre litigantes) significa a composição amigável entre sujeitos conflitantes sem que se verifique, necessariamente, alguma concessão por qualquer das partes a respeito do pretenso direito alegado ou extinção de obrigação civil ou comercial.

Quando as partes transigem, o acordo é consequência; por sua vez, a conciliação pode efetivar-se sem que as partes, necessariamente, transijam, pois o atingimento da autocomposição pode-se dar por intermédio do reconhecimento espontâneo do pedido, por parte do réu, ou, da renúncia (total ou parcial) acerca do direito sobre o qual se funda a demanda, em que pese a transação ser o instituto mais utilizado pelos litigantes para atingirem a autocomposição.[93]

Assim, dentro da Teoria do Direito, a autocomposição pode ocorrer de três maneiras: "[...] a) mediante inteira submissão do réu à pretensão do autor, declarando-se disposto a satisfazê-la sem (mais) opor-lhe resistência e sem discutir quaisquer pontos de fato ou de direito relativos a ela (*reconhecimento do pedido*); b) mediante *renúncia* do autor ao seu alegado direito, para deixar de ser credor se antes o era e fazer com que assim se extinga qualquer nexo jurídico-substancial que eventualmente o ligasse ao réu em torno do objeto do litígio; c) mediante mútuas concessões entre as partes, declarando-se o réu disposto a satisfazer parcialmente a pretensão do autor, contanto que este renuncie a impô-la por inteiro, e declarando-se o autor pronto a essa renúncia parcial (*transação*)".[94]

Há de se distinguir ainda a transação civil daquela preconizada na lei instrumental como uma das formas de composição amigável capaz de pôr termo à lide. A *transação*, como tipo de composição, pode ser realizada dentro ou fora do processo, acarretando sempre a sua extinção, com resolução do mérito, enquanto a civil, por si só, representa apenas a renúncia a direitos por meio de concessões mútuas, extinguindo não necessariamente a demanda judicial (a qual nem precisa existir), mas as obrigações entre as partes.

"Envolvendo a renúncia de direitos, a *transação processual* deverá ser objeto de interpretação restrita. Pode a *transação* ser total ou parcial, do mesmo modo que a *desistência* e a *renúncia*, institutos afins que, por esse ponto, se interligam".[95]

---

[93] Sobre autocomposição e seus possíveis resultados, v. Petrônio Calmon, *Fundamentos da mediação e da conciliação*, 2015, p. 47-66.

[94] Cândido Dinamarco, *Manual das pequenas causas*, p. 77.
No mesmo sentido, Arruda Alvim completa, afirmando que "a transação é o conteúdo mais comum da conciliação, pois que consiste num acordo em que se fazem concessões mútuas. Na oportunidade da conciliação, pode ter lugar, todavia, em vez da transação, o reconhecimento jurídico do pedido, a renúncia ao direito (*rectius*, pretensão), ou a desistência da ação" (*Manual*, v. II, p. 346).

[95] J. Cretella Jr., *Comentários à Constituição de 1988*, v. VI, art. 98, I, p. 3.047.

Há de se ressaltar, contudo, que a mera desistência da ação, como é sabido, não extinguirá o conflito no plano jurídico, na medida em que a conclusão do processo não trará em seu bojo a certeza da coisa julgada material. Nada obstante, no plano dos fatos e pelo prisma subjetivo dos litigantes, pode ser que a simples desistência ponha fim ao conflito sociológico, pouco importando que a extinção do processo se faça sem o conhecimento do mérito.

Aplicam-se, no que couber, ao instituto jurídico da transação as disposições contidas no Código Civil (arts. 840-850), valendo lembrar as duas causas de nulidade absoluta (*ipso iure*), assinaladas no art. 850 da Lei Substantiva Civil, ou seja, litígio decidido por sentença, mesmo que transitada em julgado, se dela não teve ciência algum dos transatores, ou, quando por título descoberto ulteriormente, verificar-se que nenhum deles tinha direito sobre o objeto da transação.

Ademais, a transação constitui também expressão prática do princípio dispositivo no processo civil,[96] ficando a critério dos litigantes a composição harmoniosa do conflito, o que pode de maneira perfeita ser concretizado extrajudicialmente, seja o conflito de qualquer natureza ou valor, ressalvada a hipótese de direitos indisponíveis (art. 841), valendo lembrar que a transação extrajudicial dispensa homologação do Estado-juiz, sem prejuízo de assim proceder-se por interesse das partes (título executivo judicial ou extrajudicial).[97]

Não há que fazer também confusão entre a *transação civil* e o *compromisso arbitral*, que, nada obstante tratarem de um acordo de vontades firmado entre as partes, têm natureza jurídica diversa, não havendo concessões recíprocas, ônus ou vantagens; destarte, o compromisso arbitral não equivale ao instituto civil da transação. Ademais, o art. 44 do microssistema do juízo arbitral colocou pá de cal nessa questão ao revogar expressamente os arts. 1.037 a 1.048 do CC/1916 (em vigor naquela época), dispositivos estes que versavam sobre o *compromisso*.

A conciliação, assim como a transação, permite não só a extinção amigável da lide processual,[98] através de uma sentença de mérito (art. 487, III, *b*, do CPC), como, não raras vezes, a própria solução dos conflitos sociológicos de interesses intersubjetivos. Em lides jurisdicionalizadas, assim entendemos porque os árbitros, bem como os juízes togados, antes de serem julgadores, são pacificadores sociais, cuja missão harmonizadora de composição do conflito transcende a função de decidir (acolhimento ou rejeição da pretensão), na medida em que essas decisões sempre representam um ato de imposição ou de força, isto é, ato de violência con-

---

[96] Arruda Alvim, *Tratado*, v. I, p. 93.
[97] V. o estudo de Aloysio Álvares Cruz intitulado "A transação, a conciliação e o acordo extrajudicial", *RJTJESP*, 109, p. 8.
[98] V. Francesco Paolo Luiso, "Primi risultati di una ricerca sul giudice conciliatore", *Riv. Trim. di Dir. e Proc. Civ.*, 39, p. 762.

sentida pelo sistema normativo, praticada pelo julgador no exercício da jurisdição (= dizer e fazer exercer o direito do vencedor), ou, pelo próprio árbitro ou tribunal arbitral, ao declarar ou constituir o direito de um dos litigantes (= dizer o direito).

A sentença proferida pelo Estado-juiz ou a decisão arbitral representam, em última análise, um ato violento de imposição, à medida que exortam e obrigam a parte vencida, se necessário, a cumprir o comando contido no dispositivo do ato decisório, sob pena de submeter-se à execução forçada ou à autoexecutividade, quando se tratar de sentença de natureza mandamental ou executiva *lato sensu*.

Assim, como qualquer outro ato de força, via de regra, causa descontentamento ao vencido e, não raras vezes, ao próprio vencedor, que não obteve integralmente o resultado pretendido, ou, porque não conseguiu transpor para a lide judicial todo o conflito sociológico de interesses, somando-se ao tempo despendido e ao desgaste natural decorrente do próprio processo (conflito jurisdicionalizado).

Nesses casos, a insatisfação permanece latente em grau mais ou menos intenso, assim como a tão desejada e plena pacificação social. Por conseguinte, a litigiosidade ainda contida poderá fomentar novos e talvez intermináveis conflitos, isso porque a sentença que acolhe ou rejeita o pedido formulado inicialmente pelo postulante, repita-se, não soluciona, necessariamente, o conflito sociológico, mas simplesmente compõe a lide processual que, por sua vez, significa nada mais do que a parcela do litígio que foi levado ao conhecimento do juiz ou do árbitro.

Apenas a *autocomposição* – seja por intermédio da transação, da conciliação ou da mediação – apresenta-se como resultado hábil de solução dos conflitos jurídicos e sociológicos, e, por conseguinte, de efetiva pacificação social.

Ademais, "a autocomposição judicial pode envolver sujeito estranho ao processo e versar sobre relação jurídica que não tenha sido deduzida em juízo", segundo se infere da regra estatuída no art. 515, § 2º, do CPC, que dispõe sobre os títulos executivos judiciais.

Reconhecendo a eficácia e os resultados menos gravosos e traumáticos aos litigantes obtidos através da composição amigável, inseriu-se, acertadamente, no § 4º do art. 21 da Lei 9.307/1996, a determinação (trata-se de norma imperativa e não de simples faculdade) ao árbitro ou tribunal arbitral de, no início do procedimento, tentar a conciliação[99] das partes.

Contudo, até a prolação da decisão arbitral final, ou seja, em qualquer fase do procedimento, pode o árbitro tentar a composição amigável entre as partes, a

---

[99] Nada obstante o legislador fazer referência apenas ao instituto da "conciliação", o vocábulo deve ser interpretado como *composição amigável* (*autocomposição*), a qual pode resultar de *conciliação, transação, desistência* ou *renúncia* ao direito objeto da lide. Tanto é que, no art. 28, o legislador refere-se, adequadamente, a *acordo* e não mais à *conciliação*.

exemplo do que ocorre no macrossistema do processo civil (CPC, art. 3º, §§ 2º e 3º c/c e art. 139, V).[100]

No tocante à arbitragem internacional, é bom lembrar que alguns órgãos institucionais, "[...] como a Câmara de Comércio Internacional, preveem a possibilidade de estabelecer procedimentos conciliatórios; segundo as regras para conciliação dessa entidade, a parte interessada em dar início a um procedimento conciliatório pode requerer à Secretaria da Corte Internacional de Arbitragem que notifique a outra parte, provocando-a a participar da tentativa de composição do litígio. Em caso de concordância, o Secretário-Geral da Corte Internacional de Arbitragem indicará um conciliador, que ouvirá os argumentos das partes e procurará sugerir a melhor forma de composição, sempre guiado pelos princípios da imparcialidade, equidade e justiça. Aceita a sugestão, firmarão as partes o acordo; não sendo possível a composição do litígio, o conciliador fará um relatório acerca do procedimento, que não conterá as razões do insucesso da conciliação".[101]

Por último, mas não em grau de importância, a *mediação* aparece nesse cenário multicor das formas alternativas de resolução de conflitos, como método muito utilizado e satisfatório, à obtenção de soluções amigáveis entre os contendores, em sede jurisdicional ou extrajudicial (pública ou privada).[102]

A *mediação*[103] como forma de solução alternativa de conflitos enquadra-se muito bem no pensamento de Mauro Cappelletti a respeito de *justiça coexistencial*,

---

[100] Frise-se que o CPC 2015 elevou sobremaneira a importância do instituto da autocomposição ao patamar de *norma fundamental do processo civil*, ao dispor no art. 3º, § 2º que "o Estado promoverá, sempre que possível, a solução consensual dos conflitos", e, no § 3º que "a conciliação e a mediação e outros métodos de solução consensual de conflitos deverão ser estimulados por juízes, advogados, defensores públicos e membros do Ministério Público, inclusive no curso do processo judicial".

[101] Carlos A. Carmona, ob. cit., p. 20-21, n. 2 (cf. arts. 1 a 11 das Regras de Conciliação Opcional da Câmara de Comércio Internacional, em vigor desde 1º.01.1988).

[102] Sobre o tema v. o artigo intitulado "A mediação no contexto dos modelos consensuais de resolução de conflitos", de Roberto Portugal Bacellar, *RePro*, v. 95, p. 122; também, Lília Almeida de Sousa, "A utilização da mediação de conflitos no processo judicial, disponível em: <www.jusnavegandi>, <jus2.uol.com.br/doutrina>, acesso em: 13 ago. 2009.

V. também o estudo de Genacéia da Silva Alberton, intitulado "Repensando a jurisdição conflitual" (in Athos Gusmão Carneiro e Petrônio Calmon [coord.], *Bases científicas para um renovado direito processual*, v. I, p. 301-345), em que enfatiza as formas não adversariais de resolução de controvérsias, em especial a mediação.

Por outro lado, Cézar Fiuza, defende que ainda são espécies da mediação a *facilitation*, o *fact-finding* e *mini-trial* (*Teoria geral da arbitragem*, p. 58-59), entendimento com o qual não comungamos, por entendermos que essas técnicas destoam da essência da mediação.

[103] V. o panorama sobre a mediação em 66 países descrito por Rêmolo Letteriello, na obra *Temas de mediação no direito comparado*, 2017.

tendo em vista que busca a satisfação dos litigantes sem causar reflexos negativos comumente identificáveis nas imposições dos julgados (ato de império marcado por violência simbólica), porquanto fundada na compreensão das partes acerca de seus conflitos e interesses recíprocos, capaz de criar um ambiente propício à autocomposição que, por sua vez, nasce e se encerra com a participação direta dos próprios sujeitos, mediante a intervenção de um terceiro imparcial (mediador) que os aproxima e os conduz a encontrar a melhor solução para os seus conflitos.

A *mediação* é um método de resolução de controvérsias tendente a conduzir as partes em conflito a encontrarem, em conjunto, a solução que atenda aos interesses recíprocos, portanto, voltado à resolução do conflito sociológico com a consequente pacificação entre os contendores. Busca-se, através da mediação, com a utilização de teorias e técnicas diversas de "gestão de conflitos", *transformar a compreensão e o sentir* das partes acerca das lides (jurisdicionalizadas ou não – puramente sociológicas) existente entre elas e, através dessa nova "visão", encontrar em comum acordo o diálogo, a pacificação e, possivelmente, a autocomposição.[104]

Enquanto o *mediador* aproxima as partes, promove o diálogo e faz com que elas próprias – utilizando-se de técnicas e conhecimentos interdisciplinares –,[105] encontrem a melhor resolução para os seus conflitos, o *conciliador*, por sua vez, diversamente, aproxima as partes realizando atividades de controle das negociações, aparando as arestas porventura existentes, formulando propostas, apontando as vantagens ou desvantagens, buscando sempre facilitar e alcançar a autocomposição.[106]

Nos dizeres de Áureo Simões Júnior, "a mediação é uma técnica pela qual duas ou mais pessoas, em conflito potencial ou real, recorrem a um profissional imparcial para obterem num curto espaço de tempo e a baixos custos uma solução consensual e amigável, culminando num acordo em que todos ganhem e pode ser utilizada em qualquer tentativa de conciliação. [...] A mediação é uma resposta ao incremento da agressividade e desumanização de nossos dias, através de uma nova

---

Sobre a lei brasileira da mediação, v. a coletânea de estudos coordenada por Trícia Cabral e Cesar Cury intitulada *Lei de mediação comentada por artigos*.

[104] Sobre o tema, v. Joseph Folger e Robert Bush, *The promise of mediation*. The transformative approach to conflict (*La promessa della mediazione* – l'approccio trasformativo alla gestione dei conflitti, trad. Giovanni Scotto e Monica Castoldi, 2011).

[105] Sobre a "Interdisciplinaridade da mediação", v. o estudo assim intitulado de Águida Arruda Barbosa, in Roberto Bacellar e Valeria Lagrasta (coord.), *Conciliação e Mediação* – ensino em construção, p. 523-536.

[106] Cf. Alexandre Freitas Câmara, *Arbitragem*, p. 129-130.
V. Nicola Picardi, "Il conciliatore", *Riv. Trim. di Dir. e Proc. Civ.*, 38, p. 1.067; Giuseppe Musolino, "La figura del mediatore fra Codice Civile e leggi speciali", *Riv. Trim. di Dir. e Proc. Civ.*, 44, p. 1.269.

cultura em que a solução dos conflitos passa por um facilitador profissional que tenta, através de várias técnicas, pela conscientização e pelo diálogo, proporcionar uma compreensão do problema e dos reais interesses e assim ajudar as partes a acordarem entre si, sem a imposição de uma decisão por um terceiro, num efetivo exercício de cidadania".[107]

O tema das formas alternativas de resoluções de controvérsias assume particular relevância na Europa continental, mais precisamente nos países integrantes da União Europeia, com a edição pelo Parlamento Europeu e Conselho, em 21 de maio de 2008, da Diretiva 52 que dispõe acerca da *mediação civil e comercial*, contendo importante determinação, em seu art. 12, no sentido de que os Estados-membros teriam prazo até 21 de novembro de 2010 para o seu efetivo cumprimento.[108]

---

[107] Cf. conferência sobre a mediação, proferida durante o *I Workshop relativo aos Juizados Especiais*, realizado em Florianópolis, 31 out. 1996.

Diz, ainda, Áureo Simões que a mediação ou a conciliação, "inicialmente, provoca o intercâmbio de posições e opiniões, orienta a negociação frontal, procurando através de uma escuta positiva, restaurar anteriores relacionamentos e com criatividade levar as partes a descobrirem seus reais interesses e pela compreensão do problema gerar possibilidades de solução do conflito".

[108] Para um panorama acerca da mediação à luz da diretiva 52/2008 da Comunidade Europeia (diversos escritos), v. *La mediazione civile alla luce della direttiva 2008/52/CE*, sob a coordenação de Nicoló Trocker e Alessandra De Luca. Em particular, sobre o tema central, v. Trocker, *La direttiva CE 2008/52 in materia di mediazione*: una scelta per il rinnovamento della giustizia civile in Europa, p. 159-192.

Extrai-se das considerações preliminares da Diretiva 52 o reconhecimento da importância acerca do tema, segundo se infere dos seguintes excertos, dentre outros: "[...] (2) O princípio do acesso à justiça é fundamental e, no intuito de facilitar um melhor acesso à justiça, o Conselho Europeu, na sua reunião de Tampere de 15 a 16 de outubro de 1999, solicitou aos Estados-membros que criassem procedimentos extrajudiciais alternativos. (3) Em maio de 2000, o Conselho aprovou conclusões sobre modos alternativos de resolução de litígios, declarando que o estabelecimento de princípios fundamentais neste domínio constitui uma etapa essencial para o desenvolvimento e funcionamento adequado dos procedimentos extrajudiciais para a resolução dos litígios em matéria civil e comercial, de forma a simplificar e melhorar o acesso à justiça. [...] (5) O objetivo de assegurar um melhor acesso à justiça, como parte da política da União Europeia para estabelecer um espaço de liberdade, de segurança e de justiça, deverá incluir o acesso a modos de resolução de litígios tanto judiciais como extrajudiciais. A presente directiva deverá contribuir para o correcto funcionamento do mercado interno, em especial no que diz respeito à disponibilidade de serviços de mediação. (6) A mediação pode proporcionar uma solução extrajudicial rápida e pouco onerosa para litígios em matéria civil e comercial através de procedimentos adaptados às necessidades das partes. É mais provável que os acordos obtidos por via de mediação sejam cumpridos voluntariamente e preservem uma relação amigável e estável entre as partes. Estas vantagens tornam-se ainda mais evidentes em situações que apresentam aspectos transfronteiriços. (7) Para promover o recurso à mediação e garantir que as partes que a ela recorrem possam confiar num quadro jurídico previsível, é necessário

No Brasil, o instituto da *mediação* passa a ser mais prestigiado e ocupar importância de destaque somente com o advento do Código de Processo Civil (Lei 13.105, de 16 de março de 2015 – arts. 165 a 175 e 334),[109] ao tratar da mediação judicial e, quase que simultaneamente, com a edição da lei de regência, que versa sobre a utilização desse método para a solução de controvérsias entre particulares e sobre a autocomposição de conflitos, também no âmbito da administração pública (Lei 13.140, de 26.06.2015),[110] além de outros métodos consensuais de resolução de controvérsias que envolvem entes públicos.[111]

Não se pode olvidar que o instituto da *conciliação* também recebeu, no Código de 2015, merecido destaque, sendo regulado paritariamente com o instituto da *mediação*.

O que se afigura mais importante de tudo isso é o fato de ter o legislador compreendido (finalmente) a importância das *ADR*, em especial, os institutos da *arbitragem* (referenciada no art. 3º, § 1º, do CPC e regida por lei própria), da *mediação* e da *conciliação*, estes dois últimos de natureza não adversarial e sempre voltados à autocomposição, além de admitir expressamente a aplicação de *técnicas de negociação* para este fim (CPC, art. 166, § 3º).[112]

---

prever um enquadramento normativo que aborde, em especial, aspectos fundamentais do processo civil [...]".

[109] O Código de 2015 incluiu como sendo um dos requisitos da aptidão da petição a referência expressa do autor à opção pela realização ou não de audiência de conciliação ou de mediação (art. 319, VII), assim como o réu poderá manifestar o seu dissentimento acerca da utilização desses métodos alternativos (art. 334, § 4º e art. 335, II).

[110] Percebe-se que o projeto de lei que deu origem ao CPC/2015 e o da Lei da Mediação tramitaram simultaneamente no parlamento durante um bom período e, pelo que tudo indica, parece que as comissões não dialogavam entre si acerca do tema em voga, pois a lei de regência acabou recepcionando uma Seção exclusiva para regular a "mediação judicial" (arts. 24 a 29), quando esta já se encontrava bem delineada no projeto do CPC, somando-se ao fato de que as duas normativas trazem dispositivos que, entre si, conflitam, repetem ou se sobrepõem.
É curioso, pois esperamos tantos anos por um novo CPC e por uma normativa que, efetivamente, regulasse o importante instituto da mediação e, quando as duas vêm a lume, o resultado é esse...

[111] Sobre o tema, v. a monografia de Luciane Moessa de Souza, intitulada *Meios consensuais de solução de conflitos envolvendo entes públicos* – negociação, mediação e conciliação na esfera administrativa e judicial.

[112] Trata-se, na verdade, de permissivo legal desnecessário, na medida em que as técnicas de negociação não podem ser desprezadas por aqueles que intermediam resolução de conflitos em prol da autocomposição, sejam eles conciliadores, mediadores, juízes, árbitros ou negociadores extrajudiciais. Aliás, sem a aplicação de técnicas adequadas de negociação, a autocomposição tende a ficar prejudicada.

Ademais, o Código manteve como sendo um dos deveres do juiz, *"promover, a qualquer tempo, a autocomposição, preferencialmente com auxílio de conciliadores e mediadores judiciais* (art. 139, V).

Mas a utilização dessas formas alternativas de resolução de controvérsias é sempre facultativa e depende do assentimento de ambas as partes para a sua implementação, sendo este um dos motes da mediação e da conciliação, porquanto incompatíveis com a imposição, seja como pressuposto processual extrínseco ou intrínseco, porquanto regidas pelo princípio da autonomia de vontades.[113]

Pontua-se ainda a grande importância conferida ao instituto da *conciliação* nos juizados especiais estaduais e federais cíveis, bem como fazendários, sendo a autocomposição o verdadeiro mote dessa forma diferenciada de resolução de controvérsias, inserida por preceito constitucional no âmago da jurisdição estatal (CF, art. 98).

Um dos pontos distintivos entre a *conciliação* e a *mediação*, além da forma de abordagem do conflito, reside no maior ou menor grau de intervenção do terceiro facilitador.[114] Mas precisamos ir além, pois são muitas outras as distinções entre esses institutos e, neste particular, Águida Arruda Barbosa faz análise precisa sobre a *diferença entre mediação e conciliação*, e, de início, salienta que "esta tarefa de promover os critérios de distinção entre ambos os conceitos tem por objetivo o aprimoramento e fortalecimento da mediação e da conciliação, pois são igualmente importantes para o mosaico dos diferentes meios de acesso à justiça. No entanto, a ênfase se deve ao fato de que há equívoco no uso de conciliação sob a denominação de mediação".[115]

Observa ainda a citada Autora: "Enfrentando o rigor científico que indica o lugar da mediação como conhecimento interdisciplinar, o passo a seguir é de demonstrar, criteriosamente, que mediação e conciliação não são sinônimos, nem próximos, enfim, são completamente diferentes em sua substância, e esta distinção é imprescindível para o desenvolvimento da mediação, demonstrando que ambos os institutos têm fundamentos próprios, conhecimentos distintos, independentes e de conteúdo e finalidade divergentes.

"A conciliação é um instituto arraigado às tradições legislativas e de usos e costumes brasileiros [...] Como instrumento de acesso à justiça, a conciliação é a atividade que privilegia o acordo, pressupondo que cada litigante deve perder um pouco, em prol da composição que visa pôr fim ao impasse.

---

[113] Sobre a questão da mediação obrigatória, ver os fundamentos e as críticas bem lançadas de Humberto de Pinho, *Direito processual civil contemporâneo*, 2017, p. 886-887, n. 25.3.2.8.
[114] Cf. Bruno Takahashi, in *Desequilíbrio de poder e conciliação*, p. 38, 2016.
[115] "Interdisciplinaridade da mediação", in Roberto Bacellar e Valeria Lagrasta (coord.), *Conciliação e Mediação* – ensino em construção, p. 532.

"[...] Na conciliação inexiste qualquer preocupação com as causas determinantes do conflito, assim como não se projetam as dificuldades sobre a execução do acordo, pois está voltada ao passado e ao presente, não estando voltada ao futuro.

"[...] Enfim, a conciliação é reorganização lógica, no tocante aos direitos que cada parte acredita ter, polarizando-os, eliminando os pontos incontroversos, para delimitar o conflito, e, com técnicas de convencimento, o conciliador visa corrigir as percepções recíprocas, uma aproximação das partes em um espaço concreto.

"A atividade do conciliador consiste em intervir com sugestão, alertar sobre as possibilidades de perdas recíprocas das partes, que admitem perder menos, num acordo, que num suposto sentenciamento desfavorável, fundamentado na indissociável relação: ganhador-perdedor.

"Depreende-se, portanto, que o objeto da conciliação não é o entendimento do conflito, pois, o objetivo a que se propõem as partes é a celebração do acordo como uma forma de liberação daquele constrangimento oriundo da litigiosidade, e, para tanto, não veem outra alternativa, senão a celebração do acordo orientado pelo princípio da autonomia da vontade.

"Enfatizando, a conciliação é tradição jurídica que não se confunde com a novidade da mediação, esta merecedora de sistematização no contexto do ordenamento jurídico.

"[...] A mediação atua no nascedouro do conflito e sua abrangência ultrapassa os limites de eventual acordo, que possa vir a ser celebrado entre os litigantes, porque seu tempo é o futuro. Trata-se, portanto, de uma abordagem muito mais ampla que a conciliação.

"A mediação fundamenta-se teoricamente em linguagem própria, que não comporta exclusão, mas compreensão e inclusão. Eis a essência da diferença entre os dois institutos em exame. [...] Trata-se da dinâmica da intersubjetividade, visando ao exercício da humanização do acesso à justiça, tendo como instrumento a criatividade, a arte da mediação.

"A mediação não visa ao acordo, mas sim à comunicação entre os conflitantes, com o reconhecimento de seus sofrimentos e, principalmente, com a possibilidade que o mediador oferece aos mediandos de se *escutarem* mutuamente, estabelecendo uma dinâmica jamais vislumbrada antes da experiência da mediação.

"O mediador não intervém, não sugere, não induz, mas promove a escuta dos conflitantes em prol da comunicação, visando à recuperação da responsabilidade por suas escolhas e pela qualidade de convivência para a adequada realização da relação jurídica que os vincula, usando como técnica o deslocamento do olhar que se move do passado e do presente para se voltar ao futuro. Este é o momento da magia da mediação que não ocorre na conciliação, porque são diferentes em sua essência".[116]

---

[116] Águida Arruda Barbosa, *ibidem*, p. 531-533.

É bem verdade que os escopos da mediação transcendem a autocomposição, na exata medida em que, acima de tudo, procura proporcionar um ambiente de diálogo amigável entre os conflitantes a fim de que, cada um, por si só, compreenda as razões, as angústias, as aflições, os desejos e pretensões da outra parte; nada obstante, mesmo não sendo a composição entre os litigantes o seu objetivo principal, ela passa, necessariamente, pela compreensão do mediador que, na medida do possível, saberá conduzir as partes para que elas próprias encontrem a melhor forma de compor, em observância aos seus interesses pessoais e nos limites de suas possibilidades.

Nesse último ponto, a atividade do *mediador* aproxima-se daquela desenvolvida pelo *conciliador,* na medida em que ambos buscam promover o diálogo entre os litigantes, em que pesem seus objetivos, métodos e técnicas empregadas serem bem distintos. A interdisciplinaridade é a marca da mediação, assim como a não intervenção do mediador no encontro de soluções que, repita-se, haverão de ser buscadas pelos próprios sujeitos, enquanto o conciliador, por sua vez, atua de maneira mais incisiva, no sentido de advertir sobre riscos, vantagens ou desvantagens acerca das proposições, além de apresentar, se necessário, uma proposta concreta para a resolução da controvérsia.[117] Exercem, em outros termos, a função de *amiable compositeur* ("amigável compositor") tal como originariamente surgiu e foi idealizada a expressão.[118]

Merecem destaque, ainda, outras vantagens da utilização das técnicas não adversariais de resolução de controvérsias, tais como o baixo custo (economia), pequeno risco (segurança) e satisfação (solução encontrada em comum acordo, sem que, ao final, existam perdedores ou vencedores), de maneira que as partes conflitantes possam atingir os seus interesses legítimos, dentro de um espectro daquilo que se afigura real e possível.

4. ARBITRAGEM E ACESSO À JUSTIÇA

Há muito já afirmávamos, em outro estudo, que "uma das fundamentais características do Estado de Direito é o livre e pleno acesso à administração da justiça

---

[117] O CPC faz uma distinção no tocante à atuação do conciliador e do mediador, no art. 165, nos seguintes termos: "§ 2º O conciliador, que atuará preferencialmente nos casos em que não houver vínculo anterior entre as partes, poderá sugerir soluções para o litígio, sendo vedada a utilização de qualquer tipo de constrangimento ou intimidação para que as partes conciliem. § 3º O mediador, que atuará preferencialmente nos casos em que houver vínculo anterior entre as partes, auxiliará aos interessados a compreender as questões e os interesses em conflito, de modo que eles possam, pelo restabelecimento da comunicação, identificar, por si próprios, soluções consensuais que gerem benefícios mútuos".

[118] A expressão "amável conciliador" (*amiable compositeur, amichevole compositore, amigable componedor*) ora empregada, não deve ser confundida com o novo sentido que passou a assumir, qual seja, o de designar a arbitragem fundada em juízo de equidade.
Sobre esse tema, v. René David, *Arbitrage dans le commerce international*, p. 12.

para a obtenção de soluções aos conflitos de interesses resistidos, insatisfeitos ou de simples interesses não contenciosos, de qualquer natureza e valor"[119] e, nesta linha, Eduardo Couture coloca em relevo o liame inseparável existente entre o direito de ação e o Estado de Direito.[120] Importa dizer que o Estado de Direito só pode atingir seu real coroamento através de instrumentos processual-constitucionais de tutela dos direitos fundamentais do homem.[121]

É nesse contexto já delineado em itens precedentes que a arbitragem aparece na qualidade de jurisdição paraestatal (equivalente jurisdicional) voltada à resolução de conflitos; trata-se, aliás, da única forma de *ADR* equiparável ao Estado-juiz, oferecida facultativamente aos interessados como sendo mais uma porta de *acesso à justiça*, ou, ainda melhor, de acesso à *ordem jurídica justa*, assim compreendida como harmonia dos sistemas e instrumentos processuais com a tutela jurisdicional oferecida, de maneira a ofertar ao consumidor do direito soluções em tempo razoável, compatível com a lide, com segurança, justiça na decisão e cabal efetividade (satisfação = obtenção concreta da pretensão).[122]

A prática que se espera para o século XXI, dentro do Estado Democrático de Direito, é inversamente aquela que René Morel, citando S. Van Der Sprenkel, descreve-nos em relação à China do século VII, em que o Imperador K'ang Hsi declarava abertamente: "Os processos tenderiam a multiplicar-se de modo impressionante se as pessoas não tivessem medo de dirigir-se aos tribunais e confiassem que encontrariam sempre uma justiça perfeita e facilmente acessível. O homem

---

[119] Joel Dias Figueira Jr., "O acesso ao Poder Judiciário", *RT*, 686; *Jurisprudência Brasileira*, 166 e *Jurisprudência Catarinense*, v. 68.

[120] *Fundamentos do direito processual civil*, trad. Rubens Gomes de Sousa, 1946, p. 41 e ss.

[121] Ada Grinover, *Os princípios constitucionais e o Código de Processo Civil*, p. 6.

[122] A expressão "acesso à ordem jurídica justa" foi cunhada pelo professor Kazuo Watanabe que, com muita sapiência, entende ser mais adequada do que "acesso à justiça", por não bastar conceder ao jurisdicionado o pleno acesso aos tribunais, sem a existência de condições mínimas satisfatórias à obtenção da justa composição do litígio levado para apreciação do Estado-juiz.

Aliás, essa compreensão de Watanabe vai ao encontro da verdadeira acepção de todo o pensamento e trabalho realizado por Mauro Cappelletti, estampado nos monumentais quatro volumes do *Access to Justice* que, em momento algum, deixa sequer transparecer que o seu significado seja apenas de facilitador "ingresso" ou "porta de acesso" aos tribunais.

Segundo o citado mestre paulista, "uma empreitada assim ambiciosa requer, antes de mais nada, uma nova 'postura mental'. Deve-se pensar na ordem jurídica e nas respectivas instituições, pela 'perspectiva do consumidor', ou seja, do destinatário das normas jurídicas, que é o povo, de sorte que o problema do acesso à justiça traz à tona não apenas um 'programa de reforma', como também um 'método de pensamento', como com acerto acentua Mauro Cappelletti" ("Acesso à justiça e sociedade moderna", *Participação e processo* – coletânea, p. 28).

facilmente se ilude sobre o próprio bem e, então, as demandas não teriam fim e a metade dos súditos do nosso império bastariam para resolver os litígios da outra metade. Desejo, então, que aqueles que acessem aos tribunais sejam tratados sem nenhuma piedade, de modo que sintam náuseas do direito e tremam só com a ideia de comparecer diante de um magistrado".[123]

Esse método nada palatável encontrado pelos chineses daqueles tempos para encorajar os jurisdicionados a resolver seus conflitos extrajudicialmente, ao largo da jurisdição pública, difere em tudo das práticas contemporâneas dos povos civilizados de estímulo às formas alternativas de resolução de conflitos, sempre fundadas em princípios basilares do Estado Democrático de Direito e na formação paulatina da cultura da pacificação e da autocomposição.

Essa nova conscientização coletiva, o processo de formação e aprimoramento sociocultural, político e jurídico de todos os consumidores e profissionais do Direito são frutos de amadurecimento lento. Como se não bastasse a lentidão natural desse fenômeno, encontramos barreiras na história brasileira, pródiga de regimes ditatoriais, de políticas veladas de exclusão social e de negação aos verdadeiros valores que compõem a cidadania de um povo, causando o que se pode denominar de *apatia difusa ao acesso à justiça,* mal do qual estamos nos recuperando, gradativamente, sobretudo com a promulgação da Carta de 1988.

Analisando a questão da *dimensão social do processo,* escreve Mauro Cappelletti: "Por isso, na concepção revolucionária do acesso à Justiça, a atenção do processualista se amplia para uma 'visão tridimensional do direito'. Sob esta nova perspectiva, o direito não é encarado apenas do ponto de vista dos seus produtores e do seu produto (as normas gerais e especiais); mas é encarado, principalmente, pelo ângulo dos 'consumidores' do direito e da Justiça, enfim, sob o ponto de vista dos usuários dos serviços processuais.

---

[123] *I grandi sistemi giuridici contemporanei,* 5. ed., trad. Rodolfo Sacco, p. 441, n. 439, nota de rodapé 104.
Desta feita citando Cohen, Morel assinala outras não menos curiosas facetas daquelas práticas: "O funcionário que tem a tarefa de fazer observar a justiça, deverá estar longe das partes; não é um jurista e será escolhido, em princípio, em uma outra província para ignorar o dialeto e os costumes locais; os funcionários (juízes) serão corruptos e arrastarão os processos por longos anos, dos quais dependerão para viver; quem recorrer estará sujeito a muitas humilhações; o resultado dos processos será sempre muito duvidoso: 'das dez razões que possam determinar a decisão de um juiz, nove são desconhecidas do público', diz a sabedoria popular e, um outro ditado diz: 'processo vencido, dinheiro perdido'".
E arremata René Morel: "Tudo isso concorreu para deixar longe os chineses dos tribunais e a fazer com que eles resolvessem os seus conflitos com procedimentos extrajudiciais" (*idem, ibidem*).

"Segundo esta visão tridimensional, o jurista é instado a um exame quanto: a) *à necessidade* ou *ao problema social* que reclama por uma resposta no plano jurídico; b) à avaliação de tal resposta que, embora deva assumir, ordinariamente, natureza normativa, impele o jurista a realizar um exame sobre a aptidão das instituições e dos procedimentos responsáveis pela atuação daquela *resposta normativa*; c) ao *impacto* que a resposta jurídica ocasionará sobre a necessidade ou sobre o problema social – ocasião em que estar-se-á examinando a *eficácia* de tal resposta. É desta forma que o direito em geral (e o direito processual em particular) deve ser examinado: levando-se em conta a perspectiva dos *usuários* e não apenas a perspectiva dos *produtores* do direito".[124] E não é por menos que o renomado jurista italiano faz alusão ao *acesso à justiça* como *programa de reforma* e como *método de pensamento*.[125]

Constata-se nos dias de hoje a importância não só da sumarização das formas e das tutelas de urgência (*lato sensu*), em suas mais variadas facetas, no complexo contexto social, político e jurídico do acesso à justiça, como também dos métodos ou técnicas diferenciadas ou alternativas de solução dos conflitos, como elementos indispensáveis desse movimento, cuja filosofia reflete exatamente, nos dizeres de Mauro Cappelletti, "[...] a tentativa de adicionar uma dimensão *social* ao Estado de Direito, de passar do *Rechtsstaat* ao *sozialer Rechtsstaat*, consoante proclamam as mais avançadas Constituições europeias, inclusive a francesa, a alemã e, mais recentemente, a espanhola; na verdade, consoante proclamam também declarações de direitos transnacionais, como a Convenção Europeia dos Direitos do Homem, interpretada pela Corte Europeia de Estrasburgo".[126]

---

[124] "Problemas de reforma do processo civil nas sociedades contemporâneas", *O processo civil contemporâneo* (coletânea), p. 15-16.

[125] Cf. Mauro Cappelletti, "Acesso alla giustizia come programma di riforma e come metodo di pensiero", *Riv. di Dir. Proc.*, 37, p. 233-245.
Ainda, do mesmo autor, v. *Access to justice and the Welfare State*, Istituto Universitario Europeo, Firenze, 1981.
Sobre o tema do "Acesso alla giustizia e Welfare State (a propósito del florence access to justice project)", v. Vittorio Denti, *Riv. Trim. Dir. e Proc. Civ.*, 36, p. 618.
V., também, José Renato Nalini, *O juiz e o acesso à justiça*; Horácio W. Rodrigues, *Acesso à justiça no direito processual brasileiro*; Joel D. Figueira Jr., "Acesso à justiça e tutelas de urgência. O pleno acesso à ordem jurídica justa e a efetividade do processo", *JB*, 177, p. 61; e *JC*, 73, p. 27; idem, "O acesso ao Poder Judiciário", *RT*, 686; *JB*, 166; e *JC*, 68.

[126] "Os métodos alternativos de solução de conflitos no quadro do movimento universal de acesso à justiça", *RePro*, 74, p. 96.
Ainda explicando esse movimento teórico e reformador do acesso à justiça e como valorá-lo, assim escreve o mestre florentino: "A valoração, devo acrescentar, sempre foi componente de toda análise comparativa; não, porém, valoração baseada em valores postulados *a priori*,

Na formação do espectro da justa composição do litígio, um de seus elementos é a incidência do tempo, consubstanciado na necessidade de imprimir-se rapidez à prestação da tutela jurisdicional, ou seja, o tempo razoável à resolução adequada e qualificada do conflito até a efetiva satisfação da parte vencedora, sem descurar-se do valor segurança, representado pela observância ao devido processo legal constitucional.

Por outro lado, sabidamente diversos são os fatores que acarretam o retardamento da prolação de uma decisão de mérito, sendo os principais: *a)* o número elevado e sempre crescente de causas em desproporção assustadora com os magistrados e órgãos da justiça e seus respectivos auxiliares; *b)* a complexa legislação processual com seus infindáveis recursos e meios de impugnação; *c)* a dissintonia das leis de divisão e organização judiciária com a realidade social; *d)* a ineficiência na utilização dos recursos humanos e tecnológicos disponibilizados.

Esses entraves que viciam patologicamente a jurisdição estatal são expurgados da jurisdição privada, na exata medida em que ela aparece como opção qualificada aos jurisdicionados, voltada especialmente para as demandas de médio ou grande complexidade e valor econômico, apresentando-se muito mais vantajosa em relação à jurisdição tradicional se a opção feita pelas partes for criteriosa. Sobre esse tema, das "vantagens e desvantagens" da jurisdição arbitral, remetemos o leitor interessado ao item n. 9, *infra*, deste capítulo.

Nos dizeres de Célio Borja: "Se, porventura, o instituto do juízo arbitral não se qualificar pela simplicidade, segurança e celeridade para resolver os litígios oriundos dos contratos civis e mercantis celebrados pelos agentes econômicos, parece-me difícil prever como o sistema judiciário estatal se desincumbirá do acréscimo significativo da demanda por seus serviços".[127]

Contudo, não se pode descurar que a jurisdição pública continua sendo o baluarte para a grande maioria dos jurisdicionados, o porto seguro para a resolução de controvérsias dos menos afortunados, das relações de família, das sucessões, das causas cíveis de pequeno e médio porte, além dos conflitos administrativos e tributários e de consumo, dentre outros, o que exige voltar as atenções dos governantes para a definição de uma política de fortalecimento do Judiciário em prol dos consumidores do Direito, de maneira a oferecer-lhes uma tutela verdadeiramente justa, ou seja, com qualidade dos julgados, segurança e dentro de um prazo razoável à satisfação de suas pretensões.

Neste enfoque, vale repetir o que já dissemos alhures: "No momento em que o Judiciário se tornar enfraquecido e desestruturado a ponto de influenciar

---

mas valoração à luz da necessidade, do problema ou da exigência de que se originaram as instituições, processos e regras jurídicas em questão" (p. 95).

[127] "O juízo arbitral", *Rev. de Inf. Leg.*, 125, p. 102.

indiretamente ao espírito de seus jurisdicionados a renúncia do direito, resultando na dificuldade de acesso aos tribunais por múltiplos fatores de ordem interna e externa, estará, antes de mais nada, renunciando a si mesmo, à estabilização do Estado de Direito e à paz social".[128]

5. ESCOPOS E IMPORTÂNCIA DA ARBITRAGEM NOS CENÁRIOS NACIONAL E INTERNACIONAL

Os métodos alternativos de solução de conflitos vêm adquirindo prestígio e importância cada vez maior no mundo contemporâneo, cenário em que a arbitragem vem despontando, sobretudo nas últimas décadas, como instrumento hábil a atingir o fim a que se destina, qual seja, prestar jurisdição qualificada, rápida e segura,[129] de maneira diferenciada em relação à jurisdição tradicional prestada pelo Estado-juiz.

Contudo, para atingir esse patamar de diferenciação, diversos fatores hão de ser considerados, a começar pela livre escolha conferida às partes na indicação dos seus "juízes particulares" que, nada obstante não necessitarem de formação jurídica, haverão de ser profissionais bem qualificados e destacados em suas respectivas áreas de atuação, ou, com a indicação de tribunal ou entidade arbitral bem conceituada.

Em que pese a arbitragem prestar-se adequadamente à solução de conflitos de natureza diversa, adquire foro preferencial e finalidade específica em questões complexas e de elevado valor econômico, decorrentes de relações civis, societárias, comerciais (nacionais e internacionais), dentre outras,[130] que exigem, além de uma

---

[128] Joel Dias Figueira Jr., "O acesso ao Poder Judiciário", *RT*, 686; *JB*, 166; e *JC*, 68.

[129] Sobre a arbitragem como forma de solução de conflitos no plano internacional, v. Piero Bernardini, *L'arbitrato internazionale*; Giuseppe Franchi, "La convenzione arbitrale secondo le convenzioni internazionali", *Riv. Trim. Dir. e Proc. Civ.*, 39, p. 328; Sergio La China, "L'arbitrato interno ed internazionale", *Riv. Trim. di Dir. e Proc. Civ.*, 40, p. 1.003; Walther J. Habscheid, "Il concordato svizzero sull'arbitrato e l'arbitrato internazionale", *Riv. Trim. di Dir. e Proc. Civ.*, 40, p. 1.197; Gerhard Walter, "L'arbitrato internazionale in Svizzera", *Riv. Trim. di Dir. e Proc. Civ.*, 43, p. 517; Sergio La China, "L'arbitrato interno ed internazionale", *Riv. Trim. di Dir. e Proc. Civ.*, 46, p. 345; idem, "L'arbitrato interno ed internazionale", *Riv. Trim. di Dir. e Proc. Civ.*, 47, p. 357; idem, "L'arbitrato interno ed internazionale", *Riv. Trim. di Dir. e Proc. Civ.*, 48, p. 339; Isabelle Hautot, "L'arbitrato come strumento al servizio del commercio internazionale", *Riv. Trim. di Dir. e Proc. Civ.*, 48, p. 613; Carmine Punzi, "L'efficacia del lodo arbitrale nelle convenzioni internazionali e nell'ordimanento interno", *Riv. Dir. Proc.*, 40, p. 268; W. Habscheid, "Il nuovo diritto dell'arbitrato internazionale in Svizzera", *Riv. di Dir. Proc.*, 44, p. 738; H. Prütting, "L'arbitrato internazionale nel diritto tedesco (note introduttive)", *Riv. di Dir. Proc.*, 47, p. 550.

[130] Sobre o tema, v. Irineu Strenger, *Arbitragem comercial internacional*; José C. de Magalhães e Luiz O. Baptista, *Arbitragem comercial*; Rubens Bittencourt, *Instituições de direito econômico*,

solução rápida para o conflito, também a elevada qualificação dos árbitros, nada obstante o custo elevado do procedimento arbitral, compensado, ao final, com todos os benefícios trazidos pela tutela jurisdicional privada; contudo, esse custo dito "elevado", torna-se inexpressivo quando cotejado com as inúmeras vantagens decorrentes da própria jurisdição privada.

Por outro lado, como os conflitos que aportam à jurisdição privada são normalmente de elevado valor econômico, tal fato deu causa a um fenômeno consistente no aparecimento de *fundos de investimentos* que começam a participar desse setor, mais precisamente financiando (com risco) em favor de uma das partes litigantes as despesas de todo o processo arbitral, em troca de, na hipótese de êxito, reverter em favor do investidor um percentual de ganho do resultado.[131] Trata-se de prática conhecida no mercado como *third party funding* que oferece boa oportunidade às empresas que fizeram opção pela jurisdição arbitral em cláusula compromissória e, no momento do surgimento do conflito, encontram-se em dificuldades econômicas para desincumbirem-se das despesas (normalmente elevadas) do procedimento arbitral.

Essa prática é amplamente difundida e utilizada em todo o mundo, com exceção de alguns estados dos Estados Unidos da América e da Irlanda, cuja resistência tende a desaparecer com a definição de regras internacionais específicas e códigos de conduta para o uso desses "financiamentos de litígios".

Sintetiza-se o tema atinente ao *financiamento da arbitragem por terceiros*, com os dizeres de Godoy, Ferreira e Bosoni, *in verbis*: "[...] O custo da arbitragem, no entanto, segue sendo um elemento de discussão. Especialmente em função da crise econômica, aumenta a cada dia o número de pessoas e empresas que carecem dos recursos necessários para o pagamento das despesas de um procedimento arbitral.

---

p. 74-79; Luiz O. Baptista, "As soluções de divergência no Mercosul", in Maristela Basso (org.), *Mercosul. Seus efeitos jurídicos, econômicos e políticos nos Estados-membros*, p. 91-115; Werter R. Faria, "Métodos de harmonização aplicáveis no Mercosul e incorporação das normas correspondentes nas ordens jurídicas internas", in Maristela Basso (org.), *Mercosul. Seus efeitos jurídicos, econômicos e políticos nos Estados-membros*, p. 77-88.
Sobre *contratos internacionais do comércio*, v. a monografia de Maristela Basso, assim intitulada.
A importância da arbitragem no comércio internacional também é ressaltada por Cretella Jr., ao assinalar que é nesta sede que o instituto aparece com toda a sua pujança, afirmando sua indispensabilidade ("Da arbitragem e seu conceito categorial", *Rev. de Inf. Leg.*, 98, p. 131). Ainda, v. Carlos A. Carmona, "Arbitragem e jurisdição", *JB*, 145, p. 125, n. 12; *idem*, *Participação e processo* (coletânea), p. 296-307.

[131] Disponível em: <www.valor.com.br/>, acesso em: 17 mar. 2018.

"Nesse contexto é que o *third party funding* vem se tornando cada vez mais comum no país. O mecanismo, surgido em processos judiciais em países de *commom law* e consolidado na arbitragem internacional, consiste na contratação, pela parte, de um terceiro que financiará sua disputa, arcando com os custos do processo em troca de um valor percentual sobre o que a parte receber ao final do litígio em caso de vitória.

"Os arbitralistas internacionais acreditam que o *third party funding* seja uma realidade recorrente nos futuros procedimentos arbitrais. Inclusive, o tema foi adotado como um dos pontos centrais de discussão da atual edição da maior competição mundial de arbitragem, que reúne mais de 300 universidades de todo o mundo (*Willem C. Vis International Commercial Arbitration Moot*).

"No Brasil, apesar de a utilização deste tipo de mecanismo ainda ser muito incipiente, seu desenvolvimento já demonstra alguma solidez. Sintoma disso é o surgimento da *Leste Litigation Finance*, primeira empresa brasileira a se aventurar no mundo do *third party funding*.

"Conforme explica Leonardo Viveiros, *head* de *litigation finance* da Leste, enquanto cerca de 100 arbitragens por ano possuem pedido de parcelamento das custas, é possível que outras 100 nem mesmo sejam iniciadas por falta de recursos ou por desinteresse da empresa em destinar fundos para a disputa e não para o seu próprio negócio [Entrevista concedida à INOVARB/AMCHAM em maio de 2017. Disponível em: <https://estatico.amcham.com.br/emkt/2017/files/entrevista--inovarb-amcham.pdf>].

"A abertura para o desenvolvimento do *third party funding* no Brasil também é evidenciada por iniciativas como a do CESA – Centro de Estudos das Sociedades de Advogados, que lançou, no final de 2017, uma cartilha sobre o financiamento de arbitragens e litígios societários (*Cartilha Financiamento de Arbitragens em Litígios Societários*).

"A cartilha, extremamente didática, explica a dinâmica do processo de financiamento e as problemáticas específicas que podem surgir quando se tratar de conflito societário, sugerindo, ao final, um modelo de cláusula compromissória estatutária admitindo o uso do mecanismo para eventuais litígios – apesar de ressalvar a desnecessidade de previsão expressa da possibilidade.

"Um diferencial do *third party funding* com relação aos investimentos comuns é a sua desvinculação da volatilidade do mercado, o que o torna muito atrativo. O risco a ele atrelado é o risco da disputa que, embora também muito incerto no Poder Judiciário, apresenta maior estabilidade na arbitragem.

"Com efeito, apesar de não existir uma 'jurisprudência arbitral', é possível realizar uma análise do risco e do possível resultado da disputa, levando-se em consideração não apenas o direito discutido, mas especificidades do procedimento, como a especialização dos árbitros e a ausência de possibilidade de recursos diversos. Para tanto, o financiador deve estar bem assessorado por uma equipe jurídica capaz de avaliar a disputa em seu todo, e de prever com razoabilidade seu resultado, de modo a precificar o investimento.

"Apesar de alguns percalços e da incerteza decorrente da falta de regulamentação, é inegável que o *third party funding* encontra no Brasil um lar. O crescimento do número de disputas arbitrais no país, somado à crise econômica, resulta em um terreno fértil para o aumento da utilização dessa espécie de financiamento, que representa uma nova – e, muito provavelmente, próspera – forma de investimento."[132]

Vale destacar o enfoque dirigido ao tema pela *Internacional Bar Association – IBA*, através de suas "Diretrizes", notadamente no que concerne às alterações implementadas em 2014, acerca da observância dos deveres dos árbitros de imparcialidade, independência e revelação, que se estendem não só às partes, mas também a todos aqueles (terceiros) que, de alguma forma, participam do financiamento ou custeio das despesas arbitrais, em favor de um dos litigantes, com interesses econômicos no resultado do processo, em favor do patrocinado, sejam eles pessoas físicas ou empresas especializadas neste ramo, inclusive as seguradoras (*third party funders*). Para aprofundamento sobre esse tema, enviamos o leitor interessado ao Capítulo IV, item n. 5, *infra*.

No que se refere especificamente ao tema da *escolha dos árbitros* e à *imparcialidade*, sob o enfoque dos *financiamentos arbitrais* e a inserção de cláusula de opção nesses contratos firmados pela parte litigante financiada e a entidade financiadora, para não sermos repetitivos, enviamos o leitor interessado ao Capítulo Quarto, itens n. 3 e 5, *infra*.

"Tal é, precisamente, o papel que assume a arbitragem dentro do sistema geral das instituições jurídicas. Quando já não é possível uma conciliação direta de uma eventual contenda, porém restam zonas de harmonia acessíveis a terceiros, sem necessidade de acorrer a força do Estado, que tenha de obter-se *ex officio judicis*, uma experiência secular consagrou a eficácia de dar entrada, no quadro das figuras jurídicas conhecidas, a esta obra pacificadora de terceiros que, gozando da confiança dos contendores, podem receber deles a autoridade necessária para lhes impor uma decisão satisfatória. Deste modo, não se desconhece nem se menospreza o labor augusto do juiz, como órgão da soberania do Estado, sorte que, precisamente por essa excelsitude de seu caráter, reserva-se-o para aqueles casos

---

[132] Luciano de Souza Godoy, Gabriela Lotufo Cintra Ferreira, Gustavo de Oliveira Bosoni, "Arbitragem e *Third Party Funding*: uma nova oportunidade para investimentos no Brasil", disponível em: <pvg.com.br/artigos/arbitragem-e-third-party-funding-uma-nova--oportunidade-para-investimentos-no-brasil>, acesso em: 17 mar. 2018.

em que, desgraçadamente, um tratamento amistoso não é possível nem sequer por esta via indireta, e se faz necessária a intervenção do império estatal."[133]

O importante é que a arbitragem passa a ser *mais um* instrumento institucionalmente legítimo colocado no sistema à disposição dos jurisdicionados para a busca da solução de seus múltiplos conflitos, especialmente civis, comerciais e societários, considerada universalmente como verdadeiro *equivalente jurisdicional*.

Vale ressaltar que o instituto da arbitragem não tem por escopo imediato a redução de demandas que aportam diuturnamente ao Poder Judiciário,[134] em que pese, reflexamente, trazer alguma repercussão nessa seara; isso porque, como já se disse em diversas passagens deste estudo, a jurisdição privada é foro adequado para a resolução de controvérsias de alta complexidade e valor econômico, na exata medida em que, via de regra, requer julgamento rápido e extremamente qualificado.[135]

Essas demandas "diferenciadas" não são muitas nem frequentes (se comparadas com os números de processos em tramitação na jurisdição estatal), e, não raramente, as partes em conflito encontram em comum acordo a solução por meio de técnicas não adversariais de controvérsias, deixando de acessar, por consequência, a jurisdição privada, o que importa dizer, em outras palavras, que o impacto de redução de demandas deste naipe, em face do Poder Judiciário, é praticamente insignificante, inexpressivo.

De qualquer sorte, o que se constata na prática é que, de fato, essas demandas mais complexas e de elevado valor não são levadas ao conhecimento do Estado-juiz, especialmente aquelas que versam sobre relações comerciais, industriais, marcas, patentes, construção civil, dentre outras, de cunho nacional e transnacional.

Por tudo isso, a grande importância da arbitragem está em ser mais uma forma opcional colocada à disposição dos jurisdicionados em busca da resolução de seus

---

[133] Adolfo A. Velloso, "El arbitraje: solución eficiente de conflictos de intereses", *RePro*, 45, p. 94.
[134] Nesse sentido, também o entendimento do festejado Carmona ao observar que a arbitragem não tem esse condão (*idem, ibidem*).
[135] A qualidade diferenciada dos julgamentos decorre da qualificação dos árbitros escolhidos pelas partes, ou, do conceito (elevado) que determinada instituição arbitral goza perante a comunidade nacional ou internacional.
Por exemplo, cita-se a WIPO (*World Intelectual Property Organisation*) *Arbitration Center*, com sede em Genebra. Esse Centro coloca à disposição os seus serviços, regulados pela *WIPO Mediation Rules* e *WIPO Arbitration Rules*, para solução de controvérsias internacionais entre privados relativas à propriedade intelectual; a Corte Internacional de Arbitragem (entidade arbitral da *International Chamber Commerce*- ICC), com atuação também no Brasil; a Câmara de Arbitragem e Mediação – Câmara de Comércio Brasil-Canadá; a *American Arbitration Association – AAA*; o *Centro Brasileiro de Mediação e Arbitragem – CBMA*; a Câmara de Conciliação, *Mediação e Arbitragem* – Ciesp/Fiesp; com referência à já consagrada *Cour d'Arbitrage*, instalada em 1.º.10.1984, na Bélgica, v. Francis Delpérré e outros, *La Cour d'Arbitrage*.

conflitos, cabendo somente a eles sopesar os prós e os contras para a escolha entre a justiça estatal e a privada e, finalmente, optar pela que lhes for mais conveniente para resolver o caso conflituoso concreto.[136]

Também não objetiva a arbitragem substituir ou concorrer com a jurisdição estatal, pelo contrário, soma-se a ela como mais uma forma legítima posta à disposição dos consumidores do Direito para a resolução de suas controvérsias. A base desse instituto é a "manifestação da vontade das partes em litígio que, ao conferir a um terceiro a solução da lide, estão, em primeiro lugar, dispondo sobre direitos que a lei considera disponíveis e que, portanto, não necessitam da intervenção obrigatória de fiscais da lei".[137]

Contudo, há de se ter presente que o sucesso (ou insucesso) da arbitragem, como instituto jurídico e instituição viva num Estado Democrático de Direito, digna, respeitável, capaz de representar verdadeiro "equivalente jurisdicional", seja no Brasil ou em qualquer outro país, estará sempre ligado à qualidade dos julgamentos e, portanto, dependente da qualificação diferenciada de seus árbitros ou da instituição arbitral, do conceito que gozam perante a comunidade jurídica e comercial, nacional e internacional.

Por isso, repita-se, as partes haverão de ter cautela e conhecimento no momento da indicação do árbitro ou instituição arbitral, para que não sejam surpreendidas com atos incompatíveis e até mesmo criminosos[138] que colocam em risco a excelência da jurisdição privada.[139]

---

[136] V., p. ex., o caso conflituoso bem resolvido através da arbitragem e relatado pelos árbitros Luiz Gastão Paes de Barros Leães, José Carlos Magalhães e Alcides Jorge Costa, no artigo "Juízo arbitral", publicado na *RT*, 652, p. 222-227.

[137] Guido Soares, "Arbitragens comerciais internacionais no Brasil: vicissitudes", *RT*, 641, p. 30.

[138] Vale lembrar a disposição contida no art. 17 da Lei de Arbitragem, que dispõe sobre a responsabilidade criminal do árbitro, sem prejuízo da responsabilidade civil, *in verbis*: "Os árbitros, quando no exercício de suas funções ou em razão delas, ficam equiparados aos funcionários públicos, para os efeitos da legislação penal".

Apenas para ilustrar, apontamos um caso concreto (dentre tantos outros) ocorrido no Rio de Janeiro (interior e capital), em novembro de 2006, em que a Polícia Civil, por iniciativa da Corregedoria Geral da Justiça do TJRJ, realizou uma operação em vários tribunais arbitrais que, para ludibriar a boa-fé das pessoas, utilizavam indevidamente a nomenclatura e símbolos exclusivos do Poder Judiciário, deflagrando-se contra os responsáveis inquéritos policiais por crime de falsidade ideológica, usurpação de função e estelionato (dados obtidos em: <www.sintese.com>, *Newsletter*, n. 1.562, 8 nov. 2006).

Na mesma linha, o *Informativo COMARB*, n. 8, 1º trim. 2002, noticiou: "O *Jornal do Comércio* do Rio de Janeiro, de 04.02.2002 publicou matéria intitulada 'Árbitros na condição de réus', denunciando a proliferação e o uso indevido da arbitragem por pessoas e instituições que visam à obtenção de lucro, enganando os usuários em detrimento da efetiva prestação jurisdicional a que se presta a instituição. Esse é um fato lamentável, que vem confundindo a opinião pública, prejudicando a tão almejada difusão de sua utilização em todo o país".

[139] Um bom indicador de qualidade dos serviços prestados pelas entidades de mediação e de arbitragem é selo ou certificado conferido pelo CONIMA aos órgãos que administram arbitragem e mediação.

6. ALGUMAS CONSIDERAÇÕES SOBRE A ARBITRAGEM REGULADA NA LEI 9.307/1996 E NA LEI 9.099/1995

Tratando-se de Juizados Especiais Cíveis (estaduais, federais ou fazendários),[140] o procedimento arbitral será regulado pela Lei 9.099/1995, mais especificamente pelos arts. 24 a 26, sendo que para a sua instituição as partes litigantes devem acordar a esse respeito bem como sobre a escolha do árbitro, que deverá recair na pessoa de um dos "juízes leigos" em atividade naquela unidade jurisdicional, comarca ou circunscrição judiciária (art. 24, § 2º).

Todavia, sabe-se muito bem que a arbitragem não é adequada para a solução de demandas de pequeno valor e baixa complexidade, muito pelo contrário, como já demonstramos em diversas passagens deste estudo. Assim, a previsão normativa desse instituto na Lei 9.099/1995 recebeu diversas críticas diante de sua quase absoluta incompatibilidade com os Juizados Especiais, a começar pela ausência do elemento principal e sobre o qual se funda todo o juízo arbitral, que é a renúncia à jurisdição estatal e a opção pela jurisdição privada e autônoma, decorrente de livre estipulação entre as partes.

Carlos Alberto Carmona destaca muito bem os problemas e obstáculos à instituição da arbitragem nos Juizados Especiais Cíveis, apontando como razões principais a gratuidade do sistema, a falta de celeridade necessária, a inexistência de sigilo e a limitação drástica à escolha dos árbitros, que poderá recair absurdamente apenas nos denominados de forma imprópria de "juízes leigos" (os quais preferimos nominar de *juízes instrutores* ou *juízes não togados*), terminando por concluir pela sua inadequação acrescida da previsão de que, por certo, a arbitra-

---

Extrai-se do próprio *site* da entidade (<www.conima.org.br>, acesso em: 31 ago. 2018) que "o Conselho Nacional das Instituições de Mediação e Arbitragem – CONIMA é uma entidade que tem como objetivo principal congregar e representar as entidades de mediação e arbitragem, visando à excelência de sua atuação, assim como o desenvolvimento e credibilidade dos MESCs (Métodos Extrajudiciais de Solução de Controvérsias), sempre observando as normas técnicas e, sobretudo, a ética".

Salienta-se que o CONIMA não exerce poder de polícia ou de penalização, restringindo-se à fiscalização das entidades que lhe são filiadas. Verificada ou denunciada irregularidade envolvendo alguma entidade que lhe é filiada, nesses casos, tem o CONIMA competência para, internamente, realizar a investigação que se fizer necessária e, aplicar penalidade que pode chegar até à exclusão da filiação. Porém, se a irregularidade ou ilicitude for praticada por entidade que não é filiada ao Conselho, chegando o fato ao seu conhecimento, limita-se a fazer a devida comunicação à autoridade policial ou ao Ministério Público.

Frise-se que o escopo maior do CONIMA é reconhecer as boas práticas em sede de mediação e arbitragem, através da realização de auditorias e conferir a essas entidades certificação como uma espécie de selo de qualidade.

[140] Para aprofundamento sobre o tema, v. Joel Dias Figueira Jr., *Juizados Especiais Estaduais Cíveis e criminais.* Comentários à Lei 9.099/1995, arts. 24 a 26; *Juizados Especiais da Fazenda Pública*, Capítulo VI, n. 19; *Juizados Especiais Federais Cíveis e Criminais*, Capítulo VI, n. 19.

gem jamais venha a ser utilizada nos Juizados, opinião com a qual partilhamos integralmente.[141]

Com propriedade, assinala também Cláudio Viana de Lima, que "é de primeira evidência que a arbitragem não vai funcionar nos Juizados Especiais Cíveis, como não funcionou nos Juizados de Pequenas Causas (Lei 7.244, de 07.11.1984, arts. 25 a 27). Também é de primeira intuição o caráter nitidamente demagógico e insincero da iniciativa, na linha, é verdade, da Constituição Federal, em seu artigo 98, I".[142]

Conforme já dissemos alhures, o único fruto bom que se pode colher da inserção anômala do instituto da arbitragem no microssistema dos juizados especiais, se assim podemos falar, talvez seja a sua difusão ou "popularização", à medida que, paulatinamente, poderá se tornar, se não utilizado, ao menos teoricamente conhecido para aqueles que acessam essa justiça especializada e profissionais do foro.

Nada obsta, porém, ao menos em tese, que as causas de valor até quarenta salários mínimos (ou sessenta SM) e que versem sobre direitos patrimoniais disponíveis sejam solucionadas mediante juízo arbitral, nos termos da Lei 9.307/1996, sem que incida a aplicação das disposições contidas na Lei 9.099/1995. Aliás, após o advento da Lei de Arbitragem, tornou-se praticamente inócuo o regime arbitral dos Juizados Especiais que, se até então não era utilizado, tornou-se praticamente letra morta.

Vejamos então, em síntese, as principais distinções e similitudes entre a arbitragem instituída através da Lei 9.099/1995 e a arbitragem da Lei 9.307/1996.

1ª) *A arbitragem da Lei 9.307/1996: a)* é jurisdição privada; *b)* tem por objeto resolver conflitos que envolvam direitos patrimoniais disponíveis; *c)* árbitros livremente escolhidos desde que sejam capazes e gozem da confiança das partes; *d)* possibilidade de indicação das regras de direito que se aplicarão para a resolu-

---

[141] Cf. "A arbitragem nos juizados especiais", *IOB*, n. 24, p. 433-434, 2ª quinzena dez. 1996, Caderno n. 3.
Esse mesmo entendimento foi esposado pelo festejado professor paulista, em sua conferência proferida durante o *II Seminário de Processo Civil e Penal*, dias 28 e 29 mar. 1996, em Blumenau, SC.

[142] "Os juizados especiais cíveis e o juízo arbitral. Advocacia dinâmica", *Informativo COAD – ADV*, 21, p. 238, 1996.
Assinala ainda que: "No mundo civilizado, um dos trunfos da arbitragem é precisamente poderem as partes escolher árbitros (melhor dito, julgadores) de sua confiança, que sejam *experts* na matéria em pendência. Falando no *Congresso Interestadual sobre Arbitragem Comercial*, realizado no Brasil em 1985, o Dr. René Bourdin, então presidente da Corte Internacional de Arbitragem da Câmara de Comércio Internacional de Paris, acentuava que 'a qualidade dos árbitros será, na maioria das vezes, a da arbitragem'. Donde o cuidado que se há de ter na seleção de tais árbitros para que não se frustrem os ideais colimados" *(idem, ibidem)*.

ção da controvérsia, ou, se estará pautada pelos princípios gerais de direito, usos e costumes ou regras internacionais de comércio, ou, ainda, apenas por equidade pura; *e)* adequada para a resolução de grandes ou médios conflitos; *f)* rapidez na prestação da tutela jurisdicional (prazo estipulado pelas partes, ou, no máximo, em seis meses, prorrogado somente com autorização dos litigantes); *g)* privacidade dos atos; *h)* procedimento a ser definido pelas partes ou de acordo com aquele previamente estabelecido pela instituição arbitral indicada pelas partes em convenção; *i)* desnecessidade de homologação das decisões e sentenças arbitrais pelo Estado-juiz; *j)* irrecorribilidade das decisões arbitrais.

2ª) *Arbitragem da Lei 9.099/1995: a)* é jurisdição pública (estatal); *b)* resolução de conflitos de menor complexidade e de valor não superior a quarenta ou sessenta salários mínimos; *c)* escolha do árbitro restrita ao rol de "juízes leigos"; *d)* resolução dos conflitos pela regras de direito que reputar mais justa e equânime; *e)* adequada para a resolução de pequenos conflitos (menor complexidade e valor); *f)* não há prazo estabelecido para a prolação da sentença, em que pese esperar-se que a duração do processo seja inferior àquela em que o feito é dirigido pelo juiz de direito em procedimento comum, diante da incidência do princípio da oralidade; *g)* publicidade dos atos; *h)* procedimento aplicável é o sumaríssimo (oralidade em grau máximo); *i)* necessidade de homologação da sentença arbitral pelo Estado-juiz; *j)* irrecorribilidade das decisões arbitrais.

7. NATUREZA JURÍDICA DA ARBITRAGEM

A questão da natureza dos fenômenos, institutos ou instituições jurídicas é muito mais complexa do que aparentemente se possa imaginar e não se confunde com as denominadas "classificações", que não passam de simples ordenações sistemáticas baseadas em determinados critérios previamente estabelecidos e que decorrem logicamente da fixação preliminar da *natureza jurídica* do objeto analisado.

Assim, a *natureza jurídica* deve refletir a verdadeira expressão ontológica do objeto ou bem da vida em estudo, levando-se em consideração os seus elementos constitutivos; qualquer esboço classificatório dependerá sempre da prévia e antecedente fixação da natureza jurídica do fenômeno, instituto ou instituição jurídica analisada.

No que tange especificamente à natureza jurídica do instituto da arbitragem, constatamos que as doutrinas nacional e alienígena têm sido pródigas ao longo das décadas em desenvolver e defender fundamentalmente duas correntes antagônicas. De um lado, encontra-se a teoria *privatista* (ou *contratual*) e, de outro, a *publicista* (ou jurisdicional).

A doutrina mais moderna já procurava conciliar as duas tendências referidas e, de forma eclética, considerar o instituto da arbitragem como portador de uma natureza *sui generis*, porquanto nasce da vontade das partes (caráter obrigacional = privado), e, concomitantemente, regula determinada relação de direito processual jurisdicionalizada (caráter público). "Assim, a convenção arbitral seria, na verdade, contrato privado que disciplina matéria de direito público, que interessa à ordem pública, nacional ou internacional, à medida que se destina a compor controvérsia que, mesmo entre particulares, afeta essa ordem pública. Essa doutrina é, atualmente, defendida sobretudo por Pierre Lalive e Philippe Fouchard e contou com o prestígio do Instituto de Direito Internacional, representado pelo Prof. Sauser-Hall".[143]

Se no passado, ainda que próximo, justificavam-se o confronto e as polêmicas acirradas que se formavam entre as duas teorias,[144] hoje em dia, em face do regime estatuído por meio da Lei 9.307/1996, essas questões passaram a adquirir outras conotações e reflexos, à medida que o legislador deixou transparecer com nitidez a sua verdadeira essência, mormente insculpida nos Capítulos III, V e VI da norma de regência, que versam sobre *os árbitros*,[145] *sentença arbitral*[146] e o *reconhecimento e execução de sentenças arbitrais estrangeiras*,[147] respectivamente.

---

[143] José Carlos de Magalhães, "Do Estado na arbitragem privada", *RDP*, 71, p. 164, n. 4.
Frisa ainda o citado professor que a importância da averiguação da natureza jurídica da arbitragem assume maior relevância quando se defronta com a participação do Estado na arbitragem privada, com as respectivas consequências que disso advêm (*idem, ibidem*).

[144] A respeito das mencionadas teorias, v. Lodovico Mortara, *Commentario del codice e delle leggi di procedura civile. La conciliazione – Il compromesso – Il procedimento di dichiarazione in prima istanza*, v. III; Giuseppe Chiovenda, *Istituzioni di diritto processuale civile*, v. II; Adolfo Armando Rivas, "El arbitraje según el derecho argentino", *RePro*, 45, p. 73-74, n. 2; Carlos A. Carmona, *A arbitragem no processo civil brasileiro*, p. 29-37; *idem*, "Arbitragem e jurisdição", *Participação e processo* (coletânea), p. 296-307, n. 11; Pontes de Miranda, *Comentários*, v. XV, p. 232-234, n. 7; Guilherme G. Strenger, "Do juízo arbitral", *RT*, 607, p. 32-33, n. 4.1; Selma M. Ferreira Lemes, "Arbitragem. Princípios jurídicos fundamentais. Direito brasileiro e comparado", *RT*, 686, p. 75-77; Pedro A. B. Martins, "Anotações sobre a arbitragem no Brasil e o Projeto de Lei do Senado n. 78/92, *RF*, 332, p. 134-139"; José C. de Magalhães e Luiz Olavo Baptista, *Arbitragem comercial*, p. 20-21; Paulo Furtado, "Juízo arbitral", *Revista de direito civil, imobiliário, agrário e industrial*, 72, p. 92-93.

[145] LA, "Art. 18. O árbitro é juiz de fato e de direito, e a sentença que proferir não fica sujeita a recurso ou a homologação pelo Poder Judiciário".

[146] LA, "Art. 31. A sentença arbitral produz, entre as partes e seus sucessores, os mesmos efeitos da sentença proferida pelos órgãos do Poder Judiciário e, sendo condenatória, constitui título executivo".

[147] "LA, "Art. 34, *caput*. A sentença arbitral estrangeira será reconhecida ou executada no Brasil de conformidade com os tratados internacionais com eficácia no ordenamento interno e, na sua ausência, estritamente de acordo com os termos desta Lei".

Em outros termos, antes do advento da Lei 9.307/1996, a decisão arbitral só se aperfeiçoava quando recebia a chancela da autoridade do Estado-juiz, mediante a homologação do "laudo arbitral", razão pela qual não era considerada como atividade jurisdicional propriamente dita.[148]

Qualquer uma das posições teóricas assumidas estará na dependência das premissas admitidas como verdadeiras para o desenvolvimento da tese desejada, mais precisamente em que se constitui a *função jurisdicional*.

Analisando essa questão no Direito italiano, observa Giovanni Verde que, se para alguns, essa função pode ser exercida apenas por juízes togados, aos quais o ordenamento confere o necessário *imperium*, de maneira que possam exprimir-se com atos de potestade de comando, outros, ao invés, sustentam que a função jurisdicional pode ser exercida também por intermédio de privados, desde que a eles se reconheça a possibilidade de emanar atos capazes de fazer compor o conflito existente entre as partes litigantes, ou seja, pôr fim definitivamente à discussão a respeito da matéria controversa.[149]

Segundo Gerard Cornu e Jean Foyer, a justiça estatal e a justiça arbitral são dois modos distintos de jurisdição e, portanto, de composição dos conflitos. Magistrados e árbitros são ambos juízes; um é juiz público, nomeado pelo Estado, enquanto o outro, um juiz privado, escolhido pelas partes. Idênticas as suas funções, sendo que a do árbitro decorre de investidura contratual. Justiça arbitral e justiça estatal distinguem-se apenas pelos órgãos que as exercem.[150]

Para os defensores dessa última teoria, o monopólio dos juízes togados se reduz a uma área residual, qual seja, aquela em cujo âmbito, para obter os resultados desejados da decisão judicial, é necessário o uso da força para o seu cumprimento (condenação, mandamento e execução); para uma corrente doutrinária, o legislador teria reconhecido aos árbitros a possibilidade de exercitar *funções jurisdicionais*, realizando-se, por assim dizer, uma verdadeira *jurisdicionalização* da arbitragem. Por outro lado, para os adeptos do entendimento contrário, a legislação simplesmente estaria adequando o procedimento arbitral às regras do processo e, desta maneira, realizando uma nítida *processualização* do instituto.[151]

A Lei 9.307/1996 colocou pá de cal neste debate doutrinário, a começar pela terminologia e técnica legislativa empregadas, o que se infere da própria

---

[148] Cf. Alfredo Buzaid, "Do juízo arbitral", *RT*, 271, p. 10, n. 9.
[149] Cf. Giovanni Verde, *Profili del processo civile*. Parte generale, p. 66.
V. também Elio Fazzalari, "Lodo e sentenza (ancora sulla 'natura' negoziale del lodo)", *Riv. di Dir. Proc.*, 45, p. 377; L. Rovelli, "Arbitrato e figure affini (sulla natura dell'arbitrato irrituale)", *Riv. di Dir. Proc.*, 49, p. 671.
[150] Cf. *Thémis droit privé*. Procédure civile, p. 58-59, n. 10, e p. 749, n. 195.
[151] Giovanni Verde, ob. cit., p. 67.

denominação dos Capítulos V e VI, donde exsurge que o ato decisório final de composição da lide e proferido pelo árbitro ou tribunal arbitral é uma *sentença* e não apenas um *laudo*.

Poderiam então os mais céticos indagar: mas estamos ontologicamente diante de uma *sentença* ou de um simples *laudo arbitral* que o legislador resolveu inovar e denominar de sentença? Em resposta, há de considerar-se que, além dos requisitos de fundo e forma a serem observados durante a confecção da peça conclusiva do processo (arts. 26, 27, 28, 29 e 32), a *sentença arbitral* é ato exclusivo do juiz privado, que traz em seu bojo a autoridade de *solucionar definitivamente a lide* que lhe foi submetida a exame, com *eficácia vinculante prescindível da homologação judicial* (art. 18 da LA). Em outros termos, é o que dispõe o art. 31, *in verbis*: "A sentença arbitral produz, entre as partes e seus sucessores, os mesmos efeitos da sentença proferida pelos Órgãos do Poder Judiciário e, sendo condenatória, constitui título executivo".[152]

A esse respeito, assinala muito bem Elio Fazzalari, ao comentar o art. 823 do CPCi, no sentido de que, tão logo proferida a decisão, torna-se esta vinculante entre as partes, prescindindo da sucessiva homologação, tratando-se de modernização de amplos efeitos: internamente, porque fixa um novo tipo de "laudo", capaz de adquirir eficácia sem homologação; no plano internacional, porque consente a volição do árbitro de ser assumida – porquanto vinculante às partes e a prescindir de homologação – como verdadeira *sentença arbitral*, além de desenvolver relativa eficácia no âmbito das Convenções Internacionais de Nova Iorque e Genebra.[153]

Vê-se, com clareza, que o legislador aproximou, ou melhor, equiparou a sentença arbitral à sentença proferida pelo Estado-juiz, como ato de autoridade

---

[152] Comparativamente, na Itália, CPCi, art. 824-*bis* (artigo acrescentado pelo DL 40, de 02.02.2006); no Direito francês, v. *NCPCf*, com redação dada pelo Dec. 2011/48, de 13.01.2011, arts. 1.478 e 1.484; em Portugal, v. Lei da Arbitragem Voluntária, 63, de 14.12.2011, art. 42, 7 e, Espanha, Lei 60/2003, com as alterações inseridas pela Lei 42/2015, art. 43.

Sobre a *eficácia vinculante* da decisão arbitral, v. Edoardo F. Ricci, "L'efficacia vincolante del lodo arbitrale dopo la legge n. 25 del 1994", *Riv. Trim. di Dir. e Proc. Civ.*, 48, p. 809.

[153] *Istituzioni di diritto processuale*, p. 504-505.

V. também Edoardo Ricci, "Sull'efficacia dell lodo rituale dopo la legge 9 febbraio 1983", *Riv. Dir. Proc.*, 38, p. 635, n. 28; Girolamo Monteleone, "Il nuovo regime giuridico dei lodi arbitrali rituali", *Riv. Dir. Proc.*, 40, p. 552; Carmine Punzi, "L'efficacia del lodo arbitrale nelle convenzioni internazionali e nell'ordimanento interno", *Riv. Dir. Proc.*, 40, p. 268; Giuseppe Tarzia, "Efficacia del lodo e impugnazioni nell'orbita rituale e irrituale", *Riv. di Dir. Proc.*, 42, p. 14; Federico Carpi, "L'esecutorietà della sentenza arbitrale secondo la convenzione di New York", *Riv. di Dir. Proc.*, 43, p. 386; P. Schlesinger, "L'esecuzione del lodo arbitrale rituale", *Riv. Dir. Proc.*, 43, p. 751; G. Ruffini, "Sui lodi arbitrali non definitivi", *Riv. di Dir. Proc.*, 43, p. 856.

que decide o conflito e vincula as partes litigantes ao cumprimento da declaração, constituição, condenação, mandamento ou execução exarada pelo juiz ou tribunal privado, gerando todos os efeitos decorrentes da *coisa julgada*.

O que o árbitro ou tribunal arbitral não detém é o poder de *imperium*, na exata medida em que o sistema não lhe autoriza o uso da força para executar esta ou aquela providência, seja interinal ou definitiva. Nesse particular, seus poderes são limitados e não se comparam aos poderes conferidos ao juiz togado. Ademais, há de considerar-se que o "[...] Estado é sumamente cuidadoso no uso da força, como elemento indispensável à manutenção da tranquilidade geral; de tal maneira, delega a *iudicium* com todas as suas implicações, exceto as que possam significar a utilização daquela. Assim, confere-se aos árbitros o elemento jurisdicional essencial, mas não o que pode significar o uso concreto ou possível da violência ou seus substitutivos, fator que, na realidade, não é necessário para dizer o direito e resolver o conflito".[154]

Trata-se, portanto, de *ausência de jurisdição exauriente*, isto é, para a execução de seus julgados que não forem cumpridos espontaneamente, pois a Lei 9.307/1996 não conferiu poder de império aos árbitros.[155] No mais, os poderes de ambos se equivalem, inclusive quanto aos efeitos das sentenças por eles proferidas (coisa julgada).[156]

Em face desses articulados, podemos afirmar categoricamente que o juízo arbitral instituído pela Lei 9.307/1996 apresenta *natureza jurisdicional*. Está-se, portanto, diante de verdadeira *jurisdição de caráter privado*;[157] aliás, o novo microssistema que contempla o juízo arbitral não permite, a nosso entender e da doutrina

---

[154] Adolfo Armando Rivas, "El arbitraje según el derecho argentino", *RePro*, 45, p. 74, n. 2.

[155] Neste ponto, não comungamos o entendimento esposado pelo eminente professor paulista, Carlos Alberto Carmona, que considera falta de *competência funcional* do árbitro para executar suas próprias decisões (cf. "Arbitragem e jurisdição", *JB*, 145, p. 25, n. 11). Trata-se, segundo nosso entendimento, de ausência de jurisdição exauriente, pois a Lei 9.307/1996 não conferiu ao árbitro *ius imperii*, pois lhe cabe tão somente conhecer e dizer o direito (*juris dictio*).

[156] Cf. E. Garbagnati. "Sull'efficacia di cosa giudicata del lodo arbitrale rituale", *Riv. Dir. Proc.*, v. 40, p. 425.

[157] Assim também, dentre tantos outros: Arruda Alvim, em artigo intitulado "Sobre a natureza jurídica da arbitragem", in Francisco Cahali e outros (org.), *Arbitragem – Estudos sobre a Lei 13.129, de 26-5-2015*, p. 133-144; Ricardo Aprigliano, "Jurisdição e arbitragem no novo Código de Processo Civil", in Leonardo Melo e Renato Beneduzi (coord.), *A reforma da arbitragem*, 2016, p. 243-248.
No mesmo sentido, acerca da natureza jurisdicional da arbitragem, no Direito italiano v. também Remo Caponi, "A natureza da arbitragem e controvérsias arbitrais", in Arnoldo Wald (org.), *Arbitragem e Mediação*, v. I, p. 1.143-1.154, n. 74 (Coleção Doutrinas Essenciais); Giovanni Bonato, "Panorama da arbitragem na França e na Itália. Perspectiva de

fortemente dominante, outra conclusão. Nada obstante, encontramos ainda nos dias de hoje doutrina minoritária em sentido contrário (diga-se de passagem, na contramão da história), em especial depois do advento do Código de 2015.[158]

---

[158] direito comparado com o sistema brasileiro", *Revista Brasileira de Arbitragem*, v. 43, p. 70, 2014.

Nessa linha é o entendimento de Luiz Guilherme Marinoni, para quem o fato de a lei de regência ter outorgado ao árbitro o julgamento de um conflito, afastando a atuação do Poder Judiciário, não significa aceitar a tese de que o tribunal arbitral exerce jurisdição. Segundo o citado doutrinador, "a jurisdição é indelegável, pois nenhum dos Poderes, como é óbvio, pode delegar os poderes que lhe foram atribuídos pela Constituição" ("Rápidas observações sobre a arbitragem e jurisdição", disponível em: <www.marinoni.adv.br/home/artigos>, acesso em: 14 nov. 2017). Marinoni segue a linha do entendimento defendido por Owen Fiss ("The forms of justice", *Harvard Law Review*, p. 30-31) no que concerne à temática da *jurisdição*, citado, pelo renomado professor paranaense, *in verbis*: "A arbitragem assemelha-se à jurisdição pelo fato de também procurar um julgamento correto, justo, verdadeiro. Há, no entanto, uma diferença importante nos dois processos decorrentes da natureza do órgão decisor – um privado, o outro público. Árbitros são pagos pelas partes; escolhidos pelas partes'". E, mais adiante, Marinoni conclui: "De modo que não há qualquer motivo para equiparar a jurisdição com a atividade do árbitro. Na verdade, tal equiparação somente é forçada para permitir a conclusão de que a lei da arbitragem é constitucional. Não obstante, como demonstramos atrás, não é preciso afirmar que a atividade do árbitro é jurisdicional para aceitar que o Poder Judiciário não pode rever as decisões por ele proferidas" (p. 7).

Salienta-se que esse mesmo entendimento é também reforçado e defendido por Marinoni em obra em coautoria de Daniel Mitidiero e Sérgio Arenhart (*Novo curso de processo civil*, v. I, 2015, p. 174 e ss.). Concluem os festejados doutrinadores no sentido de que a arbitragem tem natureza meramente contratual (decorrente da vontade exclusiva das partes), sem natureza jurisdicional, o que pode ser extraído das teorias sobre a jurisdição e de alguns dispositivos do CPC.

Daniel Amorim Assunção Neves também defende o entendimento do regime excepcional da arbitragem, enquanto jurisdição típica aquela desenvolvida no processo estatal (*Novo Código de Processo Civil*, 2015, p. 46).

O ponto fulcral dos entendimentos lançados sob a luz do Código de 2015 repousa sobremaneira na interpretação (repita-se, equivocada) do art. 3º e do art. 42 do aludido Diploma, no sentido de que, destes dispositivos, é possível extrair-se a excepcionalidade da arbitragem (enquanto regra a jurisdição estatal – única e verdadeira jurisdição, para os citados Autores) e a conclusão de tratar-se de instituto de natureza contratual, sem natureza jurisdicional.

Com a devida vênia, o equívoco em que incidem os ilustres professores parece-nos evidente, seja no que concerne às premissas, quanto à conclusão, conforme os motivos já expostos no decorrer deste nosso estudo em diversas passagens, sem contar que se apresenta contrário à doutrina dominante universalmente, inclusive no Brasil, com a chancela do Supremo Tribunal Federal.

Esse equívoco de interpretação é também apontado, criticado e bem rebatido com precisão por Ricardo Aprigliano ("Jurisdição e arbitragem no novo Código de Processo Civil", in Leonardo Melo e Renato Beneduzi [coord.], *A reforma da arbitragem*, 2016, p. 245 e ss.).

Aliás, um dos notáveis autores da Lei de Arbitragem, Carlos Alberto Carmona, em interpretação mais do que autêntica, sobretudo qualificada, assentou que "o legislador optou por adotar a tese da *jurisdicionalidade da arbitragem* [...]" e, na sequência, antevê que, "certamente, continuarão a surgir críticas, especialmente de processualistas ortodoxos que não conseguem ver atividade processual – e muito menos jurisdição – fora do âmbito da tutela estatal restrita". Em seguida arremata com o pensamento de Verde que, há muito também lembramos e repetimos, por ser lapidar: "Para rebater tal ideia tacanha de jurisdição, não há lição mais concisa e direta que a de Giovanni Verde: 'A experiência tumultuosa destes quarenta anos [hoje mais de setenta anos] nos demonstra que a imagem do Estado onipotente e centralizador é um mito, que não pode (e talvez não mereça) ser cultivado. Deste mito faz parte a ideia que a justiça deva ser administrada em via exclusiva pelos seus juízes'".[159]

Destarte, inexiste qualquer óbice para que o Estado delegue aos privados parcela do poder para dirimir conflitos que tenham por objeto direito patrimonial disponível. Assim, os litigantes estão legitimados para renunciar ao acesso à jurisdição estatal, bastando, para tanto, externarem suas vontades nesse sentido, em cláusula contratual ou compromisso arbitral, mesmo durante o curso do processo judicial, desde que assim procedam antes da prolação da sentença.

Se, por um lado, os juízes togados não mais revisam ou homologam a sentença ou qualquer decisão dos árbitros, compete-lhes verificar seus aspectos de adequação externa ou formal,[160] segundo se infere das diversas hipóteses de nulidade previstas pelo legislador no art. 32, se eventualmente provocados pelo interessado em ação própria ou em impugnação a cumprimento de sentença arbitral.

De qualquer forma, ainda que as partes renunciem à tutela jurisdicional estatal, haverão de observar os limites e as garantias definidas por lei.[161]

A verdade é que o debate acerca da *natureza jurídica* da arbitragem, como bem salienta Carmona, "adquiriu um colorido excessivamente acadêmico e, pior, pouco prático, de sorte que não parece útil alimentar a celeuma. [...] O fato que ninguém nega é que a arbitragem, embora tenha origem contratual, desenvolve-

---

[159] *Arbitragem e processo*, 3. ed., p. 26, n. 22.
Registramos que o citado pensamento de Giovanni Verde, referido com muita propriedade por Carmona, foi por nós inserido como epígrafe desta obra, eleito justamente por sintetizar com precisão terminológica a verdadeira essência da arbitragem, como jurisdição equivalente (e qualitativamente superior) à jurisdição estatal.
[160] *Idem, ibidem*.
[161] Carlos A. Carmona, *ibidem*.

-se com a garantia do devido processo e termina com ato que tende a assumir a mesma função da sentença judicial".[162]

Ademais, a esse respeito, não deixou qualquer dúvida o Código de Processo Civil de 2015, ao inserir expressamente a arbitragem na categoria de *jurisdição* (art. 3º), tema que será objeto de nossa reflexão no item seguinte, com enfoque ao princípio da inafastabilidade (n. 8, *infra*).

Na verdade, como bem pontua Arruda Alvim acerca da *natureza jurisdicional da arbitragem*, "é importante compreender que a análise do tema só terá relevância se acompanhada da reflexão acerca do embasamento ideológico dos efeitos práticos das modificações implementadas pela disciplina legal vigente.

"E, ainda assim, é preciso que se tenha em mente que, mesmo se entendendo, como nós, pela natureza jurisdicional da arbitragem, cuida-se de espécie de jurisdição diversa daquela exercida pelos órgãos judiciais. Daí falar-se em jurisdição privada".[163]

---

[162] *Arbitragem e processo*, 3. ed., 2009, p. 27, n. 22.
[163] "Sobre a natureza jurídica da arbitragem", in Francisco Cahali e outros (org.), *Arbitragem – Estudos sobre a Lei 13.129, de 26-5-2015*, p. 143.
Esclarece o mestre paulista que, "[...] conquanto se assemelhem nos pontos relevantes para o enquadramento do conceito de jurisdição, a arbitragem e o processo judicial possuem distinções que devem ser enfatizadas.
"A disciplina da arbitragem sofre algumas limitações comparativamente à do processo judicial, em especial quanto à largueza da substitutividade. Apesar de ter função adjudicatória, o árbitro limita-se a *estabelecer* as providências coercitivas (*v.g.* multa diária, busca e apreensão, comparecimento de testemunha sob pena de condução coercitiva etc.) ao cumprimento de suas decisões. A *realização prática* (ou seja: a execução forçada) de tais providências em casos de descumprimento demanda, invariavelmente, a atuação judicial.
"Em suma, o árbitro possui poderes para aplicar o direito ao caso concreto, mas não, para praticar atos executórios que se destinem ao cumprimento forçado da sentença arbitral.
"Além disso, a arbitragem é disciplinada pelo direito público, porquanto objetiva à resolução de conflitos e está inserida no direito processual, mas, a ela se aplicam também princípios e diretrizes privatistas, relativos à autonomia da vontade.
"Assim, não há como negar a grande ingerência de tais princípios sobre o procedimento arbitral, diversamente do que ocorre no direito processual, onde se verifica, em maior medida, a presença de normas procedimentais de natureza cogente, cuja aplicação não pode ser derrogada pelas partes, bem como a estrita observância das garantias *formais* atinentes ao processo. Na arbitragem, ao contrário, ressalvadas as hipóteses da Lei 9.307/96 acerca da validade da sentença, da cláusula compromissória e do compromisso arbitral, o procedimento é de livre escolha das partes, sendo que a própria lei dispensa formalidades tidas fundamentais ao processo judicial (como é o caso, por exemplo, do direito de recurso)" (ob. cit., p. 143-144).

8. O PRINCÍPIO DA INAFASTABILIDADE DA JURISDIÇÃO ESTATAL E O REGIME JURÍDICO DA ARBITRAGEM

Se, por um lado, o problema relativo à natureza jurídica da arbitragem já se encontra equacionado diante dos precisos termos utilizados pelo legislador na Lei 9.307/1996, outra questão não menos complexa vem à tona, como decorrência lógica do caráter *jurisdicionalizante* emprestado pelo novo microssistema ao instituto em exame, qual seja, o equacionamento com o *princípio da inafastabilidade da jurisdição* que, por sua vez, tem pertinência direta com o tema da constitucionalidade da jurisdição privada (v. item n. 9, *infra*).

Ocorre que o debate sobre esse tema, com o passar dos anos e, em especial com o advento do Código de 2015 perdeu boa parte de sua razão de ser, pois esse Diploma recepcionou a arbitragem como jurisdição, segundo se infere do art. 3º, *caput* e § 1º, com redação perfeita, que decorre da simbiose exegética com a Constituição Federal, art. 5º, XXXV; contudo, percebe-se que o aludido texto constitucional[164] dispõe acerca do princípio em exame ao garantir que "*a lei não excluirá da apreciação do Poder Judiciário* lesão ou ameaça de direito" (grifos nossos), enquanto o art. 3º do Código de Processo Civil, no Capítulo inaugural, que regula as "normas fundamentais do processo", confirma o princípio da *inafastabilidade da jurisdição*, sem restringi-lo ao Estado-juiz e, para tanto, expressa claramente no *caput* que "não se excluirá da *apreciação jurisdicional* ameaça ou lesão a direito" (grifos nossos) e, em arremate, para sepultar qualquer eventual dúvida, coloca pá de cal ao pontificar o § 1º do mencionado dispositivo que "é permitida a *arbitragem*, na forma da lei".

Assim, em interpretação lógica do regramento insculpido no *caput* do art. 3º do CPC, com o seu § 1º e, sistematicamente com a regra definida no inc. XXXV do art. 5º da Lei Maior, e, com o art. 1º da Lei 9.307/1996, chega-se facilmente à conclusão no sentido de que as lides de competência e jurisdição exclusiva do Poder Judiciário, mais precisamente as que versem sobre direito de incapazes e direitos patrimoniais indisponíveis, somente poderão ser decididas, sem exceção, pelo Estado-juiz. Em contrapartida, todos os demais conflitos envolvendo pessoas capazes e direitos patrimoniais disponíveis, a critério das partes, podem ser decididos perante a jurisdição arbitral, em observância a todos os mandamentos contidos na lei de regência.

Significa dizer, em outros termos, que o sistema normativo coloca à disposição dos consumidores do Direito dois instrumentos *adversariais* (jurisdicionais) para a resolução de suas controvérsias, ao lado das formas *não adversariais* de solução de

---

[164] Norma inserida em nosso sistema jurídico a partir da Constituição Federal de 1946, nominado por Pontes de Miranda de *princípio da ubiquidade da justiça*.

conflitos (*v.g.*, mediação, conciliação etc.), quais sejam, a *jurisdição pública*, prestada pelo Estado-juiz e a *jurisdição privada*. Portanto, excetuadas as formas alternativas de resolução de controvérsias não adversariais, vigora integralmente o *princípio da inafastabilidade da jurisdição*, assim compreendida a *pública* e a *privada*.

Conforme os desígnios do processo civil contemporâneo e, em especial, o princípio da inafastabilidade da jurisdição, está também a proibição de alguém vir a ser processado ou sentenciado, senão pela autoridade competente (CF, art. 5º, LIII), bem como a regra do juiz natural (CF, art. 5º, XXXVII), portanto, em sintonia com o devido processo legal (CF, art. 5º, LIV).

Vale o registro de que, no passado, alguns estudiosos, mesmo quando a arbitragem encontrava-se sob a égide do Código de Processo Civil de 1939 e de 1973, já entendiam que a homologação da decisão insculpida no então denominado "laudo arbitral" não poderia jamais ser banida dos sistemas por absoluta impossibilidade jurídica criada pelos textos constitucionais que fixavam, dentre outros princípios, os do juiz natural e da garantia e monopólio da jurisdição estatal,[165] circunstância esta mantida na Carta de 1988, não faltando, assim, vozes para continuar defendendo a referida tese.[166]

A Lei de Arbitragem, logo após a sua edição, também não ficou imune às críticas, algumas até contundentes, ocasião em que se fez tremular até mesmo a bandeira da inconstitucionalidade do art. 31,[167] por suprimir do Estado-juiz o controle jurisdicional por intermédio da homologação da decisão privada. Entendemos, com a devida vênia, que, nada obstante a justificável preocupação esboçada por alguns estudiosos da matéria, não há que falar em qualquer afronta ao princípio do juiz natural ou do controle do juízo arbitral pelo Poder Judiciário.

---

[165] Dentre outros, poderíamos citar juristas do porte de Pontes de Miranda (*Comentários*, t. XV, p. 32-234, n. 7) e Alcides de Mendonça Lima ("O juízo arbitral e o art. 150, § 4º, da Constituição de 1967", *RT*, 402, p. 9-14).

[166] Cf. Alcides de Mendonça Lima, *Dicionário do processo civil*, p. 364.
Outros doutrinadores que escreveram sobre a matéria preferiram salientar a necessidade de alteração prévia do texto da Constituição Federal (quando ainda em vigor a Carta de 69 ou a atual) que, em linha de princípio, não permite a exclusão do Poder Judiciário para a solução dos conflitos (cf. Edson C. Bortolai, "Do juízo arbitral", *RePro*, 31, p. 26, n. 6; Arthur Rios, "Juízes particulares ou *rent a judge*", *Informativo COAD – ADV*, 52, p. 224-223, 1995).

[167] Defenderam a tese da inconstitucionalidade: Antônio Raphael Silva Salvador, "O Poder Judiciário não aceita nem precisa partilhar a jurisdição", *Tribuna da Magistratura*. Caderno de doutrina, p. 81-82, out. 1996; José Antônio D. Toffoli, "A lei da arbitragem e seus limites constitucionais", *Boletim da Associação dos Juízes para a Democracia*, n. 9, p. 8-9, out. 1996; Clito Fornaciari Jr., "E agora, Justiça?", *O Estado de S. Paulo*, 24 out. 1996.

Há de se ressaltar que a arbitragem, na qualidade de *jurisdição privada opcional*, decorre da manifestação livre de vontade das partes contratantes, do que advém a sua *natureza contratual jurisdicionalizante*, sendo o *compromisso arbitral* "[...] um negócio jurídico de direito material, significativo de uma renúncia à atividade jurisdicional do Estado".[168] Regem-se os contratos pelo princípio da autonomia da vontade das partes, razão por que a elas deve ser reservada a alternativa sobre a opção ou não pela jurisdição estatal para a solução de seus conflitos ou para a revisão sobre o mérito da decisão arbitral.[169]

Ademais, nunca se questionou a constitucionalidade das transações, não havendo diferença ontológica entre a opção pela jurisdição privada e a disposição de bens ou direitos de natureza privada de forma direta ou através de outorga a terceiros. Em outros termos, se o jurisdicionado pode dispor de seus bens particulares, pode igualmente dispor das respectivas formas de tutelas, até porque é o que se extrai da antiga máxima que remonta do Direito Romano em lógica jurídica – *a maiori, ad minus* ou *in eo quod plus est semper inest et minus* ("quem pode o mais, pode o menos").

Por outro lado, é importante deixar bem claro que a LA *não exclui* do Poder Judiciário a apreciação das decisões dos árbitros, desde que observados os requisitos legais, assim como *não impede* os interessados de acessarem a jurisdição estatal. Portanto, a *primeira* objeção à malsinada tese da inconstitucionalidade diz respeito à insubsistência do ponto de partida tomado em consideração, qual seja, considerar verdadeira a premissa da exclusão da apreciação de algumas questões pelo Judiciário diante da simples circunstância de ter-se suprimido a fase homologatória da decisão.

A inconstitucionalidade ocorreria, nesse particular, se os jurisdicionados estivessem sempre obrigados a buscar a solução de seus conflitos de natureza patrimonial disponível por intermédio do juízo arbitral, o que significaria afronta ao art. 5º, XXXV, da CF.

Por outro lado, "[...] sendo a arbitragem espécie de jurisdição privada, e sendo o árbitro (art. 18) juiz de direito e de fato (embora não integrante do Poder

---

[168] Arruda Alvim, *Manual*, 6. ed., v. II, p. 371, n. 155.
Assinala com precisão o mestre paulista que essa renúncia à atividade estatal deve ser entendida a sua validade e eficácia em sintonia com o disposto no art. 301, X, do CPC. Sobre o tema, remetemos o leitor para os itens 21 e 22 (*infra*), em que tratamos da *convenção de arbitragem e cláusula compromissória*.

[169] Cf. semelhante entendimento esposado por Clive M. Schmitthoff, durante o simpósio realizado em 1985, na Grã-Bretanha, *School of International Arbitration*, em observação feita por José Alexandre Tavares Guerreiro, "A execução judicial de decisões arbitrais", *Rev. de Dir. Merc.*, 75, p. 31.

Judiciário), exerce ele jurisdição sob certa perspectiva, no sentido lato, na medida em que contribui para a pacificação social, dirimindo conflitos de interesses".[170]

Em *segundo* lugar, o acesso à jurisdição estatal está garantido expressamente no art. 33 da lei em exame, ao possibilitar à parte interessada e prejudicada que se utilizou da arbitragem, a propositura de demanda anulatória da sentença arbitral, ou, mediante a impugnação ao cumprimento da sentença (art. 33, § 3º c/c art. 525, *caput* e § 1º, do CPC), desde que tenha ocorrido alguma nulidade (art. 32) ou alguma das circunstâncias assinaladas no art. 20, §§ 1º e 2º.

Em *terceiro* lugar, a execução forçada da sentença arbitral somente será efetivada por meio de provocação da jurisdição estatal, na medida em que representa título executivo judicial, nos termos do art. 515, VII, do CPC c/c art. 31 daquela lei.

Ademais, a possibilidade de escolha das partes contratantes pelo juízo arbitral não fere qualquer direito individual, pois somente os atos executórios é que poderão causar alguma lesão ao litigante sucumbente e, neste caso, a execução é conferida exclusivamente ao Poder Judiciário, passando necessariamente pelo crivo de sua apreciação.[171]

Em *quarto* lugar, a efetivação de qualquer providência arbitral que exija prática coercitiva, haverá de realizar-se por intermédio do Estado-juiz, único que detém o *jus imperii*.

Em *quinto lugar*, porque caberá sempre ao Poder Judiciário decidir a respeito da instituição do juízo arbitral quando houver cláusula compromissória e resistência de um dos litigantes (art. 7º).

Em *sexto* e último lugar, no tocante ao reconhecimento e execução de sentenças arbitrais estrangeiras, as quais estarão sempre sujeitas à homologação do Superior Tribunal de Justiça, de acordo com o disposto na Emenda Constitucional 45, que alterou o art. 105, I, *i*, da Constituição Federal; Código de Processo Civil, arts. 961 a 965; e LA, arts. 34 e 35.

Vê-se, desta feita, sem maiores dificuldades, que a cláusula arbitral, assim como o compromisso arbitral e a consequente instituição do juízo arbitral, não ultrapassam o limite da mera facultatividade fundada em direito obrigacional, em que as partes, por contrato, subtraem o conhecimento da lide que tem por objeto direito patrimonial disponível à apreciação do Estado-juiz.

Nada obstante a instauração do juízo privado, o Judiciário permanece avidamente vigilante, servindo como guardião da estrita observância do devido processo legal constitucional, assim como das atuações voltadas à coerção, execução ou

---

[170] Cf. Sálvio de Figueiredo Teixeira, conferência citada.
[171] Cf. José Alexandre Tavares Guerreiro, "A execução judicial de decisões arbitrais", *Rev. de Dir. Mercantil*, 77, p. 6, n. 14.

anulação de decisões arbitrais.[172] Em síntese, o conceito atual de jurisdição abarca a estatal e a privada (arbitragem) de maneira que elas se complementam de maneira simétrica e harmoniosa, ampliando o acesso à justiça em prol da pacificação social, sem que ocorra entre elas qualquer anulação ou sobreposição.[173]

9. DA CONSTITUCIONALIDADE DOS ARTS. 6º, 7º, 41 E 42 DA LEI 9.307/1996

A controvérsia que existia no passado acerca da constitucionalidade da Lei de Arbitragem, ou, de alguns de seus dispositivos, perdeu sentido diante da manifestação do Supremo Tribunal Federal ao apreciar o tema no julgamento concluído em 12 de dezembro de 2001, em decisão preferida em processo de Sentença Estrangeira 5206-8/246, oriunda do Reino da Espanha, em recurso de agravo regimental, oportunidade em que declarou a constitucionalidade da Lei 9.307/1996, notadamente os arts. 6º, parágrafo único, 7º e seus parágrafos, 18, 41, 31 e 42.[174]

---

[172] Defendem, também, a tese da constitucionalidade da jurisdição arbitral, dentre outros estudiosos: inicialmente, os professores integrantes da comissão que reestruturou e revolucionou o sistema da arbitragem em nosso país, composta por Carlos Alberto Carmona (*A arbitragem no processo civil*, p. 136, n. 5.4; e "A arbitragem no Brasil: em busca de uma nova lei", *RePro*, 72, p. 65-66, n. 23); Selma M. Ferreira Lemes e Pedro Batista Martins; Sálvio de Figueiredo Teixeira, em seu já referido estudo; Miguel Reale, *O Estado de S. Paulo* de 05 out. 1996; Adriana N. Pucci, *Arbitragem comercial nos países do Mercosul*; Paulo Furtado e Uadi L. Bulos, *Lei da Arbitragem comentada*, p. 6-10, n. 2; Paulo Furtado, "Juízo arbitral", *Rev. Dir. Civ.*, 72, p. 92-93; Cláudio Vianna de Lima, *Arbitragem – A solução*, p. 1; Alexandre de Freitas Câmara, *Arbitragem*, p. 3; João Roberto Parizatto, *Arbitragem*. Comentários à Lei 9.307/96, p. 101; Walter Brasil Mujalli, *Juízo arbitral*. A nova lei de arbitragem, p. 65-66; Fábio Henrique Podestá, "O juízo arbitral em face do princípio da inafastabilidade do controle jurisdicional", *Tribuna da Magistratura*. Caderno de doutrina, jan./fev. 1997.

[173] Cf. Joel Dias Figueira Jr., "Simetria entre a jurisdição pública e privada e a garantia constitucional de acesso à justiça". *Informativo INCIJUR*, n. 3, p. 3, 1999.

[174] Assim está redigida a ementa da referida decisão, *in verbis*: "1. *Sentença estrangeira:* laudo arbitral que dirime conflito entre duas sociedades comerciais sobre direitos inquestionavelmente disponíveis – a existência e o montante de créditos a título de comissão por representação comercial de empresa brasileira no exterior: compromisso firmado pela requerida que, neste processo, presta anuência ao pedido de homologação: ausência de chancela, na origem, de autoridade judiciária ou órgão público equivalente: homologação negada pelo Presidente do STF, nos termos da jurisprudência da Corte, então dominante: agravo regimental a qual se dá provimento, por unanimidade, tendo em vista a edição posterior da L. 9.307, de 23.9.96, que dispõe sobre a arbitragem, para quando homologado o laudo, valha no Brasil como título executivo judicial. 2. *Laudo arbitral: homologação: Lei da Arbitragem: controle incidental de constitucionalidade e o papel do STF.* A constitucionalidade da primeira das inovações da Lei da Arbitragem – a possibilidade de execução específica de compromisso arbitral – não constitui, na espécie, questão prejudicial da homologação do laudo estrangeiro; a essa interessa apenas, como premissa, a extinção, no direito interno,

Em que pese o entendimento pacificado na doutrina e na jurisprudência sobre o tema em exame, pela sua importância na compreensão jurídica e ideológica atinente à jurisdição arbitral, é de bom alvitre que façamos algumas considerações e retrospectivas sobre os fundamentos que levaram a Corte Constitucional a rechaçar, de uma vez por todas, a malsinada tese da inconstitucionalidade.

Vejamos, primeiramente, a hipótese prevista no art. 7º da LA, em que uma das partes recalcitra em instituir a arbitragem para solucionar o conflito decorrente do contrato que trazia em seu bojo cláusula arbitral (cheia ou vazia).

Seguindo as orientações contidas no Protocolo de Genebra de 1923, a Lei 9.307/1996 estabelece que a cláusula compromissória prescinde de ato subsequente – o compromisso arbitral – e, por si só, torna-se apta a instituir a arbitragem, que se verificará mediante requerimento do interessado, dirigido ao Estado-juiz que,

---

da homologação judicial do laudo (arts. 18 e 31), e sua consequente dispensa, na origem, como requisito de reconhecimento, no Brasil, de sentença arbitral estrangeira (art. 35). A completa assimilação, no direito interno, da decisão arbitral à decisão judicial, pela nova Lei de Arbitragem, bastaria, a rigor, para autorizar a homologação, no Brasil, do laudo arbitral estrangeiro, independentemente de sua prévia homologação pela Justiça do país de origem. Ainda que não seja essencial à solução do caso concreto, não pode o Tribunal – dado seu papel de 'guarda da Constituição' se furtar a enfrentar o problema de constitucionalidade suscitada incidentemente (*v.g.* MS 20.505, Néri). *3. Lei de Arbitragem (L. 9307/96):* constitucionalidade em tese, do juízo arbitral; discussão incidental de constitucionalidade de vários tópicos da nova lei, especialmente acerca da compatibilidade, ou não, entre a execução judicial específica para a solução de futuros conflitos da cláusula compromissória e a garantia constitucional da universalidade da jurisdição do Poder Judiciário (CF, art. 5º, XXXV). Constitucionalidade declarada pelo plenário, considerando o Tribunal, por maioria de votos, que a manifestação de vontade da parte na cláusula compromissória, quando da celebração do contrato e a permissão legal dada ao juiz para que substitua a vontade da parte recalcitrante em firmar o compromisso não ofendem o artigo 5º, XXXV, da CF. Votos vencidos, em parte – incluído o do relator – que entendiam inconstitucionais a cláusula compromissória – dada a indeterminação de seu objeto – e a possibilidade de a outra parte havendo resistência quanto à instituição da arbitragem, recorrer ao Poder Judiciário para compelir a parte recalcitrante a firmar o compromisso, e, consequentemente, declaravam a inconstitucionalidade de dispositivos da Lei 9.307/96 (art. 6º, parág. único; 7º e seus parágrafos e, no art. 41, das novas redações atribuídas ao art. 267, VII e art. 301, inciso IX do C. Pr. Civil; art. 42), por violação da garantia da universalidade da jurisdição do Poder Judiciário. Constitucionalidade – aí por decisão unânime, os dispositivos da Lei de Arbitragem que prescrevem a irrecorribilidade (art. 18) e os efeitos de decisão judiciária da sentença arbitral (art. 31)" (STF, Ag. Reg. em Sentença Estrangeira 5.206-7, Reino da Espanha, Rel. Min. Sepúlveda Pertence, j. 12.12.2001).

No mesmo sentido, assim já tinha se manifestado precedentemente a Corte Constitucional, em homologação de sentença arbitral estrangeira contestada (SEC 5.847-1, do Reino Unido da Grã-Bretanha e da Irlanda do Norte), em que foi relator o Min. Maurício Correa (j. 1º.12.1999).

por meio de sentença, substituirá o compromisso, perdendo a sua característica de contrato particular.

Percebe-se que a inovação modificou substancialmente o regime anterior, segundo o qual a cláusula compromissória era inexigível em juízo, quando não precisava os pontos do compromisso, na medida em que este deveria representar um novo contrato, imprescindível e subsequente, por meio do qual as partes acordavam a escolha do árbitro e as regras de arbitragem. Com o advento da Lei 9.307/1996, na falta de acordo para a definição de compromisso arbitral, seus termos serão impostos por sentença judicial, com *eficácia constitutiva*.[175]

Acertada, também neste ponto, a referida decisão da Suprema Corte, pois não se vislumbra qualquer espécie de inconstitucionalidade ou o mínimo *fumus* de afronta ao princípio da inafastabilidade do controle jurisdicional insculpido no inc. XXXV do art. 5º da CF, sobretudo porque a manifestação favorável do Estado-juiz em instituir compulsoriamente o juízo arbitral dependerá *sempre* da comprovação cabal de prévia existência de *cláusula arbitral* firmada pelas partes contratantes.

Note-se que a redação da primeira parte do *caput* do art. 7º e seu § 1º da Lei 9.307/1996 não deixa qualquer dúvida a esse respeito, aparecendo a exigência de cláusula arbitral como verdadeiro *pressuposto processual de existência* da relação jurídica que o interessado pretende instaurar a fim de obter sentença substitutiva do compromisso.

Sendo a *cláusula compromissória* a convenção através da qual as partes em um contrato comprometem-se a submeter à arbitragem os litígios que possam vir a surgir, relativamente a tal contrato (art. 4º, *caput*), na hipótese de descumprimento do acordo por resistência em firmar o compromisso previamente assumido, o interessado necessita de que o sistema lhe ofereça mecanismos para fazer a parte *ex adversa* honrar com a sua obrigação e, caso permaneça a recalcitrância, de que o Estado conheça da lide e se pronuncie a respeito do conteúdo do compromisso, valendo a decisão judicial como compromisso arbitral (art. 7º, §§ 6º e 7º).[176]

---

[175] Cf. Luís Melíbio Uiraçaba Machado, *Juízo arbitral – Comentários sobre a Lei 9.307/96*, Palestra proferida na UFRGS, em 31 out. 1996, disponível em: <http://www.ufrgs.br/mestredir/artigos/arbitro.htm>.

[176] Nesse sentido, decidiu o STJ, por unanimidade, em aresto da lavra do Min. Castro Filho, *in verbis*: "[...] II – Para a instauração do procedimento judicial de instituição da arbitragem (artigo 7º da Lei 9.307/96), são indispensáveis a existência de cláusula compromissória e a resistência de uma das partes à sua instituição, requisitos presentes no caso concreto. III – Tendo as partes validamente estatuído que as controvérsias decorrentes dos contratos de credenciamento seriam dirimidas por meio do procedimento previsto na Lei de Arbitragem, a discussão sobre a infringência às suas cláusulas, bem como o direito a eventual indenização, são passíveis de solução pela via escolhida" (REsp 450.881/DF, 3ª T., j. 18.03.2003, v.u.).

Há de se ressaltar, também, que a sentença substitutiva de compromisso arbitral exsurge somente num último momento, seguinte a diversas tentativas de conciliação e de elaboração do termo compromissório, segundo se infere do disposto nos §§ 2º e 3º do art. 7º.

Aliás, outra não é a alternativa encontrada em alguns sistemas arbitrais alienígenas, que deixam de distinguir a cláusula arbitral do compromisso, atribuindo-lhes o mesmo efeito – a obrigatoriedade de instituição da arbitragem (*v.g.*, Lei de Arbitragem espanhola, art. 9º; CPC belga, art. 1.681; Lei de Arbitragem inglesa; e a própria Lei Modelo Uncitral, art. 7º) –, e, na hipótese de recalcitrância infundada de uma das partes em instituir a jurisdição privada, admitem também o acesso ao Estado-juiz que, por sub-rogação, fixará em sentença os termos do compromisso, segundo se constata, por exemplo, na legislação da Argentina (CPC e Com., art. 742), no Uruguai (CGP, art. 478) e na França (CPCf, art. 1.444 c/c art. 1.457). Diga-se o mesmo do Código Processual Civil Modelo para a Ibero-América[177] (art. 365.2).

Nesse particular, o legislador brasileiro equiparou os efeitos da cláusula compromissória aos do compromisso arbitral, no momento em que criou mecanismos hábeis à instituição compulsória da arbitragem, mesmo diante da relutância de um dos contratantes signatários de contrato com cláusula arbitral.

Não se vislumbra qualquer inconstitucionalidade na faculdade concedida pela LA ao contratante de fazer valer em juízo o seu direito que decorre de cláusula compromissória ajustada em comum acordo entre as partes. Ademais, essa cláusula não se presume, devendo aparecer sempre na forma escrita, espancando assim possíveis dúvidas a respeito da vontade manifestamente declarada pelas partes (art. 4º, § 1º).

Portanto, no sistema da Lei 9.307/1996, a renúncia voluntária à jurisdição estatal já se verifica no momento em que as partes contratam e convencionam a cláusula compromissória, servindo o compromisso arbitral como instrumento destinado a precisar os termos da convenção e, sobretudo, definir os limites da matéria que será objeto da arbitragem, isto é, a lide propriamente dita, e indicar o árbitro ou tribunal arbitral (art. 10). Tanto é assim que o art. 3º equipara a cláusula compromissória e o compromisso arbitral à *convenção de arbitragem*, como mecanismos hábeis de submissão do conflito à jurisdição arbitral.

Não se pode dizer que a cláusula compromissória não traz em seu bojo a *determinação do objeto litigioso* e que isso impossibilitaria a concessão ao juiz do poder de substituir a vontade da parte recalcitrante e, por conseguinte, violaria a

---

[177] Dispõe o art. 365.2 do Código Tipo, *in verbis*: "Se a parte obrigada a outorgar o compromisso resiste a fazê-lo, a outra poderá solicitar ao Tribunal Judicial que o outorgue em nome do omisso, designe árbitros, fixe o procedimento e o objeto da arbitragem".

garantia constitucional da inafastabilidade do controle jurisdicional. Parece-nos que a conclusão resulta de premissa equivocada, ou seja, na cláusula compromissória, se o objeto do litígio não estiver determinado, ele certamente será *determinável*, sendo este um dos principais objetivos do compromisso arbitral.

Note-se que a cláusula compromissória, necessariamente, além de ser expressa, deverá fazer referência à submissão à arbitragem dos *litígios que possam vir a surgir, relativamente a tal contrato* (art. 4º, *caput*, 2ª parte).

Significa dizer, em outras palavras, que não se verifica propriamente indeterminação do objeto litigioso, pois a lide a ser submetida ao juízo arbitral deverá decorrer do contrato principal em que foi inserida a cláusula compromissória ou de documento apartado que a ele se refira (art. 4º, § 1º). O objeto litigioso, em sentido amplo, constará sempre da cláusula compromissória como requisito indispensável, sob pena de o juiz decidir pela improcedência do pedido de instauração compulsória da arbitragem; os contornos deste objeto é que serão definidos no compromisso arbitral.

Disso tudo decorreu a alteração dos arts. 267, VII, e 301, IX, ambos do revogado CPC/1973, por meio do art. 41 da Lei 9.307/1996, que, diante da aludida equiparação entre os dois institutos para fins de renúncia à jurisdição estatal, substituiu em ambos os dispositivos a expressão "compromisso arbitral" por *convenção de arbitragem*.[178]

Sem qualquer mácula de inconstitucionalidade, também, a disposição contida no art. 42 da Lei de Arbitragem, que adicionou o inciso VI ao art. 520 do revogado CPC, correspondente ao art. 1.012, IV, do Diploma de 2015, conferindo apenas efeito devolutivo ao recurso de apelação interposto da sentença de procedência de instituição da arbitragem. Aliás, a opção do legislador vem justamente ao encontro das tendências do processo civil contemporâneo, voltadas à efetividade e efetivação do processo, com prestígio cada vez maior dos juízos de probabilidade e de verossimilhança.

Acerca da constitucionalidade da Lei 9.307/1996, retira-se o seguinte excerto do parecer do Ministério Público Federal, da lavra do então Procurador-Geral Geraldo Brindeiro, datado de 17.03.1997, especialmente no tocante ao *princípio da inafastabilidade do controle jurisdicional*, assinalando que "não estabelece que as partes interessadas não excluirão da apreciação judicial suas questões ou conflitos. Não determina que os interessados devem sempre levar ao Judiciário suas demandas. Se se admite como lícita a transação relativamente a direitos substanciais objeto da lide, não se pode considerar violência à Constituição abdicar do direito instrumental de ação através de cláusula compromissória. E, em se tratando de direitos patrimoniais

---

[178] Essas disposições do Código revogado foram repetidas no Código de 2015, nos arts. 337, X e 485, VII.

disponíveis, não somente é lícito e constitucional, mas é também recomendável aos interessados – diante do acúmulo de processos e do formalismo excessivo que têm gerado a lentidão das demandas judiciais – abdicarem do direito ou do poder de ação e buscarem a composição do conflito por meio de sentença arbitral cujos efeitos sejam idênticos àqueles das decisões prolatadas pelo Poder Judiciário".

"E quanto ao controle jurisdicional de lesão ou ameaça a direito, é de se observar que a Lei 9.307/96, na verdade, o prestigia nos seus arts. 6º, 7º, 32, 33, 38 e 39, nas hipóteses de recalcitrância em firmar compromisso, nulidade ou invalidade do juízo arbitral e ofensa à ordem jurídica nacional. O legislador ordinário permitiu, de um lado, a pacificação de determinados conflitos de interesses sem a intervenção estatal, mediante compromisso arbitral, com nítidas vantagens para os interessados, e, de outro, garantiu o livre acesso ao Poder Judiciário àqueles que tiverem direitos violados por inobservância das regras fixadas para a arbitragem."[179]

Pelos mesmos fundamentos, não prospera a tese de inconstitucionalidade do art. 18, que dispõe sobre a irrecorribilidade da sentença arbitral, seja por alegada afronta ao princípio da inafastabilidade do controle judicial, seja ao princípio do duplo grau de jurisdição que não é absoluto; ademais, quanto a esse último sequer encontra-se erigido ao patamar de princípio.[180]

Por derradeiro, exclui-se completamente qualquer possibilidade de vislumbrar-se o mínimo enfraquecimento do Poder Judiciário como efeito direto ou reflexo decorrente da prática de arbitragem. Pelo contrário, diante da facultatividade concedida aos jurisdicionados para buscarem a solução de seus conflitos de interesses de natureza patrimonial disponível, por intermédio da jurisdição estatal ou privada, fica fortalecido o Estado-juiz no sentido de poder dedicar maior atenção aos demais processos que versam sobre direitos de natureza distinta, sem prejuízo de ser acionado, a qualquer tempo, quando as partes não fizerem a opção pela jurisdição privada, ou, ainda para a realização do controle da própria arbitragem, nas hipóteses previstas na lei de regência.

10. JURISDIÇÃO ARBITRAL × JURISDIÇÃO ESTATAL: "VANTAGENS" E "DESVANTAGENS"

Os conflitos de natureza patrimonial encontram permissivo legal para serem dirimidos em juízo arbitral,[181] assim como podem ser solucionados perante o

---

[179] Cf. itens 10 e 11 do citado parecer.
[180] V.g., as limitações impostas na Lei 9.099/1995 que dispõe sobre os juizados especiais cíveis e criminais. Sobre o tema, v. a nossa obra em coautoria de Tourinho Neto, *Juizados Especiais Estaduais Cíveis e Criminais*, assim como os *Comentários à Lei dos Juizados Especiais Cíveis e Criminais*.
[181] LA, "Art. 1º As pessoas capazes de contratar poderão valer-se da arbitragem para dirimir litígios relativos a direitos patrimoniais disponíveis. § 1º A administração pública direta e

Estado-juiz, sendo que essa definição respeita tão somente às partes envolvidas. Nesses casos, há de se perquirir quais são as possíveis "vantagens" e "desvantagens" dessa escolha.

De início, assinala-se que não há a melhor ou pior forma de prestação de tutela jurisdicional, isto é, pública ou privada, sendo que tudo dependerá da natureza do conflito apresentado no caso concreto, da complexidade da matéria objeto da lide, de seu conteúdo patrimonial, do decurso de tempo desejado para a solução da controvérsia etc.

Em outros termos, será a escolha (adequada ou inadequada) que norteará os resultados mais ou menos vantajosos decorrentes da opção por determinado tipo de jurisdição (pública ou privada).

Primeiramente, a arbitragem é mais simples e objetiva, e os julgadores, além de imparciais, são técnicos especializados na área sobre a qual recai o objeto litigioso e, via de regra, do mais alto quilate científico e respeitabilidade. Esses atributos conferem às partes um julgamento seguro e rápido, sobretudo se confrontado com os atropelos verificados na jurisdição pública.

Em segundo lugar, a rapidez na prestação da tutela jurisdicional privada perseguida decorre de dois outros fatores, quais sejam, a irrecorribilidade das decisões arbitrais (interlocutórias ou sentença arbitral) e inexistência de homologação da sentença pelo Poder Judiciário.

Em terceiro lugar, não se deve perder de vista que a arbitragem é, via de regra, uma jurisdição de custos elevados, na exata medida em que os árbitros (profissionais de renome em suas respectivas áreas de atuação profissional) são pagos pelos próprios litigantes, assim como todas as despesas atinentes ao procedimento arbitral e, ao final, pelo vencido. Portanto, a jurisdição privada não é o foro adequado para demandas patrimoniais de pequeno[182] ou médio porte.

Em quarto lugar, como as partes ou os árbitros podem definir o procedimento que será imprimido ao processo respectivo (dependerá apenas da convenção arbitral), haverá sempre uma perfeita sintonia entre a tutela pretendida e o

---

indireta poderá utilizar-se da arbitragem para dirimir conflitos relativos a direitos patrimoniais disponíveis. § 2º A autoridade ou o órgão competente da administração pública direta para a celebração de convenção de arbitragem é a mesma para a realização de acordos ou transações".

[182] Vale lembrar que o Estado oferece aos jurisdicionados para a resolução de demandas de pequeno valor (assim consideradas as de até quarenta ou sessenta salários mínimos), gratuitamente, os Juizados Especiais na esfera civil, fazendária e federal. Para aprofundamento sobre esse tema v. Joel Dias Figueira Jr. e Tourinho Neto, *Juizados Especiais Estaduais Cíveis e Criminais*, 8. ed., São Paulo: Saraiva, 2017, e *Juizados Especiais Federais Cíveis e Criminais*, 4. ed., São Paulo: Saraiva, 2018; Joel Dias Figueira Júnior, *Juizados Especiais da Fazenda Pública*, 3. ed., São Paulo: Saraiva, 2017.

instrumento oferecido, o qual, via de regra, prima pelo princípio da oralidade e, por conseguinte, atende aos seus outros subprincípios, tais como a imediatidade, concentração, simplicidade, informalidade, economia e celeridade.

Em quinto lugar, ficam as partes absolutamente livres para definir se a decisão arbitral será fundada em equidade ou em direito e, neste último caso, quais as regras (nacional ou estrangeiras) que irão nortear o julgamento dos árbitros.

Em sexto lugar, é muito vantajosa a possibilidade conferida de escolha dos árbitros, o que se faz em comum acordo pelas próprias partes, de maneira que a indicação recaia sobre pessoas previamente definidas e detentoras de profundo conhecimento da matéria litigiosa ou, ainda, permite que se faça referência à instituição arbitral especializada que, por sua vez, dispõe de um quadro bem formado de árbitros.

Em sétimo lugar, a sentença arbitral é proferida sempre em prazo definido previamente pelas partes e, nada sendo convencionado, em até seis meses a contar da data da instituição da arbitragem ou da substituição do árbitro.[183]

Em oitavo lugar, a discrição e o sigilo dos atos processuais e do julgamento propriamente dito importam em outra vantagem, na medida em que as partes permanecem comodamente durante todo o processo e, em especial, para a produção de provas, o que não raras vezes viabiliza a consecução de um acordo. Aliás, a jurisdição arbitral é foro também adequado à composição amigável[184] ou para a convergência dos esforços dos litigantes no sentido de alcançarem rapidamente – sem descurar dos valores maiores que são a segurança e a justiça da decisão – a resolução final da lide, tendo em vista que, na maioria das vezes, ambos têm interesse na solução do conflito que, comumente, envolve quantias vultosas de dinheiro, com inúmeros efeitos diretos e reflexos.

Por último, se houver alguma violação ao devido processo legal (garantia constitucional), o interessado poderá socorrer-se do Poder Judiciário para anulação da arbitragem ou declaração de ineficácia da cláusula compromissória.

Em síntese, desde que se faça a opção adequada pela jurisdição privada, notadamente no que concerne à escolha acertada de árbitros ou de entidades arbitrais que gozem de elevado conceito ético e técnico, não se vislumbram propriamente desvantagens na arbitragem, sobretudo quando cotejada com a morosa tutela jurisdicional prestada pelo Estado-juiz em face dos mais de cem milhões de processos que assoberbam o Poder Judiciário.[185]

---

[183] Cf. LA, art. 23, *caput*.
[184] "Art. 21 [...] § 4º Competirá ao árbitro ou ao tribunal arbitral, no início do procedimento, tentar a conciliação das partes, aplicando-se, no que couber, o art. 28 desta Lei" (LA).
[185] Sobre os dados estatísticos atinentes ao Poder Judiciário, v. *site* do Conselho Nacional de Justiça, "Justiça em números".

11. PRINCÍPIOS PROCESSUAIS APLICÁVEIS À JURISDIÇÃO PRIVADA

Os princípios processuais ditos *fundamentais* aplicáveis aos processos judiciais são basicamente os mesmos a incidir em sede processual arbitral, alguns deles com variações que se destinam à adaptação de acordo com as peculiaridades da arbitragem, assim como já visto, por exemplo, quando tratamos no item n. 8 (*supra*) sobre o *princípio da inafastabilidade da jurisdição estatal* em face do regime arbitral, outros, por sua vez, típicos da jurisdição privada (*v.g.* princípio "kompetenz-kompetenz" – cf. Capítulo Quinto, item n. 3, *infra*).

De plano, vale assinalar que este tópico foi reservado com o objetivo de traçarmos apenas algumas linhas referenciais sobre o tema, sem nos aprofundarmos a respeito de cada um dos princípios mencionados, pois no decorrer de toda a obra, nos pontos específicos, eles serão analisados com a intensidade e vagar necessários.

A Lei 9.307/1996 agasalha em seu bojo diversos princípios processuais e processuais-constitucionais sem, contudo, exauri-los, o que é absolutamente compreensível, em razão da extensão do tema em voga e, em alguns aspectos, porque estão chancelados na Carta Magna ou, ainda, por serem aceitos e reconhecidos internacionalmente por entidades arbitrais destacadas.

Aliás, trata-se de fenômeno verificado em todas as legislações (nacionais ou alienígenas), pois um microssistema normativo não agasalha todos os princípios que lhe servem de fundamento e orientação, encontrando-se alguns inseridos explicitamente (*v.g.*, princípio do contraditório), outros implicitamente (*v.g.*, princípio do acesso à jurisdição).

Vejamos então o rol de princípios inseridos (explícita ou implicitamente) na lei de regência:

a) princípio do livre acesso à jurisdição arbitral (art. 1º, *caput* da LA c/c art. 3º do CPC);[186]

b) princípio da autonomia da vontade (art. 1º, *caput* c/c arts. 2º e 3º da LA);

c) princípio da publicidade mitigada (art. 2º, § 3º c/c art. 13, § 6º, *in fine* e art. 22-C, parágrafo único, da LA c/c art. 93, IX, da CF);

d) princípio da inafastabilidade do controle jurisdicional estatal das decisões arbitrais nacionais (art. 5º, XXXV, da CF c/c arts. 32 e 33 da LA);

e) princípio da inafastabilidade do controle jurisdicional estatal das decisões arbitrais estrangeiras (arts. 34, 35 e 36 da LA);

---

[186] Importante registrar que o art. 3º do Código de Processo Civil de 2015 equiparou, acertadamente e com precisão terminológica, a jurisdição arbitral à jurisdição estatal, ao dispor que "não se excluirá da apreciação jurisdicional ameaça ou lesão a direito".

f) princípio da livre iniciativa (art. 6º, *caput* e parágrafo único c/c arts. 7º e 37);

g) princípio kompetenz-kompetenz (art. 8º, parágrafo único c/c art. 15);

h) princípio da imparcialidade e do dever de revelação (art. 13, § 6º c/c art. 14, *caput* e § 1º c/c art. 21, § 2º);

i) princípio da independência (art. 13, § 6º);

j) princípio do exercício qualificado da função arbitral (competência técnica e diligência (art. 13, § 6º);

k) princípio da discrição – confidencialidade (art. 13, § 6º);

l) princípio da flexibilidade procedimental (art. 21);

m) princípio do contraditório (art. 21, § 2º, da LA c/c art. 5º, LV, da CF);

n) princípio da igualdade das partes (art. 21, § 2º, da LA c/c art. 5º, *caput*, da CF);

o) princípio do livre convencimento motivado (art. 21, § 2º c/c art. 26, II, da LA c/c art. 93, IX, da CF);

p) princípio dispositivo (art. 22);

q) princípio da lealdade processual (art. 27);

r) princípio da congruência – relação entre o pedido e o prenunciado (art. 32, IV);

s) princípio do juiz natural (art. 32, II, da LA c/c art. 5º, LIII, da CF);

t) princípio da ampla defesa (arts. 20, 22, 38, III, e 39, parágrafo único, da LA c/c art. 5º, LV, da CF);

u) princípio da razoável duração do processo (art. 23, da LA c/c art. 5º, LXXVIII, da CF);

v) princípio da efetividade do processo arbitral (art. 31);

w) princípio da observância aos bons costumes e à ordem pública (arts. 2º, § 1º, e 39, da LA c/c art. 17 da LINDB);

x) princípio da sucumbência (art. 27).

Outros princípios também orientam a jurisdição arbitral, mesmo que da norma expressa não sejam diretamente depreendidos, tais como o *princípio da oralidade*;[187] *princípio da licitude das provas* (CF, art. 5º, LVI); *princípio da privacidade mitigada*; *princípios do sigilo e do segredo das provas*; *princípio do impulso "oficial" flexibilizado*; *princípio da economia processual*; e o *princípio da instrumentalidade das formas*.[188]

---

[187] É percebida a incidência da oralidade no juízo arbitral através das disposições insculpidas no Capítulo IV, da LA, que trata do procedimento arbitral.

[188] Sobre esses e outros "princípios processuais fundamentais aplicáveis à arbitragem brasileira", v. estudo assim intitulado de José Fichtner, Sérgio Mannheimer e André Monteiro, *in Novos temas de arbitragem*, p. 25-89.

CAPÍTULO III
REQUISITOS DE ADMISSIBILIDADE DO JUÍZO ARBITRAL

Sumário: 1. Introdução – 2. Das pessoas que podem convencionar a arbitragem – 3. Objeto litigioso no juízo arbitral; 3.1. Arbitragem e conflitos de família; 3.2. Arbitragem, direito sucessório e partilha de bens; 3.3. Arbitragem e direitos metaindividuais; 3.4. Arbitragem e título executivo extrajudicial; 3.5. Arbitragem e recuperação judicial; 3.6. Arbitragem e questões incidentais; 3.7. Arbitragem e direitos da personalidade; 3.8. Arbitragem e conflitos trabalhistas; 3.9. Arbitragem e conflitos tributários; 3.10. Arbitragem, direitos autorais e fonográficos – 4. Da convenção de arbitragem: cláusula compromissória e compromisso arbitral – 5. Cláusula compromissória em contrato de adesão e de consumo – 6. Efeitos da cláusula compromissória e a demanda prevista no art. 7º da LA – 7. Efeitos do compromisso arbitral – 8. "Terceiros" em sede arbitral

1. INTRODUÇÃO

Para que se viabilize a instauração de juízo arbitral válido e o trâmite regular da arbitragem, hábil a gerar seus efeitos na órbita jurídica e no plano fatual, faz-se mister que a provocação da jurisdição privada se verifique com observância a certos requisitos de admissibilidade.

Como exercício efetivo de um direito subjetivo público de provocar a jurisdição privada à obtenção de pretensão para satisfazer direito material violado ou ameaçado (*ação propriamente dita*), os requisitos de admissibilidade da demanda válida são os mesmos da teoria geral do processo civil tradicional: *interesse para agir e legitimidade "ad causam"*.

Do mesmo modo, para que a *relação processual* torne-se *existente* e *válida* para produzir todos os seus efeitos no mundo do direito e dos fatos, permitindo às partes a obtenção de uma sentença de mérito, imprescindível se torna que alguns requisitos específicos sejam atendidos. Esses requisitos ou elementos que conferem ao processo existência e validade são tecnicamente denominados *pressupostos processuais*.[1]

---

[1] Sobre o tema na doutrina tradicional, v. Jorge Luís Dall'Agnol, em monografia intitulada *Pressupostos processuais*.

Assinalamos, com brevidade, o nosso entendimento no sentido de classificar os pressupostos processuais com base no critério da *pertinência*, sendo que os subdividimos em: de *existência* (jurisdição privada; aceitação da nomeação pelo árbitro ou árbitros; convenção de arbitragem) e de *validade* (juízo competente em razão da matéria; árbitro ou tribunal arbitral imparcial ou sem impedimento; capacidade e legitimação processual; requerimento ou petição inicial válidos e compromisso arbitral válido).[2]

É justamente dentro dessa linha expositiva e de raciocínio que procuraremos nos próximos itens deste capítulo analisar os *requisitos de admissibilidade* do juízo arbitral válido, através da adequação da teoria processual tradicional ao microssistema da Lei 9.307/1996.

2. DAS PESSOAS QUE PODEM CONVENCIONAR A ARBITRAGEM

A matéria é regulada no artigo inaugural da LA ao definir em seu *caput* que somente as *pessoas capazes* (naturais ou jurídicas) poderão resolver seus conflitos por meio da jurisdição arbitral, desde que o objeto litigioso verse sobre direitos patrimoniais disponíveis.

Percebe-se claramente que "não se trata, porém, de única exigência, que seria a de *capacidade negocial*. É preciso que, no que respeita ao objeto, possa dispor, transigir. Não basta, portanto, ser apenas *capaz de contratar*. A capacidade é elemento subjetivo. [...] Se a pessoa, a respeito do direito patrimonial, ou dos direitos patrimoniais, de que se cogita para o juízo arbitral, pode *transigir*, é-lhe permitido louvar-se em árbitro, ou em árbitros".[3]

Nessa linha, não poderão valer-se da arbitragem, além dos incapazes, o preso, enquanto durar o regime prisional (e não o condenado), o insolvente civil e a massa falida, em face da universalidade dos juízos.

Portanto, estamos diante de matéria relativa à *capacidade de estar em juízo* (*arbitral*) e, por conseguinte, de *pressuposto processual de validade* da instituição da arbitragem. Desta feita, não há que se confundir legitimidade *ativa*, que é uma das condições da ação, com a *capacidade para estar* ou *instaurar* o juízo arbitral.

As concepções relativas a esses temas atinentes ao processo civil, assim como quase todos os seus institutos, podem (e devem) ser transpostos para a jurisdição privada, desde que a lei de regência seja omissa e não confronte com os seus

---

[2] Esta classificação pode ser ainda subdividida com base em outros dois critérios: *a) subjetivo*, que toma por base os sujeitos da relação processual (árbitros e partes); *b) objetivo*, que se baseia nos elementos da relação processual, podendo ainda subdividir-se em *intrínseco* e *extrínseco*.

[3] Pontes de Miranda, *Comentários*, t. XV, p. 265-266, n. 9 e 10.

princípios norteadores, sem prejuízo da incidência de normas procedimentais e processuais indicadas e aceitas previamente pelas partes, oriundas de entidades arbitrais ou legislação estrangeira ou por elas mesmas definidas.

"[...] No campo do direito material, todos podem ser titulares de direitos ou assumir obrigações, mesmo quando não possam exercê-los, por si, quando, então, deverão ter representantes ou ter a capacidade civil integrada, conforme a hipótese. O mesmo ocorre nas relações jurídicas processuais, uma vez que o conceito de parte processual restringe-se estritamente a este âmbito. A lei processual estipula requisitos (próprios) para que a parte possa ser considerada constituída, a fim de que o processo se possa desenvolver validamente, denominando o preenchimento do que estabelece, de capacidade para estar em juízo"[4] e, no caso específico, de *capacidade para valer-se da arbitragem*.

A hipótese ventilada no art. 1º, *caput* da LA é, portanto, de *pressuposto processual de validade* e não de *requisito de admissibilidade da demanda* ou de *acesso à jurisdição*, porque a *legitimidade* diz respeito à pertinência subjetiva que deve existir entre o sujeito que formula a pretensão, na qualidade de autor, e aquele outro que, na qualidade de réu, deverá suportar o ônus da sucumbência da demanda, enquanto o *direito de ação* ou *direito aos tribunais* ou *a prestação da tutela jurisdicional* pertence a todos, indistintamente (CF, art. 5º, XXXV c/c CPC, art. 3º).

Por conseguinte, a Lei 9.307/1996 não admite a *integração de capacidade* das pessoas previamente excluídas no art. 1º, restando-lhes a utilização da jurisdição estatal, tradicionalmente regida pelo Código de Processo Civil, desta feita, com a capacidade integrada. As pessoas jurídicas de direito privado (especialmente as empresas de grande porte)[5] são as que mais fazem uso da jurisdição arbitral, diante de suas relações de cunho negocial, nacional e internacional, regidas por contratos complexos e de elevado valor econômico[6], incluindo-se nesta categoria as sociedades de economia mista, aliás, entendimento há muito pacificado no Superior Tribunal de Justiça e na doutrina.[7]

---

[4] Thereza Alvim, *O direito processual de estar em juízo*, p. 14.

[5] V. sobre o tema a monografia de Eduardo Silva da Silva, *Arbitragem e direito da empresa*, RT, 2003.

[6] V. Arnoldo Wald, "Arbitragem e os contratos empresariais complexos", in Arnoldo Wald (org.), *Arbitragem e Mediação*, v. IV, p. 79-90, n. 2 (Coleção Doutrinas Essenciais); e *RArb*, 7, p. 11, out. 2005.

[7] Segundo a Corte da Cidadania, "[...] 3. São válidos e eficazes os contratos firmados pelas sociedades de economia mista exploradoras de atividade econômica de produção ou comercialização de bens ou de prestação de serviços (CF, art. 173, § 1º) que estipulem cláusula compromissória submetendo à arbitragem eventuais litígios decorrentes do ajuste" (REsp 612.439/RS, Rel. Min. João Otávio Noronha, j. 25.10.2005). Também, do mesmo relator,

Vale destacar também que a Lei 13.129/2015 trouxe alteração para a Lei das Sociedades por Ações (Lei 6.404/1976), introduzindo novo dispositivo à Seção que versa sobre a Assembleia-Geral Extraordinária ("Quorum" Qualificado), o art. 136-A, *caput*, que dispõe sobre a aprovação da inserção de convenção de arbitragem no estatuto social, e, observado o "quorum" qualificado (art. 136), todos os acionistas ficam obrigados, assegurado ao acionista dissidente o direito de retirar-se da companhia mediante o reembolso do valor de suas ações, nos termos do art. 45.[8]

---

v. REsp 606.345/RS, 2ª T., j. 17.05.2007, *DJ* 08.06.2007, p. 240; e, STJ, AgRgMs 11.308/DF, Rel. Min. Luiz Fux, j. 28.06.2006.

Na doutrina, v. Eduardo Talamini, "Cabimento de arbitragem envolvendo sociedade de economia mista dedicada à distribuição de gás canalizado", *RePro*, 119, p. 151-171, 2005; Marcelo Fonseca Santos, "Arbitragem nas sociedades de administração pública indireta", in Francisco Cahali, Thiago Rodovalho e Alexandre Freire (org.), *Arbitragem* – Estudos sobre a Lei 13.129, de 26-5-2015, São Paulo: Saraiva, 2016, p. 381-394; Eros Roberto Grau, "Da arbitrabilidade de litígios envolvendo sociedades de economia mista e da interpretação de cláusula compromissória", *Revista de Direito Bancário e Mercado de Capitais – RDB*, 18, p. 395, out. 2002; e in Arnoldo Wald (org.), *Arbitragem e Mediação*, São Paulo: RT, 2014, v. IV, p. 787-802 (Coleção Doutrinas Essenciais); João Morais Leitão, "Autonomia e validade da convenção de arbitragem incluída em contrato de comercialização de energia celebrado com sociedade de economia mista", in Arnoldo Wald (org.), *Arbitragem e Mediação*, v. IV, p. 865-869 (Coleção Doutrinas Essenciais); e *RArb*, 9, p. 150, abr. 2006; Luís Roberto Barroso, "Sociedade de economia mista prestadora de serviço público. Cláusula arbitral inserida em contrato administrativo sem prévia autorização legal. Invalidade", *Revista de Direito Bancário e do Mercado de Capitais*, 19, p. 415, jan. 2003; e in Arnoldo Wald (org.), *Arbitragem e Mediação*, v. IV, p. 947-984, n. 51 (Coleção Doutrinas Essenciais).

Sobre o tema da *Arbitragem no direito societário*, v. a obra assim intitulada de Marcelo Dias Gonçalves Vilela que faz uma análise abrangente em diversas figuras societárias, tais como sociedades anônimas, em cota de participação, consórcio, grupos societários, mercado de valores mobiliários, dentre outros.

[8] "A convenção somente terá eficácia após o decurso do prazo de 30 (trinta) dias, contado da publicação da ata da assembleia geral que a aprovou (§ 1º); por sua vez, o direito de retirada previsto no *caput* não será aplicável: I – caso a inclusão da convenção de arbitragem no estatuto social represente condição para que os valores mobiliários de emissão da companhia sejam admitidos à negociação em segmento de listagem de bolsa de valores ou de mercado de balcão organizado que exija dispersão acionária mínima de 25% (vinte e cinco por cento) das ações de cada espécie ou classe; II – caso a inclusão da convenção de arbitragem seja efetuada no estatuto social de companhia aberta cujas ações sejam dotadas de liquidez e dispersão no mercado, nos termos das alíneas 'a' e 'b' do inciso II do art. 137" (art. 136-A, §§ 1º e 2º, I e II).

Sobre o tema, v. Daniel Bushatsky, "A reforma da lei e a arbitragem no direito societário: importância da sociedade empresária, oportunidade de reforço e regramento do instituto e proteção ao acionista minoritário", in Francisco Cahali, Thiago Rodovalho e Alexandre

Poderão também fazer uso da jurisdição privada as denominadas *pessoas formais*, que são entes despersonalizados dotados de capacidade para estar em juízo (ser parte ativa ou passiva), tais como o espólio (desde que inexistam interessados incapazes), o condomínio, as sociedades de fato ou irregulares.[9]

Inovando, com louvor, acerca do tema, a Lei 13.129/2015 inseriu o § 1º ao art. 1º da LA a fim de conferir legitimidade (ativa e passiva) às pessoas jurídicas de direito público,[10] ao permitir que "a administração pública, direta e indireta,

---

Freire (org.), *Arbitragem* – Estudos sobre a Lei 13.129, de 26-5-2015, São Paulo: Saraiva, 2016, p. 145-161.

A respeito do alcance subjetivo da cláusula arbitral estatutária, direito de retirada do sócio e análise do art. 136-A da Lei das SA, v. Marcus Valverde, "Apontamentos sobre a adoção do direito de retirada como solução para a questão da vinculação subjetiva à cláusula arbitral estatutária", in Francisco Cahali, Thiago Rodovalho e Alexandre Freire (org.), *Arbitragem* – Estudos sobre a Lei 13.129, de 26-5-2015, 2016, p. 395-408.

A respeito de "Cláusula compromissória no direito societário", v. estudo assim intitulado de Francisco Antunes M. Müssnich, in Caio Cesar Vieira Rocha e Luis Felipe Salomão (coord.), *Arbitragem e mediação*, p. 127-157.

No tocante ao tema da arbitragem coletiva no direito societário, v. Arnoldo Wald, "Arbitragem de classe no direito societário", in Carlos Carmona, Selma Lemes e Pedro Martins (coord.), *20 anos da Lei de Arbitragem* – Homenagem a Petrônio R. Muniz, p. 849-870.

Também, v. Luiz Leonardo Cantidiano, "Notas sobre arbitrabilidade subjetiva na sociedade por ações. Evolução doutrinária e legislativa", in Carlos Carmona, Selma Lemes e Pedro Martins (coord.), *20 anos da Lei de Arbitragem* – Homenagem a Petrônio R. Muniz, p. 885-908.

Sobre "Cláusula compromissória estatutária e a vinculação dos administradores", v. estudo assim intitulado de Francisco Müssnich, in Carlos Carmona, Selma Lemes e Pedro Martins (coord.), *20 anos da Lei de Arbitragem* – Homenagem a Petrônio R. Muniz, p. 871-884.

[9] No mesmo sentido, o entendimento de Alexandre Freitas Câmara, *Arbitragem*, p. 12, 1997.

[10] Mesmo antes do advento da Lei 13.129/2015, já defendíamos o entendimento da possibilidade de utilização de arbitragem em demandas envolvendo as pessoas jurídicas de direito público, por ser relativo o princípio da indisponibilidade de seus bens e por inexistir expressa vedação legal, encontrando-se a exceção em previsão normativa *lato sensu,* como requisito interno, mediante autorizativo prévio em leis, decretos, editais de licitação com cláusula compromissória etc. Em outros termos, desde que houvesse autorização legal para a Administração assim proceder, "[...] pelo menos, enquanto partícipe de relação jurídica de coordenação, hipótese em que não se investe de seu poder soberano, submetendo-se às normas de direito privado em igualdade de condições com as pessoas de direito privado", nos dizeres de Cézar Fiuza (*Teoria geral da arbitragem,* p. 95).

Não se pode esquecer também de que, no passado, o Supremo Tribunal Federal já teve oportunidade de assim se manifestar, ao decidir o conhecido caso "Organização Lage", em que figuravam como parte a União Federal e, no outro lado, o Espólio de Renaud Lage e outros. Naquela ocasião, o Dec.-lei 9.521, de 26.07.1946, estabeleceu, entre outras matérias, a instituição de juízo arbitral para fins específicos de julgar, em única instância e sem recurso, as impugnações aos decretos-leis anteriores oferecidas pelo espólio e legatários.

Em aresto da lavra do então Ministro Bilac Pinto, decidiu o plenário da nossa Suprema Corte, por unanimidade, e com amparo no parecer de Castro Nunes, "[...] não ser possível a interdição do juízo arbitral, mesmo nas causas contra a Fazenda, o que importaria numa restrição à autonomia contratual do Estado que, como toda pessoa *sui generis*, pode prevenir o litígio, pela via transacional, não se lhe podendo recusar esse direito, pelo menos na sua relação de natureza contratual ou privada, que só esta pode comportar solução, pela via arbitral, dela excluída aquelas em que o Estado age como Poder Público que não podem ser objeto de transação" (STF, *RTJ* 68/382).

Também defendiam esse entendimento: José Carlos de Magalhães, "Do Estado na arbitragem privada", *Rev. Dir. Públ.*, 71, p. 162-171. No mesmo diapasão, v. Luiz Alberto Americano, "O julgamento das questões oriundas dos contratos celebrados pelo Brasil com entidades estrangeiras ou internacionais", *Rev. Dir. Trib.*, 4, p. 81. Nesse estudo, salienta o articulista que não há dispositivo constitucional que proíba a Fazenda Pública de submeter-se a juízo arbitral, sobretudo por considerar que a legislação ordinária, por seu turno, tem disposto especificamente sobre o assunto. A título exemplificativo, menciona o Dec.-lei 960, de 17.12.1938 que estabelecia no art. 59 que a cobrança judicial da dívida ativa da Fazenda não poderia ser submetida a juízo arbitral, dando, implicitamente, a entender que pendências de outras naturezas (que não as de dívida ativa) poderiam ser submetidas a esse tipo de juízo; a Lei 1.628, de 20.06.1952, que criou o Banco Nacional do Desenvolvimento Econômico, dentre outras providências, e dispôs no art. 23 que "O Tesouro Nacional, contratando diretamente ou por intermédio do Banco, poderá aceitar as cláusulas e condições usuais nas operações com organismos financiadores internacionais, sendo válido o compromisso geral e antecipação de dirimir, por arbitramento, todas as dúvidas e controvérsias"; o Dec.-lei 1.312, de 15.02.1974, que autorizou o Poder Executivo a dar a garantia do Tesouro Nacional a operações de créditos obtidos no exterior, bem como contratar créditos em moeda estrangeira, dispondo que "O Tesouro Nacional, contratando diretamente ou por intermédio de agente financeiro, poderá aceitar as cláusulas e condições usuais nas operações com organismos financiadores internacionais, sendo válido o compromisso geral e antecipado de dirimir por arbitramento todas as dúvidas e controvérsias derivadas dos respectivos contratos" (*ibidem,* p. 82, n. 3).

Em defesa de entendimento contrário, v. Júlia Raquel de Queiroz Dinamarco, que, com base no princípio da legalidade e realizando interpretação sistemática, conclui pela impossibilidade de utilização generalizada da jurisdição arbitral em demandas fundadas em contratos com a Administração Pública, tendo por fundamento o silêncio legislativo das normas específicas atinentes a esses contratos, em âmbito federal, embora diplomas anteriores já revogados tivessem essa previsão expressa (cf. Decreto 2.300/1986 que admitia a utilização de arbitragem em contratos celebrados com a Administração Pública para as hipóteses de aquisição de bens ou serviços cujo pagamento fosse financiado por organismo internacional – art. 25, § 13; Lei 1.581/1951 e Decreto-lei 1.312/1974 que autorizavam o Tesouro Nacional a firmar contratos internacionais com cláusula compromissória).

Para tanto, menciona os principais diplomas que tratam da contratação pela Administração Pública, silentes a respeito da jurisdição arbitral como opção para resolução de

utilize da arbitragem para dirimir conflitos relativos a direitos patrimoniais disponíveis, sendo competente para fins de celebração de acordos ou transações (autocomposição) a autoridade ou o órgão da administração pública direta para a celebração de convenção de arbitragem (§ 2º, também inserido pela Lei 13.129/2015).[11]

Não se pode deixar de mencionar a interessante experiência vivenciada no âmbito interno da Administração Pública no que concerne ao tema em exame, no ponto que passou a denominar-se de *litigância intragovernamental*. Esse fenômeno "consiste em um recorrente conflito entre órgãos e entes da Administração, que pode revelar baixo nível de articulação e de coordenação política, e desse modo levar a uma fragilização da autoridade presidencial. Essa litigância ocorre no Judiciário, ainda que não haja dados confiáveis para se aferir sua extensão. E é crônica na própria Administração, onde há dados, e onde pode ser mais bem controlada". Veja-se, por exemplo, a "[...] atividade de arbitramento da Consultoria-Geral da União – CGU, bem como da experiência da Câmara de Conciliação e Arbitragem

---

controvérsias (Lei 8.666/1993, que regula a contratação pela Administração Pública; Lei 8.630/1993, que trata do regime jurídico da exploração dos portos organizados e das instalações portuárias; Lei 8.987/1995, acerca dos contratos de concessão e permissão de serviços públicos; Lei 9.074/1995, sobre a outorga e prorrogações das concessões e permissões de serviços públicos; e, o Decreto 1.719/1995, acerca da outorga de concessão e permissão para a exploração de serviços de telecomunicação em base comercial, com exceção aos de radiodifusão ("Arbitragem e administração pública", *Revista do Advogado*, n. 51, p. 46-50).

[11] Sobre o tema, v. Paulo Osternack Amaral, *Arbitragem e administração pública* – Aspectos processuais, medidas de urgência e instrumentos de controle, 2012; Arnoldo Wald e Ana Gerdau de Borja, "Arbitragem envolvendo entes estatais: a evolução da jurisprudência e a Lei n. 13.129, de 26/5/2015", in Francisco José Cahali; Thiago Rodavalho e Alexandre Freire (org.), *Arbitragem* – Estudos sobre a Lei 13.129, de 26-5-2015, 2016, p. 105-132; Eduardo Talamini, "Competência-competência e as medidas antiarbitrais pretendidas pela Administração Pública", *Revista de Arbitragem e Mediação*, v. 50, p. 127-163, jul./set. 2016; Eliana B. Baraldi, "Arbitragem e contratos com a Administração Pública", in Leonardo Campos Melo e Renato Rezende Beneduzi (coord.), *A Reforma da Arbitragem*, Rio de Janeiro: Forense, 2016, p. 21-57; Arnaldo Sampaio de Moraes Godoy, "O tema da arbitragem no contexto da Administração Pública", in Francisco José Cahali, Thiago Rodavalho, Alexandre Freire (org.), *Arbitragem* – Estudos sobre a Lei 13.129 de 26-5-2015, São Paulo: Saraiva, 2016, p. 85-93; Heitor Vitor Mendonça Sica, "Arbitragem e Fazenda Pública", in Francisco José Cahali, Thiago Rodavalho, Alexandre Freire (org.), *Arbitragem* – Estudos sobre a Lei 13.129 de 26-5-2015, São Paulo: Saraiva, 2016, p. 273-287; André Chateaubriand Martins, "Arbitragem e Administração Pública", in Francisco José Cahali, Thiago Rodavalho, Alexandre Freire (org.), *Arbitragem* – Estudos sobre a Lei 13.129 de 26-5-2015, São Paulo: Saraiva, 2016, p. 67-83.

da Administração Federal – CCAF.[12] Trata-se de órgãos vinculados à Advocacia-Geral da União".[13]

Em sede contratual de *concessões públicas*,[14] a Lei 11.196/2005 já admitia a possibilidade de resolução de conflitos dessa natureza por meio da jurisdição arbitral, assim como os contratos administrativos de concessão em modalidade de *parcerias público-privadas*, com a Lei 11.079, de 30.12.2004 (art. 11, III)[15] que institui

---

[12] Exemplificativamente, vale destacar o despacho da lavra do Min. Luiz Fux, proferido no dia 21 de março de 2018, nos autos n. 1946 em que se discute a controvertida matéria atinente ao *auxílio-moradia*; nesse ato, acolhendo o pleito da Associação dos Magistrados Brasileiros – AMB, e, com o assentimento prévio da Advogada-Geral da União, Grace Mendonça, retirou temporariamente o feito de pauta de julgamento, encaminhando-o para a Câmara de Conciliação e Arbitragem da Administração Federal para a busca de uma solução amigável da controvérsia, há anos instaurada. Esse despacho, fundado em dispositivos do Código de 2015 que chancelam a importância da autocomposição, demonstra não só a importância desse órgão da AGU, mas sobretudo o prestígio que vem ganhando as *ADR*, seja no âmbito privado ou público.

[13] Arnaldo Sampaio de Moraes Godoy, "O tema da arbitragem no contexto da Administração Pública", in Francisco José Cahali, Thiago Rodavalho, Alexandre Freire (org.), *Arbitragem – Estudos sobre a Lei 13.129 de 26-5-2015*, p. 85-86.

Observa ainda o citado autor que se trata de "instrumento muito eficaz para a consecução de políticas públicas, bem como para o fortalecimento da atuação presidencial. É mecanismo singular e imprescindível para a produção de consenso administrativo. Deve se valer de fórmulas institucionais de arbitragem. O Advogado-Geral da União detém poder de unificação e de orientação que fazem de sua atuação peça essencial na dinâmica da administração presidencial. [...] por intermédio de arbitramento – nominado, no caso da impossibilidade de conciliação na Câmara que coordena, ou por parecer, na hipótese de solução de divergência entre consultorias jurídicas dos Ministérios – a CGU tem por incumbência principal o alcance de convergência de entendimentos entre as várias opiniões jurídicas que se enfrentam dentro do Poder Executivo. Não produz consenso, no sentido ordinário da expressão, porque colhe opiniões e arbitra. Os pareceres da CGU têm como objetivo a resolução de controvérsias na Administração" (ob. cit., p. 86 e 88).

Infelizmente, nesse ponto, a Lei 13.129/2015 não dispôs acerca da matéria, perdendo-se um importante momento para assentar normativas relevantes a esse respeito.

[14] V. Arnoldo Wald e André Serrão, "Aspectos constitucionais e administrativos da arbitragem nas concessões", in Arnoldo Wald (org.), *Arbitragem e Mediação*, v. IV, p. 653-680, n. 36 (Coleção Doutrinas Essenciais); e *RArb*, 16, p. 11, jan. 2008; Selma Maria Ferreira Lemes, "Arbitragem na concessão de serviço público – perspectivas", *Revista de Direito Bancário e do Mercado de Capitais – RDB*, 17, p. 342, jul. 2002; e in Arnoldo Wald (org.), *Arbitragem e Mediação*, v. IV, p. 997-1.012, n. 53, (Coleção Doutrinas Essenciais).

[15] "Art. 11. O instrumento convocatório conterá minuta do contrato, indicará expressamente a submissão da licitação às normas desta Lei e observará, no que couber, os §§ 3º e 4º do art. 15, os arts. 18, 19 e 21 da Lei n. 8.987, de 13 de fevereiro de 1995, podendo ainda prever: [...] III – o emprego dos mecanismos privados de resolução de disputas, inclusive a arbitragem, a ser realizada no Brasil e em língua portuguesa, nos termos da Lei n. 9.307, de 23 de setembro de 1996, para dirimir conflitos decorrentes ou relacionados ao contrato.

normas gerais para licitação e contratação dessa espécie no âmbito da Administração Pública.[16] A verdade é que a relevância do tema da arbitragem envolvendo entes públicos sempre esteve relacionada com a *identificação das matérias objeto dos conflitos,* pois o sistema normativo antes do advento da Lei 13.129/2015 não proibia a instituição de jurisdição arbitral; significa dizer, em outros termos, que o problema nesta seara nunca residiu na (im)possibilidade de o ente público optar pela arbitragem, mas sim se o objeto do conflito poderia ser submetido à jurisdição privada, somando-se ao requisito da necessidade de prévia autorização legal.

No que concerne à manifestação de vontade das partes contratantes, elas podem fazer a opção pela arbitragem em cláusula contratual, em termo aditivo, ou, a qualquer tempo, mesmo que não haja previsão contratual, inclusive se já tiver sido jurisdicionalizada a lide perante o Estado-juiz, hipótese em que o processo será extinto, sem resolução do mérito (CPC, art. 485, VII).[17]

Parágrafo único. O edital deverá especificar, quando houver, as garantias da contraprestação do parceiro público a serem concedidas ao parceiro privado."

[16] Para aprofundamento a respeito do tema "parcerias público-privadas", v. a obra de Maria Sylvia Zanella Di Pietro, intitulada *Parcerias na administração pública,* Ed. Atlas. Ver também o artigo de Lauro da Gama e Souza Jr. intitulado "Sinal verde para a arbitragem e parcerias público-privadas (a construção de um novo paradigma para os contratos entre o Estado e o investidor privado", disponível em: <www.mundojuridico.adv.br>, acesso em: 5 fev. 2010. Sobre esse tema, v. Arnoldo Wald, "A infraestrutura, as PPP's e a arbitragem", *Rev. de Arbitragem e Mediação,* v. 5, p. 14-28. No tocante ao tema "Idioma local da arbitragem sobre parcerias público-privadas", v. o artigo de Eduardo Talamini, *Informativo INCIJUR,* 69, p. 5-6, abr. 2005.

[17] Digno de nota é o emblemático "caso Libra", cujo processo envolve uma disputa de aproximadamente três bilhões de reais, tendo sido a primeira vez em que a União participou de um processo de arbitragem no setor de infraestrutura portuária. Nos últimos anos, o Grupo Libra e a Codesp tentaram, sem sucesso, resolver administrativamente o alegado descumprimento contratual, bem como em ações judiciais, até que o aludido Grupo tomou a iniciativa de propor resolução dos conflitos mediante arbitragem. Depois de analisada, a proposta foi aceita pela Codesp, pela Advocacia-Geral da União (AGU), pela Agência Nacional de Transportes Aquaviários (ANTAQ) e pela extinta Secretaria Especial de Portos (SEP), cuja competência atualmente é de responsabilidade do Ministério dos Transportes, Portos e Aviação Civil. Em 2015, foi assinado o termo de compromisso arbitral, ficando extintas as ações judiciais em que as partes debatiam a controvérsia. Finalmente, a jurisdição privada foi instituída em novembro de 2016, perante o renomado Centro de Arbitragem e Mediação da Câmara de Comércio Brasil-Canadá (CAM-CCBC), em São Paulo. No conflito, são partes a União Federal em conjunto com a Companhia Docas do Estado de São Paulo (Codesp), e empresas integrantes do Grupo Libra, arrendatárias dos terminais portuários T37 e T35, no Porto de Santos/SP. Segundo o compromisso firmado pelas partes, o litígio deve ser solucionado por sentença arbitral definitiva até setembro de 2019, sendo possível a prorrogação, caso se mostre necessário.
No caso, a vantagem da opção pela arbitragem é evidente, na exata medida em que o conflito que até então se arrastava por vários anos, será resolvido com maior celeridade (prazo

3. OBJETO LITIGIOSO NO JUÍZO ARBITRAL

Os contornos da lide (parte do conflito sociológico que será levada a conhecimento e solução do juízo arbitral) encontram-se previamente definidos no art. 1º da Lei 9.307/1996, cingindo-se às matérias relativas a *direitos patrimoniais disponíveis*. Na mesma linha, dispõe o art. 852 do Código Civil: "É vedado compromisso para solução de questões de estado, de direito pessoal de família e de outras que não tenham caráter estritamente patrimonial".

Note-se, e é bom frisar, que o legislador não se contentou em fixar a limitação do objeto litigioso às questões pertinentes a *direitos patrimoniais*; restringiu-os ainda mais, à medida que admitiu apenas aqueles que se caracterizassem pela *disponibilidade jurídica*, que se manifestam pela admissão de atos de apropriação, comércio, alienação e, em geral, de disposição.[18] E assim procedeu, acertadamente, por ter em consideração a natureza de certas matérias ou a característica das próprias partes litigantes, hábeis a matizar a lide com caráter eminentemente privado, reservando as demais questões à jurisdição estatal.

Há de se ressaltar que a limitação definida acerca do tipo de lide passível de resolução por meio de arbitragem, insculpida no art. 1º da Lei 9.307/1996, não se confunde com aquela contida no inc. III do revogado art. 1.074 do CPC de 1973, que fazia a exigência prévia de o compromisso arbitral conter, sob pena de nulidade, "o objeto do litígio, com todas as suas especificações, inclusive o seu valor". Esse requisito, tão criticado pela doutrina, não mais existe.

---

definido) e qualidade no julgamento da lide, diante das controvérsias complexas acerca de assuntos eminentemente técnicos e específicos, o que exige a participação de profissionais altamente qualificados para o julgamento da causa e produção de provas periciais, cujo resultado final será, além da resolução desse importante conflito, também o incentivo aos investimentos na infraestrutura do país.

Em arremate, vale lembrar que o Grupo Libra começou a operar como arrendatário do Terminal 37, no Porto de Santos, em 1995 e, em 1997, ganhou a licitação do Terminal 35, começando a operá-lo em 1998.

Segundo o Grupo, as instalações do T35 entregues pela Codesp, estatal que administra o Porto de Santos, não correspondiam às condições previstas no edital de licitação, razão pela qual deixou de pagar a remuneração do arrendamento por metro quadrado da área arrendada e os valores por contêineres movimentados no Terminal 35.

Por sua vez, a defesa da União é coordenada pela Consultoria Jurídica do Ministério dos Transportes, Portos e Aviação Civil (Conjur/MTPA) que, por sua vez, conta com a colaboração da Procuradoria Regional da União da 3ª Região no Estado de São Paulo e da Consultoria Jurídica da União no Estado de São Paulo, além da atuação de membros integrantes da Procuradoria Regional da Fazenda Nacional no Estado de São Paulo.

[18] Assim também STJ, REsp 450.881/DF, 3ª T., Rel. Min. Castro Filho, j. 18.03.2003, v.u. Sobre a *Arbitragem e mediação em propriedade intelectual, esportes e entretenimentos*, v. a obra assim intitulada (coletânea de estudos) coordenada por Luciano Timm e Luiz Moser.

A limitação imposta pela Lei de Arbitragem diz respeito tão somente à *natureza jurídica do litígio* a ser objeto de conhecimento pela justiça privada, que, em hipótese alguma, poderá versar sobre *direitos indisponíveis* (patrimoniais ou imateriais).

3.1. Arbitragem e conflitos de família

Diante do que foi exposto precedentemente, percebe-se, sem dificuldades, que estão excluídas as questões de natureza familiar ou de estado, isto é, as relativas à capacidade e ao estado das pessoas (p. ex., filiação, poder familiar, casamento) e criminais.

Nada obsta, contudo, que as lides de caráter puramente patrimonial disponível, decorrentes de relações de família, sejam resolvidas, isoladamente, por meio da jurisdição arbitral, como, por exemplo, as complexas partilhas de bens de casais decorrentes de dissolução de casamento ou união estável; em outros termos, admite-se a resolução desses conflitos pela via arbitral desde que não haja cumulação de ações, tais como alimentos, guarda de filhos, direito de visitação etc., partindo-se do pressuposto lógico de que as partes gozam plenamente de capacidade civil e que a relação entre eles (casamento ou união estável) encontra-se já dissolvida (judicial ou extrajudicialmente), nada obstando que as partes insiram cláusula arbitral em pacto antenupcial ou contrato de convivência.

Contudo, no que concerne à união estável, basta o rompimento de fato da convivência, "já que encerram os efeitos patrimoniais da relação, e assim de imediato se autoriza a partilha. Porém, o problema geralmente é outro, e consiste na discussão da própria caracterização da união, e respectiva duração. Em nosso sentir, o reconhecimento da união e seu período são vedados à jurisdição arbitral. E assim, pode-se levar à partilha no espaço de tempo de união que as partes de comum acordo, estabelecerem".[19]

Por outro lado, é bastante controvertido na doutrina (nacional e estrangeira) o tema da arbitrabilidade no que concerne aos *alimentos,* prevalecendo, contudo, o entendimento no sentido de que, nada obstante tratar-se de direito indisponível, a definição do seu *quantum* tem natureza puramente patrimonial, tratando-se de obrigação decorrente de casamento ou união estável já dissolvidos, pois a obrigação alimentar fundada no poder familiar não admite renúncia e, portanto, é indisponível, na exata medida em que envolve interesse de menores.[20]

---

[19] Este também é o entendimento de Francisco José Cahali, *Curso de arbitragem*, 2014, p. 397, item n. 14.6.

[20] Nesse mesmo sentido, dentre outros: Alexandre Freitas Câmara, *Arbitragem,* 1997, p. 13; Nelson Nery e Rosa Maria Nery, *Código de Processo Civil comentado,* Lei da Arbitragem, art. 1º, 9. ed., 2006, p. 1.164; Francisco José Cahali, *Curso de arbitragem,* 4. ed., 2014, p. 398.

3.2. Arbitragem, direito sucessório e partilha de bens

Controvertido também é o tema que envolve a arbitragem, o direito sucessório e a partilha de bens, diante da regra insculpida no art. 610 do CPC (idêntica disposição do *caput* encontrada no art. 982 do CPC/1973) no sentido de que "havendo testamento ou interessado incapaz, proceder-se-á ao inventário judicial". Infere-se do § 1º do citado artigo que "se todos forem capazes e concordes, o inventário e a partilha poderão ser feitos por escritura pública, a qual constituirá documento hábil para qualquer ato de registro, bem como para levantamento de importância depositada em instituições financeiras". Portanto, na sucessão *mortis causa*, sejam capazes ou incapazes os sucessores, deve-se proceder ao inventário e à partilha.

Este é o ponto de divergência entre os doutrinadores, sendo que todos concordam, por outro lado, no sentido de que na sucessão sem testamento (sucessão legítima), tratando-se de herdeiros menores ou incapazes, a arbitragem é inadmissível em virtude de indisponibilidade de direitos.

Por exemplo, Alexandre Freitas Câmara, defende a tese da impossibilidade da arbitragem nestes casos,[21] enquanto Francisco José Cahali assume uma posição oposta, quiçá intermediária, ao afirmar que se de um lado é indispensável a verificação da vontade do testador (direito indisponível dos herdeiros), pelo Juiz e pelo Ministério Público (intervenção obrigatória) e imprescindível a análise da licitude e regularidade das disposições testamentárias, inclusive diante de eventual legítima dos herdeiros necessários, de outra banda, é possível ser feita a partilha no juízo arbitral, desde que a sentença retorne ao Poder Judiciário, para verificação do cumprimento das disposições testamentárias.[22] Para Carlos Alberto Carmona, existe óbice de ordem constitucional à validade de cláusula compromissória inserida em testamento, mesmo que pela redação do art. 982 do CPC/1973 (art. 610 do CPC/2015) nada impeça que os herdeiros e legatários determinem, na escritura pública de partilha, que eventuais pendências futuras sejam resolvidas

---

[21] *Arbitragem*, p. 14.

[22] *Curso de arbitragem*, 4. ed., p. 400. Complementa Cahali o seu entendimento da seguinte forma, com base em outro estudo de sua autoria a respeito do tema: "A existência de testamento, e, pois, a obrigatoriedade nestes casos de inventário judicial, não impede nem retira a eficácia e rendimento da arbitragem testamentária. A convenção arbitral terá proveito em questões pertinentes ao juízo arbitral; solucionados estes conflitos, segue-se no curso do processo para as demais questões e providências. Até mesmo se decidida a partilha pelo árbitro, com a finalidade de solucionar conflito na divisão do patrimônio herdado entre os coerdeiros, devolve-se a sentença arbitral para *homologação integrativa* do Judiciário. E diz-se integrativa a homologação, pois inclui-se na etapa judicial a avaliação pelo Juiz do atendimento à vontade do testador – matéria de sua competência exclusiva, por representar direito indisponível. [...] As duas sentenças, então, se integram, uma com a outra, formando a composição de um todo" (p. 401).

por meio de arbitragem, mas sempre inviável a imposição a herdeiros e legatários, via testamento, da solução arbitral de litígios.[23]

Para Cahali, "a matéria submetida a exame do Judiciário é única e exclusivamente relacionada à análise do cumprimento das disposições testamentárias. Assim, não há sobreposição de jurisdição. Ao juízo arbitral atribui-se a função de decidir conflitos relativos à divisão dos bens, podendo até mesmo decidir a partilha exclusivamente em relação aos herdeiros; ao ambiente judicial, atribui-se, com exclusividade, avaliar o exato atendimento às disposições testamentárias. Daí a convivência entre os dois juízos, arbitral e judicial, sem que um invada a esfera do outro. Os dois pronunciamentos jurisdicionais se completam harmoniosamente. Para mais detalhar: ao Judiciário caberá verificar se as condições estabelecidas pelo testador foram cumpridas, se na partilha foram atendidas as restrições impostas no testamento, como encargos, cláusulas de incomunicabilidade, impenhorabilidade, inalienabilidade, porém, é defeso ao juiz avaliar ou questionar a partilha propriamente dita, como, por exemplo, até mesmo eventuais diferenças no valor de quinhões, pois é matéria patrimonial disponível, sobre a qual a atribuição para decidir é do árbitro".[24]

Nesses casos, a submissão da partilha ou prestação de contas à jurisdição arbitral exigirá que o compromisso seja firmado por todos os herdeiros e meeiro supérstite de maneira que, ausente ou discordante um deles, inadmissível será a instituição de arbitragem.

Ademais, no que concerne à *arbitragem testamentária,* nossa lei de regência não agasalha qualquer previsão a esse respeito, diferentemente de outros países,[25] e, além do óbice apontado com as disposições do art. 610 do CPC, existe a vedação no que concerne à imposição de cláusula arbitral na parcela legítima dos herdeiros necessários. "Assim, salvo a concordância destes com a arbitragem ou se estabelecida com relação à parcela disponível do patrimônio, é que se poderá vislumbrar a arbitragem testamentária no direito brasileiro. Ainda, como acima

---

[23] *Arbitragem e processo,* 3. ed., art. 4º, p. 109-110. Observa ainda Carmona que "muito embora o testador disponha sobre seus próprios bens e ainda que se imaginem disposições de última vontade referentes apenas à parte disponível dos bens, a cláusula não poderia afetar terceiros, sob pena de violação à Constituição Federal. Em outros termos: a arbitragem nunca será inconstitucional (refiro-me aqui ao art. 5º, XXXV, da Carta Magna) se as partes decidirem levar suas próprias controvérsias, relativas a direitos disponíveis, à solução de árbitros; *mutatis mutandis,* feriria a garantia constitucional a disposição que determinasse que as controvérsias de terceiros devessem ser resolvidas através da via arbitral" (p. 109).
[24] "Ensaio sobre arbitragem testamentária no Brasil com paradigma no direito espanhol", *RArb,* v. 17, p. 54.
[25] Por exemplo, a Lei espanhola 60/2003, art. 10.

referido, indispensável será a sentença judicial integrativa em razão da existência de disposição de última vontade."[26]

Comungamos do entendimento jurídico exposto por Francisco Cahali, mas em contrapartida vislumbramos com certo ceticismo os efeitos práticos do acionamento das duas jurisdições (pública e privada) para a resolução dos conflitos dessa natureza. Nesses casos, as partes haverão de sopesar com extrema cautela as possíveis vantagens e desvantagens dessa tomada de decisão, passando por custos e incidência do tempo na resolução das lides, sendo o ponto mais relevante, a nosso sentir, possíveis desvios na cognição das matérias, tanto por parte de árbitros como pelo Estado-juiz, pois os temas que envolvem o direito sucessório e as questões fatuais que o circundam são, via de regra, complexas, sem perder de vista que essa questão, conforme apontado, é polêmica e controvertida na doutrina. Ademais, a linha divisória que separa as duas jurisdições é muito tênue, e, por conseguinte, pode dar azo a eventual prolação de sentença arbitral passível de anulação, colocando a perder todo o procedimento, com todos os seus consectários.

Por outro lado, a sentença proferida perante o Poder Judiciário poderá dar ensejo a recursos, arrastando o conflito – quem sabe – até às Cortes Superiores.

Assim, salvo situações excepcionais e bem avaliadas pelas partes e seus advogados, é que a hipótese poderá mostrar-se atrativa para a resolução de conflitos deste jaez.

3.3. Arbitragem e direitos metaindividuais

No tocante aos denominados *direitos metaindividuais,* que são também indisponíveis em face da maneira com que as relações no plano material se apresentam, desta feita, os direitos *difusos*[27] e *coletivos*[28] estão excluídos de apreciação por parte da jurisdição privada, porquanto *indivisíveis e indetermináveis,* donde exsurge a sua *indisponibilidade.*[29] Diversamente, os direitos *individuais homogê-*

---

[26] Francisco Cahali, ob. cit., p. 401-402.
[27] *Interesses ou direitos difusos* entendidos para efeitos do Código de Defesa do Consumidor são aqueles "[...] transindividuais, de natureza indivisível, de que sejam titulares pessoas indeterminadas e ligadas por circunstâncias de fato" (art. 81, I, parágrafo único, CDC).
[28] *Interesses ou direitos coletivos,* assim entendidos para fins do Código de Defesa do Consumidor, os "transindividuais de natureza indivisível de que seja titular grupo, categoria ou classe de pessoas ligadas entre si ou com a parte contrária por uma relação jurídica base" (art. 81, II, parágrafo único, CDC).
[29] No mesmo sentido, os entendimentos de José de Mattos Neto, "Direitos patrimoniais disponíveis e indisponíveis à luz da Lei de Arbitragem", *Revista de Arbitragem e Mediação,* v. 122, p. 151-166; Fábio Alem e Fernando Médici Jr., "Novas tendências para a solução de conflitos nas relações de consumo – arbitragem", in Haroldo Verçosa (org.), *Aspectos*

neos[30] podem ser objeto de decisão arbitral,[31] tendo em vista que estamos diante de direitos *divisíveis,* perfeitamente individualizáveis e, via de regra, disponíveis, quando patrimoniais. Nos dizeres de Nelson Nery Jr., "são os direitos individuais cujo titular é perfeitamente identificável e cujo objeto é divisível e cindível. O que caracteriza um direito individual comum como homogêneo é sua origem comum".[32]

Qualquer estipulação em contrário acerca do objeto litigioso será nula de pleno direito. Trata-se de *nulidade absoluta* da convenção, de natureza substantiva, porquanto *impossível o seu objeto* (art. 166, II, CC).[33] Diga-se o mesmo acerca dos direitos e garantias constitucionais que, em hipótese alguma, poderão ser objeto de restrição ou limitação por meio de sentença arbitral.[34]

---

    da arbitragem institucional – 12 anos da Lei 9.307/1996, p. 281-298; Rômulo Mariani, *Arbitragens coletivas no Brasil,* p. 55.

    Em sentido contrário, defendendo a tese da admissibilidade da arbitragem nesse tipo de conflito, desde que os direitos difusos e coletivos sejam restritos a aspectos patrimoniais, v. Ada Grinover e Eduardo Gonçalves, "Conferência sobre a arbitragem na tutela dos interesses difusos e coletivos", *RePro,* v. 136, p. 249-267, 2006; Eduardo Damião Gonçalves, "O papel da arbitragem na tutela dos interesses difusos e coletivos", in Carlos Alberto Carmona, Selma Lemes e Pedro Batista Martins (coord.), *Arbitragem* – Estudos em homenagem ao Prof. Guido Fernando Silva Soares, p. 148-160; Bernardo Lima, *A arbitrabilidade do dano ambiental,* p. 137-139; Ana Nery, *Arbitragem coletiva,* p. 244.

    Observa-se que o Anteprojeto de Código Brasileiro de Processos Coletivos, de autoria do Instituto Brasileiro de Direito Processual, em seu art. 3º, § 2º, admite a estipulação de arbitragem a ser regida pelo CPC e pela Lei 9.307/1996, desde que observada a disponibilidade do bem jurídico protegido.

[30] *Interesses ou direitos individuais homogêneos* são, assim entendidos, os "decorrentes de origem comum" (art. 81, III, parágrafo único, CDC).

[31] Em sentido contrário, v. Paulo Furtado e Uadi Bulos, *Lei da Arbitragem comentada,* p. 26, que defendem a tese da indisponibilidade dos direitos individuais homogêneos, ao lado dos difusos e coletivos.

[32] *Código de Processo Civil comentado,* 2. ed., p. 1.705, n. 13, art. 81, III, CDC.

    Admitem também a instauração de jurisdição arbitral para resolução de conflitos envolvendo direitos individuais homogêneos: Ana Luiza Nery, *Arbitragem coletiva,* p. 241; José de Mattos Neto, "Direitos patrimoniais disponíveis e indisponíveis à luz da Lei de Arbitragem", *Revista de Arbitragem e Mediação,* v. 122, p. 151-166; Fábio Alem e Fernando Médici Jr., "Novas tendências para a solução de conflitos nas relações de consumo – arbitragem", in Haroldo Verçosa (org.), *Aspectos da arbitragem institucional* – 12 anos da Lei 9.307/1996, p. 281-298; Bernardo Lima, *A arbitrabilidade do dano ambiental,* p. 121-128; Rômulo Mariani, *Arbitragens coletivas no Brasil,* p. 55; Nelson e Rosa Maria Nery, *Leis Civis Comentadas,* 3. ed., p. 341-342.

[33] A tese da nulidade de direito material é endossada por Pontes de Miranda, nos seus *Comentários,* t. XV, p. 251, n. 17.

[34] Outra não foi a orientação seguida pelo TRT da 2ª Região, *in verbis:* "[...] Não se restringe direitos constitucionalmente garantidos por meio de sentença arbitral [...]. Se nem a

Por outro lado, se houver incerteza sobre a natureza do bem litigioso e, por conseguinte, vier a surgir dúvida acerca da possibilidade de resolução do conflito por meio da jurisdição arbitral, a hipótese haverá de ser submetida à cognição da jurisdição privada, em observância ao princípio *kompetenz-kompetenz*, segundo se infere de regra insculpida no art. 8º da LA. Para aprofundamento sobre esse tema, enviamos o leitor interessado ao Capítulo Quinto, item n. 3, *infra*.

3.4. Arbitragem e título executivo extrajudicial

Resultando o conflito de interesses envolvendo créditos representados por título executivo extrajudicial, nada obsta que as partes, mesmo nestes casos, em comum acordo, optem não pela via executiva estatal, mas pelo acionamento da jurisdição arbitral, justamente por se tratar de direito patrimonial disponível.[35]

3.5. Arbitragem e recuperação judicial

Acerca da instauração de jurisdição privada para a resolução de conflitos advindos dos desdobramentos multifacetados da *recuperação de empresas*, instituída por intermédio da Lei 11.101, de 09.02.2005, algumas reflexões precisam ser feitas. De início, não se pode perder de vista o objeto litigioso que decorre dessas questões que envolvem os administradores da devedora e uma plêiade de credores, especialmente durante o período de dois anos seguintes ao deferimento pelo juiz da recuperação judicial e a aprovação do plano de recuperação, com possibilidades múltiplas (quiçá inimagináveis) de surgimento de conflitos de interesses e a certeza de que o eventual descumprimento por parte da sociedade devedora dará azo à transmudação em falência da sociedade.

Nesse cenário, é possível, ao menos em tese, a resolução dessas controvérsias, *a latere*, mediante jurisdição privada, porquanto mais rápida e qualificada para dirimir esse tipo de conflito. Contudo, não se pode olvidar que essa hipótese, em que pese admitida pelo sistema afigura-se, na prática, um tanto quanto difícil de

---

rescisão realizada com a assistência do Sindicato tem o condão de quitar valores além dos expressamente consignados no termo rescisório, com muito mais razão pode o empregado pleitear judicialmente verbas eventualmente devidas, e que não tenham constado na sentença arbitral. O direito de ação insculpido no art. 5º, XXXV da Constituição Federal não se sujeita a nenhuma condição conveniente à empresa, em detrimento dos direitos oriundos da relação empregatícia havida" (R.O. 00870.2004.078.02.00-1, Rel. Juiz Rovirso A. Boldo, j. 21.02.2006).

[35] Esse também é o entendimento sufragado pelo Foro Permanente de Processualistas, Enunciado 544, *in verbis*: "Admite-se a celebração de convenção de arbitragem, ainda que a obrigação esteja representada em título executivo extrajudicial".

implementação, seja pelos interesses diversos e multifacetados em conflito, seja pelo objeto, seja pelo número de credores envolvidos, direta ou indiretamente.

Por essas razões, encontramos posicionamentos doutrinários diversificados sobre o tema; assim, por exemplo, nos dizeres de José Pinto, "não é possível imaginar que o Plano de Recuperação apresentado em juízo contenha um grau de detalhamento tal que cada credor possa, de antemão, prever com razoável certeza os obstáculos que terá de enfrentar a partir da sua respectiva aprovação. Aliás, atento a essa circunstância e ao caráter dinâmico do longo e complexo processo de negociação que venha a se instaurar, o art. 53, I, da Lei 11.101/2005 limita-se a exigir, para assegurar a aprovação do Plano proposto e deferimento do estado de recuperação, que aquele contenha uma discriminação pormenorizada dos meios a serem empregados e seu resumo, acompanhado da demonstração de sua viabilidade econômica. No entanto, discriminação pormenorizada dos meios não pode e não deve ser entendida como previsão acurada de todos os impactos que possam ocorrer, até mesmo porque determinados detalhes e informações e dados somente serão conhecidos com o decorrer das negociações".

E arremata: "É justamente aí que se abre o espaço para o recurso à arbitragem nos processos de recuperação judicial. [...] Evidente que, em todos esses casos, poderão os credores recorrer ao Poder Judiciário para ver sanadas as controvérsias surgidas. No entanto, dada a complexidade dos procedimentos judiciais e o sistema horizontal e vertical de recursos, é razoável se imaginar que o devedor e os credores busquem forma célere, especializada e eficiente de solução dessas controvérsias. Para tanto, não temos dúvida de que a arbitragem é o mecanismo mais adequado para enfrentar essas questões na etapa específica em que venham a surgir, sobretudo por permitir que todo o procedimento venha ser conduzido por especialista na questão de fundo da controvérsia".[36]

Para tanto, a primeira providência a ser tomada pelo devedor é a inserção de cláusula compromissória no plano de recuperação que será apresentado aos credores, com a esperança de que eles prestem os seus respectivos assentimentos, sem prejuízo de que assim procedam optando pela arbitragem mais adiante.

Diferente é o entendimento de Carlos Alberto Carmona: "[...] creio que uma arbitragem multipartite que gere efeitos em processo já instaurado (e dirigido) por juiz togado seja altamente ineficiente (para não dizer indesejável). Seria necessário, para aplicar a arbitragem ao processo de recuperação, imaginar a eventual

---

[36] José Emílio Nunes Pinto, "Arbitragem na recuperação de empresas", in Arnoldo Wald (org.), *Arbitragem e Mediação*, v. IV, p. 309-310, n. 18 (Coleção Doutrinas Essenciais).
Esse também é o entendimento de Luis Cláudio Furtado Faria e Felipe Cozer, "A arbitragem e a recuperação judicial", *RArb*, 31, p. 251, out. 2011; e in Arnoldo Wald (org.), *Arbitragem e Mediação*, v. IV, p. 365-377, n. 22 (Coleção Doutrinas Essenciais).

suspensão das atividades judiciárias para que pudesse ser resolvida, por árbitro, eventual controvérsia na execução do plano de recuperação. Este choque entre o árbitro (com competência limitada às questões ligadas ao plano avençado pelos credores) e o juiz (que dirige, de forma global, o processo de recuperação) criará mais estorvos do que soluções. Concluo, portanto, que embora não haja, em princípio, impedimento de submeter-se a decisões de árbitros desavenças relativas às obrigações constantes do plano de recuperação, a utilização deste mecanismo de resolução de controvérsias soa bastante inadequado no ambiente regulado pela Lei 11.101/2005"[37], entendimento com o qual comungamos, diga-se de passagem.

Vejamos ainda algumas hipóteses envolvendo a instauração de jurisdição privada antes ou depois do deferimento de recuperação judicial, bem como os casos de decretação de falência:

a) a primeira hipótese diz respeito à jurisdição arbitral em que uma das partes é empresa, e, no curso do processo, a sociedade entra em recuperação judicial, por iniciativa própria ou de algum de seus credores, ou, em falência. Nesses casos, a declaração de recuperação judicial incidental ou decretação de falência no curso do procedimento arbitral, via de regra, não inibe o prosseguimento deste até a prolação de sentença, desde que tenha por objeto quantia ilíquida, por ser a exceção ao juízo universal definida no art. 6º, § 1º da Lei 11.101/2005;[38] a partir daí, se ficar vencida a empresa em recuperação ou falida, caberá ao vencedor da demanda habilitar-se no respectivo processo judicial em curso; vários são os precedentes da Corte da Cidadania neste sentido, valendo destacar entendimento de que "[...] a convenção de arbitragem prevista em contrato não impede a deflagração do

---

[37] *Arbitragem e processo,* 3. ed., p. 54.

[38] "Art. 6º A decretação da falência ou o deferimento do processamento da recuperação judicial suspende o curso da prescrição e de todas as ações e execuções em face do devedor, inclusive aquelas dos credores particulares do sócio solidário. § 1º Terá prosseguimento no juízo no qual estiver se processando a ação que demandar quantia ilíquida".

Nessa linha, também o entendimento do STJ, Corte Especial, SEC 14408/EX – Sentença Estrangeira Contestada 2015/0212240-5, Rel. Min. Luis Felipe Salomão, j. 21.06.2017, *DJe* 31.08.2017.

Este também é o entendimento de Luis Faria e Felipe Cozer, "A arbitragem e a recuperação judicial", *RArb,* 31, p. 251, out. 2011; e in Arnoldo Wald (org.), *Arbitragem e Mediação,* v. IV, p. 368-370, n. 22 (Coleção Doutrinas Essenciais).

Igualmente, Napoleão Casado Filho, que também entende "ser possível afirmar que a cláusula compromissória não é anulada pela simples decretação de falência de uma empresa. Deverá a arbitragem prosseguir seu curso normalmente, com a substituição do falido pelo administrador da massa falida e sem intervenção, em regra, do representante do Ministério Público [...]" ("A falência e seus efeitos em arbitragens multiconectadas", in Arnoldo Wald (org.), *Arbitragem e Mediação,* São Paulo: RT, 2014, v. IV, p. 450, n. 27 (Coleção Doutrinas Essenciais); e *RePro,* 216, p. 363, fev. 2013.

procedimento falimentar fundamentado no art. 94, I, da Lei n. 11.101/05. 3 – A existência de cláusula compromissória, de um lado, não afeta a executividade do título de crédito inadimplido. De outro lado, a falência, instituto que ostenta natureza de execução coletiva, não pode ser decretada por sentença arbitral. Logo, o direito do credor somente pode ser exercitado mediante provocação da jurisdição estatal. 4 – Admite-se a convivência harmônica das duas jurisdições – arbitral e estatal –, desde que respeitadas as competências correspondentes, que ostentam natureza absoluta";[39]

b) o segundo caso respeita à participação da sociedade em recuperação judicial, ou, em falência já decretada, na qualidade de parte em demanda a ser processada perante a jurisdição arbitral. Neste ponto, havemos de subdividir a questão em duas situações distintas: *b1)* a arbitragem instaurada tem como litigantes o devedor em recuperação, e, de outro lado, um ou mais credores, cujo objeto da controvérsia repousa em aspectos atinentes ao (des)cumprimento do plano de recuperação e/ou em questões distintas; *b2)* a outra situação diz respeito à possibilidade de participação de empresa em processo falimentar, com a falência já decretada, ou, em recuperação judicial, em demanda processada pela jurisdição privada e que envolva sujeitos e objeto distintos.

A hipótese *b1*, primeira parte, que diz respeito aos conflitos decorrentes do descumprimento do plano de recuperação já foi por nós analisada anteriormente; diversa, porém, é a situação descrita em *b2*, por versar sobre recuperação judicial ou falência. Se a empresa estiver em recuperação judicial, ela prossegue em todos os seus negócios e atividades, conduzida por seus administradores (Lei 11.101/2005, art. 64, *caput*), nada obstante as fiscalizações a que está submetida (por juiz, administrador judicial e por comitê de credores, se constituído para esse fim).

Por conseguinte, se for parte em contratos posteriores que vierem a dar azo a algum conflito de interesses (Lei 11.101/2005, art. 49), está cabalmente apta a fazer uso da jurisdição da arbitragem para a resolução da lide. Contudo, se a empresa já

---

[39] REsp 1.277.725/AM, 3ª T., Rel. Min. Fátima Nancy Andrighi, j. 12.03.2013, *DJe* 18.03.2013; e *RT*, v. 933, p. 721.
Assim também precedentes do Tribunal de Justiça de São Paulo (AgIn 531.020-4/3-00, Rel. Des. Manoel de Queiroz Pereira Calças, j. 25.06.2008). Vale transcrever o seguinte excerto do referido acórdão que se funda no art. 6º, § 1º, da Lei 11.101/2005: "Mesmo considerando que no processo de falência há interesses da coletividade dos credores do devedor comum, não se entrevê qualquer impedimento ao cumprimento de convenção de arbitragem pactuada anteriormente à decretação da falência, em cláusula prevista no contrato firmado por pessoas jurídicas, regularmente constituídas e representadas na forma de seus atos constitutivos, com plena capacidade negocial e tendo por objeto direitos patrimoniais disponíveis, conforme estabelece o art. 1º da Lei 9.307/1996" (cf. Faria e Cozer, estudo já referido, *supra*, p. 368).

tiver contra si decretada a falência, entendemos que não poderá solucionar qualquer espécie de conflito através da jurisdição arbitral, pois desprovida a sociedade de capacidade para firmar qualquer espécie de pacto.[40]

Há de se ressaltar que a limitação definida acerca do tipo de lide passível de resolução por meio de arbitragem, insculpida no art. 1º da Lei 9.307/1996, não se confunde com aquela contida no inc. III do revogado art. 1.074 do CPC de 1973, que fazia a exigência prévia de o compromisso arbitral conter, sob pena de nulidade, "o objeto do litígio, com todas as suas especificações, inclusive o seu valor". Esse requisito, tão criticado pela doutrina, não mais existe.

3.6. Arbitragem e questões incidentais

Em que pese não ser a regra, nada obsta que as questões excluídas do objeto da controvérsia possam ser apreciadas subsidiariamente e de maneira incidental, com o escopo de esclarecer ou servir de sustentação à matéria de fundo, desde que a apreciação *incidental* se realize em matérias de competência da jurisdição arbitral (direitos patrimoniais disponíveis).

Em outras palavras, o sistema não permite, sequer por vias transversas, o conhecimento de matérias cujo objeto ou pessoas estejam excluídas da jurisdição arbitral, não se confundindo com as *questões prejudiciais* que, eventualmente, possam surgir no curso do procedimento arbitral. Nesse ponto, a Lei 13.129/2015 suprimiu o art. 25 da LA que dispunha sobre essa matéria, *in verbis*: "Sobrevindo no curso da arbitragem controvérsia acerca de direitos indisponíveis e verificando-se que de sua existência, ou não, dependerá o julgamento, o árbitro ou o tribunal arbitral remeterá as partes à autoridade competente do Poder Judiciário, suspendendo-se o procedimento arbitral. Parágrafo único: Resolvida a questão prejudicial e juntada aos autos a sentença ou acórdão transitados em julgado, terá normal seguimento a arbitragem".

Apesar da revogação do aludido dispositivo, a sua essência permanece viva, pois caso se verifique no curso do procedimento arbitral alguma questão daquele naipe, outra alternativa não resta aos árbitros senão suspender o processo arbitral por prazo indeterminado, até a resolução da controvérsia pelo Poder Judiciário, a não ser que as partes litigantes definam de maneira diversa, como, por exemplo, resolver o conflito por meio de autocomposição.

---

[40] Para aprofundamento sobre o tema da "Arbitragem e falência", v. o estudo de Felipe Moraes, assim intitulado, in Carlos Carmona, Selma Lemes e Pedro Martins (coord.), *20 anos da Lei de Arbitragem* – Homenagem a Petrônio R. Muniz, p. 763-792.

Inferem-se do relatório do Senado ao Projeto de Lei 406/2013 (que deu origem à Lei 13.129/2015)[41] as razões pelas quais o dispositivo em exame foi suprimido, vejamos: "Quanto ao art. 25, observamos que as medidas de que trata esse dispositivo podem ser utilizadas de má-fé, principalmente pelas partes que buscam nelas uma forma de tangenciar o processo arbitral, procrastinando seu andamento, a partir da 'criação' de questões de direito indisponível. A sua supressão é uma forma de se prestigiar ainda mais a arbitragem, evitando com isso paralisações e ingerências judiciais indevidas. A exclusão do artigo não tem a intenção de dar ao árbitro competência para resolver questões de direitos indisponíveis. Isto é vedado pelo próprio art. 1º da Lei. Se o árbitro entender que a discussão envolve direito indisponível, ele deverá suspender ou mesmo extinguir a arbitragem. Ademais, nada impede que os árbitros julguem – *incidenter tantum* – questões prejudiciais, sem força de coisa julgada. Isso amplia o objeto do conhecimento do árbitro, mas não amplia o objeto do processo arbitral, de modo que o árbitro não estará proferindo julgamento sobre questão de direito indisponível, que poderá ser levada a qualquer tempo, pelo eventual interessado, ao Poder Judiciário. A experiência demonstrou que o art. 25 não encontra utilidade prática e pode apenas causar perplexidade e confusão. Tanto isso é verdade que o dispositivo italiano que inspirou o art. 25 já foi revogado há anos".

3.7. Arbitragem e direitos da personalidade

Outro ponto que merece destaque são os conflitos que envolvem os *direitos da personalidade*, ou, mais precisamente, se as controvérsias envolvendo relações desta natureza poderão ser solucionadas perante a jurisdição privada.

Esses direitos, como é sabido, são de natureza não patrimonial ou personalíssima e, como tais, indisponíveis. Contudo, deles poderão decorrer questões de caráter eminentemente patrimonial, como se verifica, por exemplo, com a violação de privacidade, o dano à imagem, controvérsias relativas aos direitos autorais, dentre tantas outras.

Nesses casos, nada obstante o litígio ter por fundamento a violação de direito da personalidade, o objeto litigioso em si mesmo, a controvérsia e a pretensão dos interessados giram em torno da obtenção do *ressarcimento* ou *compensação pecuniária* pelos danos sofridos, razão pela qual poderão se valer da arbitragem diante do caráter eminentemente patrimonial da lide.

---

[41] Parecer 1.545/2013 da Comissão de Constituição, Justiça e Cidadania, da relatoria do Senador Vital do Rego, publicado em 18.12.2013.

3.8. Arbitragem e conflitos trabalhistas

Tratando-se o litígio de natureza trabalhista, duas situações fáticas deverão ser distinguidas, quais sejam, aquelas que envolvem relações individuais e as coletivas. No tocante a esta última, não pairam maiores dúvidas, em face do texto expresso da Constituição Federal que admite às partes litigantes a eleição de árbitros, quando frustrada a tentativa de negociação coletiva (art. 114, § 1º). Nesses casos, portanto, a regra é a busca da solução do conflito por intermédio da jurisdição pública com competência em matéria de trabalho e, "recusando-se qualquer das partes à negociação coletiva ou à arbitragem, é facultado às mesmas, de comum acordo, ajuizar dissídio coletivo de natureza econômica, podendo a Justiça do Trabalho decidir o conflito, respeitadas as disposições mínimas legais de proteção ao trabalho, bem como as convencionadas anteriormente" (§ 2º, art. 114).

Em sede de conflitos envolvendo o trabalho portuário brasileiro, com fulcro no art. 37, § 3º, da Lei 12.815/2013, que dispõe acerca dessa matéria, a arbitragem pode ser utilizada para a resolução dessas lides.

Resta analisarmos a hipótese de conflito trabalhista de caráter individual, notadamente sob o prisma da disponibilidade ou indisponibilidade do respectivo direito, partindo-se da premissa de que os direitos decorrentes de relações laborais são para os empregados indisponíveis, mais precisamente irrenunciáveis.

Todavia, os direitos trabalhistas, embora irrenunciáveis, não são absolutamente indisponíveis. Acolhendo este entendimento, assim manifestou-se também o Superior Tribunal de Justiça, em aresto bem lançado da lavra do saudoso Ministro Teori Zavascki, oportunidade em que assinalou comportar a transação em certos casos, o que é muito comum no âmbito dos dissídios individuais. Observou o Relator, em seu brilhante voto, que "[...] a indisponibilidade desses direitos deve ser considerada como modo de tutelar os interesses do empregado, não cabendo invocá-la para alcançar finalidade oposta". E, após fazer alusão ao nosso entendimento doutrinário, arremata dizendo que "[...] não se pode descartar, em caráter absoluto, a viabilidade da utilização do juízo arbitral para dirimir conflitos individuais de natureza trabalhista. Será legítima a via arbitral e, portanto, a sentença nela proferida – a não ser quando evidenciada a indevida e desproporcional renúncia dos direitos por parte do empregado. Assim, na situação dos autos, a despedida sem justa causa, acompanhada da prova do depósito previsto no art. 18 da Lei 8.036/90, é motivo suficiente para autorizar a movimentação da conta pelo empregado. Em tal ocorrendo, não se pode considerar presente qualquer renúncia a direito seu, nem, portanto, ilegítima a sentença arbitral que reconheceu a despedida injusta [...]".[42]

---

[42] REsp 707.043/BA, j. 15.03.2005 (trecho do aresto, p. 2). E mais: "[...] 2. Aceita pela Justiça do Trabalho a chancela por sentença arbitral da rescisão de um pacto laboral, não cabe

Registra-se também a participação efetiva dos representantes do Ministério Público do Trabalho que, por força do disposto no art. 83, XI, da Lei Complementar 75/1993, podem desempenhar as funções de árbitros, se assim forem solicitados pelas partes, em dissídios da competência da Justiça Laboral.

Vale ainda lembrar que a autocomposição é muito utilizada em dissídios laborais, aparecendo a transação como forma viável e muito difundida para dirimir conflitos perante a justiça especializada.[43]

No tocante aos contratos de trabalho individuais e à resolução de conflitos deles decorrentes por intermédio da arbitragem, a matéria chegou a ser abordada no Projeto de Lei 406 que deu origem à Lei 13.129/2015 (art. 4º, § 4º) e assim permaneceu até o texto final encaminhado para sanção presidencial, terminando, contudo, por ser vetado. Dispunha o aludido parágrafo, *in verbis*: "§ 4º Desde que o empregado ocupe ou venha a ocupar cargo ou função de administrador ou de diretor estatutário, nos contratos individuais de trabalho poderá ser pactuada cláusula compromissória, que só terá eficácia se o empregado tomar a iniciativa de instituir a arbitragem ou se concordar expressamente com a sua instituição".

As razões do veto presidencial foram assim apresentadas: "O dispositivo autorizaria a previsão de cláusula de compromisso em contrato individual de trabalho. Para tal, realizaria, ainda, restrições de sua eficácia nas relações envolvendo determinados empregados, a depender de sua ocupação. Dessa forma, acabaria por realizar uma distinção indesejada entre empregados, além de recorrer a termo não definido tecnicamente na legislação trabalhista. Com isso, colocaria em risco a generalidade de trabalhadores que poderiam se ver submetidos ao processo arbitral".

A justificativa é pífia, além de estar na contramão da doutrina dominante mais lúcida e da jurisprudência trabalhista pacificada acerca do tema em voga, somando-se ao fato de que a restrição feita na proposta legislativa vinha justamente ao encontro da proteção da grande massa de trabalhadores, pois restringia a possibilidade de fazer uso da arbitragem apenas a um grupo mais esclarecido de empregados, qual seja, o que ocupasse ou viesse a ocupar cargo ou função de administrador ou de diretor estatutário. Como se não bastasse, a eficácia do pacto de cláusula compromissória ficava restrita às hipóteses em que o empregado viesse a tomar a iniciativa de instituir a arbitragem, ou, expressamente concordasse com a sua instituição, quando surgida a controvérsia.

à CEF perquirir da legalidade ou não da rescisão. 3. Validade da sentença arbitral como sentença judicial" (REsp 637.055, Rel. Min. Eliana Calmon, *DJ* 28.09.2004).

[43] Para um panorama abrangente sobre as *ADR* em conflitos trabalhistas, v. Georgenor de Souza Franco Filho, "Arbitragem nas relações de trabalho", *Revista de Direito do Trabalho – RDT*, 148, p. 243, out. 2012; e in Arnoldo Wald (org.), *Arbitragem e Mediação*, São Paulo: RT, 2014, v. IV, p. 1.041-1.049, n. 56 (Coleção Doutrinas Essenciais).

Outro não é o entendimento de Francisco Cahali: "Com efeito, totalmente despropositado, também o veto. Ainda que não se tenha definido tecnicamente na legislação trabalhista os cargos ou funções escolhidas no projeto aprovado, a proteção do trabalhador, na forma proposta, é integral, na medida em que expresso na lei a eficácia da cláusula apenas e tão somente se existente concordância do trabalhador com a instituição da arbitragem.

"Tal como acima referido ao se analisar a posição do consumidor, mesmo que o trabalhador tivesse firmado a cláusula de arbitragem no contrato de trabalho, para a eficácia da exclusão do Judiciário, haveria necessidade de sua confirmação (pela iniciativa da arbitragem, ou concordância expressa com a sua instituição) quando surgido o conflito; ou seja, a cláusula, por si só, não vincularia o trabalhador, criando em seu favor uma situação extremamente confortável. Neste contexto, totalmente irrelevante a incerteza da legislação trabalhista a respeito da identificação do cargo ou função, pois bastaria o trabalhador, se descontente com a opção, repudiar no momento do litígio, para se ter como afastada a cláusula. E a ineficácia da cláusula seria automática, com o simples ingresso de reclamatória trabalhista no juízo competente, sem qualquer necessidade de se discutir se o seu cargo ou função (qualificado no contrato ao se inserir a convenção) permitiriam ou não a arbitragem, pois pelo seu livre-arbítrio, teria a opção de tornar sem efeito a cláusula, ao escolher a jurisdição estatal para solucionar a questão.

"Daí por que sem sentido o veto apresentado".

E, um pouco mais adiante, complementa Cahali: "[...] A restrição projetada, acima tratada, refere-se exclusivamente, em nosso entender, à cláusula compromissória inserida em contrato de trabalho, não a compromisso arbitral, realizado em momento posterior ao rompimento do vínculo".[44]

Sobre esse tema, desde a primeira edição desta obra, portanto, 18 anos antes da edição da Lei 13.129/2015, deixamos assentado que, nada obstante ter-se como regra a jurisdição estatal para dirimir conflitos individuais de trabalho, haveria de ser admitida a jurisdição arbitral nas hipóteses em que não fosse razoável admitir-se presumível o vício de vontade externado pelo empregado.[45]

Sempre afirmamos que, em sede das relações individuais de trabalho, as condições pessoais dos empregados, tais como o nível cultural, o grau de escolaridade, a atividade profissional por ele exercida, a idade, a experiência no ramo etc. seriam fatores de grande importância a serem considerados e, com isso, verificar-se caso a caso se a manifestação de vontade do trabalhador estaria ou

---

[44] "Lei n. 9.307/96 consolidada com a Lei n. 13.129/2015 – destacadas as modificações com breves comentários", *Arbitragem* – Estudos sobre a Lei 13.129, de 26-5-2015, p. 610-611.

[45] Jorge Luiz do Souto Maior, "Arbitragem e Direito do Trabalho", *Diário do Comércio & Indústria*, de 24 e 26 dez. 1996, p. VIII.

não viciada ao consentir com a instituição da arbitragem. A verdade é que, com o aludido veto presidencial "perdeu-se a oportunidade de se permitir uma evolução, mínima que fosse, na utilização da arbitragem nos contratos de trabalho, mesmo que para determinada categoria de trabalhadores, visto que, por outro lado, não houve inovação ou alteração na instituição da arbitragem nos contratos de trabalho por meio do compromisso arbitral, permanecendo aos operadores, à doutrina e à jurisprudência a tarefa de continuar a discussão e promover as mudanças de paradigma na comunidade".[46] Se por um lado perdemos a oportunidade de versar sobre o tema em voga com a edição da Lei 13.129/2015, por outro, avançamos – apesar de modestamente – com a arbitragem nas resoluções de conflitos decorrentes de relações trabalhistas individuais com a Lei 13.467, de 13 de julho de 2017, que trouxe inúmeras e profundas alterações para a legislação trabalhista (mais de duzentas regras modificadas e mais de cem dispositivos da Consolidação das Leis do Trabalho), adequando-as aos novos influxos e necessidades do mercado contemporâneo, notadamente as negociações coletivas.

Dando finalmente o primeiro passo – modesto, tímido, mas importante – a referida lei insere na CLT um novo dispositivo (art. 507-A) para regular a matéria e, para tanto, elege como critério o padrão salarial do empregado para a opção pela arbitragem, correspondente a duas vezes o teto máximo dos benefícios de previdência social (aproximadamente, nos dias de hoje, R$ 11.500,00).

Dispõe o art. 507-A da CLT que, "nos contratos individuais de trabalho cuja remuneração seja superior a duas vezes o limite máximo estabelecido para os benefícios do Regime Geral de Previdência Social, poderá ser pactuada cláusula compromissória de arbitragem, desde que por iniciativa do empregado ou mediante a sua concordância expressa, nos termos previstos na Lei n. 9.307, de 23 de setembro de 1996".

O critério financeiro quantitativo eleito pelo legislador define o perfil de um empregado que ostenta em seu *curriculum vitae* qualificação diferenciada, o que justifica o ganho salarial mensal elevado e serve, por conseguinte, como forte indicador da sua compreensão acerca da eventual opção pela jurisdição privada e a renúncia ao Poder Judiciário para dirimir futuras contendas que possam vir a surgir com o empregador, em decorrência da relação laboral entre eles estabelecida.

---

[46] Ana Lucia Pereira, "As modificações propostas para a utilização da arbitragem nos contratos individuais de trabalho", in Francisco Cahali, Thiago Rodovalho e Alexandre Freire (org.), *Arbitragem* – Estudos sobre a Lei 13.129, de 26-5-2015, 2016, p. 47. Da citada Autora, v. também o estudo intitulado "Considerações sobre a utilização da arbitragem nos contratos individuais do trabalho", *RArb*, v. 23, p. 89, out. 2009; e in Arnoldo Wald (org.), *Arbitragem e Mediação*, São Paulo: RT, 2014, v. IV, p. 1.023-1.039, n. 55 (Coleção Doutrinas Essenciais).

Acertadamente, o legislador tomou a cautela de conferir a iniciativa pela instauração do juízo arbitral ao empregado ou mediante a sua concordância expressa, se a iniciativa vier a ser tomada pelo empregador.

Diz ainda o novel dispositivo que a cláusula compromissória haverá de estar inserida nos contratos individuais de trabalho, sem fazer qualquer alusão à possibilidade de opção posterior do empregado em compromisso arbitral. Parece-nos que o legislador disse menos do que pretendia, pois se a intenção da lei é abrir novas portas de resolução de controvérsia às relações individuais de trabalho, não há sentido algum inadmitir que as partes, após firmarem contrato de trabalho sem cláusula compromissória, possam livre e espontaneamente optar pela jurisdição privada mediante a lavratura de termo de compromisso arbitral.

Estamos certos de que a redação conferida ao art. 507-A da CLT não obsta, em hipótese alguma, que as mesmas partes contratantes, em que pese a inexistência de cláusula arbitral, possam resolver eventuais controvérsias decorrentes deste mesmo contrato laboral em sede arbitral, até porque a jurisdição privada norteia-se pela vontade das partes e, sendo esta a intenção comum de empregado e empregador, perfeitamente admissível a instauração do painel, em sintonia com os ditames da Lei 9.307/1996.

Observa-se ainda que a resolução desses conflitos trabalhistas por arbitragem não passa pelo crivo ou autorização do sindicato a que o empregado eventualmente possa estar vinculado, sem prejuízo de vir a participar do painel, numa espécie de *amicus curiae*, desde que todos os envolvidos estejam de acordo e que haja assentimento dos árbitros.

Imperioso também assinalar que, apesar de a legislação trabalhista não exigir a presença de advogado para defender os interesses do empregado em sede jurisdicional, no que concerne à arbitragem, a abordagem haverá de ser outra bem diversa, pois os juízes privados estarão despidos do manto protetor do empregado, diferentemente do que se constata com o juiz estatal trabalhista, em que a balança da justiça costuma pender para o hipossuficiente.

Assim, para que se verifique cabal paridade entre as partes, é inadmissível a participação do empregado em painel arbitral desacompanhado de advogado, sob pena de colocarem-se em risco os princípios constitucionais do devido processo legal, a ser observado também na jurisdição privada (LA, art. 21, § 2º), sob pena de nulidade da sentença arbitral.

3.9. Arbitragem e conflitos tributários

No que concerne aos *conflitos de natureza tributária*, mesmo com a novidade trazida pela Lei 13.129 de 2015 que inseriu no art. 1º da lei de regência a possibilidade de a administração direta e indireta fazer uso de arbitragem para dirimir conflitos relativos a direitos patrimoniais disponíveis, não há consenso na doutrina sobre a necessidade (ou não) de lei ou dispositivo específico para regular a matéria.

Uma coisa é certa: nem o Fisco nem os contribuintes sentem-se confortáveis e seguros para recorrer à jurisdição arbitral que, ao fim e ao cabo, por falta de normativa própria para versar sobre os seus meandros e particularidades, possa terminar por ser anulada pelo Poder Judiciário.

O fato é que essa realidade precisa ser modificada, pois, da maneira com que o sistema se apresenta, beira ao colapso no que concerne à ineficiência das resoluções de controvérsias, em prejuízo dos cofres públicos e dos contribuintes, em demandas que costumam alongar-se por 15 anos, segundo dados oficiais colhidos do Conselho Nacional de Justiça e da Procuradoria Geral da Fazenda Nacional/ Receita Federal.[47]

O Fisco demora em receber os tributos que lhe são devidos e não pagos, o que acarreta aumento do *deficit* fiscal e, consequentemente, reduzem-se os investimentos públicos em face da arrecadação a menor; por outro lado, reina para os contribuintes a incerteza acerca do resultado do litígio judicial e dos nefastos efeitos da incidência do tempo nos processos, levando-os a contingenciar provisões para atender eventual sucumbência tributária, o que repercute na diminuição dos investimentos e, na sequência, na redução de lucros, na oferta de empregos no mercado e, com menos investimentos e lucros, tende a ser achatado o crédito bancário, em síntese, um círculo vicioso e perverso que parece não ter fim para nenhuma das partes.

Têm-se, é bem verdade, os tribunais administrativos; porém, se não resolvida a questão a contento, adentram as partes em uma interminável e incerta *via crucis*, valendo apontar dados do *Justiça em Números* (CNJ) de 2017 no sentido de que as execuções fiscais representavam 39% de todas as demandas pendentes e 75% das execuções em tramitação, com taxa de congestionamento de 91,7%, ou seja, em média, de cada cem ações executivas fiscais em tramitação em 2015, apenas oito foram baixadas, o que não significa, necessariamente, a satisfação integral perseguida pelo Fisco, sendo basicamente o mesmo quadro apresentado em 2017.[48]

Visando a minimizar gradativamente essa realidade impactante dos conflitos tributários, extraem-se dois Enunciados da *I Jornada de Prevenção e Solução Extrajudicial de Conflitos* auspiciada pelo Conselho da Justiça Federal, *in verbis*:

---

[47] V. Priscila de Mendonça, *Arbitragem e transações tributárias*, "Um retrato dos processos judiciais tributários", 2014, p. 11-20, item n. 1.

[48] Extrai-se do relatório (alarmante) do "Justiça em Números-2018", baseado em dados de 2017, item 4.3.1, que versa sobre as *execuções fiscais, in verbis*: "A série histórica dos processos de execução fiscal, apresentada na Figura 102, mostra crescimento gradativo na quantidade de casos pendentes, ano a ano, desde 2009. Os casos novos, após decréscimo em 2015, subiram em 2016 e 2017, em 12,9% e 7,4%, respectivamente. O tempo de giro do acervo desses processos é de 11 anos, ou seja, mesmo que o Judiciário parasse de receber novas execuções fiscais, ainda seriam necessários 11 anos para liquidar o acervo existente".

"Enunciado 53. Estimula-se a transação como alternativa válida do ponto de vista jurídico para tornar efetiva a justiça tributária, no âmbito administrativo e judicial, aprimorando a sistemática de prevenção e solução consensual dos conflitos tributários entre Administração Pública e administrados, ampliando, assim, a recuperação de receitas com maior brevidade e eficiência"; "Enunciado 54. A Administração Pública deverá oportunizar a transação por adesão nas hipóteses em que houver precedente judicial de observância obrigatória".

Além da arbitragem em sede tributária, outra solução para reduzir o problema apresentado – há muito por nós indicada – reside, em síntese, na desjudicialização das demandas executivas (fiscal e comum), a fim de que sejam procedidas extrajudicialmente (conforme já ocorre com a usucapião, o inventário, a separação e o divórcio), a exemplo do que se verifica, com sucesso, na Alemanha e em Portugal.[49]

Conforme bem assinalado pelo Grupo de Estudos de Arbitragem em Direito Tributário do Comitê Brasileiro de Arbitragem, "embora seja teoricamente possível pensar na introdução da arbitragem tributária com o atual arcabouço legislativo, parece-nos que, sobretudo, sob o ponto de vista das autoridades fiscais, a regulamentação legislativa da arbitragem tributária e de seus efeitos – sejam eles processuais e/ou administrativo-sancionatórios – a tornarão um mecanismo de solução de controvérsia legítimo, eficaz e bem-sucedido no Brasil".[50]

---

[49] Sobre o tema, v. o nosso estudo intitulado "Execução simplificada e desjudicialização do processo civil: mito ou realidade", in Arruda Alvim, Eduardo Arruda Alvim, Gilberto Gomes Bruschi, Mara Larsen Chechi e Mônica Bonetti Couto (coord.), *Execução civil e temas afins do CPC /1973 ao novo CPC – Estudos em homenagem ao Professor Araken de Assis*, 2014.
V. também as obras de Flávia Pereira Ribeiro, intitulada *Desjudicialização da execução civil*, e de Taynara Tiemi Ono, *Execução por quantia certa – acesso à justiça pela desjudicialização da execução civil*.

[50] Disponível em: <https://www.conjur.com.br/2017-jul-11/opinião-arbitragem-tributário--caminho-explorado>.
Retira-se ainda o seguinte excerto do aludido periódico eletrônico: "[...] Não podemos, no mais, simplesmente ignorar que a arbitragem não terá apelo a contribuintes que, por exemplo, não puderem renovar sua certidão de regularidade fiscal e ficarem à mercê de bloqueio de bens e contas enquanto pendente procedimento arbitral por mera falta de previsão normativa (especificamente no artigo 151, do Código Tributário Nacional) da respectiva causa da suspensão da exigibilidade do débito em discussão. Adicionalmente, a sentença arbitral deve ser apta a constituir créditos em favor dos contribuintes, em complementação às hipóteses hoje previstas no artigo 165, do CTN. De outro lado, tampouco terá apelo ao ente público fazendário se a opção pela disputa arbitral não interromper (ou no mínimo suspender) o prazo para cobrança do débito tributário previsto no artigo 174, do CTN. E o momento propício à arbitragem em matéria tributária reside não só na ineficiência do processo tributário (administrativo e judicial), mas pela necessidade de adequação do Brasil ao fornecimento de tratamento adequado aos conflitos, cumprindo

Sem dúvida, seria de bom alvitre, primeiramente, definir-se com clareza em lei os precisos contornos do cabimento da arbitragem em sede tributária e as espécies de conflitos que poderiam ser objeto de cognição pelo juiz privado, dentre outros assuntos afins; contudo, tal assertiva não retira a possibilidade jurídica de, com base no art. 1º, § 1º da Lei 9.307/1996 instituir-se nos dias atuais um painel arbitral com esse escopo, justamente porque não versam as demandas dessa natureza sobre interesses públicos primários, mas secundários, pois não importam em receita para o Fisco. Ademais, a resolução de controvérsias tributárias em sede arbitral vai ao encontro do princípio da eficiência, preconizado no art. 37 da Lei Maior e, ainda, em sintonia com a duração razoável do processo (CF, art. 5º, LXXVIII).[51]

3.10. Arbitragem, direitos autorais e fonográficos

Os litígios que tenham por objeto gestão coletiva de direitos autorais e fonogramas, de que trata a lei de regência (Lei 9.610, de 19.02.1998) podem ser também submetidos à jurisdição arbitral, segundo regulamentação insculpida no Decreto

---

[51] também as diretrizes da ação 14 do Beps, relatório da OCDE produzido a pedido dos participantes do G20, que inclui o Brasil. É dizer, o Brasil está obrigado a modificar sua postura na solução de conflitos em matéria tributária, especialmente no plano internacional, vez que vem adiando (injustificadamente) a adoção de medidas como a implementação da arbitragem no plano do Modelo de Convenção da OCDE desde a atualização de 2010. Da mesma forma, o estabelecimento de um roteiro para o chamado procedimento amigável no campo da aplicação dos CDIs (convenções para evitar a dupla tributação), que ocorreu com a edição da Instrução Normativa RFB 1.669/2016, não atinge tal desiderato, vez que tal conceito está em fase de superação, como bem apontado no painel do Subject 1 do Congresso Anual da IFA de 2016 em Madri, prioritariamente pela sua ineficácia e pequena abrangência. Logo, o Brasil necessita criar uma cultura de arbitragem em matéria tributária para estar em linha com o mandamento da Ação 14 do Beps, lembrando que a arbitragem mandatória em matéria tributária internacional virá no âmbito do tratado multilateral previsto na Ação 15".

Cf. Alexandre do Rego Monteiro e Leonardo de Moraes e Castro, "Direito tributário e arbitragem – uma análise da possibilidade e dos óbices ao juízo arbitral em matéria tributária no Brasil", in Arnoldo Wald (org.), *Arbitragem e Mediação*, v. IV, p. 601 (Coleção Doutrinas Essenciais).

Comungamos também do entendimento dos citados articulistas quando escrevem no sentido de que "[...] pelo fato de que a arbitragem é uma 'forma' de extinção do crédito tributário e não uma 'causa', que entendemos ser desnecessária a edição de lei complementar, com base no art. 146, III, *b*, da CF/1988, para tratar de tal tema. Uma vez que a arbitragem é verdadeiro procedimento pelo qual se veiculará a causa da extinção do mencionado crédito tributário, cada ente político poderá regulamentar o seu procedimento arbitral em matéria tributária, assim como ocorre com o procedimento ou processo administrativo tributário, que difere no âmbito federal, estadual e municipal" (p. 598-599).

Em sentido contrário, v. Priscila de Mendonça, *Arbitragem e transações tributárias*, 2014, p. 98-101.

9.574, de 22 de novembro de 2018, sem prejuízo da apreciação dessas matérias pelo Poder Judiciário ou, quando couber, pelos órgãos do Sistema Brasileiro de Defesa da Concorrência.

Nesse sentido, dispõe o art. 25 do mencionado Decreto que o Ministério da Cultura poderá promover a resolução de litígios entre usuários e titulares de direitos autorais ou seus mandatários e entre titulares e suas associações, na forma prevista na Lei 9.307/1996, em sintonia com o respectivo Regulamento de Mediação, Conciliação e Arbitragem.

Incumbe também ainda ao Ministério da Cultura, com o objetivo de estimular a resolução de controvérsias por meio de mediação e arbitragem, publicar edital para credenciamento de mediadores e árbitros com comprovada experiência e notório saber na área de direito autoral (Dec. 9.574/2018, art. 25, § 2º), diante da especificidade da matéria em questão, o que exige elevado conhecimento desses profissionais para o julgamento de conflitos, via de regra, complexos.

Por outro lado, a prática dessas arbitragens tem se mostrado profícua, em que pese um número ainda limitado de atuação dos tribunais arbitrais, em virtude de as demandas nem sempre terem por objeto valor expressivo que justifique os gastos elevados do acesso à jurisdição privada.

4. DA CONVENÇÃO DE ARBITRAGEM: CLÁUSULA COMPROMISSÓRIA E COMPROMISSO ARBITRAL

No que tange especificamente à natureza jurídica do instituto da arbitragem, verificamos no capítulo precedente deste estudo (v. item n. 7, *supra*) que as doutrinas nacional e alienígena têm sido pródigas, ao longo das décadas, em desenvolver duas correntes antagônicas: de um lado, encontra-se a teoria *privatista* (ou *contratual*); de outro, a *publicista* (ou jurisdicional). Vimos também que o legislador infraconstitucional adotou na Lei 9.307/1996 a doutrina mais moderna que procura conciliar as teorias *privatista* (ou contratual) e *publicista* (ou jurisdicional), atribuindo ao instituto jurídico da arbitragem natureza *sui generis*, tendo em vista que nasce da vontade das partes (caráter privado obrigacional) para regular relações de ordem processual (caráter público).

É dentro desse contexto que a *convenção arbitral* aparece, na qualidade de "contrato privado que disciplina matéria de interesse particular e, num segundo plano, à ordem pública, nacional ou internacional, à medida que se destina a compor controvérsia que, mesmo entre particulares, afeta essa ordem pública. Essa doutrina é, atualmente, defendida sobretudo por Pierre Lalive e Philippe Fouchard e contou com o prestígio do Instituto de Direito Internacional, representado pelo Professor Sauser-Hall".[52]

---

[52] Cf. José Carlos de Magalhães, "Do Estado na arbitragem privada", *RDP*, 71, p. 164, n. 4.

A Lei 9.307/1996 colocou fim às polêmicas relativas à natureza e distinções que eram acirradamente levantadas pelos doutrinadores e tribunais acerca da cláusula arbitral, compromisso arbitral e convenção arbitral e seus efeitos.[53] Nessa linha, a *convenção de arbitragem* apresenta-se como gênero, cujas espécies são a cláusula arbitral (também denominada de cláusula compromissória) e o compromisso arbitral.[54]

A *cláusula compromissória* pode ser inserida nos contratos conforme vontade das partes, em que convencionam e se comprometem a submeter à jurisdição privada os litígios porventura surgidos e decorrentes do próprio contrato em questão (art. 4º).[55] Assim também dispõe o Código Civil, art. 853, *in verbis*: "Admite-se nos contratos a cláusula compromissória para resolver divergências mediante juízo arbitral, na forma estabelecida em lei especial" e, por sua vez, define o art. 4º da LA que "a cláusula compromissória é a convenção através da qual as partes em um contrato comprometem-se a submeter à arbitragem os litígios que possam vir a surgir, relativamente a tal contrato", e, "deve ser estipulada por escrito, podendo estar inserta no próprio contrato ou em documento apartado que a ele se refira (art. 4º, § 1º, da LA)".

De qualquer forma, "a cláusula compromissória é, desde sua gênese, um pacto ético. As partes, ao firmar a cláusula compromissória, fazem-no em um regime de confiança recíproca de que, quando da superveniência de algum fato controverso, ambas se encaminharão ao processo arbitral. Esse liame de confiança permeia o próprio processo de arbitragem, estabelecendo e ditando as regras de condutas das partes entre si, destas com os árbitros e de todos com a instituição arbitral e vice-versa.

"Por fim, como indica, aliás, a praxe, as partes tendem espontaneamente a executar a decisão arbitral, já que aceitaram e escolheram submeter-se a ela. Um

---

[53] Por todos, v. Carlos A. Carmona, "*A arbitragem no processo civil*", p. 76-92.
Sobre a "Execução específica de cláusula arbitral" no anterior sistema do Código de Processo Civil, v. o estudo assim intitulado de Celso Barbi Filho, cf. *Rev. Dir. Merc.*, 97, p. 9-38.
No direito argentino, v. a breve, porém precisa, distinção fornecida por Adolfo Rivas, sobre a cláusula compromissória e o compromisso arbitral, conteúdos e alcances, "El arbitraje según el derecho argentino", *RePro*, 45, p. 80-82, n. 10, 11 e 12.

[54] Cf. Nelson Nery Jr., "Arbitragem – alternativa para a solução de conflitos", *Correio de Uberlândia*, Caderno Direito e Justiça, de 17 out. 1996.

[55] O Supremo Tribunal Federal já firmou jurisprudência deixando clara a imprescindibilidade de cláusula compromissória expressa firmada pelas partes, a delimitação de abrangência no tocante ao contrato e a renúncia à jurisdição estatal ordinária (SE 6.753-7 do Reino Unido da Grã-Bretanha e da Irlanda do Norte, Rel. Min. Maurício Correa, j. 13.06.2002; SE 5.847-1, do Reino Unido da Grã-Bretanha e da Irlanda do Norte, j. 1º.12.1999, do mesmo Relator).

fio e um espírito de confiança, portanto, sustentam o conteúdo da arbitragem e dinamizam seus efeitos. Confiança que está no núcleo da boa-fé objetiva."[56]

A maneira de proceder-se à estipulação em tempo posterior à lavratura do contrato, desde que seja por escrito (único requisito formal), poderá ocorrer através de termo aditivo, troca de correspondências (eletrônicas ou via postal tradicional) etc., desde que fique claramente bem estabelecida a livre vontade das partes em submeterem futuro litígio acerca de determinado negócio jurídico à jurisdição privada.

Trata-se de uma cláusula propriamente dita ou parte acessória de um contrato – diferentemente do *compromisso arbitral* –, ou seja, "o compromisso é um negócio jurídico de direito material, significativo de uma renúncia à atividade jurisdicional do Estado (Lei 9.307/1996, art. 9º); já a cláusula compromissória, diferentemente, é uma cláusula (*propriamente dita*), ou parte acessória de um contrato, isto é, uma *obrigação* significativa de que esta cláusula, *como tal*, não tem a virtude de obstar a que se recorra ao Poder Judiciário, sendo certo, de todo o modo, que a lei brasileira acabou por criar mecanismos para que, compulsoriamente, seja instituída a arbitragem na hipótese de *descumprimento* desta cláusula compromissória por um dos contratantes (v. Lei 9.307/1996, arts. 6º e 7º)".[57] Para uma análise da constitucionalidade do disposto nos aludidos arts. 6º e 7º, enviamos o leitor interessado ao item n. 9, Capítulo II, *supra*.

A cláusula arbitral, dependendo do seu conteúdo e especificações, poderá tipificar-se como *cheia* ou *vazia*. Denomina-se cláusula compromissória *cheia* aquela que, além de indicar que eventuais conflitos decorrentes daquele contrato serão resolvidos por meio da jurisdição privada, informa ainda quem será o árbitro, o tribunal arbitral ou a instituição arbitral responsável pela resolução da lide.

Nada obsta, portanto, que a cláusula cheia disponha acerca de diversos elementos e requisitos do próprio compromisso arbitral (arts. 10 e 11 da LA), salvo no que concerne à definição da matéria que será objeto da arbitragem, pois os contornos da lide somente poderão ser definidos se e quando verificado o conflito de interesses entre as partes signatárias do contrato.

Aliás, outro não é o comando contido no art. 5º da LA: "Reportando-se as partes na cláusula compromissória, às regras de algum órgão arbitral institucional ou entidade especializada, a arbitragem será instituída e processada de acordo com tais regras, podendo, igualmente, as partes estabelecerem na própria cláusula, ou em outro documento, a forma convencionada para a instituição da arbitragem". Significa dizer que a cláusula compromissória cheia (assim como a vazia), pode

---

[56] Eduardo Silva da Silva, *Arbitragem e direito da empresa*. Dogmática e implementação da cláusula compromissória, p. 153.
[57] Arruda Alvim, *Manual*, 6. ed., v. II, p. 371, n. 155.

ou não estar inserida no próprio contrato e, portanto, ajustada posteriormente, por meio de termo aditivo ou simplesmente troca de correspondências, conforme já assinalamos precedentemente (art. 4º, § 1º, LA).

Na verdade, as cláusulas cheias constituem o padrão ideal de convenção arbitral, na exata medida em que permitem, com facilidade, a instauração do procedimento arbitral, sem que as partes tenham de recorrer ao Judiciário para a busca de tutela ancorada no art. 7º da lei de regência.

Diferentemente, *vazia* será a cláusula que se limita a informar acerca da vontade das partes em renunciar à jurisdição estatal para a resolução de eventuais conflitos decorrentes daquele contrato entre elas firmado, deixando, assim, para quando do surgimento da lide, procederem à indicação de árbitro, tribunal ou instituição arbitral e definição de outros elementos atinentes ao compromisso arbitral.

Sugere-se que a cláusula compromissória esteja bem redigida, com clareza e precisão terminológica e, ainda, *preferencialmente, seja cheia*, de maneira que as partes possam definir com tranquilidade e absoluta isenção de ânimos os seus termos, antes do estremecimento das relações entre elas, de maneira a indicar os julgadores ou instituição responsável pela resolução da eventual e futura controvérsia.

Por certo, muito mais fácil para os contratantes será definir o julgador ou a instituição arbitral antes da ocorrência do descumprimento contratual por qualquer deles, do que chegar a um consenso sobre esses e outros pontos quando já formado o conflito e as relações estiverem desgastadas e, por conseguinte, a dificuldade de comunicação e a resistência a qualquer espécie de ajuste ou composição, em face do desequilíbrio causado pelo rompimento do pactuado, com todos os seus consectários.

Tratando-se de cláusula arbitral *vazia*, a sua redação não pode deixar qualquer dúvida acerca da intenção das partes contratantes em excluir a jurisdição estatal para, na hipótese de recalcitrância de uma delas em instituir a arbitragem, possa então o interessado fazer uso da regra contida no art. 7º da Lei 9.307/1996. Nesse sentido, impróprio seria consignar, por exemplo, os seguintes dizeres: "[...] *sem prejuízo da possibilidade* de resolução de conflito através de arbitragem a ser promovida pela Câmara de Arbitragem X".

Destarte, a expressão "sem prejuízo da possibilidade de [...]" torna a instituição da arbitragem facultativa e, por conseguinte, facultativa também será a utilização da jurisdição estatal e, com isso, excluída estará a utilização da regra contida no art. 7º da LA. Não se pode confundir a livre escolha das partes em optar pela jurisdição privada, em termos assim conferidos nos arts. 1º, 2º e 3º da LA, com a indisponibilidade da arbitragem já definida expressamente em cláusula compromissória ou em compromisso arbitral.

Por todos esses motivos, devem os contratantes atentar para a clareza redacional e terminológica da cláusula compromissória, a fim de não se tornarem imprestáveis (*cláusulas viciadas*) e, preferencialmente, optar pela cláusula cheia.

Muitas vezes, as cláusulas compromissórias aparentam ser cheias, "[...] mas, no fundo, não o são. A essas denominamos de cláusulas patológicas, já que padecem de um mal crônico que as acometeu quando de sua criação – cláusulas dúbias, incompletas ou imprecisas. Sejam vazias ou patológicas, a verdade é que essas cláusulas compromissórias tendem a frustrar a intenção das partes e não servem elas para vir em socorro para correção de desequilíbrios. Nesses casos, muito embora a legislação vigente sobre arbitragem contenha regra clara de que as partes deverão eliminar o mal que as afeta, certo é que o ambiente pouco propício da convivência com a controvérsia, no mais das vezes leva a que estas tenham que recorrer ao Poder Judiciário para implementar o que a vontade comum havia ditado".[58]

Por isso, é de bom alvitre que os contratantes, ao fazerem a opção pela jurisdição privada em cláusula compromissória, estejam seguros da clareza e tecnicidade com que foram redigidas, e, se necessário, realizem uma revisão em seu texto e procedam, em comum acordo, às adequações ou correções imprescindíveis antes que se instaure o conflito, por meio de um termo aditivo de modificação ou complementação do ajuste primitivo, sob pena de terminarem nos tribunais estatais com a demanda do art. 7º da LA e, o que é pior, com o pedido rejeitado por vício insanável da cláusula em que se funda a aludida pretensão.

O *compromisso arbitral* – diferentemente da cláusula arbitral – recebe tratamento de verdadeiro contrato, pois segundo se infere do disposto no art. 9º da LA, "o compromisso arbitral é convenção através da qual as partes submetem um litígio à arbitragem de uma ou mais pessoas, podendo ser judicial ou extrajudicial", obedecendo-se os requisitos e formalidades estatuídas nos §§ 1º e 2º do aludido dispositivo e no art. 10 da mesma lei. Havendo cláusula compromissória cheia, dispensável será o compromisso arbitral para a instituição da jurisdição privada (art. 19 LA),[59] podendo apenas ser firmado *ad cautela* ou, ainda melhor, por sim-

---

[58] José Emílio Nunes Pinto, "Cláusulas arbitrais patológicas – Esse mal tem cura", *Informativo INCIJUR*, 68, p. 12, mar. 2005.
O citado articulista dá alguns exemplos de cláusulas patológicas e aponta como sendo o mais clássico a indicação de regras de arbitragem da Câmara de Comércio Internacional de Paris (CCI) para serem aplicadas por instituição brasileira, e, explica: "A patologia, nesse caso, está no fato dessas regras de grande prestígio internacional e bastante consolidadas terem sido desenvolvidas para uma estrutura única da CCI e que não encontra similar no Brasil. A inadequação das regras da CCI à estrutura das câmaras brasileiras é a causa da patologia" (*idem, ibidem*). Outro exemplo apontado refere-se à indicação de aplicação das regras da "Câmara de São Paulo", sem especificar a quais das diversas câmaras arbitrais do aludido estado estão se referindo os contratantes.

[59] Esse também é o pensamento de Carlos Alberto Carmona, *in verbis*: "[...] hoje, no Brasil, pode-se instituir a arbitragem apenas e tão somente com base em cláusula compromissória, dispensada a formalidade do compromisso". E, em nota de rodapé (n. 29), prossegue o festejado doutrinador: "O compromisso será mera formalidade se a cláusula compromis-

ples formalidade ou para inserir alguns dos requisitos facultativos elencados no art. 11 da LA.[60]

Se assim não for, se o árbitro ou tribunal arbitral concluir acerca da necessidade de explicitação de alguma questão disposta na convenção arbitral, será elaborado um adendo firmado por todos – partes e julgadores (art. 19, § 1º da LA). Por certo, esse adendo conterá, pelo menos, o delineamento preciso do objeto litigioso, pois as partes no momento da estipulação da cláusula compromissória cheia não poderiam prever os contornos da eventual lide futura e incerta.

Com a redação conferida ao art. 3º simplificou-se o assunto atinente à *convenção arbitral*, assim compreendida a "cláusula compromissória e o compromisso arbitral". Frente ao sistema da LA, a cláusula compromissória reveste-se de *natureza vinculante*, porquanto obrigatória entre os contratantes, salvo renúncia expressa ou tácita de ambas as partes.[61] Assim, eleita a via paraestatal da arbitragem para a solução do conflito, as partes não mais poderão recorrer ao Poder Judiciário, ressalvadas as hipóteses específicas previstas em lei (*v.g.*, quando reconhecido o impedimento, suspeição, incompetência, nulidade, invalidade ou ineficácia da convenção arbitral, nulidade da sentença arbitral).[62]

Portanto, havendo cláusula compromissória ou compromisso arbitral, qualquer das partes contratantes que vier a postular perante o Estado-juiz terá o processo extinto, sem resolução do mérito, por falta de pressuposto processual extrínseco de validade, nos termos do disposto no art. 485, VII, combinado com o art. 337, X, ambos do CPC.

---

sória for completa: neste caso, por conta do disposto no art. 5º da Lei, bastará acionar os mecanismos predeterminados pelas partes na convenção de arbitragem para que se instaure o juízo arbitral, que se considera instituído com a aceitação, pelo árbitro, do encargo, independentemente de compromisso, repita-se!" (*Arbitragem e processo*, 3. ed., p. 16, item n. 11).

[60] Em sede de contrato internacional regido pelo Protocolo de Genebra de 1923, já decidiu o Superior Tribunal de Justiça, em aresto da lavra do Min. Cláudio Santos que "[...] a cláusula arbitral prescinde do ato subsequente do compromisso e, por si só, é apta a instituir o juízo arbitral. Esses contratos têm por fim eliminar as incertezas jurídicas, de modo que os figurantes se submetem, a respeito do direito, pretensão, ação ou exceção, a decisão dos árbitros, aplicando-se aos mesmos a regra do art. 244, do CPC [1973], se a finalidade for atingida. Recurso conhecido e provido. Decisão por maioria" (REsp 616/89, j. 13.08.1990).

[61] Nesse sentido também Leonardo de Faria. *Curso de arbitragem*, 2014, p. 158, n. 1.

[62] Nessa linha já se manifestou o Superior Tribunal de Justiça, em aresto da lavra do Min. Castro Filho, *in verbis:* "[...] III – Tendo as partes validamente estatuído que as controvérsias decorrentes dos contratos de credenciamento seriam dirimidas por meio do procedimento previsto na Lei de Arbitragem, a discussão sobre a infringência às suas cláusulas, bem como o direito a eventual indenização, são passíveis de solução pela via escolhida [...]" (REsp 450.881/DF, j. 11.04.2003).

Assim, diante de uma situação litigiosa, acordando as partes em cumprir o estabelecido em cláusula contratual compromissória específica vazia (que não se confunde com pré-contrato de compromisso), deverão então firmar o compromisso arbitral quando do surgimento do conflito. Mesmo que não ocorra a aposição da assinatura das partes no compromisso arbitral, se os litigantes participarem efetivamente do juízo arbitral, atendendo às demais formalidades legais, não haverá que se falar em nulidade.[63] Ademais, dentre os requisitos indispensáveis à formalização do compromisso arbitral insculpidos nos arts. 10 e 11, não se vislumbra a exigência da assinatura dos compromitentes, em que pese a evidência de sua importância, com o escopo manifesto de chancelar de maneira cabal os termos do ajuste.

As partes contratantes que desejarem oportunamente instituir juízo arbitral para a solução de seus conflitos patrimoniais disponíveis deverão, necessariamente, fazer a estipulação por escrito, podendo inseri-la no contrato principal ou em documento apartado que a ele se refira (art. 4º, § 1º).

A cláusula compromissória não se presume jamais, pois deverá ser expressa. Essa cláusula é autônoma em relação ao contrato em que se encontra inserta, tratando-se, na verdade, de um subcontrato ou contrato acessório que se reveste de autonomia em relação ao vínculo principal, de forma que a nulidade deste não significa, necessariamente, a nulidade da cláusula compromissória.

Ao redigir a cláusula compromissória cheia, os contratantes podem ou não – trata-se de mera faculdade – reportar-se às regras de algum tribunal arbitral (órgão arbitral institucional) ou simplesmente indicar a entidade especializada. Nesse caso, se ocorrer a necessidade de instauração da jurisdição privada, sua instituição e seu processamento realizar-se-ão de acordo com as respectivas regras internas do órgão apontado. Poderão ainda os contratantes estabelecer na própria cláusula, ou em documento diverso, a forma convencionada para a instituição da arbitragem (art. 5º).

Importante ressaltar a atenção que as partes devem ter ao optar por cláusula arbitral cheia em que se define previamente o órgão ou instituição competente (também denominada de cláusula arbitral institucional), na exata medida em que se faz mister conhecer a idoneidade da instituição, seus regulamentos, seus quadros administrativo e diretivo e, em especial, a qualificação do corpo de árbitros, valendo lembrar a oportuna advertência do jurista francês René David quando diz que "a arbitragem é o que é o árbitro".[64] Ainda, poderão as partes em cláusula compromissória cheia ou em compromisso arbitral não só indicar a instituição arbitral, mas também fixar requisitos para a escolha dos árbitros (ex.: ser advogado

---

[63] James J. Marins de Souza, "O juízo arbitral e sua viabilidade na solução de litígios", *RePro*, 64, p. 191, n. 32.

[64] *Arbitrage dans le commerce international*. Paris: Economica, 1982.

com mais de 15 anos de experiência no ramo do Direito Empresarial, ser professor com doutoramento, falar fluentemente inglês etc.).

Problema maior de interpretação exsurge nos chamados *contratos de adesão*. Para tanto, reservamos um item específico a fim de tratar do assunto de forma mais sistemática e aprofundada (v. n. 5, *infra*).

Assinalamos que o compromisso arbitral ou a notificação à que aduz o art. 6º da LA são causas interruptivas da prescrição. Por outro lado, se já estiver consumada a prescrição e as partes firmarem compromisso arbitral, haverá de considerar-se este novo ato como renúncia tácita, porquanto incompatível com o instituto da prescrição, segundo se infere do disposto no art. 191 do Código Civil.[65]

Surgindo dúvida ou conflito entre as partes contratantes sobre a existência, validade ou eficácia da cláusula ou compromisso arbitral, a competência para resolver essa questão é do juízo arbitral (LA, art. 8º), conforme já decidido, inclusive, pelo Superior Tribunal de Justiça (princípio da *kompetenz-kompetenz*).[66]

---

[65] Nesse sentido também o entendimento de Adriano Perácio de Paula, "Da arbitragem nas relações de consumo", *RDC* 32, p. 68, item n. 7.

[66] REsp 1550260/RS, 3ª T., Rel. Min. Paulo de Tarso Sanseverino e Rel. p/ Acórdão Min. Ricardo Villas Bôas Cueva, j. 12.12.2017, *DJe* 20.03.2018. O julgado encontra-se assim ementado: "Recurso especial. Ação declaratória de falsidade cumulada com exibição de documentos. Contratos. Existência, validade e eficácia. Assinatura. Falsidade. Alegação. Convenção de arbitragem. Cláusula compromissória. Competência. Juízo arbitral. *Kompetenz-kompetenz*. 1. Cinge-se a controvérsia a definir se o juízo estatal é competente para processar e julgar a ação declaratória que deu origem ao presente recurso especial tendo em vista a existência de cláusula arbitral nos contratos objeto da demanda. 2. A previsão contratual de convenção de arbitragem enseja o reconhecimento da competência do Juízo arbitral para decidir com primazia sobre o Poder Judiciário as questões acerca da existência, validade e eficácia da convenção de arbitragem e do contrato que contenha a cláusula compromissória. 3. A consequência da existência do compromisso arbitral é a extinção do processo sem resolução de mérito, com base no artigo 267, inciso VII, do Código de Processo Civil de 1973. 4. Recurso especial provido".
No mesmo sentido, STJ AgInt nos EDcl no AREsp 975050/MG, 3ª T., Rel. Min. Ricardo Villas Bôas Cueva, j. 10.10.2017, *DJe* 24.10.2017, assim ementado: "Agravo interno nos embargos de declaração no agravo em recurso especial. Agravo de instrumento. Contrato de compra e venda. Relação de consumo. Inexistência. Cláusula compromissória. Incompetência do juízo estatal. 1. A previsão contratual de convenção de arbitragem enseja o reconhecimento da competência do Juízo arbitral para decidir com primazia sobre o Poder Judiciário, de ofício ou por provocação das partes, as questões acerca da existência, validade e eficácia da convenção de arbitragem e do contrato que contenha a cláusula compromissória. Precedentes. 2. A prioridade da competência arbitral não pode ser afastada pela presunção de que não houve concordância expressa de uma das partes, pelo simples fato de o contrato ser de adesão, ainda mais quando observada a isonomia dos contratantes. 3. O julgado que reconhece a competência do tribunal de origem para declarar a nulidade da cláusula de utilização compulsória da arbitragem, ainda que aposta em contrato de adesão, viola os artigos 20 e 8º, parágrafo único, da Lei n. 9.307/1996. 4. Agravo interno não provido".

5. CLÁUSULA COMPROMISSÓRIA EM CONTRATO DE ADESÃO E DE CONSUMO

Como já indica o substantivo, a "adesão" contratual pressupõe o ato de aderir, de aprovar, de assentir, sem questionamentos, por parte do sujeito a quem o pacto é apresentado para aposição de firma, sem que a ele seja oportunizada a modificação, discussão de suas cláusulas, ou, ainda, a inserção de termos substanciais.

Trata-se de modelo contratual surgido como decorrência das novas necessidades da prática de negócios, voltado às soluções de mercado em atenção às exigências impostas pela revolução industrial (séculos XVIII e XIX) e com o surgimento da denominada sociedade de massas e de consumo (séculos XX e XXI).[67]

Sobre os "contratos em geral" o Código Civil dispõe no art. 423: "Quando houver no contrato de adesão cláusulas ambíguas ou contraditórias, dever-se-á adotar a interpretação mais favorável ao aderente", e, no art. 424 que, nestes contratos, serão consideradas nulas "cláusulas que estipulem a renúncia antecipada do aderente a direito resultante da natureza do negócio".

Por sua vez, o Código de Defesa do Consumidor conceitua em seu art. 54 que "contrato de adesão é aquele cujas cláusulas tenham sido aprovadas pela autoridade competente ou estabelecidas unilateralmente pelo fornecedor de produtos ou serviços, sem que o consumidor possa discutir ou modificar substancialmente o seu conteúdo".[68] Pode-se afirmar em sentido contrário, então, que "[...] não é contrato de adesão aquele em que as cláusulas são modificáveis por acordo das partes [...]".[69]

---

[67] Ricardo Rodovalho, *Cláusula arbitral nos contratos de adesão*, p. 30/35, item 1.1. V. ainda do mesmo autor, o desenvolvimento acerca do tema da "transformação e revisão do conceito de contrato" (ob. cit., p. 35/42, item 1.2) e a sobre a "transformação do contrato e o contrato de adesão" (p. 43/55, item n. 1.3).

[68] Sobre o tema, v. Nelson Nery Jr., *Código brasileiro de Defesa do Consumidor*, p. 382-388; Arruda Alvim, Thereza Alvim, Eduardo Arruda Alvim e James Marins, *Código do Consumidor comentado*, p. 263-268; Alberto do Amaral Jr., *Comentários ao Código de Proteção do Consumidor*, p. 203-207; Fernando Noronha, "Contratos de consumo, padronizados e de adesão", *Rev. de Dir. do Cons.*, 20, p. 88.

[69] Cf. orientação firmada pelo STF, Sentença Estrangeira Contestada 5.847-1, Reino Unido da Grã-Bretanha e da Irlanda do Norte, Rel. Min. Maurício Corrêa, j. 1º.12.1999. Do corpo do v. aresto, extrai-se ainda a seguinte lição: "[...] a empresa vendedora foi livremente escolhida pela TEKA, nada obstante a existência de centenas de outros fornecedores de algodão no mercado internacional. É evidente que o contrato de adesão não é caracterizado pelo impresso com espaços em branco, como crê a requerida, pelas condições que uma das partes impõe à outra e não sujeitas a discussão. Na hipótese, as cláusulas insertas na avença dizem respeito ao local em que a mercadoria seria entregue, à forma de conferência de peso, à extensão do seguro, ao pagamento do frete e, finalmente, às regras de arbitragem, tudo isso sujeito a modificações, segundo entendimentos prévios. Não consta que contrato de tal configuração jurídica seja de adesão ou que algumas de suas cláusulas possam ser consideradas como leoninas, matéria, ademais, como disse, alheias à natureza do procedimento homologatório [...]" (fls. 252/253 dos autos).

Com o advento da Lei 9.307/1996, nesses tipos de contrato portadores de "cláusulas unilaterais", o art. 4º, § 2º passou a admitir a inclusão válida e eficaz de *cláusula compromissória* desde que o aderente tome a iniciativa de instituir a arbitragem ou concorde, expressamente, com a sua instituição, mediante a cautela de observância da forma escrita, em documento anexo ao contrato principal ou em negrito, no próprio contrato, com assinatura ou visto especial para a validade dessa cláusula.

O PL 406 que deu origem à Lei 13.129/2015 previa uma nova redação para o citado § 2º do art. 4º, de maneira a suprimir alguns requisitos que importavam em maior segurança ao aderente, razão pela qual acabou por ser vetado pelo Presidente da República. Assim estava redigida a proposta legislativa: "§ 2º Nos contratos de adesão, a cláusula compromissória só terá eficácia se for redigida em negrito ou em documento apartado". Percebe-se, sem dificuldades, que a proposta legislativa retirava do aderente a possibilidade de tomar a iniciativa de instituir a arbitragem, ou, concordar expressamente com a sua instituição a fim de conceder eficácia à cláusula, e, como garantia, definia como requisito apenas que essa fosse redigida em negrito ou em documento apartado.

Com o veto, permaneceu a redação originária contida no § 2º do art. 4º da Lei 9.307/1996, que trata de forma ampla e genérica sobre os contratos de adesão e a respectiva inserção de cláusula compromissória, com possibilidade, em tese, de incidência também em relações consumeristas, conforme analisaremos com mais vagar adiante.

O PL 406 também trazia em seu bojo proposta de inserção de um novo parágrafo ao art. 4º (§ 3º) em que admitia expressamente a possibilidade de inclusão de cláusula compromissória em contratos de consumo, com as garantias necessárias à proteção do consumidor, segundo se infere do texto vetado, *in verbis*: "§ 3º. Na relação de consumo estabelecida por meio de contrato de adesão, a cláusula compromissória só terá eficácia se o aderente tomar a iniciativa de instituir a arbitragem ou concordar expressamente com a sua instituição".

O veto presidencial fulminou, simultaneamente, as propostas contidas nos §§ 2º e 3º, tomando por base as seguintes razões: "Da forma prevista, os dispositivos alterariam as regras para arbitragem em contrato de adesão. Com isso, autorizariam, de forma ampla, a arbitragem nas relações de consumo, sem deixar claro que a manifestação de vontade do consumidor deva se dar também no momento posterior ao surgimento de eventual controvérsia e não apenas no momento inicial da assinatura do contrato. Em decorrência das garantias próprias do direito do consumidor, tal ampliação do espaço da arbitragem, sem os devidos recortes, poderia significar um retrocesso e ofensa ao princípio norteador de proteção do consumidor".

Além das razões equivocadas, sobretudo no que concerne ao veto ao § 3º que versava sobre as relações de consumo, parece-nos que, com todas as vênias, nem o Presidente da República (renomado professor e jurista) nem a sua equipe de assessores legislativos leram o texto então proposto, ou, se leram, nada entenderam. Isso porque a redação proposta para o § 3º era clara e não deixava qualquer dúvida acerca do cuidado que o legislador teve com o consumidor em contrato de adesão, ficando evidente a cautela ao dispor, com todas as letras, que a cláusula compromissória só encontraria eficácia *se o aderente tomasse a iniciativa de instituir a arbitragem ou concordasse expressamente com a sua instituição.*

Portanto, mesmo que inadvertidamente tivesse sido induzido o consumidor, ao assinar contrato de adesão, a concordar com a inclusão de cláusula arbitral, esta tornar-se-ia inócua se, no instante do surgimento do conflito e a subsequente necessidade da definição da jurisdição a ser acionada, deixasse ele de tomar a iniciativa de instituir a arbitragem ou, se provocado, permanecesse inerte; tratava-se, por óbvio, de cláusula não vinculante, verdadeira exceção aberta pelo legislador para os casos de contratos de adesão em relações de consumo. E mais: bastaria que o consumidor, simplesmente, desprezasse a cláusula arbitral e tomasse a iniciativa em demandar diretamente perante o Estado-juiz.

Acerca do malsinado veto, escreve com propriedade Francisco Cahali ser "totalmente despropositada a sua justificativa, pois bastaria ler o texto para ver que a sugestão era extremamente favorável ao consumidor na medida em que deixaria em suas mãos a liberdade de acolher ou não a arbitragem exatamente após precipitada a controvérsia. Aliás, qualquer pessoa com conhecimento primário sobre a matéria nota, pela só leitura do texto atual em confronto com o proposto, que a lei pretendia superar a falha na redação hoje existente, representando a iniciativa significativo avanço, sem perspectiva alguma de colocar em risco os direitos conquistados pelo consumidor, ao contrário, este teria seus direitos reafirmados e reforçados. Certamente por questões políticas, e não técnicas ou jurídicas (decorrentes da gestão dos Procons e outras instituições) é que houve o veto".[70]

De qualquer sorte, o veto presidencial aos dois parágrafos do art. 4º da LA (§§ 2º e 3º) não impede que as partes – consumidor ou não – em contrato de adesão, optem pela jurisdição arbitral, certos de que a "a cláusula compromissória só terá eficácia se o aderente tomar a iniciativa de instituir a arbitragem ou concordar, expressamente, com a sua instituição, desde que por escrito em documento anexo ou em negrito, com a assinatura ou visto especialmente para essa cláusula", segundo se infere da redação do § 2º do referido dispositivo que, repita-se, terminou mantida em vigor em sua forma originária.[71]

---

[70] "Lei n. 9.307/96 consolidada com a Lei n. 13.129/2015 – destacadas as modificações com breves comentários", in Francisco Cahali, Thiago Rodovalho e Alexandre Freire (org.), *Arbitragem* – Estudos sobre a Lei 13.129, de 26-5-2015, p. 609.

[71] Assim já firmou orientação o Superior Tribunal de Justiça ao decidir que "os contratos de adesão, mesmo aqueles que não apresentam relação de consumo, devem observar o que prescreve o art. 4º, § 2º, da Lei 9.307/96, que dispõe que, nos contratos de adesão, a cláusula compromissória só terá eficácia se o aderente tomar a iniciativa de instituir a arbitragem ou concordar, expressamente, com a sua instituição, desde que por escrito em documento anexo ou em negrito, com a

Ademais, mesmo que a relação formada entre as partes seja de consumo e o contrato não seja de adesão, a eficácia da cláusula há de ser aferida caso a caso, em sintonia com o grau de desequilíbrio entre os litigantes, de maneira a verificar-se se é ou não abusiva a cláusula compromissória.[72]

De qualquer forma, a bem da verdade, há imprecisão normativa no art. 4º, § 2º, da LA, assim como a Comissão encarregada da modernização da Lei de Regência e que esboçou o PL que deu origem à Lei 13.129/2015 perdeu a oportunidade de distinguir no seu âmbito de aplicação os *contratos de adesão firmados entre profissionais* e os *contratos de adesão nas relações de consumo e equiparadas*, a exemplo do que se verifica em modelos exitosos encontrados da legislação estrangeira (Alemanha, *BGB*; Espanha, *Ley sobre Condiciones Generales de la Contratación*; Portugal, Decreto-Lei 466/1985, que disciplinou as cláusulas contratuais gerais.[73]

Em disputa versando sobre contrato de franquia, assentou o Superior Tribunal de Justiça que "[...] por sua natureza, não está sujeito às regras protetivas previstas no CDC, pois não há relação de consumo, mas de fomento econômico. 3. Todos os contratos de adesão, mesmo aqueles que não consubstanciam relações de consumo, como os contratos de franquia, devem observar o disposto no art. 4º, § 2º, da Lei 9.307/1996. 4. O Poder Judiciário pode, nos casos em que *prima facie* é identificado um compromisso arbitral "patológico", i.e., claramente ilegal, declarar a nulidade dessa cláusula, independentemente do estado em que se encontre o procedimento arbitral",[74] desde que, evidentemente, seja instado pela parte interessada a manifestar-se.

---

assinatura ou visto especialmente para essa cláusula. 2. No caso dos autos, o Tribunal de origem reconheceu tratar-se de contrato de adesão, a exigir a presença dos requisitos do art. 4º, § 2º, da Lei 9.307/96, no caso, não atendidos. A alteração de tal conclusão demandaria o reexame das provas acostadas aos autos e a interpretação de cláusulas contratuais, providência vedada em sede de recurso especial, nos termos das Súmulas 5 e 7 do STJ. 3. Agravo interno não provido" (AgInt no AgInt no AREsp 1029480/SP, Rel. Min. Raul Araújo, 4ª T., j. 06.06.2017, *DJe* 20.06.2017).

[72] Assim também o entendimento de José Roberto de Castro Neves, "Arbitragem nas relações de consumo – uma nova esperança, in Caio Cesar Vieira Rocha e Luis Felipe Salomão (coord.), *Arbitragem e mediação* – a reforma da legislação brasileira, p. 209.

[73] Cf. Ricardo Rodovalho, *Cláusula Arbitral nos Contratos de Adesão*, p. 159. É pertinente a crítica do citado Professor, especialmente quando observa que "essa imprecisão causa, na prática, verdadeira *disfuncionalidade* em sua aplicação, com uma indevida transferência da *hiperproteção* a quem não é *hipossuficiente* (*profissional, empresário*), de modo a que o Estado passa a interferir excessivamente nas relações empresariais, prejudicando a célere dinâmica comercial do mundo moderno, cuja realidade é cada vez mais *standardizada*. Nesse sentido, inclusive, muitos contratos empresariais, quer por sua própria natureza, quer por sofrerem forte regulação, são tidos como *per se* contratos *de* adesão ou contrato *por* adesão, como o são, por exemplo, os *contratos de franquia* e os contratos de seguros (ainda que para grandes riscos), e que, não obstante, são cotidianamente celebrados com empresas de grande porte de ambos os lados" (idem, ibidem).

[74] REsp 1602076/SP, Rel. Min. Nancy Andrighi, 3ª T., j. 15.09.2016, *DJe* 30.09.2016.

Nunca é demais observar que essas exigências restritivas definidas no § 2º do art. 4º da LA referem-se apenas aos contratos de adesão; portanto, *contrario sensu*, todos os demais contratos, inclusive os denominados "padrão", não dependem, para a eficácia da cláusula compromissória, das exigências ali apontadas.

Voltando as atenções aos contratos de consumo, não se pode negar que, em primeiro plano, verifica-se aparente rota de colisão criada pelo legislador entre o art. 4º, § 2º (quando a hipótese versar sobre contrato de consumo) e o art. 51, VII do CDC, que define como nulas de pleno direito, entre outras, as cláusulas contratuais relativas ao fornecimento de produtos e serviços que determinem a instituição *compulsória* da arbitragem, sobretudo quando se sabe que no regime arbitral, a *cláusula compromissória* equipara-se em seus efeitos ao *compromisso arbitral*, na medida em que a sua instituição acarreta a exclusão da possibilidade de apreciação dos conflitos decorrentes de determinado contrato pelo Poder Judiciário (arts. 6º e 7º).

Há de se questionar, então, se no confronto entre os dois dispositivos, deve prevalecer a eficácia da lei mais nova (LA) em relação à antecedente (CDC), nos termos do § 1º do art. 2º da Lei de Introdução às Normas do Direito Brasileiro,[75] ou, tendo-se em consideração que o CDC é norma de regência (específica) para regular as relações de consumo, poderia a LA, neste particular, na qualidade de norma geral, sobrepor-se às normas definidas no Código Consumerista.

Entendemos que a melhor resposta aos dois questionamentos não resida na escolha de uma das duas alternativas, mas na interpretação sistemática, axiológica e teleológica entre os dois microssistemas (CDC e LA), de maneira a encontrar-se a harmonia entre eles para que não se excluam ou se sobreponham, analisando-se, para tanto, caso a caso as hipóteses que forem apresentadas.

Observa-se que apesar de a Lei de Arbitragem (art. 4º, § 2º) procurar abrandar o rigor do dispositivo mencionado do CDC, oferecendo certas garantias ao consumidor (via de regra, parte mais fraca nas relações de consumo), em sede de contrato de adesão, entendemos que a questão não se resolva apenas com as cautelas previstas em lei criadas em benefício do aderente, pois, sabidamente, não se pode olvidar que os mecanismos de segurança conferidos na Lei de Arbitragem ao consumidor são ainda incipientes quando confrontados com as relações de massa verificadas no mundo contemporâneo, em que o poderio comercial ou econômico de empresas (estipulantes), dos mais variados setores do mercado (produtores ou fornecedores de produtos ou serviços), apresenta-se em total desequilíbrio quando cotejado com a pessoa do aderente, criando-se com isso o risco (não incomum) de, em alguns casos, ocorrer a inserção de cláusula compromissória cheia com a

---

[75] Art. 2º, § 1º, *in verbis*: "A lei posterior revoga a anterior quando expressamente o declare, quando seja com ela incompatível ou quando regule inteiramente a matéria de que trata a lei anterior".

indicação de árbitro ou colégio arbitral de duvidosa reputação, ou, com elevado grau de comprometimento com o fornecedor do produto ou serviço.

Infelizmente, essa é uma triste realidade ainda vivida no cotidiano das relações de consumo em nosso país, somando-se ao preocupante fato da proliferação de "tribunais de arbitragem", totalmente despreparados, desqualificados e imunes a qualquer espécie de controle para criação e funcionamento. Soma-se, ainda, a circunstância de que muitos consumidores são analfabetos ou de parcos conhecimentos, além de pobres, o que dificulta, em muito, o discernimento acerca dos "vistos" de concordância a serem apostos em cláusula destacada, ou, igualmente, no tocante à tomada de iniciativa ou assentimento para a instituição da arbitragem.

Assim, o disposto no art. 4º, § 2º, da LA deve ser interpretado não isoladamente, mas de forma sistemática e teleológica com todo o microssistema do Código de Defesa do Consumidor e sob o prisma das garantias e direitos insculpidos na Constituição Federal, para encontrarmos a melhor aplicação da norma em cada caso concreto.

Ao procedermos à análise histórica sobre a tramitação do Projeto que deu origem à Lei 9.307/1996 (Projeto do Senado 78/1992), constatamos que a intenção inicial do legislador era revogar o inc. VII do art. 51 do CDC, então estampada no art. 44, III, do aludido PL[76] que, diga-se de passagem, felizmente não foi aprovado. Ademais, é princípio assente de hermenêutica jurídica que *lex posterior generalis no derogat legi priori speciali,* e, no caso em exame, a Lei de Arbitragem reveste-se de natureza geral em relação ao Código de Defesa do Consumidor, que é especial.

Haveremos ainda de considerar a regra não revogada contida no art. 6º, VII, do CDC que garante ao consumidor, dentre outros direitos básicos, "o acesso aos órgãos judiciários e administrativos, com vistas à prevenção ou reparação de danos patrimoniais e morais, individuais, coletivos ou difusos, assegurada a proteção jurídica, administrativa e técnica aos necessitados".

Destarte, seria ingênuo e até jocoso imaginar que, a simples inscrição em negrito de cláusula compromissória em determinado contrato decorrente de relação de consumo, acompanhada de assinatura ou "visto especial" do consumidor, poderia servir como instrumento único e absoluto de exclusão da jurisdição estatal para a resolução de conflitos dessa natureza.

Por essas razões, entendemos que a regra insculpida no § 2º do art. 4º da Lei 9.307/1996 não é absoluta, mas sim relativa, na medida em que traz em seu bojo apenas o norte preliminar para o delineamento e verificação das circunstâncias particulares de cada caso concreto. Ademais, as cláusulas contratuais serão, nas relações de consumo, interpretadas de maneira mais favorável ao consumidor (art. 47 do CDC). E, segundo

---

[76] Dispunha o art. 44 do Projeto: "Ficam revogadas todas as disposições em contrário ao estabelecido nesta Lei e, em especial, os seguintes artigos: [...] III – 51, VII, da Lei 8.078, de 11.09.1990 (Código de Defesa do Consumidor)".

Nelson Nery Jr.: "O termo está empregado pela lei significando todo e qualquer pacto ou estipulação negocial entre fornecedor e consumidor, seja pela forma escrita ou verbal, pela técnica de contrato de adesão ou de contrato de comum acordo".[77]

Analogicamente, podemos usar os ensinamentos já sedimentados na doutrina que analisa as relações de consumo e, em particular, os contratos de adesão e as cláusulas de eleição de foro, transportando-os para as cláusulas compromissórias, isto é, a cláusula arbitral será sempre válida; contudo, sua eficácia dependerá, além das exigências formais (por escrito em documento anexo ou em negrito, com a assinatura ou visto especialmente para essa cláusula) que o aderente tome a iniciativa de instituir a arbitragem ou concorde, expressamente, com a sua instituição (LA, art. 4º, § 2º). Contudo, a esses requisitos legais definidos na lei de regência, há de se acrescentar nas relações consumeristas um outro componente, qual seja, ser indubitável a compreensão do consumidor sobre a magnitude de sua opção pela jurisdição privada e que desta não lhe resulte dificuldade ou inviabilidade financeira para arcar com os custos da arbitragem.[78]

A título comparativo, vale citar a orientação normativa contida na Diretiva 93/13 do Conselho da Comunidade Econômica Europeia, editada em 5 de abril de 1993, relativa às cláusulas abusivas em contratos celebrados com os consumidores e, em especial o artigo 3, n. 1, que dispõe: "Uma cláusula contratual que não tenha sido objeto de negociação individual é considerada abusiva quando, a despeito da exigência de boa-fé, der origem a um desequilíbrio significativo em detrimento do consumidor, entre os direitos e obrigações das partes decorrentes do contrato"; por sua vez, o art. 6, n. 1, define que "os Estados-membros estipularão que, nas condições fixadas pelos respectivos direitos nacionais, as cláusulas abusivas constantes de um contrato celebrado com um consumidor por um profissional não vinculem o consumidor e que o contrato continue a vincular as partes nos mesmos termos, se puder subsistir sem as cláusulas abusivas".

Por sua vez, a Corte Europeia de Justiça (Corte de Luxemburgo), na emblemática causa Mostaza Claro (C-168/2005), decidiu que "a Diretiva 93/13, concernente às cláusulas abusivas nos contratos estipulados com os consumidores, deve ser interpretada no sentido de que um juiz nacional chamado a pronunciar-se sobre a impugnação de um laudo arbitral reconheça a nulidade do acordo arbitral e a nulidade do laudo, se considerar que tal acordo contenha uma cláusula abusiva, mesmo que o consumidor não tenha feito valer tal nulidade no âmbito do procedimento arbitral, mas somente naquele de impugnação ao laudo".

Na mesma linha, decidiu também a referida Corte o caso Panno Gsm (C-243/2008, j. 04.06.2009), nos seguintes termos: "[...] A atividade do juiz nacional no

---

[77] *Código de Processo Civil comentado*, 2. ed., p. 1.682; art. 47, CDC, n. 1.
[78] *Mutatis mutandis*, v. semelhante análise comparativa feita por Nelson Nery Jr., no tocante às cláusulas gerais de eleição de foro nos contratos de adesão (*ibidem*, p. 1.696, n. 9; art. 54, CDC).

âmbito de tutela do consumidor não se limita à simples faculdade de pronunciar-se sobre eventual natureza abusiva de uma cláusula contratual, devendo conhecer de ofício tais questões, a partir do momento em que dispõe de elementos de direito e de fato necessários a tal fim, inclusive no caso em que deva pronunciar-se sobre a própria competência territorial. Se o juiz considera abusiva uma determinada cláusula, não a aplica, salvo se o consumidor, depois de ser por ele avisado, entenda por bem não invocar a natureza abusiva e não vinculante [...]."

Todavia, como bem leciona Nicolò, "a natureza de ordem pública da normativa em tema de tutela do consumidor não determina a não arbitrabilidade das controvérsias consumeristas e, com base em orientação da citada Corte no que concerne à aplicação da Diretiva 93/13, artigos 3, 1 e 6.1, afirma que o juiz deve avaliar as cláusulas em questão de acordo com as particularidades de cada caso, não havendo reprovação para utilização da arbitragem em matéria do consumidor. E mais: a Trocker mesma União Europeia, em suas iniciativas referentes à proteção dos interesses do consumidor, utiliza-se dessa forma de *dispute processing*, com o constante reclamo de garantia legal, transparência e imparcialidade que os respectivos mecanismos devem oferecer.[79]

Ainda a esse respeito, há de se fazer sobre o tema referência à lei espanhola da arbitragem (Ley 60/2003, com as alterações da Ley 42, de 06.10.2015), que dispõe em seu art. 9.2 que "se a convenção arbitral está contida em contrato de adesão, a sua validade e interpretação serão regidas pelo disposto nas normas aplicáveis a esse tipo de contrato".

Tratando de contrato de adesão, manifestou-se de forma geral a Suprema Corte dos Estados Unidos no sentido de que somente a desigualdade de poderes entre as partes não é, por si só, razão suficiente para afastar o conhecimento da lide por juízo arbitral;[80] também as Cortes norte-americanas já se manifestaram acerca da possibilidade de o consumidor, na qualidade de cliente de Banco, demandar contra este último em sede arbitral.[81]

---

[79] "Le clausole arbitrali nei contratti dei consumatori: quale ruolo per il giudice ordinario?" *Sull'arbitrato* – Studi offerti a Giovanni Verde, p. 855-859, n. 5.

[80] Decisão proferida no processo Gilmer *versus* Interstate/Johnson Lane Corp., 500, U.S. 20, 1991, disponível em: <http://www.arb-forum.com/Whyarbitrate.html#anchor 2950871>.
No mesmo sentido: "Somente a desigualdade do poder de contratar e barganhar verificada entre as partes não é base para anular uma cláusula de arbitramento por alegado desconhecimento ou 'falta de consciência'. A Lei Federal não impõe obrigação aos réus para explicar o porquê da opção pela arbitragem" (decisão proferida no caso McCarth *versus* Providential Corp., WL 387852, 1994, disponível em: <http://www.arb-forum.com/Whyarbitrate.html#anchor2950871>).
Todavia, já se decidiu que a falta de equilíbrio e a reciprocidade de direitos e obrigações entre as partes contratantes pode tornar inválido o acordo firmado (Sasa *versus* Paulos, 924 P. 2d, VT, 357, 1996 e Lopez *versus* Plaza Finance, N.D.IL. 4/25/96, W.L. 10073, 1996, disponível em: <http://www.arb-forum.com/whyarbitrate.html#anchor2950871>).

[81] Nesse caso em concreto, o Banco teria informado o seu cliente a respeito de mudança unilateral de termos inseridos em contrato por eles firmado, fazendo com que o consumidor

Especificamente sobre os princípios que regem os contratos de adesão (*Adhesion Contract Principles*) as Cortes norte-americanas firmaram entendimento no sentido de que, embora a arbitragem nas relações de consumo possa ser utilizada, o Judiciário pode não agasalhar a cláusula arbitral redigida sem riqueza de informações, capaz de gerar interpretação equivocada.[82]

Registra-se, também, que nada obstante os dois sistemas (Lei de Arbitragem e Código de Defesa do Consumidor) possuírem a mesma categoria e hierarquia legislativa,[83] é princípio de hermenêutica jurídica, frise-se mais uma vez, que a lei geral posterior não tem o condão de revogar a lei especial anterior. Significa dizer, então, em outras palavras, que, sendo a Lei 9.307/1996 norma geral no tocante às regras voltadas para as relações de consumo, não é apta a modificar as normas insculpidas na Lei 8.078/1990, específica para os fins consumeristas.

Há de se buscar, então, o consenso, a harmonia entre os dois sistemas legislativos. Aliás, outra não é a lição de Carlos Maximiliano ao assinalar com clareza e precisão que: "É dever do aplicador do direito comparar e procurar conciliar as disposições várias sobre o mesmo objeto, e do conjunto assim harmonizado, deduzir sentido e alcance de cada uma. Só em caso de resistirem as incompatibilidades, vitoriosamente, a todo esforço de aproximação, é que se opina em sentido eliminatório da regra mais antiga ou de parte da mesma [...]".[84]

Não se pode perder de vista que o Código Consumerista considera abusiva a cláusula arbitral imposta compulsoriamente, *in verbis:* "Art. 51. São nulas de pleno direito, entre outras, as cláusulas contratuais relativas ao fornecimento de produtos e serviços que: [...] VII – determinem a *utilização compulsória* de arbitragem". Assim, vê-se claramente que a vedação legal respeita apenas à utilização impositiva da jurisdição privada, lógica e presumivelmente exigida pela parte contratante mais forte, contra o consumidor, via de regra, hipossuficiente.

Sem dúvida, a instituição de arbitragem, seja em sede consumerista, comercialista ou civilista, parte sempre do princípio da livre e prévia negociação das partes acerca da exclusão da jurisdição estatal para dirimir os conflitos decorrentes de quaisquer relações, portanto, jamais admitida a instituição de maneira compulsó-

---

tomasse a iniciativa ao provocar a jurisdição arbitral (Caso Badie *versus* Bank of América, WL 660730 – Cal. Super. Aug., 18, 1994, disponível em: <http://www.arb-forum.com/Whyarbitrate.html#anchor 2950871>).

[82] Processo de Patterson *versus* ITT Consumer Finance Corp., 14 cal. App 4th 1679/ 18 Cal. Rptr. 2d 563, 1993, disponível em: <http://www.arb-forum.com/Whyarbitrate.html#anchor2950871>.

[83] A esse respeito, escreve Carlos Maximiliano que "as expressões de Direito podem ser ab-rogadas ou derrogadas somente por outra da mesma natureza, ou de autoridade superior" (*Hermenêutica e aplicação do direito*, 12. ed., p. 361, n. 448).

[84] *Ibidem*, p. 357, n. 439.

ria. A liberdade de escolha, em tudo e por tudo, é o mote universal da jurisdição privada, não podendo ser violada em qualquer circunstância ou tipo de relação estabelecida entre as partes, sob pena de nulidade de todo o procedimento arbitral.

Em síntese, não poderá haver arbitragem válida e eficaz em relações jurídicas de qualquer natureza se a sua instituição e demais termos não se fizerem em bases sólidas fundadas na liberdade de escolha consciente das partes.

Podemos afirmar que, em linha de princípio, a cláusula compromissória *não compulsória* é válida e eficaz entre as partes contratantes em sede de relação civil, comercial ou consumerista. Tratando-se de contrato de adesão, será eficaz entre as partes desde que observados os requisitos assinalados no art. 4º, § 2º, da Lei de Arbitragem, isto é, se o aderente tomar a iniciativa para a instituição da arbitragem ou concordar, expressamente, com a sua instituição, desde que por escrito em documento anexo ou em negrito, com a assinatura ou visto especialmente para essa cláusula, somando-se à demonstração da existência de fortes indicadores de que o aderente tinha plena ciência e compreensão acerca do significado da renúncia à jurisdição estatal e, por conseguinte, que a utilização da arbitragem não se dará de forma "compulsória" nem que lhe seja financeiramente inviável.[85]

A bem da verdade, a arbitragem não é ainda nos dias de hoje no Brasil o foro adequado para a resolução da grande maioria dos conflitos consumeristas, seja pelos motivos já apontados, seja porque as demandas desse jaez podem ser resolvidas extrajudicialmente, por meio de acesso gratuito aos Procons,[86] ou, ainda, através da jurisdição estatal, em sede de juizados especiais cíveis, foro de acesso também gratuito e hábil à resolução de controvérsias de menor complexidade e de valor não superior a quarenta salários mínimos.

Por outro lado, em que pese o consumidor figurar, via de regra, como parte hipossuficiente nessas relações, não se pode olvidar que existem exceções, assim como seja ele próprio a tomar a iniciativa de sugerir a inserção de cláusula arbitral ou a instauração da jurisdição privada, não se vislumbrando qualquer mácula a esse respeito.[87]

---

[85] Sobre o tema "Acesso à jurisdição arbitral e os conflitos decorrentes das relações de consumo", v. o nosso estudo assim intitulado in Arnoldo Wald (org.), *Arbitragem e Mediação*, v. IV, p. 1.121-1.154, n. 62 (Coleção Doutrinas Essenciais); e *Rev. Dir. Cons.*, v. 37, p. 92, 2001.

[86] Procon – sigla que identifica o Programa de Proteção e Defesa do Consumidor, representado por uma fundação organizacional responsável por aproximar as partes, "mediando" os conflitos entre os consumidores e os fornecedores de produtos e serviços, tendo ao longo dos anos de sua atuação prestado relevantes serviços à população, notadamente no que concerne à autocomposição extrajudicial e, como corolário lógico, adquirido confiança e respeitabilidade de todos.

[87] Nos dizeres de José Roberto de Castro Neves, "o conceito de que se deve observar o grau de hipossuficiência e ponderá-lo com liberdade de escolha pela adoção da via arbitral como forma de solução dos conflitos não se encontra, por óbvio, proscrito. Ao contrário, esses valores –

De qualquer sorte, nada obstante as celeumas doutrinárias e jurisprudenciais sobre a eficácia de cláusula arbitral em contratos de consumo, o compromisso arbitral haverá de ser sempre admitido, pois, advindo a controvérsia, nada impede que as partes livremente, e, em comum acordo, decidam solucionar o conflito instaurado por meio de jurisdição privada.[88]

Em arremate, vale frisar mais uma vez ponto importante que diz respeito à atenção que as partes contratantes devem ter sobre o conceito, idoneidade, qualidade profissional e ética (credibilidade) dos árbitros ou de instituição arbitral no momento da renúncia à jurisdição estatal, especialmente porque a utilização dessa forma alternativa de resolução de controvérsias tem cada vez mais encontrado ressonância na prática dos contratos de natureza diversa, inclusive com algumas previsões normativas, como se verifica, por exemplo, na Lei 9.514, de 20.11.1997, que *dispõe sobre o sistema financeiro imobiliário e institui a alienação fiduciária de coisa imóvel*, assinalando o art. 34 que: "Os contratos relativos ao financiamento imobiliário em geral poderão estipular que os litígios ou controvérsias entre as partes sejam dirimidos mediante *arbitragem,* nos termos do disposto na Lei 9.307, de 24.09.1996".

Soma-se, ainda, a notoriedade conferida à arbitragem com a recepção expressa contida no Código de Processo Civil de 2015, colocando-a lado a lado com a tutela estatal, ao definir no art. 3º que não se excluirá da apreciação jurisdicional (leia-se: jurisdição pública ou privada) a ameaça ou lesão a direito, sendo permitida a arbitragem, na forma da lei (art. 3º, *caput* e § 1º).

6. EFEITOS DA CLÁUSULA COMPROMISSÓRIA E A DEMANDA PREVISTA NO ART. 7º DA LA

A convenção de arbitragem fundada em cláusula compromissória expressa e escrita, cheia ou vazia, tem por finalidade gerar entre os contratantes a obrigação

---

análise da situação de fragilidade do consumidor e a liberdade de contratar – devem nortear o intérprete ao se deparar com a cláusula compromissória em contratos do consumo, a fim de permitir que as partes, se for do interesse de todos, se aproveitem desse meio de solucionar a lide. "De toda sorte, a eficácia da cláusula será aferida somente no momento de instituição da arbitragem. Independentemente de sua estipulação, a melhor leitura – em harmonia com os valores projetados pelo nosso ordenamento – parece ser a de considerar a eficácia da cláusula compromissória dependente do consentimento efetivo do consumidor, o que apenas poderá ser verificado diante do conflito concreto, quando ele aceitar a instituição da arbitragem, ou ele próprio a iniciar". "Arbitragem nas relações de consumo – uma nova esperança", in Caio Cesar Vieira Rocha e Luis Felipe Salomão (coord.), *Arbitragem e mediação* – a reforma da legislação brasileira, 2017, p. 209.

[88] Nesse sentido, dentre outros doutrinadores, é também o entendimento de Carlos Alberto Carmona (*Arbitragem e processo,* 3. ed., p. 53) e Antônio Junqueira de Azevedo, "A arbitragem e o direito do consumidor", *RDC* 23-24, p. 33-40).

de submeterem à jurisdição arbitral a solução dos conflitos que porventura venham a surgir como decorrência do contrato principal entre eles firmado, de maneira a excluir terminantemente a jurisdição estatal e, nesse contexto, duas situações poderão advir: *a)* as partes, em comum acordo, decidem instituir o juízo arbitral para a composição do litígio, ou, *b)* não havendo acordo, o interessado manifestará formalmente ao outro sua intenção de iniciar a arbitragem, o que poderá ser feito por via postal ou qualquer outro meio idôneo de comunicação, convocando-o para firmarem o compromisso arbitral em dia, hora e local previamente determinados (LA, art. 6º, *caput*), se a cláusula compromissória for vazia, ou, se for cheia, mas deixar de trazer em seu bojo algum elemento essencial do compromisso arbitral (LA, art. 10), notadamente a indicação do(s) árbitro(s) ou instituição arbitral.

Portanto, se a hipótese versar sobre cláusula compromissória cheia e perfeita, assim compreendida aquela que traz em seu bojo todos os elementos indispensáveis para levar a cabo a instituição da arbitragem,[89] a demanda a que alude o art. 7º da lei de regência não encontra sustentação, pois carente o autor do direito de ação por manifesta ausência de interesse de agir, na exata medida em que, instituída a arbitragem, caberá ao réu comparecer e defender-se, sob pena de revelia.

Em outros termos, "se existe cláusula compromissória cheia e a parte não comparecer para apresentar sua defesa, perante o tribunal arbitral já instalado, essa parte sofrerá efeitos similares aos da revelia do processo judicial. A pressão para que as partes participem da arbitragem é negativa, por se impedir que elas recorram ao Judiciário e por se criar uma situação de desvantagem no processo arbitral para a parte que não comparecer. Como regra tradicional, não há obrigação da parte apresentar a sua defesa, há um ônus; a não apresentação da defesa traz uma situação de desvantagem processual".[90]

Portanto, o interesse para a propositura da ação a que alude o art. 7º, fundada na recalcitrância da parte contrária e contratante em firmar o compromisso arbi-

---

[89] "Considera-se instituída a arbitragem quando aceita a nomeação pelo árbitro, se for único, ou por todos, se forem vários" (LA, art. 19).

[90] João Luiz Lessa Neto, *Arbitragem e poder judiciário*: a definição da competência do árbitro, 2016, p. 192.

Observa o citado Autor que "existem sérias restrições à utilização dessas medidas, já que o caminho estabelecido na maioria das legislações, inclusive na lei modelo da Uncitral, e na Convenção de Nova Iorque é de impedir que as partes recorram ao judiciário (efeito negativo da convenção de arbitragem), mas não há um requerimento para que a parte efetivamente participe da arbitragem".

Mais adiante arremata: "Além disso, essas medidas podem interferir com o funcionamento da regra da competência-competência, já que os árbitros podem ser inibidos a exercer adequadamente esta atribuição, encontrando uma solução diferente da do juiz que determinou a participação compulsória da parte na arbitragem" (*idem, ibidem*).

tral, restringe-se aos casos de verificação de cláusula compromissória vazia ou de cláusula compromissória cheia, porém incompleta (imperfeita).

Em qualquer das formas de comunicação (LA, art. 6º), imprescindível se torna que o interessado faça uso de mecanismos hábeis a assegurar à parte contrária o recebimento de correspondência. Para tanto, se for utilizada a via postal tradicional, o sistema deverá ser o de "aviso de recebimento" pelo regime de "mão própria". Isso porque não basta o envio e a simples chegada da correspondência ao endereço de destino correto; mister se faz que a parte adversa tome efetiva ciência da formalização da intenção manifestada.

Portanto, o convocado poderá comparecer e recusar-se a firmar o compromisso arbitral, ou, simplesmente, deixar de atender à convocação. Em qualquer das duas hipóteses o interessado demandará judicialmente a fim de obter a lavratura do compromisso arbitral pelo recalcitrante (LA, art. 6º, parágrafo único).

Trata-se, portanto, de *obrigação de fazer* assumida pelas partes ao firmarem a cláusula compromissória de submissão de eventual e futuro litígio à apreciação da jurisdição privada, com renúncia à jurisdição estatal.

Conforme orientação sedimentada do Superior Tribunal de Justiça, em aresto da lavra do Min. Castro Filho, "[...] para a instauração do procedimento judicial de instituição da arbitragem (art. 7º da Lei 9.307/1996), são indispensáveis a existência de cláusula compromissória e a resistência de uma das partes à sua instituição [...]".[91]

Destarte, não cumprida espontaneamente a cláusula compromissória, o interessado ajuizará ação com fulcro no art. 7º da LA, perante o juiz que seria competente para conhecer da lide principal, comprovando, preliminarmente, o requisito mencionado, além das demais condições da demanda válida e pressupostos processuais, aos quais o autor sempre está subordinado.

Frisa-se que o art. 7º da LA versa apenas sobre as hipóteses em que o pedido se funda em cláusula arbitral *vazia*, pois o escopo dessa demanda é "dotar o juiz, expressamente, de poderes para *preencher a lacuna* deixada pelas partes, *independentemente* dos dados faltantes na cláusula arbitral".[92] Vê-se claramente a importância da inserção de cláusulas arbitrais cheias, na exata medida em que podem evitar o acesso ao Estado-juiz para os fins da demanda prevista no referido art. 7º, instituindo-se a arbitragem com a simples aceitação da incumbência pelo árbitro, se indicado na respectiva cláusula ou se indicada a entidade arbitral.

Nesse sentido, a bem lançada observação de Carmona: "As cláusulas compromissórias vazias ou incompletas, já se percebe, poderão causar às partes aborrecimentos e dissabores, eis que o dissenso quanto à instituição do juízo arbitral

---

[91] REsp 450.881/DF, j. 11.04.2003.
[92] Carlos Alberto Carmona, *Arbitragem e processo*, 3. ed., p. 155 (art. 7º).

as levará às barras dos tribunais antes mesmo de iniciarem o processo (arbitral) para a solução do conflito de interesses.

"Tal situação – em tudo e por tudo desastrosa – somente ocorrerá em caso de inabilidade dos contratantes ao redigirem a cláusula compromissória. Prevendo as vicissitudes pelas quais poderão passar, as partes devem desde logo escolher a melhor forma de constituir o tribunal arbitral para a eventualidade de surgir litígio, discutindo os respectivos detalhes *antes* de instaurar-se a contenda. Se não tomarem essa providência, redigindo cláusula completa e bem estruturada, espera-se pelo menos que os contratantes tenham o cuidado de estabelecer o mecanismo de nomeação do árbitro (ou dos árbitros), o que pode fazer com que se supere a intervenção judiciária de que trata o art. 7º.

"Fica claro, de qualquer modo, que o procedimento de que trata o artigo sob foco diz respeito apenas às cláusulas compromissórias que não contenham o elemento mínimo para que se possa instituir o tribunal arbitral (ou seja, o modo de nomear os árbitros). Se tal elemento mínimo (modo de nomear os árbitros) estiver presente, a instituição da arbitragem não dependerá de intervenção judicial. Por tal motivo, não se espera que uma cláusula arbitral que se reporte a uma entidade arbitral possa dar margem a uma demanda judicial de instituição forçada da arbitragem, ainda que haja resistência de um dos contratantes quanto à indicação de árbitros ou quanto à sua participação (efetiva) no processo arbitral. Dito de outro modo, a falta de indicação de árbitro por alguma das partes haverá de resolver-se através do próprio regulamento do órgão arbitral (normalmente a ausência de indicação de árbitro é suprida pelo presidente do órgão arbitral); a ausência de participação efetiva (contumácia), por sua vez, não causa qualquer tipo de nulidade, sendo certo que o árbitro não aplicará as regras do Código de Processo Civil relativas à revelia e seus efeitos (os fatos afirmados por um dos contendores deverão ser provados, apesar da ausência do adversário). Da mesma forma, a recusa de qualquer das partes em assinar o termo de arbitragem (art. 19, parágrafo único, da Lei [atual § 1º, de acordo com a redação conferida pela Lei 13.129/2015]) não levará os contendores ao Poder Judiciário, ainda que o regulamento escolhido preveja a 'necessidade' de firmar tal documento: aceita a nomeação, pelos árbitros, estará instituída a arbitragem (o que afasta desde logo a incidência do art. 7º da Lei), de maneira que o termo de arbitragem caracteriza-se apenas como mais um elemento *útil* ao encaminhamento adequado do processo arbitral, *mas não indispensável.*"[93]

Em outras palavras, se a hipótese vertente for de *cláusula compromissória cheia*, isto é, a que contenha os requisitos mínimos ao estabelecimento do compromisso

---

[93] Ob. cit., p. 156-157 (art. 7º).

arbitral ou a simples indicação da instituição arbitral, a instauração da jurisdição privada dar-se-á sem qualquer intervenção do Poder Judiciário.

A ação delineada na LA, art. 7º, é de "obrigação de fazer", assim considerada por conter pretensão cujo objeto imediato é a definição dos termos do compromisso arbitral, sua lavratura e assinatura, com pedido sucessivo de, na hipótese de resistência do réu, sub-rogar-se o Estado-juiz para os fins específicos. Todavia, se o autor deixar de formular pedido sucessivo, a omissão não impedirá o juiz de estatuir o compromisso arbitral se as partes assim não convencionarem amigavelmente, na exata medida em que a própria lei já confere ao julgador este poder-dever de assim proceder, segundo se infere das disposições contidas no art. 7º, §§ 3º a 7º.

Quanto ao procedimento a ser observado para o trâmite da demanda em questão, o legislador não fez qualquer referência aos ritos previstos no Código de Processo Civil, preferindo delinear algumas particularidades ritualísticas que o juiz haverá de observar para este tipo diversificado de remédio jurídico que, de certa maneira, assemelha-se ao antigo procedimento sumário (CPC/1973, art. 275 e ss.).

Desta feita, estamos diante de um procedimento diferenciado ou especial com previsão na Lei 9.307/1996 que, por sua vez, receberá os influxos do procedimento comum definido no CPC.

Na petição inicial o autor indicará a lide, mais precisamente o conflito que haverá de ser oportunamente decidido em jurisdição arbitral, acompanhada de documento (contrato) que contenha a cláusula compromissória em que se funda a pretensão articulada (LA, art. 7º, § 1º c/c CPC, art. 320).

Recebida a exordial, será a *ex adversa* citada para comparecer em juízo, em dia e horário definidos pelo magistrado, a fim de lavrar-se o compromisso judicialmente, em audiência designada para este fim específico (art. 7º, *caput*, 2ª parte).

A ausência do autor à audiência de lavratura do compromisso arbitral, sem motivo justificado, importará em extinção do processo, sem resolução do mérito (art. 7º, § 5º); não comparecendo o réu, caberá ao juiz, após ouvir o autor, decidir a respeito do conteúdo do compromisso (art. 7º, § 6º).

Aberta a audiência, tentará o magistrado, de início, compor amigavelmente a lide principal, assim considerada aquela decorrente do descumprimento contratual, a qual se pretende submeter a julgamento perante a jurisdição privada. Frutificando o acordo, será reduzido a termo, homologado e assinado pelas partes, o qual valerá como título executivo judicial. Não obtendo sucesso acerca da autocomposição a respeito do objeto litigioso, procurará agora o juiz conduzir as partes à celebração do *compromisso arbitral*, em comum acordo (art. 7º, § 2º).

Não acordando as partes sobre os termos do compromisso arbitral, o juiz ouvirá os litigantes, oportunidade em que o sujeito passivo oferecerá sua defesa (escrita ou oral) em termos restritos, pois voltados a obstacularizar a futura instauração do juízo arbitral, mediante alegação de vícios de fundo ou de forma da cláusula arbitral (*v.g.*, o objeto apontado na cláusula compromissória não se subordina à jurisdição privada – direitos indisponíveis; uma das partes é incapaz); além desses fundamentos, poderá ainda o réu arguir exceção de impedimento, suspeição e incompetência (absoluta ou relativa), sendo impossível o oferecimento de reconvenção em demandas ancoradas no art. 7º da LA.[94]

De outro vértice, tratando-se de conflito originado de descumprimento contratual, é possível que mesmo diante da previsão específica de cláusula arbitral, excludente da jurisdição estatal, uma das partes a desconsidere e termine por ajuizar demanda de natureza obrigacional perante o juízo comum, em vez de instaurar o juízo arbitral. Nesse caso, a parte adversa, ao contestar, poderá alegar, em preliminar, a existência de "convenção arbitral" (assim compreendida como preexistente a cláusula arbitral ou compromisso arbitral), nos termos do disposto no art. 337, X, do CPC, dando azo à extinção do processo, sem resolução do mérito (art. 485, VII, do CPC). Porém, se o réu desejar obter uma sentença que lhe seja favorável no sentido de compelir o autor a firmar o compromisso arbitral (se ainda não firmado), ou, diante da preexistência de cláusula compromissória cheia ou de compromisso arbitral já assinado pelas partes, que se institua o juízo arbitral, então, haverá de formular pedido reconvencional em sua defesa (art. 7º, Lei 9.307/1996), tendo-se presente que a defesa, neste caso, não tem natureza dúplice.

Em seguida, o juiz decidirá em audiência pela rejeição do pedido inicial, ou, instituirá o conteúdo do compromisso arbitral; não se sentindo habilitado a proferir decisão oralmente, fará os autos conclusos e proferirá decisão em gabinete em dez dias.

Ao decidir, o juiz ficará adstrito aos termos da cláusula compromissória e atenderá aos requisitos definidos nos arts. 10 e 21, § 2º, da Lei 9.307/1996 (art. 7º, § 3º) e, no mesmo ato, nomeará os árbitros indicados na cláusula compromissória; se a cláusula for omissa, caberá ao juiz, na sentença, nomear árbitro único para dirimir o conflito em questão (art. 7º, § 4º).

A sentença de mérito que acolher o pedido do autor valerá como compromisso arbitral, podendo o interessado vencedor, após o trânsito em julgado, instituir a jurisdição privada (art. 7º, § 7º).

Assinala-se que, nada obstante o autor formular pedido certo principal consistente em um "fazer" por parte do requerido, ou seja, que ele compareça em juízo para definir os termos e lavrar o compromisso arbitral, a sentença não terá natureza mandamental, pois a Lei de Arbitragem confere ao julgador

---

[94] Cf. Joel Dias Figueira Jr., *Comentários ao CPC,* 2. ed., v. 4, t. II, art. 315, item n. 5.7.

o poder-dever de sub-rogar-se no direito da parte contrária, estatuindo a respeito da matéria, razão pela qual vale a sentença de acolhimento da pretensão como compromisso arbitral (art. 7º, § 7º), donde exsurge a sua *natureza constitutiva*. Assim, com a prolação da sentença judicial, por sub-rogação legal, o Estado-juiz substitui e integra a manifestação de vontade incompleta da parte recalcitrante.

Da sentença proferida que julgar o pedido de instituição da arbitragem caberá recurso de apelação, o qual será recebido sempre no efeito devolutivo (art. 42 da Lei comentada c/c art. 1.012, §1º, IV, CPC); tratando-se de sentença de mérito, após o seu trânsito em julgado, fará coisa julgada material.

Não caberá ao Estado-juiz decidir acerca da existência, validade ou eficácia da cláusula arbitral ou do contrato que a contenha, salvo na hipótese do art. 32, I, quando o Judiciário poderá ser provocado para se manifestar no âmbito da ação anulatória ou em embargos à execução ou impugnação ao cumprimento de sentença. Por isso se diz que, em linha de princípio, somente ao árbitro ou tribunal arbitral compete o conhecimento dessas matérias, seja de ofício ou mediante provocação de qualquer das partes (art. 8º, parágrafo único).

Merecem também consideração as hipóteses de inserção em contrato de cláusula arbitral geral por adesão em contrato precedente, para que futuros conflitos, inclusive os decorrentes de novos contratos a serem firmados pelas partes, sejam solucionados por meio da jurisdição privada.

Essa previsão contratual é inválida, na exata medida em que a cláusula arbitral, mesmo que vazia, há de ser inserida em contrato próprio, acerca do qual poderá derivar futuramente algum conflito entre as partes e não de maneira antecedente e genérica, para abarcar futuros litígios decorrentes de outros contratos que, eventualmente, possam vir a ser firmados entre as mesmas partes.

Em outras palavras, todos os contratos que as mesmas partes venham a firmar haverão de estipular individualmente se desejam optar pela jurisdição privada para dirimir os conflitos deles decorrentes.

7. EFEITOS DO COMPROMISSO ARBITRAL

"O compromisso arbitral é a convenção através da qual as partes submetem um litígio à arbitragem de uma ou mais pessoas, podendo ser judicial ou extrajudicial" (art. 9º). Trata-se de verdadeiro negócio jurídico de direito material que expressa a renúncia à atividade jurisdicional do Estado. No entanto, como observa muito bem o professor Arruda Alvim, "[...] há que ser corretamente entendida a validade e a *eficácia* dessa renúncia. Assim, sendo esse compromisso *precedente* ao processo, a cuja lide se refiram, *concretamente,* um e outro, se não for alegado o compromisso *como preliminar de contestação*, no prazo de 15 dias (CPC, art. 301, IX [CPC/2015, art. 337, X] que, com a Lei 9.307/1996, também se refere, amplamente, ao gênero 'convenção de arbitragem'), tal significará que a aludida renúncia (à atividade estatal) não virá a produzir efeitos".[95]

Será judicial o compromisso arbitral quando instaurado perante o Estado-juiz, em razão de demanda fundada no art. 7º da Lei 9.307/1996, ou, porque no decorrer do processo principal de conhecimento, as partes, em comum acordo, resolveram extingui-lo (sem resolução do mérito) para instauração da arbitragem (art. 485, VII, CPC).

O compromisso arbitral será celebrado por termos nos autos, em atenção aos requisitos contidos nos arts. 10 e 21, § 2º, perante o juiz ou tribunal por onde tramita o processo (art. 9º, § 1º).

Por sua vez, o compromisso extrajudicial celebrar-se-á por escrito particular, firmado pelas partes e duas testemunhas, ou por instrumento público (art. 9º, § 2º). Mesmo diante de cláusula compromissória cheia que, por sua completude, poderá dispensar a lavratura de compromisso arbitral, por cautela, afigura-se de bom alvitre que as partes o firmem após a instituição da arbitragem, a fim de que todos os pontos relativos ao conflito e demais requisitos desse ato fiquem bem explicitados de maneira a espancar qualquer possível dúvida contida na convenção arbitral (cláusula compromissória ou compromisso arbitral) e, com isso, evitar alguma alegação futura de nulidade, segundo se infere do disposto no art. 5º c/c art. 19, § 1º, ambos da lei de regência, elaborando-se e firmando-se um adendo para este fim.

São requisitos indispensáveis do compromisso arbitral: *a)* nome, domicílio, ramo de atividade ou profissão e, tratando-se de pessoa natural, o estado civil;[96] *b)* nome, profissão e domicílio do árbitro ou dos árbitros, ou, se for o caso, a identificação da entidade arbitral à qual as partes delegaram a indicação de árbitros;[97] *c)* a matéria que será objeto da arbitragem, ou seja, a lide propriamente dita; *d)* o lugar

---

[95] *Manual*, v. II, p. 371-372, n. 155.
[96] O inc. I do art. 10 da Lei 9.307/1996 não exige o número de CPF ou CNPJ das partes. Nada obstante, seria de bom alvitre que a referida identificação integrasse o termo de compromisso arbitral, para que nenhuma dúvida a esse respeito pudesse advir no decorrer do procedimento arbitral. Trata-se de providência salutar a ser tomada em benefício dos próprios litigantes.
[97] Sobre esse requisito (art. 10, II), observa muito bem Carlos Alberto Carmona que "a fim de respeitar ao máximo a vontade das partes, não se exige que a entidade delegada seja um órgão arbitral institucional. Podem, pois, as partes convencionar que a Ordem dos Advogados do Brasil, o Conselho Regional de Economia ou a diretoria da Faculdade de Engenharia da USP indique os árbitros. Mas as partes, ao estabelecerem tal delegação, devem antes de mais nada verificar se tais órgãos podem aceitá-la e se estão dispostos a colaborar com a tarefa, pois a simples indicação da entidade delegada no compromisso não a obriga a proceder à designação de árbitros. E mais: não podem as partes estabelecer que a indicação de árbitros seja feita pelo presidente de um determinado tribunal estadual

em que será proferida a sentença arbitral (art. 10).[98] A inobservância de qualquer desses requisitos, implicará nulidade do compromisso arbitral e, por conseguinte, a impossibilidade jurídica de instituição da jurisdição privada.

São ainda requisitos do compromisso arbitral, porém dispensáveis ou facultativos: *a)* a indicação do local ou locais onde a arbitragem se desenvolverá;[99] *b)* a autorização para que o árbitro ou o tribunal arbitral julgue por equidade, se as partes assim convencionarem; na omissão, presume-se que a arbitragem será apenas de direito (art. 2º); *c)* o prazo para oferecimento da sentença arbitral; nada sendo convencionado a esse respeito, o prazo para apresentação da sentença é de seis meses, contado da instituição da arbitragem ou da substituição do árbitro (art. 23); *d)* a indicação da lei nacional ou das regras corporativas aplicáveis à arbitragem, quando assim convencionarem as partes; *e)* a declaração da responsabilidade pelo pagamento dos honorários e das despesas com a realização da arbitragem; *f)* a fixação dos honorários do árbitro, ou dos árbitros (art. 11). Se a fixação dos honorários ocorrer no compromisso arbitral, este se constituirá em título executivo extrajudicial; não havendo essa estipulação, o árbitro requererá, ao órgão do Poder Judiciário que seria competente para julgar a causa, originariamente, que os fixe por sentença.

São as seguintes as *causas extintivas* do compromisso arbitral: *a)* escusa de qualquer dos árbitros, antes de aceitar a nomeação e desde que as partes tenham

---

ou por uma de suas câmaras ou turmas, já que nem os presidentes dos tribunais nem os integrantes de seus órgãos fracionários têm competência funcional para tanto".

Arremata com a seguinte indagação: "O que fazer na hipótese de a entidade apontada no compromisso recusar-se a indicar o árbitro? A solução encontra-se no art. 16, § 2º da Lei: se as partes não chegarem a um acordo sobre a forma de nomear o árbitro, a parte mais diligente poderá recorrer ao Poder Judiciário na forma prevista no art. 7º, evitando-se com isso o indesejável perecimento do compromisso" (*Arbitragem e processo,* 3. ed., p. 19, item n. 15).

[98] Esse requisito do compromisso arbitral (art. 10, IV), aparentemente curioso, é muito bem justificado por Carmona merecendo, portanto, ser citado: "A questão merece explicação e está relacionada ao conceito adotado para a sentença estrangeira arbitral (art. 34, parágrafo único). A fim de evitar discussões infindáveis sobre a definição de *arbitragem internacional* (com o objetivo de qualificar a sentença arbitral como estrangeira ou nacional), optou-se por critério objetivo, considerando nacional a sentença arbitral proferida em território brasileiro, ainda que todo o procedimento arbitral tenha se desenvolvido no exterior. Portanto, é importante precisar o lugar em que a sentença haverá de ser proferida para aferir-se desde logo se será ou não necessário o procedimento de reconhecimento e execução de sentenças arbitrais estrangeiras de que trata o Capítulo VI da Lei" (*ibidem,* p. 19-20, item n. 15).

[99] A eleição de foro é permitida e poderá ser convencionado outro diverso daquele onde se encontra sediada a instituição arbitral ou tribunal indicado. Ademais, a eleição de foro é importante para as eventuais intervenções do Poder Judiciário.

expressamente declarado não aceitar nenhum substituto; *b)* quando as partes declararem expressamente não aceitar a substituição do árbitro ou árbitros e se no decorrer do processo um deles tenha falecido ou ficado impossibilitado de proferir o seu voto; *c)* quando expirado o prazo concedido para a prolação da sentença e desde que o interessado tenha notificado o árbitro ou o presidente do tribunal arbitral, concedendo-lhe o prazo de dez dias para a prolação e publicação da sentença arbitral (art. 12); *d)* quando não alegada tempestivamente como matéria preliminar da contestação em processo que tramita perante o Estado-juiz (revogação tácita da convenção arbitral – art. 337, X); *e)* quando as partes assim convencionarem (distrato); *f)* quando perecer, destruir ou deteriorar-se o objeto sobre o qual se funda o litígio; *g)* falecimento das partes sem deixar herdeiros capazes; *h)* incapacidade superveniente das partes.

Conforme já dissemos alhures, para fins de renúncia ao Poder Judiciário, a Lei 9.307/1996 equiparou a cláusula compromissória ao compromisso arbitral, que são duas espécies do gênero *convenção de arbitragem;* por isso, o art. 41 da LA alterou a redação dos arts. 267, VII e 301, IX, do revogado CPC de 1973, e fez menção à *convenção arbitral.*

Neste ponto, o Código de 1973 apresentava inconsistência quando previa como preliminar a ser alegada pelo réu na contestação a *convenção arbitral* com o escopo de obter a extinção do processo, sem resolução do mérito, por falta de pressuposto processual extrínseco de validade (art. 301, IX c/a art. 267, VII); por sua vez, o juiz haveria de conhecer, de ofício, de todas as matérias enumeradas no referido art. 301, com exceção do *compromisso arbitral* (§ 4º), quando o correto teria sido a referência ao gênero (convenção de arbitragem).

Desde a primeira edição desta obra apontamos o equívoco do legislador, ou, quiçá um "cochilo", na exata medida em que não se encontra razão plausível para a distinção feita, neste particular, entre o compromisso arbitral e a cláusula compromissória (cheia ou vazia), esta última podendo ser conhecida pelo juiz de ofício.

Ora, se o fundamento legal para conferir ao juiz o poder-dever de cognição *ex officio* das matérias elencadas em dez dos onze incisos do art. 301 era a natureza pública das questões ali ventiladas, não fazia qualquer sentido admitir a exclusão do compromisso arbitral e permitir apenas o conhecimento da cláusula compromissória.

Assim como Arruda Alvim, entendíamos que, apesar do silêncio do art. 41 da Lei 9.307/1996, o art. 301, § 4º, do revogado CPC, devia ser interpretado por analogia e extensivamente, para englobar o compromisso arbitral e a cláusula compromissória, compreendendo-se a normativa como *convenção arbitral.*[100]

---

[100] Arruda Alvim, ob. cit., p. 372, n. 155.
Em sentido contrário, v. Carlos Alberto Carmona, *Arbitragem e processo,* p. 316-317.

Finalmente, o Código de 2015 seguiu esse nosso entendimento e sanou o equívoco, de maneira a considerar o interesse particular (e não público) da matéria atinente à renúncia à jurisdição estatal e, com isso, excetuar a *convenção de arbitragem*, juntamente com a incompetência relativa, daquelas que o juiz pode conhecer de ofício (art. 337, § 5º).

Merece também reflexão as hipóteses de inserção de cláusula arbitral geral por adesão em contrato precedente e análise sobre a sua eficácia para a resolução de conflitos que venham a surgir em razão de novos contratos firmados pelas mesmas partes desprovidos, contudo, da aludida cláusula.

Essa previsão contratual é ineficaz, na exata medida em que a cláusula arbitral, mesmo que vazia, há de ser inserida em contrato próprio, acerca do qual poderá derivar, futuramente, algum conflito entre as partes, e não prevista de maneira antecedente e genérica, para abarcar futuros litígios decorrentes de outros contratos independentes que, eventualmente, possam vir a ser firmados entre os mesmos sujeitos.

Em outras palavras, cada um dos contratos independentes que as mesmas partes venham a firmar, haverão de estipular, caso a caso, se desejam optar pela jurisdição privada para dirimir os conflitos deles decorrentes, salvo se o novo contrato for acessório ou coligado em relação ao precedente. Sobre esse tema, reservamos um tópico específico para tratar da matéria com mais profundidade (v. n. 8, *infra*).

Há de analisarem-se também os efeitos da cláusula arbitral quando verificar-se a sub-rogação, e, para tanto, mister se faz distinguir a *voluntária* daquela *decorrente de lei* (*ope legis*); esta última espécie de sub-rogação não gera efeitos para o sub-rogado no que concerne à cláusula arbitral prevista originariamente em contrato precedente (ex.: contratos de seguro, em que o segurador sub-roga-se, nos limites do valor respectivo, nos direitos e ações que competirem ao segurado contra o autor do dano – CC, art. 786);[101] contudo, a sub-rogação negociada é válida (ex.: cessão voluntária de direito).

Por último, vale abordar o tema atinente aos efeitos decorrentes de cláusula arbitral em que, no momento da instituição da jurisdição privada, uma das partes alegue encontrar-se em situação financeira que a impossibilite de arcar com os custos da arbitragem.

---

[101] Para aprofundamento sobre o tema "Transmissão de cláusula compromissória à seguradora por força de sub-rogação legal. Arbitragem, direito securitário e consentimento no direito brasileiro", v. o estudo assim intitulado, de autoria de Felipe Sperandio, in Carlos Carmona, Selma Lemes e Pedro Martins (coord.), *20 anos da Lei de Arbitragem* – Homenagem a Petrônio R. Muniz, p. 795-843.

Circunstância deste jaez, em hipótese alguma, implica invalidade ou ineficácia da cláusula arbitral, pois na qualidade de negócio jurídico perfeito e acabado, fundado na vontade livre das partes contratantes, traz consigo a chancela da renúncia à jurisdição estatal e, por conseguinte, somente por meio da arbitragem é que o conflito haverá de ser solucionado.

Verificada a recalcitrância daquele que se diz impossibilitado de arcar com as custas da arbitragem, a *ex adversa* terá a seu favor o manejo da ação prevista no art. 7º da LA, não havendo respaldo legal para que o juiz togado venha a acolher alegação desta espécie.

8. "TERCEIROS" EM SEDE ARBITRAL

A LA não regula o importante tema acerca dos "terceiros" que poderão integrar a jurisdição arbitral, o que não significa dizer que o assunto não seja corriqueiro. Pelo contrário, inúmeras são as situações negociais que se deparam com a participação além dos contratantes, de terceiros que, direta ou indiretamente, estejam vinculados aos contratos primitivos ou que, de alguma forma, serão atingidos direta ou reflexamente com a sentença proferida em sede arbitral.

Cada vez mais, os negócios no âmbito nacional e internacional adquirem complexidade d'antes nunca imaginada, seja no conteúdo (objeto) dos contratos, seja na participação ou intervenção de diversos sujeitos, a transbordar os dois polos da relação negocial (*contratos coligados ou conexos*); a *conexidade* (*coligação*) entre contratos verifica-se quando pactos distintos se interligam por um ou mais pontos comuns em regime de acessoriedade definida em cláusulas, de maneira que são considerados reciprocamente, nada obstante independentes entre si, mas voltados a um objetivo econômico ou financeiro comum[102] (normalmente contratos de longa duração com a participação de vários sujeitos e redes contratuais, como, por exemplo, aqueles que versam sobre grandes obras de construção – contratos conhecidos por *EPC – Engineering, Procurement and Construction*).

---

[102] Sobre o tema dos *contratos coligados*, escreve Carlos Roberto Gonçalves tratar-se de uma "[...] pluralidade, em que vários contratos celebrados pelas partes apresentam-se interligados. Quando o elo entre eles consiste somente no fato de constarem no mesmo instrumento, não existe propriamente coligação de contratos, mas *união de contratos*. Aquela passa a existir quando a reunião é feita com *dependência,* isto é, com um contrato relacionado ao outro, por se referirem a um negócio complexo. Apesar disso, conservam a individualidade própria, distinguindo-se, nesse ponto, do misto. *Contratos coligados* são, pois, os que embora distintos, estão ligados por uma cláusula acessória, implícita ou explícita" (*Direito civil brasileiro* – contratos e atos unilaterais, 12. ed., 2015, v. III, p. 116-117). V. também Flávio Tartuce, *Teoria Geral dos Contratos e Contratos em espécie,* 9. ed., p. 37; Daniel Carnacchioni, *Manual de Direito Civil,* 2017, p. 843).

Trata-se de *negócios multipartes* que exigem, igualmente, a solução de eventuais conflitos deles decorrentes por meio da jurisdição privada – *arbitragem multiparte*.

Convém lembrar que esse tema foi objeto de análise durante o projeto de lei que deu origem à Lei 13.129/2015, tendo a comissão de juristas responsável pela atualização da Lei 9.307/1996 concluído pela não regulamentação da matéria, a exemplo do que se verifica no Regulamento de Arbitragem Uncitral, de 1976, e tantos outros sistemas alienígenas e regulamentos de entidades arbitrais, nacionais e estrangeiras.

Trata-se de tema tormentoso e que está bem longe de encontrar uma definição uniforme acerca de seus contornos, seja no cenário nacional ou internacional.[103] De qualquer forma, comungamos do entendimento daqueles que defendem a tese absorvida pelo sistema normativo brasileiro, que apesar de não regular a matéria, não veda a sua utilização, permitindo assim que a intervenção de terceiros seja avaliada criteriosamente pelos árbitros e partes, caso a caso, tudo em sintonia com a prevalência da vontade comum dos litigantes.

A verdade é que o cerne de todo o enleio reside na voluntariedade e, portanto, na livre e espontânea vontade dos sujeitos que, direta ou indiretamente, integram os contratos ou serão atingidos reflexamente pela sentença arbitral, e, portanto, se desejam submeter-se (ou não) à jurisdição privada.

Assim, em negócios mais complexos que envolvam multipartes, é de bom alvitre que já se estabeleça, em cláusula arbitral cheia, a possibilidade de intervenção de terceiros no início ou no decurso do procedimento arbitral; ainda melhor, que esses "terceiros" firmem o contrato ou termo de compromisso arbitral, na

---

[103] Por exemplo, o Código de Processo Civil italiano, em seu art. 816-*quinquies* dispõe expressamente sobre a intervenção de terceiros e sobre a sucessão do direito controverso, *in verbis*: "A intervenção voluntária ou o chamamento em arbitragem de terceiro são admissíveis somente com o consentimento do terceiro e das partes, e, ainda, com o assentimento dos árbitros. São sempre admissíveis as intervenções previstas no segundo parágrafo do art. 105 e a intervenção de litisconsórcio necessário. Aplica-se o disposto no art. 111".

Segundo Nathalia Mazzonetto, "dentre os regulamentos arbitrais das instituições brasileiras, o único a cuidar especificamente dos terceiros na arbitragem é o da Câmara de Arbitragem do Mercado (CAM) [item 6.1], justamente porque é no bojo das disputas societárias que o tema dos terceiros ganha maior destaque e é da mais alta relevância. Isso porque normalmente se está diante de disputas complexas, com diversos *players*, que ostentam interesses diversos e próprios, sem deixar de lado, ainda, a ficção jurídica que é a sociedade" ("A discussão em torno dos terceiros na arbitragem e a modernização da Lei de Arbitragem brasileira", in Francisco Cahali, Thiago Rodovalho e Alexandre Freire (org.), *Arbitragem*, p. 456-457.

Observa-se ainda que o regulamento da CAM, no item 6.2, versa acerca da *conexão de ações* que são processadas perante a aludida Câmara de Arbitragem do Mercado.

qualidade de futuros assistentes ou litisconsortes (facultativos ou necessários), sem prejuízo de assim procederem futuramente, em tempo e modos oportunos.

Os contratantes devem atentar muito bem para a elaboração de contratos complexos que envolvam negocialmente diversas pessoas (físicas ou jurídicas) bem como para os conteúdos insertos em cláusula arbitral, pois não é incomum verificar-se a formação de litisconsórcio de partes com interesses distintos, nada obstante integrarem o mesmo polo da demanda (ativo ou passivo), com reflexos, inclusive, na indicação de árbitros e com riscos de supressão do direito de escolha pelos demais interessados e, consequentemente, possível nulidade da sentença arbitral.[104]

Como bem assenta Carreira Alvim, "a *intervenção de terceiros* é modalidade de ingresso de terceiro num processo entre outras partes, cujo propósito é extrair dele uma *utilidade adicional,* provocando a extensão subjetiva dos efeitos da sentença, na medida em que amplia a discussão sobre a relação jurídica material deduzida no processo (*res in iudicium deducta*) ou provoca uma mutação subjetiva das partes no plano processual".[105]

O que não se pode perder de vista é que não há qualquer possibilidade jurídica de intervenção de terceiros coercitiva, sob pena de inconstitucionalidade por violação do princípio do juiz natural e por deixar de observar a liberdade de opção das partes pela jurisdição privada. Nessa linha, para que se verifique a intervenção de terceiros em sede arbitral, mister se faz o assentimento dos integrantes da relação jurídico-processual privada e dos demais interessados, a saber: as partes, os terceiros e o árbitro.

Portanto, as questões que merecem reflexão e resposta são as seguintes: sendo convidado a intervir, já que a intervenção não pode ser coacta, ou, pretendendo fazê-

---

[104] Assim manifestou-se o Tribunal de Justiça de São Paulo em caso envolvendo litisconsortes com interesses distintos, em que pese integrantes do mesmo polo da demanda.
Naquela oportunidade, verificou a Corte bandeirante omissão do Regulamento da Câmara de Arbitragem da Câmara de Comércio Brasil-Canadá (CCBC) no que concerne à indicação de árbitros em casos de conflitos multipartes com interesses distintos de integrantes do mesmo polo, assim como assentou que a integração do regulamento pelo Presidente daquele órgão não se deu com a melhor técnica jurídica, por fazer prevalecer a indicação de árbitro de apenas uma das partes, suprimindo o direito de indicação das outras e, com isso, violando princípios basilares da isonomia e imparcialidade. Nesse cenário, foi acolhido o pedido desconstitutivo e anulada a sentença arbitral (AC 0002163-90.2013.8.26.0100, 11ª Câm. Dir. Priv., Rel. Des. Gilberto dos Santos, j. 03.07.2014).
Esse acórdão foi submetido ao crivo do Superior Tribunal de Justiça (REsp 1.639.035/SP, Rel. Min. Paulo de Tarso Sanseverino); contudo, neste ponto não foi conhecido por necessitar conhecer de matéria probatória e de fato (Súmula 7), e, por conseguinte, mantido o acórdão do Tribunal Paulista que, diga-se de passagem, decidiu com acerto.

[105] *Tratado geral da arbitragem,* 2000, p. 455.

-lo voluntariamente, pode o terceiro ser admitido ao processo arbitral, sujeitando-se aos efeitos da sentença que vier a ser proferida? E mais: em que circunstâncias se daria essa intervenção e quais as consequências que resultariam dela?[106]

No que concerne ao litisconsórcio no juízo arbitral, merece destaque a magnífica lição de Humberto Theodoro Jr. em estudo pontual acerca do tema, *in verbis:* "A formação do litisconsórcio não pode ser banida do campo do juízo arbitral, visto que ali, tanto como no processo comum, poderão estar em jogo situações em que a lei exige a observância do cúmulo subjetivo. Basta ressaltar os frequentes negócios plurissubjetivos e, principalmente, os complexos negócios formados por cessão de direitos ou pelos contratos conexos (ou complexos). É bom lembrar que o litisconsórcio necessário é requisito de validade e eficácia da prestação jurisdicional, envolvendo, pois, questão de ordem pública.

"O problema de difícil solução se dá quando o complexo negocial abrange contratos supervenientes àquele onde se instituiu o compromisso ou a convenção arbitral e, principalmente, quando a cadeia dos negócios jurídicos atinge outras pessoas além daquelas que pactuaram a instituição da arbitragem.

"Quando ao contrato primitivo (objeto do compromisso) se juntam negócios acessórios avençados entre as mesmas partes, a tendência doutrinária é submetê--lo também ao juízo arbitral, pelo princípio geral de que o acessório deve seguir o principal.

"Se o procedimento arbitral outrossim, vai se desenvolver entre pessoas que simultânea ou sucessivamente se vincularam à convenção arbitral, a formação do litisconsórcio ativo ou passivo se dará sem dificuldade alguma. Todos os sujeitos do processo estarão obrigados a se submeterem a ele, por força dos vínculos contratuais preexistentes. O litisconsórcio, *in casu*, poderá assumir a modalidade voluntária como a necessária, e, uma vez provocado por algum contratante interessado não poderá ser recusado pelos adversários.

"Se, porém, o debate vai envolver contrato diverso do que foi o objeto específico da convenção de arbitragem ou pessoas que não firmaram dita convenção, em princípio não haverá como forçar a formação do litisconsórcio, nem como ampliar a competência do árbitro para negócios diversos daquele previsto no compromisso.

"Como a arbitragem repousa nos vínculos contratuais entre as partes e entre estas e o árbitro, seus liames não se manifestam senão entre os contratantes. A legitimidade de parte para o procedimento arbitral, por isso, só se estabelece entre os sujeitos contratuais. A única via de legitimação, ativa ou passiva, para quem queira participar ou seja chamado a participar da arbitragem condiciona-se à própria convenção arbitral.

---

[106] Cf. Carreira Alvim, ob. cit., p. 457.

"Pouco importa, portanto, seja necessário ou facultativo o litisconsórcio. Sua formação só será admissível, de forma cogente, entre os que celebraram a convenção arbitral. Assim, se todos os que devem ser litisconsortes são aderentes à convenção arbitral, tudo se desenvolverá naturalmente dentro da força contratual.

"Se, contudo, o terceiro, que se deseja incluir no processo, não firmou o ajuste, sua inserção no litisconsórcio, ainda que necessário, somente se tornará possível se ele consentir em aderir ao compromisso. Havendo, pois, recusa de sua parte o árbitro não terá força para submetê-lo à relação processual. Se o caso for de litisconsórcio facultativo, o procedimento da arbitragem terá de prosseguir só com as partes vinculadas à convenção arbitral. Se for necessário o litisconsórcio, 'só restará ao árbitro encerrar o procedimento sem julgamento do mérito, por falta de integração da convenção de arbitragem'. Proferirá sentença terminativa na esfera arbitral, para que a lide possa ser resolvida pelo Poder Judiciário."[107]

Mais adiante prossegue o mestre mineiro: "[...] A não figuração do litisconsórcio necessário dentro da força da convenção arbitral torna-a, por isso mesmo, incompleta e impotente para sustentar o procedimento da arbitragem, autorizando sua extinção nos moldes do art. 20, § 2º, da Lei 9.307/1996. Faltará condição de procedibilidade na via especial da jurisdição convencional, porquanto é ineficaz o julgamento que, em qualquer processo, seja proferido sem a presença na relação processual de litisconsórcio necessário (art. 47, par. ún. do CPC [art. 115, CPC/2015]).

"[...] Da recusa do litisconsorte necessário a aderir à arbitragem, nascerá, portanto, para o promovente, o poder de instaurar o processo comum na justiça oficial, sem que aos demais participantes da convenção seja dado alegar a exceção de compromisso prevista no art. 267, VII, do CPC [art. 485, VII CPC/2015]."[108]

---

[107] "Arbitragem e terceiros – litisconsórcio fora do pacto arbitral – outras intervenções de terceiros", in Arnoldo Wald (org.), *Arbitragem e Mediação*, v. II, p. 534-535, n. 27 (Coleção Doutrinas Essenciais).

[108] Ob. cit., p. 535-536.
Sobre o tema "sentença arbitral parcial, coligação de contratos e litisconsórcio necessário", assim intitulado v. o parecer da lavra do Prof. Pedro Batista Martins, in Carlos Carmona, Selma Lemes e Pedro Martins (coord.), *20 anos da Lei de Arbitragem* – Homenagem a Petrônio R. Muniz, p. 593-607.
Citando Carreira Alvim, em seu conhecido *Tratado geral da arbitragem* (p. 465-466), sintetiza a exposição sobre o tema do litisconsórcio na jurisdição privada nos seguintes termos: "'Se o litisconsorte for do tipo necessário-unitário – aquele que impõe a participação de todos os litigantes, com sentença uniforme para todos – ou o terceiro aceita integrar o processo, possibilitando a sentença, sujeitando-se aos seus efeitos, ou não aceita e permanece fora dele, inviabilizando com a sua ausência o processo arbitral. É o caso do compromitente casado, a respeito de direitos sobre bens imóveis de propriedade de ambos

Nos dizeres do mestre português José Lebre de Freitas, "a não sujeição do terceiro litisconsorte à jurisdição arbitral levará, pura e simplesmente, à *ineficácia da convenção de arbitragem* e à sujeição de todas as partes na relação jurídica à jurisdição estadual".[109]

O Superior Tribunal de Justiça já se manifestou sobre a admissibilidade de extensão e eficácia de compromisso arbitral em se tratando de demandas que envolvam *contratos coligados*. Nesse caso, versava a hipótese sobre contrato principal de abertura de crédito e contrato acessório (contrato de *swap*),[110] tendo a Corte assentado que em *contratos coligados*, as partes celebram uma pluralidade de negócios jurídicos tendo por desiderato um conjunto econômico, criando entre eles efetiva dependência. Por conseguinte, reconhecida a coligação contratual, mostra-se possível a extensão da cláusula compromissória prevista no contrato principal aos contratos de *swap*, pois integrantes de uma operação econômica única. No sistema de coligação contratual, o contrato reputado como sendo o principal determina as regras que deverão ser seguidas pelos demais instrumentos negociais que a estes se ajustam, não sendo razoável que uma cláusula compromissória inserta naquele não tenha seus efeitos estendidos aos demais.[111]

Vejamos agora os institutos que se fundam em obrigação ou direito e dão ensejo às ações de garantia (*denunciação da lide* – CPC, art. 125) e as ações de tutela da posse e da propriedade em face de constrição ou ameaça de constrição judicial (*embargos de terceiros* – CPC, art. 674).

Já dissemos alhures que é inadmissível, porquanto juridicamente impossível, a arbitragem coercitiva, regra que se estende à participação de terceiros, a qualquer título, pois a livre manifestação de vontade de qualquer dos sujeitos em participar da jurisdição privada é corolário inafastável de sua validade e eficácia.

---

os cônjuges. No que toca ao litisconsórcio facultativo, nada impede venha ele igualmente a ter lugar, desde que estejam as partes acordes em admiti-lo'" (*ibidem*, p. 536).

[109] "Intervenção de terceiros em processo arbitral", in Arnoldo Wald (org.), *Arbitragem e Mediação*, v. II, p. 561, n. 28 (Coleção Doutrinas Essenciais).

[110] *Swap cambial* e *swap cambial reverso* são "ferramentas" usadas pelo Banco Central para conter a volatilidade do dólar frente ao real, sendo que o *swap* é um derivativo – contrato cujo valor deriva de outro ativo – que envolve a troca de indexadores entre duas partes (o BC e um investidor, por exemplo). Na operação, não há transferência de fluxos de capital, mas sim uma troca de rentabilidades no final do período do contrato. No *swap* tradicional, o Banco Central oferece ao investidor o pagamento da oscilação do dólar, além de um prêmio; já o investidor se compromete a pagar ao BC a diferença da taxa de juros durante o período de validade do ativo (cf. <https://exame.abril.com.br/mercados/entenda-o-que--e-swap-cambial-e-swap-reverso/>).

[111] REsp 1.639.035/SP, 3ª T., Rel. Min. Paulo de Tarso Sanseverino, j. 18.09.2018 (maioria), *DJe*, 15.10.2018.

Portanto, descabida a intervenção forçada de terceiro responsável pela garantia do direito de um dos litigantes,[112] exceto se o litisdenunciado aceitar a sua condição para integrar a lide e firmar termo de compromisso arbitral, e, com isso, assentirem também os árbitros.

Pelos mesmos motivos já expostos anteriormente, o instituto jurídico da *assistência simples* ou *litisconsorcial*[113] (CPC, arts. 119, 121 e 124) não é admitido em sede arbitral, ressalvada a hipótese de concordância das partes e dos árbitros, e desde que o terceiro (assistente) firme o termo de compromisso arbitral.

Por sua vez, o *amicus curiae* – figura também conhecida como o "amigo da corte" – nada mais é do que um terceiro estranho ao feito e que intervém no processo sem possuir interesse jurídico direto (ou estritamente jurídico), mas apenas de fato, porque será de alguma maneira atingido, direta ou reflexamente, com o resultado da demanda em tramitação, passando, assim, a atuar como "fiscal da lei" em colaboração com o juiz, em busca da verdade e do bom desenvolvimento da relação jurídico-processual.[114]

Apesar do instituto jurídico do *amicus curiae* ter entrado formalmente no sistema instrumental civil com o advento do Código de 2015 (art. 138), diversas são as normas que já previam a intervenção diferenciada de um terceiro que não se enquadrasse na clássica concepção de "intervenção de terceiros".[115]

Antes mesmo do advento do Código de 2015, já se entendia que a presença do *amicus curiae* em qualquer tipo de demanda ou processo não dependia expressamente de previsão legal, em virtude das funções que ele desempenha, decorrendo a sua aceitação do próprio sistema processual civil quando analisado pelo prisma constitucional[116].

---

[112] Cf. Humberto Theodoro Jr., "Arbitragem e terceiros...", art. e ob. cit., p. 537.
[113] Especificamente sobre o tema, cf. Genacéia da Silva Alberton, *Assistência litisconsorcial*.
[114] Para aprofundamento sobre esse tema, v. Cassio Scarpinella Bueno, *"Amicus curiae" no processo civil brasileiro*: um terceiro enigmático, 2. ed., São Paulo: Saraiva, 2008; Idem, "Quatro perguntas e quatro respostas sobre o *amicus curiae*", *Revista da Escola Nacional da Magistratura – AMB*, n. 5, p. 132-138, 2008.
[115] Vale citar, por exemplo, o art. 23, § 1º, da Resolução 390/2004 do Conselho da Justiça Federal, a Lei 9.868/99, art. 7º, § 2º, que versa sobre a Ação Direta de Inconstitucionalidade e a Ação Declaratória de Constitucionalidade, o Regimento Interno do STF (art. 131,§ 2º, para admitir "quaisquer terceiros" a sustentar oralmente suas razões), a Lei 11.417, art. 3º, § 2º, que versa sobre as súmulas vinculantes, o incidente de uniformização de jurisprudência da Lei dos Juizados Especiais Federais (art. 14, § 7º), dentre outros (Cf. Cassio Scarpinella Bueno, "Quatro perguntas e quatro respostas sobre o *amicus curiae*", *Revista da Escola Nacional da Magistratura – AMB*, n. 5, p. 135, 2008).
[116] Idem, ibidem, p. 136.

É justamente nesse último ponto que exsurge o problema da inadmissibilidade da figura do *amicus curiae* em sede de jurisdição arbitral, pelos mesmos motivos já expostos, referentes à desvinculação do terceiro à convenção arbitral. Contudo, como nos demais casos, se houver assentimento das partes, do terceiro e dos árbitros, desde que firmado termo específico de compromisso arbitral, em caráter excepcional, será admitido seu ingresso no procedimento arbitral.

De qualquer forma, são os árbitros que, em regra, "detêm o poder de controlar o processo e, portanto, o poder discricionário de admitir ou não a participação do *amicus curiae* (como parte do processo de tomada de decisão), as partes não podem deixar de ser ouvidas. Afinal, são seus interesses que estão em jogo e a abertura indiscriminada da arbitragem a terceiros pode comprometer os direitos das partes".[117]

No tocante aos *embargos de terceiros* (CPC, art. 674), a situação é um pouco diferente das precedentes, na exata medida em que o interesse daquele que não é parte em processo arbitral repousa na ameaça ou ocorrência de constrição sobre bens que possua ou sobre os quais tenha direito incompatível com o ato constritivo, donde exsurge o seu interesse de obter o seu desfazimento ou a inibição por meio de embargos.

Portanto, havemos de distinguir duas situações que podem dar azo ao interessado ajuizar embargos de terceiro: *a)* em sede de execução de sentença arbitral; *b)* durante o procedimento arbitral, até a prolação da sentença, inclusive.

A resposta à primeira hipótese é simples, pois tramitando a execução forçada perante o Estado-juiz, dele terá partido a ordem de constrição judicial de bens e, por conseguinte, haverá de receber, conhecer e julgar eventuais embargos de terceiro.

Na verdade, "o fato de a *coisa julgada* ter se formado no juízo da arbitragem e não no juízo comum é irrelevante, porque onde quer que se forme a *res iudicata* sua força será sempre limitada às partes entre as quais se deu a sentença (art. 472, do CPC [art. 506 CPC/2015]; art. 31 da Lei 9.307/96)".[118]

Diversamente, a segunda hipótese é bem mais complexa, vejamos: de início, há de se ter presente que o árbitro não pratica atos de constrição, ou melhor, não efetiva atos dessa natureza; por exemplo, o árbitro acolhe pedido de penhora que recairá sobre determinado bem de titularidade do réu e, para tanto, determina a sua constrição; a efetivação dessa providência se não for espontaneamente atendida pelo sujeito contra quem a medida foi dirigida, somente através da participação do Estado-juiz, por meio de carta arbitral, é que será efetivada.

---

[117] Caio de Menezes, "O papel do *amicus curiae* nas arbitragens", in Arnoldo Wald (org.), *Arbitragem e Mediação*, v. II, p. 465-475, n. 24 (Coleção Doutrinas Essenciais).
[118] Humberto Theodoro Jr., "Arbitragem e terceiros", cit., p. 539.

Destarte, uma vez aberto o procedimento para cumprir, na justiça estatal, as decisões tomadas no processo arbitral, não haverá como vedar ao terceiro eventualmente prejudicado em sua posse e domínio, o recurso aos embargos de terceiro, uma vez que as medidas cautelares e as execuções de sentença se processam fora do juízo arbitral e se subordinam à jurisdição comum.[119] *Mutatis mutandis*, é o que dispõe o art. 676, parágrafo único do CPC: "Nos casos de ato de constrição realizado por carta, os embargos serão oferecidos no juízo deprecado, salvo se indicado pelo juízo deprecante o bem constrito ou se já devolvida a carta".

Porém, se a constrição se deu durante procedimento arbitral e a efetivação da medida ocorreu sem a participação do Estado-juiz (*v.g.*, o réu entrega como garantia da dívida um bem que pertence a terceiro), o desdobramento acerca da oposição de embargos de terceiro é diverso, pois, nestes casos, a ação haverá de ser ajuizada, em tese, perante a jurisdição privada, o que não é admissível, diante do regramento específico que confere à arbitragem a privacidade e a exclusividade da tutela jurisdicional fundada na livre negociação e vontade das partes.

Assim, não poderá o terceiro ingressar com embargos no juízo arbitral, tendo em vista que a jurisdição privada, no caso, é privativa das partes que instituíram a arbitragem em voga. Não se pode nem mesmo conjecturar a possibilidade de, nesses casos, o terceiro interessado socorrer-se da jurisdição estatal, pois segundo regra cogente estatuída no art. 676 do CPC, "os embargos serão distribuídos por dependência ao juízo que ordenou a constrição e autuados em apartado".

A exceção, como de costume, somente encontrará respaldo se as partes integrantes do processo arbitral, com o assentimento dos árbitros e do próprio embargante, entenderem por bem em processar e julgar os embargos de terceiro perante a jurisdição privada. Em sede de arbitragem, tudo se funda, inicia e termina na vontade suprema das partes.[120]

Em arremate, mister se faz assinalar que na hipótese de aceitação de qualquer espécie de intervenção de terceiro no juízo arbitral, este último receberá o painel na forma e no estado em que se encontra, sem prejuízo de, em caráter excepcional e desde que todos os integrantes estejam de acordo (partes, árbitros e terceiros), realizarem alguma modificação estrutural ou funcional da arbitragem, hipótese bastante remota, diga-se de passagem.

---

[119] Humberto Theodoro Jr., "Arbitragem e terceiros", cit., p. 538.
[120] Assim também o entendimento de Carreira Alvim, *Tratado*, p. 462 e Humberto Theodoro Jr., *ibidem*, p. 540. Baseado em José de Albuquerque Rocha, o mestre mineiro arremata: "Se é a vontade contratual que cria e sustenta o processo arbitral, só se há de pensar em nele inserir a pretensão do terceiro embargante ou interveniente, se nisto assentirem os participantes originários, pois haveria, sem dúvida, 'a ampliação objetiva e subjetiva, da convenção de arbitragem'" (*idem, ibidem*).

Em se tratando de litisconsórcio, quando a formação se der durante a elaboração da convenção de arbitragem, a composição do órgão arbitral será definida de acordo com a vontade de todos os sujeitos integrantes da relação negocial, sejam eles terceiros ou participantes diretos no contrato. A regra para a indicação do árbitro ou árbitros e, portanto, para a composição do tribunal arbitral é aquela insculpida no art. 5º da LA: "Reportando-se as partes, na cláusula compromissória, às regras de algum órgão arbitral institucional ou entidade especializada, a arbitragem será instituída e processada de acordo com tais regras, podendo, igualmente, as partes estabelecer na própria cláusula, ou em outro documento, a forma convencionada para a instituição da arbitragem".

Nessa linha, não serão definidos árbitros em números proporcionais ou equivalentes aos sujeitos integrantes do polo ativo e passivo da relação jurídico-processual arbitral; em outras palavras, não se trata de cada um dos sujeitos escolher um árbitro, mas sim os integrantes de cada um dos polos da demanda (ativo e passivo), em comum acordo, definirem quem e quantos serão os árbitros.

"O ideal é que cada grupo litisconsorcial designe o seu árbitro, ou seus árbitros, de modo a que de cada lado do processo figure número igual de julgadores, dispondo as partes sobre a forma de escolha do desempatador."[121]

O instituto da *oposição* delineado no Código de Processo Civil de 2015 como um dos seus procedimentos especiais (arts. 682 a 686), pelas razões já expostas anteriormente, encontrará pouca aplicabilidade na jurisdição arbitral, pois o terceiro que pretender, no todo ou em parte, a coisa ou o direito acerca do qual controvertem autor e réu, não poderá acessar o procedimento arbitral que se encontra em curso, salvo se autorizado pelas partes e árbitros.

Porém, se o requerimento do terceiro vingar, a oposição haverá de pautar-se pelo regulamento da entidade ou órgão arbitral que administra o painel, e não pelo CPC, a não ser que inexista normativa interna a esse respeito e os árbitros entendam que outro não deverá ser o rito a ser seguido, tudo em observância aos termos definidos previamente pelas partes em convenção arbitral.

Nada obstante, salienta-se que é muito remota a possibilidade de as partes assentirem com o requerimento de oposição, pois o painel já se encontra em curso e, em princípio, contraria os interesses dos próprios litigantes, restando ao oponente o acesso ao Poder Judiciário para pleitear a tutela de seus pretensos direitos, e, assim, dirigir a demanda cabível contra os dois sujeitos que integrarão o polo passivo da nova ação como réus, e não na qualidade de opostos.[122]

---

[121] Humberto Theodoro Jr., "Arbitragem e terceiros..." cit., p. 541.
[122] Essa dificuldade de acesso do terceiro interessado na qualidade de opoente é também apontada por Pedro Batista Martins quando observa que, "nesse caso, para vir a ser aceita a oposição, cuja pretensão milita, em princípio, em desfavor do terceiro dadas as característ-

Neste caso, o painel arbitral continuará em seu perfeito curso, até a prolação da sentença, enquanto, paralelamente, a outra demanda tramitará perante o juiz competente, sem qualquer interferência entre elas; assim, essa hipótese, se verificada, não importará em questão prejudicial, conexão ou litispendência.

O instituto do *chamamento ao processo,* nos moldes descritos no Código de Processo Civil (art. 130), também não encontra maior ressonância na jurisdição privada, seja pelos motivos já expostos para as outras intervenções de terceiros, pois sempre necessitará do assentimento dos árbitros, do autor e do chamado, seja porque eventuais hipóteses de fiança ou da existência de terceiros devedores solidários serão do conhecimento prévio das partes desde o momento da feitura e assinatura da convenção arbitral e, portanto, já deverão ser excluídas ou admitidas expressamente pelos sujeitos signatários e, se for o caso, com a inclusão e assentimento do terceiro no momento da assinatura do respectivo termo.

Por último, o mesmo há de ser dito sobre a *nomeação à autoria*[123], pois, além de todos os obstáculos já apontados quando tratamos dos outros institutos afins, tem-se como certo que o réu firmou com a parte *ex adversa* convenção arbitral, o que já lhe confere a posição de legitimado para figurar em relação jurídico-processual privada, dentro dos contornos da lide e demais consectários definidos por eles. Exceções à regra que poderão suscitar dúvidas em casos tais como de cessão de crédito ou débito, sub-rogação, assunção de dívida, cessão de contrato etc.

A síntese conclusiva do complexo tema da *intervenção de terceiros* é muito bem posta pelo Catedrático português José Lebre de Freitas, que, ao expor e analisar o quadro classificatório distintivo de três categorias de terceiro (1ª – *terceiro que assinou a convenção base da arbitragem;* 2ª – *terceiro que assinou uma convenção de arbitragem com esta conexa* e, 3ª – *terceiro que não assinou convenção de arbitragem*), assim arremata: "O terceiro não signatário que se entenda vinculado pela convenção de arbitragem poderá intervir espontaneamente ou ser convidado a intervir, estando sujeito às consequências gerais da sua intervenção ou não intervenção e sendo irrelevante a vontade expressa pelas partes primitivas perante a

---

ticas do instituto da oposição, deverá este extrair fundamentação peculiar a demonstrar as nuances que deverão influenciar os árbitros na decisão de acolher o pedido de intervenção" ("Arbitragem e intervenção voluntária de terceiros: uma proposta", in Arnoldo Wald (org.), *Arbitragem e Mediação,* v. II, p. 607, n. 31 (Coleção Doutrinas Essenciais).

[123] Destaca-se que o Diploma Instrumental de 2015 não mais recepciona a *nomeação à autoria* como uma das formas de intervenção de terceiros (assistência simples, litisconsorcial, denunciação da lide, chamamento ao processo, incidente de desconsideração da personalidade jurídica e *amicus curiae*), tratando da matéria como preliminar de ilegitimidade passiva a ser alegada pelo réu em preliminar de contestação, oportunidade em que deverá indicar, se tiver conhecimento, quem é o sujeito passivo legitimado da relação jurídica discutida (art. 339).

intervenção pretendida. Por outro lado, é óbvio que, se todos estiverem de *acordo* (e os árbitros não virem nisso inconveniente), a intervenção do terceiro não sujeito à eficácia da convenção pode dar-se em termos que valham como um *aditamento à convenção inicial*".[124]

Inúmeros são os desdobramentos que comumente se verificam em relações jurídicas complexas, notadamente as de natureza contratual mercantil e societária, não raramente envolvendo grupos de sociedades coligadas, *joint ventures,* cessões de créditos e débitos, cessão de posição contratual, contratos conexos (com ou sem previsão recíproca de cláusula arbitral), contratos com estipulações em favor de terceiros, subcontratos envolvendo terceiros etc., e, por conseguinte, acabam por atingir interesses diretos ou reflexos de outros sujeitos (pessoas físicas ou jurídicas) na resolução dos conflitos.

Nesses casos mais complexos, evidencia-se a importância do cuidado a ser tomado de forma redobrada pelas partes contratantes no tocante à disposição dos termos da cláusula compromissória, de maneira a bem definir a sua extensão subjetiva para que, futuramente, diante do surgimento de conflito que exige a resolução por arbitragem, não surjam dúvidas sobre o seu alcance em face dos sujeitos que, direta ou indiretamente, participaram das relações negociais que serão submetidas à cognição da jurisdição privada.

Não resta a menor dúvida de que é a convenção arbitral que vincula as partes à submissão da resolução do conflito à jurisdição privada, ou seja, os seus signatários. Contudo, não são incomuns os casos acima mencionados, de maior complexidade negocial que envolvem, por exemplo, grupos de empresas pertencentes ao mesmo conglomerado (empresas controladas e controladoras). Como dissemos, a precisão na elaboração da cláusula compromissória é fundamental neste aspecto, mas eventual não inclusão direta de uma das empresas participantes da relação negocial não importa, necessariamente, que a ela não se estenderão também os efeitos da aludida cláusula, tendo-se como admitido que a vinculação pode ser reconhecida com base em circunstâncias negociais, especialmente se o contrato foi precedido de intensas tratativas, donde pode exsurgir o *consentimento implícito* à eleição da arbitragem como meio de solução dos conflitos dele derivados.[125]

---

[124] "Intervenção de terceiros em processo arbitral", in Arnoldo Wald (org.), *Arbitragem e Mediação,* v. II, p. 561 (Coleção Doutrinas Essenciais).

[125] Esse foi, por exemplo, o entendimento esposado pela Seção de Direito Privado, 1ª Câmara Reservada de Direito Empresarial do Tribunal de Justiça de São Paulo, na AC 0035404-55.2013.8.26.0100 (por unanimidade) em julgamento ocorrido em 26 de agosto de 2015, em que foi relator o Desembargador Pereira Calças, em ação de anulação de sentença arbitral que terminou pela improcedência.

A tese das autoras que foi rejeitada pela Justiça paulista, dentre outras, era justamente no sentido de buscar a nulidade da sentença arbitral sob o argumento de que o procedimento

Por essas e outras razões, o extremo cuidado e a melhor técnica jurídica na elaboração de cláusula compromissória cheia (plena)[126] são fundamentais para a consecução cabal da jurisdição privada, merecendo especial atenção o trato da matéria atinente à *intervenção de terceiros*, seja para rechaçá-la, para admiti-la, ou, para trazer o terceiro pelas vias menos sinuosas a firmar o termo de compromisso (aditivo ou não) arbitral.

Cautelas como essas, simples e eficazes, fortalecem e viabilizam a relação jurídico-processual privada a desenvolver-se de maneira cabal, estável e, o que é ainda mais interessante, evitam ou inibem a possibilidade de questionamento futuro do julgado arbitral perante o Estado-juiz.

---

se deu contra sua expressa vontade, sem que jamais tivessem firmado cláusula arbitral alguma, pois não eram signatárias do contrato de compra e venda de ações e seus aditivos, ou mesmo do acordo de acionistas da IMBRA. Ressaltaram a necessidade de ser inequívoca a vinculação da parte à cláusula pela qual renuncia a submissão de litígios à jurisdição estatal e, por tais razões, seria inadmissível a extensão, a si, da cláusula compromissória pelo simples fato de serem sócias e compartilharem alguns administradores com a ALMERIA. Assim, consideraram violada a garantia constitucional de livre acesso ao Judiciário e apontaram para a autonomia da cláusula compromissória em relação aos demais dispositivos do contrato, nos termos do art. 8º da Lei 9.307/1996, além do fato de não terem tido a mesma oportunidade dada a seus adversários de nomear árbitro, em violação à paridade de armas entre as partes, salvaguardada pelo art. 5º, I e LV, da Constituição Federal e art. 21, § 2º, da Lei 9.307/1996.

[126] Preocupação também compartilhada por Giovanni Ettore Nanni em artigo intitulado "Os cuidados na elaboração da cláusula arbitral", disponível em: <www.consultor jurídico.com.br>, acesso em: 17 jun. 2011.

CAPÍTULO IV
DOS ÁRBITROS

Sumário: 1. Quem pode ser árbitro – 2. Do número de árbitros – 3. Da escolha dos árbitros – 4. Requisitos para o desempenho da função e questões deontológicas – 5. Das exceções de caráter subjetivo – impedimento e suspeição – 6. Da recusa do árbitro – 7. Das escusas à nomeação – 8. Do falecimento e outros obstáculos ao exercício da função – 9. Da equiparação aos funcionários públicos para fins de responsabilidade

1. QUEM PODE SER ÁRBITRO

O único requisito de caráter objetivo definido na Lei 9.307/1996 é que a pessoa sobre a qual recairá a indicação e exercerá as funções de árbitro esteja em gozo de sua plena capacidade civil, nada mais.

A confiabilidade que as partes haverão de depositar nos árbitros, assinalada no art. 13 da LA não chega a ser um requisito, por se tratar de um corolário ínsito à própria escolha, tendo-se como certo que os litigantes não indicarão como árbitros pessoas não confiáveis ética, moral e profissionalmente.

A indicação recairá, isto sim, em pessoa ou pessoas detentoras de conhecimento técnico ou científico diferenciado e voltado ao objeto da controvérsia, sejam eles advogados, médicos, contabilistas, economistas, engenheiros, dentre tantos outros profissionais destacados com qualificação específica.

Se as partes resolverem não optar pela indicação de uma entidade arbitral que se encarregaria da nomeação dos árbitros dentre aqueles integrantes de seu corpo de julgadores, mas resolverem pela escolha comum de árbitro ou árbitros (denominados de árbitros *ad hoc*), é de bom alvitre, ou melhor, de fundamental importância, que atentem para a formação profissional do indicado, experiência na área de atuação, seu perfil ético e moral.

Ao formarem o colegiado ou indicarem árbitro único, as partes devem tomar esse cuidado para que a sentença a ser proferida seja justa e de elevada qualidade, somando-se ao fato de que os julgadores haverão de ter conhecimento cabal para o manejo do processo e do procedimento, em observância às regras aplicáveis e aos princípios processuais, tais como o contraditório, igualdade das partes, imparcialidade dos árbitros, fundamentação da decisão, livre convencimento etc., tudo em observância estrita ao *due process of law* (LA, arts. 21, 26 e 27), sob pena de nulidade.

Ressalta-se que não se pode confundir a técnica de escolha de árbitros delineada na Lei de Arbitragem com aquela preconizada na Lei dos Juizados Especiais Cíveis que, na verdade, são *auxiliares da justiça*, e, por conseguinte, não imbuídos de jurisdição. Na infeliz expressão do legislador, são eles os denominados "juízes leigos", detentores do título de bacharel em Direito e advogados com mais de cinco anos de experiência (art. 7º c/c arts. 24 a 26 da Lei 9.099/1995). Para não sermos repetitivos, enviamos o leitor interessado em aprofundar o estudo sobre o tema para o Capítulo II, item n. 6, *supra*.

Em sede de conflito laboral, lembramos que o Ministério Público do Trabalho tem participação efetiva na resolução de conflitos por meio da jurisdição privada que, por força do disposto no art. 83, XI, da Lei Complementar 75/1993, permite o desempenho das funções de árbitro, se assim for solicitado pelas partes, em dissídios de competência da Justiça Especializada, conforme regulamentação contida na Resolução 44/1999 exarada pelo Conselho Superior do MPT.

2. DO NÚMERO DE ÁRBITROS

Para evitar qualquer possibilidade de empate na votação, o que inviabilizaria por completo a solução da lide apresentada ao colégio arbitral, o número de componentes deverá sempre ser ímpar, com ou sem suplentes (art. 13, § 1º), nada obstando que a nomeação seja em número par, hipótese em que os indicados ficam autorizados, por expressa previsão normativa, e, desde logo, a nomear mais um membro a compor o colégio arbitral, de maneira que o tribunal se forme com número ímpar de julgadores.

Não havendo acordo entre os árbitros já nomeados a respeito da indicação do último membro, os litigantes provocarão a jurisdição estatal e formularão pedido ao órgão julgador que seria competente para conhecer originariamente da demanda, que decidirá a respeito e fará a indicação (LA, art. 13, § 2º). Contudo, esse problema não ocorrerá se as partes houverem indicado em convenção arbitral a entidade responsável pela condução do procedimento, na exata medida em que os seus regimentos internos apresentam a solução, de maneira propícia a evitar o acesso tortuoso à jurisdição estatal, o que se dá com a indicação do terceiro membro por definição do seu presidente.

Formado o colégio arbitral – o que se dá com a participação de três (mais comum), cinco ou mais árbitros –, os seus membros, por maioria simples, elegerão o presidente do tribunal (ou colégio). Não havendo consenso para a indicação, será designado presidente o mais idoso (art. 13, § 4º), independentemente da experiência, qualificação ou titulação – critério simples, porém objetivo.

O § 4º do art. 13 da LA será objeto de análise mais aprofundada no item seguinte, quando faremos um cotejo com a Lei 13.129/2015 que, dentre outros temas, versou sobre a matéria e introduziu nova regra, em sintonia com a autonomia da vontade das partes e a atuação das entidades arbitrais.

Por outro lado, não se pode confundir o número de árbitros com as pessoas por eles convocadas para auxiliá-los na consecução dos trabalhos, quais sejam, os terceiros que exercerão o secretariado, o assessoramento, as perícias etc. Destarte, o número de colaboradores à realização cabal do procedimento arbitral é indeterminado e dependerá apenas das necessidades do caso concreto; tratando-se de instituição ou entidade arbitral, será colocado o *staff* e as instalações à disposição das partes.

O árbitro ou o presidente do colégio poderá designar um secretário, que poderá ser um dos próprios árbitros (art. 13, § 5º), sem prejuízo, repita-se, da indicação de outras pessoas que se façam necessárias para o bom desempenho do procedimento arbitral.

3. DA ESCOLHA DOS ÁRBITROS

A escolha dos árbitros é inerente à liberdade das partes e corresponde à essência da própria jurisdição privada, por decorrer logicamente da confiança que os litigantes neles depositam. Destarte, a liberdade de escolha dos árbitros é o mote da jurisdição arbitral, sem o que o instituto não encontraria aceitação, credibilidade e a consequente respeitabilidade.

Enquanto no juízo estatal o julgador é investido do poder jurisdicional diretamente pelo próprio Estado, no juízo arbitral, diferentemente, dá-se a investidura do árbitro pela manifestação de vontade das próprias partes. Portanto, este é um momento em que não pode haver qualquer espécie de dúvida, incerteza, mácula ou recalcitrância das partes envolvidas no conflito, sob pena de colocar-se em xeque o corolário do poder de dizer o direito sobre um caso concreto com atribuição de eficácia vinculante outorgada pelos litigantes.

Estabelece-se entre as partes e os árbitros uma relação contratual com características especiais ("contrato para arbitrar" ou "contrato de árbitro") que tem por objeto a prestação da tutela jurisdicional privada para a resolução do conflito que lhe é apresentado (lide), de maneira a investir o escolhido nas funções de julgador que, por sua vez, assume a obrigação (de resultado) de proferir sentença de mérito. Percebe-se claramente que, em sede arbitral, dois contratos bem distintos são realizados: primeiramente, a convenção de arbitragem, que significa a submissão do litígio à jurisdição privada mediante acordo das partes, e, em momento sucessivo, quando exsurge o conflito, o *contrato do árbitro,* atinente aos direitos e obrigações recíprocos entre os árbitros e partes, tratando-se de contrato autônomo, distinto da convenção arbitral e gerador de efeitos, mesmo após a prolação da sentença.[1]

---

[1] Cf. Selma Lemes, "Árbitro, conflito de interesses e o contrato de investidura", in Carlos Carmona, Selma Lemes e Pedro Martins (coord.). *20 anos da Lei de Arbitragem* – Homenagem a Petrônio R. Muniz, p. 273.

"O *contrato para arbitrar* ou o *contrato de árbitro* é também identificado como *contrato de investidura,* denominação que adotamos. O árbitro ao aceitar a designação das partes é investido por elas de uma missão. O contrato de investidura representa uma prestação de serviços *sui generis.* O árbitro se compromete a fornecer e executar para as partes, com o benefício de seu conhecimento e habilidade, o desempenho de determinadas tarefas: investigar o caso, ouvir as partes e as testemunhas, analisar as provas, aplicar os princípios do devido processo legal, ser diligente, discreto e no prazo fixado, ditar a sentença arbitral, sendo, para isso, remunerado (prestação de serviço) [...]" (grifos nossos).[2]

No que concerne "à exteriorização do contrato de investidura pode ocorrer de diversas maneiras. Tanto pode ser firmado um contrato em apartado entre as partes e os árbitros, como pode estar representado na aceitação e assunção da responsabilidade de bem cumprir seu mister, estabelecido no compromisso arbitral firmado pelas partes e árbitros na forma prevista no art. 10 da Lei 9.307/1996. Também pode estar representado no Termo de Arbitragem, instrumento utilizado nas instituições arbitrais nacionais e internacionais (especialmente na Corte Internacional de Arbitragem da Câmara de Comércio Internacional) e previsto nos respectivos regulamentos, que tem por objetivo circunscrever a controvérsia a ser dirimida, as condições formais de atuação dos árbitros, partes e procuradores, prazos, formas de intimação etc. Assemelha-se, *mutatis mutandis,* ao compromisso arbitral, mas decorre da convenção de arbitragem na modalidade de cláusula compromissória, consonante previsto no art. 4º da Lei de Arbitragem".[3]

Frise-se mais uma vez que a Lei 9.307/1996 estabelece uma única exigência para o exercício das funções de árbitro, fundada em critério objetivo, qual seja, a *capacidade civil* (art. 13, *caput),* pois a *confiança* nele depositada pelos litigantes tem natureza subjetiva, sintonizada com a vontade das partes.

De outra banda, da *confiança* exsurge a expectativa e a exigência dos litigantes no exercício escorreito da jurisdição arbitral, de maneira que os árbitros procedam com imparcialidade, independência, competência, diligência e discrição, segundo regra estatuída no art. 13, § 6º da LA.

Assim sendo, as partes, em comum acordo, poderão estabelecer a forma de escolha dos árbitros ou adotar as regras de um determinado órgão arbitral institucional ou entidade especializada (LA, art. 13, § 3º). Em outras palavras, na

---

[2] Selma Lemes, *ibidem,* p. 273-274. Citando a lição do professor português Manuel Pereira Barros (*Manual da arbitragem,* Coimbra: Almedina, 2010, p. 325), escreve a festejada doutrinadora que "'a regulação desse contrato é feita triplamente pela convenção de arbitragem, pela lei aplicável e pelo próprio contrato de árbitro'" (*ibidem,* p. 274).

[3] Selma Lemes, *Árbitro.* Princípios da independência e da imparcialidade, 2001, p. 51.

convenção arbitral, as partes poderão ir além da definição da forma de escolha dos árbitros, isto é, estabelecer previamente quem será o árbitro ou árbitros, sem prejuízo da possibilidade de indicação de um órgão ou entidade especializada responsável pela instauração e desenvolvimento de todo o procedimento arbitral, em sintonia com os seus respectivos regimentos internos.

Portanto, a escolha dos árbitros pode ser feita diretamente pelas partes integrantes do conflito, ou, por terceiros, mediante delegação, desde que assim tenham acordado. Aliás, várias são as situações em que "[...] as partes limitam sua autonomia privada ao prever na cláusula compromissória, por exemplo, que caso não obtenham consenso na nomeação do árbitro único, ela será efetuada pelo presidente do centro de arbitragem que administrará o procedimento. O mesmo método é comumente previsto se os árbitros escolhidos pelas partes não chegam à conclusão de um nome comum. São situações em que a escolha do árbitro compete a terceiro. Apesar de subsistir limitação à autonomia privada, não configura nenhum defeito na formação do negócio jurídico arbitral, uma vez que as partes, antecipadamente, assim definiram, outorgando o poder a outrem. A nomeação do árbitro, mesmo quando seja efetuada pelo centro de arbitragem, é tida como tendo sido feita pelas partes, agindo o centro como mero mandatário delas".[4]

Importante destacar a relevância das normas contidas em regulamentos de entidades arbitrais no que concerne à escolha e nomeação de árbitros, especialmente tratando-se de relações contratuais mais complexas no plano subjetivo, quais sejam, aquelas que versam sobre *negócios multipartes*; nestes casos, as partes haverão de definir a forma a ser observada quando, por exemplo, ocorrer um litisconsórcio em que os sujeitos integrantes do mesmo polo da demanda possam apresentar interesses distintos, hipótese em que a escolha do árbitro estará definida na convenção arbitral e, se omissa, no regramento da entidade administradora do painel; se omisso o regulamento da entidade apontada, caberá ao presidente do órgão arbitral proceder à escolha, sem descurar, contudo, da observância aos princípios da isonomia e imparcialidade, sob pena de colocar em xeque a higidez de todo o procedimento arbitral.

Aliás, não é incomum a ocorrência de litisconsórcio, formando-se o que se denomina de "arbitragem multiparte"[5]; nesses casos, basicamente duas situações

---

[4] Giovanni Ettore Nanni, "Notas sobre o negócio jurídico da arbitragem e a liberdade de escolha do árbitro à luz da autonomia da vontade privada", *RArb*, v. 49, p. 281.
Observa também o citado articulista que essa técnica de escolha de árbitros por terceiro alheio ao conflito vem ganhando corpo, inclusive no contexto internacional, com o fim de preservar a imparcialidade (*idem, ibidem*).

[5] "Arbitragem multiparte" é aquela em que diversos são os sujeitos participantes do conflito e, portanto, passam a integrar, como se litisconsortes fossem, o polo ativo ou passivo da

distintas poderão surgir: *a)* ambas as partes indicam cada qual um árbitro, sem qualquer espécie de divergência entre os sujeitos integrantes dos respectivos polos; *b)* uma das partes indica um árbitro, mas a *ex adversa*, diante do conflito de interesses verificado entre os litisconsortes (ativo ou passivo), não consegue harmonizar a escolha do árbitro comum.[6]

---

    demanda arbitral. As partes integrantes de um processo são sempre duas, quais sejam, autora (polo ativo) e ré (polo passivo), nada obstante a possibilidade de diversas pessoas integrarem qualquer um dos polos da relação jurídico-processual, hipótese que passou a ser denominada de "multiparte"; ademais, esses sujeitos integrantes do mesmo polo da demanda (litisconsortes) podem ter como decorrência da relação negocial um ou mais pontos de interesses divergentes ou antagônicos entre si.

    Eduardo Grebler, baseado em Cândido Dinamarco (*Arbitragem na teoria geral do processo*, p. 127-129) descreve diversas situações que a arbitragem multiparte pode originar, "das quais a mais frequente é aquela que se configura no nascedouro da relação contratual, quando duas ou mais partes signatárias da convenção de arbitragem assumem em conjunto obrigações perante a contraparte do contrato. Em decorrência dessa comunhão de interesses, devem comparecer juntas ao procedimento iniciado pela parte situada no outro polo do processo arbitral, caracterizando-se o litisconsórcio, que pode ser necessário-unitário se a decisão a ser proferida pelo tribunal arbitral houver de alcançar obrigatoriamente essas partes em conjunto.

    "Formato semelhante pode também se dar quando múltiplas partes [sujeitos] signatárias da convenção de arbitragem se situam na posição de contratante ou de contratado, porém com direitos e obrigações contraídas individualmente perante a contraparte do negócio, configurando um litisconsórcio facultativo.

    "Ao lado dessas, outras situações de arbitragem multiparte se apresentam quando duas ou mais partes, não ligadas desde o início da relação jurídica e signatárias de distintas convenções de arbitragem, se encontram reunidas em um só procedimento arbitral por força de conexidade ou da prejudicialidade. É o caso, por exemplo, da relação entre o contratante, o contratado e o subcontratado, em que o primeiro imputa ao segundo os efeitos da responsabilidade contratual, e este, por sua vez, a imputa ao terceiro. Nessa hipótese, uma solução única pode se mostrar conveniente, a ser alcançada mediante a união dos procedimentos em uma única arbitragem, em que o contratado e o subcontratado se contrapõem um ao outro, mas ambos se contrapõem em conjunto ao contratante.

    "Outro desenho, ainda, se verifica quando a relação processual se inicia com formato bipolar mas, em momento subsequente, nela intervém um terceiro, cuja relação com uma ou com ambas as partes acarreta seu comparecimento ao procedimento arbitral para responder no polo passivo ou, eventualmente, como autor de um pedido contraposto" ("Nomeação de árbitros em arbitragens multiparte: Questão resolvida?", in Carlos Carmona, Selma Lemes e Pedro Martins (coord.), *20 anos da Lei de Arbitragem* – Homenagem a Petrônio R. Muniz, 2017, p. 212).

[6]   Na verdade, o problema surge nesses casos quando a convenção arbitral estabelece a composição do tribunal por três membros, quando os sujeitos e respectivos interesses são três ou mais e não estipula a forma de resolver o impasse.

Portanto, o problema surge na segunda hipótese e a questão a ser posta é a seguinte: como resolver o impasse da nomeação de julgadores em arbitragens multipartes em que os sujeitos integrantes do mesmo polo da demanda possuem entre si interesses divergentes?

Em sede de arbitragem interna, a Lei 13.129 de 2015 ao atualizar a Lei 9.307/1996 tratou da questão e procurou oferecer uma possível solução ao problema e, para tanto, inseriu ao art. 13 um novo parágrafo (§ 4º) que dispõe em sua parte final que "[...] nos casos de impasse e arbitragem multiparte, deverá ser observado o que dispuser o regulamento aplicável", se a esse respeito for silente a convenção arbitral, obviamente.

Na verdade, o ideal é que todas essas e outras questões que são absolutamente previsíveis sejam definidas previamente pelas partes em convenção arbitral, pois elas, melhor do que ninguém, são capazes de bem expor as suas vontades de como haverão de proceder se surgirem interesses conflitantes entre os sujeitos que venham a integrar o mesmo polo da demanda; caso contrário, haverão de tomar a cautela de verificar se o regulamento da entidade escolhida para a administração do painel arbitral possui normativa bem definida sobre o tema em voga (arbitragem multiparte com sujeitos integrantes do mesmo polo da demanda com interesses distintos ou recalcitrância na indicação de árbitro), sob pena de, em face de omissão regulamentar, que sejam tomadas decisões administrativas pelo presidente do órgão a esse respeito que, por sua vez, poderá não atender aos interesses de alguns dos sujeitos ou, o que é mais grave, viole o devido processo legal, dando azo à futura anulação da sentença arbitral.

No Brasil, sobre esse tema, é emblemático o conflito julgado pelo Tribunal de Justiça do Estado de São Paulo, em 3 de julho de 2014, pela 11ª Câmara de Direito Privado, na Apelação Cível 0002163-90.2013.8.26.0100-SP (*Paranapanema S.A x Banco Santander S.A e Banco BTG Pactual S.A*) em que foi relator o Desembargador Gilberto dos Santos (com declaração de voto vencedor do Des. Walter Fonseca), e, por unanimidade, decidiu-se no sentido de anular a sentença arbitral proferida pelo Centro de Arbitragem da internacionalmente conceituada Câmara de Comércio Brasil-Canadá – CCBC, por violação dos princípios da igualdade das partes e da liberdade de escolha dos árbitros (LA, art. 32, VIII), diante de impasse criado pelos litisconsortes passivos em *arbitragem multiparte*.

No caso em tela, as partes estabeleceram em cláusula arbitral cheia que, na hipótese de eventual surgimento de conflito envolvendo os termos da negociação, o tribunal arbitral deveria ser composto por três árbitros, sendo que cada parte com interesse distinto teria o direito de eleger um árbitro, enquanto os árbitros eleitos designariam um terceiro para presidir o painel; se qualquer das partes deixasse de eleger um árbitro ou se os árbitros deixassem de eleger o árbitro presidente, ficou estabelecido que a indicação seria feita pelo Centro de Arbitragem da Câmara de Comércio Brasil-Canadá.

Ocorre que, ao surgir o conflito entre os contratantes, deu-se início ao procedimento de instauração do juízo arbitral, momento em que uma das partes indicou um árbitro, enquanto a *ex adversa* encontrou obstáculo para a escolha do julgador em face de interesses distintos verificados entre os litisconsortes, criando-se assim o impasse. Como o regulamento do Centro era omisso acerca desse tema, o presidente da entidade decidiu então escolher, *sponte sua*, o segundo árbitro (árbitro comum para os litisconsortes), de maneira que os dois passassem a indicar o terceiro membro que presidiria o painel, conforme convencionado e, com isso, desconsiderando as indicações dos litisconsortes.

Tão logo iniciou-se o painel, essa decisão foi impugnada perante o próprio tribunal arbitral sob o argumento de que não lhes poderia ser subtraído o direito de indicação de árbitro de sua confiança; contudo, a alegação foi rejeitada.

Ao final, o vencido ajuizou em tempo hábil *ação anulatória* objetivando desconstituir a sentença arbitral sob vários fundamentos, especialmente no que concerne ao ponto do nosso estudo – violação do direito de escolha do árbitro (princípio da autonomia da vontade) – e, com isso, a violação do princípio da igualdade, na exata medida em que a parte contrária indicou o árbitro de sua confiança, o que fora aceito pela CCBC.

Em síntese, a decisão de primeiro grau foi confirmada pelo Tribunal bandeirante, oportunidade em que, além de outros temas versados, foi reconhecida a violação do devido processo legal em face da configuração de desigualdade das partes, na medida em que o presidente do Centro de Arbitragem da aludida Câmara teria admitido a indicação de árbitro por uma das partes e, diante do impasse criado pelos litisconsortes passivos, procedido à escolha do segundo membro julgador, suprimindo-lhes, assim, o direito de escolha.[7]

---

[7] Vejamos um excerto do aludido voto do Relator: "[...] Em linha de saída, é possível observar que o regulamento acima foi falho pela total ausência de previsão de escolha de árbitros para casos com múltiplas partes com *interesses distintos* num ou noutro polo da contenda. Se a cláusula garantiu o direito de *cada parte com interesse distinto* eleger um árbitro, como resolver o impasse de *modo isonômico* com duas partes de interesses antagônicos (BTG e Paranapanema) no mesmo polo passivo? E com toda certeza a resposta dada pela Câmara de Arbitragem não se mostrou a mais acertada, *data venia*.

"Na verdade, a escolha do árbitro da Paranapanema e do BTG pelo Presidente da Câmara de Comércio Brasil-Canadá, a pretexto de se utilizar do poder 'regulamentar-integrativo' previsto no art. 2.6. 'd', do Regulamento, pecou pela omissão na manipulação de outros instrumentos não menos importantes que residem não só na ciência jurídica como também na própria 'lei brasileira', cuja utilização fora igualmente prevista no Contrato (Cláusula 21.1 fls. 272). Se no procedimento arbitral é possível a ocorrência de litisconsórcio, também tem de ser possível que cada litisconsorte indique árbitro de sua confiança.

O acórdão citado do Tribunal de Justiça de São Paulo foi impugnado mediante a interposição de Recurso Especial (REsp 1.639.035/SP) e, ao final, desprovido, em aresto da lavra do Ministro Paulo de Tarso Sanseverino, julgado (por maioria) em 19 de setembro de 2018. A Corte da Cidadania analisou o mérito dos recursos no que concerne à eficácia das cláusulas compromissórias em contratos coligados, mas deixou de conhecer do Especial interposto pelo Banco BTG Pactual S.A. em que se alegava a inexistência de prejuízo da parte adversa quanto à nomeação do árbitro e preclusão, sob o fundamento de que para prevalecer a pretensão em sentido contrário à conclusão do Tribunal de origem, seria necessária a revisão do conjunto fático-probatório dos autos, o que é inviabilizado pelo Enunciado 7/STJ, assim como a eventual ocorrência de preclusão.

Mutatis mutandis, a matéria levada ao conhecimento do Tribunal paulista, conforme acórdão citado, muito se assemelha ao célebre conflito julgado pela Câmara Civil I da Corte de Cassação francesa ("Caso Dutco")[8], em 7 de janeiro de 1992, que anulou a sentença proferida pela mundialmente renomada Câmara de Arbitragem da *International Chambre of Commerce – ICC Paris*.[9]

"Inaceitável a tese do Banco de que cada polo engloba todas as partes nele inseridas, portanto devendo todas elas indicar um único árbitro, porque isso ofende o direito básico da indicação individual. Nem sempre os litisconsortes poderão ter os mesmos interesses.

"Logo, sujeitá-los a um único árbitro, parece ofender o direito de 'participar' no procedimento. Como estaria o litisconsorte 'participando', se nem pode indicar árbitro de sua confiança? Havendo litisconsórcio e havendo escolha de árbitros diversos, parece que a situação equivaleria à do § 2º do art. 13 da Lei de Arbitragem, donde o afastamento puro e simples dos árbitros indicados, com escolha de outro, ao exclusivo talante do presidente da Câmara Arbitral, ofende direito das partes. Se a Lei assegura às partes autonomia para a composição do órgão julgador, em ocorrendo impasse, deve intervir o juiz togado, na forma do que dispõe o art. 7º da Lei de Arbitragem, notadamente o § 4º, ou então a regra clara e precisa do § 2º do art. 13 da Lei de Arbitragem (Lei n. 9.307/96), que diz: '*Não havendo acordo, requererão as partes ao órgão do Poder Judiciário a que tocaria, originariamente, o julgamento da causa a nomeação do árbitro, aplicável, no que couber, o procedimento previsto no art. 7º desta Lei* [...]'."

[8] Como requerente, estava a *Dutco Consortium Construction Co.* e, como requeridas litisconsortes, a BKMI *Industrie Anlagen GmbH* e *Siemens AG*.

[9] Extrai-se do próprio *site* da *ICC*, que se trata da maior organização empresarial mundial, cuja rede abrange mais de seis milhões de empresas e associações empresariais em 130 países. Desde sua criação (1919), a *Câmara de Comércio Internacional* tem realizado grandes contribuições para o crescimento do comércio internacional e o desenvolvimento da economia global, atuando como a voz das empresas nas Nações Unidas, na OMC e no G20, e influenciando no desenvolvimento de políticas nacionais em questões de importância vital para os negócios internacionais; criando regras globais e padrões universalmente utilizados nas transações do comércio internacional, como os Incoterms® e os Modelos de

Pela importância e (ainda) atualidade do tema (sobretudo em face da regra contida no art. 13, § 4º, *in fine*, da LA) vale uma breve retrospectiva sobre a decisão do Tribunal francês diante da repercussão internacional que a matéria alcançou, vejamos: até aquela época, dispunha o regulamento de arbitragem da *ICC* que os sujeitos integrantes do mesmo polo da demanda (litisconsortes), haveriam de escolher um árbitro comum; inexistindo consenso, caberia à Corte de Arbitragem a designação em substituição aos litisconsortes. Naquela ocasião, a *Dutco* nomeou árbitro de sua escolha, enquanto a *BKMI* e *Siemens* obtiveram a designação conjunta de árbitro único, mesmo divergentes seus interesses, em observância ao regulamento da *ICC* que, conforme assinalado, definia a obrigatoriedade de escolha de único árbitro, sob pena de a Corte proceder à escolha, em substituição. Contudo, desde o início, a indicação conjunta pelas requeridas de um único árbitro foi feita com resistência, o que foi levado logo de início ao próprio tribunal arbitral que, por sua vez e por maioria de votos, rejeitou a irresignação.

Concluída a arbitragem, as sucumbentes (*BMKI* e Siemens) formularam pedido de anulação da sentença à Corte de Apelação de Paris, que julgou improcedente o pedido sob o fundamento de que a estipulação definida na convenção arbitral havia sido observada, no sentido de atendimento do regulamento de arbitragem da *ICC* que apontava para a escolha de único árbitro mesmo nos casos em que houvesse mais de um sujeito integrante do mesmo polo da demanda.

Houve recurso e a Corte de Cassação francesa entendeu de maneira diversa e, com isso, abriu um novo entendimento sobre o tema, no sentido de observância ao princípio da igualdade entre as partes, de maneira que cada um dos sujeitos envolvidos no conflito arbitral com interesses diversos pudesse indicar os seus árbitros.

Essa decisão teve efeito na comunidade arbitral internacional, encontrando apoiadores e críticos e, ao final, poucos anos depois, acarretou a alteração das regras de arbitragem da própria *ICC* quando então passou a tratar especificamente das arbitragens multipartes e dispor no sentido de que, se os litisconsortes não entrassem em acordo sobre a indicação do árbitro, caberia à Corte Arbitral a designação de todos os membros do tribunal, independentemente de a parte contrária já ter nomeado o seu árbitro ou em condições de fazê-lo, seja por desacordo entre elas sobre a nomeação do árbitro ou por inércia dos sujeitos.

Contratos; estabelecendo a Corte Internacional de Arbitragem, a instituição líder mundial em resolução de disputas para negócios. A *ICC* tem sua sede em Paris, e conta com Comitês Nacionais em mais de oitenta países.

Essa normativa passou a ser incorporada aos regulamentos de diversas entidades arbitrais estrangeiras e nacionais,[10] nada obstante outros tantos órgãos terem mantido as suas normas sem a absorção desse "modelo".[11]

Diante do exposto, percebe-se que mesmo passados quase trinta anos da decisão da Corte de Cassação francesa no "Caso Dutco" e os seus efeitos nos regulamentos nacionais e internacionais de arbitragem, o entendimento sobre o

---

[10] Relata-nos Eduardo Grebler que desde então, outras instituições de arbitragem aderiram ao entendimento e decidiram também reformar seus regulamentos; "foi o que se deu, entre outros, com os regulamentos da *London Court of International Arbitration (LCIA)*, da *Camera Arbitrale di Milano (CAM)*, da *Stockholm Chamber of Commerce (SCC)*, do *Centre Belge d'Arbitrage et de Mediation (CEPANI)*, da *China International Economic and Trade Arbitration Commission (CIETAC)* e da *Deutsche Institution für Schidsgerichtsbarkeit (DIS)*. A tendência de adoção da fórmula da *ICC* ficou evidente no caso da *Hong Kong International Arbitration Center (HKIAC)*, cujas regras de arbitragem ainda em 2008 adotavam solução distinta, que só veio a ser alterada na revisão promovida em 2013, quando passou a incorporar a fórmula da *ICC*.
"Dentre as instituições arbitrais brasileiras, também seguiram esse exemplo a Câmara de Arbitragem Empresarial Brasil (CAMARB), o Centro de Arbitragem e Mediação da Câmara de Comércio Brasil-Canadá (CAM-CCBC), a Câmara de Mediação [e Arbitragem] da Câmara Americana de Comércio (AMCHAM), a Câmara de Mediação e Arbitragem da BOVESPA, a Câmara FGV de Arbitragem, a Câmara de Mediação e Arbitragem da FIESP--CIESP (CAM_FIESP) além de outras mais, mediante a revisão de seus regulamentos de arbitragem promovida ao longo de uma década" ("Nomeação de árbitros em arbitragens multiparte: Questão resolvida?", in Carlos Carmona, Selma Lemes e Pedro Martins (coord.), *20 anos da Lei de Arbitragem* – Homenagem a Petrônio R. Muniz, p. 216-218.
Assinala também que no plano transnacional, a partir de 2010, o Regulamento de Arbitragem da Uncitral passou a tratar da mesma forma o tema, "atribuindo-se à autoridade indicadora a prerrogativa de nomear todos os membros do tribunal arbitral, deixando explícito que, nesta hipótese, a indicação do árbitro porventura já realizada pelo outro polo processual poderia ser por ela revogada" (ob. cit., p. 218).

[11] Na sequência, observa Eduardo Grebler que "a despeito da tendência avassaladora das instituições arbitrais no sentido de adotar a fórmula da *ICC*, algumas preferiram não aderir à nova fórmula, mantendo em seus regulamentos a regra de que a nomeação de árbitros pelas partes se orienta pela igualdade entre os polos processuais, sem considerar individualmente as partes que integram cada um deles. Nesse grupo se encontram o *Vienna International Arbitration Centre – VIAC* – e a *WIPO International Arbitration and Mediation Center*.
"Segundo essa linha de entendimento, havendo interesses conflitantes dentro do mesmo polo processual que impeçam a escolha de um árbitro comum pelas partes individualmente consideradas, cabe à instituição de arbitragem nomear somente o árbitro desse polo, em substituição às partes que não o fazem, preservando a escolha do árbitro realizada pelo outro polo processual. Segundo essa posição, o fato de a instituição arbitral nomear apenas o árbitro do polo processual omisso, facultando ao outro polo o direito de fazer sua nomeação, não acarreta disparidade entre as partes nem viola a ordem pública, particularmente naqueles casos em que não sejam postas em dúvida a independência ou a imparcialidade do árbitro indicado pelo polo que exerceu esse direito" (art. e ob. cit., p. 219).

tema não se encontra pacificado na doutrina, na jurisprudência, e, nem mesmo uniformizado nos regulamentos de entidades arbitrais especializadas.

Na verdade, o tema está longe de pacificar-se. Veja-se, por exemplo, que o mesmo Tribunal de São Paulo, desta feita em decisão (unânime) proferida em Seção de Direito Privado, 1ª Câmara Reservada de Direito Empresarial, na Apelação Cível 0035404-55.2013.8.26.0100, em 26 de agosto de 2015, em que foi relator o Desembargador Manoel de Queiroz Pereira Calças, acolheu entendimento diametralmente oposto ao precedente citado, em caso idêntico no que concerne à escolha de árbitro. Neste caso, a Corte paulista manteve a sentença de primeiro grau no sentido de julgar improcedente a demanda anulatória de sentença arbitral.[12]

Por essas e outras razões, é pertinente a crítica feita por Eduardo Grebler quando escreve sobre o tema no cotejo com a decisão da Corte francesa, *in verbis*: "Não se deve olvidar que um dos princípios da arbitragem está na possibilidade de as partes serem protagonistas do processo de livre escolha de seus julgadores – quer diretamente, quando cada uma designa um árbitro, quer indiretamente, quando os dois árbitros escolhidos designam em conjunto o terceiro árbitro. Portanto, a hipótese de transferir para a instituição arbitral a designação de qualquer árbitro deve ser evitada sempre que possível, com vistas a preservar o tribunal arbitral como fruto legítimo da autonomia da vontade das partes. Só mesmo diante da omissão da parte em nomear o árbitro que lhe cabe, ou destes em designar o terceiro árbitro, é que se torna admissível a intervenção externa, seja da instituição arbitral, seja eventualmente do juiz. Em particular, suprimir de uma das partes o direito de nomear o árbitro que lhe compete, em decorrência de um impasse ocorrido no seio do outro polo processual, importa ferir o princípio da livre escolha do árbitro, tão relevante para o direito arbitral quanto o princípio da igualdade que a Corte de Cassação francesa pretendeu assegurar na decisão do *Caso Dutco*. Além disso, a solução da *ICC* decorrente do *Caso Dutco* pode conduzir à possibilidade de simulação de posições divergentes entre as partes situadas no mesmo polo processual, com a finalidade de obstar o exercício da função de árbitro nomeado pela parte contrária".[13]

---

[12] Extrai-se da ementa do julgado: "[...] Irregular constituição do Tribunal Arbitral não configurada. Indicação do árbitro realizada em conformidade com o regulamento da CAM/CCBC, escolhido para a regência do procedimento. Concordância com a nomeação e assinatura do termo de arbitragem pelas autoras. Proibição do *venire contra factum proprium*. Sentença *extra petita* não configurada. Pedido de indenização formulado de forma ampla, conforme reconhecido no termo de arbitragem. Condenação à prestação de garantias que constitui mera adequação do modo de cumprimento da obrigação de indenizar. Improcedência mantida [...]".

[13] "Nomeação de árbitros em arbitragem multiparte: Questão resolvida?", in Carlos Carmona, Selma Lemes e Pedro Martins (coord.), *20 anos da Lei de Arbitragem* – Homenagem a Petrônio R. Muniz, p. 222.

Tem-se verificado também na prática arbitral uma outra forma de participação de terceiro na escolha dos árbitros, consistente na interferência da vontade da parte contratante (financiada) por empresa financiadora do litígio (*third party funding*)[14], o que é em nosso sentir reprovável, na exata medida em que essa opção é ato de vontade suprema a ser externado livremente pelo sujeito signatário da convenção arbitral e, como tal, não deve receber qualquer espécie de interferência externa que venha a comprometer a sua decisão, sob pena de colocar-se em xeque a própria liberdade de escolha, vetor de todo o arcabouço em que se funda a jurisdição privada.

Ademais, as partes litigantes contam com um corpo de advogados e, muitas vezes, somam-se consultores jurídicos de elevado conhecimento, e, portanto, suficientemente aptos a bem desincumbirem-se dessa elevada tarefa juntamente com seus constituintes, sem a necessidade de intervenção do financiador.

Além do mais, é importante ressaltar a possibilidade indesejável – mesmo que remota – de verificar-se conluio entre o financiador e o árbitro por ele sugerido, ou, o que é mais grave, por ele exigido ao contratante no momento da escolha, diante da dificuldade de identificação na prática desse vínculo espúrio, o que pode colocar em risco todo o painel arbitral em face da consequente possibilidade de anulação da sentença arbitral por imparcialidade do julgador (LA, art. 21, § 2º c/c art. 32, VIII).

Esse autorizativo de ingerência das entidades financiadoras na escolha dos árbitros algumas vezes chega a ser previsto em cláusula específica do próprio contrato de financiamento, o que coloca a parte litigante (financiada) à mercê dos interesses do financiador, circunstância esta que haverá de ser muito bem avaliada e sopesada previamente pelo sujeito interessado no financiamento.[15]

---

[14] Para aprofundamento sobre esse tema, v. Capítulo Segundo, item n. 5, *supra*.

[15] Essa preocupação acerca do *financiamento de terceiros na arbitragem* é também compartilhada por Gilberto Giusti, ao tratar sobre o tema no informativo eletrônico *Migalhas* (13 nov. 2018), conforme palestra proferida dias antes em evento em Nova Iorque que teve como tema central "Third-party Arbitration Funding: U.S. and Brazil in the International Arbitration Scenario", realizado na New York University School of Law sob a organização da NYU Brazilian Legal Society.
Se por um lado é perfeitamente natural que o financiador faça detalhada análise da disputa, das teses a serem defendidas, das chances de sucesso e demais elementos necessários à avaliação do negócio financeiro a ser firmado com a parte recebedora dos recursos, de outro é questionável que o financiador pretenda ditar a estratégia jurídica a ser adotada pela parte no procedimento, em geral prerrogativa do advogado que mantém relação de fidúcia com seu cliente, não com o financiador deste.
Finalmente, Gilberto ressaltou que alguns contratos de financiamento têm permitido à entidade financiadora participar da escolha do árbitro que, por força da lei e/ou

Em síntese, se por um lado é de relevante importância no cenário nacional e internacional o desenvolvimento da prática dos financiamentos de demandas arbitrais, muitas vezes até viabilizando o próprio acesso à jurisdição privada, quando as empresas signatárias de convenção arbitral estão passando por crises financeiras, de outra banda, a definição dos contornos desse tipo de contrato é de suma importância para o resultado final do painel arbitral e a sua absoluta higidez.

Outro assunto que merece destaque sobre a escolha dos árbitros encontra-se em novidade trazida pela Lei 13.129/2015 que introduziu sensível modificação sobre o tema ao estatuir no § 4º do art. 13 que "as partes, de comum acordo, poderão afastar a aplicação de dispositivo do regulamento do órgão arbitral institucional ou entidade especializada que limite a escolha do árbitro único, coárbitro ou presidente do tribunal à respectiva lista de árbitros, autorizado o controle da escolha pelos órgãos competentes da instituição, sendo que, nos casos de impasse e arbitragem multiparte, deverá ser observado o que dispuser o regulamento aplicável".

Extrai-se da justificativa contida no PL 406/2013 que deu origem à Lei 13.129/2015 que o escopo da nova regra reside na abertura ou flexibilização às partes na escolha de árbitros diversos daqueles constantes de listas até então fechadas de entidades arbitrais, cuja admissão, no entanto, fica subordinada ao escrutínio dos próprios órgãos arbitrais institucionais, tratando-se de alteração normativa concernente à própria filosofia da arbitragem, qual seja, a de assegurar, tanto quanto possível, ampla autonomia da vontade das partes.

De plano, percebe-se que a redação conferida ao § 4º do art. 13 da LA rompeu com a tradição de observância aos regulamentos das entidades arbitrais que, via de regra, limitam a escolha do árbitro ou árbitros ao quadro de integrantes das respectivas listas internas. Importa dizer que, essa lista restritiva, até o advento da Lei 13.129/2015, era fechada (ou semiaberta), ou seja, em sede de arbitragem institucional, os litigantes não poderiam escolher árbitro (ou escolher com limitações) que não integrasse o rol de julgadores disponibilizados pela respectiva entidade.

Nada impedia, contudo, que as partes escolhessem árbitro *ad hoc* ou colegiado, nas hipóteses em que a convenção arbitral não vinculasse alguma entidade especializada, sem prejuízo de opção em fazer uso da estrutura física, de pessoal de apoio, regimento interno, tabela de custas e de honorários, desde que admitida essa hipótese por esses órgãos.

Com o novo regramento insculpido no § 4º do art. 13 da LA, mesmo que as partes indiquem a entidade arbitral em cláusula compromissória ou compromisso, não mais ficarão, necessariamente, atreladas ao seu corpo de árbitros, na exata

---

regulamento, é prerrogativa da parte. Trata-se de questão igualmente sensível que merece atenção. Desse modo, é fundamental que todos esses aspectos sejam previamente considerados e acordados.

medida em que poderão indicar outros profissionais para o desempenho desse elevado mister.

O texto dividiu a comunidade jurídica em duas correntes: *a)* os que louvam e consideram alvissareira a inovação que exclui as listas fechadas de árbitros no Brasil, por considerarem que, com isso, rompe-se odiosa reserva de mercado, até então limitada aos árbitros de cada uma das entidades, quando eram estas as indicadas na convenção arbitral, em observância ao princípio da liberdade de escolha e manifestação de vontade das partes (o mote da arbitragem); *b)* os opositores ao texto legal, sob o fundamento de que as listas fechadas garantem a qualidade diferenciada da arbitragem e, com isso, mantém-se o nível elevado e o conceito das entidades a que seus árbitros pertencem; vislumbram, também, inconstitucionalidade no novel regramento, pois tratando-se as entidades arbitrais de sociedades civis, a intervenção estatal através desse novo regramento, fere a liberdade de exercício de suas atividades e, com isso, os arts. 5º, XVII e 174 da Lei Maior.[16]

---

[16] Sobre os prós e os contras alusivos à nova regra contida no art. 13 da LA, v. o interessante estudo de Thiago Marinho Nunes, intitulado "As listas fechadas de árbitros das instituições arbitrais brasileiras", in Cahali, Rodovalho e Freire (org.), *Arbitragem* – Estudos sobre a Lei 13.129, de 26-5-2015, 2016, p. 543-558. Em conclusão, o citado autor assinala que "o ponto positivo da nova regra é incrementar ainda mais a liberdade conferida às partes numa arbitragem, desprendendo-as de determinada lista de árbitros e liberando-as para escolherem os árbitros de sua preferência; o ponto negativo da nova regra é o fato de ela quebrar um dos grandes paradigmas da arbitragem no Brasil, qual seja, a vinculação de árbitros a uma determinada lista fechada. Perder-se-á uma referência e isso pode levar a uma composição de tribunal arbitral inexperiente ou desprovido de qualidade" (p. 558).
Também sobre o tema, v. Carlos Alberto Carmona, "A lista de árbitros", in Caio Cesar Vieira Rocha e Luis Felipe Salomão (coord.), *Arbitragem e mediação*, p. 65-79.
Nesse estudo, Carmona realiza um mapeamento acerca dos debates e das propostas legislativas que deram origem ao controvertido tema da abertura da lista de árbitros de entidades especializadas, assim como tece duras críticas ao novo parágrafo inserido pela Lei 13.129/2015 (art. 13, § 4º). Expõe, com acerto, que "é importante, de qualquer modo, que o critério escolhido não possa ser alterado pelas partes (sem o consentimento do órgão que administre o processo arbitral). Mas acima de tudo, importa não cercear as entidades que pretendam organizar arbitragens no Brasil, impondo-lhes um paradigma que – segundo alguns – seria o melhor. Quem escolher arbitragens administradas por órgãos arbitrais que trabalhem com listas (fechadas ou semiabertas) sabe exatamente o que está contratando e não pode requerer impor a tais entidades uma mudança em sua estrutura". E arremata: "Tenho insistido muito na necessidade de não se criarem no Brasil excentricidades e bizarrices que deem ares exóticos ao país no cenário internacional. Este dispositivo acrescentado à Lei da Arbitragem pertence à infeliz categoria da extravagância e só não causa maior dano por conta do antídoto que contém, no sentido de permitir que a entidade que administre a arbitragem impeça que as partes nomeiem para compor o painel julgador alguém que, segundo os insondáveis critérios da própria entidade, não preencheria os seus critérios de qualidade e excelência" (p. 79).

Se por um lado a nova regra prestigia e reforça a autonomia da vontade das partes, em particular, no que tange à escolha dos árbitros, permitindo que as listas de nomes integrantes do quadro de julgadores das entidades arbitrais, até então fechadas, possam ser flexibilizadas, isto é, ampliadas, de maneira que os litigantes possam indicar árbitros diversos daqueles oferecidos pelos órgãos arbitrais; de outra banda, essa liberdade de escolha diversificada não faz muito sentido, pois a razão preponderante que leva os litigantes a indicarem na convenção de arbitragem determinada instituição especializada é justamente o conceito que esta vem a gozar no meio jurídico, ponto a respaldar a confiança que, inexoravelmente, passa pela elevada reputação de seus árbitros.

A esse respeito, bem escreve Vera Cecília Monteiro de Barros: "As listas de árbitros têm por objetivo garantir a qualidade da arbitragem. Apesar dos procedimentos circularem entre um grupo muito restrito de árbitros, não cremos que essas listas tenham por fim garantir uma reserva de mercado. A prática revela que as partes muitas vezes buscam essas listas de árbitros e se sentem seguras e confortáveis com elas. Isso acontece porque as partes têm ciência que as instituições examinam a idoneidade do árbitro e seus atributos profissionais, pessoais, éticos e morais, conferindo legitimidade ao processo arbitral. Ao criar as listas, as entidades objetivam controlar a qualidade dos procedimentos que administram, pois têm receio de que a livre indicação dos árbitros possa comprometer a seriedade e o prestígio da arbitragem".[17]

Não resta a menor dúvida de que as entidades arbitrais são escolhidas pelos litigantes em razão da qualificação diferenciada de seu corpo arbitral, pois, se assim não fosse, nenhuma ou pouquíssima razão haveria para assim procederem, tendo em vista que poderiam fazer uso da arbitragem *ad hoc* e, se desejassem, buscar então o apoio logístico dos órgãos que oferecem esse tipo de serviço operacional.

Em outras palavras, significa dizer que as partes depositam confiança na instituição arbitral por elas previamente escolhida e definida na cláusula compromissória ou compromisso arbitral e, por esse mesmo motivo, não se afigura plausível que rejeitem os árbitros integrantes de suas listas internas; a rejeição de árbitros de entidades arbitrais ou a pretensão em inserir membro estranho ao corpo de julgadores que compõem as listas internas dessas entidades, afigura-se de pouca utilidade prática pois, repita-se, as partes têm amplos poderes e liberdade para definir previamente o árbitro ou tribunal arbitral, ou, ainda, definir qual será o órgão arbitral responsável pelo julgamento de suas lides.

---

[17] "A reforma da Lei de Arbitragem e as listas de árbitros", in Cahali, Rodovalho e Freire (org.), *Arbitragem* – Estudos sobre a Lei 13.129, de 26-5-2015, 2016, p. 602.

Outro ponto interessante que merece destaque é aquele que respeita à responsabilidade civil das entidades arbitrais e de seus próprios árbitros, fator que redobra a exigência desses órgãos no controle seletivo de admissão de julgadores para a composição da lista interna.

Aliás, não foi por menos que a parte final do novo § 4º do art. 13 autoriza a própria instituição arbitral a exercer o controle da escolha dos árbitros não integrantes de sua lista interna, sendo que, nos casos de impasse e arbitragem multiparte, deverá ser observado o que dispuser o regulamento aplicável. Assim, ao fim e ao cabo, nada ou muito pouco muda na prática, pois esse controle, verdadeiro filtro para triagem dos nomes que não integram o quadro interno de árbitros é puramente discricionário, e, contra essa decisão as partes não poderão insurgir-se, seja em sede privada ou mediante provocação do Estado-juiz.

Por isso, é de bom alvitre que as partes tenham comedimento no uso dessa prerrogativa concedida pelo novo § 4º, do art. 13 da LA, evitando constrangimentos, inquietações ou incertezas, pois o deslinde da causa haverá de passar, de uma forma ou de outra, pelo crivo da jurisdição arbitral conduzida pela entidade apontada na convenção de arbitragem. Metaforicamente, a situação pode transformar-se em luta inglória, semelhante àquela empreendida por Dom Quixote contra os moinhos de vento, conforme relata-nos Cervantes...

No que tange à alegada inconstitucionalidade sob o fundamento de interferência indevida do Estado no funcionamento das associações privadas – liberdade de associação para fins lícitos (CF, art. 5º, XVII) e livre exercício de atividade econômica (CF, art. 170 c/c art. 174), não se verifica nenhuma forma de ingerência estatal nas listas de árbitros que são formadas pelas próprias entidades arbitrais, em observância aos critérios por elas estabelecidos, tendo-se como certo que a nova regra contida no § 4º (*bis*) do art. 13 da LA apenas faculta aos litigantes a escolha de terceiro não integrante da lista.

Por outro lado, a formação de lista *interna corporis* pela instituição arbitral também não fere o princípio da autonomia de vontade, na exata medida em que as partes antes de escolherem qual será a entidade responsável pela arbitragem têm pleno acesso ao quadro de árbitros, seus currículos, regimento interno etc., de maneira que a opção se faça de maneira transparente, segura e confiante.

Manifestando-se sobre o assunto, escreve José Rogério Cruz e Tucci: "Norteada pelo princípio da ponderação, a proposta em tela, de um lado, assegura ampla hegemonia às partes, e, de outro, não impede que as câmaras arbitrais possuam listas de pessoas qualificadas, de caráter meramente supletório, sobretudo para escolha do presidente, naquelas hipóteses (raras, diga-se de passagem) em que os interessados se omitem, têm dificuldade na escolha ou mesmo no eventual impasse dos árbitros na indicação do presidente. Ademais, os órgãos institucionais de arbitragem continuam dispondo da prerrogativa de vetar a indicação de algum árbitro que não reúna requisitos mínimos para desempenhar, com segurança e transparência, o importante papel que lhe cabe, evitando-se qualquer risco em detrimento do devido processo arbitral.

"Cumpre esclarecer, nesse particular, que o dispositivo legal sugerido é expressamente defendido pela melhor doutrina estrangeira e, outrossim, segue orientação internacional, sendo em tudo análogo à regra constante, entre outros, do Regulamento de Arbitragem da prestigiosa CCI – Câmara de Comércio Internacional. Em suma: a liberdade das partes constitui a pedra angular da arbitragem."[18]

A verdade é que as partes são absolutamente livres para, em consenso, exercerem a autonomia da vontade de maneira plena e irrestrita,[19] seja na escolha de árbitros *ad hoc* ou de entidades arbitrais, enquanto a confiança se transmite com base no conceito por eles ostentado na comunidade local, nacional ou internacional, no plano ético, moral e profissional diferenciados.

Feitos esses comentários, em arremate, mister se faz destacar intrigante situação legislativa decorrente da modificação inserta no § 4º do art. 13 da LA, introduzida pela mencionada Lei 13.129/2015 que, por sua vez, teve origem no PL 406/2013 do Senado Federal (PL 7.108-A/2014 da Câmara dos Deputados) que, dentre outras alterações à Lei 9.307/1996, dispõe sobre a "escolha dos árbitros quando as partes recorrem a órgão arbitral" e, para tanto, inseriu novo texto acerca do tema em voga, numerado como § 4º do art. 13.

O aludido Projeto foi sancionado em lei em 26 de maio de 2015, com sessenta dias de *vacatio legis* (art. 5º), sendo que, durante a tramitação legislativa o texto em exame e a respectiva numeração permaneceram inalterados (art. 13, § 4º).

Ocorre que, curiosamente, ao ser inserido o novo texto do § 4º ao art. 13 da LA, não se verificou a substituição do precedente, passando a constar a mesma numeração em duplicidade, ou seja, dois §§ 4º para o art. 13 (o antigo e o novo), e, por conseguinte, cada um deles regulando situações distintas; é o que se infere de todos os acessos a endereços eletrônicos do Congresso Nacional[20].

---

[18] "A liberdade das partes na escolha dos árbitros", disponível em: <http://www.migalhas.com.br/dePeso/16,MI188210,51045-A+liberdade+das+partes+na+escolha+dos+arbitros>, acesso em: 31 jul. 2018.

[19] Lembrando que a única restrição legal encontra-se no art. 13, *caput*, qual seja, tratar-se de pessoa capaz, pois a confiança das partes em relação aos sujeitos escolhidos é elemento integrante da esfera subjetiva e não um requisito propriamente dito.

[20] Por exemplo, no acesso realizado em 30 de julho de 2018, ao endereço eletrônico <http://www.planalto.gov.br/ccivil_03/Leis/L9307.htm>, verifica-se que o art. 13 da Lei 9.307/1996 apresenta-se com dois parágrafos 4º com redações distintas, *in verbis*: "Art. 13. Pode ser árbitro qualquer pessoa capaz e que tenha a confiança das partes. § 1º As partes nomearão um ou mais árbitros, sempre em número ímpar, podendo nomear, também, os respectivos suplentes. § 2º Quando as partes nomearem árbitros em número par, estes estão autorizados,

Essa "curiosidade jurídica" tem passado ao largo da doutrina que, por sua vez, além de sequer mencionar o fato, considera apenas em vigor a nova redação do § 4º do art. 13, conforme disposto na Lei 13.129/2015, o que a nosso entender, com todas as vênias, é um equívoco, vejamos.

Primeiramente, parece-nos que a intenção do legislador, em momento algum, foi derrogar o art. 13, de maneira a inserir nova redação ao precedente § 4º, mas sim dispor acerca de matéria nova (escolha de árbitros diversos daqueles constantes de listas fechadas de entidades arbitrais), pois não se verifica, em ambos os textos, qualquer sobreposição, antinomia, disposição diversa ou incompatível acerca do mesmo tema.

Muito pelo contrário, a matéria até então versada no § 4º do art. 13, com a redação em vigor desde o advento da Lei 9.307/1996 regulamenta hipótese atinente à nomeação de vários árbitros que, por sua vez, elegerão a figura do presidente do tribunal arbitral, e, caso não haja consenso entre eles, diz a norma que será designado o mais idoso para presidir os trabalhos.

Portanto, a nosso sentir, fica muito claro que essa norma regula apenas os casos de arbitragem não institucionalizada, ou seja, aquelas em que as partes não indicam órgão arbitral institucional ou entidade especializada, pois, sabidamente, estas últimas fazem uso de seus regulamentos para solucionar questões desse naipe.

Por sua vez, o novo § 4º *bis* do art. 13, com redação chancelada pela Lei 13.129/2015, repita-se, versa sobre hipótese totalmente distinta, na exata medida em que regula o acordo das partes em afastar a aplicação de dispositivo do regulamento de órgão arbitral institucional ou entidade especializada que limite a escolha de árbitro único, coárbitro ou presidente do tribunal às respectivas listas internas, até então fechadas.

---

desde logo, a nomear mais um árbitro. Não havendo acordo, requererão as partes ao órgão do Poder Judiciário a que tocaria, originariamente, o julgamento da causa a nomeação do árbitro, aplicável, no que couber, o procedimento previsto no art. 7º desta Lei. § 3º As partes poderão, de comum acordo, estabelecer o processo de escolha dos árbitros, ou adotar as regras de um órgão arbitral institucional ou entidade especializada. § *4º Sendo nomeados vários árbitros, estes, por maioria, elegerão o presidente do tribunal arbitral. Não havendo consenso, será designado presidente o mais idoso.* § 4º As partes, de comum acordo, poderão afastar a aplicação de dispositivo do regulamento do órgão arbitral institucional ou entidade especializada que limite a escolha do árbitro único, coárbitro ou presidente do tribunal à respectiva lista de árbitros, autorizado o controle da escolha pelos órgãos competentes da instituição, sendo que, nos casos de impasse e arbitragem multiparte, deverá ser observado o que dispuser o regulamento aplicável; § 5º O árbitro ou o presidente do tribunal designará, se julgar conveniente, um secretário, que poderá ser um dos árbitros. § 6º No desempenho de sua função, o árbitro deverá proceder com imparcialidade, independência, competência, diligência e discrição. § 7º Poderá o árbitro ou o tribunal arbitral determinar às partes o adiantamento de verbas para despesas e diligências que julgar necessárias". (grifos nossos).

Tanto é certo que a nova redação conferida ao § 4º do art. 13 da LA regula tão somente hipóteses de arbitragem institucionalizada, o que se extrai do preâmbulo da Lei 13.129/2015, dentre outros objetivos, ao dispor sobre "a escolha dos árbitros quando as partes recorrem a órgão arbitral".

Também não se encontra revogação expressa[21] ao § 4º do art. 13 da LA no texto da Lei 13.129/2015, o que reforça o equívoco contido no PL 406/2013, mantido no PL 7.108-A/2014; acertado teria sido o legislador conferir à novel regulamentação numeração diversa, apontando-a como § 8º, em observância à sequência lógica numérica do dispositivo.

Outra não é a conclusão a que se chega ao aplicarmos a Lei de Introdução às Normas do Direito Brasileiro (Decreto-lei 4.657/1942, com redação dada pela Lei 12.376/2010), quando trata da vigência temporal das leis. Dispõe o art. 2º, *caput*, que a lei terá vigor até que outra a modifique ou revogue, desde que não se trate de norma com vigência temporária, sendo a regra geral aquela definida no § 1º, que exorta a manutenção e estabilidade normativa no tempo, de maneira que a revogação somente ocorre se a lei posterior revogar expressamente a anterior, quando for com ela incompatível ou quando regular inteiramente a matéria de que tratava a lei anterior.

Ademais, a lei nova que estabelece disposições gerais ou especiais a par das já existentes, não revoga nem modifica a lei anterior, segundo disposição contida no § 2º do aludido art. 2º.

Portanto, a regra geral é a manutenção da lei vigente no confronto com a lei nova, buscando-se por intermédio das técnicas de interpretação esse resultado. Na lição sempre precisa e impecável de Carlos Maximiliano, "contradições absolutas *não se presumem*. É dever do aplicador comparar e procurar conciliar as disposições várias sobre o mesmo objeto, e do conjunto, assim harmonizado, deduzir o sentido e alcance de cada uma. Só em caso de resistirem as incompatibilidades, vitoriosamente, a todo esforço de aproximação, é que se opina em sentido eliminatório da regra mais antiga, ou de *parte da mesma*, pois que ainda será possível concluir pela existência de antinomia irredutível, porém *parcial*, de modo que se afete apenas a perpetuidade de uma fração do dispositivo anterior, contrariada, de frente, pelo posterior. Em resumo: sempre se começará pelo *processo sistemático*; e

---

[21] É assente que a revogação expressa de texto de lei é inútil, pois do simples fato de promulgar-se lei nova em sentido contrário, a antiga resulta revogada – desperdício de palavras, superfetação, desnecessário acréscimo, nos dizeres de Carlos Maximiliano (*Hermenêutica e aplicação do direito*, 12. ed., p. 357, n. 441); contudo, essa é uma praxe reprovável em que os legisladores pátrios incidem.

só depois de verificar a inaplicabilidade ocasional deste se proclamará ab-rogada, ou derrogada, a norma, o ato, ou a cláusula".[22]

Igualmente, observa Maria Helena Diniz: "Afinal, o que prevalece é o critério da *incompatibilidade*, já consagrado no art. 2º, § 1º. Se a lei nova é compatível com a lei velha, as duas irão regular o mesmo assunto, devendo o intérprete associá-las, acomodá-las".[23]

Em conclusão, inexistindo revogação expressa do § 4º do art. 13 da LA ou incompatibilidade do novo texto em face do precedente, somando-se ainda ao fato de que as matérias versadas em ambos os parágrafos são distintas e encontram-se inseridas na Lei 9.307/1996, há de considerar-se em vigor também a redação primitiva, e a novel disposição trazida pela Lei 13.129/2015 como sendo o § 4º-*bis*.

Essa "pérola" que o *site* oficial do Congresso Nacional oferece-nos demonstra, antes de tudo, o descuido, ou melhor, o descaso com que o assunto é tratado no Brasil, a começar pela feitura das próprias leis...

Essa situação que acabamos de apontar produz quatro vertentes conclusivas, vejamos:

a) o erro verificado não decorre dos Projetos ou da própria Lei 13.129/2015 que, em todo momento, a começar pelo seu preâmbulo, teve dentre outros escopos "dispor sobre a escolha dos árbitros quando as partes recorrem a órgão arbitral", e, para tanto, optou o legislador por suprimir o texto primitivo, substituindo-o pelo novo § 4º do art. 13, revogando-se, assim, a disposição precedente;

b) por conseguinte, tudo não passa de equívoco (lamentável) cometido nos *sites* oficiais do Congresso Nacional ao inserirem e divulgarem o novo § 4º do art. 13 sem efetuar a supressão da redação primitiva que haveria de ser revogada, erro este que não acarreta nenhum efeito jurídico, na exata medida em que a Lei 13.129/2015 não apresenta qualquer vício de fundo ou de forma;

c) nada obstante a matéria atinente à escolha de árbitros em sede de arbitragem institucional ter sido tratada na Lei 13.129/2015 e numerado o respectivo parágrafo como sendo o 4º, o equívoco na referida numeração é evidente, pois o tema é totalmente diverso daquele versado no texto primitivo, inexistindo qualquer justificativa capaz de indicar a razão dessa revogação, tudo não passando de mero equívoco na indicação da ordem numérica dos parágrafos, pois o tema haveria de ser regulado em novo parágrafo, qual seja, o § 8º. Por conseguinte, como não houve revogação expressa do antigo § 4º do art. 13 da Lei 9.307/1996, e, considerando que a matéria regulada no texto do § 4º do art. 13 da Lei 13.129/2015 não é

---

[22] *Hermenêutica e aplicação do direito*, 12. ed., p. 356, n. 439.
[23] *Código Civil Comentado* (em coautoria, coord. Regina Beatriz Tavares da Silva), 10. ed., 2016, p. 42.

incompatível e não versa inteiramente sobre a matéria de que tratava a lei anterior (art. 2º LINDB), as duas regulamentações hão de ser consideradas em vigor, de maneira que o novo § 4º, tal como se encontra sequencialmente publicado nos *sites* oficiais, representa duplicidade a ser diferenciada pela letra "A" (§ 4º-A) ou pelo advérbio de origem latina *bis* (§ 4º-*bis*);

d) considerando-se revogado o conteúdo do precedente § 4º do art. 13 da Lei 9.307/1996, quando versar sobre arbitragem não institucional, as questões atinentes à eleição de presidente do tribunal arbitral, de *lege ferenda*, devem ser tratadas nos moldes até então definidos de acordo com o regramento anterior, ou seja, "sendo nomeados vários árbitros, estes, por maioria, elegerão o presidente do tribunal arbitral. Não havendo consenso, será designado presidente o mais idoso". De outra banda, em sede de arbitragem institucional, as questões serão resolvidas segundo as regras dos regulamentos internos dos próprios órgãos arbitrais, aplicando-se no que concerne à escolha de árbitros, as disposições contidas no novel § 4º do art. 13, da Lei 9.307/1996, conforme redação conferida pela Lei 13.129/2015.

4. REQUISITOS PARA O DESEMPENHO DA FUNÇÃO E QUESTÕES DEONTOLÓGICAS

O principal requisito para o bom desempenho da função arbitral está intimamente ligado com a escolha adequada do julgador ou julgadores pelos litigantes, que haverão de atentar-se não só aos requisitos genéricos e subjetivos do art. 13, *caput*, mas também para a formação ética, moral, técnica ou científica dos árbitros pois, como dissemos precedentemente, são essas as vigas mestras sobre as quais a confiança das partes encontra sustentação.

Ademais, via de regra, ninguém é árbitro por profissão, pois o árbitro é, acima de tudo, um profissional de destaque, reconhecido, bem-conceituado em determinada área do conhecimento, sendo este um forte balizador para a escolha do seu nome pelas partes. Portanto, ao concluir o ofício jurisdicional privado que lhe foi confiado pelos litigantes, despe-se o profissional dessa elevada função de julgar, e, por conseguinte, deixa de ser árbitro.[24]

Os árbitros hão de gozar de elevado conceito moral e ético perante a comunidade jurídica, local, nacional ou internacional e, para tanto, observar preceitos

---

[24] Nessa linha, observa Selma Lemes que a missão, o encargo de solucionar controvérsia conferida ao árbitro é temporário, "[...] pois o árbitro exerce outras ocupações decorrentes de sua profissão e que são suas fontes de remuneração. São muito poucos os árbitros que atuam exclusivamente como árbitros" ("Árbitro, conflito de interesses e o contrato de investidura", in Carlos Carmona, Selma Lemes e Pedro Martins [coord.], *20 anos da Lei de Arbitragem* – Homenagem a Petrônio R. Muniz, p. 287-288).

deontológicos.[25] Não foi por menos que o legislador assinalou no § 6º do art. 13 que o árbitro deverá proceder, no desempenho de sua função, com imparcialidade, independência, competência (conhecimento de causa), diligência e discrição.

Durante o exercício da função arbitral, ou em razão dela, os árbitros se equiparam aos funcionários públicos, para todos os efeitos da legislação penal (art. 17) e, assim como os juízes togados, respondem civilmente pelos danos que causarem às partes quando, no exercício de suas funções, procederem com dolo ou fraude (art. 143, CPC).[26] E assim deve ser porque "o árbitro é juiz de fato e de direito, e a sentença que proferir não fica sujeita a recurso ou homologação pelo Poder Judiciário" (art. 18), nada obstante poder ser anulada se comprovado que foi proferida por prevaricação, concussão ou corrupção passiva (LA, art. 32, VI).

Na verdade, a Lei 9.307/1996 é forte em definir os contornos principiológicos acerca dos quais a arbitragem haverá de nortear-se em observância ao devido processo legal, sob pena de nulidade das sentenças e o descrédito do próprio instituto.

Segundo doutrina de Selma Lemes, são "verdadeiros *princípios deontológicos* a serem observados, seja perante a jurisdição estatal ou privada, onde o juiz ou árbitro aparecem como instrumentos de realização da justiça, sendo que para o cumprimento desse *munus*, hão de estar presentes os valores éticos aqui salientados, que traçam seu padrão de conduta ideal".[27]

---

[25] Nesse ponto, adverte o Conselho Nacional das Instituições de Mediação e Arbitragem – CONIMA, em seus "esclarecimentos terminológicos" e "notas explicativas": "O que credencia o profissional a atuar como árbitro é a confiança que inspira às partes, baseada na especialidade que detém sobre determinada matéria e sua idoneidade, ambas consolidadas ao longo de sua vida profissional e pessoal [...]" (*Informativo CAMARB*, n. 8, 1º trim. 2002).

[26] Sobre o tema, v. Joel Dias Figueira Jr., *Responsabilidade civil do Estado-juiz*. Estado e juízes constitucionalmente responsáveis.

[27] "Árbitro: o padrão de conduta ideal", *Arbitragem* – A nova lei brasileira (coletânea), p. 278-279. Nesse estudo, a ilustre professora que integrou a Comissão Relatora do Anteprojeto de Lei de Arbitragem (Projetos de Lei 78/1992, do Senado Federal, e 4.018/1993 da Câmara dos Deputados), traça um perfil ético dos árbitros, sobretudo deontológico, no qual expõe, dentre outros subtemas, os mandamentos do árbitro, o Código de Ética da *International Bar Association – IBA* – para os Árbitros Internacionais, o Código de Ética da *American Bar Association – ABA* – e *American Arbitration Association – AAA* – para os Árbitros em Disputas Comerciais, as diretrizes para o bom desempenho do árbitro, recrutamento e treinamento de árbitros e os princípios deontológicos dos árbitros na Lei 9.307/96" (p. 243-279).

Ainda sobre o tema, v. Agostinho Pereira de Miranda, "O estudo deontológico do árbitro – passado, presente e futuro", *RArb*, v. 26, p. 116; e in Arnoldo Wald (org.), *Arbitragem e Mediação*, v. II, p. 611-622, n. 32 (Coleção Doutrinas Essenciais); Arnoldo Wald, "A ética e a imparcialidade na arbitragem", *RArb*, v. 39, p. 17; e in Arnoldo Wald (org.), *Arbitragem e Mediação*, v. II, p. 623-643, n. 33 (Coleção Doutrinas Essenciais); José Miguel Júdice, "Árbitros: características, perfis, poderes e deveres", *RArb*, v. 22, p. 19; e in Arnoldo Wald

Atento aos possíveis desvios, abusos e inobservâncias a esses princípios, o Conselho Nacional de Justiça, em 23 de março de 2012, acolheu Pedido de Providências (n. 0006866-39.2009.2.000.000), formulado pelo Conselho Federal da OAB, e firmou orientação inibitória que se encontra ementada nos seguintes termos: "[...] A expedição de carteiras funcionais e documentos, por parte de entidades privadas de mediação e conciliação, em que estas se autointitulam como 'Tribunal', utilizando as Armas da República e a denominação 'Juiz' para seus membros, se reveste de manifesta ilegalidade, em especial quando constatado que tais entidades agem como se órgão do Poder Judiciário fossem, com nítida intenção de iludir a boa-fé de terceiros. Determinação no sentido de se encaminhar cópia dos autos ao Ministério Público Federal, para apuração dos ilícitos praticados e a punição de seus responsáveis".

Para auxiliar e orientar as partes litigantes e, em especial, árbitros e instituições arbitrais, o Conselho Nacional das Instituições de Mediação e Arbitragem – CONIMA – editou em 8 de dezembro de 2010 (com entrada em vigor em 2 de janeiro de 2011) o *Código de Ética para Instituições de Mediação e Arbitragem*; igualmente, editou o *Código de Ética para Árbitros* e o *Código de Ética para Mediadores*, normas que bem definem aspectos diversos de natureza deontológica que devem ser observados por aqueles que exercem as atividades de árbitro ou mediador.

Aliás, a propagação, a expansão, a consolidação e a sobrevivência da jurisdição privada como mecanismo útil para a solução de controvérsias passa, necessariamente, pela observância da *ética* por entidades e pessoas que atuam diretamente nessa sede (árbitros, advogados, partes, peritos etc.). Ademais, os exemplos mostram que já há uma série de preceitos que estão presentes nas arbitragens de todo o mundo, tais como independência dos árbitros, transparência, igualdade de tratamento, dever de celeridade e muitos outros. Nessa linha, não se faz necessário apresentar um elenco completo das regras de ética e deontológicas para que se possa perceber que elas caminham na mesma direção, que é a de ir aperfeiçoando constantemente os mecanismos da arbitragem.[28]

Por sua vez, para o bom desempenho de suas atividades, os árbitros poderão contar com auxiliares habilitados, tais como assessores, secretários, peritos etc., e, para tanto, o tribunal ou árbitro poderá determinar às partes o adiantamento das verbas necessárias às despesas de diligências (art. 13, § 7º).

(org.), *Arbitragem e Mediação*, v. II, p. 835-860, n. 45 (Coleção Doutrinas Essenciais); Pierre Tercier, "'L'éthique des arbitres'", *RArb*, v. 33, p. 189; e in Arnoldo Wald (org.), *Arbitragem e Mediação*, v. II, p. 927-948, n. 51 (Coleção Doutrinas Essenciais).

[28] Luiz Olavo Baptista, "Ética e arbitragem", in Carlos Carmona, Selma Lemes e Pedro Martins (coord.), *20 anos da Lei de Arbitragem* – Homenagem a Petrônio R. Muniz, p. 117.

5. DAS EXCEÇÕES DE CARÁTER SUBJETIVO – IMPEDIMENTO E SUSPEIÇÃO

A absoluta isenção dos árbitros em face das partes e do conflito que lhes é submetido para julgamento é fundamental e imprescindível para a validade e consequente eficácia da tutela jurisdicional privada por eles prestada, pilar fundamental de sustentação da imparcialidade e da independência dos julgadores.

A inexistência de qualquer espécie de interesse em relação ao resultado da solução do conflito que lhe é submetido para julgamento constitui a essência dos princípios da independência e da imparcialidade do árbitro e, estes, são pressupostos do contrato de investidura, sendo que na base do conceito de "conflito de interesses" estão os princípios da confiança (*lealdade*) e de informar (*dever de revelação*), sendo que, para o árbitro, o *princípio da lealdade* tem pertinência direta com o objeto do contrato de investidura, sendo inarredável a sua observância, sob pena de viciar todo o processo arbitral, a começar pelo seu nascedouro.

Nos dizeres sempre precisos de Selma Ferreira Lemes, "[...] o contrato de investidura pode revestir-se de um instrumento independente ou decorrer da declaração de independência, imparcialidade e disponibilidade (documento existente em várias instituições arbitrais), ata de missão ou termo de arbitragem (instrumentos ordenadores do procedimento arbitral) ou compromisso arbitral (art. 9º da Lei 9.307/1996).

"Como pressuposto do contrato de investidura exige-se que o prestador desse serviço, o árbitro, somente possa aceitar a missão que lhe é confiada se for independente e imparcial, pois a prestação (exarar uma decisão, exercer missão jurisdicional) somente será possível e terá validade se advier de um julgamento proferido por pessoa independente e imparcial.

"O árbitro deve ser independente e imparcial, isto é, não deve ter vínculo com as partes (independência) e interesse na solução do conflito (imparcialidade). A independência e a imparcialidade representam *standards* de comportamento. A independência é definida como a manutenção pelo árbitro, num plano de objetividade tal, que no cumprimento de seu mister não ceda a pressões nem de terceiros nem das partes. O árbitro deve decidir a controvérsia exclusivamente com base nas provas produzidas nos autos e no Direito (ou por equidade se assim estiver autorizado pelas partes). A independência do árbitro está vinculada a critérios objetivos de verificação. Já a imparcialidade vincula-se a critérios subjetivos e de difícil aferição, pois externa um estado de espírito (*state of mind*).[29]

---

[29] "Árbitro, conflito de interesses e o contrato de investidura", in Carlos Carmona, Selma Lemes e Pedro Martins (coord.), *20 anos da Lei de Arbitragem* – Homenagem a Petrônio R. Muniz, p. 274-275.

Destarte, o *dever de revelação* há de ser exercido pelos sujeitos indicados pelas partes para o exercício da função arbitral em momento precedente à aceitação ou diante de qualquer fato ou circunstância surgida posteriormente e que possa dar ensejo à violação de sua imparcialidade ou independência (LA, art. 14, § 1º),[30] sob pena de nulidade da sentença arbitral, segundo se infere do disposto no art. 21, § 2º c/c art. 32, VIII, ambos da LA.[31]

Por outro lado, neste ponto, as partes exercem o devido controle sobre os árbitros, devendo alegar impedimento ou suspeição do árbitro ou árbitros na primeira oportunidade em que se manifestarem após a instituição da arbitragem (LA, art. 20, *caput*) ou tão logo exsurja fato superveniente que venha a dar ensejo ao afastamento do julgador.[32]

Portanto, não podem funcionar como árbitros ou suplentes as pessoas que tenham com as partes ou com a relação litigiosa que lhes for submetida qualquer das circunstâncias que caracterizam os impedimentos ou suspeição de juízes, atribuindo-lhes, no que couber, os mesmos deveres e responsabilidades.

---

[30] Sobre o tema, v. Pedro A. Batista Martins, "Dever de revelar do árbitro", *RArb*, v. 36, p. 219; e in Arnoldo Wald (org.), *Arbitragem e Mediação*, v. II, p. 915-925, n. 50 (Coleção Doutrinas Essenciais); Tercio Sampaio Ferraz Jr., "Suspeição e impedimento em arbitragem sobre o dever de revelar na Lei 9.307/1996", *RArb*, v. 28, p. 65; e in Arnoldo Wald (org.), *Arbitragem e Mediação*, v. II, p. 969-986, n. 53 (Coleção Doutrinas Essenciais).

[31] *Mutatis mutandis*, vale citar a decisão do Superior Tribunal de Justiça que negou homologação de sentença arbitral estrangeira (americana), por violação à ordem pública e ao sistema jurídico nacional, por estar em dissonância com o art. 14 da LA, diante da quebra do dever de confiança do árbitro (violação da imparcialidade).

Segue um trecho da ementa do excelente aresto, da lavra do Min. João Otávio de Noronha (Rel. p/Acórdão): "[...] 2. A prerrogativa da imparcialidade do julgador é uma das garantias que resultam do postulado do devido processo legal, matéria que não preclui e é aplicável à arbitragem, mercê de sua natureza jurisdicional. A inobservância dessa prerrogativa ofende, diretamente, a ordem pública nacional, razão pela qual a decisão proferida pela Justiça alienígena, à luz de sua própria legislação, não obsta o exame da matéria pelo STJ. 3. Ofende a ordem pública nacional a sentença arbitral emanada de árbitro que tenha, com as partes ou com o litígio, algumas das relações que caracterizam os casos de impedimento ou suspeição de juízes (arts. 14 e 32, II, da Lei n. 9.307/1996). 4. Dada a natureza contratual da arbitragem, que põe em relevo a confiança fiducial entre as partes e a figura do árbitro, a violação por este do dever de revelação de quaisquer circunstâncias passíveis de, razoavelmente, gerar dúvida sobre sua imparcialidade e independência, obsta a homologação da sentença arbitral [...]" (SEC 9412, j. 19.04.2017).

[32] V. sobre o tema o estudo de Paulo Henrique Lucon, "Imparcialidade na arbitragem e impugnação aos árbitros", *RArb*, v. 39, p. 39; e in Arnoldo Wald (org.), *Arbitragem e Mediação*, v. II, p. 901-913, n. 49 (Coleção Doutrinas Essenciais).

Aplicam-se aos árbitros as objeções insculpidas nos arts. 144 e 145 do CPC, dirigidas aos juízes togados para o exercício de suas funções, em qualquer tipo de processo.

Desta feita, é *impedido* de funcionar o árbitro nos processos em que for parte, em que interveio como mandatário da parte, oficiou como perito, funcionou como membro do Ministério Público ou prestou depoimento como testemunha, que tenha conhecido da matéria anteriormente quando proposta perante a jurisdição estatal e extinta pela convenção arbitral, quando nele estiver postulando, como defensor público, advogado ou membro do Ministério Público, seu cônjuge ou companheiro, ou qualquer parente, consanguíneo ou afim, em linha reta ou colateral, até o terceiro grau, inclusive, quando for parte na causa seu cônjuge ou companheiro, ou parente, consanguíneo ou afim, em linha reta ou colateral até terceiro grau, inclusive e, finalmente, quando for sócio ou membro de direção ou de administração de pessoa jurídica parte no processo, parte na causa.

Suspeito de parcialidade será o árbitro que for amigo íntimo ou inimigo de qualquer das partes ou de seus advogados, se qualquer das partes for sua credora ou devedora, de seu cônjuge ou companheiro ou de parentes destes, em linha reta até o terceiro grau, inclusive, se herdeiro presuntivo, donatário ou empregador de qualquer das partes; se receber presentes de pessoas que tiverem interesse na causa antes ou depois de iniciado o processo arbitral, se tiver aconselhado alguma das partes acerca do objeto da causa, ou subministrar meios para atender às despesas do litígio, e, se for interessado no julgamento da causa em favor de qualquer das partes.

O árbitro poderá ainda declarar-se suspeito por motivo íntimo, a exemplo do que se verifica com os juízes togados (CPC, art. 145, § 1º).

Somente poderá ser recusado o árbitro por motivo ocorrido após a sua nomeação. Entretanto, poderá ser recusado por motivo anterior à nomeação quando não tiver sido nomeado diretamente pela parte, ou, quando o motivo para a recusa for conhecido posteriormente à sua nomeação (LA, art. 14, § 2º).

Os temas alusivos à imparcialidade e conduta dos árbitros e demais colaboradores da arbitragem são recorrentes em sede nacional e internacional, o que bem demonstra, por exemplo, a aprovação da nova versão das "Diretrizes" da *Internacional Bar Association – IBA*, em 23 de outubro de 2014, no Japão (Tóquio), relativas a conflitos de interesses em arbitragem internacional,[33] fruto de práticas arbitrais em diversos países e resultado de estudos realizados pelo Comitê da IBA

---

[33] As "Diretrizes" da *IBA* são normas de natureza facultativa (não cogentes), denominadas em arbitragem internacional de *soft law*, que foram adquirindo reconhecimento ao logo de seus quase 15 anos de edição (a primeira data de 2004), na medida em que objetivam dar o norte acerca da imparcialidade e independência dos árbitros visando a elevar o grau de segurança jurídica na arbitragem e, com isso, aumentar o acesso à jurisdição privada.

iniciados em 2012, que se destinam não só aos árbitros, mas também a todos os demais sujeitos participantes de arbitragens comerciais e de investimentos, sobretudo no que concerne à indicação, revelação e impugnação de árbitros. Vale destacar as principais modificações:

a) o período de extensão dos deveres de imparcialidade, independência e revelação dos árbitros - GS (1): foram mantidos os princípios gerais estabelecidos na Parte I das "Diretrizes",[34] atinente à observância dos deveres de imparcialidade, independência e revelação até o final do painel arbitral, consistindo a novidade na orientação de observância desses deveres até o prazo final processual destinado a correções ou interpretações complementares da sentença arbitral, não se estendendo ao período em que a sentença arbitral pode ser impugnada perante o Estado-juiz, exceto se a matéria objeto da cognição for devolvida ao conhecimento da jurisdição arbitral, isto é, se houver a necessidade de prolação de nova decisão arbitral;

b) validade e eficácia de advance declarations ou advance waivers pelas partes - GS (3): o terceiro princípio geral (dever de revelar às partes quaisquer fatos ou circunstâncias capazes de causar insegurança quanto à independência e imparcialidade dos julgadores) recebeu o incremento da inadmissão de qualquer pacto ou norma de renúncia do dever de revelação, em que pese a nova versão das "Diretrizes" não afrontar diretamente o tema da eficácia ou validade das manifestações antecipadas ou renúncia do aludido dever (*advance declarations* ou *advance waivers*);

c) deveres de observância à independência e à imparcialidade ampliados aos assistentes, secretários administrativos e secretários de tribunal arbitral - GS (5): uma das inovações trazidas pelas "Diretrizes" de 2014 reside na ampliação dos deveres de observância contidos no *general standard* aos sujeitos que, direta ou indiretamente colaboram com os árbitros, tais como assistentes e secretários;

d) atuação de árbitros integrantes de escritórios de advocacia na qualidade de sócios ou associados - GS (6): trata-se de tema delicado, pois é tênue e cinzenta a linha divisória que define os interesses de escritórios que atuam em causas submetidas à jurisdição arbitral e, concomitantemente, algum de seus integrantes (sócios ou associados) participa do mesmo painel na qualidade de árbitro, pois está jungido à observância dos deveres gerais do *General Standard* (6). Nesse cenário, as "Diretrizes" recomendam levar em conta diversos elementos capazes de indicar a existência ou não de conflito de interesses, tais como a participação do árbitro, naquele momento, no escritório em questão, a forma e área (especialidade) de atuação, de maneira a promover o equilíbrio entre o interesse da parte na escolha

---

[34] A Parte I das "Diretrizes" define sete princípios gerais relativos à imparcialidade, à independência e à revelação dos árbitros (*General Standard - GS* [1]).

de um árbitro vinculado a determinado escritório e os deveres de revelação, independência e imparcialidade.

Particularmente, encaramos essas hipóteses com sérias ressalvas, pois, como dissemos alhures, os conflitos de interesses são latentes e o grau de dificuldade, ou, no mínimo, de desconforto a que estará submetido o árbitro, é evidente, donde exsurge a dificuldade de dissociação de interesses;

e) third-party funders e seguradoras – GS (6): as "Diretrizes" colocam em igualdade de condições com as partes, para fins de observância dos deveres de revelação, imparcialidade e independência dos árbitros, todos aqueles (terceiros) que, de alguma forma, patrocinem financeiramente (de forma direta ou indireta) todas as despesas arbitrais em favor de um dos litigantes, portanto, pessoas (naturais ou jurídicas) com interesse econômico no resultado do processo arbitral, inclusive empresas seguradoras;

f) dever inverso das partes de revelar situações de potencial conflito de interesses – GS (7): a novidade sobre o tema em voga com a edição das novas "Diretrizes" respeita ao dever das partes de, na mesma medida dos árbitros, revelar qualquer espécie de relação ou situação que possa comprometer a higidez da jurisdição arbitral. Esse dever se estende também a todos aqueles que, direta ou indiretamente, participam ou têm interesse no resultado da arbitragem, de maneira imbricada, uns com os outros.

E mais: as partes, assim como os árbitros, têm o dever permanente de atentar para fatos ou circunstâncias relevantes que possam de alguma forma colocar em xeque a jurisdição arbitral, de maneira a identificar e evitar interesses conflitantes;

g) ampliação das hipóteses de casos referentes à observância dos deveres dos árbitros – as chamadas *listas, vermelha, laranja e verde*: inserida na Parte das "Diretrizes" que trata da alusão a casos práticos, verifica-se a ampliação de hipóteses indicativas a título exemplificativo, de situações que importem ou não em violação aos deveres dos árbitros e demais sujeitos da relação arbitral, retiradas de situações reais.

Nessa toada, encontramos quatro listas descritivas dessas situações exemplificativas: a *lista vermelha* de casos renunciáveis e irrenunciáveis,[35] a *lista laranja*[36]

---

[35] A nova "Diretriz" adiciona à lista vermelha de eventos irrenunciáveis, por exemplo, hipóteses em que o árbitro é empregado de uma das partes (item 1.1), ou, o escritório de advocacia em que o árbitro atua como advogado presta consultoria regular a uma das partes ou a pessoas ligadas ao mesmo grupo (item 1.4).

[36] Por exemplo, a *lista laranja* faz referência a situações em que o escritório de advocacia em que o árbitro atua como sócio ou associado representou alguma das partes do painel arbitral nos três últimos anos (item 3.1.4).

e a *lista verde*, indicativas de hipóteses graduadas que podem ou não dar causa à revelação.

Essas listas que servem de balizamento para análise dos casos concretos (porquanto baseadas em precedentes), têm por escopo não só servir como indicativo de quebra ou observância dos deveres já mencionados, como também inibir as alegações de impedimento ou de suspeição de árbitros, ou, de óbices referentes a terceiros, com fundamentos que não encontram sustentação plausível.

Por certo, as "Diretrizes" estabelecidas pelo Comitê da *IBA* representam um avanço e maior segurança na prática arbitral internacional, com todos os seus influxos positivos nas arbitragens nacionais, especialmente no que concerne à inibição de anulação de sentenças arbitrais, em face da observância aos deveres de imparcialidade, independência e revelação dos árbitros e daqueles que, de alguma forma, participam da jurisdição privada, inclusive terceiros interessados no resultado útil do processo, além de servirem como norte de padronização de critérios atinentes a impugnações de árbitros e de revelação.

De fato, tem-se constatado uma feliz tendência universal consistente na ampliação das hipóteses de impugnação de árbitros, superando a formulação original da Lei de Arbitragem, que trata somente do vínculo entre árbitro e partes e árbitro e objeto da demanda, de maneira a contemplar situações que envolvam o relacionamento entre árbitro e advogado da parte, árbitro e escritório de advocacia da parte, árbitro e escritório de advocacia do qual é sócio, segundo se infere das normas da IBA, da ICC e, entre nós, da convenção arbitral dos agentes da Câmara de Comercialização de Energia Elétrica – CCEE. "Vislumbra-se, sobretudo nos instrumentos do *soft law*, o reconhecimento de que tais situações podem, de fato, gerar dúvidas justificadas às partes acerca da imparcialidade e independência do árbitro, motivo pelo qual devem ser enfrentadas pelo árbitro quando de sua nomeação, sendo prontamente reveladas às partes." [37]

De fato, há uma linha tênue que separa a imparcialidade e as relações eventualmente existentes entre árbitros e advogados das partes, e essa delicada questão há de ser analisada sempre com muito comedimento, *cum grano salis*, na exata medida em que não se pode esperar dos profissionais que atuam nessa área que se isolem e se abstenham de relacionamentos com colegas de cunho profissional, social e acadêmico. Aliás, ingênuo imaginar situação inversa, até porque não raramente são esses contatos entre os sujeitos partícipes de centros especializados ou de painéis arbitrais que fazem com que o advogado das partes proceda à escolha de profissional específico para o exercício das funções de árbitro.

---

[37] Adriana Noemi Pucci, "Impugnação de árbitros", in Carlos Carmona, Selma Lemes e Pedro Martins (coord.), *20 anos da Lei de Arbitragem* – Homenagem a Petrônio R. Muniz, p. 180-182.

"Existe, portanto, uma justificativa racional calcada no princípio da razoabilidade também fundada especialmente na confiança de que aquele árbitro terá condições de julgar a controvérsia pelos seus atributos pessoais e intelectuais. Portanto, não se pode dizer que na indicação reiterada de um mesmo árbitro por um advogado para casos com partes e relações jurídicas diferentes haja conflito de interesses. [...] Portanto, conclui-se que o impedimento para atuar como árbitro está calcado no conflito de interesses (que redunda na falta de imparcialidade e independência para julgar) e não no vínculo de interesses ou interesses comuns inerentes àqueles que convivem num mesmo ambiente profissional."[38]

No que se refere ao tema da escolha de árbitros e à ingerência de empresas financiadoras (*third party funding*) do litígio e o eventual questionamento acerca da validade dessas disposições contratuais e os resultados sobre a imparcialidade do julgador escolhido, para não sermos repetitivos, enviamos o leitor interessado em aprofundar o assunto para o item n. 3 deste Capítulo e item n. 5, do Capítulo Segundo, *supra*.

6. DA RECUSA DO ÁRBITRO

A parte interessada em arguir o impedimento ou a suspeição com o escopo de recusar o árbitro apresentará a respectiva peça na primeira oportunidade que tiver de se manifestar nos autos, após a instituição do juízo arbitral, dirigindo-a ao árbitro ou ao presidente do colégio arbitral, devidamente fundamentada e instruída com as provas pertinentes ou a especificação daquelas que pretenderá produzir (LA, art. 15 c/c o art. 20).

Acolhida a exceção, o árbitro será afastado e substituído pelo seu suplente. Não havendo substituto indicado para o árbitro suspeito ou impedido, aplicar-se-ão as

---

[38] Selma Lemes, "Árbitro, conflito de interesses e o contrato de investidura", in Carlos Carmona, Selma Lemes e Pedro Martins (coord.), *20 anos da Lei de Arbitragem* – Homenagem a Petrônio R. Muniz, p. 277-278.
Exemplifica a citada professora paulista com algumas hipóteses costumeiras que podem levar (ou não) ao impedimento (ou suspeição), vejamos: "[...] uma relação em que o mesmo árbitro fosse sempre indicado pela mesma parte ou pelo mesmo advogado em casos idênticos, bem como não haver revelação do árbitro a respeito ou ser a revelação insuficiente para que a outra parte possa avaliar a situação presente e aferir se haveria ou não conflito de interesses, para, se for o caso, apresentar impugnação do árbitro. Outro exemplo seria o caso de um professor cuja atividade profissional também é de exarar parecer. O fato de emitir opiniões doutrinárias para clientes de um advogado não o incompatibiliza como árbitro em relação que não esteja vinculada ao parecer que exarou ou para outros clientes do advogado, pois entre o árbitro (professor que elabora pareceres) e o advogado existe um vínculo de interesses ou interesses comuns, e não um conflito de interesses. O mesmo se verifica entre árbitros e peritos indicados para efetuar perícias em procedimentos arbitrais" (*ibidem*, p. 288).

regras do órgão arbitral institucional ou entidade especializada, se as partes tiverem assim invocado na convenção de arbitragem (LA, art. 16, § 1º). Nada dispondo a convenção de arbitragem e não chegando as partes a um acordo sobre a substituição do árbitro, procederá a parte interessada nos termos do art. 7º da Lei em exame, ou seja, buscará a solução perante a jurisdição estatal, ressalvada a hipótese de as partes terem acordado expressamente, na convenção de arbitragem, que não aceitariam substituição.

Inversamente, se o árbitro não aceitar a recusa, o processo seguirá seu trâmite normal, sem prejuízo de vir a ser a decisão examinada pelo órgão do Poder Judiciário competente, quando da eventual propositura de *ação declaratória de nulidade de sentença arbitral* (art. 20, § 2º c/c o art. 33).

7. DAS ESCUSAS À NOMEAÇÃO

A escusa significa a não aceitação da nomeação pela própria pessoa indicada a funcionar como árbitro em determinada causa, o que poderá ocorrer fundamentadamente ou não (*v.g.*, por motivo íntimo); diferencia-se da recusa, que é provocada, via de regra, por qualquer das partes litigantes, nada obstante chegar ao mesmo resultado, qual seja, a exclusão ou não aceitação da indicação de determinada pessoa para exercer esse mister.

Em princípio, se a pessoa indicada não se escusar e for nomeada árbitro, somente poderá ser recusada por motivo ocorrido após sua nomeação. Entretanto, poderá ser o árbitro recusado por motivo anterior à sua nomeação quando não for diretamente nomeado pela parte ou o motivo para a recusa for conhecido posteriormente à sua nomeação (LA, art. 14, § 2º).

As pessoas indicadas pelas partes ou pela instituição arbitral declinada em convenção de arbitragem para funcionar como árbitros têm a obrigação de revelar, antes de aceitar a função, qualquer fato que possa acarretar dúvida quanto à sua imparcialidade e independência.

Trata-se, portanto, de um *dever* atribuído por lei (LA, art. 14, § 1º), e não de mera faculdade. Assim, não poderá, em hipótese alguma, omitir das partes circunstâncias de caráter objetivo ou subjetivo, sob pena de incidir em crime de responsabilidade – pois os árbitros se equiparam aos funcionários públicos, quando no exercício de suas funções ou em razão delas, para todos os efeitos da legislação penal (LA, art. 17) –, além do que as decisões por eles proferidas serão absolutamente nulas, segundo se infere do disposto no art. 32, II e VI da LA.

Verificada a escusa, assumirá seu lugar o substituto indicado no compromisso, se houver (LA, art. 16, *caput*, 2ª parte). Não havendo indicação para substituição do árbitro, aplicar-se-ão as regras do órgão arbitral institucional ou entidade especializada, se as partes as tiverem invocado na convenção de arbitragem (LA, art. 16, § 1º).

Contudo, se a convenção de arbitragem nada dispuser a respeito e as partes não chegarem a um acordo sobre a nomeação do árbitro a ser substituído, o interessado procederá na forma prevista no art. 7º da lei de regência, a menos que as partes tenham declarado, expressamente, na convenção arbitral, não aceitar substituto, o que poderá significar a não instalação da arbitragem ou a sua extinção (art. 16, § 2º).

8. DO FALECIMENTO E OUTROS OBSTÁCULOS AO EXERCÍCIO DA FUNÇÃO

Se, após a aceitação da nomeação, o árbitro vier a falecer, adoecer ou tornar-se impossibilitado por qualquer outro motivo para o exercício da função, assumirá imediatamente o seu lugar o substituto indicado na convenção arbitral, se houver.

Não havendo substituto, ou nada dispondo a convenção arbitral, resolve-se a questão nos moldes dos §§ 1º e 2º do art. 16 da LA.

Outros obstáculos ao exercício da função arbitral poderão surgir durante a tramitação do processo arbitral, e poderão ser capazes de acarretar a suspeição ou impedimento do árbitro, circunstâncias que exigirão também a imediata substituição do julgador, nos termos já mencionados.

9. DA EQUIPARAÇÃO AOS FUNCIONÁRIOS PÚBLICOS PARA FINS DE RESPONSABILIDADE

Os árbitros, quando no exercício de suas funções ou em razão delas, equiparam-se aos funcionários públicos, para efeitos de legislação penal (LA, art. 17), podendo enquadrar-se aos tipos criminais que são próprios de funcionários públicos, tais como o peculato, a condescendência criminosa, corrupção, concussão, violência arbitrária, sonegação ou inutilização de livros ou documentos etc. A Lei de Arbitragem é praticamente omissa a respeito da responsabilidade civil dos árbitros, fazendo tímida incursão no *caput* do art. 14 quando trata do impedimento e suspeição, o que não importa em concluir-se pela irresponsabilidade dos árbitros ou das entidades arbitrais.

Equiparam-se também aos juízes togados, para fins de responsabilidade civil,[39] por perdas e danos, quando: *a)* agirem com *dolo, fraude* (art. 143, I, CPC e

---

[39] A respeito da responsabilidade civil, disciplinar e criminal dos árbitros, v. Thomas Clay, "La responsabilité de l'arbitre pour absence d'indépendance", *RArb*, v. 38, p. 257; e in Arnoldo Wald (org.), *Arbitragem e Mediação*, v. II, p. 987-1.010, n. 54 (Coleção Doutrinas Essenciais).
V. também Joel Dias Figueira Júnior, *Responsabilidade civil do Estado-juiz* – Estado e juízes constitucionalmente responsáveis, Curitiba: Juruá, 1995.

art. 32, VI); *b)* com *culpa grave* (art. 143, II, CPC e art. 32, VII); *c)* por *disfunção ou deficiência* do árbitro ou tribunal arbitral (art. 32, II, III, IV e VIII).[40] Destarte, o árbitro exerce verdadeira jurisdição privada que lhe é conferida pelas partes, agindo como juiz de fato e de direito (LA, art. 18), tratando-se, por conseguinte, de garantia que confere aos consumidores da arbitragem maior segurança, e, confiabilidade ao próprio sistema.

Também não há que se confundir o erro de julgamento (decisão equivocada), a má qualidade da decisão e o erro processual ou procedimental.

"Assim, eventuais *errores in judicando* não comportarão responsabilização dos árbitros. Terão as partes, em tal caso, escolhido mal seus julgadores e 'chi è causa del suo mal, pianga se stesso!'. Já quanto aos *errores in procedendo*, a conclusão deve ser em certa medida diversa. Se os árbitros não respondem civilmente pela má qualidade do laudo (ou mesmo pelo equívoco da decisão, questão, muitas vezes, de ordem altamente subjetiva), o mesmo não se pode dizer quanto aos erros que vierem a ser cometidos em matéria procedimental e que acarretam a anulação do laudo.

"Consequentemente, se os árbitros decidem julgar com base na equidade quando tal poder não lhes é outorgado na cláusula ou compromisso arbitral, se não decidem todo o litígio submetido à arbitragem, se proferem o laudo a destempo (mesmo após a notificação preconizada no art. 12, III, da Lei), é de ser-lhes imputada responsabilidade pelos prejuízos que trouxeram às partes [...]."[41]

Frise-se mais uma vez que essa responsabilidade civil está adstrita às hipóteses de prática por *dolo, fraude,* com *culpa grave, disfunção ou deficiência* do árbitro ou tribunal arbitral. Assim, "ao árbitro, tanto quanto ao juiz, se reconhece a *garantia política* consistente na eliminação da sua responsabilidade, em face das partes, pela sentença que profere, exceto nas hipóteses de conduta punível".[42]

---

[40] Sem razão Irineu Strenger (*Comentários à lei brasileira da arbitragem,* 1998, p. 116-117) e José Cretella Neto (*Curso de arbitragem,* p. 86-87) ao defenderem tese diametralmente oposta, sob o fundamento de que os arts. 133 e 134 do Código revogado (atuais arts. 143 e 144 CPC/2015) são dirigidos ao Estado-juiz e não aos juízes privados; na mesma linha, rechaçam a responsabilidade criminal dos árbitros por equiparação aos funcionários públicos, sob o argumento de não estarem investidos de função pública.

Ora, não se questiona nem mesmo se duvida que os árbitros não sejam funcionários públicos ou juízes togados, pois não o são; contudo, a Lei 9.307/1996, por ficção, equiparou os juízes privados aos juízes estatais (arts. 17 e 18), dando azo, por conseguinte, à aplicação, no que couber, de todas as regras atinentes à responsabilidade criminal e civil dos julgadores públicos aos árbitros.

[41] Carlos Alberto Carmona, 3. ed., *Arbitragem e processo,* p. 264-265.

[42] Carreira Alvim, *Tratado geral da arbitragem,* 2000, p. 322.

Tratando-se de ato praticado por árbitros integrantes de entidade arbitral (arbitragem institucional), o órgão também responde solidariamente pelos atos nulos de seus julgadores (art. 32, LA e art. 143, I e II, do CPC), com direito de regresso a ser dirigido contra os causadores diretos dos danos verificados.

Como toda arbitragem funda-se em relações privadas de natureza contratual – a começar pela própria convenção arbitral – há de se analisar, no caso concreto, além da existência de dano e nexo de causalidade, também a culpabilidade da entidade e/ou do árbitro ou tribunal arbitral. A responsabilidade do árbitro, assim como da instituição arbitral, é subjetiva, por se tratar de obrigação de meio (e não de resultado), semelhante ao mister dos médicos e advogados, donde exsurge a responsabilidade civil em face de danos por eles causados desde que comprovado o dolo ou a culpa grave.[43]

---

[43] Esse também o entendimento de Pedro A. Batista Martins, "Normas e princípios aplicáveis aos árbitros", in Pedro A. Batista Martins, Selma M. Ferreira Lemes, Carlos Alberto Carmona, *Aspectos fundamentais da Lei de Arbitragem*, p. 289 e ss.

CAPÍTULO V
DO PROCESSO E DO PROCEDIMENTO ARBITRAL

Sumário: 1. Da instauração do processo arbitral – 2. Momento processual oportuno para arguição das exceções – 3. O princípio kompetenz-kompetenz e conflitos de competência – 4. Conexão e continência – 5. Do procedimento arbitral, suas fases, das provas e da confidencialidade – 5.1. Do procedimento arbitral e suas fases – 5.2. Das provas – 5.3. Confidencialidade, privacidade, sigilo e segredo

1. DA INSTAURAÇÃO DO PROCESSO ARBITRAL

Considera-se instituída a arbitragem e, portanto, instaurado o processo arbitral, quando a nomeação for aceita pelo árbitro ou por todos os escolhidos, se forem vários (LA, art. 19). De forma assemelhada ao que se verifica no processo civil tradicional, a instauração da arbitragem terá como um de seus efeitos a interrupção da prescrição, fará litigiosa a coisa e induzirá a litispendência.

Aliás, no que concerne à interrupção da prescrição mediante a instauração do processo arbitral, assim nos posicionamos desde a primeira edição desta obra (1997) e, finalmente, a Lei 13.129, de 2015 veio colocar pá de cal nas discussões acerca do tema, sufragando esse entendimento, ao dispor no art. 19, § 2º, *in verbis*: "§ 2º A instituição da arbitragem interrompe a prescrição, retroagindo à data do requerimento de sua instauração, ainda que extinta a arbitragem por ausência de jurisdição". Portanto, somente quando o árbitro ou árbitros aceitam a nomeação para o exercício deste mister (instituição da arbitragem) é que o bem da vida em questão se torna litigioso e a prescrição é interrompida.[1] Assinala-se que os contornos da lide já deverão estar bem definidos no compromisso firmado pelos litigantes (LA, art. 10, III), o que por si só define a jurisdição privada para a cognição da matéria específica, objeto da controvérsia. Surgindo outros conflitos conexos ou cingidos pela continência, estes não serão levados ao conhecimento da jurisdição privada, a não ser que se estipule a esse respeito em nova convenção arbitral.

---

[1] Sobre o tema v. Mauro Cunha Azevedo Neto, "A interrupção da prescrição arbitral em face das alterações introduzidas na Lei 9.307/96", in Francisco Cahali, Tiago Rodovalho e Alexandre Freire (org.), *Arbitragem*, p. 435-442.

Os efeitos da litispendência[2] na jurisdição privada não estão atrelados ao ato de comunicação e chamamento preliminar da parte *ex adversa*, como se verifica no Código de Processo Civil, que elegeu a citação como ato culminante da formação da relação jurídico-processual, segundo se infere do disposto em seu art. 240. E assim entendemos porque a instituição do juízo arbitral significa, em sede de jurisdição paraestatal, a definição e materialização da convergência de vontade dos litigantes chancelada pela aceitação dos árbitros ou árbitro, servindo de ponto de partida para a instauração do procedimento arbitral propriamente dito, que obedecerá ao estabelecido pelas partes na convenção de arbitragem, e que, por sua vez, poderá reportar-se às regras de um órgão institucional ou entidade especializada, ou, ainda, facultar às partes a definição ou delegação ao árbitro ou tribunal a regulamentação do rito a ser seguido (LA, art. 21).

Destarte, a instituição do juízo arbitral e a "propositura da ação" são momentos processuais totalmente distintos e que não se confundem jamais; dá-se o ajuizamento da demanda com o encaminhamento de requerimento pela parte interessada ao árbitro, tribunal ou entidade arbitral contendo o pedido de instituição da arbitragem, a *causa petendi* e o *petitum,* enquanto a formalização da instituição da jurisdição privada se dá com a aceitação da nomeação pelo árbitro ou membros do tribunal arbitral. "Em caso de paralelismo de demandas arbitrais, uma das soluções adequadas é a aplicação da regra processual da *prevenção* na arbitragem. Assim, o Tribunal Arbitral que for posteriormente constituído deverá reconhecer sua ausência de jurisdição sobre a controvérsia, já que, de acordo com a regra da prevenção, prevalecerá o Tribunal Arbitral que for primeiro constituído; de toda forma, a situação de imbricamento de Tribunais Arbitrais tem se resolvido por meio de diversas formas, sejam elas a suspensão da arbitragem por meio de ordem *anti-suit*, em favor do Tribunal Arbitral anteriormente constituído, seja pela aplicação do instituto da consolidação de procedimentos arbitrais."[3]

O primeiro ato a ser praticado pelo árbitro ou colégio arbitral, após a instituição do juízo, é a verificação de todos os termos e requisitos da convenção arbitral, porquanto é nesta peça que reside a causa de pedir próxima e remota (fatos e fundamentos jurídicos) e, portanto, os contornos da lide.

---

[2] Sobre o tema da *litispendência no processo civil clássico brasileiro*, v. a excelente obra do mestre Arruda Alvim originariamente intitulada *Ensaio sobre a litispendência no direito processual civil*, estudo que lhe concedeu o título de Livre-Docente, posteriormente publicado em dois volumes, pela RT, com o título *Direito processual civil* – Teoria geral do processo de conhecimento.

[3] Thiago Marinho Nunes, "Arbitragem e demandas paralelas: a visão do árbitro", in Carlos Carmona, Selma Lemes e Pedro Martins (coord.), *20 anos da Lei de Arbitragem* – Homenagem a Petrônio R. Muniz, p. 360.

"Instituída a arbitragem e entendendo o árbitro ou o tribunal arbitral que há necessidade de explicitar questão disposta na convenção de arbitragem, será elaborado, juntamente com as partes, adendo firmado por todos, que passará a fazer parte integrante da convenção de arbitragem (LA, art. 19, § 1º), conforme redação conferida pela Lei 13.129/2015, termo conhecido como *terms of reference* (traduzido para o português como "ata de missão"), utilizado pelo árbitro, quando necessário, para elucidar alguns pontos da convenção de arbitragem. Segundo Carmona, "pode ocorrer que o pacto arbitral não seja suficientemente explícito acerca da extensão dos poderes conferidos ao árbitro, pode haver dúvida sobre a escolha da língua a ser empregada, pode não estar clara a disposição que estabelece a sede da arbitragem. A prudência recomenda que o árbitro desde logo procure o consenso das partes para completar disposições da convenção de arbitragem (e, mais uma vez, a Lei refere-se a *convenção de arbitragem*, e não a compromisso, reafirmando que também a cláusula pode levar à instituição da arbitragem, sem a necessidade de compromisso arbitral), evitando futura alegação de nulidade.

"Incorpora a Lei brasileira um útil mecanismo de especificação da convenção de arbitragem (e de prevenção de futuros litígios) que teria sido idealizado pela Corte Internacional de Arbitragem da Câmara de Comércio Internacional (art. 18 do Regulamento vigente). Caracteriza-se tal documento como um adendo à cláusula ou compromisso arbitral. Fique claro que o legislador não dispôs que o adendo deva seguir a mesma forma prevista para a convenção arbitral, o que significa dizer que, se as partes tiverem celebrado um compromisso arbitral através de escritura pública, não haverá necessidade de concretizar-se o adendo pela mesma forma, o mesmo devendo ser dito a respeito do documento particular, pois, aqui, estará dispensado o requisito (de validade do compromisso) da assinatura de duas testemunhas. Trata-se, como se pode perceber, de ato processual (o juízo arbitral já está devidamente instituído), tendo o legislador estabelecido, como requisito formal, apenas a necessidade de elaboração conjunta pelo árbitro e pelas partes, devendo constar do termo em questão a assinatura de todos eles (mas só deles!)."[4]

---

[4] *Arbitragem e processo*, p. 280, 2009.
  Trata-se do denominado "termo de arbitragem" de suma importância para a higidez da jurisdição privada, na medida em que é, em síntese, *um instrumento processual organizador do painel arbitral*, pois fornece às partes e aos árbitros a oportunidade de definirem em comum acordo o procedimento, os prazos, os documentos e, principalmente, identificar e delimitar a matéria objeto da arbitragem, que repercutirá no mister dos árbitros, a garantir que a sentença arbitral seja proferida nos limites do pedido, além de definir o local e a sede da arbitragem, a lei aplicável, a autorização para os árbitros decidirem (ou não) por equidade, qualificar os árbitros etc. Sobre o tema, v. Selma Lemes, "A função e uso do termo de arbitragem", *Valor Econômico*, 8. set. 2005, Legislação & Tributos, p. E2.

Destarte, após a edição da Lei 9.307/1996, o entendimento da doutrina dominante, ao qual nos filiamos, é no sentido de que, convencionada a arbitragem no momento da contratação em cláusula específica (cheia), desnecessário se torna, em princípio, a feitura de compromisso arbitral; contudo, muitas instituições arbitrais, *ad cautelam*, após a instituição da arbitragem, optam pela feitura e lavratura do aludido "termo", o que é bastante salutar, na exata medida em que o novo ato serve para ratificar o precedente e, se for o caso, encetar com precisão os requisitos estatuídos nos arts. 9º e 10 da lei de regência, de maneira a extirpar dúvidas ou irregularidades que possam prejudicar o trâmite do feito ou até mesmo colocar em xeque o processo arbitral, além da possibilidade de alteração, em comum acordo das partes, de alguns aspectos anteriormente estabelecidos na convenção arbitral.

Mesmo que os árbitros entendam que não haja necessidade (aparente) de explicitação de alguma questão disposta na convenção arbitral, é de bom alvitre a lavratura do "adendo" previsto no art. 19, § 1º, da LA, que servirá, ao menos, para ratificar e, com isso, reforçar os pontos então definidos pelas partes.

A bem da verdade, "manda a prudência, de qualquer forma, que, instituída a arbitragem por cláusula arbitral, o árbitro convoque as partes para a assinatura do termo de arbitragem [...] neste 'termo' serão melhor esclarecidas todas as eventuais lacunas deixadas pela convenção arbitral, de sorte a evitar futuras queixas dos contendores. É preciso entender de uma vez por todas que a liberdade concedida aos litigantes tem que ser bem aproveitada, de tal modo que a forma de resolver o litígio seja a mais ágil e a mais adequada ao caso concreto. A oportunidade que se abre ao árbitro é valiosa, na medida em que na convenção de arbitragem muitas vezes estipulam as partes algo que desde logo já se percebe ser supérfluo, excessivo e completamente desnecessário, podendo os litigantes, alertados sobre o tema, mudar a avença anterior. Repito: a liberdade das partes é total, nada impedindo que, pelo termo de arbitragem de que trata o parágrafo em questão, resolvam as partes alterar o que ficou estipulado na convenção de arbitragem (seja na cláusula compromissória, seja no compromisso arbitral)".[5]

Instaurado o processo arbitral, inicia-se o procedimento propriamente dito com o escopo voltado à cognição dos julgadores até habilitá-los a proferir uma sentença de mérito, de procedência ou improcedência do pedido.

2. MOMENTO PROCESSUAL OPORTUNO PARA ARGUIÇÃO DAS EXCEÇÕES

Instituída a arbitragem, independentemente do rito escolhido, a parte que pretender arguir questões relativas aos pressupostos processuais, tais como compe-

---

[5] Carlos Alberto Carmona, "O processo arbitral", in Arnoldo Wald (org.), *Arbitragem e Mediação*, v. III, p. 135-136 (Coleção Doutrinas Essenciais).

tência, suspeição ou impedimento do árbitro ou dos árbitros, ou, ainda, nulidade, invalidade ou ineficácia da convenção arbitral, deverá fazê-lo na primeira oportunidade em que tiver de se manifestar nos autos, sob pena de preclusão (LA, art. 20).

Acolhida pelo julgador privado a arguição de suspeição ou impedimento, será o árbitro substituído nos termos do art. 16. Mas, se a hipótese for de reconhecimento da incapacidade, incompetência do árbitro ou colégio arbitral, bem como a nulidade, invalidade ou ineficácia da convenção de arbitragem, será extinto o juízo arbitral e as partes remetidas ao Poder Judiciário. Note-se que não estamos diante de encaminhamento dos autos ao Estado-juiz, mas de simples extinção do juízo arbitral, sem resolução do mérito. O interessado é que, se assim entender, deverá provocar a jurisdição estatal (§ 1º, art. 20). Portanto, o árbitro tem jurisdição e competência para manifestar-se acerca das exceções mencionadas, inclusive, para desconstituir ou declarar inexistente ou ineficaz uma convenção arbitral.

Por outro lado, o processo seguirá normalmente o seu procedimento, caso não seja acolhida qualquer das exceções opostas, sem prejuízo ou preclusão às partes, que poderão postular o reexame da matéria quando da eventual propositura de ação declaratória de nulidade de sentença arbitral, a ser aforada perante o Poder Judiciário (art. 20, § 2º c/c o art. 33).

3. O PRINCÍPIO *KOMPETENZ-KOMPETENZ* E CONFLITOS DE COMPETÊNCIA

O internacionalmente denominado princípio *kompetenz-kompetenz* funda-se na concentração e exclusividade de poderes que são conferidos aos árbitros para decidirem acerca de todas as matérias e questões submetidas em convenção arbitral ao conhecimento da jurisdição privada, inclusive decidir acerca de sua própria competência (donde exsurge a expressão "competência-competência").

Tal princípio, nos dizeres de Emmanuel Gaillard, "atribui ao árbitro cuja competência é contestada o poder de resolver ele mesmo as questões de que dependem a sua competência, sem que possa lhe ser oposto o argumento segundo o qual ele não poderia fazê-lo sem silogismo, visto que não se saberia ainda, nesse momento, se ele teria ou não competência. Isso não significa dizer que as jurisdições estatais não têm vocação alguma a se pronunciar sobre a validade e o alcance da convenção de arbitragem que funda a competência do árbitro. Trata-se apenas de uma pura prioridade cronológica que, desde que exista uma aparência de convenção de arbitragem, permite que o árbitro se pronuncie com prioridade sobre essas questões, sob o controle posterior das jurisdições estatais, instadas a se pronunciar quando se tratar de acolher a sentença em sua ordem jurídica. Quando dirigida aos árbitros, a regra da competência-competência produz um efeito positivo que lhes permite prosseguir em sua missão; quando dirigida às jurisdições estatais, ela produz um efeito negativo que convida as jurisdições estatais a se absterem de conhecer matérias que apareçam estar *prima facie* cobertas por uma convenção de arbitragem, de forma a deixar aos árbitros a faculdade de se pronunciar com prioridade sobre a validade e o escopo da cláusula arbitral objeto da divergência".[6]

No direito pátrio, o princípio encontra previsão no parágrafo único do art. 8º da Lei 9.307/1996, *in verbis*: "Caberá ao árbitro decidir de ofício, ou por provocação das partes, as questões acerca da existência, validade e eficácia da convenção de arbitragem e do contrato que contenha a cláusula compromissória". Trata-se do chamado *efeito positivo*, ou seja, "competência do árbitro para decidir sobre sua própria competência, resolvendo as impugnações que surjam acerca de sua capacidade de julgar, da extensão de seus poderes, da arbitrabilidade da controvérsia, enfim, avaliando a eficácia e a extensão dos poderes que as partes lhe conferiram por via de cláusula compromissória, quanto por meio de compromisso arbitral".[7]

Por outro lado, nada obstante os poderes legais conferidos aos árbitros para decidirem soberanamente sobre essas matérias e questões, o controle de suas decisões poderá ser submetido ao crivo de cognição do Estado-juiz, em caráter subsidiário, através de ação desconstitutiva ("anulatória" – LA, art. 33), em impugnação ao cumprimento de sentença arbitral (LA, art. 33, § 3º), ou, em preliminar de contestação, diante da alegação do réu de existência de convenção de arbitragem não observada pelo autor da demanda (CPC, art. 337, X). Aliás, nesta última hipótese (contestação), a ausência de alegação de existência de convenção de arbitragem em preliminar importará em aceitação da jurisdição estatal e a renúncia ao juízo arbitral, segundo regra precisa delineada no art. 337, § 6º, do Código de 2015.

Nesses casos, em que uma das partes signatárias de convenção arbitral, desprezando-a, ingressa com a demanda diretamente perante o Poder Judiciário e a *ex adversa* traz a lume a questão em preliminar de contestação, verifica-se que o juiz, ao analisá-la (seja para acolher e extinguir a ação, sem resolução do mérito, nos termos do art. 485, VII, do CPC, remetendo as partes à jurisdição privada, seja para rejeitar a preliminar e, com isso, excluir a jurisdição privada, reconhecer a sua competência e prosseguir com o processo) está violando, por vias transversas, mas por autorização legal, a regra insculpida da competência-competência (art. 8º, parágrafo único da LA). Trata-se, neste ponto, do denominado *efeito negativo* do princípio *kompetenz-kompetenz*.

Essa aparente antinomia que o sistema nos apresenta é bem retratada por Carlos Alberto Carmona, quando assim escreve: "a decisão interlocutória que descarta a preliminar de contestação do réu, calcada no art. 301, IX [art. 337, X, CPC/2015], afirma que a convenção de arbitragem é inválida, de modo que não haveria motivo para o juiz afastar-se da direção do processo; em última análise,

---

[6] *Teoria jurídica da arbitragem internacional*, trad., 2014, p. 78-79.
[7] *Arbitragem e processo*, 3. ed., p. 175, n. 2, art. 8º.

o juiz apreciou a validade da cláusula e – apesar do art. 8º da Lei – declarou sua invalidade. Ao contrário, se o juiz acolher a preliminar do réu, estará reconhecendo a eficácia da cláusula (em princípio!), extinguindo o processo e remetendo as partes à arbitragem. Instituída a arbitragem, tocará aos árbitros decidir – agora sim, utilizando de forma plena os poderes conferidos pelo art. 8º da Lei – se a convenção é validada e eficaz. Se concluírem pela invalidade da convenção, encerrarão a arbitragem, o que trará as partes de volta ao Poder Judiciário que, agora, não poderá voltar a tratar o assunto: ainda que o juiz entenda (ao contrário do que já resolveram os árbitros) válida a convenção, prevalecerá a decisão já tomada em sede arbitral, impondo-se definitivamente a competência do juiz togado".[8]

Percebe-se claramente que a convenção de arbitragem, na sistemática normativa brasileira, gera o que se denomina de *efeito negativo*, que consiste na regra da inadmissibilidade de submissão de qualquer espécie de demanda perante o juiz estatal em face da opção das partes pela jurisdição privada, tanto que, se uma delas acessar o Poder Judiciário, na primeira oportunidade em que a *ex adversa* comparecer para falar nos autos (contestação), arguirá, em preliminar, sob pena de preclusão e prorrogação da jurisdição estatal, a falta de pressuposto processual extrínseco de validade (convenção arbitral), quando então o juiz extinguirá o processo, sem resolução do mérito, ressalvada a hipótese de verificação evidente (*prima facie*) de tratar-se de convenção de arbitragem eivada de vício grave capaz de importar em nulidade, ineficácia ou inexequibilidade (art. 8º c/c art. 337, X e § 6º, LA e art. 485, VII, ambos do CPC).

Mesmo depois da instauração da arbitragem, se uma das partes resolver, *sponte sua*, acessar a jurisdição estatal, o procedimento privado continuará tramitando regularmente, diante da ausência de litispendência,[9] até que o Estado-juiz pronuncie-se pelo eventual acolhimento do pedido de nulidade da convenção de arbitragem; qualquer outro vício alegado pelo autor surgido durante o curso do procedimento arbitral não poderá ser objeto de cognição pelo Estado-juiz, enquanto não prolatada a sentença arbitral, quando então poderá dar ensejo à propositura de ação anulatória, desconstitutiva, declaratória de ineficácia, ou, ainda, arguída em sede de impugnação ao cumprimento de sentença (LA, art. 33).[10]

---

[8] Ob. cit., p. 177, n. 2, art. 8º.

[9] Não há litispendência entre as jurisdições distintas deste naipe, mesmo que, neste caso, o autor tenha ajuizado perante o Estado-juiz ação idêntica àquela que tramita em sede arbitral, ou, ainda que a nova demanda tenha por escopo obter desconstituição de convenção arbitral.

[10] É basicamente o mesmo preceito delineado na Lei de Arbitragem portuguesa, quando dispõe no art. 5º acerca do "efeito negativo da convenção de arbitragem", *in verbis:* "1. O tribunal estadual no qual seja proposta ação relativa a uma questão abrangida por uma convenção de arbitragem deve, a requerimento do réu deduzido até ao momento em que

Ao analisar a Lei Portuguesa da Arbitragem Voluntária (n. 63/2011) e as vantagens e eventuais desvantagens do *efeito negativo* do princípio *kompetenz--kompetenz*, escreve Antônio Sampaio Caramelo: "Entendido deste modo, o princípio da competência da competência dos árbitros faz destes, não os únicos juízes de sua competência, mas os primeiros juízes desta. Por outras palavras, em virtude do efeito negativo da competência da competência dos árbitros, os tribunais estaduais só podem conhecer plenamente da competência do tribunal arbitral *depois* de este se ter sobre isso pronunciado, podendo fazê-lo em sede de impugnação dessa decisão dos árbitros, quer estes se tenham pronunciado sobre essa questão em decisão interlocutória (art. 18°, n. 8 e 9) quer na decisão final sobre o fundo da causa (art. 18°, n. 8).

"A principal vantagem do *efeito negativo* da competência da competência é a de impedir que uma parte possa, de má-fé, com a mera apresentação de uma impugnação perante um tribunal estadual, obstruir o bom andamento de uma arbitragem baseada em convenção de arbitragem aparentemente válida.

"Os adversários desta solução salientam, contudo, que ela pode criar mais dificuldade para a arbitragem do que aquelas que resolve. Obrigar a parte que não se considere vinculada pela convenção de arbitragem a esperar pela pronúncia da sentença arbitral, pode implicar um enorme custo financeiro e humano. E, caso a sentença arbitral lhe seja desfavorável, obrigar essa parte a impugná-la perante os tribunais estaduais, com base na inexistência ou invalidade da convenção da arbitragem, agravará ainda mais essa injustiça, tendo em conta que, mesmo que tal parte saia então vencedora, não terá qualquer possibilidade de ser reembolsada dos custos suportados com a arbitragem, que podem ser muito volumosos. Daí que quem assim opina não só advogue a consagração da competência da competência com mero *efeito positivo*, mas defenda também a possibilidade para a parte que conteste a existência, validade ou obrigatoriedade da convenção de arbitragem, de propor uma ação declaratória com essa finalidade, perante o tribunal estadual competente.

"As razões aduzidas pelos defensores de cada uma destas soluções não têm, contudo, tanto peso quanto eles pretendem. Relativamente ao principal argumento avançado pelos defensores do *efeito negativo* da competência da competência, há que notar que, se a marcha do processo arbitral não for interrompida pela

---

este apresentar o seu primeiro articulado sobre o fundo da causa, absolvê-lo da instância, a menos que verifique que, manifestamente, a convenção de arbitragem é nula, é ou se tornou ineficaz ou é inexequível. 2. No caso previsto no número anterior, o processo arbitral pode ser iniciado ou prosseguir, e pode ser nele proferida uma sentença, enquanto a questão estiver pendente no tribunal estadual".

propositura de uma ação com o mesmo objeto no tribunal estadual, será pouco significativa a perturbação que esta pode causar naquela.

"Quanto aos argumentos aduzidos pelos defensores do mero *efeito positivo* da competência da competência, cumpre observar que eles só podem proceder naqueles ordenamentos jurídicos em que os tribunais estaduais são capazes de resolver a mencionada questão em prazo relativamente curto, o que, se pode ser o caso da Alemanha (seis meses, a fazer fé no que refere o Prof. Peter Schlosser, no artigo citado) não é consabidamente o que acontece no nosso país. Acresce que, estando muitas vezes a questão da competência intimamente ligada à apreciação do mérito da causa, os árbitros estão em melhor posição do que o juiz (ao qual não haja sido submetido o fundo da causa) para sobre ela proferirem decisão até que venha a ser plenamente apreciada, a título definitivo, pelo tribunal estadual competente."[11]

O que não se pode perder de vista é que a admissão da tutela estatal preventiva tem de estar em sintonia fina com o interesse de agir antes da instauração da arbitragem ou da prolação da sentença arbitral, desde que presentes, com evidência, fundamentos para obstar o início ou o desenvolvimento do processo arbitral. Assim, descartam-se argumentos de que o interesse para impugnar só surgiria quando prolatada decisão parcial ou final. "Com efeito, a litispendência – quer estatal, quer arbitral – é onerosa para o demandado e para o Estado. Aquela não se justifica quando for possível verificar que o processo não levará ao resultado desejado ou quando ofender prerrogativa inerente ao devido processo legal; casos em que a intervenção estatal imediata está autorizada. Não se deve tolerar processo que viole garantias constitucionais ou que não possa atingir sua finalidade diante da garantia inscrita no inc. XXXV [art. 5º] da CF."[12]

Ponto que também merece destaque diz respeito à definição da extensão e profundidade da cognição a ser procedida pelo juiz estatal diante da preliminar de ausência de pressuposto de validade processual que lhe é apresentada pelo réu em contestação. Em outras palavras, o problema encontra-se no delineamento dos limites a serem observados pelo juiz estatal na análise dessa preliminar, tendo-se como certo que haverá de interpretar sistematicamente as normas do Código de Processo Civil com o princípio da competência-competência chancelado na Lei de Arbitragem.

---

[11] "A competência da competência e a autonomia do tribunal arbitral", in Arnoldo Wald (org.), *Arbitragem e Mediação*, v. I, p. 40-42 (Coleção Doutrinas Essenciais); e *RArb*, v. 40, p. 151, jan. 2014.

[12] Flávio Luiz Yarshel, "Ainda sobre o caráter subsidiário do controle jurisdicional estatal da sentença arbitral", *RArb*, v. 50, p. 161.

Parece-nos que a resposta acerca da competência do juiz para a verificação da validade (ou invalidade) da cláusula compromissória ou do compromisso arbitral limite-se ao conhecimento dos termos contidos na convenção que, de plano, se apresentem eivados de nulidade, capazes de comprometer o seu inteiro teor, e não sobre matérias que exijam uma cognição mais profunda, mas apenas sumária (plano vertical) e limitada ou parcial (plano horizontal).

Este também é o entendimento de Carmona, associado ao pensamento de Emmanuel Gaillard, quando "sugere que o juiz só possa declarar a invalidade da convenção arbitral quando o vício for reconhecível *prima facie*, ou seja, de pronto, sem necessidade de maior exame. Parece que o ilustre professor parisiense tem razão, já que a limitação da cognição do juiz apenas a aspectos que desde logo pode detectar, sem maiores indagações (cognição sumária, portanto), harmoniza-se com o princípio da *kompetenz-kompetenz* adotado pela lei. Se assim for, poderia o juiz togado reconhecer a invalidade de um compromisso arbitral a que falte qualquer de seus requisitos essenciais, ou a impossibilidade de fazer valer uma convenção arbitral que diga respeito a uma questão de direito indisponível; mas não poderia determinar o prosseguimento da instrução probatória para verificar o alcance da convenção arbitral ou para aferir se algum dos contratantes teria sido forçado ou induzido a celebrar o convênio arbitral".[13]

Esse entendimento, aliás, encontra-se pacificado na jurisprudência do Superior Tribunal de Justiça, ao assentar que as "questões atinentes à existência, validade e eficácia da cláusula compromissória deverão ser apreciadas pelo árbitro, a teor do que dispõem os arts. 8º, parágrafo único, e 20 da Lei n. 9.307/1996. Trata-se da denominada *kompetenz-kompetenz* (competência-competência), que confere ao árbitro poder de decidir sobre sua própria competência, sendo condenável qualquer tentativa das partes ou do juiz estatal de alterar essa realidade".[14]

Questões interessantes emergem quando abordado o tema da admissibilidade de *conflito de competência* (negativo e positivo); vejamos situações que, em tese, possam eventualmente versar sobre conflito de competência (positivo ou negativo) entre árbitros, tribunal arbitral ou órgãos arbitrais, e, entre estes últimos e o Estado-juiz.

Os regulamentos dos órgãos arbitrais costumam conter dispositivos que versam sobre a competência, recepcionando o princípio *kompetenz-kompetenz* que abarca a interpretação e aplicação pelo tribunal arbitral sobre o tema, e, também, a respeito de suas prerrogativas e deveres, portanto, conferindo-lhes poderes para decidir e firmar a própria competência.

---

[13] Idem, ibidem.
[14] SEC 12.781/EX, Rel. Min. João Otávio de Noronha, j. 07.06.2017, *DJe* 18.08.2017.

Tratando-se de cláusula compromissória cheia, é muito pouco provável, ou melhor, praticamente impossível que suscite às partes alguma dúvida acerca da competência para a instauração da arbitragem, sem qualquer desdobramento a esse respeito.

Porém, tratando-se de cláusula vazia, ou, se houver algum aditivo contratual que contenha a mudança de local para a instituição da arbitragem, alteração de árbitro ou entidade arbitral, mudança parcial do objeto da arbitragem, ou, ainda, definição de árbitros distintos ou entidades arbitrais diferentes para resolução de conflitos diversos decorrentes do mesmo contrato, dentre outras hipóteses, é possível que surjam dúvidas acerca do juízo arbitral que será competente para resolver o conflito, dando azo à formulação de requerimentos de instauração de arbitragem perante árbitros ou órgãos arbitrais distintos.

Contudo, as hipóteses acima previstas ou qualquer outra não encontram respaldo jurídico capaz de agasalhar qualquer tipo de conflito de competência, por diversas razões, vejamos.

Primeiramente, inexiste previsão normativa que regulamente conflitos de competência entre árbitros ou entidades arbitrais, assim como não há, dentro da jurisdição privada, órgão ou entidade com competência hierarquicamente superior para conhecer desse tipo de matéria, e, muito menos poderá ser submetida ao conhecimento da jurisdição estatal, em face da renúncia ao Poder Judiciário, contida em convenção arbitral, fundamentos estes suficientemente capazes de colocar pá de cal ao problema. Destarte, pelo princípio *competência-competência*, as entidades arbitrais ou árbitros envolvidos (únicos detentores de jurisdição) é que poderão decidir acerca de sua própria competência.

A verdade é que não se pode nem se deve ultrapassar os limites da jurisdição arbitral para transpor as regras do processo civil judicial ao processo arbitral, diante de sérios riscos do que se tem denominado de "processualização" da arbitragem, sendo exemplo indesejável desse fenômeno o conflito de competência. Inconteste que "os órgãos arbitrais não integram a estrutura do Poder Judiciário. Sua submissão a decisões dos tribunais para se determinar qual o órgão competente para tramitar e julgar uma causa revela solução que contraria o sistema da lei de arbitragem, na qual se estabelecem importantes regras como a da competência-competência, bem como da possibilidade de controle posterior do Poder Judiciário a respeito da higidez e validade do processo arbitral. [...] Também na legislação brasileira as hipóteses de interferência judicial antes ou durante a demanda arbitral são de todo excepcionais. Seja como for, o controle do órgão competente não parece estar entre as possibilidades contempladas no sistema. [...] o processo arbitral não se sujeita às regras de competência fixadas no Código de Processo Civil, nem os 'órgãos arbitrais' podem ser considerados como órgãos judicantes para fins de enquadramento nas hipóteses de cabimento do conflito de competência, seja perante o Superior Tribunal de Justiça, seja perante os tribunais locais. Abre-se, com tais cogitações, o flanco para impugnações judiciais ao desenvolvimento do processo arbitral, o que representa perigosíssimo elemento, capaz de retirar as vantagens do método e, por consequência, gerar o seu desprestígio".[15]

Em síntese, não há falar em conflito de competência (positivo ou negativo) entre árbitros ou órgãos arbitrais, e, entre estes e o Estado-juiz.

Provavelmente, o que sucederá nesses casos é que cada qual dos sujeitos com interesses distintos oferecerá resistência ao outro em firmar compromisso arbitral junto ao órgão apontado pelo adversário como competente, dando ensejo, por conseguinte, cada qual ao envio de comunicação ao adversário (via postal ou por outro meio, mediante comprovação de recebimento), informando-o acerca da intenção em dar início à arbitragem, convocando-o para, em dia, hora e local certos, firmar o compromisso arbitral, segundo regra definida no art. 6º da LA. Não comparecendo a parte convocada ou, comparecendo, recusar-se a firmar o compromisso arbitral, poderá a outra parte propor a demanda de que trata o art. 7º desta Lei, perante o órgão do Poder Judiciário a que, originariamente, tocaria o julgamento da causa, conforme disposição contida no parágrafo único do art. 6º da lei de regência.

O desfecho desses episódios, certamente, será o ajuizamento de duas ações fundadas no art. 7º da LA, em juízos distintos, por ambas as partes (*litispendência*), objetivando cada qual suplantar a resistência do adversário e, na hipótese de recalcitrância, obter do Estado-juiz, por sub-rogação legal, a prolação de sentença que valerá como compromisso arbitral (LA, art. 7º, § 7º). Poderá também ocorrer que apenas um dos litigantes ajuíze a aludida ação.

Na sequência, agora com o trâmite de demanda perante o Poder Judiciário, certamente será suscitado o conflito de competência pelo interessado, e, ainda, se forem ajuizadas simultaneamente demandas idênticas em juízos distintos, apenas com inversão das partes no polo ativo e passivo, haverá também, por certo, alegação de litispendência.

Em arremate, dependendo do teor das decisões judiciais, poderá dar ensejo à suscitação de conflito positivo ou negativo de competência entre os juízes de direito, a ser dirimido perante o Tribunal de Justiça, caso estejam os magistrados hierarquicamente submetidos à mesma jurisdição estadual, ou, caso contrário, perante o Superior Tribunal de Justiça (CF, art. 105, *d*).

O que é inadmissível, nesses casos, é o ajuizamento de "ação declaratória de competência entre câmaras de arbitragem", ou, ainda, "ação declaratória de inexistência e nulidade de procedimento arbitral" ou "anulatória de convenção

---

[15] Ricardo de Carvalho Aprigliano, "Jurisdição e arbitragem no novo Código de Processo Civil", in Leonardo Melo e Renato Beneduzi (coord.), *A reforma da arbitragem*, 2016, p. 257-258.

arbitral" com o escopo de obter do Estado-juiz a definição da competência do juízo arbitral ou a declaração de nulidade de cláusula ou convenção arbitral, em razão da ausência de fundamento jurídico (possibilidade jurídica/interesse), o que importa em carência de ação, em face da incidência do princípio *kompetenz--kompetenz* (LA, art. 8º).

Nada obstante, incomum e curiosíssima hipótese verificou-se no Estado de Santa Catarina, na comarca de Brusque, em que uma das partes contratantes ajuizou contra a outra "ação declaratória de competência entre câmaras de arbitragem" e, a *ex adversa*, propôs "ação declaratória de inexistência e nulidade de procedimento arbitral"; reunidas por conexão, ao final, a magistrada *a quo*, julgou em conjunto as duas demandas, no sentido de acolher a primeira para "fixar a competência da Câmara Catarinense de Mediação e Arbitragem para resolução das controvérsias relativas ao ajuste firmado entre as partes e, em consequência, declarar a nulidade do procedimento arbitral n. 472/2016 existente perante a Câmara de Mediação e Arbitragem de Brusque" e, quanto à segunda ação, julgar improcedente o pedido e, em consequência, declarar "a incompetência da Câmara de Mediação e Arbitragem de Brusque para solução dos impasses decorrentes do contrato existente entre as partes". E mais: chancelando a "tese", o Tribunal de Justiça, por unanimidade, em 28 de novembro de 2017, conhece de ambos os recursos e nega-lhes provimento, confirmando integralmente a sentença recorrida.[16]

Quando a questão envolve o conflito de competência entre árbitro (ou entidade arbitral) e o Estado-juiz, o enfoque a ser conferido é um pouco diferente, nada obstante a aplicação do princípio geral da competência-competência que, por si só, se bem observado, colocaria um fim a essas celeumas, porquanto inadmissível.

Na verdade, trata-se de situação anômala e que deve ser coibida de plano pelo juiz estatal tão logo conheça da exordial, ou, após a formação do contraditório, e a ouvida da parte contrária, pois, como já dissemos repetidamente, o Poder Judiciário não pode conhecer de qualquer espécie de conflito que esteja sob o manto da convenção arbitral, ressalvadas as hipóteses também já mencionadas.

Portanto, a regra é não se formar qualquer espécie de conflito (negativo ou positivo) entre árbitro e Estado-juiz, pois caberá ao magistrado simplesmente

---

[16] Cf. AC 0301043-27.2017.8.24.0011 e AC 0307237-77.2016.8.24.0011, da relatoria do Des. Fernando Carioni (v.u.).
Com a devida e máxima vênia, competia ao TJSC, observando o princípio translativo e devolutivo que se agrega ao recurso de apelação, que devolve ao Tribunal o conhecimento das matérias, *ex vi* do art. 1.013 do CPC, além daquelas de ordem pública (processual e material), após a ouvida prévia das partes (CPC, art. 10 c/c art. 933), extinguir ambos os processos, de ofício, sem resolução do mérito, por falta de pressuposto processual de validade extrínseco, em observância ao princípio *kompetenz-kompetenz* (CPC art. 485, VII c/c LA, art. 8º).

declarar extinto o processo, sem resolução do mérito, por falta de pressuposto processual, diante de sua manifesta falta de jurisdição e de competência para decidir sobre a matéria que lhe é apresentada.

Porém se tal circunstância ocorrer (conflito de competência entre árbitro ou tribunal arbitral e o Estado-juiz), caberá ao tribunal de justiça local decidir acerca da matéria; contudo, se cada um desses órgãos integrar Estados distintos da federação, a competência é do Superior Tribunal de Justiça para analisar o conflito.[17] A esse respeito, bem observa Eduardo Parente que, pelo princípio competência-competência, não pode o Judiciário a que título for, "imiscuir-se em decisões dos árbitros quando o procedimento arbitral estiver em curso. Essa lógica deve-se aplicar, por dever de coerência, mesmo que o pretexto da intervenção judicial for de sanar eventual 'conflito de competência' para determinar se o árbitro ou o juiz togado deve julgar certa causa. O destinatário da norma não é relevante aqui, vale dizer, ela incide tanto para o juiz de primeiro grau quanto para o Ministro do Superior Tribunal de Justiça ou Supremo Tribunal Federal. É a eles vedado dizer sobre o conteúdo da convenção *a priori*, especialmente no tocante ao aspecto que desenha a competência do árbitro de plano, quando em curso a arbitragem. Trata-se de viga mestra do instituto da arbitragem, proteção sem a qual se passa a ter como risco destrutivo iminente todo e qualquer 'incidente' judicial criado no curso de

---

[17] Assim já firmou orientação o STJ, segundo se infere do seguinte julgado, em conflito de competência entre juízo arbitral e estatal: "[...] 1. De acordo com o atual posicionamento sufragado pela Segunda Seção desta Corte de Justiça, compete ao Superior Tribunal de Justiça dirimir conflito de competência entre o juízo arbitral e o órgão judiciário estatal, partindo-se, naturalmente, do pressuposto de que a atividade desenvolvida no âmbito da arbitragem possui natureza jurisdicional. 1.1. O conflito positivo de competência afigura-se caracterizado, não apenas quando dois ou mais juízos, de esferas diversas, declaram-se simultaneamente competentes para julgar a mesma causa, mas também quando, sobre o mesmo objeto, duas ou mais autoridades judiciárias tecem deliberações excludentes entre si. [...] 3. Tem-se por configurado o conflito positivo de competência, na medida em que, sobre o mesmo objeto (no caso, a definição acerca da instauração da competência do juízo arbitral), dois ou mais juízos, de esferas distintas, tecem deliberações excludentes entre si, a considerar que, por lei, a questão deve ser precedentemente decidida por um deles (no caso, o juízo arbitral). 4. É de se reconhecer a inobservância do art. 8º da Lei n. 9.307/1996, que confere ao juízo arbitral a medida de competência mínima, veiculada no princípio *kompetenz-kompetenz*, cabendo-lhe, assim, deliberar sobre as questões relativas à existência, à validade e à eficácia da convenção de arbitragem e do contrato que contenha a cláusula compromissória. 5. Conflito conhecido para declarar a competência do juízo arbitral" (CC 146.939/PA, Rel. Min. Marco Aurélio Bellizze, j. 23.11.2016, *DJe* 30.11.2016). Na mesma linha, CC 111.230, Rel. Min. Nancy Andrighi, j. 08.05.2013, *DJe* 2.4.2014 e CC 139.519, Rel. Min. Napoleão Nunes Maia Filho, j. 11.10.2017, *DJe* 10.11.2017.

um procedimento arbitral, voltado a questionar a atuação do árbitro. Podem-se imaginar poucos expedientes tão nocivos ao instituto da arbitragem como este".[18]

Em síntese e a bem da verdade, se as partes optam pela jurisdição privada em convenção arbitral, não se pode admitir a utilização de medidas ou ações *antiarbitragem*,[19] nada obstante algumas tentativas verificadas na prática de consecução deste escopo através do manejo, perante o Estado-juiz, de *ações anulatórias* de cláusula ou compromisso arbitral ou *inibitórias* de instauração da jurisdição privada;[20] isso porque o sistema arbitral brasileiro tem regra própria que agasalha o princípio competência-competência (LA, art. 8º, parágrafo único) e, por outro lado, não existe previsão normativa capaz de admitir as chamadas (e utilizadas) no direito anglo-saxônico de providências *anti-suit injunctions*.[21]

Nessa linha, observa Matthieu de Boisseson que, "na medida em que perturbam o desenvolvimento de um procedimento arbitral, as *anti-suit injunctions* são, na maioria dos casos, nefastas. O princípio da 'competência-competência' constitui um obstáculo ao reconhecimento ou à obtenção de uma *anti-suit injunction*.

"Para além dos princípios gerais da arbitragem comercial internacional, a única resposta à proliferação das *anti-suit injunctions* repousa, a nosso ver, sobre a disciplina dos juízes estatais e, portanto, sobre uma autolimitação, tanto material quanto espacial de seu campo de intervenção. Nesse sentido, a regra do *Self Restraint* criada pela jurisprudência americana é inegavelmente uma fonte de inspiração."[22]

Tenta-se por essas terras fazer uso das *inibitórias tupiniquins* para obstar ou extinguir a jurisdição privada, ou, como prefere João Luiz Lessa Neto denominá-las, de *anti-suit injuction* "à brasileira". Com razão o mencionado doutrinador, quando escreve sobre a inadmissibilidade no direito brasileiro de medidas antiarbitragem: "É que a Lei de Arbitragem e a Convenção de Nova Iorque estabeleceram no Brasil um modelo de competência-competência com efeito negativo mitigado. O árbitro tem, no direito brasileiro, uma predileção temporal para decidir sobre sua própria competência sempre que surgir um processo arbitral *antes* de um processo judi-

---

[18] "Jurisprudência estatal comentada", *Revista de Arbitragem*, v. 47, p. 131.
[19] Sobre o tema, v. Rafael Francisco Alves, *A inadmissibilidade das medidas antiarbitragem no direito brasileiro*.
[20] Não é incomum encontrar-se ainda tentativas (vãs) para obstar a instauração ou o prosseguimento da arbitragem por meio de *medidas cautelares* ou *mandados de segurança*
[21] Sobre o tema, v. Matthieu de Boisseson, "As *anti-suit injunction* e o princípio da 'competência-competência'", in Arnoldo Wald (org.), *Arbitragem e Mediação*, v. I, p. 153-161, n. 6 (Coleção Doutrinas Essenciais).
V. também Emmanuel Gaillard, *Teoria jurídica da arbitragem internacional*, trad., 2014, p. 63-77.
[22] *Ibidem*, p. 160-161.

cial. O controle dessa decisão do árbitro deve ser sempre feito após o término do processo arbitral e respeitada a regra do *favor arbitralis*".

E prossegue: "É possível que o juiz julgue diretamente a questão se for posta uma ação que supostamente tente ignorar a convenção de arbitragem, sendo arguída existência de convenção de arbitragem. Nessa hipótese, caso seja o primeiro a conhecer da matéria, deverá decidir de logo a questão. Reconhecida a existência de convenção de arbitragem, deve o processo judicial ser extinto sem resolução do mérito. Além disso, o juiz apenas poderá exercer um controle *prima facie* da competência do árbitro. A regra deve ser sempre de preservação do processo arbitral e do conteúdo da convenção de arbitragem.

"Entretanto, se a questão da competência do árbitro já estiver sendo discutida judicialmente, não é possível o início de processo arbitral até que o Poder Judiciário decida definitivamente a matéria. Ou seja, se for proposta uma ação que supostamente tente ignorar uma convenção de arbitragem e o réu oponha exceção de arbitragem, não é possível que o réu inicie processo arbitral até o julgamento definitivo da exceção. Nesse caso, a prioridade para o julgamento da questão é necessariamente do Poder Judiciário."[23]

Contudo, não comungamos integralmente do entendimento de Lessa Neto quando afirma que, nas hipóteses de inobservância de decisão judicial e início de arbitragem por uma das partes, é possível a concessão de medidas adequadas emanadas do Estado-juiz para impedir o prosseguimento do painel arbitral, inclusive com aplicação de multas e, conforme o caso, comunicação ao Ministério Público para a investigação de crime de desobediência.[24] Primeiramente, salienta-se que se as ações forem realmente idênticas, não há litispendência entre demandas que tramitam simultaneamente perante a jurisdição estatal e a privada, mas sim mecanismos de aferição, caso a caso, de validade e eficácia da convenção arbitral, a serem aplicados tanto pelo juiz quanto pelo árbitro; ademais, tendo sido a ação ajuizada primeiramente por uma das partes contratantes perante o Poder Judiciário, a matéria será submetida à apreciação do juiz em preliminar de contestação (ausência de pressuposto processual de validade extrínseco) e, por óbvio, o contestante não se submeterá à jurisdição privada, enquanto não decidida a questão, ou seja, não haverá possibilidade de instauração da arbitragem, exceto se a hipótese versar sobre cláusula compromissória cheia e perfeita, capaz de permitir a instauração da jurisdição privada, independentemente da assinatura de termo

---

[23] *Arbitragem e Poder Judiciário*: a definição da competência do árbitro, 2016, p. 195-196. Para aprofundamento sobre o tema das "*anti-suit injuctions* e a proteção da competência do árbitro", e a sua aplicação nos sistemas de *common law* e *civil law*, v. o Capítulo 4 da referida obra, em que o citado Autor bem examina a matéria em voga (p. 163-216).

[24] Ob. cit., p. 196.

de compromisso. Nada obstante, mesmo nesse último caso, tem-se que algumas entidades arbitrais exigem, mesmo diante de cláusula compromissória cheia, que as partes ratifiquem ou complementem o compromisso mediante a assinatura de um novo "termo" ou "adendo".

Significa dizer, em outras palavras, que eventual providência coercitiva (*astreintes*) ou comunicação ao Ministério Público, tomadas pelo juiz em razão da tentativa do réu em dar início ou prosseguimento à arbitragem, serão desnecessárias ou inócuas.

Diferente é o caso em que a arbitragem é instaurada e, portanto, reconhecida a competência dos árbitros, e, mesmo assim, uma das partes aciona a jurisdição estatal propondo demanda idêntica; nessas hipóteses, caberá apenas ao Estado-juiz acolher a preliminar de falta de pressuposto processual alegado em preliminar de contestação e declarar extinto o processo, sem resolução do mérito, com fulcro no art. 485, VII, do CPC, pois a questão atinente à admissibilidade da jurisdição privada já foi objeto de cognição pelos árbitros, e somente caberá ao Poder Judiciário rever essa matéria se e quando provocado posteriormente em sede de ação anulatória de sentença arbitral ou em impugnação ao cumprimento de sentença.

Infere-se claramente que o Código de 2015 avançou, em muito, em relação ao Diploma de 1973 na matéria em exame, pois reafirma com precisão o princípio normatizado da *competência-competência* (LA, art. 8º), quando dispõe que o juiz extinguirá o processo, sem conhecer do mérito, em face de alegação de existência de convenção de arbitragem ou "quando o juízo arbitral reconhecer sua competência", segundo se infere da parte final do inciso VII do art. 485.

Nesses casos, o recurso cabível contra a decisão do juiz que rejeita a alegação de convenção de arbitragem, ou, prossegue no feito, nada obstante comunicado acerca da instauração da jurisdição arbitral (reconhecimento de competência do árbitro) é o *agravo de instrumento*, segundo a dicção do art. 1.015, III, do CPC. Há de interpretar-se extensiva e sistematicamente o aludido dispositivo com o art. 337, X (alegação de convenção de arbitragem em preliminar de contestação) e arts. 8º e 19 da LA, cabendo agravo de instrumento, tanto da decisão que rejeita a preliminar de falta de pressuposto processual quanto ao reconhecimento da competência pelo juízo arbitral.

Diferentemente, se o juiz acolher a alegação de convenção arbitral ou a instauração da jurisdição privada, extinguirá o processo sem resolução do mérito, e, por conseguinte, desta decisão o recurso cabível é a *apelação*.

No tocante à arbitragem internacional, com sede no exterior, assim como se verifica com as ações ajuizadas perante o Judiciário estrangeiro, eventual ajuizamento de ação idêntica perante o Estado-juiz brasileiro não induz litispendência e não obsta que a autoridade nacional conheça da mesma causa e das que lhe são conexas, ressalvadas as disposições em contrário em tratados internacionais e acordos bilaterais em vigor no Brasil. Ademais, a pendência de causa perante a jurisdição brasileira não impede a homologação de sentença judicial ou arbitral estrangeira para produzir efeitos no Brasil (CPC, art. 24).

Destarte, "podem seguir os processos paralelos com o mesmo objeto no Brasil e no exterior. Para evitar a duplicidade de decisões sobre o mesmo assunto, o processo que transitar em julgado primeiro para o ordenamento jurídico brasileiro impede o reconhecimento e produção de efeitos da sentença judicial estrangeira quando já existente coisa julgada no Brasil sobre a mesma matéria".[25]

4. CONEXÃO E CONTINÊNCIA

Conexão[26] e *continência*[27] são institutos forjados secularmente na órbita do processo civil clássico que encontram também grande aplicabilidade em sede de jurisdição privada, em formato adaptado pelos organismos ou entidades arbitrais (nacionais ou estrangeiros) que traçam as linhas mestras acerca do tema em seus regulamentos internos, via de regra sob a rubrica única da *conexão, reunião de processos* ou *consolidação*.[28]

---

[25] João Luiz Lessa Neto, ob. cit., p. 194.

[26] "Reputam-se conexas 2 (duas) ou mais ações quando lhes for comum o pedido ou a causa de pedir" (CPC, art. 55, *caput*).

[27] "Dá-se a continência entre 2 (duas) ou mais ações quando houver identidade quanto às partes e à causa de pedir, mas o pedido de uma, por ser mais amplo, abrange o das demais" (CPC, art. 56).

[28] Assinala-se que nem todos os regulamentos de entidades arbitrais dispõem sobre a conexão. Para ilustrar, anotamos alguns regulamentos que tratam da matéria, vejamos: *a)* CAMARB – "[...] III. DA SOLICITAÇÃO DE ARBITRAGEM [...] 3.7 Quando uma parte apresentar solicitação de arbitragem com respeito a relação jurídica que seja objeto de procedimento arbitral instaurado entre as mesmas partes ou, ainda, quando for comum, entre as demandas, o objeto ou a causa de pedir, competirá ao Tribunal Arbitral da arbitragem já instituída decidir acerca de eventual conexão entre demandas ou de consolidação dos procedimentos, permanecendo suspensos os demais procedimentos até a referida decisão. 3.8 Se, nas hipóteses do item precedente, não houver Tribunal Arbitral constituído, a Secretaria dará prosseguimento à solicitação que tenha sido protocolada em primeiro lugar e sobrestará as demais até a formação do Tribunal Arbitral do primeiro procedimento, que decidirá a respeito de eventual conexão das demandas ou de consolidação de procedimentos"; *b)* CÂMARA DE MEDIAÇÃO E ARBITRAGEM CIESP/FIESP – "[...] 4. DA DECISÃO *PRIMA FACIE* [...] 4.1 Caberá ao Presidente da Câmara examinar em juízo preliminar, ou seja, *prima facie*, antes de constituído o Tribunal Arbitral, as questões relacionadas à existência, à validade, à eficácia e ao escopo da convenção de arbitragem, bem como sobre a conexão de demandas e a extensão da cláusula compromissória, cabendo ao Tribunal Arbitral deliberar sobre sua jurisdição, confirmando ou modificando a decisão da Presidência"; *c)* CÂMARA DE ARBITRAGEM DO MERCADO – "[...] 6. INTERVENÇÃO DE TERCEIROS E CONEXÃO [...] 6.2 Conexão. Quando for apresentado um Requerimento de Arbitragem que

Em síntese, esses institutos (de incidência facultativa) têm por mote a reunião de processos (dois ou mais) com o escopo de evitar a prolação de sentenças con-

---

tenha objeto ou causa de pedir comum a um outro procedimento arbitral já em curso e regido por este Regulamento, o Presidente da Câmara de Arbitragem, após ouvir as partes, levando em conta as circunstâncias e o progresso já alcançado no procedimento em curso, poderá determinar a reunião dos procedimentos para julgamento conjunto. 6.2.1 A reunião dos procedimentos somente será possível na fase de instrução do procedimento arbitral. 6.2.2 Se no momento em que for determinada a reunião de procedimentos arbitrais, não tiver havido a constituição de Tribunal Arbitral em nenhum deles, e não haja consenso entre todas as partes quanto à composição do Tribunal Arbitral, todos os árbitros serão nomeados pelo Presidente da Câmara de Arbitragem. 6.2.3 Se no momento em que for determinada a reunião de procedimentos arbitrais, o Tribunal Arbitral de um deles já tiver sido constituído, este será competente para o julgamento de todos os procedimentos conexos. Como o reconhecimento da conexão acarretará a renúncia, pelas partes dos outros procedimentos arbitrais, ao direito de indicarem árbitros, o Secretário-Geral lhes encaminhará cópias dos Termos de Independência firmados pelos árbitros do Tribunal já constituído. Somente será possível a reunião dos procedimentos arbitrais caso as partes da arbitragem mais nova concordem com a composição deste Tribunal Arbitral. 6.2.4 Se as partes assim notificadas, no prazo de 5 (cinco) dias, não apresentarem impugnações aos árbitros, as causas serão processadas e julgadas pelo Tribunal Arbitral já constituído. 6.2.5 As apresentações de impugnações a que se refere o item 6.2.4 serão julgadas na forma prevista no item 3.12 acima. Se não acolhidas, o julgamento das causas será atribuído ao Tribunal Arbitral já constituído. Se acolhidas, a reunião dos procedimentos para julgamento conjunto ficará prejudicada, e as causas prosseguirão separadamente, na forma deste Regulamento"; *d)* CAM-CCBC (Câmara de Comércio Brasil-Canadá) – "[...] 4.5. Antes de constituído o Tribunal Arbitral, o Presidente do CAM-CCBC examinará objeções sobre a existência, validade ou eficácia da convenção de arbitragem que possam ser resolvidas de pronto, independentemente de produção de provas, assim como examinará pedidos relacionados a conexão de demandas, nos termos do artigo 4.20. Em ambos os casos, o Tribunal Arbitral, após constituído, decidirá sobre sua jurisdição, confirmando ou modificando a decisão anteriormente prolatada"; *e)* CCI – "Efeitos da convenção de arbitragem [...] art. 6º.4. Em todos os casos submetidos a Corte, de acordo com o artigo 6º(3), esta deverá decidir se, e em que medida, a arbitragem deverá prosseguir. A arbitragem deverá prosseguir se, e na medida em que, a Corte esteja *prima facie* convencida da possível existência de uma convenção de arbitragem de acordo com o Regulamento. Em particular: (i) caso haja mais de duas partes na arbitragem, esta deverá prosseguir tão somente entre aquelas partes, abrangendo qualquer parte adicional que tiver sido integrada com base no artigo 7º, em relação às quais a Corte esteja *prima facie* convencida da possível existência de uma convenção de arbitragem que as vincule, prevendo a aplicação do Regulamento; e (ii) caso haja demandas fundadas em mais de uma convenção de arbitragem, de acordo com o artigo 9º, a arbitragem deverá prosseguir apenas com relação às demandas a respeito das quais a Corte esteja *prima facie* convencida de que (a) as convenções de arbitragem com base nas quais tais demandas foram formuladas são compatíveis, e (b) todas as partes na arbitragem tenham concordado com que tais demandas sejam decididas em conjunto, em uma única arbitragem. A decisão da Corte de acordo com o artigo 6º(4) é sem prejuízo da admissibilidade ou do mérito das posições de quaisquer das partes".

flitantes ou contraditórias, caso viessem a ser proferidas por julgadores distintos. Com isso, atende-se ao interesse das partes na medida em que convergem para a celeridade e economia, assim como qualifica o julgado preservando a higidez, a eficácia e a satisfatividade da tutela jurisdicional conferida aos litigantes.

José Lebre de Freitas relata-nos alguns casos interessantes no cenário internacional da arbitragem que servem muito bem para delinear alguns posicionamentos acerca do tema da reunião de processos, vejamos:

"[...] Algumas leis de arbitragem, no pressuposto de que esses requisitos estão reunidos, admitem a apensação de processos arbitrais pendentes. É o caso da lei holandesa de 1986 (que confere ao Presidente do Tribunal do Círculo de Amesterdão poderes para ordenar a apensação de processos arbitrais conexos) e da lei de Hong Kong de 1982 (que igualmente confere ao tribunal judicial o poder de ordenar a apensação de processos arbitrais respeitantes à mesma transacção ou ao mesmo conjunto de transacções ou que tenham em comum algumas questões de facto ou de direito). No campo dos regulamentos de arbitragem, merece especial referência o art. 4-1 do Regulamento Suíço de Arbitragem Internacional, que confere às Câmaras de Comércio por ele abrangidas o poder de ordenar que uma nova causa seja submetida ao tribunal arbitral já constituído para julgar outra causa entre as mesmas partes ou uma causa sem identidade de partes que com a primeira apresente conexão. Algo de semelhante estabelecem actualmente os arts. 4-6 RegCCI e 19 RegCCI, exigindo, porém, a identidade de partes, além evidentemente da sujeição de ambos os litígios ao regulamento de arbitragem da CCI.

"Para ilustrar a aplicação concreta destas regras, serve de exemplo o caso que deu lugar à decisão da *Cour d'Appel de Paris* de 31.10.1989. Kis France, fabricante de equipamento para a revelação e impressão de fotografias, acordou com a Société Générale certos procedimentos-quadro para o *marketing* desse equipamento em vários países, sob a forma de locação financeira e através das respectivas filiais; estas celebraram também, entre si, contratos de âmbito local. Iniciada a arbitragem pela Société Générale e suas filiais contra a Kis France e duas filiais desta, o tribunal arbitral entendeu ter competência para julgar todos os litígios que decorressem dos vários acordos celebrados, o mesmo tendo entendido a *Cour d'Appel de Paris*, com o argumento de que os vários contratos estavam entre si 'inexoravelmente ligados' e os dois grupos de sociedades estavam, cada um *de per se*, organizados em nítidos esquemas de domínio.

"Esta orientação não é única nem, provavelmente, ainda dominante. Uma visão mais tradicional parte da natureza contratual da arbitragem para concluir pela sua *relativização*: se as partes celebraram contratos separados e neles incluíram cláusulas compromissórias distintas, mesmo que algumas remetam para o conteúdo de outras, ou todas tenham o mesmo conteúdo expresso, foi porque só *entre si* se quiseram obrigar a recorrer à arbitragem, impedindo a aplicação das normas processuais aplicáveis à junção de processos na jurisdição estadual, que não está, como a arbitral, condicionada pela *vontade negocial* das partes. Esta visão redutora, nascida da ideia de equiparação da eficácia relativa das 'obrigações' resultantes da cláusula compromissória à eficácia relativa das obrigações resultantes do contrato base e da tendencial concepção de umas e outras como contraídas *intuitu personae*, tem um aspecto válido e um aspecto criticável. O primeiro reside em que não é possível abdicar da *interpretação da vontade das partes* ao celebrarem a convenção de arbitragem. O segundo reside no erro de *presumir* que é mais conforme a essa vontade o tratamento jurisdicional separado dos litígios emergentes de relações e contratos conexos do que o seu tratamento unitário. A celebração, pelas mesmas ou outras pessoas, de contratos *distintos*, mas *interligados*, com cláusulas de arbitragem que não sejam *incompatíveis*, não tem, em si mesma, o significado de excluir o recurso à mesma jurisdição arbitral para solução dos litígios deles emergentes.

"Bem pelo contrário, é de presumir que a vontade das partes, *real* ou *hipotética* – e esta é, como se sabe, requisito da integração do negócio jurídico (art. 239 CC) –, seja no sentido de fruírem as vantagens, inclusivamente de economia processual e financeira, que uma jurisdição única pode oferecer. A presunção é *ilidível*: se da interpretação do contrato resultar que as partes *quiseram* arbitragens separadas, ou que as *quereriam* se a questão tivesse sido prevista, há que respeitar essa vontade. Nomeadamente, a estipulação de regras de constituição de tribunais arbitrais incompatíveis, de normas de decisão incompatíveis ou de regimes de tramitação processual incompatíveis inculcarão a vontade, real ou hipotética, de que a arbitragem não seja única.

"Contrariando a relevância desta vontade, poderia invocar-se, em contraponto à fonte contratual da arbitragem, a fundamentação constitucional da jurisdição arbitral: a vontade das partes explica o recurso aos árbitros, mas não a eficácia de caso julgado da decisão que eles proferem. Constituído o tribunal arbitral em conformidade com a vontade das partes, a sua actuação – dir-se-á – releva já do domínio da jurisdição e esta é, em si, *indisponível*, devendo normas de direito público, como as relativas à apensação de processos e à entrada de terceiros em arbitragens alheias, ser aplicadas independentemente da expressão da vontade autônoma.

"Não creio este argumento procedente: às partes cabe definir limites e conteúdos jurisdicionais, não só quando determinam a matéria que pretendem sujeitar à arbitragem, mas também quando escolhem – ou dispensam – o direito aplicável e quando fixam o procedimento de escolha dos árbitros e as regras do procedimento; a prova da vontade, expressa ou implícita na convenção de arbitragem, de recusa de uma arbitragem única, ou a consagração nela de regras (válidas) incompatíveis com uma arbitragem única, hão de constituir limites, que normas ditas de interesse público não podem transpor sem com isso subverterem a própria base em que assenta a arbitragem.

"Terceiros vinculados a uma jurisdição arbitral poderão, pois, com esses limites, intervir espontaneamente num processo arbitral alheio, ou ser convidados a nele intervir, quando se verifiquem os elementos de *conexão* do litisconsórcio, da coligação ou da oposição, exigíveis segundo o sistema de direito processual, nacional ou outro, aplicável – ou, sendo caso disso, segundo o critério autônomo do próprio tribunal arbitral. Para tanto não será, a meu ver, necessário o acordo ou consentimento actual das partes já constituídas: bastará que, nos termos já referidos, elas não tenham manifestado o seu *desacordo* ao pactuarem o recurso à arbitragem."[29]

Contudo, não se pode perder de vista que, como corolário do princípio normatizado da *competência-competência* (LA, art. 8º), compete exclusivamente aos árbitros (se instaurada a arbitragem), ao árbitro de emergência,[30] ou, ao presidente da entidade que administra o painel (se ainda não instaurada a arbitragem) – tudo a depender de cada regulamento arbitral – decidir sobre o pedido das partes ou de terceiros interessados sobre a reunião de processos.

Nada obstante, não é incomum constatar-se o equivocado e prematuro acesso à jurisdição estatal para a definição de questões desse jaez, até mesmo através de pedido cautelar antecedente, com o escopo de definir-se acerca da reunião de processos conexos. E, o que se afigura ainda mais grave, é a aceitação, o processamento e o julgamento dessas demandas pelo Estado-juiz, em manifesto desrespeito à regra insculpida no art. 8º da LA – *kompetenz-kompetenz* – pois, neste particular, com todas as vênias, nada justifica a intervenção do Judiciário, seja para determinar a reunião ou para ordenar a separação de demandas, porquanto matéria afeita à competência exclusiva do juiz privado, que haverá de avaliar, caso a caso, a necessidade e conveniência da reunião dos processos para a prolação de decisão única.

Assinala-se que estas questões não são incomuns (definição da competência e modificação por conexão), sobretudo em arbitragens a serem instauradas para resolver conflitos que envolvem pluralidade de sujeitos e, por conseguinte, com diversidade de interesses (alguns convergentes, outros antagônicos), também conhecidas por "arbitragens multipartes", o que não justifica, frisa-se, a participação do Poder Judiciário para esses fins que, ao fim e ao cabo, são, via de regra, espúrios.

---

[29] "Intervenção de terceiros em processo arbitral", in Arnoldo Wald (org.), *Arbitragem e Mediação*, v. II, p. 549-551, n. 28 (Coleção Doutrinas Essenciais).

[30] Por exemplo, o art. 29.4 do Regulamento da CCI quando dispõe sobre as atribuições do árbitro de emergência, *in verbis*: "[...] 4 O tribunal arbitral decidirá qualquer pedido ou demanda das partes relativo ao procedimento do árbitro de emergência, inclusive a realocação dos custos de tal procedimento e qualquer demanda relativa a ou em conexão com o cumprimento ou não da ordem".

A reunião de processos em sede arbitral encontra limite temporal estabelecido em regulamentos de entidades administradoras de painéis quando não estipulado pelas partes em convenção arbitral ou pelos próprios julgadores, tratando-se de arbitragem *ad hoc,* sempre relacionada com a estabilização das lides pendentes.

Nada obsta que as partes estabeleçam antes mesmo da instauração da arbitragem, inclusive em convenção arbitral, que eventuais demandas decorrentes de determinados contratos sejam reunidas para julgamento simultâneo. O limite, ou seja, o termo final para verificar-se a consolidação de demandas é que deve ser observado, via de regra, estabelecido pelos regulamentos de entidades arbitrais como sendo até a assinatura do Termo de Arbitragem ou Ata de Missão, salvo se definido de maneira diversa pelas partes, não passando da fase preliminar de apresentação dos requerimentos iniciais.

Nessa linha, vale citar o caso emblemático que tramitou na Justiça do Estado do Rio de Janeiro, em demanda *cautelar inominada* ajuizada pelo Consórcio Empreendedor Corumbá III contra o Consórcio Construtor Centro Oest, EIT Empresa Industrial Técnica S/A, Energ Power S/A e Themag Engenharia EW Gerenciamento Ltda objetivando, em síntese, a reunião de três processos arbitrais que estariam sendo instaurados entre as partes perante a Câmara FGV de Conciliação e Arbitragem, cuja consolidação vinha sofrendo injustificada resistência dos demandados. Aduziu a parte autora que os processos decorriam de contrato de fornecimento de bens e serviços para implantação da usina hidrelétrica Corumbá III e do sistema de transmissão associado e que havia risco de os processos arbitrais, que tinham objetos conexos e em curso perante a mesma Câmara Arbitral, serem submetidos a painéis arbitrais distintos, integrados por diferentes árbitros, e sujeitos, assim, a decisões conflitantes. Ainda, informou o postulante que, em face da alegada conexão dos feitos, pleiteou ao Diretor Executivo da Câmara FGV a reunião dos três pedidos para evitar decisões conflitantes, com o que não concordaram as requeridas. Requereu liminarmente a reunião dos três processos arbitrais, com a indicação de um painel único, ou a suspensão dos referidos processos até o julgamento da cautelar. Por fim, pleiteou a procedência do pedido, reconhecendo-se a abusiva resistência das rés, determinando-se, em definitivo, a reunião dos três processos arbitrais.

Em contestação, a ré Energ Power S/A alegou, preliminarmente, que a cláusula compromissória previa a aceitação das partes à submissão do Regulamento da Câmara FGV que, por sua vez, indeferiu o pedido de reunião dos feitos. Afirmou que o painel arbitral já estava instaurado, razão pela qual as partes não poderiam submeter qualquer questão ao Judiciário. Informou também que teria ajuizado ação cautelar em face da autora, junto ao Juízo da 20ª Vara Cível, visando a compelir o CEC III a cumprir com sua obrigação contratual de emissão do certificado de aceitação provisória da obra e a proceder ao encontro de contas, cuja liminar foi deferida. Por conseguinte, com a cautelar proposta, a autora visava apenas a ganhar tempo e auferir lucros vultosos com o funcionamento da usina e que o hipotético risco de decisões conflitantes surgiu com o ajuizamento da terceira arbitragem pelo próprio CEC III, em que se pleiteava a declaração de inadimplemento contratual. Assim, o risco foi criado por ação torpe da autora que, inclusive, poderia apresentar reconvenção aos dois procedimentos arbitrais interpostos anteriormente, conforme permite o regulamento da Câmara FGV, evitando-se tal situação.

Alegou ainda que a autora tinha também a opção de, ao apresentar o pleito arbitral, requerer a manutenção do corpo de árbitros das demais arbitragens, ou, ainda, requerer a suspensão do terceiro processo, na forma do art. 265, IV, do CPC.

Por sua vez, a ré EIT – Empresa Industrial Técnica S/A – aduziu que, à época da propositura da medida cautelar, já estavam instalados e formados todos os painéis arbitrais a pedido das partes ora litigantes, razão pela qual as questões suscitadas deveriam ser submetidas exclusivamente à arbitragem, sob pena de ofensa ao compromisso firmado. Assim, caberia ao Tribunal Arbitral a análise de eventual conexão ou existência de questões prejudiciais.

Aduziu que o CEC III apresentou seu requerimento de instalação de arbitragem posteriormente aos requerimentos de instalação de arbitragem apresentados pela EIT e THEMAG, ensejando a incidência de regras de suspensão do processo, o que revelava a atitude contraditória da parte autora, além do que a prejudicial postulada em um dos processos arbitrais sujeitava-se à prejudicialidade da decisão a ser proferida em outro processo arbitral. Ademais, a autora continuou faturando com a energia gerada pela usina construída pelas requeridas, usando do Judiciário para proteger-se contra a obrigação de pagar a indenização que decorreria, ao final, dos processos arbitrais. Ao final, pugnou pela improcedência do pedido cautelar.

Por sua vez, o Consórcio Construtor Centro Oeste – formado pelas empresas EIT e ENERG POWER, aduziu a impossibilidade de o Judiciário interferir no procedimento arbitral, sob pena de gerar prejuízos financeiros às empresas requeridas, posto que paralisados os procedimentos arbitrais licitamente instaurados. Destacou, para tanto, considerações acerca dos procedimentos arbitrais paralelos e da arbitragem multiparte.

Ao final, o juiz de primeiro grau julgou procedente o pleito autoral para determinar a reunião dos três processos arbitrais perante um único painel arbitral, composto por três árbitros indicados pela Câmara FGV de Conciliação e Arbitragem, e condenou as requeridas ao pagamento de despesas processuais e honorários advocatícios fixados em 15% sobre o valor dado à causa.

Irresignados, os réus apelaram ao Tribunal de Justiça do Rio de Janeiro que, por sua vez, em acórdão da 19ª Câmara de Direito Civil, da lavra do Desembargador Guaraci de Campos Vianna, por unanimidade, em 21 de maio de 2013, conheceu dos recursos e negou-lhes provimento, mantendo a sentença objurgada.[31]

---

[31] AC 0301553-55.2010.8.19.0001. Vejamos a ementa do acórdão, *in verbis*: "[...] 1. O tribunal arbitral é competente para processar e julgar todos os pedidos formulados pelas partes que firmaram o pacto compromissório dentro dos limites estipulados; 2. Entretanto, na

Voltaremos ao assunto, com mais vagar, quando abordarmos no Capítulo Décimo o tema da *multiplicidade de contratos e pluralidade de sujeitos – conexão e consolidação de arbitragens e ação anulatória* (item n. 2.9, *infra*).

5. DO PROCEDIMENTO ARBITRAL, SUAS FASES, DAS PROVAS E DA CONFIDENCIALIDADE

5.1. Do procedimento arbitral e suas fases

O tipo de procedimento a ser aplicado no processo arbitral dependerá de três circunstâncias: *a)* as partes definem o rito procedimental na convenção de

---

pendência da constituição do tribunal arbitral, permite-se que a parte se socorra do poder judiciário, para assegurar o resultado útil da arbitragem; 3. Destarte, não se operou a derrogação da jurisdição estatal quando há necessidade de se cumprir medidas de natureza coercitiva, as quais só podem ser ordenadas por quem tem a reserva do exercício do poder de *imperium;* 4. Existindo, no caso concreto, controvérsias que podem envolver a constituição de mais de um tribunal (ou painel) arbitral, por inexistir hierarquia ou regras preestabelecidas que possam apresentar soluções para as questões resistidas, impõe-se a definição de critérios que possam garantir que as partes não sejam prejudicadas nos seus direitos; 5. Dessa forma, havendo uma pluralidade de questões dentro de um mesmo objeto, para se eximir do risco de decisões contraditórias, impõe-se a constituição de uma única arbitragem, adotando-se as regras processuais de prevenção e conexão para definir quem assumirá o processamento da ação ou das ações objeto do pacto compromissório; 6. Trata-se, na verdade de três procedimentos arbitrais que decorrem do contrato de fornecimento de bens e serviços para a implantação da usina hidroelétrica Corumbá III e do sistema de transmissão associado, que com capacidade instalada de 93,6 MW, produz energia limpa destinada a suprir grande parte da demanda da capital do País, Brasília; 7. Magistrado de primeiro grau que diferencia unificação dos procedimentos arbitrais (o que vedaria a interferência do Judiciário) de reunião de procedimentos para julgamento pelo mesmo painel arbitral (o que tornaria o pedido do autor possível de apreciação pelo Poder Judiciário); 8. É fato que, a pluralidade de partes e a interdependência dos pedidos de arbitragem, com potencialidade de decisões incongruentes, justificam o agrupamento dos processos instaurados; 9. Necessidade de reunião dos procedimentos arbitrais, sob uma única presidência, considerando a inexistência dos tribunais instaurados, e havendo dissenso entre as partes quanto à indicação do árbitro competente; 10. Ressalta-se que, na hipótese, não se vislumbra qualquer prejuízo às partes, uma vez que, a análise dos procedimentos será realizada caso a caso e não de forma unificada, havendo, tão somente, apreciação de cada procedimento por um único árbitro ou painel, hipótese que afasta prolação de soluções conflitantes entre si, situação esta que seria prejudicial aos litigantes; 11. Incabível o pedido extemporâneo de reunião de um novo procedimento, diante do princípio da congruência ou da adstrição, não obstante, tal pleito poderá ser submetido à Câmara FGV de Conciliação e Arbitragem, designada para indicar os árbitros que comporão o único painel arbitral que julgará os procedimentos, diante da convergência de entendimentos entre o apelante (ENERG, POWER S/A) e o apelado (Consórcio Empreendedor Corumbá III)".

arbitragem; *b)* o procedimento será definido pelo órgão arbitral institucional ou entidade especializada, levando em consideração a complexidade da lide, ou pelo árbitro ou tribunal arbitral, conforme indicação das partes na convenção arbitral; *c)* não havendo estipulação acerca do procedimento, caberá ao árbitro ou colégio arbitral discipliná-lo.[32]

De qualquer forma, certos princípios processuais constitucionais não podem ser excluídos ou violados em qualquer dos procedimentos, tais como o contraditório, a igualdade das partes, a imparcialidade dos árbitros, o livre convencimento e a fundamentação da sentença arbitral (LA, art. 21, § 2º).

Ressalvados os procedimentos atinentes às tutelas de urgência, o processo arbitral é essencialmente de conhecimento e, como tal, em linhas gerais, o rito observará quatro fases básicas: postulatória; ordinatória; instrutória; e, finalmente, a fase decisória.

Na primeira fase, as partes apresentam aos árbitros seus requerimentos fulcrados em relações fáticas ou jurídicas de direito civil ou comercial (sempre de natureza patrimonial disponível), violadas ou ameaçadas, cujos pedidos haverão de estar em sintonia com a causa de pedir próxima e remota (fatos e fundamentos jurídicos do pedido).[33]

O pleito poderá ser apresentado por intermédio de advogado, que é o detentor natural da capacidade postulatória, ou diretamente pelos litigantes, facultando-lhes a lei a designação de terceiro que os represente ou a eles assista durante todo o procedimento arbitral ou em apenas certos atos (§ 3º, art. 21).

---

[32] Tendo-se em conta que são os contornos da lide que definem o procedimento a ser aplicado no caso concreto, ou seja, a maior ou menor complexidade da matéria, afigura-se-nos mais adequado que a definição do rito ocorra após a instauração do conflito.

Ao escrever sobre a arbitragem sumária (ou expedita), no confronto com a ordinária, salienta com muita propriedade Tatiana Oliveira Gonçalves que nem sempre a escolha de um procedimento mais célere representa maior vantagem às partes ou qualidade no resultado final do julgamento.

Observa que se o objeto da arbitragem for complexo, a arbitragem expedita não poderá ser uma boa opção, considerando a necessidade de prova pericial, testemunhal, dentre outras e, por conseguinte, a opção do rito antes do surgimento do conflito pode causar problemas às partes.

E prossegue: "A experiência internacional com a arbitragem de rito mais célere demonstra que estas têm que ser muito bem planejadas, principalmente no momento de se redigir a cláusula compromissória. Delimitar tempo para o proferimento da sentença arbitral não é um bom caminho, uma vez que se o árbitro não conseguir cumpri-lo, abrir-se-ão brechas para um eventual ataque à sentença arbitral, podendo ser até anulada [...]" ("Arbitragem expedita – uma breve análise crítica", *Informativo CONAB*, n. 22, jun./jul. 2006).

[33] A respeito do tema, por todos, v. José Rogério Cruz e Tucci, *A causa petendi no processo civil*.

Antes mesmo que se instaure a primeira fase do procedimento arbitral, isto é, antes da apresentação dos requerimentos iniciais, e, portanto, da formação do contraditório e da relação jurídico-processual, o árbitro ou tribunal arbitral deverá, necessariamente, designar uma *audiência preliminar de conciliação*.

As partes ou os árbitros não podem prescindir dessa audiência, que tem por escopo tentar a autocomposição, mesmo que os litigantes já tenham realizado tentativa pretérita frustrada, a qualquer título. Trata-se de fase procedimental obrigatória, pois bem sabe o legislador da importância e das vantagens da resolução do conflito de maneira não adversarial, enquanto a sentença de procedência ou improcedência do pedido importa num ato de imposição, e, via de consequência, de força, causadora, via de regra, de insatisfação e descontentamento para ambos os litigantes, terminando por compor apenas a lide jurídica, mas dificilmente a sociológica.[34]

A autocomposição exclui essa forma sempre traumática de solucionar a lide, na medida em que os contendores buscam, em comum acordo, solução pacífica e convergente aos seus interesses, por meio da participação atuante do árbitro ou colégio arbitral.

Em síntese, trata-se de uma fase processual que não se restringe à apresentação de uma simples proposta de acordo, mas de efetiva tentativa de autocomposição.

Se for exitosa a tentativa, os termos do acordo serão consignados em sentença homologatória, a qual conterá os requisitos do art. 26 da Lei de Arbitragem, tratando-se, como as demais, de decisão irrecorrível (art. 18).

Não obtida a composição amigável em audiência preliminar, o árbitro ou colégio arbitral dará seguimento ao processo, de acordo com o rito previamente estabelecido.

Contudo, nada obsta que no curso do processo, em outras fases, se os árbitros entenderem conveniente ou se uma das partes manifestar o desejo de acordar, que uma nova tentativa seja realizada.

Independentemente dessa aproximação, situações poderão ocorrer em que as partes, de forma extraprocessual, encontrem a solução amigável para o conflito. Nesse caso, formularão pedido conjunto ao árbitro ou tribunal arbitral, contendo os termos da composição, o qual será homologado por sentença e valerá como título executivo judicial (art. 515, VII, do CPC c/c o art. 28 da Lei 9.307/1996).

No que tange aos atos das partes no processo arbitral, podemos dizer que com a instituição da arbitragem (o que se dá com a aceitação da nomeação pelo árbitro, ou por todos, se forem vários) inicia-se, no mundo jurídico, uma *relação*

---

[34] Entende-se por lide jurídica a parte do conflito sociológico que foi delimitada pela parte e levada ao conhecimento do Estado-juiz ou do árbitro.

processual caracterizada por uma série de atos previamente definidos e regulados na convenção de arbitragem ou pelo órgão arbitral indicado pelos litigantes. São, portanto, os atos que se destinam a constituir, adquirir, resguardar ou modificar direitos ou deveres processuais.

Esses atos são praticados pelos sujeitos integrantes da relação jurídico-processual arbitral e somente por eles: no caso do juízo arbitral, nós temos as partes litigantes, seus advogados, os árbitros e os auxiliares diversos da justiça privada (secretário,[35] peritos, assessores etc.).

Através de uma cadeia sucessiva de atos que vai se formando durante a tramitação do feito, as partes litigantes conseguem atingir o escopo principal perseguido na demanda, qual seja, a solução do conflito jurídico de interesses, por intermédio da autocomposição incidental ou pela manifestação do árbitro ou colegiado sobre o mérito da causa propriamente dito, acolhendo ou rejeitando a pretensão.

Os atos das partes são as declarações unilaterais ou bilaterais de vontade (petições, requerimentos etc.), capazes de produzir imediatamente a constituição, a modificação ou a extinção de direitos processuais (art. 200, CPC).[36]

5.2. Das provas

Por força de disposição constitucional, assim como se verifica na jurisdição estatal, em juízo arbitral são inadmissíveis as provas obtidas por meios ilícitos (art. 5º, LVI, CF) e, salvo disposição em contrário, livremente estabelecida pelas partes (compromisso arbitral, regulamento de entidades arbitrais[37] etc.), todos os meios legais, bem como os moralmente legítimos, são hábeis para provar a verdade dos

---

[35] Sobre "A importância do secretário na arbitragem", v. o estudo de Vera de Barros, assim intitulado, in Carlos Carmona, Selma Lemes e Pedro Martins (coord.), *20 anos da Lei de Arbitragem* – Homenagem a Petrônio R. Muniz, p. 363-384.
Comungamos do entendimento da articulista quando afirma que parece não existir um perfil ideal de secretário: "Entende-se que secretário adequado será aquele com quem o Tribunal Arbitral, ou ao menos o árbitro presidente, ou o árbitro único, tenha boa interação, uma relação de confiança e esteja acostumado a trabalhar, independentemente de se tratar de um estagiário, um advogado júnior ou um advogado mais sênior. Na grande maioria das vezes, o secretário arbitral indicado pelos árbitros, tanto em arbitragens institucionais como em arbitragens *ad hoc*, é profissional de confiança do Presidente do Tribunal Arbitral ou do Árbitro único, e que trabalha em seu escritório" (*ibidem*, p. 381, n. 37).

[36] Com referência ao tema relacionado com os direitos das partes, v. Mauro Cappelletti e Vincenzo Vigoritti, "I diritti costituzionali delle parti nel processo civile italiano", *Riv. di Dir. Proc.*, XXVI, p. 604-650, 1971.

[37] A respeito do tema da "Vinculação das partes e árbitros ao regulamento de arbitragem", v. o estudo assim intitulado de Frederico José Straube, in Carlos Carmona, Selma Lemes e Pedro Martins (coord.), *20 anos da Lei de Arbitragem* – Homenagem a Petrônio R. Muniz, p. 387-401.

fatos, em que se funda a pretensão do autor ou a defesa (art. 369, CPC), inclusive sobre a possibilidade de exibição de documentos, nos moldes ou semelhança das disposições contidas no art. 396 e seguintes do Código de Processo Civil.[38]

O poder instrutório é conferido aos árbitros de maneira ampla, pois são detentores do condão de realizar todos os meios de prova que se fizerem necessários à formação do convencimento motivado, em busca da resolução justa do conflito que lhes é submetido à cognição.[39]

Por sua vez, as partes possuem o direito de produzir todas as provas que entenderem necessárias à comprovação do alegado (fato constitutivo, modificativo, impeditivo ou extintivo de direito), em sintonia com as garantias constitucionais do amplo direito de defesa e contraditório, sem que ultrapassem os limites da boa-fé processual (lealdade), da ética, da moral e da legalidade, de maneira que o painel arbitral não se transforme num indesejável campo de guerrilhas e chicanas. Destarte, "poder-se-ia resumir o tema com a afirmação de que a atuação agressiva do patrono, porém legítima e dentro dos marcos de comportamento aceitável no processo termina quando os movimentos antiéticos da guerrilha arbitral começam".[40]

---

[38] Semelhante ao nosso instituto jurídico da "exibição de documentos" (arts. 396 a 404, do CPC), o direito norte-americano recepciona o denominado "discovery" que, em linhas gerais, significa o poder conferido às partes de requererem, no curso do processo, a apresentação (exibição) de todos os documentos que a *ex adversa* ou terceiros possuam em seu poder, relevantes acerca do objeto da lide e para o deslinde da controvérsia.

Por outro lado, a opção pela jurisdição privada pode resultar no fato de que as partes sejam destituídas ou renunciem ao poder de requerer o "discovery", salvo se os árbitros entenderem pela necessidade e conveniência da apresentação das provas sem as quais a demanda não poderia ser solucionada adequadamente.

Sobre o tema da "Aplicabilidade de técnicas instrutórias estrangeiras na arbitragem brasileira", especialmente a respeito da "observância dos institutos processuais conhecidos no Brasil, compreensão da cultura jurídico-processual brasileira e impossibilidade de aplicação do *discovery* norte-americana na arbitragem brasileira *sponte propria* pelo árbitro", v. José Fichtner Sérgio Mannheimer e André Monteiro, *Novos temas de arbitragem*, p. 173-205, 2014.

[39] V. Marcelo Muriel a respeito da "Produção de provas na arbitragem", in Carlos Carmona, Selma Lemes e Pedro Martins (coord.), *20 anos da Lei de Arbitragem* – Homenagem a Petrônio R. Muniz, p. 317-330.

[40] Hermes Marcelo Huck, "As táticas de Guerrilha na arbitragem", in Carlos Carmona, Selma Lemes e Pedro Martins (coord.), *20 anos da Lei de Arbitragem* – Homenagem a Petrônio R. Muniz, p. 311.

Sobre esse tema, conclui Maurício Goom F. dos Santos no sentido de que "A existência de sistemas jurídicos distintos, o crescente número de arbitragens dentro e fora dos circuitos tradicionais, somados ao crescente número de atores, disparidade de regras deontológicas e a constatação de táticas de guerrilha traz a todos que militam na arbitragem internacional um constante desconforto. Deste cenário surgem frequentes e frutíferos debates visando a aprimoramentos comportamentais com vistas ao desejado MDC [Mínimo Denominador

"Na verdade, a eficiência do procedimento arbitral está umbilicalmente ligada ao adequado desenvolvimento da produção probatória, cujas engrenagens devem ser ajustadas pelos árbitros e pelas partes, em conjunto e em regime de cooperação, para que se atinja seu bom funcionamento."[41]

Como dissemos, nada obsta que as partes definam, em comum e prévio acordo, acerca da limitação de meios de provas a serem produzidas, sobre a distribuição do ônus probatório ou alguma espécie de restrição processual, em igualdade de condições para ambas (*v.g.*, não indicar assistente técnico, admitir apenas a produção de prova documental, suprimir a fase de alegações finais). Tais limitações ou convenções são perfeitamente possíveis em sede de jurisdição arbitral, pois sempre regida pela vontade soberana das partes.

Inexistindo qualquer vício capaz de macular a convenção arbitral acerca do tema da limitação probatória ou processual, não pode o sucumbente alegar ao Estado-juiz, em ação anulatória, cerceamento de defesa (violação ao devido processo legal), tendo em vista que a escolha pretérita redunda em prática de comportamento contraditório, ou seja, *venire contra factum proprium* – portanto, inadmissível.[42]

Se a arbitragem for de direito, as partes não podem convencionar de maneira diversa quando a lei, por exemplo, exigir como da substância do ato o instrumento

---

Comum]. As *guidelines* elaboradas pela *International Bar Association* é, quiçá, o exemplo mais eloquente. Todavia, malgrado a existência de leis da senda da arbitragem, de *guidelines* sobre provas ou representação jurídica, é de fundamental importância que árbitros e advogados, no início do processo arbitral, procurem esculpir e delinear o MDC para o respectivo caso concreto".

E arremata o citado Autor: "O 'antídoto' para enfrentar as táticas de guerrilha ainda residem na idoneidade, seriedade, zelo, cuidado e experiência dos árbitros e advogados, e, consequentemente, nos contornos – por estes – definidos sobretudo no início da arbitragem; isto é, durante a discussão do Termo de Arbitragem, Ata de Missão, Conferência Preliminar e *Case Management Hearing*. Se tais adequadas e profiláticas iniciativas não conseguem imunizar por completo o processo arbitral (dificilmente conseguirão), pelo menos pavimentam-no com princípios, regras e 'munições' que permitem uma *cost efficient* condução do processo, atendendo, em essência, o espírito e o objetivo das partes quando optaram pela arbitragem como método adequado de resolução de conflitos" ("Táticas de Guerrilha na arbitragem internacional", in Carlos Carmona, Selma Lemes e Pedro Martins [coord.], *20 anos da Lei de Arbitragem* – Homenagem a Petrônio R. Muniz, p. 342).

[41] Marcelo Muriel, "Produção de provas na arbitragem", in Carlos Carmona, Selma Lemes e Pedro Martins (coord.), *20 anos da Lei de Arbitragem* – Homenagem a Petrônio R. Muniz, p. 329. Sobre a importância da qualidade da instrução probatória, o citado autor faz a advertência no sentido de que "não é por outra razão que uma produção probatória deficiente pode fulminar a decisão arbitral de nulidade" (*ibidem*).

[42] Assim também Eduardo de Albuquerque Parente, *Processo arbitral e sistema*, 2012, p. 111.

público, de maneira que nenhuma outra prova possa suprir-lhe a falta, por mais especial que seja (CPC, art. 406) – "provas legais".

Na verdade, a liberdade de convenção das partes em matéria processual deve estar em sintonia com preceitos constitucionais, com a ordem pública e com os bons costumes (LA, art. 2º); assim, por exemplo, é inadmissível a celebração de convenção processual para fins de produção de prova ilícita ou de prova obtida por meios ilícitos. "Ademais, o árbitro está igualmente autorizado a desconsiderar a convenção das partes na arbitragem comercial quando identificar (i) que se trata de conluio das partes para esconder produto de crimes, (ii) que se trata de conluio das partes para violar direitos de terceiros, (iii) que as partes pretendem se utilizar do processo arbitral para atingir fim ilícito, ou, (iv) quando a convenção processual alterar o regime das provas. Salvo nessas hipóteses excepcionais, é eficaz a celebração de convenções processuais em matéria de prova na arbitragem, inclusive para, por exemplo, limitar os meios de prova em determinado processo arbitral apenas à prova documental."[43]

Há de se analisar e confrontar o elemento valorativo maior da jurisdição privada – *a autonomia da vontade suprema das partes* – com os poderes conferidos pela lei de regência aos árbitros no que concerne à produção de provas e ao princípio da formação do convencimento motivado.

O art. 22 da LA outorga aos árbitros poder de determinar a realização de quaisquer provas que entenderem necessárias, mediante requerimento das partes ou *de ofício*, e, por consequência lógica, indeferir aquelas que lhes pareçam protelatórias ou dispensáveis para a formação do convencimento (LA, art. 2º, § 2º), tudo voltado à exposição dos fundamentos (motivação) que serão apresentados quando da prolação da sentença arbitral (LA, art. 26, II).[44]

Portanto, a questão a ser posta é a seguinte: como equacionar a liberdade das partes de convencionar sobre os meios de prova em face do poder conferido aos árbitros de determinar, de ofício, a realização de provas? Como desdobramento dessa questão, havemos de indagar: quais são as consequências decorrentes da não observância pelos árbitros desse ponto definido em convenção arbitral?

---

[43] José Fichtner, Sérgio Mannheimer e André Monteiro, *Novos temas de arbitragem*, 2014, p. 169-170.

[44] "Aos tribunais arbitrais são dados poderes para ordenar ou recusar a produção de prova em arbitragem, mas tais poderes não são ilimitados, na medida em que as decisões arbitrais devem ser justificadas ou fundamentadas. As provas úteis devem ser deferidas, quando houver requerimento das partes, mas isso não quer dizer que os Tribunais Arbitrais devam se curvar a todo e qualquer requerimento formulado pelas partes" (Fernando Eduardo Serec, "Provas na arbitragem", in Carlos Carmona, Selma Lemes e Pedro Martins [coord.], *20 anos da Lei de Arbitragem* – Homenagem a Petrônio R. Muniz, p. 310).

Não encontramos entendimento uníssono na doutrina nacional nem na estrangeira a respeito do tema, notadamente por aqueles que defendem a tese da impossibilidade de limitação ou restrição dos meios probatórios em convenção arbitral, sob o fundamento de violação do contraditório, da igualdade e, por conseguinte, do livre convencimento motivado dos árbitros.[45]

Estamos certos de que as partes podem perfeitamente limitar os meios de prova e convencionar o que bem entenderem no que concerne ao processo e ao procedimento arbitral, desde que observados os princípios processuais fundamentais atinentes ao devido processo legal. Ocorre que as provas têm como principal destinatário os julgadores, cujo escopo precípuo é demonstrar a veracidade dos fatos alegados pelos litigantes e, com isso, formar o convencimento dos árbitros, de maneira que possam resolver o mérito, acolhendo ou rejeitando os pedidos que lhes forem dirigidos, mediante a prolação de sentença arbitral fundamentada.

Seguindo essa linha de raciocínio, é fácil perceber que excluir o poder do juiz da causa de produzir alguma prova que se lhe afigure indispensável para a formação de seu convencimento é, no mínimo, temerário, pois os litigantes haverão de se deparar com duas situações: *a)* o árbitro respeita a convenção arbitral e resolve o conflito com as provas produzidas e limitadas pelas partes, com o prejuízo da formação de seu convencimento e a possibilidade de acarretar um julgamento equivocado ou injusto; *b)* o árbitro entende ser imprescindível a produção da prova previamente excluída pelas partes para a formação de seu convencimento e, de ofício, determina a sua realização e, neste caso, o sucumbente poderá alegar nulidade da sentença arbitral por inobservância da convenção.

Essas limitações são estabelecidas pelas partes porque elas, melhor do que ninguém, são sabedoras dos possíveis conflitos que poderão decorrer de eventual inadimplemento contratual, o que facilita a delimitação dos meios probantes a serem produzidos sobre os respectivos fatos, comumente com o objetivo de reduzir o tempo de tramitação do procedimento arbitral (celeridade) e os seus custos (economia).

Contudo, as partes não devem também deixar de considerar que outros desdobramentos contratuais de fato e de direito poderão surgir e, com isso, a necessidade de produzir outras provas além daquelas já delimitadas, somando-se à circunstância de que o destinatário das provas (árbitro) pode entender de maneira

---

[45] Nesse sentido, dentre outros, v. Marcela Kohlbach de Faria, "A produção de prova no procedimento arbitral", in Arnoldo Wald (org.), *Arbitragem e Mediação*, v. III, p. 461-480 (Coleção Doutrinas Essenciais); *RArb*, v. 32, p. 207, jan. 2012; Paulo Cezar Pinheiro Carneiro, "Aspectos processuais da nova Lei de Arbitragem", in Paulo Borba Casella (coord.), *Arbitragem – A nova lei brasileira (9.307/96) e a praxe internacional*, p. 306; Giovanni Verde, *Lineamenti di diritto dell'arbitrato*, 2010, p. 133.

diversa, isto é, que outros meios de prova se façam necessários, além daqueles por elas convencionados, para a formação de seu convencimento.

Portanto, antes de mais nada, essa limitação será sempre um risco que merece ser muito bem calculado pelas partes (se e quando possível), parecendo-nos como ideal o não uso desta prerrogativa, salvo exceções.

Desta feita, a resposta à primeira questão acima colocada evidencia-se no sentido de que o poder conferido por lei aos juízes privados de determinarem de ofício a produção de provas encontra limite na vontade das partes, quando assim estiver estabelecido em convenção.

No que concerne à segunda questão, não necessariamente a inobservância pelos árbitros sobre essas limitações impostas pelas partes importará em anulabilidade da sentença arbitral, vejamos. Já dissemos alhures que em sede arbitral é igualmente imprescindível o respeito aos princípios que garantem o devido processo legal, nele inserido o livre convencimento motivado do julgador.

Assim, se o juiz privado entende imprescindível para a formação do seu convencimento e motivação da decisão a ser proferida a realização de determinado meio de prova que as partes excluíram previamente em convenção, terá o poder-dever, *ex officio*, de realizar a produção dessa prova.[46]

Portanto, a regra geral que merece ser observada a respeito da observância da vontade das partes pode comportar exceções consistentes nas hipóteses em que os julgadores concluem que a opção feita pelos litigantes inviabiliza a cognição cabal da lide, colocando em xeque a formação do convencimento e, de consequência, a prolação de sentença de mérito suficientemente motivada.

Nesses casos excepcionais, se o árbitro ou a maioria dos integrantes do painel arbitral chegarem à conclusão da impossibilidade de prestação adequada da tutela jurisdicional perseguida sem a realização de determinada prova que, repita-se, lhes pareça imprescindível para o deslinde da causa, com a devida vênia dos que pensam em contrário, entendemos que haverão de produzir, de ofício, a prova em questão, sem que tal procedimento importe em nulidade da sentença sob a alegação de ter sido proferida fora dos contornos da convenção de arbitragem (art. 32, IV, LA).[47]

---

[46] *A latere,* fica a questão pertinente ao pagamento antecipado das despesas para a realização da prova determinada de ofício. Nestes casos, observar-se-á o regulamento da entidade administradora do painel (tratando-se de arbitragem institucional) ou o que as partes houverem disposto a esse respeito. De qualquer forma, se houver negativa de pagamento para realização da prova, e, se, por exemplo, tratar-se de perícia que o *expert* não aceite receber ao final do processo (verba sucumbencial), por certo a produção de prova ficará prejudicada.

[47] Neste ponto, contrariamente ao nosso entendimento, v. José Fichtner, Sérgio Mannheimer e André Monteiro, *Novos temas de arbitragem,* 2014, p. 164-171.

Nesse contexto, a manifestação de vontade das partes voltada à limitação de provas há de ser interpretada restritivamente e, sobretudo, em sintonia com o devido processo legal, sob pena de vício insanável, pois atinge o poder instrutório dos julgadores que contam com o autorizativo legal de produzir, de ofício, as provas que se façam necessárias à formação do convencimento que dará ensejo à motivação do ato decisório.

Por isso, afigura-se de bom alvitre que, nesses casos, os árbitros instem as partes acerca da necessidade da produção da prova que haviam já declinado em convenção pretérita, mostrando-lhes a importância de sua produção; assim procedendo, os árbitros abrem a possibilidade às partes de refluírem. Caso mantenham a limitação estabelecida, caberá aos árbitros avaliar a observância da convenção arbitral, ou, determinar a produção da malsinada prova.

Ademais, há de se compreender a adequada dimensão a ser conferida ao art. 32, IV que define a possibilidade de anulação de sentença arbitral quando "proferida fora dos limites da convenção arbitral", o que exige interpretação sistemática com os princípios processuais fundamentais, as normas constitucionais, a ordem pública e os bons costumes.

Primeiramente, o vício é flagrante quando a sentença arbitral for proferida fora ou além dos contornos estabelecidos na convenção arbitral (*ultra* ou *extra petita*). Quando se passa para a análise de possíveis inobservâncias pelos árbitros de definições insculpidas em convenção arbitral em matéria de processo e de procedimento, as teses alegadas em ação desconstitutiva hão de ser bem avaliadas pelo Estado-juiz, pois nem toda "violação" da convenção importará em nulidade da sentença arbitral.[48]

Infere-se das disposições contidas na Lei de Arbitragem a necessidade de harmonizar-se a observância aos princípios garantidores do devido processo legal com a liberdade de escolha das partes acerca das regras de processo, procedimento, de direito material ou de equidade. Neste ponto, o legislador deixou bastante claro que, nada obstante a vontade das partes, "*serão, sempre, respeitados* no procedimento arbitral os princípios do contraditório, da igualdade das partes, da imparcialidade do árbitro e de seu *livre convencimento*" (art. 21, § 2º).

Em síntese, as partes podem livremente limitar os meios de prova em jurisdição arbitral, desde que tal restrição não viole a formação do livre convencimento dos julgadores, este sim, fator decisivo para dar ensejo à anulação da sentença arbitral.[49] Significa dizer que o árbitro deve observar, como linha principiológica,

---

[48] Assim também Carlos Alberto Carmona, *Arbitragem e processo*, 3. ed., p. 405-407.
[49] Carmona não trata diretamente sobre essa questão da limitação dos meios probatórios em convenção arbitral e as consequências decorrentes da inobservância pelos árbitros, mas afronta com maestria o tema do livre convencimento motivado e a impossibilidade

as limitações probatórias estabelecidas pelas partes em convenção arbitral, desde que tal restrição não prejudique a formação de seu convencimento.

Totalmente diferente é a hipótese em que uma das partes signatária da convenção limitativa da produção de provas muda de entendimento e, no curso do processo, requer ao árbitro ou tribunal arbitral que ela seja realizada, mesmo sem o consentimento da *ex adversa*. Nestes casos, a observância à convenção faz-se mister e não dará ensejo a futuro ajuizamento de ação desconstitutiva da sentença arbitral.

Seja qual for o procedimento arbitral definido, não havendo limitações estabelecidas pelas partes, o árbitro ou o colégio poderá sempre tomar o depoimento pessoal das partes, ouvir testemunhas, determinar ou rejeitar a realização de perícias,[50] assim como decidir a respeito de documentos e qualquer outra prova, seja a requerimento das partes ou de ofício (art. 22).

O depoimento pessoal das partes e a ouvida das testemunhas serão tomados em local, dia e hora previamente designados pelos árbitros e comunicados por escrito. O depoimento ou testemunho será reduzido a termo e assinado por quem o prestou, ou a seu rogo, bem como pelos árbitros (art. 22, § 1º).

Em caso de desatendimento, sem justa causa, da convocação para prestar depoimento pessoal, o árbitro ou colegiado levará em consideração ao proferir a sentença o comportamento da parte faltosa; a revelia da parte não impedirá que seja proferida a sentença. Por outro lado, se a ausência for de alguma testemunha e havendo insistência da parte em ouvi-la ou determinação de ofício do árbitro ou tribunal neste sentido, poderá o árbitro ou o presidente do colegiado requerer à autoridade judiciária que conduza a testemunha renitente. Para tanto, deverá apenas comprovar ao Estado-juiz a existência de convenção de arbitragem (art. 22, § 2º).

Ocorrendo, durante o procedimento arbitral, a substituição de algum árbitro, poderá o substituto e apenas de acordo com o seu prudente critério, repetir as provas ou alguma prova já produzida (art. 22, § 5º). Por outro lado, se houver urgência na produção de provas, o seu momento de realização poderá ser anteci-

---

de as partes interferirem na escolha de regras de julgamento, *in verbis*: "Por fim, o livre convencimento do árbitro: a escolha de regras de julgamento que impinjam ao árbitro decisão contrária à sua convicção (através de normas rígidas de valoração das provas) é inaceitável, preconizando a Lei a prevalência do princípio da prova racional sobre o princípio (hoje residual) da prova legal. Significa isto que não podem as partes retirar ao árbitro a faculdade de realizar livremente o exame crítico de todos os elementos probatórios para chegar à solução que lhe pareça mais justa, tornando-se claro, como ponto de equilíbrio do sistema, que o contrapeso desta liberdade (necessária) é a (também necessária) motivação da sentença arbitral" (ob. cit., p. 410).

[50] Sobre "A influência do sistema probatório da arbitragem no regime da prova pericial do novo CPC", v. estudo assim intitulado de Ana Cândida Menezes Marcato, in Paulo Lucon e Pedro Miranda de Oliveira (coord.), *Panorama Atual do novo CPC*, 2016, v. 2, p. 53.

pado, desde que requerida pelas partes ou determinada de ofício pelos árbitros, durante o procedimento arbitral (incidental); antes mesmo da instauração da arbitragem, em caráter antecedente acautelatório, também pode ser formulado pedido de antecipação probatória dirigido ao árbitro, à entidade arbitral, ou, ainda, ao Poder Judiciário (LA, art. 22-A).

Também, nada obsta que as partes estabeleçam em convenção arbitral ou no curso do procedimento, mediante celebração de negócio processual, a possibilidade de desjudicialização da prova (técnica ou oral) com o escopo de agilizar e economizar tempo e recursos financeiros, em prol de um resultado ainda mais rápido do processo (sentença/efetividade/satisfatividade), sem prejuízo da valoração e controle dos árbitros que, discricionariamente, poderão determinar complementação ou repetição da prova produzida pelas partes.

Essa técnica da desjudicialização da prova fundada em *negócio processual* (CPC, art. 190)[51] encontra boa ressonância em sede de jurisdição estatal, enquanto na jurisdição arbitral a sua aplicabilidade é reduzida, na exata medida em que a tutela privada prestada é célere e qualificada, passando, portanto, pela excelência da produção probatória. Ademais, tratando-se a hipótese de arbitragem institucional, a convenção arbitral haverá de estar em sintonia, também neste ponto, com o regulamento da entidade indicada pelas partes para administrar o conflito, com definição específica ao delinear os termos do compromisso arbitral, pois essa prática poderá não ser admitida pelo órgão arbitral.

Não resta a menor dúvida de que na convenção arbitral ou em termo específico, as partes podem convencionar em produzir provas antes da fase instrutória ou, ainda mesmo, antes da instauração da própria arbitragem.

Observa-se que essa prática haverá de ser comedida, ressalvadas as hipóteses de urgência (produção antecipada de provas), a fim de evitar-se a produção de prova protelatória ou desnecessária ao deslinde da causa. Contudo, não se pode olvidar que é melhor e mais prudente que, antes da produção probatória, os árbitros tenham conhecimento da inicial e da defesa para, só assim, bem avaliar e decidir a esse respeito.[52]

No que concerne à distribuição do ônus probante, segue a regra geral universal do processo civil, ou seja, o postulante, para obter êxito em sua pretensão, deve fazer prova do fato constitutivo de seu direito, enquanto o sujeito passivo, por

---

[51] Sobre o tema, v. o excelente estudo de Julio Guilherme Müller, intitulado *Negócios processuais e desjudicialização da produção da prova*, 2017.
[52] Nesse sentido também o entendimento de Flávia Bittar Neves, conforme exposição intitulada "Produção antecipada de provas na arbitragem", durante a XII Jornada Brasileira de Direito Processual (Belo Horizonte, 22 a 24 ago. 2018).

sua vez, haverá de demonstrar fato modificativo, desconstitutivo ou impeditivo do direito do autor.

Contudo, a regra não inibe a admissão de *inferência inversa (negativa* ou *adversa)* e a *inversão da carga probatória;* em outras palavras, trata-se do balanceamento do ônus probante e das inferências negativas em sede de jurisdição arbitral, vejamos.

Algumas hipóteses diferenciam-se da regra geral e passam a exigir do árbitro ou tribunal arbitral uma postura mental de avaliação probatória diversa em face do comportamento omissivo ou comissivo inadequado de uma das partes litigantes sobre a produção probatória, ou, ainda, em face da complexidade e grau de dificuldade da produção probatória.

Assinala-se de início, que a *inferência inversa (adversa* ou *negativa)* e a *inversão da carga probatória* não decorrem diretamente da prática não cooperativa da parte que é instada a cooperar, mas em especial da convicção dos árbitros a respeito desse comportamento (omissivo ou comissivo falho), em sintonia com o livre convencimento motivado dos julgadores, ou, em razão do tipo de prova a ser produzida.

Em síntese, a *inferência inversa* (também conhecida por *inferência adversa* ou *inferência negativa*) é nada mais do que uma espécie de técnica de valoração da prova, ou melhor, da ausência de prova sobre determinado fato que se afigura relevante para o deslinde da causa, fundada em presunção. A inferência há de ser razoável, logicamente ligada a outras provas produzidas e limitada ao conteúdo e teor do documento que deixou de ser produzido.

Assim, por exemplo, quando o árbitro ou tribunal arbitral determina a exibição de documentos em poder de uma das partes cabe a ela apresentá-los ou, fundamentadamente, justificar a impossibilidade de atender à determinação dos julgadores. Poderá, ainda, simplesmente desatender à determinação e, portanto, deixar de cooperar com o painel arbitral, seja mediante a não apresentação dos documentos sem qualquer alegação, ou, por motivos desarrazoados.

Nesses casos, cabe ao árbitro ou tribunal arbitral fazer inferências adversas em face da parte que se nega a cooperar, ou, inverter a carga probatória com base no que os documentos em questão poderiam comprovar ou deixar de provar. A primeira prática é mais comum em arbitragens internacionais, enquanto a segunda, também praticada em arbitragens nacionais, fica na dependência do regulamento normativo acerca da matéria.

Nesse contexto, diversas são as variantes a serem consideradas pelos julgadores, quais sejam: a existência ou inexistência do documento em voga; se estaria em poder da parte que não o apresentou; inexistem razões plausíveis para a recusa e, por último, a não apresentação importa em reconhecimento da existência do documento e respectivo teor em favor da parte contrária.

Mutatis mutandis, é o que se verifica no processo civil clássico com o regramento da *exibição de documentos,* em que, ao decidir sobre o pedido, o juiz admitirá como verdadeiros os fatos que, por meio do documento ou da coisa, a parte pretendia provar se o requerido não efetuar a exibição nem fizer nenhuma declaração no prazo de resposta (cinco dias) ou se a recusa for havida por ilegítima (CPC, art. 400).

A inferência adversa funda-se em regras de experiência que servem para embasar determinada conclusão diante das circunstâncias do caso concreto, ou seja, indícios que logicamente apontam para o desinteresse da parte em cooperar na produção probatória que, provavelmente, ser-lhe-ia desfavorável.

Nesse compasso, o Regulamento da renomada *International Bar Association* define que, se uma parte se negar a subministrar, sem justificativa satisfatória, um documento requerido ou negar-se a apresentar o documento que o tribunal arbitral ordenou, poderá o mesmo tribunal inferir se o documento é contrário aos interesses da parte recalcitrante (art. 9 [4]).

Para tanto, é requisito mínimo à ordem de apresentação do documento por iniciativa do tribunal arbitral ou por requerimento da parte interessada que a prova seja relevante e que aquele a quem é dirigida a determinação tenha tido oportunidade de manifestar-se previamente para, se for o caso, justificar as razões da não apresentação do documento (*to provide a satisfactory explanation*).

Nesses casos, agrega-se ainda a condição de que outras provas haverão de ser somadas à inferência, ou seja, apenas a inferência, por si só, não poderá ser o único elemento para agasalhar a decisão arbitral, assim como a parte que irá beneficiar-se com a inferência deverá definir bem os contornos do que haverá de ser considerado como provado com a inferência, circunstância nada simples ou fácil, sobretudo porque de um documento é possível, algumas vezes, tirarem-se conclusões ou inferências distintas.

A verdade é que se os árbitros não aplicarem a regra da inferência inversa, provavelmente a conduta do recalcitrante será considerada na formação de seus convencimentos quando no momento da prolação da sentença.

Em síntese, para fazer uso da *inferência adversa*, os árbitros terão que observar alguns critérios mínimos, a saber: *a)* a parte a ser beneficiada com as presunções a seu favor tenha produzido também outras provas; *b)* a recalcitrância da parte em apresentar a prova solicitada seja infundada; *c)* seja a parte requerida cientificada previamente das consequências processuais decorrentes de sua eventual negativa em cooperar com a produção da prova requisitada, ou seja, as presunções que advirão em face de seu comportamento omissivo.

Na doutrina, alguns sustentam que, ao extrair a inferência negativa, o tribunal arbitral *inverte o ônus da prova*,[53] enquanto outros afirmam que o tribunal arbitral,

---

[53] Blavi, Vial 2016, 75; Scharf MP, Day M., "The International Court of Justice's treatment of circumstantial evidence and adverse inferences", *Chicago Journal of International Law*, 2012; 13 (1):123; p. 127; O'Malley N, Lloyd H., *Rules of evidence in international arbitration*:

em verdade, reduz o *standard* probatório para admitir prova *circunstancial* no lugar da prova *direta*.[54]

"Tais descrições, contudo, não parecem refletir a realidade. O que se passa, em verdade, é que um *vazio* existente no conjunto das provas necessárias para provar a versão de determinado fato é preenchido por um *conjunto complexo* consistente nas provas indiretas ou circunstanciais já produzidas por quem detém o ônus probatório *e* pela inferência negativa. Esse conjunto complexo assume o lugar da prova direta cuja produção não se obteve a despeito da ordem do tribunal arbitral. Ou seja, o ônus da prova não migra para a parte contrária, tampouco se reduz o *standard* probatório; apenas o convencimento do tribunal arbitral se forma por meio de um *conjunto complexo* (prova indireta ou circunstancial + inferência) e não por prova direta."[55]

Frisa-se, ainda, que a utilização da técnica das inferências adversas há de ser muito bem e criteriosamente aplicada, assim como previamente avaliada pelos árbitros a conveniência de sua prática, pois, dependendo da forma e do teor da valoração a ela conferidos, poderá, em tese, dar azo à anulação da sentença arbitral.

Salienta-se que o instituto da *inferência inversa* não se confunde com a *inversão ou redistribuição do ônus da prova*, que tem pertinência com a sua própria produção em sintonia com o interesse da parte. Para tanto, o regulamento da entidade arbitral costuma tratar dessas questões, ou, simplesmente, confere aos árbitros esse poder de assim agirem se e quando entenderem por bem,[56] sem

---

an annotated guide. London: *Informa*, 2012; 2013, p. 212 (*apud* Guilherme Rizzo Amaral, "O ônus da prova e inferências negativas na arbitragem", disponível em: <https:www.jota.info/opinião-e-analise/artigos/>, acesso em: 10 set. 2018).

[54] Polkinghorne M., Rosenberg CB. *The Adverse Inference in ICSID Practice*. 2015; 30 (3): 741-51, p. 742 (*apud* Guilherme Rizzo Amaral, "O ônus da prova e inferências negativas na arbitragem", disponível em: <https:www.jota.info/opinião-e-analise/artigos/>, acesso em: 10 set. 2018).

[55] Guilherme Rizzo Amaral, "O ônus da prova e inferências negativas na arbitragem", disponível em: <https:www.jota.info/opinião-e-analise/artigos/>, acesso em: 10 set. 2018.

"A possibilidade de tribunais arbitrais extraírem inferências negativas é amplamente reconhecida na arbitragem, muito embora seu tratamento legislativo e institucional não seja uniforme, como se pode notar, por exemplo, da análise das leis de arbitragem inglesa (Seção 41[7]) e francesa (artigo 1467), da Lei Modelo da UNCITRAL (artigo 25, c), das leis de arbitragem alemã (Seção 1048.3) e japonesa (artigo 33.3), das regras da ICC (artigo 25.5), da HKIAC (artigo 22.3), da SIAC (artigo 27), do ICSID (artigo 34) e, em especial, da *American Arbitration Association* – AAA (regra 23). A despeito disso, esforços têm sido empreendidos pela comunidade arbitral, pela doutrina e na prática dos tribunais arbitrais para, de algum modo, sistematizar o uso das inferências negativas".

[56] Por essa razão, antes de escolherem a entidade arbitral, as partes devem inteirar-se, dentre outros aspectos, também sobre o regulamento da entidade no que concerne ao trato das

prejuízo de manifestação prévia de vontade das partes, em convenção ou termo arbitral em sentido contrário.

Observa-se ainda que a carga e o ônus da prova em sede arbitral dependem da lei a ser aplicável no caso concreto, seja a arbitragem nacional ou internacional.

"Por outro lado, não se pode, diante da recusa da parte requerida (aqui o termo é utilizado em referência à parte detentora da prova cuja produção se requer) em produzir prova que está a seu alcance, exigir da parte requerente que busque auxílio do poder judiciário. Ao escolherem a arbitragem, as partes rejeitam o *procedimento* judicial estatal, de modo que o tribunal arbitral estará autorizado a extrair inferências negativas mesmo que a parte requerente pudesse tentar obter a prova pela via judicial."[57]

5.3. Confidencialidade, privacidade, sigilo e segredo

Ao versarmos acerca do tema "o regime jurídico da arbitragem: vantagens e desvantagens", no Capítulo Segundo, item n. 10, *supra* desta obra, assinalamos que um dos pontos positivos da jurisdição privada reside na circunstância de tratar-se de juízo sigiloso, na exata medida em que os atos processuais e julgamento do litígio processam-se, via de regra, em "segredo de justiça", o que confere às partes maior liberdade, transparência e segurança para a exposição dos fatos, do direito e, em especial, para a produção de provas sem qualquer risco (direto ou reflexo) em face de terceiros que não integram a lide ou do poder público, notadamente o Fisco, tratando-se, aliás, de elemento facilitador da autocomposição.

Por sua vez, a *confidencialidade* é um dos pontos altos da jurisdição privada, sendo considerada como um de seus elementos qualitativos;[58] aliás, trata-se de qualidade internacionalmente reconhecida acerca do processo arbitral, tanto por instituições renomadas (*v.g.*, a Comissão das Nações Unidas para o Direito do Comércio Internacional – Uncitral; a *International Law Association*) como por doutrinadores internacionais de escol, tais como Emmanuel Gaillard e Berthold

---

provas, seja para a produção ou ônus probante que lhes compete, assim como o tribunal arbitral trabalha com essas questões e a abordagem conferida em sede de cooperação dos litigantes.

[57] Guilherme Rizzo Amaral, "O ônus da prova e inferências negativas na arbitragem", disponível em: <https:www.jota.info/opinião-e-analise/artigos/>, acesso em: 10 set. 2018.

[58] Somam-se outros elementos qualitativos da arbitragem, tais como a flexibilidade procedimental, possibilidade de escolha de julgadores especializados, celeridade processual, facilidade de reconhecimento das decisões em outras jurisdições.

Goldman,[59] enquanto a *privacidade* é elemento implícito, inerente à própria jurisdição privada.[60]

Fichtner e Monteiro fazem com precisão a distinção entre esses conceitos, vejamos: "A *privacidade* é um direito das partes em relação a terceiros estranhos ao processo arbitral enquanto a *confidencialidade* é um dever dos sujeitos da arbitragem em relação a eles mesmos de guardar sigilo em relação às informações que obtiveram por estarem participando da arbitragem. Enquanto a *privacidade* decorre do caráter naturalmente particular e privado da arbitragem, do qual terceiros obviamente não fazem parte, a confidencialidade deriva de previsão legal ou convencional, a depender do que dispuser o ordenamento jurídico aplicável. [...] O *sigilo* é uma qualidade que se estabelece sobre determinadas informações ou sobre determinados documentos ou atos processuais que os torna imunes ao conhecimento de terceiros ou da própria contraparte na arbitragem. O *sigilo* é estabelecido discricionariamente pelos árbitros, a partir das alegações das partes sobre a pertinência da produção de determinados documentos ou da divulgação de determinadas informações. [...] Já o *segredo* é uma qualidade intrínseca da informação ou do documento, derivada de disposição legal que a faz imune ao conhecimento de terceiros ou da contraparte. Em tal hipótese, a atividade do árbitro deixa de ser discricionária e passa a ser vinculada. Assim, se determinada informação ou documento é definido como *segredo de negócio* ou *segredo de Estado*, tais informações são imunes à livre investigação da outra parte ou de terceiros. Se tais informações forem relevantes e pertinentes para o mérito da arbitragem, o teorema do menor sacrifício será aplicado, considerando-se seriamente a possibilidade de acesso às informações apenas aos árbitros".[61]

---

[59] Cf. José Antonio Fichtner e André Luis Monteiro, "A confidencialidade na reforma da lei de arbitragem", in Caio Cesar Vieira Rocha e Luis Felipe Salomão (coord.), *Arbitragem e Mediação*, p. 161-162.

[60] Enquanto na jurisdição privada a *privacidade*, a *confidencialidade*, o *segredo* e o *sigilo* são princípios comumente inseridos em textos de lei ou regulamentos de entidades arbitrais, na jurisdição estatal todo o processo reveste-se de interesse público (direto ou indireto), sendo públicos, por conseguinte, seus atos processuais (art. 189, *caput*, CPC) e o processo em seu todo, ressalvadas as exceções previstas em lei (art. 189, I a IV, CPC).

[61] Ob. cit., p. 163-164.
No que concerne à *discricionariedade* dos árbitros acerca do *sigilo*, escrevem os citados doutrinadores que a discussão travada em tal fase da arbitragem deve ser focada, primeiramente, na *pertinência* da produção das informações perseguidas relativamente ao mérito da arbitragem, cabendo aos árbitros eliminar qualquer tentativa de abuso de uma ou de ambas as partes na tentativa de usar a arbitragem para expor situações sensíveis da outra a terceiros ou mesmo o uso da arbitragem para ter acesso a informações que normalmente não seriam do conhecimento da contraparte. Em segundo momento, verificada positivamente a pertinência, cabe aos árbitros discricionariamente delimitar o acesso a tais documentos e informações, de maneira a prover a maior proteção e menor sacrifício à parte exposta. A

A Lei de Arbitragem, em dois momentos distintos, versa "timidamente" sobre o assunto: no art. 13, § 6º, quando discorre sobre os deveres dos árbitros no desempenho de suas funções, sendo um deles a *discrição* (conceito vago e indeterminado) que, por simetria, estende-se às entidades arbitrais, e, no art. 22-C, parágrafo único, quando dispõe sobre a observância do *segredo de justiça* no tocante ao cumprimento da carta arbitral.

Portanto, se a lei de regência não impõe tal dever às partes e terceiros partícipes (peritos, testemunhas, secretário, colaboradores em geral etc.) do processo arbitral, mister se faz que os litigantes assim convencionem expressa e previamente.

Parece-nos evidente que o emprego do substantivo feminino "discrição" não foi no sentido da conceituação comum (leiga), mas de externar e absorver em uma única palavra os princípios norteadores acerca desse tema, sabidamente tão precioso para a jurisdição privada, na verdade, um de seus pilares de sustentação, conforme já mencionado. Significa dizer que o *dever de discrição* incorpora na imprescindível observância pelos juízes privados (e entidades arbitrais) da *confidencialidade,* ressalvadas as hipóteses autorizadas pelos litigantes, ou, se uma das partes for algum ente público, quando então abrirá espaço para o que se denomina de *privacidade mitigada.*

De qualquer forma, o tema em análise é sabidamente complexo e sobre ele não existe uma compreensão uníssona, tanto em doutrina quanto em decisões de tribunais arbitrais (nacionais e estrangeiros),[62] somando-se ao fato de que, neste

---

busca que se estabelece é a de um equilíbrio entre os interesses conflitantes, com a aplicação do princípio da razoabilidade e proporcionalidade, permitindo-se, com o menor sacrifício possível e com a mais adequada proteção, extrair dos fatos a justa composição do conflito" (*ibidem*, p. 164-165).

[62] A título exemplificativo, apontamos algumas situações em que os tribunais arbitrais e o Judiciário australiano, o suíço, o inglês e o norte-americano manifestaram-se de forma diversa em hipóteses controvertidas acerca do sigilo de informações e produção de provas. Relata-nos Alejandro Garro que em demanda tramitando perante um tribunal arbitral australiano, um dos litigantes, fornecedor de combustíveis, encontrou refúgio no sigilo da arbitragem para evitar o vazamento de informações abertas no procedimento, tais como os detalhes nos cálculos de aumento de preços da indústria de combustível. Por sua vez, provocado, sustentou o Poder Judiciário sobre essa questão que o sigilo, no ponto em que era um atributo da arbitragem, não serviria como desculpa para a recusa de uma das partes em revelar informações relevantes para a decisão do caso.
Em outra demanda, desta feita na Suíça, entendeu o Judiciário local que o princípio da boa-fé e um acordo justo, em sede arbitral, pressupõem o dever do sigilo entre as partes.
Similar divergência, registra o citado professor, pode ser encontrada entre as cortes arbitrais da Inglaterra e dos Estados Unidos, no que tange ao sigilo sobre os documentos apresentados durante a arbitragem. Um tribunal arbitral inglês sustentou que o dever implícito de sigilo se estende a todos os documentos envolvidos na arbitragem, enquanto uma corte

ponto, a nossa Lei de Arbitragem foi extremamente "contida", dando margem a interpretações e conclusões diversas sobre a matéria.

Assim, repita-se, afigura-se de bom alvitre, para evitar dúvidas e controvérsias futuras, que as partes definam previamente os devidos contornos sobre o assunto, em convenção arbitral ou termo de arbitragem, sem prejuízo da possibilidade de realizarem tais definições, em comum acordo, no decorrer do processo[63] ou de fazerem uso das normas contidas em regulamentos de entidades arbitrais responsáveis pela administração do painel.

No que concerne à observância do segredo de justiça em sede de carta arbitral, depreende-se do texto legal que assim tenha sido estipulado previamente pelas partes e feita tal comprovação ao magistrado, o que confirma, mais uma vez, a necessária definição prévia a esse respeito, mesmo se a entidade ou órgão arbitral responsável pela administração do conflito já tiver essa previsão em seu regulamento. Contudo, a confidencialidade em sede arbitral tem sido relativizada tanto no Brasil quanto no exterior, em razão do fortalecimento da própria jurisdição privada e das relações negociais, notadamente as comerciais e de interesse geral do mercado mobiliário, na medida em que as sentenças arbitrais passam a ser divulgadas e publicadas em repositórios especializados (não raramente comentadas por doutrinadores), de maneira a formar um tipo diferenciado de "jurisprudência", ou melhor, de *precedentes arbitrais*, e, com isso, delineando os contornos dos entendimentos dos julgadores privados em casos idênticos ou semelhantes, o que serve como bússola para a confecção de contratos ou negociações do gênero e, ainda, para a consecução de acordos pré ou endoprocessuais.

Por óbvio que a quebra desses princípios que norteiam o tema em exame há de ser previamente autorizada pelas partes em comum acordo, e, por elas bem dimensionada em sua extensão,[64] inclusive em sintonia com os termos contidos em regulamentos de entidades arbitrais que irão administrar o painel.

---

arbitral norte-americana entendeu que, a não ser que haja acordo das partes, nenhum sigilo envolve os documentos apresentados ou produzidos na arbitragem (Entrevista concedida à Câmara de Arbitragem de Minas Gerais, *Informativo CAMARB*, n. 11, 2003).

Ainda sobre o tema da "Confidencialidade na arbitragem na jurisprudência dos tribunais estrangeiros" (França, Reino Unido, Austrália, Estados Unidos e Suécia) v. o estudo de José Fichtner, Sérgio Mannheimer e André Monteiro, *Novos temas de arbitragem,* 2014, p. 102-113.

[63] Contudo, durante o trâmite processual não é o melhor momento para essas definições, pois os ânimos já se fazem suficientemente acirrados como decorrência do conflito instaurado, o que dificulta ajustes desse jaez.

[64] Quando autorizada a publicação da sentença arbitral, normalmente as partes procuram preservar dados importantes merecedores de serem mantidos em sigilo, tais como os seus nomes e de terceiros que eventualmente tenham participado do processo, informações

"Tanto é assim, que a legislação brasileira impõe a divulgação de fatos relevantes que possam afetar os resultados e o desempenho das companhias abertas. A CVM já decidiu que há violação às regras de transparência e fiscalização previstas na Lei 6.404/1976 e na IN 358/2002 da CVM, quando um regulamento de arbitragem impeça, no caso concreto, a prestação de informações obrigatórias ao mercado. Dessa forma, a obrigação de comunicar qualquer ato ou fato se sobrepôs ao dever de sigilo.

"Ademais, as próprias companhias – seja pela adesão às regras do Novo Mercado, seja pela adoção voluntária de políticas de comunicação de fatos relevantes – têm adotado a prática de informar ao público a instauração de arbitragens, as sentenças e outros fatos ocorridos durante o procedimento arbitral que possam influenciar o mercado."[65]

A relevância da matéria atinente à relativização da confidencialidade em sede arbitral e seus desdobramentos nas relações negociais são bem exemplificados com a referida Instrução Normativa 358/2002, baixada pela Comissão de Valores Mobiliários que, dentre outros assuntos, *dispõe sobre a divulgação e uso de informações sobre ato ou fato relevante relativo às companhias abertas*, e, no que concerne ao tema em voga, o art. 2º trata das considerações sobre essas "relevâncias", e, o parágrafo único traz diversos exemplos a esse respeito, dentre eles o *requerimento de instauração de procedimento arbitral que possa vir a afetar a situação econômico-financeira da companhia,* segundo se infere do inciso XXII, inserido pela Instrução CVM 590, de 11 de setembro de 2017.[66]

---

[65] financeiras quantificadas ou índices econômicos, a não ser que absolutamente indispensáveis para a perfeita compreensão da *ratio decidendi.*
Luiz Fernando Martins Kuyven, "O necessário precedente arbitral", Revista de Arbitragem e Mediação, v. 36, p. 310.

[66] Não se pode olvidar ainda que a Lei 13.129/2015, que trouxe diversas inovações à Lei de Arbitragem, em seu art. 3º alterou ainda a Lei 6.0404/1976, acrescentando o seguinte art. 136-A na Subseção "Direito de Retirada" da Seção III do Capítulo XI, *in verbis*: "Art. 136-A. A aprovação da inserção de convenção de arbitragem no estatuto social, observado o *quorum* do art. 136, obriga a todos os acionistas, assegurado ao acionista dissidente o direito de retirar-se da companhia mediante o reembolso do valor de suas ações, nos termos do art. 45. § 1º A convenção somente terá eficácia após o decurso do prazo de 30 (trinta) dias, contado da publicação da ata da assembleia geral que a aprovou. § 2º O direito de retirada previsto no *caput* não será aplicável: I – caso a inclusão da convenção de arbitragem no estatuto social represente condição para que os valores mobiliários de emissão da companhia sejam admitidos à negociação em segmento de listagem de bolsa de valores ou de mercado de balcão organizado que exija dispersão acionária mínima de 25% (vinte e cinco por cento) das ações de cada espécie ou classe; II – caso a inclusão da convenção de arbitragem seja efetuada no estatuto social de companhia aberta cujas ações sejam dotadas de liquidez e dispersão no mercado, nos termos das alíneas 'a' e 'b' do inciso II do art. 137 desta Lei".

Dito isso, fica clara a distinção que deve ser observada entre *privacidade do procedimento arbitral* (direito das partes) e *privacidade na não divulgação de dados;* esta última respeita à confidencialidade atinente à não divulgação ou publicação de qualquer espécie de dados ou informações acerca das quais os participantes do painel arbitral tenham tido acesso ou conhecimento, enquanto a outra espécie de privacidade tem pertinência ao procedimento arbitral em toda a sua plenitude, cujos atos praticados e provas produzidas interessam somente aos litigantes ou terceiros integrantes da relação processual arbitral e demais sujeitos participantes, tais como representantes legais das partes, advogados, peritos, árbitros e colaboradores em geral.

Questão também interessante a ser analisada é aquela que respeita à confidencialidade dos atos quando a arbitragem tem como uma das partes a *administração pública direta ou indireta* (LA, art. 1º, § 1º) que, por preceito constitucional, haverá de observar o princípio da publicidade (art. 37, *caput* c/c art. 5º, XXXIII e art. 216, § 2º, todos da CF e Lei 12.527/2011 que regula o acesso à informação).

Nesses casos, há de distinguir-se a publicidade com que a administração pública está submetida na prática de atos que lhe são inerentes, portanto, de interesse geral e coletivo, daqueles atos processuais que se desenvolvem internamente em sede de jurisdição arbitral.

Significa dizer que a jurisdição arbitral não se submete à publicidade dos atos processuais nos feitos em que o ente público participa, mas é a própria administração (direta ou indireta) que tem o dever constitucional de observar a transparência e, portanto, de prestar as informações solicitadas por terceiros interessados, restritas ao que respeita à sua própria atividade estatal, e não ao conteúdo dos atos internos atinentes ao procedimento arbitral, porquanto confidenciais e de interesse limitado às partes litigantes.

Capítulo VI
DAS TUTELAS PROVISÓRIAS

Sumário: 1. Abordagem sinóptica das tutelas provisórias no CPC e na Lei 13.129/2015 – 2. Tutelas provisórias: noções fundamentais – 3. Tutelas de urgência e sua função social – 4. Tutela provisória antecedente e sua eficácia – 5. Tutela provisória incidental – 6. Tutela provisória contra a Fazenda Pública

1. ABORDAGEM SINÓPTICA DAS TUTELAS PROVISÓRIAS NO CPC E NA LEI 13.129/2015

A Lei 13.129, de 26 de maio de 2015 inovou também em sede de tutela provisória ao regular o que denominou em seu preâmbulo de *concessão de tutelas cautelares e de urgência nos casos de arbitragem*. A novidade, de fato, reside apenas na regulamentação em lei acerca do tema em voga, pois as tutelas de urgência já eram utilizadas pelos interessados antes mesmo do advento da aludida norma, com base na doutrina, nos regulamentos de entidades arbitrais, no direito estrangeiro, ou, no próprio Código de Processo Civil, na qualidade de fonte permanente subsidiária de aplicabilidade nos feitos atinentes à jurisdição privada.

Nada obstante os projetos de lei que deram origem ao Código de Processo Civil de 2015 (PL 166/2016 – Senado Federal; PL 8.046/2010 – Câmara dos Deputados) e a Lei 13.129/2015 (PL 406/2013 – Senado Federal; PL 7.108/2014 – Câmara dos Deputados) tenham tramitado simultaneamente, percebe-se a dissintonia parcial na nomenclatura utilizada pelo legislador para tratar de matérias correlatas. A norma que introduziu as inovações na Lei 9.307/1996 criou o Capítulo IV-A para dispor acerca "das tutelas cautelares e de urgência" (arts. 22-A e 22-B), enquanto a Lei 13.105/2015 (CPC), em seu Livro V, trata "da tutela provisória" (arts. 294 a 311).

Sem dúvida alguma, o legislador foi muito mais técnico e preciso ao versar sobre o tema no Código de Processo Civil, sendo flagrante o primeiro deslize terminológico inserto desde o início, na denominação do capítulo que trata da matéria, pois as cautelares são espécie das tutelas de urgência – evidente, portanto, a confusão; neste ponto, o Capítulo IV-A deveria ter sido nominado *Das tutelas de urgência*, ou, *Das tutelas provisórias*.

Nas "disposições gerais" sobre a "tutela provisória", infere-se do art. 294 do CPC que esse tipo de providência jurisdicional "pode fundar-se em urgência ou evidência" e, de seu parágrafo único, extrai-se que "a tutela provisória de urgência, cautelar ou antecipada, pode ser concedida em caráter antecedente ou incidental".

A bem da verdade, a Lei 13.129/2015 não tem por escopo regular com profundidade e extensão a matéria atinente às tutelas provisórias, pois o foro apropriado para tanto é, por certo, o Código Adjetivo Civil, na qualidade de macrossistema instrumental, mas apenas positivar o que há muito a doutrina e a prática arbitral já vinham realizando, e, com isso, chancelar o regramento atinente ao manejo das tutelas de urgência preparatórias (antecedentes), sua eficácia e manutenção, bem como o manejo das providências incidentais.

2. TUTELAS PROVISÓRIAS: NOÇÕES FUNDAMENTAIS

As denominadas *tutelas provisórias* na sistemática do Código de Processo Civil de 2015[1] estão fundadas em *urgência* (cautelar ou satisfativa – arts. 300 a 310) ou *evidência* (satisfativa, independente de perigo de dano ou de risco ao resultado útil do processo – art. 311), de maneira a minimizar ou neutralizar a incidência do *tempo* no processo.[2]

Em outros termos, essas técnicas diferenciadas de tutela são empregadas com o escopo de garantir a efetivação da proteção jurisdicional, na qualidade de mecanismos hábeis à superação de obstáculos naturalmente imbricados com a tramitação e a duração do processo, sobretudo os de cognição plena, em que a satisfação, via de regra, está vinculada à obtenção de uma sentença de mérito favorável transitada em julgado.

---

[1] Neste ponto, em muito evoluiu o Código de 2015 em relação ao vetusto Código de 1973. No cenário pretérito, o saudoso Ovídio Baptista da Silva advertia-nos com percuciência que o Código Buzaid, ao disciplinar o processo cautelar no Livro III, teria ultrapassado os limites científicos da cautelaridade, misturando numa única três classes distintas, quais sejam: as formas satisfativas sumárias de medidas provisionais, as medidas provisórias tomadas no curso do processo principal e as verdadeiras ações cautelares (*Comentários ao Código de Processo Civil*, v. XI, p. 5 *et seq.*).

[2] Semelhante a classificação das tutelas de urgência feita por Federico Carpi (cf. "La tutela d'urgenza fra cautela, 'sensenza anticipata' e giudizio di mérito", *Riv. Dir. Proc.*, v. 40, p. 680-724).
Baseado em Federico Carpi, Ovídio Baptista da Silva classifica três espécies de tutelas urgentes: a) tutela de urgência satisfativa autônoma; b) tutela de urgência satisfativa interinal; c) tutela de urgência propriamente cautelar (*Curso*, v. III, p. 10).
Quanto às cautelas típicas, isto é, as tutelas com função exclusivamente acautelatória, são aquelas que, segundo Liebman, asseguram (garantem) o eficaz desenvolvimento e o profícuo resultado do processo cognitivo e executivo, para a consecução dos escopos da jurisdição (*Manuale*, v. I, p. 193, n. 96).

As tutelas de urgência provisórias objetivam, em outros termos, harmonizar o binômio *rapidez* e *efetividade do processo*, sem perder de vista, dentro do possível, o valor *segurança*, em prol da justa composição do litígio. Daí a necessidade, cada vez maior, de todos os sistemas jurídicos preverem mecanismos de intervenção capazes de neutralizar o prejuízo resultante da duração do processo.[3]

Acautelar uma determinada situação fática ou jurídica significa protegê-la, preveni-la, resguardá-la, defendê-la; logicamente, *medida cautelar* é providência assecurativa (que acautela), e não que antecipa a satisfação (total ou parcial).

Assim, as ações cautelares (tutela de urgência acautelatória) são aquelas que têm por escopo garantir a incolumidade do bem da vida objeto da demanda principal (*v.g.*, arresto, sequestro) ou a relação processual propriamente dita (*v.g.*, produção antecipada de provas); antecipa-se a cautelaridade, não a satisfatividade perseguida.

Diversamente, se a medida antecipa os efeitos materiais da decisão de mérito de procedência do pedido, verifica-se a execução incidental provisional; a execução, mesmo que provisória, significa efetivação e satisfação, portanto, não acautela.

Nos dizeres do saudoso mestre Ovídio A. Baptista da Silva, "nosso entendimento do que seja a *satisfação* de um direito toma este conceito como equivalente à sua *realização* concreta e objetiva. Satisfazer um direito, para nós, é realizá-lo concretamente, no plano das relações humanas".[4]

Portanto, considerando-se a aplicação subsidiária do Código de Processo Civil, na qualidade de macrossistema instrumental à Lei de Arbitragem, se as partes não fizerem opção por outro sistema normativo estrangeiro, as diversas espécies de tutelas provisórias ali previstas e reguladas, deverão ser introduzidas, no que couber, em sede de procedimento arbitral, para todos os fins de direito.

Outro ponto que merece relevo é a distinção a ser feita entre *urgência* e *conveniência*; conforme exposto, somente a urgência da pretensão interinal dará ensejo a pedido de tutela (satisfativa ou cautelar) antecipatória ou incidental, relegando-se a *conveniência* ao plano subjetivo de interesse da parte que não assume qualquer relevância para a obtenção dessas providências, o que, por sua vez, não se confunde com a *necessidade*, matizada na imprescindibilidade de obtenção da medida perseguida. Aliás, é a *necessidade* em obtenção da tutela de urgência no caso concreto que dará os contornos da existência (ou não) de *interesse* do postulante.[5]

---

[3] Cf. Andrea Proto Pissani, *La nuova disciplina del processo civile*, p. 295-296.
[4] Ovídio Baptista da Silva, *Curso de direito processual civil*, v. 3, p. 21, § 4º.
[5] O *interesse* é um dos requisitos (ou elemento) da demanda válida que, somado à *legitimidade* (relação de pertinência subjetiva que deve haver no plano processual entre o sujeito que postula e aquele que, em tese, haverá de arcar com a providência jurisdicional perseguida), formam o binômio que se denomina de *condições da ação*.

3. TUTELAS DE URGÊNCIA E SUA FUNÇÃO SOCIAL

A figura jurídica das tutelas emergenciais *lato sensu* assume manifesta relevância na órbita do processo civil moderno, de indiscutível natureza pública e de cunho constitucional, em qualquer de suas modalidades, indispensáveis à solução dos conflitos que exigem do órgão prestador da jurisdição (pública ou privada) maior efetividade no oferecimento da proteção perseguida pelo jurisdicionado.

Destarte, com a nova realidade do mundo contemporâneo fez-se mister que as tutelas jurisdicionais viessem ao encontro da solução das necessidades, dos problemas, e das aspirações de toda a sociedade civil.[6] Entre essas necessidades "[...] estão seguramente as de desenvolver alternativas aos métodos e remédios tradicionais, sempre que sejam demasiado caros, lentos e inacessíveis ao povo; daí o dever de encontrar alternativas capazes de melhor atender às urgentes demandas de um tempo de transformações sociais em ritmo de velocidade sem precedente".[7]

Nessa linha, encontramos várias técnicas de *tutela sumária de urgência*, empregadas para garantir a efetividade da proteção jurisdicional contra os obstáculos atinentes à duração do processo de cognição plena ou de execução.

Com o decurso de tempo necessário à obtenção de uma sentença de mérito pode qualquer dos litigantes (mormente o autor da demanda) sofrer algum prejuízo irreparável, ou de difícil reparação, grave, isto é, situações particularmente danosas que possam consistir na colocação em perigo da concreta (efetiva) possibilidade de atuação da sentença sobre a questão de fundo da controvérsia, ou, ainda, na própria permanência do direito em estado de insatisfação por todo o período necessário (curso do processo) à consecução de uma sentença – o dano marginal que a duração do processo causa ou pode causar.

Daí a necessidade (cada vez maior) de todos os sistemas jurídicos preverem mecanismos de intervenção capazes de neutralizar o prejuízo (irreparável ou grave) resultante da duração do processo.[8]

As tutelas sumárias de urgência (cautelares ou satisfativas) servem, em outras palavras, para neutralizar os efeitos do tempo que incidem impiedosamente sobre os bens litigiosos e reflexamente sobre as próprias partes litigantes, em razão da duração do processo de conhecimento ou do processo de execução.

---

[6] De fato, deparamo-nos, após o advento da Revolução Industrial, com o fenômeno dos conflitos de massa, o que levou à necessidade de readaptação das concepções doutrinárias e formação legislativa do processo civil em sintonia com a nova realidade social.

[7] Mauro Cappelletti, "Os métodos alternativos de solução de conflitos no quadro do movimento universal do acesso à Justiça", *RePro*, 74, p. 97.

[8] Proto Pisani, *La nuova disciplina del processo civile*, p. 295-296.

Diante da importância das tutelas provisórias, as partes não poderão acordar o inacesso à jurisdição privada ou estatal para fins de obtenção de tutela provisória, em que pese o mote da convenção arbitral fundar-se na vontade das partes. Esse ponto do negócio processual é inválido.[9]

4. TUTELA PROVISÓRIA ANTECEDENTE E SUA EFICÁCIA

No mundo dos fatos e dos negócios jurídicos, inúmeras situações conflituosas costumam verificar-se e exigir que os interessados tomem providências urgentes, sob pena de perecimento (total ou parcial) do bem da vida a ser tutelado, o que requer o pleno e pronto acesso à jurisdição, quando não solucionado mediante autocomposição pré-processual.

No que concerne à jurisdição privada é comum os contratos apresentarem cláusulas compromissórias (cheias ou vazias) que, de antemão, são excludentes do acesso ao Estado-juiz para a resolução de qualquer espécie de controvérsia.

Porém, a instituição da jurisdição privada exige a observância de procedimentos preliminares que, apesar do curto prazo de duração, podem colocar em xeque a tutela perseguida pelo interessado, a sua eficácia e efetivação, portanto, o resultado útil propriamente dito.

Desde a primeira edição desta obra (1997) preconizamos que, em sede de jurisdição arbitral, as tutelas de urgência, via de regra, haveriam de ser postuladas e concedidas, salvo raras exceções, perante o árbitro ou tribunal arbitral, com a efetivação coercitiva da providência, se necessário, por meio de intervenção do Poder Judiciário.

Nessas excepcionalidades, inserem-se as hipóteses de incidência do tempo destinado ao procedimento de instauração da jurisdição privada, isto é, o período que medeia a lesão ou a ameaça ao direito de uma das partes contratantes e a prestação da tutela de urgência pelo árbitro ou tribunal arbitral.

O trâmite que envolve a instauração da jurisdição arbitral foi exposto nos capítulos antecedentes (IV e V) e percebe-se claramente que diversas situações – algumas de não pouca complexidade – poderão surgir durante esse período, tais como a escolha dos árbitros, as exceções de caráter subjetivo (impedimento e suspeições), as escusas à nomeação e a recusa do árbitro, falecimento ou outros obstáculos ao exercício da função, a formação do tribunal arbitral, a indicação de presidente do painel, a lavratura e a assinatura do termo de compromisso etc.

Nessa linha, para espancar qualquer dúvida e colocar pá de cal em controvérsias sobre o tema, o legislador de 2015 estabeleceu que "antes de instituída a

---

[9] Assim também entende Eduardo Talamini, "Arbitragem e tutela provisória no Código de Processo Civil de 2015", *RArb*, v. 46, p. 301.

arbitragem, as partes poderão recorrer ao Poder Judiciário para a concessão de medida cautelar ou de urgência" (art. 22-A), assim consideradas as providências acautelatórias ou de caráter satisfativo interinal.[10]

Da própria dicção do referido dispositivo legal, verifica-se que, nestes casos de urgência, o acesso à jurisdição estatal é uma faculdade das partes a ser exercida se o caso indicar que o interessado corre risco de ver frustrada a providência jurisdicional perseguida se precisar aguardar a instauração da arbitragem, enquanto, sabidamente, o Estado-juiz encontra-se de prontidão a qualquer dia e hora.

Essa escolha de acesso provisório ao Poder Judiciário não passa pelo assentimento prévio da parte *ex adversa*, tratando-se de faculdade exclusiva a ser exercida pelo interessado em obter a tutela de urgência.

Por outro lado, perante o Estado-juiz, a parte contrária poderá articular e provar que a hipótese em exame não requer providência emergencial e, por conseguinte, ausente pressuposto processual de validade, o que importará em extinção do processo antecedente, sem resolução do mérito (art. 485, IV, CPC), se, porventura, o juiz já não tiver feito essa análise (indeferindo ou dando seguimento ao pedido exordial).

O art. 22-A sintoniza-se perfeitamente com o princípio da inafastabilidade da jurisdição (pública ou privada), nos moldes ampliativos explicitados no art. 3º do CPC, que delineou com precisão os novos contornos a serem conferidos ao art. 5º, XXXV, da Constituição Federal (sobre o tema, v. Capítulo I, item n. 5, *supra*). Infere-se da redação do art. 22-A da Lei de Arbitragem uma *faculdade* conferida às partes que, em convenção arbitral, fizeram opção pela jurisdição privada, em acessar o Estado-juiz para a obtenção de tutela provisória antecedente (cautelar ou satisfativa).

Diz a lei que "as partes *poderão* recorrer ao Poder Judiciário [...]", o que não as impede de estabelecer em convenção arbitral que, nestes casos, farão uso da jurisdição privada para, também, resolver questões de urgência, indicando, para tanto, a entidade ou órgão arbitral que em seu regulamento possua o *árbitro de plantão* (também chamado de árbitro de emergência ou de apoio), ou, ainda, se a

---

[10] Essa, aliás, já era a orientação jurisprudencial firmada pelo Superior Tribunal de Justiça, antes do advento da Lei 13.129/2015, segundo se infere do REsp 1.244.401/SC, da relatoria da Min. Isabel Gallotti, julgado em 07.02.2017, *DJe* 16.02.2017, extraindo-se da ementa: "[...] 1. O ajuizamento de ação cautelar perante a Justiça Estatal não afasta a eficácia da cláusula compromissória arbitral. Precedentes. 2. A ausência de iniciativa para a instauração do juízo arbitral extingue a cautelar, na forma do art. 808 do Código de Processo Civil de 1973. 3. Recurso especial provido".

arbitragem for *ad hoc*, que seja igualmente prevista essa figura para os mesmos fins de concessão de uma medida antecedente de natureza satisfativa ou assecurativa.[11]

Há de se reconhecer que o modelo adotado pela Lei de Arbitragem de concorrência coordenada entre a jurisdição privada e a estatal para a concessão de medidas cautelares é pertinente, claro e objetivo, qual seja, o *temporal*, tendo em vista que, até a constituição do tribunal arbitral, a competência é do juiz togado (concorrente com a do juiz privado) e, a partir daí, a competência passa a ser apenas dos árbitros.[12]

O que as partes não poderão estabelecer em comum acordo, sob pena de nulidade, é a vedação ao acesso ao Poder Judiciário à obtenção de tutelas provisórias, mesmo que tenham indicado em convenção arbitral uma entidade que possua em seu regulamento a figura do *árbitro de urgência*. Contudo, nestes casos, o filtro ao Poder Judiciário é ainda maior, pois o interessado haverá de demonstrar ao Estado-juiz que o acesso à jurisdição arbitral de urgência poderia causar-lhe algum prejuízo em razão da incidência do tempo. Essa hipótese, em termos práticos, não será muito comum, pois as entidades que possuem em seus regulamentos a figura do *árbitro de plantão* (também denominado de *árbitro de apoio, de emergência ou de urgência*),[13] oferecem aos interessados um procedimento expedito capaz de atendê-los, em alguns casos, de maneira plena e satisfatória.

Não se pode deixar de considerar que, muitas vezes, "o tempo para que o árbitro de emergência decida a tutela requerida termina por ser maior do que aquele geralmente utilizado pelo Poder Judiciário, em razão da necessidade de nomeação de árbitro de emergência, possibilidade de impugnação e oitiva da outra parte (considerando-se que há, em geral, resistência à concessão de medidas cautelares *ex parte*). Entretanto, na experiência internacional, a faculdade de uma das partes recorrer ao árbitro de emergência não exclui a possibilidade de utilizar o Poder Judiciário para apreciar medidas cautelares e, desta forma, sua previsão em

---

[11] Para tanto, é de bom alvitre que as partes antes de escolherem a entidade ou órgão a ser definido em convenção arbitral, verifiquem nos respectivos regulamentos se há previsão da figura do *árbitro de emergência*, o que poderá facilitar, em muito, a solução de tutelas provisórias, somando-se à vantagem de não precisar socorrer-se da paquidérmica máquina estatal.
Sobre o tema "Árbitro de emergência – perspectiva brasileira à luz da experiência internacional", v. o estudo assim intitulado de Renato Stephan Grion, in Carlos Carmona, Selma Lemes e Pedro Martins (coord.), *20 anos da Lei de Arbitragem* – Homenagem a Petrônio R. Muniz, p. 403-448.

[12] Assim também Flávia Bittar Neves e Christian S. Batista Lopes, "Medidas cautelares em arbitragem", in Carlos Carmona, Selma Lemes e Pedro Martins (coord.), *20 anos da Lei de Arbitragem* – Homenagem a Petrônio R. Muniz, p. 470.

[13] Diversas são as entidades arbitrais que possuem em seus regulamentos a previsão da figura do *árbitro de urgência*, valendo citar, a título exemplificativo, a CCI Paris.

instituições pátrias não traria qualquer prejuízo para o regime legalmente previsto e franquearia mais uma opção para a parte que tem necessidade de acautelar seu direito ou resultado útil da arbitragem".[14]

"Em geral, formulado o pleito para a instituição de um árbitro de apoio ou de emergência, as instituições arbitrais terão um prazo normalmente bastante exíguo, não ultrapassando três ou quatro dias para nomear um árbitro para decidir a questão urgente. Usualmente os regulamentos de arbitragem fixam um prazo para que a decisão a respeito da medida de urgência seja proferida, podendo nesse intervalo o árbitro de emergência requerer a produção de submissões escritas, realizar audiência e determinar outras diligências necessárias para a deliberação. A decisão proferida tem caráter provisório e, portanto, não vincula de qualquer forma o Tribunal Arbitral, pelo que poderá ser revista pelo Tribunal Arbitral, uma vez que seja constituído. O árbitro de emergência não poderá integrar o Tribunal Arbitral, nos termos do que dispõem os respectivos regulamentos. A missão do árbitro de emergência deve ser, portanto, única e exclusivamente voltada a decidir a questão urgente que lhe fora posta."[15]

O fio condutor da opção pela jurisdição arbitral ou estatal para a concessão de tutelas provisórias é a *urgência* do caso concreto a ser demonstrada pelo interessado, em sintonia fina com o que foi estabelecido em comum acordo em convenção arbitral, no que couber.

Concedida pelo magistrado a tutela de urgência, o beneficiário da medida terá o prazo de trinta dias, a contar da efetivação da providência, para requerer a instituição da arbitragem, sob pena de cessação da eficácia da respectiva medida de urgência (art. 22-A, parágrafo único).

Negando-se a parte *ex adversa* em instituir a arbitragem, o interessado deverá ajuizar perante o Estado-juiz, no trintídio legal, a demanda estatuída nos arts. 6º e 7º da Lei 9.307/1996. Nesse caso, o trintídio haverá de ter o seu *dies ad quem* na data do ajuizamento da demanda arbitral, assim considerado o dia em que o interessado formula o seu requerimento perante a instituição arbitral (ou árbitro), flexibilizando-se a regra contida no art. 19 da lei de regência que considera "instituída a arbitragem quando aceita a nomeação pelo árbitro, se for único, ou por todos, se forem vários". Essa interpretação extensiva ao aludido dispositivo se faz mister para atender às particularidades e fases ritualísticas que envolvem a

---

[14] Flávia Bittar Neves e Christian S. Batista Lopes, "Medidas cautelares em arbitragem", in Carlos Carmona, Selma Lemes e Pedro Martins (coord.), *20 anos da Lei de Arbitragem – Homenagem a Petrônio R. Muniz*, p. 471.

[15] Pedro Guilhardi, "Medidas de urgência na arbitragem", *RArb*, v. 49, p. 92.

instituição da jurisdição privada, necessariamente sempre cercada de mecanismos assecurativos em observância do devido processo legal.[16]

Em outras palavras, contam-se os trinta dias a partir da data da efetivação da providência preparatória até a data da propositura da ação principal, independentemente da aceitação da nomeação pelos árbitros (art. 19 da LA), tratando-se, repita-se, de tutela concedida perante o Estado-juiz.

Diversamente, se a cautelar preparatória tiver sido aforada perante a jurisdição privada, reger-se-á nos termos do que dispuserem os regulamentos particulares definidos no compromisso arbitral, pelo árbitro, tribunal arbitral ou entidade arbitral indicada pelos litigantes.

Em sede estatal, competente para conhecer do pedido antecedente de tutela de urgência é o juiz que seria igualmente competente para conhecer da lide principal, conforme disposto no art. 299 do CPC.

Os requisitos de fundo e de forma das tutelas provisórias e todos os seus desdobramentos de ordem processual e procedimental, reger-se-ão pelas regras insculpidas no Código de Processo Civil, pois o pedido de natureza urgente tramita perante o Estado-juiz, para fins exclusivos de obtenção de liminar.

A formulação do pedido de tutela provisória perante o Poder Judiciário deve ser muito bem avaliada previamente pela parte interessada, e, para tanto, considerar diversos fatores que, direta ou indiretamente, poderão refletir na resolução do conflito a ser decidido, ao final, pelo árbitro.

Nesse contexto, a parte deve estar ciente de que estará sujeita às burocracias que envolvem a máquina estatal, além da incidência do Código de Processo Civil em toda a sua extensão, no que couber, a começar pelo pagamento das custas iniciais, observância aos requisitos da petição inicial (art. 319 c/c art. 294 e ss.), instruir a inicial com os documentos indispensáveis à propositura da ação (CPC, art. 320), em especial a convenção de arbitragem, sem prejuízo da possibilidade de ocorrência de despacho ordinatório para o cumprimento das disposições contidas no art. 321 do CPC.

E mais: o interessado haverá de considerar eventual indeferimento da inicial, declinação de foro ou de juízo, e, de ofício, poderá o juiz declarar-se absolutamente incompetente (CPC, art. 64), com todos os seus consectários.

---

[16] Esse também é o entendimento de Selma F. Lemos ("A inteligência do art. 19 da Lei de Arbitragem – instituição da arbitragem – e as medidas cautelares preparatórias", *Rev. Dir. Bancário, do Mercado de Capitais e da Arbitragem*, v. 20, p. 417, 2003), igualmente condividido com Donaldo Armelin ("Tutela de urgência e arbitragem", *Tutelas de urgência e cautelares* – Estudos em homenagem a Ovídio A. Baptista da Silva, p. 372-373).

Assim sendo, deve a parte que pretende obter a tutela de urgência antecedente avaliar, com a maior precisão possível, as possibilidades de, no caso concreto, aguardar a instauração da arbitragem para, então, postular a medida interinal, ou, se for o caso, socorrer-se do árbitro de plantão (de emergência ou apoio), se houver previsão no regulamento da entidade arbitral indicada na convenção, conforme assinalado anteriormente.

Ademais, a liminar poderá ser concedida ou indeferida pelo juiz, *inaudita altera pars*, ou após justificação prévia, tudo a depender das provas produzidas e do convencimento do julgador, circunstâncias estas que devem ser também consideradas pelo autor.

Por óbvio, da decisão que rejeita ou acolhe o pedido liminar não cabe qualquer recurso ou meio de impugnação, tendo em vista que a atuação do Estado-juiz é excepcional, provisional e precária; "instituída a arbitragem, caberá aos árbitros manter, modificar ou revogar a medida cautelar ou de urgência concedida pelo Poder Judiciário", segundo regra cogente apontada no *caput* do art. 22-B da Lei de Arbitragem.

Em outras palavras, a competência do Estado-juiz restringe-se à concessão ou denegação do pedido de urgência em sede liminar; se assim não fosse, o ato decisório daria ensejo à interposição de agravo de instrumento e, em tese, recursos às instâncias superiores, o que é absolutamente impensável e juridicamente impossível.

Hipótese interessante que pode ocorrer é aquela em que o juiz, antes de decidir acerca da liminar postulada em caráter antecedente, opta por ouvir a parte contrária, momento em que o réu, além de outras fundamentações, alega também nulidade da convenção arbitral. A questão a ser levantada é a seguinte: pode o juiz, nestes casos, conhecer incidentalmente da matéria?

A resposta é negativa, pois somente aos árbitros compete decidir acerca da nulidade, validade ou eficácia de cláusula arbitral, segundo o princípio da competência-competência, agasalhado no art. 8º da LA, somando-se a circunstância de que a hipótese versa sobre pedido de tutela provisória, cujo espectro de cognição é limitadíssimo, pois ao juiz cabe apenas conceder ou denegar a liminar, nada mais. Para aprofundamento sobre o tema, enviamos o leitor interessado para o Capítulo V, item n. 3.

Interessante também a reflexão sobre a hipótese em que o interessado postula *tutela antecipada antecedente* perante o Estado-juiz e o seu desdobramento processual atinente à *eficácia* e eventual *estabilização* da medida, vejamos: dispõe o *caput* do art. 304 do CPC que "a tutela antecipada, concedida nos termos do art. 303,[17] torna-se estável se da decisão que a concede não for interposto o respectivo recurso".

---

[17] Dispõe o *caput* do art. 303, *in verbis*: "Nos casos em que a urgência for contemporânea à propositura da ação, a petição inicial pode limitar-se ao requerimento da tutela antecipada

A questão merecedora de reflexão é a seguinte: verificar-se-á estabilização da medida antecipatória antecedente, conferida pelo Estado-juiz, se o réu não tiver recorrido da decisão concessiva da providência jurisdicional? Antes de responder, façamos ainda uma outra indagação, pois imbricada com a primeira: cabe recurso da providência concessiva ou denegatória da liminar antecipatória antecedente?

A resposta é negativa às duas indagações, porquanto a atuação do Estado-juiz quando acessado excepcionalmente para analisar qualquer tipo de tutela provisória antecedente (satisfativa ou cautelar) é sempre em *caráter precário*, ou seja, o Poder Judiciário atua apenas e tão somente para resolver provisoriamente a matéria conflituosa que lhe é apresentada em sede de tutela provisória, a ser revista (modificada, cassada ou confirmada) pelo árbitro ou tribunal arbitral quando instituída a jurisdição privada, segundo se infere do disposto no art. 22-B da LA. E mais: "Cessa a eficácia da medida cautelar ou de urgência se a parte interessada não requerer a instituição da arbitragem no prazo de 30 (trinta) dias, contado da data de efetivação da respectiva decisão" (art. 22-A, parágrafo único).

Portanto, incabível qualquer tipo de recurso ou meio de impugnação a ser manejado pelas partes contra a decisão proferida pelo juiz togado, repita-se, seja ela concessiva ou denegatória da liminar, pois o Judiciário exerce jurisdição restrita e limitada horizontal, em substituição provisória e precária à atuação daquele que é, por convenção prévia das partes, o detentor absoluto (ressalvadas algumas exceções) do poder jurisdicional privado – o árbitro ou o tribunal arbitral (juiz de fato e de direito).

Ademais, "uma vez que a estabilização é um sucedâneo prático do julgamento exauriente do mérito, se o objeto a ser substituído (julgamento do mérito) não compete ao Judiciário, o substituto (estabilização) tampouco pode competir, além de servir de incentivo à judicialização de demandas perante o Estado-juiz, eternizando-se os conflitos, afastando-se da pacificação.[18]

---

e à indicação do pedido de tutela final, com a exposição da lide, do direito que se busca realizar e do perigo de dano ou do risco ao resultado útil do processo".

[18] Cf. Eduardo Talamini ("Arbitragem e tutela provisória no Código de Processo Civil de 2015", *RArb*, v. 46, p. 307-312).
Na mesma linha o entendimento de José Fichtner e André Luis Monteiro, categóricos na conclusão no sentido de que "não se aplica a tese da estabilização da tutela à arbitragem, pois o procedimento descrito no art. 304 do Novo Código de Processo Civil é incompatível com o procedimento previsto nos arts. 22-A e 22-B da Lei de Arbitragem". "Tutela provisória da arbitragem e o novo Código de Processo Civil..." in Carlos Carmona, Selma Lemes e Pedro Martins (coord.), *20 anos da Lei de Arbitragem* – Homenagem a Petrônio R. Muniz, p. 517.

5. TUTELA PROVISÓRIA INCIDENTAL

Encontrando-se instituída a arbitragem, a tutela provisória deverá ser requerida diretamente ao árbitro ou tribunal arbitral (art. 22-B, parágrafo único), em face da renúncia à jurisdição pública.

Contudo, situações excepcionalíssimas poderão surgir em que o árbitro ou tribunal arbitral encontrem-se temporariamente obstados, por qualquer razão, de se manifestar sobre o pedido de urgência (p. ex., impedimento ou suspeição superveniente, morte, recesso de final de ano), hipóteses em que se afigura possível desatender às regras de competência, submetendo-se o pedido de tutela provisória ao juízo estatal tão somente para fins de concessão de liminar, e, na sequência, remetidos os autos à jurisdição arbitral que, por sua vez, poderá reapreciar a tutela concedida, manter ou alterar a decisão.[19]

De fato, não há óbice legal ou incongruência em se admitir, em hipóteses excepcionais, que o Poder Judiciário seja acionado para fins de concessão de tutela provisória, mesmo que o procedimento arbitral tenha iniciado, verificando-se o mesmo em sede de arbitragem internacional.[20] Diz-se "hipóteses excepcionais" porque assim efetivamente o são, admissíveis somente quando a providência se torne absolutamente impossível de ser conhecida, naquele momento, pelo árbitro ou tribunal arbitral, diante do risco de dano irreparável ou difícil reparação. Nos dizeres de Eduardo Talamini, "a existência de convenção arbitral não pode servir de óbice à intervenção do Judiciário, sempre que a arbitragem não estiver disponível ou não for apta a proporcionar proteção plena e tempestiva".[21]

Ao Estado-juiz competirá analisar com acuidade a hipótese dita excepcional que lhe é apresentada, de maneira a não violar a jurisdição privada, e, para tanto, haverá de "constatar a existência de um *periculum in mora* composto, isto é, além da situação de perigo, deve demonstrar a impossibilidade de uma jurisdição arbitral de urgência igualmente efetiva".[22]

Na hipótese de não haver cumprimento espontâneo da ordem emanada do juízo arbitral pela parte contra a qual é dirigida a providência interinal, e, a efetivação da respectiva tutela vier a exigir a tomada de medidas coercitivas, haverá de

---

[19] STJ, REsp 1.297.974/RJ, Rel. Min. Fátima Nancy Andrighi, j. 12.06.2012, DJe 19.06.2012.
[20] Por exemplo, o art. 25.3, do Regulamento de Arbitragem da *London Court of Internacional Arbitration* – LCIA (*DE* 1º.10.2014).
[21] "Arbitragem e a tutela provisória no Código de Processo Civil de 2015", *RArb*, v. 46, p. 293.
[22] Clávio Valença Filho, "Tutela judicial de urgência e a lide objeto de convenção de arbitragem", *Revista Brasileira de Arbitragem*, v. 7, p. 28.
No mesmo sentido, v. Giovanni Ettore Nanni e Pedro Guilhardi, "Medidas cautelares depois de instituída a arbitragem: reflexões à luz da reforma da Lei de Arbitragem", *RArb*, v. 45, p. 134-135.

processar-se a medida perante o Poder Judiciário, único detentor do *ius imperi*,[23] por meio de requisição por carta arbitral (v. Cap. VII, *infra*).

As tutelas provisórias incidentais arbitrais são regidas comumente pelos regulamentos das respectivas entidades indicadas pelas partes em convenção arbitral, assim como, de regra, os demais atos incidentes e procedimentos que envolvem todo o painel arbitral; trata-se do que se denomina de *processo civil arbitral*.

Contudo, nada obsta que as partes optem pela regência do procedimento arbitral pelas regras contidas no Código de Processo Civil, no que couber (hipótese incomum). Se assim o fizerem, será possível articular pedido de tutela da evidência (art. 311) (v. Capítulo I, n. 9, *supra*). Neste ponto, outra questão surgirá, qual seja: aplicam-se ou não para dar ensejo ao fundamento de pedido de tutela da evidência as teses firmadas em julgamento de casos repetitivos ou em súmula vinculante (art. 311, II); a matéria requer reflexão sob o prisma da escolha das partes pelo julgamento de direito e de equidade. Para não sermos repetitivos, enviamos o leitor interessado ao Capítulo VIII, n. 9, *infra* em que tratamos do tema com mais profundidade.

Observa muito bem Eduardo Talamini que "a simples circunstância de se tratar de uma arbitragem interna (brasileira), por óbvio não basta. Em princípio, não se aplicam ao processo arbitral as normas do processo *judicial* brasileiro. Mesmo quando as partes convencionam (ou se extrai do silêncio delas) que será observado, quanto ao processo arbitral, o direito brasileiro, isso não significa aplicar o ordenamento jurídico pátrio, e sim as normas brasileiras de arbitragem. Para que se apliquem as regras do processo judicial, inclusive aquela que autoriza tutela antecipada fundada em evidência (*i.e.*, sem perigo de dano), é preciso que as partes tenham convencionado que o processo arbitral reger-se-á, no que couber, pelas normas do processo *judicial* – o que não é comum. Então, a possibilidade

---

[23] Nesse sentido, desde 12.06.2012, o Superior Tribunal de Justiça firmou seu entendimento quando do julgamento do REsp 1.297.974, da relatoria da Ministra Fátima Nancy Andrighi, valendo citar o seguinte excerto da ementa: "1. O Tribunal Arbitral é competente para processar e julgar pedido cautelar formulado pelas partes, limitando-se, porém, ao deferimento da tutela, estando impedido de dar cumprimento às medidas de natureza coercitiva, as quais, havendo resistência da parte em acolher a determinação do(s) árbitro(s), deverão ser executadas pelo Poder Judiciário, a quem se reserve o poder de *imperium*. 2. Na pendência da constituição do Tribunal Arbitral, admite-se que a parte se socorra do Poder Judiciário, por intermédio de medida de natureza cautelar, para assegurar o resultado útil da arbitragem. 3. Superadas as circunstâncias temporárias que justificavam a intervenção contingencial do Poder Judiciário e considerando que a celebração do compromisso arbitral implica, como regra, a derrogação da jurisdição estatal, os autos devem ser prontamente encaminhados ao juízo arbitral, para que este assuma o processamento da ação e, se for o caso, reaprecie a tutela conferida, mantendo, alterando ou revogando a respectiva decisão [...]."

de concessão de tutela da evidência no processo arbitral depende da incidência, por opção das partes, das normas do processo judicial ou, quando menos, da previsão de tal mecanismo no regramento específico definido pelas partes para o processo arbitral".[24]

Ressalta-se que, em sede de arbitragem institucional, as entidades costumam trazer previsão expressa em seus regulamentos sobre as tutelas de urgência,[25] o que exclui a utilização das regras constantes do Código de Processo Civil.

Ademais, quando as medidas são elencadas em regulamentos de entidades arbitrais, considera-se o rol como sendo meramente exemplificativo, pois o mundo dos fatos é extremamente fértil em criar circunstâncias diversas a exigir providências antecipatórias (satisfativas) ou acautelatórias (assecurativas) diversificadas de difícil ou impossível previsão normativa.

Também as partes podem estabelecer um procedimento diferenciado para o trâmite da arbitragem, ou, conferir esse poder aos árbitros, com a possibilidade, inclusive, de opção pelo uso de legislação processual estrangeira (LA, art. 21, *caput*).

De qualquer forma, para a concessão das tutelas de urgência (cautelares ou antecipatórias), não é requisito indispensável que a mesma esteja prevista em algum regulamento ou expressamente autorizada em convenção arbitral, pois a jurisdição conferida pelas partes aos juízes privados é plena, de maneira a considerarem-se implícitos e amplos os poderes que lhes são conferidos.[26]

Especificamente no que concerne ao deferimento ou indeferimento de tutelas antecipatórias satisfativas, é importante o tribunal arbitral bem observar os contornos que serão delineados em sua decisão para que não transpareça um prejulgamento da causa e, o que é pior, um julgamento tendencioso, preocupação também compartilhada pela doutrina nacional e alienígena. Baseado em Gary Born, adverte Paulo Guilhardi: "Nesse sentido, impõe-se que o Tribunal Arbitral proceda com as cautelas necessárias ao avaliar e expor às partes as razões do deferimento ou indeferimento de determinada medida de urgência, quer seja antecipatória ou não, sob pena de a decisão ser interpretada como prejulgamento do caso. Tal fato

---

[24] "Arbitragem e tutela provisória no Código de Processo Civil de 2015", *RArb*, v. 46, p. 307.

[25] A título exemplificativo, vejamos algumas referências normativas: Regulamento de Arbitragem da Comissão das Nações Unidas para o Desenvolvimento do Comércio Internacional (UNCITRAL, art. 26, 2); Centro de Arbitragem e Mediação da Câmara de Comércio Brasil-Canadá (CAM-CCBC, art. 8); Corte Internacional de Arbitragem da Câmara de Comércio Internacional (CCI, art. 28); Centro Brasileiro de Mediação e Arbitragem (CBMA, art. 13); Câmara de Arbitragem Empresarial-Brasil (CAMARB, art. 9).

[26] Este também é o entendimento da Carlos Alberto Carmona, *Arbitragem e processo*, p. 330, n. 7.

Em sentido inverso, José Carlos de Magalhães defende a tese da necessidade de autorização prévia e expressa das partes para a concessão de tutelas antecipatórias.

pode submeter o procedimento arbitral a um risco de a parte que se sentiu lesada impor obstáculos ao bom andamento do procedimento".[27]

E, mais adiante, quando escreve especificamente sobre a antecipação de tutela, assim observa: "Uma decisão provisória que antecipa o provimento final pleiteado poderá trazer desequilíbrio ao procedimento arbitral, com possibilidade, por exemplo, de táticas protelatórias pela parte prejudicada, além de reabrir a discussão a respeito de um prejulgamento da questão pelo Tribunal Arbitral, o que, como já visto, é algo que Tribunais Arbitrais devem estar atentos para se evitar. Em resumo, embora pareça possível ao Tribunal Arbitral que conceda tutelas pautadas na evidência, ainda que ausente autorização expressa pela convenção de arbitragem, por razões práticas o deferimento de tal medida deve ser realizado com muita parcimônia, apenas em caráter excepcional e caso inviável seja proferir uma sentença parcial, sob pena de trazer ao procedimento arbitral um grave ônus de desequilíbrio no seu desenrolar".[28]

Nada impede também que as partes ajustem em convenção arbitral algumas hipóteses em que uma parcela do conflito seja submetida à jurisdição estatal (p. ex., tutelas provisórias), enquanto outra parcela seja solucionada perante a jurisdição privada. Nessa linha, já decidiu o Superior Tribunal de Justiça, conferindo validade à cláusula compromissória constante de acordo que excepcione ou reserve certas situações especiais a serem submetidas ao Judiciário, mormente quando essas demandem tutelas de urgência.[29]

O pedido de tutela provisória assim como a demonstração dos fatos e fundamentos jurídicos da pretensão incidental serão articulados e apresentados diretamente ao árbitro ou tribunal arbitral, sem prejuízo da possibilidade de concessão de providências de ofício,[30] tendo em vista inserir-se dentro do seu *poder geral jurisdicional*.

Sobre a possibilidade de os árbitros concederem, de ofício, a tutela acautelatória, Vincenzo Vigoriti interpreta acertadamente o silêncio do legislador internacional ao dispor sobre o tema no art. 26 da Lei Modelo da Uncitral, da seguinte maneira: "Negar o poder concedido ao árbitro significaria simplesmente tornar

---

[27] "Medidas de urgência na arbitragem", *RArb*, v. 49, p. 82.
[28] Ob. cit., p. 100.
[29] REsp 1.331.100/BA, Rel. Min. Maria Isabel Gallotti e Rel. p/ Acórdão Min. Raul Araújo, j. 17.12.2015, *DJe* 22.02.2016.
[30] Cf. Paulo Cezar Pinheiro Carneiro, "Aspectos processuais da nova lei de arbitragem", In: Paulo Borba Casella (coord.). *Arbitragem – A nova lei brasileira (9.307/96) e a praxe internacional*, p. 151-152, n. VII, itens 113 e 120.
Na mesma linha sobre a possibilidade de concessão de tutelas de urgência *ex officio*, v. Fernando Silva Moreira dos Santos, "Medidas de urgência no processo arbitral", *RT*, v. 912, p. 327-372, 2011.

inútil, ineficaz a previsão normativa, sendo razoável pensar que se o limite fosse introduzido, na maior parte dos casos, os pedidos seriam dirigidos ao Estado-juiz, na esperança de obter aquilo que os árbitros não podem conceder. A norma prevê que os árbitros possam modificar ou revogar a cautela, inclusive de ofício".[31]

Como bem salienta Pedro Guilhardi, "deve-se ressaltar, contudo, que tal proceder apenas deve ocorrer em situações excepcionais e nas hipóteses em que a determinação tenha por função precípua beneficiar o próprio procedimento arbitral, isto é, auxiliem o Tribunal Arbitral a melhor decidir a questão posta. Em outras palavras, não estão os árbitros autorizados a agir no lugar e em nome de uma das partes. Por exemplo, não estariam em princípio os árbitros autorizados a de ofício determinar o bloqueio de determinado ativo de uma das partes para garantir a execução futura da sentença arbitral, eis que tal medida tem o fim precípuo de apenas beneficiar uma das partes; por outro lado, estariam autorizados a proferir medidas de urgência relacionadas à produção de prova ou determinar que uma das partes mantivesse registro de todas as operações comerciais que realizou durante o procedimento arbitral, se tal informação for necessária e auxiliar na prolação da sentença arbitral".[32]

O árbitro ou tribunal decidirá a respeito da necessidade e conveniência da medida pleiteada, acolhendo ou rejeitando o pedido de tutela de urgência. Desta decisão, assim como da sentença arbitral, não caberá qualquer forma de impugnação ou recurso, salvo estipulação em contrário na convenção arbitral (pouco comum e improvável), muito menos ao Estado-juiz, ressalvada a possibilidade de propositura, em tempo oportuno, de *ação anulatória* pelas mesmas razões ensejadoras da anulação da sentença final.

O juízo arbitral é soberano, e somente o árbitro ou o tribunal arbitral é que, por maioria ou unanimidade, possui jurisdição e competência para decidir acerca do pedido de concessão de providência acautelatória ou antecipatória e, para tanto, o acolhimento ou rejeição do pedido pode verificar-se liminarmente, ou, após justificação prévia e ouvida da parte contrária.

Em tese, nada obsta que a tutela provisória seja concedida sem a ouvida da parte contrária; contudo, essas medidas ficam reservadas a hipóteses excepcionais, pois no cotidiano dos painéis arbitrais, a prática nacional e internacional é no sentido de reportar-se primeiramente ao contraditório, sendo este, aliás, também o posicionamento majoritário da doutrina.

---

[31] "La revisione delle 'rules of arbitration dell'uncitral' (a proposito della seduta di New York del 9-13 febbraio 2009), in Donaldo Armelin (coord.), *Tutelas de urgência e cautelares – Estudos em homenagem a Ovídio A. Baptista da Silva*, p. 1.038.
[32] "Medidas de urgência na arbitragem", *RArb*, v. 49, p. 87, 2016

As razões principais que levam à admissão da regra da concessão de liminar somente após a ouvida da parte contrária são basicamente as seguintes: "a) impossibilidade de se recorrer da decisão que defere a medida; b) incompatibilidade com o consenso que constitui o cerne da existência da arbitragem; c) incompatibilidade com os direitos de ampla defesa e contraditório; d) dificuldades para a efetivação da medida; e) risco de indevida apreciação antecipada do mérito da disputa; f) exposição injustificada do árbitro indicado pela parte contra quem foi deferida a medida sem sua oitiva; g) dificuldade de os árbitros imporem sanções profissionais-administrativas à parte que manipulou fatos e documentos que formaram o racional da concessão da medida; e h) risco de responsabilidade civil do árbitro que concedeu indevidamente a medida sem a oitiva da parte adversa".[33]

De qualquer forma, mesmo sendo essa a orientação dominante ou a regra do regulamento da entidade arbitral, ao árbitro compete avaliar criteriosamente acerca da urgência (necessidade e possibilidade) do caso concreto, e, portanto, sem prejuízo de, em hipóteses excepcionais, conceder a tutela provisória *inaudita altera pars*.

Há de se perquirir, também, a respeito das definições dos limites estabelecidos pelas partes na convenção arbitral (cláusula compromissória ou compromisso arbitral), a qual servirá de norte para a identificação do juízo competente para conhecer dessas questões.

Como dissemos, em linha principiológica, sendo o árbitro competente para o processo e o conhecimento da lide principal, estará investido também de jurisdição paraestatal e competência definida pelas partes para apreciar e decidir os pedidos incidentais de tutela cautelar ou antecipatória (art. 22-B, parágrafo único). Os contornos destes poderes deverão estar assinalados na convenção de arbitragem, por meio da indicação da matéria que será objeto de apreciação pelo juiz privado (art. 10, III).

Os árbitros poderão ainda utilizar-se de medidas coercitivas (*astreintes*) para a melhor consecução da providência concedida (a exemplo do que se verifica nos arts. 497 e 498 do CPC); essas decisões arbitrais interinais têm natureza mandamental, e, portanto, haverão de ser cumpridas espontaneamente pela parte a quem é dirigida a providência, em observância à autoridade do árbitro.

---

[33] Cf. Hans Van Houtte, citado por Giovanni Nanni e Pedro Guilhardi, "Medidas cautelares depois de instituída a arbitragem: reflexões à luz da reforma da Lei de Arbitragem", *RArb*, v. 45, p. 148. Nessa linha, observam os citados doutrinadores, a título exemplificativo, regulamentos de entidades internacionais acerca do tema, tais como o Regulamento da CCI – Apêndice V – Regras sobre o Árbitro de Emergência que em seu art. 5 (2) dispõe que "em todos os casos o árbitro de emergência deverá atuar de maneira justa e imparcial e assegurar que cada parte tenha ampla oportunidade de expor suas alegações". Assim também o art. 25.1 do Regulamento da LCIA.

Existem entendimentos doutrinários no sentido de que a fixação da multa coercitiva não é da competência do árbitro ou tribunal arbitral, mas do Estado-juiz, a ser fixada no momento do cumprimento da carta arbitral, e que essa decisão não tem *natureza mandamental*.[34] Não compartilhamos deste entendimento, primeiramente porque é o conteúdo do ato decisório que define a sua natureza jurídica e, portanto, se nele estiver inserida uma *ordem* (fazer, não fazer, entregar ou dar), o cumprimento da determinação emanada do árbitro ou tribunal arbitral haverá de ser atendido espontaneamente; é justamente no comando de *ordem* que reside a natureza mandamental da providência, e, para que encontre força coercitiva e iniba a recalcitrância, mister se faz que órgão julgador privado defina as *astreintes*, a forma e o tempo de incidência.

Não se pode confundir o poder de prolação de decisão de cunho mandamental (ordem), com o poder de fazer valer o seu conteúdo (efetivação da medida e da coerção). O poder de ordenar e de definir os meios coercitivos que, se necessário, haverão de ser empregados, seus limites, valores, prazos etc. compete ao órgão julgador privado, enquanto as técnicas de efetivação e o uso da força (poder de coerção propriamente dito) somente poderão ser exercidos pelo Judiciário.

Destarte, se desatendida a ordem emanada do árbitro ou tribunal arbitral, a sua efetivação mediante coerção será realizada somente com a atuação do juiz estatal, tendo em vista que o árbitro não detém o *ius imperi*. Ao final, a multa que reverterá em favor da parte contrária será cobrada na própria jurisdição privada e, se não houver pagamento espontâneo, o interessado haverá de dirigir-se novamente ao Estado-juiz.

Porém, se a parte deixar de cumprir a providência interinal emanada do árbitro ou tribunal arbitral não incidirá em crime de desobediência (CP, art. 330), em que pese o árbitro ser juiz de fato e de direito e equiparar-se ao funcionário público para os efeitos da legislação penal (LA, art. 17). Ocorre que os árbitros são equiparados aos funcionários públicos para fins de responsabilidade criminal, porém, as suas decisões, mesmo que de natureza mandamental, não são equiparáveis às decisões estatais que se revestem da mesma natureza, em razão de estarem destituídas de *ius imperi*, tanto que, se não forem observadas espontaneamente, o pedido de cooperação da jurisdição estatal se fará mister.

Assim, se o árbitro é destituído do poder legal de fazer valer a sua decisão mediante o uso da força, eventual desobediência à ordem emanada da jurisdição arbitral não importará em prática de ilícito penal.

---

[34] Nesse sentido Eduardo Talamini, ao lecionar que não se trata de decisão de natureza mandamental e que a fixação da cominação da multa processual coercitiva (CPC, art. 537) cabe ao Estado-juiz, assim como fixar seu valor e prazo ("Arbitragem e tutela provisória no Código de Processo Civil de 2015", *RArb*, v. 46, p. 292-293).

A solicitação ao Poder Judiciário para fazer valer a tutela provisória concedida em sede arbitral, ou seja, para efetivá-la no plano factual, será dirigida pelo árbitro ou tribunal por meio de carta arbitral (LA, art. 22-C) que, por sua vez, "apenas realizará exame formal, atinente à competência e à presença de elementos documentais suficientes para processar a medida, e aferição sumária (*prima facie*) da existência e eficácia da convenção arbitral. Por outro lado, compete ao juiz, e não ao árbitro, deliberar a respeito das providências à efetivação da tutela urgente".[35]

A verdade é que "a clareza da regra brasileira, que adota um único critério objetivo, evita ainda um contencioso prévio sobre a competência para determinar medidas acautelatórias. [...] o regime brasileiro de medidas cautelares em arbitragem é dotado de certeza e previsibilidade, além de ser eficaz em medidas preparatórias determinadas pelo juízo estatal, seja em medidas incidentais determinadas pelos próprios árbitros e cumpridas, se necessário, com o auxílio do Poder Judiciário por meio da carta arbitral. Constitui, portanto, um importante fator para criar um ambiente seguro para a realização de arbitragens domésticas e para fixar o país como local para realização de arbitragens internacionais".[36]

6. TUTELA PROVISÓRIA CONTRA A FAZENDA PÚBLICA

Uma das novidades alvissareiras introduzidas pela Lei 13.129/2015 foi a admissibilidade de resolução de conflitos envolvendo a administração pública direta e indireta, relativos a direitos patrimoniais disponíveis, por intermédio da jurisdição arbitral (LA, art. 1º, § 1º). Por sua vez, o mesmo Diploma determina que, nesses casos, a arbitragem não poderá ser decidida por equidade, mas será sempre de direito (LA, art. 2º, § 3º).

Portanto, a primeira questão a ser definida nas demandas que têm como parte a administração pública é se estamos diante de arbitragem nacional ou internacional e, na sequência, a identificação das regras de direito material e processual que incidirão no caso concreto (arbitragem de direito), tendo-se como certo que, assim como ocorre em todas as hipóteses em que as partes optam pela resolução de seus conflitos perante a jurisdição privada, independentemente da natureza jurídica das pessoas (físicas ou jurídicas), o julgamento arbitral é pautado por regras não necessariamente idênticas àquelas utilizadas pelo Estado-juiz.

---

[35] Eduardo Talamini, "Arbitragem e tutela provisória no Código de Processo Civil de 2015", *RArb*, v. 46, p. 292. O citado doutrinador acrescenta ainda que caberá ao juiz definir a aplicação das medidas atípicas (CPC art. 297) necessárias à concretização da tutela de urgência predefinida pelo tribunal arbitral.

[36] Flávia Bittar Neves e Christian S. Batista Lopes, "Medidas cautelares em arbitragem", in Carlos Carmona, Selma Lemes e Pedro Martins (coord.), *20 anos da Lei de Arbitragem – Homenagem a Petrônio R. Muniz*, p. 471.

No processo civil comum, é assente a existência de regras excepcionais limitativas à concessão de tutelas provisórias contra a Fazenda Pública, restrições inclusive mantidas com a edição do Código de 2015, quando dispõe no art. 1.059 que se aplicam as regras insculpidas nos arts. 1º a 4º da Lei 8.437/1992 e do art. 7º, § 2º da Lei 12.016/2009. Como bem destacam Nelson e Rosa Maria Nery, " (i) a tutela provisória não cabe caso a mesma providência possa ser requerida pela via do mandado de segurança; (ii) a tutela provisória esgota no todo ou em parte o objeto da ação; (iii) não pode ser requerida tutela provisória para pleito de compensação de créditos tributários ou previdenciários; (iv) em ACP, a tutela provisória deverá ser concedida após a oitiva da pessoa jurídica de direito público; (v) o recurso interposto da tutela provisória concedida contra pessoa jurídica de direito público, e que importe em outorga ou edição de vencimentos ou de reclassificação funcional, terá efeito suspensivo; (vi) cabe contra a tutela provisória o procedimento da suspensão de execução de liminar, em ações movidas contra o Poder Público ou seus agentes (L 8437/92). Também se aplica à tutela provisória proferida em MS a proibição de liminar que tenha por objeto a compensação de créditos tributários, a entrega de mercadorias e bens provenientes do exterior, a reclassificação ou equiparação de servidores e a concessão de vantagens ou pagamento de qualquer natureza (LMS 7º, § 2º)".[37]

Vale lembrar também que o Supremo Tribunal Federal há muito já se manifestou sobre a constitucionalidade da restrição estabelecida no art. 1º da Lei 9.494/1997 (tutela antecipada contra a Fazenda Pública), justificada em face do interesse público, e, portanto, não significando qualquer vulneração à plenitude da jurisdição e do acesso à justiça; para tanto, acolheu-se a ADC 4/DF e confirmou-se, com efeito vinculante e eficácia geral *ex tunc*, a inteira validade jurídico-constitucional do mencionado dispositivo legal.[38]

Nada obstante todas essas considerações, a verdade é que as hipóteses legais restritivas para concessão de liminares em face da Fazenda Pública não encontram praticamente nenhuma ressonância em sede de jurisdição arbitral, na exata medida em que aquelas não serão levadas à cognição do juízo arbitral, além de questionável a sua aplicação no âmbito privado.

Em outras palavras, "as regras limitativas à concessão de liminares em face do Poder Público são, em alguma medida, irrelevantes para as arbitragens que envolvam a Fazenda. Antes, porque qualquer regra que limite ou vede a concessão de medida urgente (inclusive em face da Fazenda Pública) poderá ter sua inconstitucionalidade declarada incidentalmente (exceto nas hipóteses do art. 1º da Lei 9.494/1997). Depois, porque as restrições à concessão de liminares antecipatórias

---

[37] *Comentários ao CPC*, 2015, p. 2.250, art. 1.059, n. 2.
[38] Rel. Min. Sydney Sanches (Rel. p/ Acórdão Min. Celso de Mello), j. 1º.10.2008.

contidas no art. 1º da Lei 9.494/1997 dificilmente serão objeto de arbitragem, pois não nos parece viável uma demanda tencionando, por exemplo, a concessão de vantagens a servidor público seja submetida à via excepcional e custosa da arbitragem. Todavia, caso uma associação representativa dos interesses de servidores públicos (*e.g.*, de determinado Estado ou município) firmar compromisso arbitral com o poder Público para resolver controvérsia acerca de ajuste de benefícios, estaria inviabilizada a concessão de tutela antecipada, por força do disposto no art. 1º da Lei 9.494/1997".[39]

---

[39] Paulo Osternack Amaral, "A concessão de medidas urgentes em processo arbitral envolvendo o poder público", in Arnoldo Wald (org.), *Arbitragem e Mediação*, v. II, p. 1.211-1.212, n. 65 (Coleção Doutrinas Essenciais); e *RePro*, 157, p. 18, mar. 2008.

CAPÍTULO VII
DA CARTA ARBITRAL

Sumário: 1. Da comunicação entre árbitro e o juiz estatal e o princípio da cooperação – 2. Objeto da carta arbitral – 3. Da competência e dos poderes do Estado-juiz para o cumprimento da carta arbitral – 4. Da observância do sigilo no cumprimento da carta arbitral – 5. Dos conteúdos de fundo e de forma da carta arbitral – 6. Da recusa de cumprimento da carta arbitral – 7. Do cumprimento e da devolução da carta arbitral

1. DA COMUNICAÇÃO ENTRE ÁRBITRO E O JUIZ ESTATAL E O PRINCÍPIO DA COOPERAÇÃO

A Lei 13.129/2015 inovou também acerca da normatização sobre a comunicação entre a jurisdição arbitral e o Estado-juiz, em sintonia fina com o princípio da cooperação chancelado nos arts. 67 a 69 do Código de Processo Civil, que preconiza o dever de colaboração entre todos os órgãos do Poder Judiciário, indistintamente, por meio de seus magistrados e servidores.

Nessa linha, estando assentado em doutrina, em jurisprudência da Corte Constitucional e, mais recentemente, em texto de lei, que a arbitragem é jurisdição privada (CPC, art. 3º) e que os árbitros são juízes de fato e de direito (LA, art. 18), não poderia permanecer a lacuna até então existente, no que concerne ao regramento da formulação de pedido de cooperação de ato processual em que se faça mister a participação do Poder Judiciário para a consecução de providências emanadas da jurisdição arbitral.

Trata-se, portanto, de ato processual arbitral complexo, na exata medida em que tem origem na jurisdição privada (decisão e requerimento), e, na sequência, verifica-se o cumprimento e efetivação da providência arbitral mediante atuação cooperativa do Estado-juiz, retornando, ao final, para o juízo de origem.

Ao versar sobre o que denominou de "múltiplas faces da cooperação", escreve Júlio Müller no sentido de que "o processo como procedimento em cooperação é um modelo à disposição dos sujeitos processuais que se disponham a, voluntariamente, trabalhar em regime de colaboração quanto aos meios para a resolução dos conflitos. Colaborar, cooperar e compartilhar são a tônica dos novos tempos".[1]

---

[1] *Negócios processuais e desjudicialização da produção da prova*, p. 392.

O pedido de cooperação jurisdicional deve ser prontamente atendido pelo Estado-juiz (CPC, art. 69, *caput*) executado como prestação de informações (CPC, art. 69, III), atos concentrados (CPC, art. 69, IV), efetivação de tutela provisória (CPC, art. 69, § 2º, III), execução de decisão jurisdicional (CPC, art. 69, § 2º, VII), dentre outros.

A carta arbitral como haverá de ser cumprida na jurisdição estatal, observará o regime normativo cogente previsto no Código de Processo Civil (art. 69, § 1º). Em síntese, a carta arbitral deve ser compreendida como *instrumento de comunicação entre jurisdições* (privada e estatal) e todos os requisitos dispostos no aludido Código "justificam-se pela busca da segurança, mas em nenhuma hipótese devem obstar a efetiva comunicação entre remetente e destinatário, juiz de origem e juiz de cumprimento do ato, árbitro e juiz".[2]

2. OBJETO DA CARTA ARBITRAL

O árbitro ou tribunal arbitral lançará mão da carta arbitral sempre que necessitar da colaboração do Poder Judiciário que, por sua vez, terá atuação em todas as decisões que necessitem do uso da força pública para efetivar-se, caso não cumprida espontaneamente a determinação, tendo em vista que a jurisdição privada limita-se a dizer o direito, pois lhe falta o *ius imperii*, que é monopólio estatal.

Assim, todas as medidas coercitivas, a começar, por exemplo, pela condução de uma testemunha recalcitrante, um fazer, não fazer ou entregar coisa, conhecimento de informações bancárias ou fiscais das partes, dentre tantas outras, serão sempre objeto de solicitação por meio de carta arbitral.

É o que se extrai da dicção do art. 22-C da LA: expede-se a carta arbitral com o escopo de obter do Estado-juiz a prática ou a determinação de cumprimento de ato solicitado pelo árbitro, em razão da ausência de poderes à jurisdição privada para assim proceder.

Por sua vez, dispõe o art. 237, IV, do CPC que a carta arbitral será expedida para que órgão do Poder Judiciário pratique ou determine o cumprimento, na área de sua competência territorial, de ato objeto de pedido de cooperação judiciária formulado por juízo arbitral, inclusive os que importem efetivação de tutela provisória.

---

[2] Carlos Forbes e Patrícia kobayashi, "Carta arbitral: instrumento de cooperação jurisdicional", in Carlos Carmona, Selma Lemes e Pedro Martins (coord.), *20 anos da Lei de Arbitragem* – Homenagem a Petrônio R. Muniz, p. 535.

3. DA COMPETÊNCIA E DOS PODERES DO ESTADO-JUIZ PARA O CUMPRIMENTO DA CARTA ARBITRAL

A carta arbitral é circunscrita ao território nacional para os atos que devam ser praticados ou efetivado o cumprimento da ordem, no limite territorial da competência do respectivo órgão jurisdicional (LA, art. 22-C, *caput*).

O objeto da carta definirá quem será o juiz destinatário da carta arbitral; assim, por exemplo, se o procedimento arbitral é administrado por entidade com sede em São Paulo e o árbitro (ou árbitros) necessite(m) apreender um maquinário que se encontra situado em Belo Horizonte, este será o juízo competente para receber, processar e cumprir a carta arbitral.

Diferente será o trâmite a ser observado se o objeto da carta arbitral precisar ser cumprido em território estrangeiro, tendo em vista que a Lei 9.307/1996 é omissa a esse respeito, somando-se ao fato de que ela não faz distinção entre arbitragem interna e internacional, mas apenas entre sentença nacional e estrangeira, para fins de homologação pelo Superior Tribunal de Justiça.

Assim, se o árbitro ou tribunal arbitral nacional necessitar que um ato seja praticado no exterior, não poderá dirigir-se diretamente ao Poder Judiciário do país destinatário, mas haverá de comunicar-se com o Juiz competente brasileiro, por meio de carta arbitral, solicitando-lhe a remessa de carta rogatória, com a observância dos trâmites e formalidades legais internas.

Porém, antes de solicitar-se o envio de carta rogatória por intermédio do Estado-juiz, é de bom alvitre que o interessado ou o árbitro verifique se o país destinatário da carta possui normativa que admita e regule o processamento de carta arbitral oriunda de país estrangeiro; caso se verifique tal possibilidade (o que é pouco provável), o árbitro ou tribunal arbitral encaminhará diretamente a carta arbitral brasileira ao juiz competente do país estrangeiro destinatário, para o cumprimento de seu objeto.

"Não obstante, a prática internacional demonstra a larga utilização do instrumento das cartas rogatórias entre juízos localizados em diferentes países. Nesse passo, fazemos menção à Convenção sobre a Obtenção de Provas no Estrangeiro em Matéria Civil ou Comercial de Haia, de 1970, ao Protocolo de Las Leñas e à Convenção Interamericana sobre Cartas Rogatórias, de 1996, convenções das quais o Brasil participa. Ademais, o Novo CPC dispõe em seu art. 237, II, que: 'Será expedida carta: [...] II – rogatória, para que o órgão jurisdicional estrangeiro pratique ato de cooperação jurídica internacional, relativo a processo em curso perante órgão jurisdicional brasileiro'.

"Nesse contexto, uma solução capaz de harmonizar a prática internacional da carta rogatória com a novel carta arbitral trazida pela Lei de Arbitragem e pelo Novo CPC seria o árbitro requerer o cumprimento de determinada diligência por meio de carta arbitral ao Poder Judiciário brasileiro (*in casu*, da sede da arbitragem), requerendo que este expeça uma carta rogatória à autoridade judiciária estrangeira, via autoridades centrais. Solução semelhante, aliás, pode ser encontrada no art. 19, § 4º, do Acordo sobre Arbitragem Comercial Internacional do Mercosul [...]."[3]

Mas se as partes estabeleceram em convenção arbitral que a arbitragem nacional poderá desenvolver-se em vários locais, inclusive em outro ou outros países (LA, art. 11, I), se algum ato houver de ser praticado fora do Brasil, basta que o árbitro ou tribunal arbitral expeça a respectiva carta ao órgão arbitral destinatário, para os fins de cumprimento cabal de seu objeto, sem passar pela via jurisdicional estatal brasileira ou estrangeira, ou, dependendo do que foi convencionado, os árbitros se deslocarão até o país definido para o cumprimento dos atos em questão.

O desdobramento procedimental será diverso nas hipóteses em que a arbitragem se realiza em outro país e, no curso do processo, verifica-se a necessidade de praticar-se algum ato em território brasileiro. Nestes casos, a regra é a expedição de carta rogatória dirigida ao Poder Judiciário brasileiro a ser submetida à apreciação do Superior Tribunal de Justiça para fins de concessão do *exequatur* (CPC, art. 961 c/c RISTJ, art. 216-O c/c art. 216-X), valendo lembrar que, salvo ajuste prévio das partes em sentido contrário, o procedimento arbitral é sempre regido por normas instrumentais do local em que se realiza a arbitragem (país sede do painel arbitral).

A exceção a essa regra é a mesma já apontada anteriormente para a arbitragem nacional, ou seja, se as partes convencionaram previamente que a arbitragem internacional poderia também desenvolver-se, em alguns de seus atos, em território brasileiro, nada obsta que a solicitação seja dirigida do exterior diretamente para o árbitro ou entidade nacional competente já estabelecida para a prática do ato objeto da comunicação, sem que a solicitação passe pelo crivo de apreciação formal da Corte da Cidadania, sem prejuízo da possibilidade de verificar-se o deslocamento dos próprios árbitros para, no Brasil, praticarem o ato.[4]

Porém, se a hipótese versar a respeito do chamamento da *ex adversa* para o oferecimento do contraditório, encontrando-se no Brasil ou no exterior, o ato far-se--á independentemente da participação do Poder Judiciário, bastando que se realize via postal e atinja o seu fim (formar a relação jurídico-processual privada). Aliás, assim já se manifestou o Superior Tribunal de Justiça ao assentar que "a citação, no procedimento arbitral, não ocorre por carta rogatória, pois as cortes arbitrais

---

[3] Joaquim Tavares de Paiva Muniz e João Marçal Rodrigues Martins da Silva, "A carta arbitral", in Leonardo de Campos Melo e Renato Resende Beneduzi (coord.), *A reforma da arbitragem*, p. 320-321.
Em arremate, observam os citados doutrinadores, com razão, que "embora tal solução não prime pela celeridade, entendemos tratar-se de opção viável para evitar maiores questionamentos no cumprimento da ordem emanada pelo painel arbitral" (*ibidem*, p. 321).

[4] No mesmo sentido v. Joaquim Muniz e João M. R. M da Silva, ob. cit., p. 321-322.

são órgãos eminentemente privados. Exige-se, para a validade do ato realizado via postal, apenas que haja prova inequívoca de recebimento de correspondência".[5] Destarte, "considera-se atendido o requisito da citação quando há manifestação da parte nos autos, em clara demonstração de conhecimento da existência de ação em que figure como parte".[6]

4. DA OBSERVÂNCIA DO SIGILO NO CUMPRIMENTO DA CARTA ARBITRAL

No tocante à carta arbitral, o legislador foi explícito ao dispor no art. 22-C, parágrafo único, que o segredo de justiça será observado "desde que comprovada a confidencialidade estipulada na arbitragem". Não foi por menos que, ao tratarmos do tema no item n. 5.3 do Capítulo V desta obra, assinalamos que seria de bom alvitre estipularem as partes, preferencialmente em convenção arbitral, a observância do sigilo em todo o procedimento, pois a Lei 9.307/1996 não estabelece regra específica acerca do princípio da publicidade dos atos, limitando-se no art. 13, § 6º a dizer que, no desempenho de suas funções, "o árbitro deverá proceder com imparcialidade, independência, competência, diligência e *discrição*". (grifo nosso).

Na mesma linha dispõe o art. 189, IV, do CPC, que "Os atos processuais são públicos, todavia tramitam em segredo de justiça os processos: [...] IV – que versem sobre arbitragem, inclusive sobre cumprimento de carta arbitral, desde que a confidencialidade estipulada na arbitragem seja comprovada perante o juízo".

Portanto, para que o segredo de justiça seja observado durante todo o trâmite da carta arbitral perante o Poder Judiciário, é imprescindível a comprovação documental do ajuste prévio dos litigantes acerca da confidencialidade dos atos.

5. DOS CONTEÚDOS DE FUNDO E DE FORMA DA CARTA ARBITRAL

Via de regra, os atos processuais independem de forma, exceto quando a lei exigir, e serão considerados válidos os que, mesmo se realizados de outro modo, lhe preencham a finalidade essencial – princípio da *causa finalis* (CPC, art. 188 c/c art. 277).

Por sua vez, a carta arbitral atenderá, no que couber, aos requisitos a que se refere o CPC e será instruída (documentos indispensáveis) com a convenção de arbitragem e com as provas da nomeação do árbitro e de sua aceitação da função (art. 260, § 3º).

---

[5] SEC 8.847/EX, Rel. Min. João Otávio de Noronha, j. 20.11.2013, *DJe* 28.11.2013.
[6] STJ, SEC 4.213/Ex, Rel. Min. João Otávio Noronha, j. 19.06.2013, *DJe* 26.06.2013.

Melhor dizendo, a carta arbitral deverá indicar: *a)* o juízo estatal competente a quem se destina a providência requisitada; *b)* as partes do procedimento arbitral e seus advogados; *c)* o número ou o registro do procedimento arbitral; *d) o* órgão que administra o procedimento arbitral, se for o caso; *e)* o objeto da carta, com precisão; *f)* a assinatura do árbitro ou árbitros; *g)* a convenção de arbitragem; *h)* o documento comprobatório da nomeação do árbitro ou árbitros e a respectiva aceitação da função; *i)* o termo de sigilo, caso não conste da convenção de arbitragem; e *j)* outras informações que se façam necessárias para o bom cumprimento da carta (p. ex., o local em que se encontra o bem a ser sequestrado e sua descrição).

Com o escopo de agilizar o procedimento da carta arbitral e, consequentemente, o seu efetivo cumprimento, é de bom alvitre que, nada obstante a restrita exigência legal acerca dos documentos indispensáveis a sua instrução, aquela seja também instruída com a procuração outorgada aos respectivos advogados, com o requerimento que deu azo à providência que se apresenta como objeto da carta (se não foi concedida de ofício), com a decisão arbitral que deferiu a medida em questão e que ordenou a expedição da carta.

A carta arbitral, assim como as demais cartas, será protocolada e registrada perante o órgão judicial destinatário competente e ficará submetida às regras processuais gerais e locais específicas atinentes ao seu processamento, seja ela apresentada em forma física ou digital, prazo de distribuição, custas[7] etc.

Frisa-se também que a expedição da carta arbitral poderá se dar de ofício (iniciativa do árbitro ou árbitros em decisão por maioria ou unanimidade), ou, por iniciativa de qualquer das partes, desde que acolhido o pedido pelo árbitro ou colegiado.

O processamento da carta arbitral, em sede de jurisdição privada, observará os regramentos contidos nos regimentos internos dos órgãos arbitrais, ou, se não for esse o caso, atenderá aos trâmites definidos pelo árbitro ou árbitros, salientando-se que a lei de regência não estabelece qualquer prazo a esse respeito, o que é bastante compreensível, diga-se de passagem, pois é a urgência definida no caso concreto (objeto da carta) que determinará o tempo a ser observado para o seu processamento.

---

[7] As custas obedecerão às respectivas tabelas estabelecidas pelo Poder Judiciário competente e serão pagas pela parte que requereu a providência ou por ambos os litigantes, tudo a depender do caso em concreto ou do regulamento institucional arbitral acerca da matéria, na hipótese em que a arbitragem seja administrada por algum órgão.

Nessa última hipótese, é possível, que as custas já estejam inseridas em quantias pagas pelos litigantes a título de antecipação de despesas administrativas à própria entidade, sem prejuízo de complementação adicional para esse fim específico.

Portanto, na prática, poderá ocorrer que a parte interessada pague diretamente as custas no juízo competente para o processamento da carta arbitral, ou, que sejam arcadas pela administração da entidade arbitral.

6. DA RECUSA DE CUMPRIMENTO DA CARTA ARBITRAL

Em observância ao princípio da cooperação, o Estado-juiz tem o poder--dever de cumprir adequadamente e em tempo hábil a carta arbitral, não havendo espaço para recusa, ressalvadas as hipóteses previstas no Código de Processo Civil, art. 267, a saber: "I – a carta não estiver revestida dos requisitos legais; II – faltar ao juiz competência em razão da matéria ou da hierarquia; III – o juiz tiver dúvida acerca de sua autenticidade"; é entendimento dominante que o juiz poderá também negar o cumprimento de carta arbitral que tenha por objeto conteúdo violador da ordem pública ou dos bons costumes, com base em interpretação sistemática e axiológica com o art. 2º, § 1º, *in fine*, da Lei de Arbitragem.

Nas hipóteses de recusa com base nos incisos I e III do art. 267 do CPC, o juiz proferirá decisão fundamentada e, na sequência, devolverá a carta ao deprecante (árbitro ou entidade arbitral). No caso de incompetência em razão da matéria ou da hierarquia (inc. II), o juiz deprecado, conforme o ato a ser praticado, remeterá a carta ao juiz ou ao tribunal competente, segundo regra insculpida no parágrafo único do aludido dispositivo legal (caráter itinerante).

Nada obstante, o regramento definido no art. 267 do CPC haverá de ser interpretado sistematicamente com a disposição contida no art. 321 do Código Instrumental, no que couber, ou seja, verificando o juiz alguma das hipóteses previstas em lei que possam dar azo à recusa do cumprimento da carta, não deverá recusá-la de plano, mas conceder oportunidade ao interessado para, no prazo de 15 dias, emendar ou completar a carta, indicando o que deve ser corrigido ou completado.

Somente se o prazo fluir *in albis,* ou, se o ato judicial não for atendido adequadamente, é que o juiz rejeitará o cumprimento da carta, devolvendo-a à origem, mediante prolação de decisão fundamentada.

Outrossim, salienta-se que o poder conferido ao Estado-juiz é limitado aos exatos termos de verificação dos requisitos de fundo e de forma da carta, sem qualquer possibilidade jurídica de adentrar na análise do seu objeto ou mérito da decisão em razão da absoluta ausência de jurisdição para tanto. Frise-se que o Poder Judiciário, nesses casos, é órgão meramente colaborador do juiz privado deprecante, competindo-lhe, nos termos do art. 69 do CPC, repita-se, atender prontamente à solicitação que lhe foi encaminhada, ou, rejeitar o cumprimento da carta arbitral, com base no art. 267 do mesmo Diploma.

Da inércia judicial, obstáculo infundado criado para o cumprimento da carta arbitral ou qualquer outro ato que cause gravame às partes, o interessado poderá interpor recurso de *agravo de instrumento* (se o objeto da carta tiver por fundamento alguma das hipóteses previstas no art. 1.015 do CPC), ou, *mandado de segurança,* a ser impetrado perante o tribunal de instância imediatamente superior;

ainda, existe a possibilidade de manejo de *reclamação*, comumente prevista em regimentos internos de tribunais, para os casos de erro, abuso, inversão da ordem legal do processo, dentre outros.[8]

7. DO CUMPRIMENTO E DA DEVOLUÇÃO DA CARTA ARBITRAL

Vale repetir o que dissemos no item precedente, porquanto importantíssimo, isto é, que o Estado-juiz não detém poder, porquanto destituído de jurisdição, para interferir ou modificar, a qualquer título, a decisão arbitral ou objeto acerca do qual se funda a carta arbitral.

Por outro lado, essa ausência de jurisdição para tal fim não se confunde com as atividades que são inerentes à prática de esforços pelo magistrado voltados ao bom e cabal cumprimento da carta arbitral, o que exige, para tanto, dentro dos limites estabelecidos na própria carta, a realização de atos processuais que se façam necessários, em sintonia com as regras definidas no Código de Processo Civil.

Assim, por exemplo, se a carta arbitral tem por objeto o sequestro de determinado bem móvel e, durante o seu cumprimento, constata-se que o bem não mais existe ou não é localizado, pode e deve o Estado-juiz substituir o bem indicado, por se tratar de atos que se assemelham, em tudo e por tudo, à expropriação em execução.

Neste exemplo, percebe-se claramente que a atividade praticada pelo magistrado não se sobrepõe, interfere ou modifica de maneira alguma o teor da decisão tomada pelo juiz privado que, por sua vez, funda-se na garantia que se faz necessária conceder (sequestro) para fins de salvaguardar o resultado final satisfativo da pretensão do autor. Assim, o ato de substituição pura e simples do bem indicado na carta arbitral por outro que se preste igualmente aos mesmos fins, vem ao encontro das regras fundamentais do processo civil contemporâneo, chanceladas nos arts. 4º e 6º do Código de 2015.[9]

---

[8] A título exemplificativo, cita-se o Regimento Interno do Tribunal de Justiça do Estado de Santa Catarina, que prevê a reclamação em seu art. 243, *in verbis:* "Caberá reclamação de decisão que contenha erro ou abuso, que importe na inversão da ordem legal do processo, quando para o caso não haja recurso específico". Portanto, não se trata, em hipótese alguma, de reclamação nos termos insculpidos no art. 988 e ss. do CPC, porquanto incabível.

[9] "Art. 4º As partes têm o direito de obter em prazo razoável a solução integral do mérito, incluída a atividade satisfativa." "Art. 6º Todos os sujeitos do processo devem cooperar entre si para que se obtenha, em tempo razoável, decisão de mérito justa e efetiva."

CAPÍTULO VIII
ATOS PROCESSUAIS E PRONUNCIAMENTOS ARBITRAIS

Sumário: 1. Atos processuais arbitrais e sua classificação – 2. Pronunciamentos dos árbitros – 2.1. Sentença; 2.1.1. Noções fundamentais introdutórias; 2.1.2. Elementos constitutivos da sentença arbitral; 2.1.3. Natureza jurídica e classificação das ações e das sentenças; 2.1.4. Sentença parcial, sentença global e julgamento antecipado do mérito; 2.1.5. Princípios da congruência, da publicidade e da definitividade da sentença; 2.1.6. Sentença parcial e única; 2.1.7. Liquidação de sentença arbitral – 3. Decisões não terminativas – 4. Despachos – 5. Coisa julgada arbitral: limites objetivos e subjetivos da sentença arbitral – 6. Sucessão e efeitos da sentença arbitral – 7. Questões prévias, preliminares e prejudiciais – 8. Da superveniência de fato independente – 9. Arbitragem de direito e de equidade; 9.1. Arbitragem de equidade; 9.2. Arbitragem de direito; 9.2.1. Arbitragem e precedentes judiciais; 9.2.2. Precedentes arbitrais – 10. Princípios gerais de direito, usos, costumes e regras internacionais de comércio – 11. Momento processual oportuno à prolação da sentença arbitral – 12. Do término do juízo arbitral – 13. Função da sentença arbitral – 14. Anulabilidade da sentença arbitral

1. ATOS PROCESSUAIS ARBITRAIS E SUA CLASSIFICAÇÃO

Assim como se verifica no processo civil tradicional (estatal) regido pelo Código de Processo Civil, os critérios para a definição e classificação de atos processuais arbitrais são basicamente os mesmos. Neste particular, a título comparativo, o legislador de 2015 foi feliz ao distinguir os *atos e pronunciamentos do juiz*, pontuando estes últimos como *sentença, decisão interlocutória e despachos* (CPC, art. 203, *caput*) e, na sequência, assim conceituou: "Ressalvadas as disposições expressas dos procedimentos especiais, sentença é o pronunciamento por meio do qual o juiz, com fundamento nos arts. 485 e 487, põe fim à fase cognitiva do procedimento comum, bem como extingue a execução" (CPC, art. 203, § 1º).

Percebe-se o quanto evoluiu tecnicamente a matéria em voga no Código de 2015, no cotejo com o art. 162 do Diploma revogado que, por sua vez, confundia *atos* do juiz com os *pronunciamentos judiciais*. Destarte, "atos" é o termo utilizado para designar o gênero, de que os "pronunciamentos" são "espécie". *Ato judicial*, portanto, é categoria mais ampla que abrange, por exemplo, a oitiva de testemunhas, a realização de inspeção judicial etc.

Na verdade, é equivocado definir-se os atos ou pronunciamentos pelos seus efeitos, por importar em erro jurídico, e, sobretudo, em erro lógico. Alguns doutrinadores e tribunais (notadamente durante a vigência do Código de 1973) definiam as decisões interlocutórias e as sentenças como sendo atos através dos quais o juiz decidia questão incidente ou extinguia o processo, cabendo recurso de agravo e apelação, respectivamente. De maneira perfunctória, a definição poderia satisfazer, todavia, apresentava-se inquinada, no mínimo, de tautologia, pois o que substancialmente importa é o *conteúdo* do ato ou do pronunciamento judicial, ou seja, o seu elemento ôntico.

Assim, classificam-se os atos (gênero) dos árbitros tomando-se por critério o seu conteúdo (decisório ou não), a saber: *a) pronunciamentos arbitrais: a1)* de conteúdo decisório *(sentença e decisão ["interlocutória"]); a2)* sem conteúdo decisório *(despachos* – de impulso processual ou de mero expediente, correicional processual ou correicional administrativo); *b) atos arbitrais diversos* (tais como atividades instrutórias e de condução do processo; atividades fiscalizadoras em geral).

2. PRONUNCIAMENTOS DOS ÁRBITROS

Neste ponto, trataremos com mais vagar a respeito dos *pronunciamentos arbitrais de conteúdo decisório, sentença e decisão*, e, sem conteúdo decisório, mais precisamente os *despachos*.

2.1. Sentença

2.1.1. Noções fundamentais introdutórias

Como bem define o art. 18 da LA, "o árbitro é juiz de fato e de direito, e a sentença que proferir não fica sujeita a recurso ou a homologação pelo Poder Judiciário". Portanto, assim como se verifica perante o Estado-juiz, a tutela jurisdicional arbitral definitiva e satisfativa é conferida aos jurisdicionados mediante a prolação de *sentença*.

Etimologicamente, a palavra *sentença* origina-se do latim *sententia,* derivada de *sentire,* portanto, indicador representativo de sentimento, ato de percepção, de sentir e, no plano jurídico, o *sentir do julgador como direito.*[1]

Este *sentir do julgador como direito* significa nada menos do que a prestação de tutela jurisdicional (pública, se prestada pelo Estado-juiz, ou, privada, quando prestada pelo árbitro ou tribunal arbitral) conferida aos litigantes para a composição do conflito jurisdicionalizado, via de regra, chancelada pelo acolhimento ou rejeição da pretensão articulada pelo autor, ou, para fins de homologação de acordo.

---

[1] Eduardo Couture, *Introducción al estudio del proceso civil,* p. 71.

Em outros termos, materializa-se a *jurisdição* por meio da manifestação de vontade ("sentir o direito") do julgador (público ou privado) ao proferir *sentença de mérito* – ato de dizer o direito (*juris dictio*) perseguido pela parte.

A composição dos conflitos sociológicos pode se dar com ou sem jurisdicionalização da controvérsia, isto é, pode desenvolver-se de maneira adversarial (jurisdicionalização do conflito), ou, de maneira não adversarial (autocomposição antecedente à jurisdicionalização ou durante a lide pendente jurisdicionalizada).

Assim, se as partes em conflito de interesses qualificados por pretensões resistidas ou insatisfeitas,[2] em determinado momento, em comum acordo, encontram a via de meio apropriada para a resolução da controvérsia sem acionamento da jurisdição, soluciona-se a questão posta entre elas por meio da autocomposição pré-processual. Diferentemente, proposta a ação, a qualquer tempo ou grau de jurisdição, as partes podem resolver o conflito pendente mediante autocomposição incidental.

Percebe-se com facilidade que a sentença é a suprema manifestação da jurisdição pública ou privada, na exata medida em que objetiva a resolução do conflito instaurado e, num plano metajurídico, tem por escopo maior a pacificação social e a manutenção, a cada pronunciamento, do Estado Democrático de Direito.

2.1.2. Elementos constitutivos da sentença arbitral

No plano jurídico, *elementos constitutivos* de qualquer fenômeno, instituto ou instituição são as frações integrantes e fundamentais que, em conjunto, os tornam plenos no espectro da existência, validade e eficácia.

A Lei 9.307/1996 estabelece no art. 26 quais são os *elementos essenciais da sentença*, vale dizer, elementos constitutivos indispensáveis, sem os quais a prestação da tutela jurisdicional será *nula, in verbis*: "São requisitos obrigatórios da sentença arbitral: I – o relatório, que conterá os nomes das partes e um resumo do litígio; II – os fundamentos da decisão, onde serão analisadas as questões de fato e de direito, mencionando-se, expressamente, se os árbitros julgaram por equidade; III – o dispositivo, em que os árbitros resolverão as questões que lhes forem submetidas e estabelecerão o prazo para o cumprimento da decisão, se for o caso; e, IV – a data e o lugar em que foi proferida. Parágrafo único. A sentença arbitral será assinada pelo árbitro ou por todos os árbitros. Caberá ao presidente do tribunal arbitral, na hipótese de um ou alguns dos árbitros não poder ou não querer assinar a sentença, certificar tal fato".

Vejamos, então, cada um desses *elementos constitutivos* com mais vagar.

---

[2] Expressões cunhadas por Carnelutti.

O *relatório* inaugura a sentença contendo os nomes das partes, a identificação do caso, com a suma do pedido e da contestação, e o registro das principais ocorrências havidas no andamento do processo, servindo de indicativo no sentido de que o julgador analisou e conhece o feito pormenorizadamente, em toda a sua inteireza, assim considerada, a *fase postulatória* (propositura da ação com o delineamento sucinto da causa de pedir remota e próxima, do pedido mediato e imediato, da defesa e seus fundamentos e eventual réplica, tentativas de autocomposição), passando pela *fase saneadora* até a conclusão da *fase instrutória* (com todos os seus desdobramentos, tais como, novas tentativas de conciliação, depoimentos pessoais, inquirição de testemunhas, provas técnicas etc.) e oferecimento de alegações (ou razões) finais, se for o caso, isto é, a depender do rito estabelecido pelas partes ou previsto em regulamento da entidade arbitral que administra o painel.

Ao relatar, os julgadores demonstram às partes e aos seus respectivos advogados que estão aptos para decidir a lide pendente, pois conhecem o processo e todas as suas principais peças e etapas, assim como demonstram ter acompanhado, fiscalizado e saneado o feito desde a propositura de demanda.

O requisito da *fundamentação* é norteado pelo *princípio do livre convencimento motivado,* autorizativo conferido pelo sistema instrumental arbitral ao julgador para decidir segundo a sua consciência, porém, em sintonia com as provas produzidas nos autos; o árbitro ou tribunal arbitral precisará também dizer, expressamente, se a decisão se funda em equidade (pura), para que dúvidas não pairem sobre a escolha das partes quando das estipulações devidas em convenção arbitral (LA, art. 11, II).

O processo, além de ser instrumento de recomposição do direito material violado ou de manutenção incólume do direito ameaçado e, num plano metajurídico, instrumento de pacificação social, é dialético e desenvolve-se por meio de técnicas diversas de argumentação, de convencimento e de hermenêutica jurídica, servindo de palco para o reclamo das partes à obtenção de suas pretensões que, por sua vez, têm por escopo convencer o julgador acerca dos fatos e dos fundamentos jurídicos que dão ensejo aos seus requerimentos em prol de suas respectivas satisfações.

Não se pode esquecer que o árbitro é terceiro alheio e desconhecedor do conflito, imparcial e equidistante das partes litigantes, razão pela qual há de sorver a relação conflituosa por intermédio das peças processuais apresentadas pelos litigantes e, por meio de seus advogados, ser convencido da melhor tese para a resolução da controvérsia, de forma que possa conferir o direito e a satisfação a quem efetivamente tem razão.

Neste contexto instrumentalizado, o árbitro pinça os fatos, as provas a eles relacionadas e o direito sobre o qual repousa a solução da controvérsia para convencer-se acerca da melhor e mais justa resolução do conflito e, ao final, proclamar quem tem razão, acolhendo (total ou parcialmente) ou rejeitando o pedido.

Assim, o ato de julgar não pressupõe a simples exteriorização de vontade do árbitro ou tribunal arbitral em dizer o direito, mas, antes de tudo, vincula o julgador na identificação dos meandros das provas e do direito, hábeis a justificar o seu convencimento.

Significa dizer, em outros termos, não bastar que o árbitro se convença e se baseie em uma das teses levantadas pelas partes; faz-se mister que, ao se convencer, justifique as razões de fato e de direito extraídas dos autos do processo e que o levaram à determinada conclusão, ressalvadas as hipóteses de autorização prévia de julgamento por equidade.

Portanto, o árbitro não apenas *diz o direito,* mas também o *porquê do direito* que está sendo por ele proclamado para a resolução da controvérsia jurisdicionalizada, em resposta cristalina ao contraditório e à ampla defesa exercidos pelos litigantes durante todo o *inter* procedimental arbitral.

Tamanha a importância do requisito atinente à fundamentação das decisões (arbitrais ou judiciais) que ele foi erigido ao patamar constitucional, segundo se infere do art. 93, IX, da Constituição Federal, e, recepcionado no Código de 2015 como norma fundamental do processo civil (art. 11, *caput*).

Neste sentido, percebe-se facilmente que é dever constitucional a ser observado pelo árbitro a fundamentação de todas as suas decisões em sintonia com as provas produzidas nos autos, de maneira a extrair-se, objetivamente, as razões de seu convencimento, princípio normatizado que se repete no art. 21, § 2º, em interpretação sistemática com o art. 26, II, ambos da Lei 9.307/1996.

"Na esteira dessa atividade do árbitro, o princípio em destaque consiste em assegurar-lhe, por ocasião do exame do conjunto probatório, a necessária liberdade para que possa elaborar o seu convencimento, evitando-se que lhe sejam apresentados embaraços injustificados, com a ressalva de que essa avaliação soberana deva ser procedida com base em critérios racionais (por isso, o princípio é denominado também como da persuasão racional), entregando aos contendores a solução que lhe pareça a mais adequada ao caso, acompanhada dos motivos que o levaram àquela conclusão particular."[3]

Nos dizeres precisos de Nelson e Rosa Maria Nery, "daí a extrema relevância da fundamentação na construção do raciocínio do juiz, que justifica seu *status* constitucional: como extensão do poder estatal, e como entidade imparcial no processo, o juiz deve expor os motivos que lhe formaram o convencimento (na terminologia do CPC 371), como mostra de que o dever do Estado de distribuir justiça foi cumprido, e também como expressão do princípio do contraditório e da ampla defesa (CF 5º LV). A falta ou deficiência na fundamentação acarreta

---

[3] Paulo Nagao, *Do controle judicial da sentença arbitral,* p. 194.

nulidade, conforme previsão expressa da CF (93, IX). [...] Exigir constitucionalmente a motivação das decisões faz pensar que a regra só tem validade e eficácia pela obra do legislador constituinte. Na realidade, tal exigência exsurge do estado democrático de direito, anteriormente à letra da norma constitucional que a refira expressamente, não obstante seja da tradição do nosso direito impor constitucionalmente aos juízes o dever de motivação".[4]

Por outro lado, salvo se as partes optaram por regular o processo e o procedimento arbitral pelo CPC (hipótese raríssima), não se estendem à jurisdição privada os regramentos contidos no art. 489, e seus parágrafos, do referido Código, pois a arbitragem norteia-se pela vontade das partes, inclusive para definirem qual será a normativa instrumental a ser observada durante o painel, segundo se infere do disposto no art. 5º da Lei de regência. Para aprofundamento sobre esse tema, enviamos o leitor interessado ao Capítulo I, item n. 9 (*supra*), no qual analisamos com mais vagar a aplicabilidade subsidiária do CPC em sede arbitral.

Portanto, os árbitros haverão de fundamentar (e bem) as suas decisões, em observância ao disposto no art. 26, II, da Lei de Arbitragem, sob pena de nulidade (LA, art. 32, III) a ser decretada pelo Estado-juiz, se provocado for em ação própria ou em impugnação ao cumprimento de sentença.[5]

No tocante às *arbitragens de direito* e a necessidade (ou não) de observância da jurisprudência ou de precedentes estabelecidos pelo Poder Judiciário, por parte dos árbitros, reservamos um tópico específico para tratar sobre o tormentoso tema (v. item n. 9 *infra*).

De qualquer forma, é de bom alvitre que as partes estabeleçam em convenção arbitral se os árbitros haverão de, necessariamente, observar (ou não) súmulas vinculantes e outros precedentes vinculativos (CPC, art. 489, VI c/c art. 927, I a IV). Esse cuidado, certamente, inibirá o sucumbente de postular a anulação da sentença arbitral perante o Judiciário, ao menos com base nesse fundamento.[6]

---

[4] *Comentários ao CPC*, 2015, p. 1.153, art. 489, itens 6 e 7.

[5] Assim também o entendimento de Leonardo de Faria Beraldo, em artigo intitulado "O impacto do novo Código de Processo Civil na arbitragem", *Revista de Arbitragem e Mediação*, v. 49, 193-195, 2016.

[6] Na mesma linha, Leonardo de Faria Beraldo, "O impacto do novo Código de Processo Civil na arbitragem", *Revista de Arbitragem e Mediação*, v. 49, p. 196, 2016; no mesmo sentido, v. Giovanni Ettore Nanni, "Os cuidados na elaboração da cláusula arbitral", *Direito civil e arbitragem*, 2014, p. 77-90.

Neste ponto, Flávio Yarshell defende entendimento diverso, quando afirma que "afora ressalva que eventualmente se possa fazer nos casos em que as partes autorizem o julgamento por equidade, parece lícito dizer que ao árbitro se aplicam inclusive as disposições constantes dos incisos V e VI do § 1º do art. 489 acima lembrado" [CPC] ("Ainda sobre o

Por outro lado, a fundamentação pode ser sucinta, mas não pode ser insuficiente; as sentenças arbitrais têm por escopo a resolução de um conflito, aplicando o julgador o direito ao caso concreto, nada mais, nada menos. O que o sistema não admite é que a fundamentação seja insuficiente, isto é, em dissintonia com o direito e a prova produzida.

O que a lei assenta é que as partes têm direito de saber quais foram as razões que levaram o julgador a acolher determinada tese e, pelos mesmos motivos, quais foram as razões que o levaram a não acolher os outros argumentos, pois, só assim, o contraditório e a ampla defesa atingem, neste particular, o seu mais elevado sentido constitucional.

Havendo omissão acerca do conhecimento de argumento que, em tese, poderia modificar o curso do julgamento, caberá ao interessado dirigir-se ao árbitro ou tribunal arbitral, no prazo assinalado por lei para formular seu requerimento, nos termos insculpidos no art. 30 da LA.

Como bem apontado por Paulo Lucon em estudo sobre a *garantia da motivação das decisões*, faz-se mister que se analise a adequação da motivação sob a ótica do princípio do contraditório, a fim de não impossibilitar à parte que sucumbiu de insurgir-se contra o ato objurgado porque dele foi suprimida informação relevante para o convencimento do julgador, e, arremata assentando que "não será considerada motivada a decisão que não se atenta às peculiaridades do caso concreto, porque isso implica violação ao princípio do contraditório".[7]

Destarte, o ato de prestação de tutela jurisdicional forma um silogismo perfeito passando a exigir do aplicador da norma ao caso concreto que a sua interpretação se faça a partir da conjugação de todos os seus elementos essenciais. Em síntese, "a exposição do prévio trabalho intelectual do juiz subordina-se a quatro requisitos sem os quais inexiste cumprimento satisfatório do art. 93, IX, da CF/1988, devendo a motivação apresentar-se: (a) expressa; (b) clara; (c) coerente; (d) lógica".[8]

E mais: os fatos supervenientes à propositura da demanda que possam influir no julgamento da causa, assim considerados os modificativos, extintivos ou impeditivos do direito, deverão ser tomados pelos árbitros em consideração no

---

caráter subsidiário do controle jurisdicional estatal da sentença arbitral)", *RArb*, v. 50, p. 163, 2016.

[7] "Garantia da motivação das decisões no Novo Código de Processo Civil brasileiro: miradas para um novo processo civil", *RBDPro*, 90, p. 435-436, item 5, abr./jun. 2015.
V. também sobre o tema, Antônio Mateos e José Costa, "Obrigatoriedade de motivação e o reconhecimento das sentenças arbitrais no direito brasileiro e hispano-americano", *RArb*, v. 30, p. 61, jul. 2011; e in Arnoldo Wald (org.), *Arbitragem e Mediação*, v. III, p. 565-604, n. 28 (Coleção Doutrinas Essenciais).

[8] Araken de Assis, *Processo Civil Brasileiro* – Parte Geral, v. I, p. 439, § 34.

momento da prolação da decisão, de ofício ou a requerimento de qualquer das partes litigantes,[9] salvo estipulação em contrário em convenção arbitral.

A superveniência de fatos independentes não importa em modificação do pedido ou da causa de pedir, mas aqueles servem de moduladores na formação do convencimento motivado do julgador, na exata medida em que, de alguma forma, atuarão no plano jurídico no que concerne ao direito sobre o qual se funda a ação. Porém, para que esses fatos supervenientes sejam levados em consideração pelos árbitros, haverão de estar em sintonia com o objeto da arbitragem e versar sobre direitos patrimoniais disponíveis dos litigantes.

O *dispositivo* é a conclusão da sentença arbitral, momento culminante da prestação da tutela jurisdicional em que o julgador ou colegiado resolve as questões submetidas pelas partes à apreciação e, finalmente, diz o direito, acolhendo (total ou parcialmente) ou rejeitando o pedido, ou, ainda, se for o caso, proferindo sentença meramente terminativa (formal), sem resolução do mérito (carência de ação ou falta de pressuposto processual).

O dispositivo, por sua vez, haverá de estar lógica e umbilicalmente afinado com a fundamentação do julgado (fato, prova e direito) e com o relato de todo o processado.

No tocante ao *tempo* para a prolação da sentença arbitral, ou seja, o tempo de duração do processo, as partes têm plena liberdade para estipular o prazo que lhes aprouver; nada tendo sido convencionado, o prazo para a prolação da sentença é de seis meses, contado da instituição da arbitragem ou da substituição do árbitro (LA, art. 23). Tratando-se de arbitragem institucional, o prazo para a conclusão do painel encontra-se previamente estabelecido em regulamento interno da entidade ou órgão arbitral, sempre em sintonia com o tipo e a complexidade da demanda.

Nada impede também que as partes e os árbitros, em comum acordo, prorroguem o prazo de prolação da sentença final (LA, art. 23, § 2º).

Ao final, "a sentença arbitral será assinada pelo árbitro ou por todos os árbitros. Caberá ao presidente do tribunal arbitral, na hipótese de um ou alguns dos árbitros não poder ou não querer assinar a sentença, certificar tal fato" (LA, art. 26, parágrafo único).

E mais: "A sentença arbitral decidirá sobre a responsabilidade das partes acerca das custas e despesas com a arbitragem, bem como sobre verba decorrente de litigância de má-fé, se for o caso, respeitadas as disposições da convenção de arbitragem, se houver" (LA, art. 27).

---

[9] Essa é a dicção normativa do art. 493 do CPC/2015, que repete o art. 462 do Código revogado. Porém, é assente que, salvo disposição expressa em contrário das partes em convenção arbitral, a jurisdição privada não está atrelada ao CPC, mas aos termos da convenção e dos regulamentos das entidades arbitrais.

2.1.3. Natureza jurídica e classificação das ações e das sentenças

Há de distinguir-se, primeiramente, *natureza jurídica* de *classificação*. Quando versamos sobre natureza jurídica de algum fenômeno, instituto ou instituição jurídica, estamos falando de sua essência e, para atingirmos a compreensão adequada acerca do tema, imprescindível se torna que adentremos na região ôntica de cada um deles, por ser a única capaz de proporcionar uma visão profunda e extensa da matéria examinada em virtude da íntima pertinência que mantém com os seus elementos básicos de constituição e do seu objeto principal.

Assim, *natureza jurídica* não se confunde com *classificação*, pois esta última decorre logicamente da primeira. Na ciência do Direito, notadamente em nosso país, alguns doutrinadores e tribunais fazem uso indistinto das duas expressões, como se fossem sinônimas e seus resultados de ordem conceitual não apresentassem qualquer relevância; ledo engano.

Enquanto a *classificação* é mera distribuição ou enquadramento metodológico por classes, *a natureza jurídica* indica a essência de um fenômeno, instituto ou instituição, servindo de norte para chegar-se à composição e um quadro classificatório perfeito. Em outros termos, não é a classificação que nos leva à natureza jurídica, mas, sim, esta que nos faz chegar logicamente àquela, mediante critérios previamente estabelecidos.

Por sua vez, a *natureza jurídica da sentença* está intimamente ligada à *natureza jurídica da ação*, na exata medida em que a causa de pedir e o pedido formam o vetor para incidência do princípio da congruência, em que estará subordinado o julgador na relação inarredável entre o pedido e o pronunciado.

Por essa razão, para a perfeita compreensão acerca da *natureza jurídica da sentença,* mister se faz incursionar pelo tema da *natureza jurídica da ação*, que requer análise desse instituto pelo prisma do direito material e instrumental. Para tanto, a identificação da essência das ações (natureza jurídica) haverá de ser delineada por interseção analítica das relações do âmbito dos direitos material e processual.

Na doutrina, encontramos *classificações das ações* que tomam por base os *efeitos da demanda,* da *sentença,* do *pedido,* do *bem da vida* objeto do litígio, ou, ainda, a *dependência* ou a *autonomia* da própria ação quando confrontadas entre si. Analisando-se esses critérios classificatórios, chega-se sem maiores dificuldades à conclusão de que não dizem propriamente com a essência da *ação judicial,* mas com aspectos da sua existência, porque ora consideram os efeitos dela decorrentes, ora o modo de exercê-la, o conteúdo do pedido, ou mesmo a espécie de jurisdição por meio dela suscitada.[10]

---

[10] Sérgio Bermudes, *Introdução ao processo civil,* 2. ed., p. 51, n. 16.

Portanto, o primeiro passo a ser dado quanto à *identificação da natureza jurídica das ações* é a determinação de critérios que serão estabelecidos, bem como a definição prévia sobre o enfoque material ou processual que se pretende conferir. Com esse método, não se pretende apenas delinear um perfil lógico-dogmático sobre a *natureza jurídica das ações,* deseja-se, ainda, demonstrar aos operadores do Direito as questões decorrentes de ordem prático-instrumental, pois, caso contrário, corre-se o sério risco de formarem-se entendimentos distorcidos a respeito do tema.

Independentemente do problema a respeito do qual se objetiva identificar a natureza de um fenômeno, instituto ou instituição jurídica, é imprescindível que levemos em conta também outros fatores e as consequências deles decorrentes. "Entre essas consequências figuram, sem dúvida, as ações que a protegem, ou, se se preferir, as pretensões que funda. Uma instituição não é independente dos seus efeitos, senão o reflexo, a síntese estrutural destes. Para apreendê-la, há de considerar-se a instituição em seu conjunto, no seu ser e no seu acontecer, em sua estática e na sua dinâmica. Prescindir dos efeitos significa tanto quanto desconhecer a função vital. Os efeitos formam parte do existir sociológico, da *praxis* humana. Assim, a *natureza jurídica* tem uma explicação que, divorciada dos efeitos, transforma-se num esquema conceitual inaproveitável."[11]

Ora, se a *classificação* nada mais é do que a ordenação sistemática baseada em determinados critérios previamente estabelecidos, a *natureza jurídica* deve refletir a verdadeira expressão ôntica, levando em consideração os elementos constitutivos do fenômeno, instituto ou instituição jurídica. Por conseguinte, somente após estabelecermos essas premissas é que começaremos a ficar habilitados para proceder a algum esboço classificatório.

Daí a necessidade de se estabelecer a distinção fundamental entre os planos *substantivo* e *instrumental*. O primeiro leva em consideração a *relação jurídica* de direito material (violado ou ameaçado) através da qual a demanda encontrará a sua sustentação, enquanto, o segundo, baseia-se no *pedido* e na *causa de pedir*. Assim sendo, no plano substantivo, a classificação da demanda deve corresponder, necessariamente, à *natureza da relação jurídica* a que se refere; por sua vez, a classificação de uma demanda, quando considerada no plano instrumental deve, invariavelmente, corresponder à *natureza da relação litigiosa* sobre a qual vem articulada a causa de pedir.

Nessa linha, podemos afirmar que as demandas vistas pelo prisma dos critérios oferecidos pelo direito material,[12] ou, ainda melhor, tendo por base a

---

[11] Antonio Hernandez Gil, *La posesión*, tomo II, p. 42.
[12] Segundo Frederico Marques, é ao direito material que "cumpre responder se a ação é de natureza real ou pessoal, pois a qualificação aludida depende da natureza do direito subjetivo de que deriva a pretensão ligada ao direito de agir" (*Instituições*, 4. ed., v. II, p. 43).

relação de direito substantivo, podem apresentar natureza *real, fático-potestativa (interdital), pessoal* ou *personalíssima*. Igualmente, se tomarmos em consideração o *objeto*, as ações poderão ser *mobiliárias, imobiliárias, patrimoniais, morais (não patrimoniais), da personalidade* (ou *estado e capacidade das pessoas*). Por outro lado, se considerarmos os *sujeitos* destas relações e seus *interesses*, as ações poderão ser *individuais, coletivas* ou *difusas*.

Diferentemente, no plano puramente *instrumental*, um dos critérios a ser considerado é aquele que toma por base o conteúdo da pretensão e efeitos perseguidos com a ação de conhecimento, quais sejam, *demandas declaratórias, constitutivas, condenatórias, mandamentais* e *executivas "lato sensu"*.

Podemos ainda tomar por critério a *tutela jurisdicional perseguida, baseada na respectiva relação de direito material*, pelo prisma do direito subjetivo violado ou ameaçado, sobre o qual incidirá a proteção pleiteada, nos seguintes termos: *a) declaratórias; b) constitutivas; c) ressarcitórias; d) recuperatórias; e) inibitórias; f) acautelatórias;* e *g) executivas "stricto sensu"*.

Em linhas gerais, percebe-se que essa *classificação das demandas*, ancorada nas *tutelas jurisdicionais*[13] perseguidas em juízo, corresponde de maneira muito mais eficiente e completa aos anseios do processo civil contemporâneo, porquanto baseada em critérios de cientificidade em que o instrumento procura adequar-se ao direito material vertente, ou seja, o conflito transformado em lide jurídica, e, ainda, oferecer mecanismos capazes de refletir a natureza jurídica da própria ação e, por conseguinte, servir de norte ao delineamento da causa de pedir e do pedido articulados em cada peça inaugural, servindo como bússola à observância pelo julgador da relação entre o pedido e o pronunciado (princípio da congruência), nos termos do disposto no art. 492 do CPC.

As demandas *a) declaratórias*, assim como as *b) constitutivas* (positivas ou negativas) são ações meramente *formais*, isto é, não geram efeitos diretos no mundo dos fatos, mas exclusivamente no plano do direito, exaurindo-se, em regra, em si mesmas e atingindo, desta feita, os seus fins, que são meramente jurídicos (*v.g.*, constituir, desconstituir, declarar a existência, inexistência ou validade de uma relação jurídica); porém, não se deve confundir o conteúdo formal dessas ações com a eficácia executiva que as sentenças desta ordem poderão eventualmente assumir, hábeis a se constituir em títulos executivos judiciais.

Notadamente, o Código de 1939 refletia o pensamento doutrinário clássico (já ultrapassado), no sentido de que apenas as sentenças condenatórias são capazes de identificar completamente a norma individualizada, servindo de base à execução,

---

[13] Marinoni prefere usar a expressão *tutelas jurisdicionais dos direitos* para designação desse fenômeno sobre o qual se funda a *nova classificação das tutelas* (cf. *Tutela inibitória*).

segundo se infere de seu art. 290: "Na ação declaratória, a sentença que passar em julgado valerá como preceito, mas a execução do que houver sido declarado somente poderá promover-se em virtude de sentença condenatória".

A lição de Teori Zavascki sobre o art. 4º do Código de 1973 é igualmente válida para o Código de 2015, que traz a correspondência sobre o tema nos arts. 19 e 20, *in verbis*: "'É admissível a ação declaratória, ainda que tenha ocorrido a violação do direito'. Ao assim estabelecer, dá ensejo a que a sentença, agora, possa fazer juízo, não apenas sobre o preceito da endonorma (mandato primário não transgredido), mas também sobre o da perinorma (mandato sancionatório), permitindo, nesse último caso, juízo de definição inclusive a respeito da *exigibilidade* da prestação devida. Sentença de tal conteúdo representa, sem dúvida, um comprometimento do padrão clássico de tutela puramente declaratória (como tutela tipicamente *preventiva*), circunstância que não pode ser desconsiderada pelo intérprete". E arremata o saudoso doutrinador: "Ora, se tal sentença traz definição de certeza a respeito, não apenas da existência da relação jurídica, mas também da exigibilidade da prestação devida, não há como negar-lhe, categoricamente, eficácia executiva".[14]

c) *Ações ressarcitórias* ou *indenizatórias* são todas aquelas que se fundam em tutelas do adimplemento ou contra a ilicitude, como decorrência da violação da norma que acarreta para o titular do direito subjetivo um dano material ou moral por culpa ou dolo da pessoa a que se imputa o ato ou fato, de maneira a viabilizar a recomposição patrimonial (retorno fatual ao *statu quo ante*) ou minimizar os seus efeitos, buscando, em qualquer hipótese, a compensação ou o ressarcimento pelo equivalente.

---

[14] "Sentenças declaratórias, sentenças condenatórias e eficácia executiva dos julgados", *RePro*, v. 109, p. 51-52.
No mesmo sentido manifestou-se Zavascki, desta feita na qualidade de Ministro do Superior Tribunal de Justiça, em magnífico aresto de sua lavra, no REsp 588.202/PR, julgado em 10.02.2004, *in verbis*: "[...] tem eficácia executiva a sentença declaratória que traz definição integral da norma jurídica individualizada. Não há razão alguma, lógica ou jurídica, para submetê-la, antes da execução, a um segundo juízo de certificação, até porque a nova sentença não poderia chegar a resultado diferente do da anterior, sob pena de comprometimento da garantia da coisa julgada, assegurada constitucionalmente. E instaurar um processo de cognição sem oferecer às partes e ao juiz outra alternativa de resultado que não um, já prefixado, representaria atividade meramente burocrática e desnecessária, que poderia receber qualquer outro qualificativo, menos o de jurisdicional". Em arremate, extrai-se da parte final da ementa a tese aplicada no caso concreto: "A sentença declaratória que, para fins de compensação tributária, certifica o direito de crédito do contribuinte que recolheu indevidamente o tributo contém juízo de certeza e de definição exaustiva a respeito de todos os elementos da relação jurídica questionada e, como tal, é título executivo para a ação visando à satisfação, em dinheiro, do valor devido".

Nada obsta também que, além da indenização pecuniária, a *ação ressarcitória* tenha por objeto *tutela específica*, ou seja, a prestação de uma coisa ou de uma atividade que resulte adequada à situação em concreto, eliminando as consequências danosas do fato lesivo.[15]

d) Demandas recuperatórias são todas aquelas que têm por objeto *recobrar* bem imóvel ou móvel (material ou semimaterial)[16] que já esteve ou deve estar em poder fático ou jurídico de um sujeito de direito, mas que, por circunstâncias variadas, perdeu a ingerência (possibilidade de disposição ou disponibilidade) socioeconômica sobre ele; *recuperar* um bem da vida significa reavê-lo de quem quer que "injustamente" o possua[17] (*v.g.*, ação reivindicatória, reintegratória de posse, despejo, busca e apreensão).

As *e) demandas inibitórias* são todas aquelas que têm por objeto evitar um dano, um ilícito ou um inadimplemento, em regra por intermédio de técnicas específicas de antecipação de tutela, diante do caráter emergencial que exsurge da relação material, fundando-se em cognição sumária (não exauriente) e efetivando-se no plano prático-fatual através da fixação de medidas pecuniárias coercitivas (*astreintes*) – tipicamente inibitórias – ou mesmo de prisão, por crime de desobediência (*contempt of court*),[18] ou, ainda, pela própria força (mandamento + executividade) do Estado-juiz (*ius imperii*).[19]

---

[15] Cf. Luiz Guilherme Marinoni (*Tutela inibitória*, p. 416), baseado em doutrina italiana de Cesare Salvi (*Il resarcimento del danno in forma specifica*, p. 585).

[16] Em decorrência do desenvolvimento científico, tecnológico e cultural, criaram-se o que chamamos de *novas espécies de bens* para melhor atender as necessidades do homem moderno. A distinção entre os bens historicamente conhecidos e os *novos bens* torna-se imprescindível não apenas para facilitar a sistematização e para a melhor compreensão do estudo da posse e da propriedade, mas também porque, ontologicamente, apresentam-se com estrutura funcional diferenciada, normalmente em relação aos *incorpóreos* propriamente ditos, ou seja, todos os que estão integralmente desprovidos de qualquer materialidade (bens espiritualizados ou antimatéria) e aqueles que denominamos de *semi-incorpóreos*, em face das suas peculiaridades (*v.g.*, energia elétrica, de gás e térmica, linhas telefônicas, ondas de frequência radiotelevisivas) (cf. Joel Dias Figueira Jr., *Posse e ações possessórias*, v. I, p. 148-149).

[17] A expressão *posse injusta* aqui está empregada em sentido amplo, na medida em que corresponde aos atos de violência, clandestinidade ou precariedade, bem como àqueles que repugnam ao direito.

[18] CPC, art. 5º c/c art. 77.

[19] As *inibitórias* encontram suas origens nos *interditos* (*interdicta* ou *interdicto*) do Direito Romano (*per formulas*) como espécie de tutela extrajudicial conferida pelo pretor, ancorado em *summaria cognitio* (*cause cognitio*), definidos *magis imperii quam iurisdictionis* enquanto fundadas em poder geral de comando do magistrado munido de *imperium*, de modo que não poderiam emanar dos magistrados municipais desprovidos de *imperium* (cf. D. 2. 1. 4 e D. 50. 1. 26).

Nessa classificação das *inibitórias*, inserem-se "a tutela inibitória que tem por escopo prevenir *tout court* a prática de um ilícito, as tutelas inibitórias destinadas a impedir a continuação ou repetição de um ilícito e as tutelas inibitórias relacionadas ao inadimplemento".[20]

As *tutelas inibitórias* podem ser *positivas* ou *negativas*, de acordo com a pretensão fundada em direito material de *fazer* ou *não fazer* (*v.g.*, ordem para colocação de um filtro na chaminé de uma fábrica ou para não poluir). Esse tipo de demanda adquiriu nova feição no direito pátrio, notadamente após o advento da Lei de Ação Civil Pública (art. 11 c/c art. 21), do Código de Defesa do Consumidor (art. 84), através dos arts. 273, 461 e 461-A (*tutelas antecipatórias genérica e específica*) do revogado CPC/1973 e, mais recentemente, das *tutelas provisórias* (cautelar ou satisfativa), do Código de 2015 (arts. 303 a 310).

Além das *inibitórias* já mencionadas, haveremos de incluir as *ações possessórias* (notadamente as de *força nova*, que admitem a antecipação de tutela interdital), chamadas pelo legislador de *interdito proibitório* e *manutenção de posse*, bem como a *nunciação de obra nova*, para impedir o *uso nocivo da propriedade*, e o *mandado de segurança preventivo*.

Sem dúvida, essas duas espécies de interditos possessórios – que têm origem no *interdicto prohibitorio* romano – são nada menos do que *demandas inibitórias*, assemelhados, em muito, os seus objetos (remédio conservativo do poder fático = manutenção na posse).

Todavia, elas não se confundem, tendo em vista que a demanda de manutenção de posse visa a obstar o réu a prosseguir com os atos turbativos ou vir a praticar novos atos, enquanto o autor do interdito proibitório tem por escopo especificamente impedir o sujeito passivo da relação jurídico-processual (preceito

---

Os *interditos* eram, na verdade, providências tomadas pelos pretores ou presidentes de províncias para elidir certas disputas, e, para tanto, *ordenavam* ou *proibiam* alguma coisa. Essas decisões eram formuladas em termos *imperativos* (*v.g.*, *restitua, exiba, proíbo que faça*). Tratava-se de uma espécie de "lei particular" fixada pelo pretor, hábil a regular de maneira sumária a relação conflituosa submetida a sua jurisdição.

Os textos romanos apresentam várias divisões para os interditos, sendo a classificação mais importante a que os distingue em *prohibitorios, restitutorios* e *exhibitorios*. Aos *prohibitorios* reservava-se particularmente o nome de *interdicta*, porquanto consistiam em alguma *proibição*. De outra parte, os interditos *restitutorios* e *exhibitorios* eram chamados também de *decreta*, pois *ordenavam* alguma *restituição* (cf. Alberto Burdese, *Manuale di diritto privato romano*, 3. ed., p. 123-125, n. 13.

V. também Eugène Petiti, *Tratado elemental de derecho romano*, trad., p. 673-674, n. 807-809.

[20] Marinoni, *Tutela inibitória*, p. 426.

cominatório negativo = não fazer) de praticar, num breve futuro, qualquer tipo de ato de molestamento.

Assim sendo, podemos dizer que nesse tipo de demanda "o magistrado ordena para o futuro".[21] Portanto, seu objeto imediato é, da mesma forma, a manutenção do possuidor na posse, por meio da proteção contra futuras turbações ou atos espoliativos, impedindo a prática de atos de terceiros capazes de violar o poder de ingerência do sujeito dessa relação sobre o bem respectivo, ou seja, o pedido destina-se a obter a tutela jurisdicional para evitar previsíveis consequências, ainda não manifestadas, que o possuidor teme razoavelmente sofrer.

A *f) tutela acautelatória* funda-se em *direito subjetivo material à segurança*, processualmente instrumentalizado – denominada *tutela cautelar* (antecedente ou incidental), que visa, em linhas gerais, a garantir ou proteger o objeto litigioso ou a própria relação processual, a fim de que o litigante vencedor em demanda principal atinja o resultado pretendido por intermédio da sentença de mérito hábil a satisfazer as suas pretensões (= efetividade + efetivação).

Trata-se, pois, de um instrumento garantidor da plena e integral satisfatividade dos jurisdicionados nas órbitas processual e pamprocessual, ou seja, a idoneidade cabal da medida cautelar para tutelar um *direito material à segurança*.[22]

Por último, as demandas *g) executivas "stricto sensu"* ou meramente *executivas* são aquelas que se fundam em certeza, liquidez e exigibilidade previamente estabelecidas por intermédio de um título judicial ou extrajudicial.

O *título* figura como requisito ou pré-requisito indispensável à obtenção da satisfatividade perseguida por intermédio de um processo de execução, não deixando, aliás, o art. 786 do CPC qualquer dúvida a este respeito: "A execução pode ser instaurada caso o devedor não satisfaça a obrigação certa, líquida e exigível, consubstanciada em título executivo".

Em observância ao princípio da congruência, o juiz privado, assim como o juiz estatal, não pode conceder tutela jurisdicional de natureza jurídica diversa da pedida nem decidir além, aquém ou fora do pedido, que, por sua vez, haverá de estar em sintonia com os contornos delineados na convenção arbitral; em outras palavras, deve haver observância e pertinência estrita entre o pedido, a convenção arbitral e o pronunciado.

---

[21] Cf. Carlos Maximiliano, *Hermenêutica e aplicação do direito*, p. 77, n. 79.
[22] Nos dizeres de Ovídio A. Baptista da Silva, a controvérsia não mais gira em torno da "existência propriamente de um *direito subjetivo material à segurança*, mas, ao contrário, à predisposição ou à idoneidade da função cautelar, para atendê-lo" (*Do processo cautelar*, p. 63, n. 6, § 20).

Por conseguinte, se a parte pede declaração, constituição, condenação ou ordem, a sentença proferida pelo árbitro será, necessariamente, de natureza declaratória, constitutiva (ou desconstitutiva), condenatória ou mandamental.[23] É a força preponderante do ato decisório contida no comando da sentença que define a sua natureza jurídica, sem perder de vista que os conteúdos declaratórios e constitutivos sempre estão presentes nas sentenças condenatórias e mandamentais, porém, com menor força.

2.1.4. Sentença parcial, sentença global e julgamento antecipado do mérito

No plano puramente processual e considerando-se o conteúdo do pronunciamento jurisdicional, as sentenças podem ser *definitivas* (de mérito ou fundo) ou *terminativas* (meramente formais), e, ainda, *sentença parcial* (LA, art. 23, § 1º) e *sentença global* (final).[24]

A lei de regência não deu os parâmetros ou conceito do que venha a ser *sentença parcial*; extrai-se, contudo, da legislação e da doutrina do processo civil judicial o entendimento acerca desse importante instituto, há muito admitido na prática arbitral (nacional e internacional) e em diversos regulamentos de entidades arbitrais, em que pese recepcionado legalmente em nosso país somente em 2015, com o advento da Lei 13.129.

A *sentença arbitral parcial*[25] é o pronunciamento que analisa apenas uma parcela do conflito que é submetido à jurisdição privada para resolução, acolhendo ou rejeitando (total ou parcialmente) um ou mais pedidos, de maneira que a lide continua pendente para os fins de instrução e julgamento do que lhe sobejar.

Mutatis mutandis, em sede arbitral, as hipóteses que sustentam a sentença parcial são similares àquelas descritas no art. 356 do CPC, ou seja, resolver o mérito quando um ou mais pedidos formulados ou parcela deles estiverem em condições

---

[23] Para fins classificatórios, consideramos as sentenças executivas *lato sensu* inseridas nas mandamentais.

[24] Nesse sentido Araken de Assis que, baseado em doutrina alemã assim leciona: "É sentença global (*Vollurteil*) o provimento que julga o objeto litigioso numa só oportunidade. A sentença parcial (*zwischenurteil* ou *Endurteil*) julga parte do mérito separadamente. Só tem cabimento mediante permissão legal" (ob. cit., p. 872-873, n. 1.559.2).

[25] Para aprofundamento sobre o tema, v. Carlos Alberto Carmona, "Ensaio sobre a sentença arbitral parcial", *RePro,* 165, p. 9, 2008; e in Arnoldo Wald (org.), *Arbitragem e Mediação,* v. III, p. 663-686, n. 32 (Coleção Doutrinas Essenciais); Arnoldo Wald, "A validade da sentença arbitral parcial nas arbitragens submetidas ao regime da CCI", *Revista de Direito Bancário e Mercado de Capitais,* v. 17, p. 329, jul. 2002; e in Arnoldo Wald (org.), *Arbitragem e Mediação,* p. 647-662, n. 31 (Coleção Doutrinas Essenciais); Luiz Roberto Ayoub e Antônio Pedro Pellegrino, "A sentença parcial", in Arnoldo Wald (org.), *Arbitragem e Mediação,* p. 773-792, n. 39 (Coleção Doutrinas Essenciais).

para tanto, sem contar com a possibilidade também de extinção parcial do processo arbitral, sem resolução do mérito, por falta de condições da ação validada ou de pressupostos processuais.

Nos casos de julgamento parcial de mérito, o processo oferece ao árbitro elementos suficientemente hábeis para a formação cabal do seu convencimento, de maneira que qualquer outra prova a ser produzida seja dispensável, ou, mostre-se incontroversa uma parcela do objeto do conflito.

Mesmo que parcial, trata-se de providência jurisdicional arbitral conclusiva e, por conseguinte, dar-se-á por finda uma parcela do conflito submetido ao conhecimento da jurisdição privada e, portanto, parcialmente concluída a arbitragem; por conseguinte, submetem-se os sujeitos do processo aos desdobramentos apontados nos arts. 29 e 30 da Lei 9.307/1996, ou seja, o árbitro ou o presidente do tribunal arbitral ao proferir a sentença parcial, dará por finda parcialmente a arbitragem e enviará cópia da decisão às partes, por via postal ou por outro meio qualquer de comunicação, mediante comprovação de recebimento, ou, ainda, entregando-a diretamente às partes, mediante recibo (art. 29).

No prazo de 5 (cinco) dias, a contar do recebimento da notificação ou da ciência pessoal da sentença arbitral, salvo se outro prazo for acordado entre as partes, o interessado, mediante comunicação à outra parte, poderá solicitar ao árbitro ou ao tribunal arbitral que corrija qualquer erro material da sentença arbitral, esclareça alguma obscuridade, dúvida ou contradição da sentença arbitral, ou se pronuncie sobre ponto omitido a respeito do qual devia manifestar-se a decisão. Por sua vez, o árbitro ou o tribunal arbitral decidirá no prazo de 10 (dez) dias ou em prazo acordado com as partes, aditará a sentença arbitral e notificará as partes na forma do art. 29 (LA, art. 30).

Tendo-se sempre presente que o vetor da jurisdição privada é a vontade das partes, nada impede que, em convenção arbitral ou termo compromissório ajustem previamente sobre a não autorização de prolação de sentença parcial, com o escopo de evitar eventual ajuizamento de ação de anulação da decisão arbitral ou o cumprimento do *decisum* perante o Judiciário, com todos os seus consectários. Contudo, "ao fazê-lo, devem estar cientes dos riscos que acompanham esta opção, quais sejam, o de enrijecer o procedimento e o de incorrer em custos e tempo desnecessários, com atos que se demonstrarão sem propósito diante da decisão final do tribunal arbitral sobre o mérito".[26] Destarte, eventuais problemas que possam surgir com a prolação de sentença parcial (*v.g.*, entre a decisão parcial e a final), são eles largamente superados no cotejo com as vantagens decorrentes da sua

---

[26] Ana Carolina Dall'Agnol e Pedro de Castro e Martini, "A sentença arbitral parcial: novos paradigmas?" in Francisco Cahali, Thiago Rodovalho e Alexandre Freire (org.), *Arbitragem*, p. 37.

utilização, sobretudo no tocante ao estímulo à celeridade da prestação da tutela jurisdicional arbitral, tratando-se de instituto prestigiado em leis e regulamentos de entidades nacionais e estrangeiras.[27]

Por sua vez, o *julgamento antecipado do mérito* diz respeito ao conhecimento de toda a lide pendente, de maneira a resolvê-la de forma integral mediante o acolhimento (parcial ou total) ou rejeição do pedido.

Para tanto, o árbitro ou tribunal arbitral haverá de estar em poder de provas suficientes para a formação do convencimento motivado, de maneira a não violar o direito de ampla defesa e, com isso, não proferir sentença que possa estar eivada de qualquer vício.

2.1.5. Princípios da congruência, da publicidade e da definitividade da sentença

O *princípio da congruência* também denominado de *relação entre o pedido e o pronunciado* é decorrência lógica do *princípio dispositivo* (as partes dispõem e formulam livremente seus pedidos em juízo), preconiza a imprescindível e estrita pertinência que deve existir entre a pretensão e a sentença, vedando ao juiz (público ou privado) proferir decisão de natureza diversa da pedida, bem como condenar a parte em quantidade superior ou em objeto diverso do que lhe foi demandado, sob pena de nulidade.[28]

Significa dizer que o árbitro, ao decidir, fica adstrito aos pedidos formulados pelas partes litigantes e, por conseguinte, não poderá decidir aquém (*infra* ou *citra petita*), além (*ultra petita*) ou fora (*extra petita*) do que lhe foi demandado, exceto se tratar-se de matéria de ordem pública acerca da qual o juiz deve conhecer de ofício, independentemente de provocação dos litigantes[29] e desde que em sintonia com os contornos do objeto do litígio definido na convenção de arbitragem.

Ademais, a decisão deve ser certa, ainda que resolva relação jurídica condicional; essa regra é encontrada no processo judicial (CPC 492, parágrafo único) e pode encontrar ressonância também em sede arbitral, desde que haja previsão

---

[27] Cf. Donaldo Armelin, "Notas sobre sentença parcial e arbitragem", in Arnoldo Wald (org.), *Arbitragem e Mediação*, v. III, p. 730, n. 34 (Coleção Doutrinas Essenciais).

[28] É o que se verifica também no processo judicial (CPC, art. 492, *caput*).

[29] Vejamos alguns exemplos de matérias de ordem pública: *a) substanciais:* cláusulas contratuais abusivas, cláusulas gerais da função social do contrato, da função social da propriedade, da função social da empresa e da boa-fé objetiva; simulação de ato ou negócio jurídico; *b) processuais:* condições da ação e pressupostos processuais; incompetência absoluta; impedimento do juiz; preliminares processuais alegáveis na contestação; pedido implícito de juros legais, juros de mora e correção monetária (cf. Nelson Nery Jr. e Rosa Maria Nery, ob. cit., p. 1.163, item n. 3, art. 492).

no regulamento da entidade arbitral neste sentido. Em outras palavras, não necessariamente estará eivada de nulidade a sentença arbitral que deixar de ser certa.

No tocante à publicidade da sentença arbitral, a regra que incide na jurisdição privada é a da privacidade dos atos (v. Capítulo Quinto, n. 5, *supra*), em oposição ao princípio da publicidade, com o escopo de preservar os interesses das partes litigantes e facilitar um eventual acordo.

Tendo em vista que a LA não agasalha expressamente o princípio da privacidade dos atos arbitrais, é de bom alvitre que as partes façam essa estipulação em convenção arbitral ou em termo específico, sem prejuízo da incidência de normativa neste sentido se contida em regulamento de entidade arbitral que administra o respectivo painel.

Assim, ao publicar a sentença arbitral, o árbitro ou tribunal arbitral dará ciência do decisório apenas e tão somente às partes litigantes (LA, art. 29), ou, excepcionalmente a terceiros que, autorizadamente, tenham participado de alguma forma do procedimento arbitral e tenham interesse na causa.

Por sua vez, o *princípio da definitividade, invariabilidade* ou *inalterabilidade da sentença* encontra-se recepcionado implicitamente no art. 29 da LA quando dispõe que "proferida a sentença arbitral, dá-se por finda a arbitragem, devendo o árbitro, ou o presidente do tribunal arbitral, enviar cópia da decisão às partes, por via postal ou por outro meio qualquer de comunicação, mediante comprovação de recebimento, ou, ainda, entregando-a diretamente às partes, mediante recibo", podendo alterá-la somente se interpostos e acolhidos embargos de declaração (art. 30).

A Lei de Arbitragem não prevê hipóteses em que os árbitros possam retratar-se de suas decisões, diferentemente do que se verifica no processo judicial;[30] nada obsta, contudo, que alguns regulamentos de entidades arbitrais prevejam hipóteses deste jaez, ou, que as próprias partes assim autorizem em termo ou convenção arbitral.

Portanto, a regra geral é colocada no sentido de que, julgada a lide, o árbitro não mais poderá alterar sua decisão, por força da chamada preclusão *pro judicato*, ressalvadas as hipóteses acima mencionadas.

---

[30] Existem hipóteses em que o CPC autoriza o juiz a retratar-se mediante provocação da parte em recurso apropriado, como se dá nas hipóteses de indeferimento da inicial (CPC, art. 331), julgamento liminar de improcedência do pedido (CPC, art. 332, § 3º) e em todos os casos de extinção do processo, sem resolução do mérito – sentenças terminativas – (CPC, art. 485, § 7º); poderá também o juiz rever sua decisão interlocutória em face da interposição do recurso de agravo de instrumento e, retratando-se, perderá o recurso objeto (CPC, art. 1.018, § 1º).

Destarte, essa importante regra confere aos jurisdicionados litigantes segurança com a estabilização da resolução do conflito mediante a declaração do direito proclamado em sentença e, num plano metajurídico, confere a pacificação social com a certeza de que o árbitro não poderá alterar o seu próprio julgado, de maneira a manterem-se estabilizadas as relações no plano dos fatos e do direito.

Eventual inconformismo das partes ou de terceiros interessados haverá de ser postulado em ação própria ou em sede de cumprimento de sentença.

Em síntese, o princípio da inalterabilidade das decisões (também conhecido como princípio da invariabilidade ou da definitividade) decorre da incidência da preclusão *pro judicato,* assim considerada como a impossibilidade de o julgador, em linha principiológica, rever ou modificar as suas decisões após publicá-las, em prol da segurança jurídica e da paz social.

2.1.6. *Sentença parcial e única*

Seguindo a orientação da doutrina,[31] das previsões normativas insertas em regulamentos de entidades arbitrais e, mais recentemente, do Código de Processo Civil (art. 356), a Lei 13.129/2015 passou a prever expressamente a possibilidade de prolação de sentenças parciais arbitrais.

Na verdade, a referida lei que modificou a Lei 9.307/1996, neste ponto veio apenas a sufragar o que há muito já se praticava nos processos arbitrais, nacionais e internacionais, sobretudo porque inexistia regra que obstasse a prolação de sentença parcial de mérito.

Assim, rompe-se em sede normativa arbitral interna com a teoria da unidade e unicidade do julgamento da causa, na exata medida em que o sistema passa a admitir, expressamente, a prolação de *sentença arbitral intermediária* (*parcial* ou *fracionada*), assim compreendida como sendo aquela que resolve, em definitivo, uma parcela do conflito posto para conhecimento do árbitro ou tribunal arbitral.

Por sua vez, limitou-se a Lei 13.129/2015 a acrescentar ao art. 23 da Lei de regência o § 1º, que simplesmente autoriza o árbitro a proferir sentenças parciais, diferentemente do que se verifica com o mesmo instituto regido pelo art. 356 do CPC,[32] ou seja, não especifica as hipóteses ou requisitos para que assim procedam

---

[31] Assinalamos que desde a primeira edição desta obra, já defendíamos a tese da possibilidade de prolação de sentenças parciais de mérito.
 Dentre outros, em particular, v. Carlos Alberto Carmona, *Arbitragem e processo*; e "Ensaio sobre a sentença arbitral parcial", in Fernando Gonzaga Jayme, Juliana Cordeiro de Faria e Maria Terra Lauar (coord.), *Processo civil: novas tendências* – Estudos em homenagem ao Professor Humberto Theodoro Júnior, p. 119, n. 7.

[32] Dispõe o art. 356 do CPC, *in verbis:* "Art. 356. O juiz decidirá parcialmente o mérito quando um ou mais dos pedidos formulados ou parcela deles: I – mostrar-se incontroverso;

os juízes privados. Parece-nos que andou bem o legislador, pois, ao estabelecer regra autorizadora em aberto, conferiu aos árbitros o poder de aplicação desse instituto quando entenderem adequado, ou, ainda, de acordo com as normas insculpidas em regulamentos de entidades arbitrais, se for o caso.

Por óbvio que a sentença parcial – assim como a sentença única – não está submetida a qualquer espécie de recurso, salvo se as partes estipularem de forma diversa em convenção arbitral (hipóteses raríssimas).

Transitada em julgado a sentença parcial, a parte sucumbente haverá de cumpri-la espontaneamente, ou, se assim não proceder, será objeto de cumprimento forçado de sentença perante a jurisdição estatal.

Significa dizer, em outras palavras, que a sentença arbitral parcial transita em julgado por capítulos e, por conseguinte, dar-se-á o fracionamento da *res judicata*, propiciando a sua execução.[33]

Há de se observar, portanto, o prazo para a propositura de ação anulatória (LA, art. LA, 32 c/c art. 33) e considerar definitivo o julgado intermediário para fins de cumprimento do *decisum* (art. 31, LA c/c art. 515, VII, do CPC), bem como observar o prazo máximo para conclusão (definitiva) da jurisdição arbitral (LA, art. 23).

Note-se que os árbitros não estão obrigados a prolatar sentença intermediária; a lei meramente os autoriza a assim proceder, ou seja, confere-lhes a faculdade de julgar parcialmente a lide mediante o fracionamento do julgamento, de maneira a permitir a resolução do conflito no ponto da causa que se apresenta madura para julgamento, prosseguindo-se na instrução processual da parcela (fração) da lide pendente.

Em outras palavras, as circunstâncias factuais, jurídicas e probatórias do litígio no caso concreto é que determinarão essa providência jurisdicional antecipada e fracionada pelos julgadores. E mais: tratando-se de colegiado, todos os árbitros haverão de assentir com o julgamento fracionado, o que dependerá da formação de convencimento motivado conjunto e harmonioso.

---

[33] II – estiver em condições de imediato julgamento, nos termos do art. 355. § 1º A decisão que julgar parcialmente o mérito poderá reconhecer a existência de obrigação líquida ou ilíquida. § 2º A parte poderá liquidar ou executar, desde logo, a obrigação reconhecida na decisão que julgar parcialmente o mérito, independentemente de caução, ainda que haja recurso contra essa interposto. § 3º Na hipótese do § 2º, se houver trânsito em julgado da decisão, a execução será definitiva. § 4º A liquidação e o cumprimento da decisão que julgar parcialmente o mérito poderão ser processados em autos suplementares, a requerimento da parte ou a critério do juiz. § 5º A decisão proferida com base neste artigo é impugnável por agravo de instrumento".

[33] Cf. Eduardo Arruda Alvim, "Sentença parcial e arbitragem", in Caio Cesar Vieira Rocha e Luis Felipe Salomão (coord.), *Arbitragem e mediação*, p. 89-90.

Para tanto, a demanda proposta haverá de conter pedidos cumulativos (cumulação de ações ou pretensões) ou pedido único, mas que, em qualquer hipótese, permita o seu fracionamento para fins de julgamento parcial do mérito, em sintonia com o respectivo elenco probatório até então produzido nos autos, de maneira a justificar o fracionamento da decisão.

Não basta, portanto, a autorização normativa para que os árbitros assim procedam; as circunstâncias da lide no caso concreto é que irão determinar esse resultado, sem perder de vista que os árbitros detêm poder discricionário para a tomada dessa decisão.

Em síntese, essas sentenças de mérito são intermediárias (parciais) e definitivas (não provisionais ou interinais), portanto, hábeis à resolução parcial do conflito *sub judice*, e, por conseguinte, não sujeitas à confirmação, ao final, quando da prolação da sentença que põe fim ao processo e à própria jurisdição arbitral.

A bem da verdade, a tomada de decisão dos árbitros não é parcial; frise-se: o que é parcial, é a resolução da lide, pois a outra parcela do conflito continuará *sub judice*, aguardando a produção de provas que se fizerem necessárias à formação do convencimento dos julgadores, a fim de possibilitar a resolução da lide restante.

Em que pese denominadas de "sentenças parciais", mais adequado, parece-nos, denominá-las de *sentenças intermediárias*, pois, ontologicamente, esse ato não é parcial nem mesmo provisional; é ato decisório (sentença) completo em sua essência, bem como definitivo, apesar de solucionar parcialmente a lide. Em outras palavras, parcial é a solução da lide, enquanto a sentença que soluciona parcialmente o conflito é em tudo e por tudo ontologicamente plena e definitiva, contudo, não extintiva do processo.

Em arremate, vale registrar alguns exemplos que servem para bem identificar os benefícios ofertados aos litigantes com a prolação de sentença intermediária de mérito:

a) na área do direito societário e corporativo, em que disputas acabam precariamente resolvidas por força de liminares, cuja reversão, ao término da causa, torna-se faticamente impossível, seja porque a decisão já afetou uma gama considerável de terceiros (acionistas ou não), seja porque há risco de provocar severos danos à própria companhia (que nem sempre é parte no litígio entre os sócios); pensemos numa disputa entre sócios em que estes exijam do julgador a interpretação de disposições constantes de acordo de acionistas, bem como a anulação de atos que estejam em desconformidade com o avençado, indenizações, reversão de subscrições ou de direitos de preferências exercidos em desconformidade com as regras de convivência acordadas pelos sócios. Certamente alguns dos pleitos dependerão apenas de interpretação judicial da vontade dos contratantes, o que pode ser resolvido à luz do estatuto social, de documentos ou, eventualmente, da produção de prova oral. O julgador, portanto, poderá resolver tais pleitos desde logo, estabilizando a vida futura da companhia (a interpretação do acordo de acionistas pautará o comportamento futuro dos sócios em litígio, que deverão agir de acordo com o sentido dado pelo julgador ao contrato que celebraram), deixando para o final a decisão acerca de indenizações, nulidades e anulações, o que poderá depender de outras provas (periciais, por exemplo);

b) controvérsias fundadas em convenções arbitrais diferentes (contratos coligados, celebrados entre as mesmas partes ou envolvendo partes diferentes); nesses casos, seria útil que os árbitros pudessem, por exemplo, examinando sua competência, descartá-la para um ou alguns dos pedidos, pondo fim à arbitragem em relação às controvérsias que não podem arbitrar e determinando o prosseguimento do procedimento arbitral em relação às matérias a respeito das quais afirmassem sua competência;

c) podem ser submetidas à apreciação dos árbitros várias controvérsias oriundas de uma mesma relação jurídica, mantida entre elas certa independência (p. ex., discussão sobre o cumprimento inadequado de diferentes obrigações contratuais);

d) demandas que envolvam franqueador e franqueado, em que o pleito de rescisão do contrato é frequentemente cumulado com o pedido de pagamento de *royalties* e devolução do produto; o cálculo de tais valores (percentuais sobre produtos vendidos) e a identificação das mercadorias não vendidas que deverão ser restituídas ao franqueador (quando houver consignação) ou que deverão ser recompradas (se isso tiver sido convencionado), dependem, porém, do término do contrato de franquia. Nesse caso, se não houver possibilidade de proferir sentença parcial que resolva a questão de rescisão (ou não) do contrato de franquia, não poderão os árbitros proferir sentença líquida. Não é incomum, nesses casos, que os árbitros julguem a causa decidindo apenas sobre a rescisão do contrato, limitando-se a fixar as bases para a futura liquidação da sentença (se as partes não acordarem sobre valores), tudo a proceder à eventual execução judicial (*rectius*, cumprimento) da sentença arbitral.

Em resumo, os árbitros não poderão – se não fizerem uso da técnica da sentença parcial – proferir sentença líquida na espécie, eis que eventual apuração de valores dependerá do encerramento do negócio, quando então poderão ser quantificados os débitos e identificados bens a restituir ou recomprar.[34]

A comparação com o direito estrangeiro reforça o nosso entendimento, pois diversos são os sistemas alienígenas que há muito admitem a sentença arbitral parcial de mérito. Citamos, exemplificativamente, o Código de Processo Civil italiano que contém essa previsão expressa ao versar sobre os meios de impugnação

---

[34] Carlos Alberto Carmona, "Ensaio sobre a sentença arbitral parcial", *ibidem*, p. 119-123.

do "laudo", em seu art. 827.³⁵ Ao comentar o citado dispositivo, escreve Giovanni Verde que o laudo parcial de mérito será pronunciado quando se fizer necessário para resolver algum dos pedidos apresentados ao exame do juiz arbitral, com a possibilidade de os árbitros decidirem, por exemplo, sobre o *an debeatur*, reenviando à sucessiva pronúncia acerca da determinação do *quantum*.³⁶

Na Espanha, a Lei 60, de 23 de dezembro de 2003, em seu art. 37 prevê a possibilidade da prolação de sentenças intermediárias tantas quantas se fizerem necessárias, salvo ajuste das partes em sentido contrário; ou seja, se as partes silenciarem, a regra estabelecida na lei arbitral espanhola é também autorizadora da prolação de sentenças parciais.³⁷

Por último, merece registro que nada obstante a autorização legal para que os árbitros profiram sentença parcial, as partes podem, em convenção arbitral, estipular de maneira diversa, pois a regra contida no art. 23, § 1º, da LA não é cogente, tratando-se de mera faculdade conferida aos árbitros de assim procederem.

2.1.7. Liquidação de sentença arbitral

A sentença condenatória em pagamento de quantia pode ser líquida ou ilíquida, sendo que, neste último caso, haverá de ser liquidada a requerimento de qualquer das partes, sem o que não se configura o título executivo judicial por ausência de um de seus requisitos indispensáveis.

Se o título judicial para ser cumprido espontaneamente ou executado perante o Estado-juiz necessita estar revestido de certeza, exigibilidade e liquidez, é de bom alvitre que a sentença arbitral seja líquida, de maneira a viabilizar a satisfação do vencedor da demanda não apenas no plano jurídico, mas sobretudo no plano

---

[35] Assim dispõe o art. 827, *in verbis:* "O laudo está sujeito à impugnação por nulidade, revogação e oposição de terceiro. Os meios de impugnação podem ser propostos independentemente do depósito do laudo. O laudo que decide parcialmente o mérito é imediatamente impugnável, mas o laudo que resolve algumas das questões sem definir o juízo arbitral é impugnável apenas juntamente com o laudo definitivo".
Esse dispositivo é interpretado sistematicamente com o art. 820, que trata dos "prazos para a decisão", referindo-se no § 4º, *c*, aos "laudos não definitivos" ou "laudos parciais".
Lembramos mais uma vez que o CPC italiano também prevê a possibilidade jurídica de prolação de sentenças de mérito intermediárias pelos juízes togados (art. 277).

[36] *Lineamenti di diritto dell'arbitrato*, 3. ed., 2010, p. 187.

[37] O art. 37 da LA espanhola trata sobre prazo, forma, conteúdo e notificação do laudo e, em seu primeiro parágrafo estabelece, *in verbis:* "Salvo acordo em contrário das partes, os árbitros decidirão a controvérsia em um só laudo ou em quantos laudos parciais entenderem necessários".

factual e, para tanto, a decisão arbitral haverá de definir não apenas o *an debeatur*, mas também o *quantum debeatur*.

A escolha das partes pela jurisdição privada pressupõe a expectativa de ver iniciada, processada e encerrada a lide em sede arbitral, sem a necessidade de acesso, para qualquer fim, ao Poder Judiciário, exceto se verificada a recalcitrância do vencido em cumprir espontaneamente a decisão proferida pelo árbitro ou colegiado. Contudo, nada obsta que as partes definam em convenção arbitral que a jurisdição privada terá competência apenas para dizer sobre o *an debeatur*, mediante a prolação de sentença condenatória genérica, enquanto reservada a jurisdição estatal para a liquidação (*quantum debeatur*). Em que pese admissível essa hipótese, sua prática é rara, pois além da morosidade do procedimento de liquidação de sentença arbitral perante o Estado-juiz, as partes ficam sujeitas à interposição de recurso de agravo de instrumento contra a decisão judicial proferida nessa fase procedimental (CPC, art. 1.015, parágrafo único), além de outros recursos às instâncias superiores, o que poderá eternizar o processo e colocar em xeque a efetividade da jurisdição arbitral.

Nesta seara, duas questões merecem ser destacadas e levadas em consideração: a primeira, diz respeito à análise da complexidade probatória e dos custos para a definição do *quantum debeatur* durante o trâmite do processo de conhecimento e, a segunda, refere-se à possibilidade de liquidação da sentença perante a jurisdição privada.

A primeira questão está intimamente ligada com a complexidade jurídica e, sobretudo, probatória acerca do delineamento da quantia devida, de maneira que a sua definição durante a tramitação do processo de conhecimento pode exigir, além de mais tempo na tramitação do feito, também o custeio de despesas elevadas para a consecução deste desiderato que, ao fim e ao cabo, poderá cair num vazio, sem utilidade prática, se o pedido for julgado improcedente. Nesses casos, melhor definir-se acerca da existência do direito (*an debeatur*), para, na sequência, adentrar-se na fase de definição da quantia devida (*quantum debeatur*).[38]

A verdade é que "não há como negar a conveniência de os árbitros decidirem questão que demande liquidação em duas etapas distintas, uma objetivando o *an debeatur*, outra focando o *quantum debeatur*. [...] Entra em jogo aqui, percebe-se, a conveniência do 'fatiamento' do mérito: os árbitros podem, com a utilização de tal técnica, obrigar as partes a focarem o tema nuclear do debate (existência do dano

---

[38] A respeito dos temas sobre o cálculo do montante de indenização (perdas e danos) e a utilidade da técnica do "fatiamento" para o cálculo dos prejuízos a ser realizado pelos árbitros, v. o interessante estudo de Judith Martins-Costa, intitulado "O árbitro e o cálculo do montante da indenização", in Carlos Carmona, Selma Lemes e Pedro Martins (coord.), *20 anos da Lei de Arbitragem* – Homenagem a Petrônio R. Muniz, p. 609-638.

ou da lesão, existência da violação da obrigação ou do contrato), deixando para o momento oportuno – se isso for necessário – a discussão (e respectiva decisão) sobre as consequências do que vierem a predispor (quantificação do dano).[39]

É o que Talamini e Wladeck denominam de "procedimento bifásico, em que em uma primeira etapa defina-se apenas se existe a obrigação de pagamento de uma parte à outra (o *an debeatur*). Concluindo-se pela inexistência da obrigação, encerra-se o processo neste ponto. Constatando-se que ela existe, emite-se um primeiro pronunciamento a esse respeito e parte-se para uma segunda etapa, destinada especificamente à apuração do montante devido (o *quantum debeatur*).

"Não há nada que proíba a adoção de procedimento arbitral nesses moldes. O fundamental é que isso tenha sido objeto de ajuste entre os árbitros e partes. Na medida em que a bipartição procedimental ora cogitada é consentânea com as garantias do devido processo, contraditório e ampla defesa, é perfeitamente legítimo seu emprego. Aliás, conforme as circunstâncias concretas, sua adoção conferirá inclusive maior efetividade ao contraditório e à ampla defesa, pois permitirá que as partes e julgadores concentrem seus argumentos, provas, investigações e conclusões em um específico objeto em cada fase. Além disso, por vezes, a investigação a respeito de qual seria o valor devido, se a obrigação existisse, é extremamente complexa – sendo preferível antes concentrar-se no exame da existência da obrigação, para só depois, sendo positivo esse primeiro juízo, partir para a identificação do *quantum*. Portanto, essa dicotomia pode contribuir para tornar o processo arbitral mais eficiente, célere e econômico – atendendo melhor ao princípio do *devido processo legal* (devidamente compreendido como exigência de um processo *razoável*)."[40]

Outro modo (pouco utilizado) de produção de sentença condenatória líquida que Talamini e Wladeck apontam é a realização de dois procedimentos arbitrais sucessivos, sendo o primeiro destinado à prolação de sentença condenatória genérica e, o segundo, para a liquidação do título.[41]

A segunda questão posta está intimamente ligada às ponderações que acabamos de fazer, sendo perfeitamente possível que a liquidação da sentença se faça no próprio juízo arbitral, repita-se, se as partes não dispuseram de maneira diversa em

---

[39] Carlos Alberto Carmona, *Arbitragem e processo*, 3. ed., p. 395.
    Dentre outros, defendem também a possibilidade de liquidação da sentença arbitral no próprio juízo privado Luciano dos Santos e Francisco Baleotti, "Formação e execução de título executivo em processo arbitral", *RT*, v. 928, p. 283; *idem*, in Arnoldo Wald (org.), *Arbitragem e Mediação*, v. III, p. 1.049-1.067, n. 58 (Coleção Doutrinas Essenciais).

[40] "Sentença arbitral e liquidez", in Talamini e Guimarães Pereira (coord.), *Arbitragem e poder público*, p. 165.

[41] *Ibidem*, p. 173.

convenção arbitral (o que é raro).[42] Além de inexistir qualquer óbice legal, a fase de liquidação há muito deixou de ser um procedimento separado, uma "ação",[43] passando a ser considerada uma etapa complementar integrativa do processo de conhecimento, sem a exigência de prolação de uma nova sentença de mérito, mas apenas de uma decisão interlocutória acerca do tema.[44]

Trata-se do emprego variante da técnica de julgamento parcelado e gradual da lide, "servindo tanto para economizar tempo e dinheiro das partes, como também para evitar situações em que os árbitros, por absoluta impossibilidade material, não conseguiriam proferir sentenças líquidas".[45]

A possibilidade de liquidação da sentença arbitral perante o próprio juízo privado não viola a regra insculpida no art. 29 da Lei de regência que dispõe sobre o fim da arbitragem com a prolação da sentença, pois a mesma norma permite a prolação de sentença parcial (LA, art. 23, § 1º); assim, a prolação de sentença ilíquida pode ser considerada como sentença parcial, para fins de processamento sequencial da fase de liquidação e definição do *quantum debeatur*, com a prolação de nova decisão.

Ademais, as partes podem definir em convenção arbitral que, na hipótese de prolação de sentença ilíquida, seja esta liquidada perante a jurisdição privada, segundo procedimento por elas definido previamente, ou, com autorizativo para os árbitros definirem o rito da liquidação, ou, ainda, fazerem uso de regra eventualmente contida em regulamento de entidade arbitral responsável pela administração do painel.

A prolação de sentença ilíquida não elide a possibilidade de vir a ser o julgado complementado por meio de pedido de esclarecimento ("embargos de declaração"), ou, ainda, integralizado por simples incidente complementar da sentença condenatória genérica, a ser processado sequencialmente e em observância ao devido processo legal, nos moldes similares ao que se verifica na jurisdição estatal, repita-se, desde que autorizado pelas partes previamente.

---

[42] Clávio Valença Filho também admite a liquidação de sentença na própria jurisdição privada ("Sentença arbitral e juízo de execuções", *Revista do Advogado*, v. 87, p. 41-45).
Em sentido contrário ao nosso entendimento, v. Nelson e Rosa Maria Nery, *Comentários ao Código de Processo Civil*, p. 1.271, n. 24, art. 515; Humberto Theodoro Jr., *As novas reformas do código de processo civil*, p. 152; Paulo Frontini, "Arbitragem e execução da sentença arbitral. Apontamentos sobre os reflexos da Lei n. 11.232/2005 no âmbito do cumprimento forçado da sentença arbitral", *Revista do Advogado*, v. 87, p. 85.

[43] No processo judicial estatal, essa mudança se deu com o advento da Lei 11.232/2005 que estabeleceu a fase de cumprimento de sentença no processo de conhecimento e revogou dispositivos atinentes à execução fundada em título executivo judicial.

[44] Cf. Humberto Theodoro Jr., *Curso de Direito Processual Civil*, v. II, p. 103.

[45] Carlos Alberto Carmona, ob. cit., 3. ed., p. 394.

De mais a mais, se os aclaratórios não foram opostos ou se não foram acolhidos, há a possibilidade de os mesmos árbitros reunirem-se a pedido conjunto das partes ou por determinação judicial (LA, art. 33, § 2º) para, no bojo do processo anterior, promoverem a liquidação.[46]

Porém, a regra é no sentido de que as sentenças arbitrais sejam preferencialmente líquidas, a fim de viabilizar o cumprimento imediato do julgado, em sintonia com os princípios da celeridade, da economia, da efetividade e da satisfatividade, igualmente orientadores da jurisdição privada. Essa é, aliás, a orientação que deve prevalecer em eventual silêncio das partes na convenção arbitral sobre esse tema.

3. DECISÕES NÃO TERMINATIVAS

A Lei de Arbitragem não faz distinção entre *sentença* e *decisão*, referindo-se a ambas indistintamente (*v.g.*, arts. 23, 24, 26, *caput* e II); de qualquer sorte, é inquestionável que o *ato de sentenciar* é, essencialmente, um *ato decisório*, nada obstante os institutos jurídicos não se confundirem.

Portanto, para a melhor compreensão da matéria, em termos doutrinário e prático, mister se faz transportar, no que couber, para o plano da jurisdição privada os conceitos e a classificação dos pronunciamentos do Estado-juiz.

Nesse contexto, enquanto a sentença arbitral é ato jurisdicional em que o juiz privado, baseado no mérito, ou, por questões formais, põe fim ao processo de conhecimento, todos os demais atos com conteúdo decisório diverso são classificados simplesmente como *decisões*, ou, *decisões interlocutórias*, a exemplo do que se verifica no processo judicial (CPC, art. 203, § 2º).

Pouco importa se os regulamentos de instituições arbitrais ou os árbitros denominam esses pronunciamentos como *decisões não terminativas, interlocutórias, intermediárias*, ou, simplesmente, *decisões*. O que interessa, verdadeiramente, é a compreensão acerca do conteúdo do ato que, por sua vez, haverá de ser qualificado pelo teor decisório que versará sobre matérias ou questões de ordem processual acautelatória, antecipatória, probatória, instrutória, dentre outras.

4. DESPACHOS

A lei de regência também não faz qualquer menção aos atos praticados pelos árbitros que não apresentem conteúdo decisório, o que se denomina no processo judicial de *despachos* ou *atos meramente ordinatórios*, aqueles que se prestam a dar impulso ao trâmite processual, tais como juntadas de petições, documentos, vistas etc.

---

[46] Nesse sentido também v. Talamini e Wladeck, ob. cit., p. 174.

Dependendo do regulamento do ente arbitral, ou, das regras estipuladas pelos próprios árbitros, esses despachos podem ser exarados por eles próprios ou, por delegação, ao secretário do painel ou alguma pessoa do quadro da entidade responsável pela realização dessa atividade.

5. COISA JULGADA ARBITRAL: LIMITES OBJETIVOS E SUBJETIVOS DA SENTENÇA ARBITRAL

A LA não traz em seu bojo o conceito ou definição do instituto da coisa julgada; por outro lado, aduz que o árbitro é juiz de fato e de direito que compõe a lide com prolação de sentença, não submetida à apreciação (homologação) do Estado-juiz (art. 18).

Por seu turno, a lei de regência dispõe sobre os efeitos da sentença arbitral, equiparando-a, mais uma vez, à providência jurisdicional prestada pelo juiz togado, *in verbis:* "A sentença arbitral produz, entre as partes e seus sucessores, os mesmos efeitos da sentença proferida pelos órgãos do Poder Judiciário e, sendo condenatória, constitui título executivo" judicial (CPC, art. 515, VII) a ser satisfeito perante a jurisdição estatal.

A sentença privada circunscreve-se aos termos do objeto litigioso descrito na convenção arbitral e, ao analisar o mérito, faz coisa julgada material entre as partes (limite subjetivo) e nos contornos da lide fixada no compromisso arbitral (limite objetivo).

Trata-se, portanto, da *coisa julgada* ou *irretratabilidade da sentença*, ou, ainda melhor, da *eficácia da sentença;* para tanto, torna-se a sentença *incontestável* em juízo por obra das partes e, por outro lado, *intocável* por parte dos juízes que emitiram o decisório ou qualquer outro por manifesta ausência de poder, nos dizeres de Elio Fazzalari.[47]

A *coisa julgada material* é, pois, a qualidade, a autoridade e a eficácia que se agrega ao comando dispositivo da sentença, tornando indiscutíveis os efeitos da decisão que afrontou o mérito da causa, isto é, a matéria de fundo, a lide propriamente dita.[48]

---

[47] *Istituzioni di diritto processuale*, 1994, p. 465-466.
Explica Fazzalari que a expressão sentença "passada em coisa julgada" ou "em julgado" é milenar e usada para significar duas faces de um mesmo fenômeno: o exaurimento ou a preclusão das impugnações em face da sentença ("passagem em coisa julgada") e, as consequentes incontestabilidade e intocabilidade da mesma sentença, ou seja, a sua "irretratabilidade em sede judicial" – a denominada "autoridade de coisa julgada" (*ibidem*, p. 466).

[48] Sobre o tema, dentre outros, v. Enrico T. Liebman, *Efficacia e autorità della sentenza*; Thereza Alvim, *Questões prévias e os limites objetivos da coisa julgada*; Sérgio Porto, *Coisa julgada civil*.

Há de se distinguir a *autoridade* da *eficácia* da coisa julgada. A *autoridade* representa a possibilidade e certeza de que a sentença se impõe perante todos, decorrendo da estabilidade do ato e significando a capacidade vinculativa com que se impõe perante as partes e seus sucessores (art. 31). Trata-se de qualidade intrínseca da própria sentença que exclui a possibilidade de qualquer outro debate ou questionamento a respeito da lide já decidida, tornando-a estável.[49]

Por sua vez, entende-se por *eficácia* a qualidade do que é eficaz. Por seu turno, eficaz é tudo aquilo que seja hábil para produzir efeitos no mundo jurídico. Em outros termos, a eficácia da sentença diz respeito ao seu resultado e à capacidade de produzir efeitos.[50]

Os efeitos são aqueles resultados que serão produzidos nos planos fático e jurídico, como decorrência da natureza da tutela perseguida e, via de consequência, conforme a natureza da sentença transitada em julgado (declaratória, constitutiva etc.).

Como a Lei de Arbitragem é omissa acerca do tema, há de se buscarem no Código de Processo Civil e na doutrina processual alguns subsídios que possam bem elucidar o tema em voga. O Código de 2015 foi tecnicamente mais preciso ao conceituar coisa julgada (art. 502), no cotejo com o art. 467 do Diploma revogado, na exata medida em que ancora o instituto na autoridade de imutabilidade da decisão, e não na sua eficácia,[51] *in verbis*: "Denomina-se coisa julgada material a autoridade que torna imutável e indiscutível a decisão de mérito não mais sujeita a recurso". E mais: "A decisão que julgar total ou parcialmente o mérito tem força de lei nos limites da questão principal expressamente decidida" (CPC, art. 503, *caput*).

Tomando as partes conhecimento da sentença arbitral, e, decorrendo *in albis* o prazo para a interposição dos embargos de declaração, passará a decisão a gerar toda a sua autoridade e efeitos (diretos e reflexos), sem a homologação pelo Poder Judiciário ou possibilidade de interposição de recurso (LA, art. 18) e, por conse-

---

[49] Cf. Sérgio Porto, ob. cit., p. 45-46, n. 6.3.
[50] *Ibidem*, p. 47-49, n. 6.4.
[51] Esse alerta há muito já havia sido dado pela professora Thereza Arruda Alvim ao analisar criticamente a posição de Liebman sobre o tema, ao observar muito bem o erro de lógica em que o festejado mestre italiano incidira ao definir a autoridade da coisa julgada como um efeito da sentença e, por conseguinte, identificando-a com a eficácia de verificação (conhecimento) da própria sentença, em contraposição aos seus outros possíveis efeitos (constitutivo, executivo etc.). Assim, opondo-se à redação do art. 467 do CPC/1973, preferia a citada professora paulista a conceituação de coisa julgada tal como se encontrava inserta no Anteprojeto do Código de 1973, de autoria de Alfredo Buzaid, que em seu art. 507 dispunha, *in verbis*: "Chama-se coisa julgada material a qualidade, que torna imutável e indiscutível o efeito da sentença, não mais sujeita a recursos ordinário ou extraordinário" (ob. cit., p. 86-88).

guinte, as partes não poderão novamente submeter o mesmo litígio à apreciação do Estado-juiz, de outro árbitro ou tribunal arbitral.

A sentença arbitral faz apenas coisa julgada entre as partes litigantes e seus sucessores, não beneficiando nem prejudicando terceiros (LA, art. 31), regra delimitadora dos efeitos subjetivos da coisa julgada. Contudo, a omissão legislativa acerca do tema da *intervenção de terceiros* em sede arbitral vem justamente ao encontro da sua admissibilidade, dependendo apenas do acordo de vontade das partes litigantes neste sentido e, de outro lado, dos terceiros, em tese interessados, tudo a passar pelo crivo de admissibilidade do árbitro ou árbitros.

Em síntese, os efeitos da coisa julgada em face de terceiros que não participaram do procedimento arbitral são inexistentes, tendo-se como certo que a arbitragem está vinculada ao acordo prévio de vontades firmado entre as partes (convenção arbitral). Terceiros que não participaram do processo arbitral e vierem a ser atingidos pelos efeitos da sentença, poderão requerer ao Poder Judiciário, em ação própria, a declaração de ineficácia da decisão privada, ou, sendo condenatória a sentença, oferecer impugnação ao cumprimento do julgado em tempo e modo oportunos.[52]

Nessa linha, assenta Jean Robert que a sentença arbitral não é oponível a terceiros.[53]

De outra banda, excetuadas as questões ou matérias de ordem pública, a respeito das quais os árbitros haverão de conhecer de ofício, ressalvadas as hipóteses de julgamento por equidade, o julgador decidirá sempre a lide nos limites em que foi proposta e em sintonia com o disposto na convenção arbitral, assim como a sentença proferida haverá de açambarcar todo o conflito que ensejou a formulação do pedido inicial.

Sem prejuízo das regras contidas em regulamentos de entidades ou órgãos arbitrais que haverão de incidir na resolução de conflitos submetidos à jurisdição privada, se assim definiram as partes em convenção arbitral, vale fazer um paralelo com o que se verificava no CPC/1973 (art. 474) e com o CPC/2015, que

---

[52] Assim também, José Rogério Cruz e Tucci, "Garantias constitucionais do processo e eficácia da sentença arbitral", in Talamini e Guimarães Pereira (coord.), *Arbitragem e poder público*, p. 156.

[53] *L'arbitrage, droit interne, droit internacional privé*, 6. ed., p. 171.
E prossegue o renomado autor francês ao afirmar que, dessa assertiva decorre que não se permitirá em sede arbitral a intervenção nem voluntária nem forçada, bem como o chamamento como garantia. Neste ponto, não comungamos do entendimento do festejado doutrinador, pois se as partes estiverem de acordo, bem como o terceiro e os árbitros com a intervenção, nada obsta que ela se perfectibilize e que a sentença gere todos os efeitos, inclusive em relação a estes últimos. Assim também o entendimento de Carreira Alvim, (*Tratado*, p. 462) e Humberto Theodoro Jr. ("Arbitragem e terceiros...", cit., p. 538).

recepcionou também o *princípio do deduzido e do dedutível*, em seu art. 508, *in verbis:* "Transitada em julgado a decisão de mérito, considerar-se-ão deduzidas e repelidas todas as alegações e as defesas que a parte poderia opor tanto ao acolhimento quanto à rejeição do pedido".

Esse princípio, salvo disposição em contrário, encontra perfeita aplicabilidade em sede arbitral e preconiza a imprescindibilidade de o autor formular em juízo, ao propor a ação, todas as suas pretensões que se fundam em determinado fato ou direito acerca dos quais objetiva a tutela jurisdicional, assim como o réu haverá de articular em sua defesa, amplamente, tudo aquilo que se faça mister para modificar, desconstituir ou extinguir o direito do autor. Se deixarem de assim proceder, após o trânsito em julgado, não mais poderão deduzir pretensões ou alegar matérias acerca das quais foram omissos enquanto tramitava o processo já sentenciado.

Nos dizeres de Giovanni Bonato, opera-se em face da sentença arbitral a preclusão do deduzido e do dedutível em razão do seu caráter de ato decisório de resolução de controvérsia que, como tal, substitui a preexistente situação jurídica controversa. A cognição contida na sentença será incontestável não apenas a respeito daquilo que foi efetivamente deduzido no procedimento arbitral, mas também em tudo aquilo que poderia ter sido e não foi deduzido.[54]

Reforçando este entendimento, assevera Carmine Punzi que "passará em julgado não apenas o quanto foi feito valer em juízo pelas partes, mas também todos os fatos, normalmente modificativos, impeditivos ou extintivos do direito do autor que, embora não tenham sido deduzidos no processo concluído com a sentença passada em julgado, poderiam ter sido deduzidos pela parte, em respeito à preclusão".[55]

O escopo maior desse princípio é a pacificação definitiva do conflito instaurado entre as partes, de maneira a não permitir a sua eternização mediante a proliferação de demandas que tomem por base o mesmo fato ou bem da vida sobre o qual se deu a violação ou a ameaça do direito material.

Em outras palavras, "a sentença que julgar a lide, portanto, decidirá todas as questões a ela pertinentes, quer as partes tenham controvertido sobre todas as alegações e defesas possíveis, quer não".[56]

---

[54] *La natura e gli effetti del lodo arbitrale* – studio di diritto italiano e comparato, 2012, p. 265-266.
[55] *Il processo civile*, v. I, p. 59.
V. também Remo Caponi, *L'eficacia del giudicato civile nel tempo*, Milano: Giuffrè, 1991.
[56] Ovídio Baptista da Silva e Fábio Gomes, *Teoria geral do processo civil*, p. 235.

Sobre o tema, desenvolvem-se duas teorias opostas que procuram justificar o *deduzido e o dedutível* com base nos institutos da causa de pedir, do pedido e da coisa julgada, a saber: a *teoria da consubstanciação* e a *teoria da individualização*.

Preconiza a *teoria da individualização* que não são os fatos descritos pelo autor na petição inicial que dão os contornos da lide ou do conflito propriamente dito, servindo apenas para delimitar ou *individualizar* a relação jurídica litigiosa apresentada ao conhecimento do julgador. Por conseguinte, toda e qualquer violação ou ameaça a direito subjetivo, pertinente à determinada relação jurídico-material, haverá de ser articulada numa única ação ou em outra demanda em separado, nada obstante verificar-se conexão ou continência, porém, em qualquer hipótese, sob pena de incidir a preclusão máxima, envolvendo também as questões que poderiam ter sido levantadas, conforme regra preconizada no art. 508 do CPC.

Por seu turno, a *teoria da consubstanciação* (mais aceita do Brasil) sustenta que a lide é delineada pelos *fatos* que se *consubstanciam* pela descrição do conflito insculpido na petição inicial, de maneira que, mudando os fatos, altera-se também a causa de pedir e, por conseguinte, a própria demanda, com possibilidade de o interessado ajuizar nova ação.

Assim, para a *teoria da consubstanciação,* por exemplo, em uma ação fundada em duas infrações contratuais, se a peça inaugural vier fundada apenas num inadimplemento, a outra violação contratual não estará absorvida pelos efeitos da sentença, na medida em que este segundo conjunto de fatos passará a constituir fundamento para a segunda demanda.

Diferentemente, para a *teoria da individualização,* no citado exemplo, pouco importa que o autor tenha ou não descrito na inicial todos os descumprimentos de cláusulas contratuais, pois a sentença que acolher ou rejeitar o pedido, estará também decidindo a respeito de todas as infrações contratuais contemporâneas ao ajuizamento da ação e que poderiam ter sido alegadas e não o foram pelo postulante, que terminará por incidir em preclusão, por força do disposto no art. 508 do CPC.

Em que pese predominar (sem unanimidade) na doutrina nacional a teoria da consubstanciação, parece-nos que o aspecto mais relevante e pouco considerado para o equacionamento dessas teorias é o escopo sociopolítico do processo, tendo-se em conta que, antes de tudo, é ele instrumento de pacificação social colocado à disposição dos jurisdicionados para a resolução de seus conflitos. Nessa linha de raciocínio, a chamada teoria da consubstanciação não soluciona integralmente a lide sociológica, mas tão somente a lide jurídica, ao mesmo tempo em que viabiliza a possibilidade de, ao menos em tese, eternizar o conflito, porquanto o interessado poderá deflagrar, independentemente e enquanto não prescrever o seu direito de ação, tantas demandas quantas lhe aprouver contra o mesmo sujeito passivo, nada obstante oriundas de uma única relação jurídico-material violada ou ameaçada.

Em síntese, a sentença arbitral põe termo a toda a controvérsia objeto da convenção de arbitragem submetida ao conhecimento do juiz privado; por conseguinte, em observância ao princípio do deduzido e do dedutível, se alguma parcela do conflito originário, por qualquer razão, deixou de ser decidida na jurisdição arbitral, não mais se poderá submetê-la à nova arbitragem, tampouco ao conhecimento do Estado-juiz, operando-se a preclusão a respeito de tudo que foi ou poderia ter sido deduzido, mas não o foi. Assertiva inversa também é verdadeira, ou seja, independentemente da natureza do litígio, as questões que já foram apreciadas pelo Poder Judiciário e fizeram *coisa julgada* não podem ser objeto de nova apreciação, desta feita em sede de juízo arbitral.[57]

Por outro lado, nada impede que a liquidação de uma sentença judicial condenatória seja atribuída à jurisdição arbitral, pois as partes podem optar por um resultado mais rápido e qualificado para a simples definição dos limites da condenação (*quantum debeatur*), sem a mínima possibilidade de reapreciação, pelos árbitros, de matéria já decidida pelo Estado-juiz.[58]

6. SUCESSÃO E EFEITOS DA SENTENÇA ARBITRAL

Infere-se do art. 31 da LA que a sentença arbitral produz os mesmos efeitos entre as partes litigantes e os seus sucessores, a exemplo do que se verifica com a sentença proferida pelo Estado-juiz, o que remete o intérprete a refletir acerca da sucessão processual das partes na pendência do juízo arbitral.

A sentença arbitral resolve o conflito que foi submetido à cognição do juízo privado, põe fim à relação jurídico-processual arbitral, e, faz coisa julgada entre as partes litigantes, não beneficiando ou prejudicando terceiros estranhos à lide, e, sendo de natureza condenatória, constituirá título executivo judicial (CPC, art. 515, VII), e, consistindo em pagamento de prestação em dinheiro e a que determinar a conversão de prestação de fazer, de não fazer ou de dar coisa em prestação pecuniária, valerá como título constitutivo de hipoteca judiciária (CPC, art. 495).

Diante da omissão da lei de regência acerca do evento morte de uma das partes ou perda de capacidade de seu representante legal ou de seu procurador, socorremo-nos dos regramentos das instituições arbitrais, ou, se necessário e excepcionalmente, do CPC, no que couber.

---

[57] Assim também Carlos Alberto Carmona, *Arbitragem e processo*, 3. ed., p. 56-57, art. 1º.
Em sentido contrário, admitindo a tese da reapreciação da matéria perante o juízo arbitral após o trânsito em julgado verificado na jurisdição estatal, v. Adolfo A. Velloso, "El arbitraje: solución eficiente de conflictos de intereses", *RePro*, 45, p. 100, n. 3. Assim também Alexandre Câmara, *Arbitragem*, 1997, p. 15.
[58] No mesmo sentido Carlos Alberto Carmona, *ibidem*, p. 57.

Se a hipótese for de morte de um dos litigantes, haverá a suspensão processual e a substituição da parte falecida pelo seu espólio ou pelos seus sucessores, desde que sejam todos capazes, pois, caso contrário, ocorrerá extinção do processo arbitral por falta de pressuposto de validade (LA, art. 1º – incapacidade da parte).

Assim como no processo judicial, o falecimento de qualquer das partes, de seu representante legal ou procurador importará em suspensão do processo, para os devidos fins de propiciar a sucessão processual, o que será regulado pelas normas definidas em convenção arbitral.

7. QUESTÕES PRÉVIAS, PRELIMINARES E PREJUDICIAIS

Todas as questões ou matérias apresentadas para conhecimento do árbitro ou árbitros, além daquelas de fundo (mérito propriamente dito) são denominadas de *questões prévias*, na qualidade de *gênero*, cujas espécies são as *preliminares* e as *prejudiciais*.

Esses institutos, assim como tantos outros, não são tratados na Lei de Arbitragem, razão pela qual, para a definição dos seus respectivos contornos e aplicação, é imperiosa a busca de subsídios no Código de Processo Civil e na doutrina, além de observarem-se as disposições acerca desses temas quando versados em regulamentos de entidades arbitrais ou leis estrangeiras escolhidas pelas partes quando do momento da definição dos termos da convenção arbitral.

Thereza Alvim leciona que as *questões prévias* são "[...] todas aquelas que logicamente devem ser decididas antes de outras, por manterem entre si uma vinculação de subordinação lógica. Dentre essas questões *prévias* distinguimos as que são *preliminares* e as *prejudiciais*", sob o ponto de vista lógico e jurídico.[59]

Em estudo de nossa lavra, a respeito da *metodologia no exame do trinômio processual – pressupostos processuais, condições da ação e mérito da causa –*,[60] tivemos oportunidade de ressaltar que essas matérias formam o arcabouço do processo civil moderno, tendo em vista que nelas residem as concepções básicas sobre institutos indispensáveis à obtenção da satisfação perseguida em juízo (mérito).

A sequência ordenada para o conhecimento das questões prévias garante sobretudo a observância do devido processo legal e, com isso, a prolação de uma sentença de mérito hígida, de maneira a permitir a sua validade e eficácia, sem a possibilidade de vir a ser desconstituída por meio de ação própria ou em sede de execução do julgado, perante o Poder Judiciário.

O alcance metodológico do exame desses três institutos encontra ressonância teórico-prática no sentido de que a concatenação investigatória deve seguir (sempre

---

[59] *Questões prévias e limites objetivos da coisa julgada*, p. 23.
[60] Cf. *RePro*, 72, p. 335; *JB*, 172, p. 33; e *JC*, 71, p. 31.

que possível) uma ordem harmônica, capaz de levar o julgador ao conhecimento da pretensão formulada pelo autor, tornando-o assim habilitado a dizer o direito, ou seja, resolver o conflito de interesses que lhe é submetido à cognição pelas partes litigantes.

Por sua vez, o acolhimento de alguma questão prévia pode obstar o árbitro ou colégio arbitral de conhecer da matéria de fundo. Diz-se conhecimento válido do mérito da causa porque, se faltar algum dos pressupostos de constituição ou de desenvolvimento válido e regular do processo, ou, alguma das condições da ação, a última faceta do trinômio fica totalmente prejudicada.

Deixando o interessado de obter a proteção perseguida por defeito ou ausência de algum dos requisitos integrantes dos pressupostos processuais ou condições da ação, frustra-se o objetivo maior da jurisdição, que é a pacificação social por intermédio da solução dos conflitos, por meio da prolação da sentença arbitral de mérito. Por isso afirmamos que os pressupostos processuais e as condições da ação representam os *requisitos de admissibilidade do julgamento do mérito*.

Esses dois fenômenos formadores do binômio *pressupostos processuais* e *condições da ação* apresentam-se com elementos e natureza profundamente diversos e de existência e configurações independentes, assim como sucede entre a *ação* e a *relação processual*.

A importância do tema em voga reflete-se sobremaneira na identificação da existência (ou não) de cada um dos seus requisitos ou elementos específicos, na exata medida em que a falta de algum deles pode acarretar a nulidade ou anulabilidade do processo, ou, a invalidade ou a ineficácia da ação processual.

O Código de Processo Civil traça algumas linhas a respeito da sistemática a ser adotada pelos operadores do Direito acerca da sequência lógica do exame das matérias a serem analisadas pelo julgador e articuladas pelo réu, a título de preliminar, na peça contestatória, a fim de que, superada essa fase, torne-se possível a resolução do conflito submetido à apreciação do juiz e, com isso, se viabilize a prolação de uma sentença válida, isto é, hábil à composição da lide.[61]

---

[61] Esse ordenamento sequencial verificativo, a ser seguido pelo magistrado na jurisdição estatal ou pelo árbitro na jurisdição privada, já era aconselhado por Chiovenda em suas *Istituzioni*, nos seguintes termos: "Logicamente, antes de pesquisar se existem as condições da ação, convém que o juiz investigue se existem os pressupostos processuais e isso ele deve fazer de ofício [...]. De todas as questões num processo, a última e a mais importante é aquela referente à existência de uma vontade concreta da lei que garanta um bem a alguém. As outras se apresentam todas em uma ordem lógica de *preliminares,* uma em relação à outra e todas em relação à última, no sentido de que uma deve ser conhecida antes da outra, ou que a solução de uma pode resultar inútil de passar para a outra. Esta ordem lógica não é, porém, sempre obrigatória por lei [...]" (*Istituzioni*, v. I, p. 62).

Do ponto de vista metodológico, tal análise deve começar pelos pressupostos processuais, e, na sequência, pelo exame dos requisitos de admissibilidade da ação, terminando com a resolução do mérito da causa. Essa ordem lógica de apresentação das questões, dizia Alfredo Buzaid, "é puramente hipotética, porque não há entre elas uma separação cronológica, de forma que uma preceda necessariamente à outra. Na prática podem elas surgir simultaneamente, ou em ordem inversa".[62]

Em outras palavras, poderá o árbitro, constatando de plano a ausência de um dos requisitos para a configuração da ação válida, rejeitar liminarmente a peça inaugural, extinguindo-se o processo arbitral sem resolução do mérito, independentemente de ter ou não analisado os pressupostos processuais.

Tanto é assim que, tão logo instituída a arbitragem, o árbitro ou tribunal arbitral deverá, preliminarmente, proceder a um exame aprofundado da convenção de arbitragem para, se for o caso, determinar que as partes explicitem alguma questão obscura, omissa ou contraditória atinente àquele importante documento, e, na sequência, elaborado em conjunto com os litigantes um adendo à convenção, o qual será firmado pelas partes e árbitros, passando a integrar a convenção de arbitragem (LA, art. 19, §1º).

Se o caso for de análise simultânea, nada impede que o árbitro reconheça não apenas a falta de algum pressuposto processual (extrínseco ou intrínseco, de existência ou de validade), mas também conclua que um dos litigantes é carecedor de ação válida. O resultado prático é idêntico em qualquer uma delas, qual seja, o processo extingue-se sem análise da relação jurídica litigiosa (*res in iudicium deducta*) – sem resolução do mérito.

Por isso, como dissemos, a sequência analítica sugerida é sobretudo metodológica, a qual deve servir para orientar as partes, o árbitro ou o tribunal arbitral para o bom e cabal desenvolvimento do processo e da ação válida.

Nessa linha, as *preliminares* haverão de ser alegadas no primeiro momento em que o sujeito passivo comparece nos autos para articular a sua defesa, em capítulo precedente à discussão do mérito, ou seja, matérias de natureza processual alusivas à falta de algum pressuposto processual de existência ou de validade, ou, de alguma das condições da ação.

Dentre outras matérias a serem articuladas em preliminar, pode o réu alegar vício (sanável ou insanável) da convenção arbitral, incompetência absoluta ou relativa do juízo arbitral, valoração equivocada da causa, necessidade de intervenção de terceiros, inépcia da peça inaugural, litispendência, coisa julgada, conexão, incapacidade da parte, defeito de representação, carência de ação (falta de interesse ou legitimidade).

---

[62] *Estudos de direito* – Do despacho saneador, p. 7.

Existem também as chamadas *preliminares de mérito* que nada mais são do que matérias que dizem respeito ao próprio mérito, porém, se acolhidas pelo julgador, fulminam a cognição da lide propriamente dita e, por conseguinte, obstam a prolação de sentença de procedência ou de improcedência do pedido. Em outras palavras, são preliminares que não tratam de vícios da ação processual (agir em juízo) ou do processo (relação jurídico-processual), mas impedem o julgador de conhecer do conflito e decidir a matéria de fundo, quais sejam, a *prescrição* e a *decadência*.

Em síntese, a *prescrição* versa sobre o perecimento do direito de ação material (remédio jurídico propriamente dito) enquanto a *decadência* regula o perecimento do direito propriamente dito, tendo como resultado da incidência de qualquer um dos dois institutos o não conhecimento pelo julgador da matéria de fundo (lide jurisdicionalizada).[63]

Por outro lado, diversas são as *questões prejudiciais* que devem "lógica e necessariamente ser decididas antes de outra, sendo que sua decisão influenciará o próprio teor da questão vinculada".[64] Com razão Barbosa Moreira, quando defende a tese da qualificação da questão prejudicial pelo tipo de relação existente entre ela e a outra questão, afirmando poder existir indiferentemente no plano do mérito da causa ou fora dele.[65]

Ao analisar o art. 503 do Código de 2015, leciona muito bem Luiz Guilherme Marinoni que, "como é óbvio, não há como pensar em preencher o significado de 'questão prejudicial' com base em conceitos doutrinários delineados para outros contextos e épocas. Para fixar o significado da expressão 'questão prejudicial' inserta no art. 503 do Código de 2015, seria um grande absurdo ficar refém do que disse a doutrina italiana acerca da *pregiudiziale* do art. 34 do *Codice di Procedura Civile* ou a doutrina brasileira sobre a questão prejudicial relativa à ação declaratória incidental do Código de 1973".[66]

E, mais adiante, Marinoni arremata: "Por outro lado, é preciso sublinhar que a circunstância de uma questão ser potencialmente idônea para definir o processo, e assim poder levar a uma sentença que extingue o processo ou a uma decisão que resolve incidentalmente a questão, não é, apenas por isso, suficiente à conclusão de que a sua decisão deve produzir coisa julgada. Frise-se que não há razão para

---

[63] Salienta-se que os institutos da *prescrição* e da *decadência* estão sempre regulados em norma de direito material, valendo mencionar, a título exemplificativo, o Código Civil (Livro III, Título IV, arts. 189 a 211) e Código de Defesa do Consumidor (Título I, Capítulo IV, Seção IV, arts. 26 e 27).
[64] Thereza Alvim, *Questões prévias*, p. 24.
[65] *Questões prejudiciais e coisa julgada*, p. 33 (*apud* Thereza Alvim, ob. cit., p. 25).
[66] *Coisa julgada sobre questão*, 2018, p. 226-227.

proibir a relitigação de questão que não foi discutida e, por consequência, adequadamente decidida.

"A despeito disso, está bastante claro que não existe um conceito universal de questão prejudicial e que outros conceitos foram elaborados para justificar a coisa julgada sobre uma questão prejudicial que não se confunde com aquela que pode dar ensejo à declaratória incidental. Quer dizer que um ponto, ao menos, é indiscutível: *o conceito de questão prejudicial depende da lógica do sistema processual*."[67]

Se o árbitro ou tribunal arbitral for competente para conhecer da questão prejudicial – o que pressupõe a superveniência no curso do processo de controvérsia acerca de direitos patrimoniais disponíveis, de cujo conhecimento dependerá o julgamento da lide principal objeto da arbitragem –, decidirá ele próprio o incidente, desde que as partes assim convencionem.

Caso contrário, se a controvérsia versar sobre *direitos indisponíveis*, e, verificando-se que de sua existência, ou não, dependerá a prolação da sentença arbitral, o árbitro ou colegiado remeterá as partes à autoridade competente do Poder Judiciário, suspendendo o procedimento arbitral por prazo indeterminado, até o julgamento definitivo da matéria prejudicial pelo Estado-juiz, ou, ainda, nas hipóteses em que os litigantes não entrem em acordo acerca da instituição de arbitragem para solucionar a questão prejudicial.

A Lei 13.129/2015 revogou o art. 25 que disciplinava as hipóteses de verificação de questões prejudiciais no curso da arbitragem envolvendo direitos indisponíveis, cuja existência, ou não, pudesse refletir no julgamento da matéria posta em exame perante a jurisdição arbitral, quando então competia ao árbitro ou tribunal arbitral remeter as partes à jurisdição estatal e suspender o procedimento arbitral até a resolução da controvérsia prejudicial perante o Estado-juiz.

Contudo, o novel diploma não disciplinou a aludida hipótese de forma diversa, limitando-se, repita-se, a revogar o dispositivo que regulava a matéria; a nosso sentir, o silêncio do legislador acerca do tema é adequado, pois a revogação do art. 25 não induz à conclusão diversa daquela já definida anteriormente, pois ao surgir questão prejudicial que ultrapasse os limites da cognição arbitral, por se tratar de direito indisponível, não resta outra alternativa ao árbitro ou tribunal arbitral a não ser suspender o painel e remeter os interessados às vias judiciais ordinárias.

Ademais, não basta que sobrevenha no curso da arbitragem controvérsia acerca de direitos indisponíveis; mister se faz que, impreterivelmente, a resolução desta questão reflita, diretamente, no julgamento da lide principal posta à cognição da jurisdição arbitral. Significa dizer que a supressão do art. 25 da Lei de Arbitragem inibe a prática de manobras indesejáveis por alguns dos litigantes

---

[67] Ob. cit., p. 235-236.

interessados na suspensão do processo arbitral e do acesso, por vias transversas, à jurisdição estatal, de maneira a transportar o conflito jurisdicionalizado em arbitragem como forma de tentativa de cognição pelo Estado-juiz, amparado sob manto da *questão prejudicial*.

De qualquer forma, se ocorrer a suspensão do processo arbitral em face da necessidade de solucionar-se alguma questão prejudicial, decidida pelo Estado--juiz, as partes darão conhecimento ao árbitro ou tribunal por meio da juntada aos autos da sentença ou acórdão transitados em julgado, oportunidade em que o procedimento arbitral prosseguirá regularmente.

Percebe-se claramente que as *questões prejudiciais* não se confundem com as *questões preliminares*, apesar de ambas antecederem aos articulados defensivos atinentes ao mérito e, por conseguinte, ao conhecimento do mérito da causa.

Vale observar também que o Código de Processo Civil não destinou para essa matéria um capítulo ou seção específica, limitando-se a enumerar algumas hipóteses como causas da suspensão do processo, sem denominá-las de *questões prejudiciais*, expressão que somente vem utilizada pelo legislador no art. 503, § 1º, quando dispõe sobre a *coisa julgada*,[68] questões estas que poderão também ser decididas expressa e incidentalmente no curso do mesmo processo e fazendo, igualmente, *coisa julgada*.

Nada obstante, depreende-se do contexto normativo que se trata de questões relevantes para a solução do mérito da causa, mas que não constituem propriamente o objeto da pretensão formulada em juízo; são hipóteses que obstam a prolação da sentença acerca do objeto principal da controvérsia submetida a conhecimento do julgador, até a verificação de julgamento de outra causa ou a declaração da existência ou da inexistência de relação jurídica que constitua o objeto principal de outro processo pendente, ou, ainda, tiver de ser proferida somente após a verificação de determinado fato ou a produção de certa prova, requisitada a outro juízo (CPC, art. 313, V, *a* e *b*), hipóteses estas que exigirão a suspensão do processo principal pelo prazo de até um ano (CPC, art. 313, *caput* c/c § 4º).

Da mesma forma, "se o conhecimento do mérito depender de verificação da existência de fato delituoso, o juiz pode determinar a suspensão do processo

---

[68] Dispõe o Código de Processo Civil que, para aplicar-se à resolução de questão prejudicial, decidida expressa e incidentalmente, e alcançar os efeitos da coisa julgada, mister se faz a observância dos seguintes requisitos: *a)* dessa resolução depender o julgamento do mérito; *b)* a seu respeito tiver havido contraditório prévio e efetivo, não se aplicando aos casos de revelia; *c)* o juízo tiver competência em razão da matéria e da pessoa para resolvê-la como questão principal (art. 503, § 1º). E mais: não se aplicam essas disposições se no processo houver restrições probatórias ou limitações à cognição que impeçam o aprofundamento da análise da questão prejudicial (CPC, art. 503, § 2º).

até que se pronuncie a justiça criminal" (CPC, art. 315, *caput*). Porém, "se a ação penal não for proposta no prazo de 3 (três) meses, contado da intimação do ato de suspensão, cessará o efeito desse, incumbindo ao juiz cível examinar incidentalmente a questão prévia" (§ 1º). Diversamente, "proposta a ação penal, o processo ficará suspenso pelo prazo máximo de 1 (um) ano, ao final do qual aplicar-se-á o disposto na parte final do § 1º" (§ 2º).

Frisa-se que o rol apresentado no Código de Processo Civil atinente às *questões prejudiciais* é meramente exemplificativo, pois outras hipóteses poderão surgir e, certamente, exigirão a suspensão do processo até o deslinde da controvérsia que, de alguma forma, afetará o julgamento da lide principal, ou, ainda, poderão ser decididas expressa e incidentalmente no curso do processo, com força de coisa julgada.

Tema interessante respeita à possibilidade de efetuarem os árbitros, incidentalmente, *controle de constitucionalidade das leis* definidas pelas partes para aplicação e resolução do conflito que lhes é submetido à cognição. Comparativamente, os sistemas alienígenas enfrentam a matéria de forma variada, isto é, alguns determinam o envio da questão constitucional ao juiz estatal competente, outros proíbem a apreciação pelo árbitro, enquanto outros permitem esse controle pelo juiz privado.[69]

No Brasil, a lei de regência não impede que os árbitros procedam, incidentalmente, ao controle (difuso) de constitucionalidade das normas que haverão de aplicar para a obtenção do julgamento de mérito, nada obstante com efeitos *inter partes*. Vale lembrar que por convenção das partes e por delegação constitucional, os árbitros exercem uma parcela da jurisdição originariamente conferida ao Estado-juiz, voltada à resolução de conflitos de natureza patrimonial disponível, cuja sentença vincula os litigantes e faz coisa julgada material irrecorrível.

Destarte, "a jurisdição dos árbitros, nessa questão vai além da mera declaração de invalidade da norma, incluindo também, a possibilidade de exame da compatibilidade constitucional dela com as regras de proteção ao direito adquirido e ao ato jurídico perfeito, como ensina Sérgio Bermudes: 'Convém acrescentar que, se o juiz tem poderes, como é inerente à sua função e foi explicado, para apreciar a questão da constitucionalidade de uma regra jurídica e deixar de aplicá-la, declarando-a inconstitucional, também pode, *a fortiori*, decidir pela inaplicabilidade da norma a uma determinada situação jurídica, não porque seja inconstitucional, mas por entender contida a sua eficácia, diante de um óbice criado pela própria Constituição. Assim, sem declarar inconstitucional a lei, ou mesmo a declarando

---

[69] Para uma *visão comparativa* do tema, v. Gustavo de Andrade, "Arbitragem e controle de constitucionalidade: algumas reflexões", in Carlos Carmona, Selma Lemes e Pedro Martins (coord.), *20 anos da Lei de Arbitragem* – Homenagem a Petrônio R. Muniz, p. 746-753.

constitucional, de modo explícito, podem o árbitro, ou árbitros deixar de aplicá-la, se a julgarem prejudicial ao direito adquirido, ao ato jurídico perfeito, ou à coisa julgada. Em outras palavras, pode o juiz arbitral decidir que a eficácia da norma é contida, diante da garantia do inciso XXXVI do art. 5º da Constituição e, por isso, deixar de aplicá-la a uma situação concreta'".[70]

No Código de 2015, assim como sucedia no Código de 1973, a regra é no sentido de que, em princípio, as questões prejudiciais não são alcançadas pela coisa julgada. Embora essa ideia não apareça de forma expressa no art. 504 do CPC, assim como se verificava no Código revogado, mister destacar que o art. 503, *caput* do CPC "menciona a coisa julgada ocorrente apenas em relação à *questão principal*; para que isso ocorresse em relação à questão prejudicial, esta precisaria ter passado pela análise de que trata o CPC 503 e §§. [...] O texto ora analisado é expresso em permitir que haja formação de coisa julgada material sobre questão de mérito decidida incidentalmente no processo, desde que estejam presentes alguns requisitos",[71] aqueles indicados nos §§ 1º e 2º do art. 503.

Ao autor será oportunizado manifestar-se sobre as questões prévias, e, se desejar, produzir novas provas para contrapô-las, sendo que ao árbitro ou ao tribunal arbitral caberá decidir de plano acerca dessas matérias, ou, se for o caso, postergá-las para o momento da prolação da sentença.

Em arremate, assinala-se que as referências feitas ao Código de Processo Civil neste ponto de nosso estudo, objetivam apenas demonstrar a abordagem desses institutos na jurisdição estatal, de maneira que, no que couber, possam ser absorvidas no processo arbitral, desde que as partes assim tenham convencionado, ressalvando-se a observância às regras próprias atinentes aos temas em exame delineadas em regulamentos de entidades arbitrais.

8. DA SUPERVENIÊNCIA DE FATO INDEPENDENTE

Os fatos supervenientes à propositura da demanda que possam influir no julgamento da causa, assim considerados os modificativos, extintivos ou impediti-

---

[70] Gustavo de Andrade, *ibidem*, p. 758.
[71] Nelson e Rosa Maria Nery, *Comentários ao Código de Processo Civil*, 2015, p. 1.221, n. 5 e 6, art. 503.
  Interessante lembrar que no CPC de 1973 as questões prejudiciais, via de regra, não geravam efeitos de coisa julgada, servindo tão só como objeto de conhecimento e de formação do convencimento do julgador para a composição da lide. A regra encontrava-se estampada no art. 469, III, do CPC, *in verbis*: "Não fazem coisa julgada [...] a apreciação de questão prejudicial decidida incidentalmente no processo". A exceção está no art. 470 que dispõe sobre a questão prejudicial incidental. Por sua vez, o CPC de 2015 não recepcionou a disposição inserta no inc. III do art. 469 do CPC revogado.

vos do direito, deverão ser tomados pelo árbitro em consideração no momento da prolação da decisão, de ofício, ou, a requerimento de qualquer das partes litigantes.

A superveniência de fatos independentes não importa em modificação do pedido ou da causa de pedir, mas aqueles servem de moduladores na formação do convencimento motivado do julgador, na exata medida em que, de alguma forma, atuarão no plano jurídico no que concerne ao direito sobre o qual se funda a ação.

Assim como ocorre na jurisdição estatal (CPC, art. 493) os fatos supervenientes que possam influir no rumo da decisão, hão de ser, necessariamente, considerados pelos árbitros, salvo se não estiverem dentro da competência conferida pela lei ou pela convenção arbitral para a cognição em sede de jurisdição privada.

9. ARBITRAGEM DE DIREITO E DE EQUIDADE

A Lei 9.307/1996 permite expressamente que as partes, em comum acordo, em atenção ao princípio da autonomia da vontade, optem pela decisão fundada tão só em regras de direito ou de equidade (art. 2º, *caput*).

9.1. Arbitragem de equidade

No tocante à decisão fundada em *equidade*, antes de mais nada, é preciso identificar os contornos que delimitam o seu alcance, ou seja, se o legislador pretendeu conferir ao árbitro o poder de julgar somente por equidade na concepção aristotélica ou pretoriano-romana.

Entendemos que, diferentemente do que ocorreu, por exemplo, no microssistema dos Juizados Especiais (art. 6º da Lei 9.099/1995),[72] a Lei de Arbitragem autoriza o árbitro a decidir baseado exclusivamente em critérios de *equidade*, ou, se preferirmos, nos moldes aristotélicos, como típica *jurisdição* comprometida com a *justiça do caso concreto*, que pode ou não estar em sintonia absoluta com a norma jurídica.

Trata-se, sem dúvida, de *equidade pura* a ser aplicada pelos árbitros quando assim estiverem previamente autorizados pelas partes, o que não se confunde com a desconsideração total e irrestrita do direito vigente e aplicado, mas de exegese a ser conferida à norma sintonizando-a ao caso concreto de maneira a encontrar a decisão mais justa para a resolução do conflito.

Portanto, não se trata de autorizativo para aplicação da equidade apenas para as hipóteses em que se faça mister sanar as lacunas da lei (sentido pretoriano romano), mas sim de julgamento voltado ao êquo e ao justo, seja para abrandar

---

[72] Para aprofundamento do tema nos juizados especiais, v. os nossos *Comentários ao art. 6º da Lei 9.099/95*.

os rigores da norma, para adaptá-la da melhor forma ao caso concreto, ou, ainda, se estiver em dissintonia com o tempo da decisão, ou seja, "ultrapassada" em face do cotejo da questão em exame; estarão os árbitros, nesses casos excepcionais, a decidir contra a lei.

Portanto, a LA encampa a concepção aristotélica da equidade, então denominada pelos filósofos da Grécia antiga de *epieikeia* (epiqueia), assim compreendida como a *correção da lei* por meio do direito natural – aplicação da lei conforme a equidade.

"Em outros termos, sendo a norma abstrata, criada para reger fatos-típicos, pode acontecer que em dado caso concreto ocorra circunstância que o legislador não havia previsto, tornando a incidência da norma injusta e inadequada. É nesta hipótese que atuaria a equidade, autorizando o legislador a mitigar a severidade da norma. Assim, quando autorizado a julgar por equidade, o julgador pode com largueza eleger situações em que a norma não merece mais ser aplicada, ou porque a situação não foi prevista pelo legislador, ou porque a norma envelheceu e não acompanhou a realidade, ou porque a aplicação da norma causará injusto desequilíbrio entre as partes [...]."[73]

A verdade é que a *equidade* deixa o julgador mais livre para ordenar medidas preventivas e, sob algumas circunstâncias, medidas saneadoras, restritivas de direito, inibitórias,[74] diante da situação de perigo demonstrada; confere-se ao

---

[73] Carlos Alberto Carmona, *Arbitragem e processo*, 3. ed., p. 65.
[74] Por exemplo, com base em equidade, uma proibição pode ser decretada pelo árbitro ou colegiado arbitral para que os trabalhadores em greve de uma empresa de aço não apaguem as fornalhas da empresa. A empresa, mais tarde, poderá requerer indenização pecuniária pelos danos sofridos dirigida à companhia de seguros ou à própria entidade de classe dos trabalhadores responsável pela paralisação, desde que demonstrada uma violação de alguma cláusula contratual. Entretanto, a companhia aqui poderia não estar interessada no dinheiro da indenização, mas, pelo contrário, seu escopo principal seria o de prevenir suas fornalhas de certos problemas que resultariam de alguma falha. Poderá então o árbitro ou tribunal arbitral expedir um decreto injuntivo, fundado tão só em equidade, contra uma das partes litigantes e, se não for atendida a ordem, poderá o interessado requerer ao Poder Judiciário a sua efetivação. Henry J. Abraham ilustra a matéria citando o caso da "adorada árvore vermelho-cobre de John Miller", que embora não versasse sobre perigo imediato, uma tutela de urgência poderia vir a ser concedida com base em equidade. Nessa hipótese, Miller possuía localizada na extremidade de sua propriedade privada uma belíssima árvore, justamente no caminho por onde passaria uma futura rodovia a ser construída pela empresa *Commonwealth of Pennsylvania*. O Estado teria todo o direito de derrubar a árvore com seu poder de proprietário iminente, só utilizado em obras destinadas ao povo, o que uma estrada certamente o é, mediante o pagamento de indenização, como normalmente acontece sem maiores questões em circunstâncias como estas.
Mas o Sr. Miller não estava interessado em indenização financeira. Ele queria apenas continuar desfrutando a beleza e a sombra de sua maravilhosa árvore, e os sentimentos que

árbitro poder discricionário, o qual estará permeado por um forte e preponderante juízo de equidade, na busca da solução mais justa e equânime para a solução do caso concreto.

Desde que acordada entre as partes e insculpida de maneira expressa na convenção arbitral a autorização para que o árbitro ou árbitros julguem por equidade, poderão eles aplicar subjetivamente os princípios imutáveis de justiça calcados em critérios de igualdade, moderação e bem comum, ainda que em detrimento ou oposição ao direito objetivo vigente,[75] se necessário for.

Todavia, isso não significa que o árbitro seja livre para decidir caprichosamente ou pura e simplesmente contra a lei vigente; o significado da equidade reside na confiança das partes atribuída ao árbitro na tarefa de buscar no caso concreto a solução que melhor corresponda às concepções morais, sociais, políticas e econômicas predominantes em determinado momento histórico vivido pelos litigantes, agindo como um verdadeiro intérprete das tendências do seu tempo. O árbitro ou tribunal arbitral efetua então uma função criadora do direito, à medida que realiza as valorações políticas que normalmente competem ao legislador.[76]

Escreve Carlos Alberto Carmona, baseado na doutrina e classificação de Giovanni Verde,[77] que se trata de *equidade substitutiva* que, segundo o citado

---

ela despertava – ele pediu a mão de sua mulher debaixo dessa árvore, seus filhos e netos subiram nela...

Uma decisão fulcrada exclusivamente em equidade poderá conceder-lhe a pretensão esboçada (cf. *The judicial process* – An introductory analysis of the Courts of the United States, England and France, ob. cit., p. 13).

[75] Contrário ao juízo arbitral, apenas calcado em equidade, é o entendimento de Otto Eduardo Vizeu Gil (com o qual não comungamos), que defende a tese da insegurança jurídica da sentença, por tratar-se de um conceito vago que permite ao árbitro, inclusive, decidir *contra legem* (cf. "A nova regulamentação das arbitragens. Projeto de Lei do Senado n. 78, do Senador Marco Maciel", *Rev. Inf. Leg.*, 118, p. 430-431).

[76] Cf. concepção adaptada de Enrique E. Tarigo, *Lecciones de derecho procesal civil*, v. I, p. 97, n. 4, *b*.

Em geral, sobre as decisões equitativas, v. Felix Addor, "Le decisione equitative nel diritto svizzero", *Riv. Trim. Dir. e Proc. Civ.*, 48, p. 141; Francesco Galgano, "L'equità degli arbitri", *Riv. Trim.*, 45, p. 409; Geraldo Broggini, "L'equità nell'arbitrato commerciale Internazionale", *Riv. Trim.*, 48, p. 1.125; Massimo Ceci, "Osservazioni in materia di giudizio di equità necessario", *Riv. Trim.*, 48, p. 1.313; Edoardo Ricci, "Note sull giudizio di equità", *Riv. di Dir. Proc.*, 48, p. 387; Roberto Martino, "L'equità del giudice di pace", *Riv. di Dir. Proc.*, 49, p. 122.

[77] *Profili del Processo Civile*, 1982, p. 99-100. Segundo Verde, classifica-se a equidade em *formativa, supletiva* e *substitutiva*; "a primeira destina-se a preencher lacunas no ordenamento, havendo expressa determinação do legislador para sua utilização (situação que se verifica em períodos em que a ordem sociopolítica não está consolidada); a equidade supletiva, mais frequente, é invocada quando as disposições de lei limitam-se a prever a

professor italiano, é aquela em que "'leva-se em consideração o fato de que as leis são formuladas em relação a classes inteiras de casos, de modo que nem sempre podem considerar adequadamente hipóteses concretas que, embora fazendo parte da classe, apresentam aspectos particulares que exigiriam uma valoração diferente'. E conclui: 'Quando se recorre ao juízo de equidade, tem-se em conta esta exigência, e habilita-se o juiz a superar a barreira da lei escrita, a criar uma norma que seja adequada à particularidade do caso a resolver'".[78]

E prossegue Carmona: "Pelo que se viu, *pode* o árbitro, autorizado a julgar por equidade, decidir em sentido contrário àquele indicado pela lei posta, o que não quer dizer que *deva* ele necessariamente julgar afastando o direito positivo. Em outros termos, se a aplicação da norma levar a uma solução justa do conflito, o árbitro a aplicará, sem que isso possa ensejar qualquer vício no julgamento. Ao conceder poderes para julgar por equidade, não podem as partes esperar que obrigatoriamente o árbitro afaste o direito positivo, o que configura mera faculdade, como se percebe claramente: neste caso, porém, será sempre interessante que o árbitro explique que, apesar da autorização para julgar por equidade, está aplicando o direito posto por considerar adequada a solução dada pela lei ao caso concreto".[79]

---

hipótese, sem precisar-lhe exatamente as consequências, que são deixadas à determinação equitativa do juiz (é o caso do art. 1.694, § 1º do Código Civil brasileirinho que trata da fixação de alimentos); por fim, a equidade substitutiva, que ocorre quando o juiz pode apreciar o caso concreto afastando a incidência da lei que, normalmente, o disciplinaria de modo diverso" (Carlos Alberto Carmona, *Arbitragem e processo*, 3. ed., p. 66).

[78] *Arbitragem e processo*, 3. ed., p. 66.
[79] *Ibidem*, p. 66-67.

Diverso é o entendimento de Nelson Nery Jr. que liga o conceito de *equidade* à ideia de equilíbrio e, desse modo, entre a justiça particular (equidade) e a justiça legal (a lei), há uma justiça *intermediária* (*epicheia* [epieikeia], segundo os gregos) que *interpreta a lei segundo a equidade*.

Segundo Nery, "o juízo arbitral por equidade não se traduz em julgamento sem qualquer limite. [...] a forte polêmica que há se seria possível haver julgamento *contra legem* em juízo arbitral por equidade, fato é que, a despeito dessa controvérsia, a ordem jurídica no Brasil *expressamente limita* esse juízo, de tal sorte que a ele não é dado proferir decisão que seja *contra constitutionem*, ou que viole os bons costumes ou a ordem pública. Assim, a Constituição Federal, os bons costumes e a ordem pública constituem limites constitucionais e legais ao juízo arbitral por equidade. Desse modo, o julgamento por equidade confere maior margem de atuação e flexibilidade para atuação do árbitro, mas não permite que sua atividade se torne sem limites, nem admite que possa ser arbitrário. Dessa maneira, o julgamento arbitral pautado na equidade, ainda que possa ser, em situações justificáveis e excepcionais, dado *contra legem*, não pode ser proferido contra a Constituição Federal, nem contra dispositivos legais que disciplinam matérias de ordem pública, sendo essa *ordem pública* conceito legal indeterminado que se traduz em instrumento de preservação de valores julgados como sendo essenciais no seio da ordem jurídica da sociedade em uma

Uma parte da jurisprudência anglo-americana, nascida há centenas de anos foi a primeira articuladora da recomposição dos conceitos de equidade grega e romana, forjando a concepção de *equidade jurídica*[80] relacionando-a, assim, com a *common law*, servindo atualmente como suplemento efetivo na interpretação das regras insertas nos sistemas de lei comum.[81] Embora a *Court of Chancery* (Suprema Corte inglesa) não tenha aparecido até o século XV, tribunais de equidade cresceram na Inglaterra no século XIV – por volta de 1340 – como resultado de uma prática frustrada da *common law* para a solução dos conflitos, e, assim, para minimizar sua condição pouco favorável.[82]

Nos países que adotam o sistema de *common law*, a equidade aparece como seu suplemento e, deste modo, representando a "consciência da lei". Os princípios de equidade foram desenvolvidos pela *Court of Chancery* como uma adição aos princípios da *common law* medieval. A equidade tem início onde a vontade da lei termina diante da tomada de uma decisão para solucionar equitativamente um

---

determinada época" ("Julgamento arbitral por equidade e prescrição", in Arnoldo Wald [org.], *Arbitragem e mediação*, v. I, p. 210-212, n. 7 [Coleção Doutrinas Essenciais]).

[80] Alguns estudiosos atribuem a Aristóteles o pioneirismo na articulação da ideia de 'equidade jurídica', enquanto outros conferem a atribuição a Platão.

[81] Sobre o desenvolvimento da *equidade* na jurisprudência anglo-saxônica, v. os estudos de Coke, Hobbes, Blackstone e Story.

V., também, Giovanni Pugliese, "*Ius honorarium* a Roma ed *equity* nei sistemi di *common law*", Riv. trim., v. 42, p. 1.105.

[82] Era possível requerer ao Rei para "fazer certo pelo amor de Deus e no caminho da caridade"; o Rei tinha o poder de moldar a lei por causa da "justiça" para dar o alívio pedido como ato de graça, quando a *common law* não dava a solução adequada.

A *Court of Chancery* foi o primeiro tribunal de equidade. Foi mantida sua existência separada até 1875, quando foi fundida com o Tribunal Supremo da Judicatura, pelos atos de Judicatura de 1873/1875, e hoje sua jurisdição é exercida principalmente pela Divisão do Tribunal Supremo de Justiça.

Todos os tribunais atualmente administram tanto a *common law* quanto a equidade, prevalecendo a equidade em casos de conflitos entre elas; nada obstante, os estatutos ou atos do Parlamento são sempre supremos e devem ser observados.

Os Estados Unidos nunca tiveram tribunais separados de equidade em nível federal. Entretanto, muitos estados ainda os mantêm, ou seja, Cortes de justiça que julgam apenas por equidade; por outro lado, outros estados não fazem a separação e os mesmos tribunais que decidem casos da *common law* e da *statutory law* administram também a justiça com base na equidade (cf. Henry J. Abraham, *The judicial process* – An introductory analysis of the Courts of the United States, England and France, p. 12-13).

Para uma profunda análise a respeito dos julgamentos por equidade nos Estados Unidos da América, v. Gary L. McDowell, *Equit and the Constitution*: The Supreme Court, equitable relief and public policy. Para ponto de vista contrário, v. Peter Charles Hoffer, *The law's conscience*: Equitable constitutionalism in America.

caso conflituoso concreto.[83] Desse modo, criou e continuará criando precedentes diversos e indefinidamente, na eterna busca da decisão mais justa e equânime.

Inegável a polêmica existente acerca da possibilidade ou não de haver julgamento *contra legem* em juízo arbitral por equidade. Conforme dissemos acima, tudo dependerá da situação que está sendo objeto de cognição e julgamento pelos árbitros, e, em especial, qual é a norma e como ela se apresenta no contexto atual em que a sentença será prolatada (atualizada ou desatualizada) e espectro de justiça a ser conferido no caso concreto em razão da sua não aplicação.[84]

Merece indagação ainda se o árbitro pode julgar com base em equidade quando estiver autorizado a decidir de acordo com o sistema normativo positivado (arbitragem de direito).

A resposta é afirmativa, porquanto há muito já se ultrapassou a barreira da mera subsunção, para se atingir, finalmente, uma interpretação e aplicação da norma jurídica ao caso concreto, dentro de padrões sociológicos e axiológicos de interpretação, à medida que o árbitro, na qualidade de juiz de direito e de fato, deverá atender *aos fins sociais da lei e às exigências do bem comum* de maneira a encontrar a decisão mais justa dentro do sistema nomoempírico prescritivo.

Deve-se compreender que o árbitro não pode recorrer à *equidade* tão somente quando autorizado pelas partes; ao contrário, "não poderá haver justiça concreta sem a universal compreensão da equidade".[85] Contudo, a equidade deverá aparecer sempre como contorno e abrandamento da norma de direito ao caso concreto ou para preencher lacunas do sistema normativo.

Em outros termos, a *jurisdição de direito* pode (e deve!) vir sempre acompanhada de uma boa pitada de equidade. Comungamos com a observação bem lançada há muito por Ovídio Baptista da Silva, *in verbis*: "[...] temos fortes reservas a respeito da tradicional distinção entre os denominados 'juízos de direito estrito'

---

[83] Cf. Henry J. Abraham, ob. cit., p. 14.
[84] Para Nelson Nery Jr., já citado anteriormente, "[...] não é possível haver julgamento *contra legem* em juízo arbitral por equidade, fato é que, a despeito dessa controvérsia, a ordem jurídica no Brasil *expressamente limita* esse juízo de tal sorte que a ele não é dado proferir decisão que seja *contra constitutionem*, ou que viole os bons costumes ou a ordem pública" ("Julgamento arbitral por equidade e prescrição", in Arnoldo Wald [org.], *Arbitragem e mediação*, v. I, p. 210 [Coleção Doutrinas Essenciais]).
[85] Miguel Reale, *Folha de S. Paulo*, de 31.07.1991, Opinião – tendências/debates.
Assim também escreve Luiz Sérgio de Souza: "[...] a equidade, quer ao nível da correção da norma, quer ao nível da integração das lacunas, não se limita aos casos de jurisdição voluntária, aplicação de leis trabalhistas, à arbitragem etc., hipóteses em que existe expressa autorização do legislador. É ela imprescindível à aplicação de uma ciência prática, tal como a dogmática jurídica moderna, em todos os seus momentos" (*O papel da ideologia no preenchimento das lacunas do direito*, p. 241).

e 'juízos de equidade'. Não nos parece que, entre eles, haja mais do que mera distinção de grau, ou de intensidade, e nunca uma diferença qualitativa. Quem tenha acompanhado, com atenção, o desenvolvimento da Filosofia do Direito a partir da segunda metade do século XX e tenha uma constante experiência profissional junto aos tribunais brasileiros, certamente não terá muito entusiasmo com a proclamada 'prisão' dos juízes ordinários aos esquemas legais, com que ainda sonham os espíritos formados sob o positivismo jurídico brasileiro".[86]

Não pensemos, porém, que o árbitro, ao ser chamado a prestar a jurisdição privada – que nada mais é do que a complementação da obra de formação do próprio direito –, nunca se defronte com o drama da *norma injusta,* que ele, em princípio, deveria aplicar, ou, de que o ordenamento normativo é lacunoso em alguns aspectos. Na última hipótese, o próprio sistema oferece a solução ideológica, calcada na analogia, nos costumes e nos princípios gerais do direito (art. 140, CPC c/c art. 4º da LINDB). E, para assim proceder, não precisa estar autorizado pelas partes.

O primeiro caso ("norma injusta"), sem dúvida, apresenta-se revestido de maior complexidade. A resposta deve ser buscada pelo julgador na própria norma indicada na convenção arbitral, em que pese conflituosa com os seus parâmetros subjetivos de justiça. Para tanto, deve recorrer às técnicas de hermenêutica jurídica para chegar a um resultado comum, o mais adequado possível a sua valoração de justiça, sem afrontar o sistema posto.

Neste ponto, deparamo-nos com outra questão, ou seja, qual a base de critério a ser tomada para a valoração e como conciliar o aparente conflito que pode se verificar entre "norma" *versus* "equidade"?

Parece-nos que, diante dessa interrogação, a valoração da justiça da norma deve explicar-se, ou melhor, ser alcançada através do próprio preceito, em sintonia com o que podemos chamar de *valor comum* ou, ao menos, *valor prevalente* nos diversos setores componentes da sociedade. Esse sentido de *justiça comunitária* deve ser considerado tendo-se em conta que se opera numa sociedade pluralista, informada pelos princípios constitucionais de liberdade e de igualdade. Tal obra não poderá nunca levar à substituição da norma.

Em outras palavras, o árbitro, assim como o juiz togado, não pode reconstruir a vontade do legislador. Ele tem, sim, o direito e o dever de questionar e analisar a norma e procurar de todas as formas reinterpretá-la, adequando-a ao caso *sub judice*. Assim, torna-se praticamente impossível figurarmos a hipótese de uma legítima contraposição entre o juiz e o preceito normativo. Nesses termos, concluímos então que o árbitro não pode substituir os critérios da norma por critérios

---

[86] *Juizado de pequenas causas,* p. 17.

particulares. Para cada norma, em um determinado momento histórico, de uma determinada comunidade, só pode haver um único sentido e um único conteúdo, os quais os intérpretes e aplicadores do direito devem atingir, através de operações hermenêuticas com o texto normativo e considerando o quadro constitucional no qual a norma encontra-se inserida.[87]

Dentro de um contexto axiológico e teleológico, *decisão justa* não é aquela que simplesmente subsume a norma jurídica ao caso concreto, resolvendo a lide jurídica dentro dos contornos articulados no compromisso arbitral. A *justiça do julgamento* transcende o plano objetivo do sistema nomoempírico prescritivo para adentrar o campo da pacificação social, na medida em que os conflitos intersubjetivos significam um sintoma patológico nas relações de direito material, pela lesão ou ameaça de lesão ao direito subjetivado.

A delicada operação de julgar (verdadeira *arte de julgar*) exige do árbitro não apenas conhecimento técnico para a tomada da decisão, mas segurança e profunda cognição da matéria fática, dentro das limitações naturalmente circunscritas pelo modelo processual e procedimental adotado num determinado sistema. Esses requisitos devem ser atendidos em harmonia com a imprescindível sensibilidade do julgador, que não pode aparecer na relação processual como sujeito manipulador do mecanismo da singela *subsunção*, mas, acima de tudo, como *agente político de pacificação*.

Não podemos ser ingênuos e supor que a aplicação da lei se reduza a uma simples operação lógica, pela qual o intérprete se limite a verificar a correspondência de determinada situação com a descrição abstrata que dela consta, sendo inaceitável a utilização isolada do processo de subsunção. A posição típica dessa corrente, já superada, exprime-se por meio do chamado *silogismo judiciário*, em que se têm em vista as formas judiciais de aplicação da lei e raciocina-se como se ela representasse a premissa maior de um silogismo. O árbitro ou o juiz conhecê-la-ia, as partes dariam os fatos, o julgador os subsumiria e tiraria a conclusão.[88]

O árbitro, assim como o juiz togado, não pode e não deve, em hipótese alguma, comportar-se como um autômato, um simples aplicador da estática e fria norma

---

[87] Neste sentido, v. Carmine Punzi, "La giustizia civile: giustizia delle norme e giustizia del processo", *Riv. di Dir. Proc.*, XXIX, p. 53-63.

[88] José de Oliveira Ascensão, *O direito* – Introdução e teoria geral (uma perspectiva luso-brasileira), p. 473, n. 338.
Lembra ainda o mestre português que "em certas épocas, e nomeadamente em consequência de uma concepção mecânica da atividade judiciária, chegou-se a uma visão particularmente rígida deste processo. Para empregar uma comparação moderna e que é adequada, apesar de ser risível, pode dizer-se que se pensou que a atuação do juiz seria análoga à das máquinas automáticas. Aqui, metendo-se a moeda, sai mecanicamente o produto desejado; ali, provados os fatos, produz-se inelutavelmente certa decisão" (*ibidem*).

jurídica ao caso concreto, como já se pensou e praticou em séculos passados. O árbitro é juiz de fato e de direito e, na posição de julgador, é um hermeneuta da norma, o imparcial mediador entre os litigantes, que, para alcançar o seu desiderato, necessita usar de todos os métodos fornecidos pela dogmática da interpretação, considerar sempre os fins sociais a que a lei se destina e as exigências do bem comum (aliás, trata-se de princípio geral insculpido no art. 5º da LINDB), além de ter consciência do papel da ideologia no preenchimento das lacunas do direito,[89] na busca incessante da justa composição do conflito.

Escreve Tercio Ferraz Jr., baseado em Arnold, que a finalidade da teoria dogmática da interpretação consiste funcionalmente "[...] em ser uma caixa de ressonância das esperanças prevalecentes e das preocupações dominantes dos que creem no governo do direito acima do arbítrio dos homens".[90] E mais: "[...] O saber interpretativo conforma o 'sentido' do comportamento social. Ela cria assim condições para a decisão".[91]

Poderíamos dizer então, na expressão de Luiz Sérgio de Souza, que "a interpretação das normas jurídicas nada mais é senão uma forma de calibração do sistema normativo", sendo exatamente neste ponto que se encontra a questão da ideologia.[92]

De outra parte, é necessário não esquecer que a aplicação da lei envolve, também, inarredavelmente, a determinação de consequências jurídicas e fáticas. "E tampouco devemos supor que no enlace entre a estatuição abstrata e a formação dos efeitos concretos nenhuns problemas surgem, como se tudo estivesse na regra e bastassem a leitura e a transposição mecânica desta para o caso singular. Pelo contrário, é preciso frequentemente um trabalho de adaptação da consequência abstrata ao caso singular. Essa necessidade de adaptação pode ter as mais variadas causas; mas há uma tendência crescente para confiar ao momento da aplicação a modelação das consequências no caso concreto."[93]

Na sua engenhosa *teoria dogmática da argumentação jurídica* escreve Tercio Ferraz Jr.: "Se a dogmática da decisão, não elimina o papel da força, enfraquece o papel da violência concreta. Pode-se falar em uso legítimo da força, legítima

---

[89] A respeito desse interessante tema, v. a monografia de Luiz Sérgio Fernandes de Souza (*O papel da ideologia no preenchimento das lacunas do direito*).

[90] *Introdução ao estudo do direito*, p. 285, n. 5.1.6.
A hermenêutica, segundo o festejado professor paulista, não elimina as contradições, mas as torna suportáveis. Portanto, não as oculta propriamente, mas as disfarça, trazendo-as para o plano das suas conceptualizações (*ibidem*, p. 308).

[91] *Ibidem*, p. 308.

[92] Ob. cit., p. 209.

[93] José de Oliveira Ascensão, *O direito. Introdução e teoria geral*, p. 479-480, n. 344.

defesa, distinguindo-se entre abuso de violência e violência razoável. A dogmática decisória constitui-se, em suma, num veículo para as ideologias da não violência".[94]

As bases do processo civil contemporâneo, como instrumento de realização do direito material, seja ele voltado aos procedimentos judiciais ou arbitrais, apresentam-se cada vez mais norteadas por princípios constitucionais, com ampliação dos poderes dos julgadores na busca da verdade real em sintonia com o devido processo legal.[95]

A sentença de mérito resolve a lide jurídica, mas não necessariamente a lide sociológica em toda a sua inteireza, razão pela qual a pacificação entre as partes litigantes somente vem a ser alcançada quando a decisão proferida consegue atingir um nível tal de aceitação entre autor, réu e demais interessados que se possa dizer que, provavelmente, atingiu-se a verdade hermenêutica, o que se verifica por meio da congruência no exercício do poder de autoridade, liderança e reputação.[96]

A obtenção desse escopo depende do conteúdo ideológico e dogmático da decisão, tal como sistematizada pelo julgador, suficientemente capaz de fazer justiça. Contudo, traçar o perfil jurídico e ideológico do que venha a ser uma decisão justa é, por certo, tarefa nada fácil, seja pela vagueza que a expressão traz em seu próprio âmago, seja pelos contornos filosóficos e sociológicos delineados.

Não obstante, sem a preocupação de mergulhar em profundidade nesse oceano, poderíamos arriscar dizer que, tecnicamente, *sentença justa* é aquela que compõe a lide nos limites do pedido formulado e em consonância com a causa de pedir próxima e remota, em que o julgador confere o direito material perseguido (= pretensão articulada) àquele que demonstra satisfatoriamente ter razão (capacidade retórica de argumentação),[97] sem perder de vista os fins sociais da norma a incidir no caso concreto e as exigências do bem comum.

---

[94] *Introdução ao estudo do direito.* Técnica, decisão, dominação, p. 346.
[95] No tocante aos *Princípios do processo civil na Constituição Federal*, v. Nelson Nery Jr.
Sobre o tema enfocado, v. também Vittorio Denti, "Il ruolo del giudice nel processo civile tra vecchio e nuovo garantismo", *Riv. Trim. di Dir. e Proc. Civile*, XXXVIII, p. 726-740.
[96] Nesse sentido, v. a teoria desenvolvida pelo professor Tercio S. Ferraz Jr., quando dispõe sobre a dogmática da decisão e dogmática hermenêutica (ob. cit., p. 255 *et seq.*). A consequência positiva dessas decisões, segundo Tercio, é a sensível redução no mundo jurídico e fatual das tensões e violências apresentadas.
[97] Encampando a orientação de Cândido Dinamarco, A. Cintra e Ada Grinover, formulada na *Teoria geral do processo* (7. ed., p. 37) escreve Luiz Marinoni a respeito do tema "Justiça nas decisões": "Será inútil ao juiz ter uma posição ativa na instrução da causa, se o mesmo não tiver sensibilidade para decidir com justiça. Queremos significar com a expressão 'decidir com justiça', a necessidade do juiz 'pautar-se pelo critério de justiça, seja a) ao apreciar a prova, b) ao enquadrar os fatos em normas e categorias jurídicas ou c) ao interpretar os textos do direito positivo'" (*Novas linhas do processo civil*, p. 75, n. 2.5.10).

Mas existe ainda um outro requisito umbilicalmente ligado aos demais. Para que a decisão seja efetivamente justa, entra um outro componente não menos importante: *imprescindível se torna que a tutela jurisdicional seja rápida*. Não basta apenas a previsão normativa constitucional e principiológica do acesso à jurisdição e, em especial, da simplicidade, oralidade, informalidade e economia processual. Faz-se mister a disposição de mecanismos geradores da efetividade do processo capazes de possibilitar a consecução dos objetivos perseguidos pelo autor num período de tempo razoável e compatível com a complexidade do litígio, ao contrário do que ocorre hoje, quando as demandas se eternizam na justiça estatal, de maneira bem diversa daquela encontrada na jurisdição arbitral.

Destarte, no espectro da justa composição do litígio, encontra-se o requisito da rapidez da prestação da tutela jurisdicional, como expectativa inconteste no plano subjetivo de ambos os litigantes, porquanto o autor, por um lado, deseja obter êxito em sua pretensão no menor espaço de tempo possível, e, por outro, objetiva o réu, via de regra, livrar-se daquela situação incômoda de ser integrante do polo passivo na demanda.

Por isso, segundo Andrea Proto Pisani, é muito simples compreender como necessária a contrapartida efetiva na prestação da tutela pelo órgão estatal (e espera-se o mesmo da jurisdição arbitral), isto é, "[...] que através do processo o autor que entende ter razão possa obter, o quanto possível, praticamente tudo aquilo que ele tem direito de conseguir a nível substancial".[98]

Não podemos jamais perder de vista o sentido de que a interpretação literal da lei cede espaço à realização do justo e o julgador deve ser o crítico da lei e do fato social.[99]

Em síntese, dependendo dos contornos fixados pelos contendores na convenção arbitral, poderão os árbitros decidir com base em equidade pura (típica ou aristotélica), ou, baseados em determinada norma ou sistema normativo, sem perder de vista os fins sociais da lei e as exigências do bem comum, ou seja, com base em equidade relativa (atípica). Na verdade, são amplos os poderes do árbitro

---

A respeito do tema da aplicação do direito à realidade social, v. Guido Fassò, "Il giudice e l'adequamento del diritto alla realtà storico-sociale", *Riv. Trim. di Dir. e Proc. Civile*, XXVI, p. 897-952.
V., também, as monografias de Mauro Cappelletti, *Giustizia e società*, e de Luigi Bagolini, *Giustizia e società*. Ainda, v. Elio Fazzalari, "Giudici, diritto, storia", *Riv. Trim. di Dir. e Proc. Civile*, XXXVI, p. 757-773.

[98] *La nuova disciplina del processo civile*, p. 294.
[99] Cf. STJ, REsp 46.432/SP, Rel. Min. Vicente Cernicchiaro, *DJU* de 08.08.1994.

que decide *ex aequo et bono* (*amiable compositeur*), com previsão, aliás, no art. 17 das regras de arbitragem da *ICC Arbitration Rules*.[100]

Não se pode esquecer a advertência bem lançada por Carlos Alberto Carmona, com base em Wolfgang Kuhn, *in verbis:* "Numa visão francamente realista, não se pode deixar de notar que a arbitragem *ex aequo et bono* submete as partes a sérios riscos, pois o que parece justo a elas pode não parecer ao árbitro (e vice-versa). Assim, podendo ser negligenciadas limitações legais e regras de direito material, a decisão assemelha-se a um verdadeiro barril de pólvora, sobre o qual placidamente resolvem sentar-se as partes!".[101]

Nos dizeres precisos de Selma Maria Ferreira Lemes, "ao autorizar que o árbitro julgue por equidade, as partes esperam mais do que a simples subsunção do fato à norma legal. Desejam que a sentença seja justa e equilibrada e, para isso, o árbitro estará liberado do direito escrito",[102] mas não está dispensado de julgar fundamentadamente, conforme bem observado por Yarshell, quando assenta que o árbitro, ao fazer a regra do caso concreto, tem ressalvada a sua liberdade, ínsita ao conceito de equidade, porém, vinculado ao conteúdo constitucional e legal do dever de motivar.[103]

Em síntese, julgar por equidade não é o mesmo que julgar sem fundamento ou contra o direito posto, contra os bons costumes ou contra a ordem pública, tudo a ser analisado caso e caso, em interpretação comedida e restritiva desses fenômenos jurídicos que a lei nos apresenta com formulação de conceitos vagos e abertos, a fim de não se colocar em xeque o próprio instituto da arbitragem.

9.2. Arbitragem de direito

As partes poderão ainda optar em convenção pela *arbitragem de direito* e, assim, definir livremente quais são as normas positivadas (direito material) que serão aplicadas na solução do conflito, as quais poderão ser nacionais ou internacionais, desde que não haja violação aos *bons costumes* e à *ordem pública* (art.

---

[100] Para um aprofundamento acerca da *amiable composition* e dos poderes dos árbitros nessas situações, por todos, v. Craig, Park e Paulsson, *Annotated Guide to the 1998 ICC Arbitration Rules with commentary*, p. 113 e, dos mesmos autores, v. também *International Chamber of Commerce Arbitration*, 1998, p. 110-111.
[101] *Arbitragem e processo*, 3. ed., p. 67.
[102] "A arbitragem e a decisão por equidade no direito brasileiro e comparado", in Selma Lemes, Carlos Carmona e Pedro Martins (coord.), *Arbitragem*, 2007, p. 227.
[103] Flávio Luiz Yarshell. "Ainda sobre o caráter subsidiário do controle jurisdicional estatal da sentença arbitral", *RArb*, v. 50, p. 163, n. 20.

2º, *caput* e § 1º).[104] Da mesma forma, poderão definir as regras instrumentais que serão observadas pelos árbitros na administração do painel, ou, simplesmente, reportarem-se às regras procedimentais de regulamentos de entidades arbitrais, desde que estejam sintonizadas com o devido processo legal.

O conceito e a dimensão das expressões *ordem pública* e *bons costumes* são ontologicamente vagos e indeterminados, na exata medida em que estes dois fenômenos do direito exigem historicamente do aplicador da norma ampla compreensão do momento (tempo) e do lugar (território) em que a decisão é proferida, e, portanto, enliçada com outras percepções de ordem social, moral, política, filosófica e jurídica. Esses fenômenos hão de ser muito mais sentidos pelos julgadores do que por eles compreendidos, pois encontram-se em dimensão que transcende o direito e residem em zona nebulosa de conceituação.

Nessa linha, é possível afirmar que o entendimento conferido nos dias de hoje sobre o que venha a ser *bons costumes* e observância da *ordem pública*, amanhã, não necessariamente, será o mesmo.

Diferentemente do que possa parecer, esses fenômenos que se apresentam em forma de conceitos abertos, não trazem consigo insegurança jurídica; na verdade, agregam vantagem por meio de aplicação casuística, pois conferem aos julgadores grande margem de flexibilização interpretativa e discricionariedade judicial, de maneira a viabilizar a prolação de decisões mais justas.

Sobre o fenômeno da *ordem pública* escreve Arnoldo Wald que se trata de "princípio de natureza filosófica, moral, relativa, alterável e, portanto, indefinível", razão pela qual "a delimitação da noção de ordem pública fica assim, a cargo do julgador, quando confrontado com o caso concreto".[105]

Segundo Pontes de Miranda, é "essencialmente nacional a noção do que é e o do que não é de ordem pública, e pode variar com as variações do ambiente. Impossibilidade ligada ao sistema de cada país, em cada instante (espaço-tempo); portanto, relativa".[106]

---

[104] "A propósito do art. 2º, § 1º, da Lei de Arbitragem: o direito aplicável à convenção de arbitragem, à jurisdição direta do juiz do foro e à indireta do juiz estrangeiro" v. o estudo assim intitulado de Clávio Valença Filho, in Carlos Carmona, Selma Lemes e Pedro Martins (coord.), *20 anos da Lei de Arbitragem* – Homenagem a Petrônio Muniz, 2017, p. 23-40.

[105] "Jurisprudência comentada: STJ. Corte Especial, SEC n. 802", Min. José Delgado, *RArb*, n. 7, p. 205, out./dez. 2005.

[106] *Comentários ao Código de Processo Civil* (atualização legislativa de Sérgio Bermudes), 1998, tomo VI, p. 113, arts. 476 a 495.

Observam também José Augusto F. Costa e Rafaela L. V. Pimenta que "a ordem pública é fenômeno que envolve tanto a inafastabilidade de disposições cogentes do foro quanto a impossibilidade de aplicação do direito estrangeiro e reconhecimento de atos e sentenças que possam ferir concepções do foro ou a coerência mínima da convivência internacional.

Ainda, "é possível sustentar-se que, hoje, o conceito amplo de ordem pública acaba absorvendo a ideia dos bons costumes, princípios de conduta impostos pela moralidade média do povo (considerada indispensável para a manutenção da ordem social e para a harmonia das relações humanas)".[107]

Em síntese, a *ordem pública* é matéria de grande complexidade e que suscita muita divergência, inerente aos próprios elementos indeterminados que a envolvem. Ademais, é tema de grande importância na arbitragem, interna e internacional, seja pela limitação que impõe às partes para a escolha da lei aplicável, seja pela possibilidade (ou impossibilidade) de ensejar a propositura de ação anulatória quando uma sentença arbitral afrontar a ordem pública (v. Capítulo Décimo, *infra*) bem como por ser óbice para a homologação de sentença estrangeira (v. Capítulo Décimo Segundo, *infra*). "Por último, não obstante as variáveis existentes e os conceitos abertos e indeterminados que envolvem a matéria, vale o registro de que a jurisprudência nacional, em particular do STJ, utiliza a ordem pública como fundamento de forma extremamente contida e responsável, não se valendo do conceito amplo para afastar a eficácia das sentenças estrangeiras, arbitrais e judiciais."[108]

O que precisa ficar claro é que, seja a arbitragem de direito ou de equidade, não poderá a decisão arbitral violar os princípios de ordem pública e os bons costumes,[109] assim como os árbitros não poderão deixar de decidir sob a alegação de obscuridade ou lacuna da lei, hipóteses em que haverão de recorrer à analogia, aos costumes e aos princípios gerais de direito (art. 4º da LINDB). Aliás, essa é também a mesma regra que se aplica aos juízes togados, segundo se infere da norma cogente insculpida no Código de Processo Civil, art. 140, *in verbis*: "O juiz não se exime de decidir sob a alegação de lacuna ou obscuridade do ordenamento jurídico".

Desta forma, a ordem pública, fenômeno único, possui característica interna e internacional. Desdobramento do conceito de ordem pública são os bons costumes e tudo o mais que diga respeito à manutenção das instituições do foro e à preservação do sentimento de moral e justiça de uma sociedade em determinada época e local" ("Ordem pública na Lei n. 9.307/96", in Paulo Borba Casella (coord.), *Arbitragem – A nova lei brasileira (9.307/96) e a praxe internacional*, p. 213).

[107] Carlos Alberto Carmona (*Arbitragem e processo*, 3. ed., p. 68-69) ancorado na doutrina de Wilson de Souza Campos Batalha (*Tratado de direito internacional privado*, 1977, v. I, p. 266).

[108] Juliana S. de Camargo, "Ação anulatória com base na violação à ordem pública", in Cahali, Rodovalho e Freire (org.), *Arbitragem – Estudos sobre a Lei 13.129, de 26-5-2015*, p. 321-322.

[109] Cf. Pedro Antônio Batista Martins, "Anotações sobre a arbitragem no Brasil e o Projeto de Lei do Senado n. 78/92", *RF*, 332, p. 139, n. 4.1.

9.2.1. *Arbitragem e precedentes judiciais*

O tema alusivo aos "precedentes judiciais" tem nos últimos anos, especialmente após o advento do Código de Processo Civil de 2015, adquirido particular relevância em nosso país, tornando-se objeto de estudo por considerável número de processualistas, dando azo ao aparecimento de centenas de artigos e dezenas de monografias, além das incursões não menos profundas e qualificadas em tópicos específicos de tantos cursos, manuais e comentários sobre o novel Diploma Instrumental.

A atenção dos doutos sobre o tema em voga é mais do que justificável, é oportuna e necessária, na exata medida em que o sistema brasileiro de precedentes é distinto daquele existente nos países de *common law* e de alguns países de *civil law*, tratando-se de certa maneira de assunto "novo" a ser explorado, compreendido e bem aplicado. Na verdade, estamos nos familiarizando paulatinamente com a técnica de observância da *jurisprudência* e dos *precedentes*, absorvendo e adaptando institutos típicos de *common law*, de maneira a formar-se uma espécie de modelo ou sistema de *jurisdições mistas*.[110]

Rodolfo de Camargo Mancuso, em sua excelente monografia intitulada *Sistema brasileiro de precedentes – natureza – eficácia – operacionalidade*, aponta com acerto o que também nos parece ser, provavelmente, o principal fator que se encontra arraigado em nossa cultura jurídico-lusitana e que se descortina com o prestígio histórico à lei e o desapego à jurisprudência.

Nesse sentido, salienta Mancuso que "o Direito brasileiro, filiado à família romano-germânica dos direitos codicísticos (*civil law*), tem a *lei* como paradigma das condutas comissivas e omissivas (CF vigente, art. 5º, II, replicando, no essencial, dispositivos das Cartas anteriores), donde terem sido escassas, durante muito tempo, as referências à *jurisprudência* enquanto forma de expressão ou mesmo fonte do Direito. Um instigante dado, um tanto quanto negligenciado, mas nem por isso menos importante, reside nisso que, dentre os *meios de integração*, credenciados para colmatar as lacunas da lei – costumes, analogia, equidade, princípios gerais, regras de experiência comum – não veio prevista a jurisprudência, assim na *Lei de Introdução ao Código Civil* (Dec.-lei 4.657, de 1942, art. 4º), como em

---

[110] Sobre o tema, v. Fabíola U. Haselof, *Jurisdições mistas* – Um novo conceito de jurisdição, 2018. Nessa interessante monografia, a citada autora traça um paralelo entre os sistemas de *civil law* e de *common law* demonstrando não serem excludentes, mas complementares ("integração de códigos e casos"); aponta a tendência contemporânea da mistura de sistemas jurídicos e, em especial, o Brasil com a criação da vinculação ao sistema de precedentes (*stare decisis*), condução do processo, produção de provas e colaboração das partes, todas características do *common law*.

sua versão atual, redenominada *Lei de Introdução às normas do Direito Brasileiro* (n. 12.376/2010, art. 4º); análoga omissão se nota no CPC; arts. 126, 2ª parte e 127.

"Aliás, no citado art. 126 do CPC está clara a *primazia da lei* – fonte primária ou forma de expressão principal do Direito – ao dizer que cabe ao juiz 'aplicar as normas legais' (princípio da legalidade estrita); em 'não as havendo' (situações hoje ditas de *norma necessitada*) é que está o juiz autorizado a valer-se dos antes referidos meios de integração.

"O argumento de que onde o constituinte referiu-se à *lei* (art. 5º, *caput* e inc. II) teria *dixit munus quam voluit*, querendo em verdade referir-se ao sistema jurídico como um todo, o que abarcaria outras fontes e formas de expressão, não resulta consistente, porque as situações onde tal aplicação é possível (e até mesmo aquelas onde isso não é autorizado – *v.g.* CTN, § 2º do art. 108, vedado o uso da analogia quando possa 'resultar na exigência de tributo não previsto em *lei*'), são *ditadas por um texto legal*, o que tudo, em fim de contas, acaba por refluir no império da *lei*."[111]

Feito esse introito, é imperioso esclarecer que não temos por escopo aprofundar o estudo sobre o tema dos *precedentes judiciais*, mas sim traçar as linhas mestras acerca da (in)admissibilidade de sua aplicação ou necessária observância em sede de jurisdição privada.

Assim, para a adequada compreensão do tema, vale uma breve incursão acerca do que se entende por *precedentes judiciais* e, na sequência, a retomada da distinção entre os sistemas jurisdicionais (estatal e arbitral) e, em arremate, o delineamento dos contornos atinentes aos fundamentos jurídicos das decisões arbitrais de direito e a eventual (in)observância aos "precedentes judiciais".

Precedente e *jurisprudência* não se confundem, exceto no que respeita à origem comum porquanto sempre fundadas decisões pretorianas (*julgado*), sendo fator diferencial determinante o critério de formação desses julgados, ou seja, *qualitativo* (precedente) e *quantitativo* (jurisprudência)[112] que, por sua vez, implicará a geração de efeitos *persuasivos* (de maior ou menor intensidade) ou de *observância obrigatória* (vinculativo).[113]

---

[111] *Sistema brasileiro de precedentes,* p. 583, 2014.

[112] Assim também Michele Taruffo, "Precedente e giurisprudenza", *Rivista Trimestrale di Diritto e Procedura Civile,* v. 3, p. 710-718.

[113] Diante das inovações processuais inseridas no sistema brasileiro, a doutrina contemporânea identifica a criação de uma terceira espécie de "julgado", que se soma à *jurisprudência* e aos *precedentes*, qual seja, a chamada *tutela judicial plurindividual* que se situa numa faixa intermediária entre a tutela coletiva e a individual. Sobre o tema, escreve Bruno Dantas Nascimento, em sua tese de doutoramento defendida na PUC-SP, em 23 ago. 2013, intitulada *Tutela recursal plurindividual no Brasil*: formulação, natureza, regime jurídico, efeitos (publicada posteriormente sob os auspícios da Editora Revista dos Tribunais, com o título

Leciona José Rogério Cruz e Tucci que *"na atualidade, o direito brasileiro adota um modelo misto quanto à eficácia dos precedentes judiciais a saber: (a) precedentes com eficácia meramente persuasiva; (b) precedentes com relativa eficácia vinculante; e (c) precedentes com eficácia vinculante"*; no modelo (a), segundo o festejado doutrinador, estão os precedentes dos tribunais superiores transitados em julgado, no modelo (b), enquadram-se os precedentes sumulados, que gozam de grande força persuasiva (*binding de facto*) e, finalmente, no modelo (c) encontram-se os precedentes com eficácia vinculante, tais como as súmulas do STF, as decisões proferidas pelo STF e Tribunais de Justiça, no âmbito do controle concentrado de constitucionalidade, e, as decisões proferidas em incidentes de processos repetitivos.[114]

Por sua vez, a *jurisprudência* representa a reiteração de julgados por determinado tribunal, em matérias idênticas ou semelhantes, sempre no mesmo sentido conclusivo do acórdão, ou seja, decisões colegiadas reiteradas, no mesmo sentido e sobre o mesmo *thema decidendum*, revestindo-se de caráter meramente persuasivo, com variações de grau sem contornos definidos, na medida em que o sistema brasileiro criou três classes desses julgados, a saber: *jurisprudência, jurisprudência dominante* e *jurisprudência pacífica*.

Nessa linha distintiva, o caráter quantitativo "consiste na aplicação do precedente a um caso concreto, ao contrário da jurisprudência, em que há uma pluralidade de decisões relativas a vários e diversos casos concretos. Neste caso, é difícil estabelecer qual é a decisão realmente relevante para o julgador na hora de aplicar a jurisprudência. [...] No que diz respeito à diferença de caráter qualitativo, observa-se que o precedente fornece uma regra que pode ser aplicada como critério de decisão no caso sucessivo, em função da identidade dos fatos relevantes do primeiro e do segundo caso. É o juiz do caso sucessivo que estabelece se existe ou não precedente e assim cria o precedente, sendo que essa análise é sempre

---

Teoria dos Recursos Repetitivos: tutela plurindividual nos recursos dirigidos ao STF e ao STJ [art. 543-B e 543-C do CPC]), que o "mau funcionamento do modelo de tutela coletiva de direitos individuais homogêneos, somado à necessidade de se adotar técnicas que permitam a eficiência e a racionalização da atividade do Poder Judiciário, foi a causa eficiente da elaboração em nosso país de técnicas de tutela plurindividual" (p. 151, conclusão 33).

Nesse *tertium genus*, incluem-se as decisões do STF em controle concentrado de constitucionalidade, os acórdãos em incidente de assunção de competência ou resolução de demandas repetitivas (denominadas de "decisões-quadro" em se tratando de julgados repetitivos pelos tribunais superiores).

Ainda sobre esse tema, v. Rodolfo Mancuso, ob. cit., p. 439-569.

[114] "Parâmetros de eficácia e critérios de interpretação do precedente judicial", in Teresa Arruda Alvim Wambier (coord.), *Direito jurisprudencial*, 2012, p. 111-119.

fundada nos fatos, ou seja, um só precedente é suficiente para fundar a decisão do caso sucessivo".[115]

Queiramos ou não, existe um enorme traço distintivo no que concerne à operacionalização do direito pretoriano brasileiro no confronto com os países integrantes do sistema de *common law* e, neste ponto, Sérgio Gilberto Porto resume muito bem a questão, ao salientar que, nestes últimos, "o precedente representa, em verdade, um ponto de partida para a análise e julgamento do caso concreto e não uma restrição ao poder de julgar, deixando, desse modo, bem claro a diferença entre o *stare decisis* e a chamada súmula vinculante que, nesta quadra da história, preocupa a comunidade jurídica nacional. Note-se, pois, diferença fundamental entre uma e outra situação. Na espécie *stare decisis* a decisão de adotar o precedente, como já registrado, cabe ao juiz posterior, ou seja, aquele que está no momento julgando e não se constitui numa imposição do juízo anterior como no caso da edição de súmula, máxime quando e se de caráter vinculante".[116]

Em arremate, nos dizeres de Rodolfo Mancuso, "o efeito vinculativo de um ou mais julgados se estabelece, se assim podemos nos expressar, 'de trás para diante': os juízes dos casos precedentes, ao assentarem jurisprudência dominante ou emitirem súmula, firmam os parâmetros exegéticos para o julgamento de casos análogos pelos juízes subsequentes, ao passo que no *common law* a dinâmica é em sentido contrário: cabe ao juiz posterior aferir se dos julgados pretéritos sobre o *thema decidendum* é possível identificar e extrair uma *ratio decidendi* suficientemente convincente a ponto de elevar-se a um *binding precedent*, idôneo a formatar a resolução dos casos afins, estando o juiz autorizado a valer-se de técnicas excludentes, tais como o *distinguishing* e o *overruling*".[117]

O Código de 2015, por sua vez, em algumas passagens faz uso das expressões "enunciado de súmula", "jurisprudência" e "precedente" (art. 489, V e VI)[118] e, mais

---

[115] Daniela Pereira Madeira, "A força da jurisprudência", in Luiz Fux (coord.), *O novo processo civil brasileiro*: o direito em expectativa (reflexões acerca do projeto do novo Código de Processo Civil), p. 526-527.

[116] "Sobre a *common law, civil law* e o precedente judicial", disponibilizado no *site* da Academia Brasileira de Direito Processual Civil, p. 10-11. Neste estudo, Sérgio Porto faz interessante comparação e distinção entre *stare decisis* e *res judicata* (item n. 5).
Lembra bem Sérgio Porto, citando Guido Soares, que "*stare decisis* é o que sobrou da expressão latina '*stare decisis et non quieta movere*'; ao pé da letra: 'que as coisas permaneçam firmes e imodificadas, em razão das decisões judiciais'" (item n. 5.3).

[117] *Sistema brasileiro de precedentes,* p. 439.

[118] "Art. 489. São elementos essenciais da sentença: [...] § 1º Não se considera fundamentada qualquer decisão judicial, seja ela interlocutória, sentença ou acórdão, que: [...] V – se limitar a invocar *precedente* ou *enunciado de súmula*, sem identificar seus fundamentos determinantes nem demonstrar que o caso sob julgamento se ajusta àqueles fundamentos; VI – deixar de seguir enunciado de *súmula, jurisprudência* ou *precedente invocado pela*

adiante "precedente", súmula vinculante", "jurisprudência", "jurisprudência dominante", "jurisprudência pacificada", "orientação do plenário ou do órgão especial" e "julgamento de casos repetitivos" (art. 926, §§ 1º e 2º[119] e art. 927[120]), formando um quadro exótico tipicamente brasileiro de difícil ou rara compreensão sobre o que, efetivamente, significa cada um desses fenômenos ou institutos; por conseguinte, fica prejudicada a identificação precisa de suas especificidades, valorações qualitativas e quantitativas, força e eficácia, gerando sérias dúvidas do que venha a ser, em nosso sistema, os tão decantados "precedentes".

Porém, o que de tudo isso ao menos fica claro é que os Tribunais haverão de assentar a sua "jurisprudência" de maneira uniforme e mantê-la estável, íntegra e coerente (CPC, art. 926, *caput*), em sintonia com a ideologia da previsibilidade e do princípio da igualdade entre os jurisdicionados, em busca permanente do valor denominado *segurança jurídica*.[121]

---

parte, sem demonstrar a existência de distinção no caso em julgamento ou a superação do entendimento" (grifos nossos).

[119] "Art. 926. Os tribunais devem *uniformizar* sua *jurisprudência* e mantê-la estável, íntegra e coerente. [...] § 1º Na forma estabelecida e segundo os pressupostos fixados no regimento interno, os tribunais editarão enunciados de *súmula* correspondentes a sua *jurisprudência dominante*. § 2º Ao editar enunciados de *súmula*, os tribunais devem ater-se às circunstâncias fáticas dos *precedentes* que motivaram sua criação" (grifos nossos).

[120] "Art. 927. Os juízes e os tribunais observarão: I – as decisões do Supremo Tribunal Federal em controle concentrado de constitucionalidade; II – os enunciados de *súmula vinculante*; III – os acórdãos em incidente de assunção de competência ou de resolução de demandas repetitivas e em julgamento de recursos extraordinário e especial repetitivos; IV – os enunciados das *súmulas* do Supremo Tribunal Federal em matéria constitucional e do Superior Tribunal de Justiça em matéria infraconstitucional; V – a *orientação do plenário ou do órgão especial* aos quais estiverem vinculados. § 1º Os juízes e os tribunais observarão o disposto no art. 10 e no art. 489, § 1º, quando decidirem com fundamento neste artigo. § 2º A alteração de tese jurídica adotada em enunciado de súmula ou em julgamento de casos repetitivos poderá ser precedida de audiências públicas e da participação de pessoas, órgãos ou entidades que possam contribuir para a rediscussão da tese. § 3º Na hipótese de alteração de jurisprudência dominante do Supremo Tribunal Federal e dos tribunais superiores ou daquela oriunda de julgamento de casos repetitivos, pode haver modulação dos efeitos da alteração no interesse social e no da segurança jurídica. § 4º A modificação de enunciado de súmula, de jurisprudência pacificada ou de tese adotada em julgamento de casos repetitivos observará a necessidade de fundamentação adequada e específica, considerando os princípios da segurança jurídica, da proteção da confiança e da isonomia. § 5º Os tribunais darão publicidade a seus precedentes, organizando-os por questão jurídica decidida e divulgando-os, preferencialmente, na rede mundial de computadores".

[121] No que concerne à edição de súmula vinculante pelo Supremo Tribunal Federal, essa questão está bem colocada na Constituição Federal, art. 103-A, *in verbis*: "Art. 103-A. O Supremo Tribunal Federal poderá, de ofício ou por provocação, mediante decisão de dois terços dos seus membros, após reiteradas decisões sobre matéria constitucional, aprovar súmula que, a partir de sua publicação na imprensa oficial, terá efeito vinculante em rela-

Dentro da jurisdição estatal, infere-se claramente que todo o sistema nomo-empírico, há algum tempo, volta-se com absoluta ênfase aos "precedentes" para tentar superar os sérios problemas que acometem histórica e patologicamente a qualidade e a eficiência da tutela jurisdicional oferecida pelo Estado-juiz, servindo como mecanismo não apenas voltado à segurança jurídica, mas também à rapidez na solução do conflito, a começar pela Constituição Federal com o autorizativo da súmula vinculante.

Tamanha é a importância dos "precedentes" na jurisdição estatal que se tem entendido que a respectiva observância, ainda que de forma indireta, serve como uma espécie de afirmação dos *direitos fundamentais*. Significa dizer, em outras palavras, que o respeito aos precedentes judiciais pelos órgãos integrantes do Poder Judiciário, mesmo que os julgados não tratem de direitos fundamentais, "cumpre papel determinante para a vida em sociedade, pois fortalece a segurança jurídica, propiciando uniformidade, estabilidade, previsibilidade e isonomia, bem como ajuda os cidadãos a definir expectativas e pautar suas formas de conduta. Estes, aliás, são valores indissociáveis a qualquer país que se intitule como um Estado Democrático de Direito".[122]

Não foi por menos que o Código de 2015 assentou que os *juízes e os tribunais* observarão as decisões do Supremo Tribunal Federal em controle concentrado de constitucionalidade; os enunciados de súmula vinculante; os acórdãos em incidente de assunção de competência ou de resolução de demandas repetitivas e em julgamento de recursos extraordinário e especial repetitivos; os enunciados das súmulas do Supremo Tribunal Federal em matéria constitucional e do Superior Tribunal de Justiça em matéria infraconstitucional; a orientação do plenário ou do órgão especial aos quais estiverem vinculados (CPC, art. 927, I a V), e, será nula a decisão judicial (acórdão, sentença ou interlocutória) por ausência de fundamentação que "deixar de seguir enunciado de *súmula, jurisprudência* ou *precedente* invocado pela parte, sem demonstrar a existência de distinção no caso em julgamento ou a superação do entendimento" (grifos nossos) (CPC, art. 489, § 1º, VI).

Superada a abordagem acerca dos "precedentes judiciais", passa-se, na sequência, à breve revisitação do tema alusivo à jurisdição arbitral, pois já versado de maneira exaustiva em capítulos anteriores, especialmente no primeiro e no segundo, não restando qualquer dúvida no que tange ao paralelismo e autonomia

---

ção aos demais órgãos do Poder Judiciário e à administração pública direta e indireta, nas esferas federal, estadual e municipal, bem como proceder à sua revisão ou cancelamento, na forma estabelecida em lei. § 1º A súmula terá por objetivo a validade, a interpretação e a eficácia de normas determinadas, acerca das quais haja controvérsia atual entre órgãos judiciários ou entre esses e a administração pública que acarrete grave insegurança jurídica e relevante multiplicação de processos sobre questão idêntica".

[122] Hélio Krebs, *Sistema de precedentes e direitos fundamentais*, 2015, p. 265.

existente entre as duas jurisdições (pública e privada), tanto no plano nacional quanto internacional.

A compreensão dicotômica da jurisdição é ponto de partida e de chegada para a conclusão acerca da inaplicabilidade, como regra, dos precedentes judiciais aos julgamentos arbitrais.

Esse tema tem sido muito debatido nos últimos anos no Brasil, seja pelo prisma constitucional, no que concerne à incidência da súmula vinculante, e, infraconstitucional, notadamente após o advento do Código de 2015 que, dentre outras passagens, aponta como nula a *sentença judicial* por vício de fundamento que "deixar de seguir enunciado de súmula, jurisprudência ou precedente invocado pela parte, sem demonstrar a existência de distinção no caso em julgamento ou a superação do entendimento" (art. 489, § 1º, VI).

Percebe-se pela sistemática deste estudo que incluímos o tema em voga em tópico específico – (subitem) da *arbitragem de direito* –, pois os debates doutrinários travados e as dissenções a esse respeito cingem-se, de maneira praticamente absoluta, a esta forma autorizativa de julgamento, sobretudo quando verificada a escolha pela incidência das regras do direito nacional em cotejo com a (in)observância da *ordem pública* (LA, art. 2º, *caput* e § 1º), razão pela qual não encontra espaço para maiores digressões sobre precedentes judiciais em sede de *arbitragem de equidade*.

Constata-se que não são poucos os estudiosos que se debruçaram e ainda se debruçam a analisar e discorrer sobre o assunto, vindo a lume artigos diversos e algumas monografias, além de exposições em tantos conclaves jurídicos, seja para defender a tese da necessidade de observância de precedentes judiciais em sede de jurisdição arbitral,[123] ou, contrariamente, para rejeitá-la.[124]

---

[123] Márcio Bellocchi, *Precedentes vinculantes e a aplicação do direito brasileiro na convenção de arbitragem*, RT, 2017; José Rogério Cruz e Tucci, "O árbitro e a observância do precedente judicial", *Consultor jurídico*, disponível em: <http://www.conjur.com.br>, acesso em: 22 out. 2018; Georges Abboud, "Jurisdição constitucional vs. Arbitragem: os reflexos do efeito vinculante na atividade do árbitro", *RePro*, v. 214, p. 289-295; Matheus Leite, "Incidente de resolução de demandas repetitivas: desmistificando a sua influência e o tema da suspensão de processos em razão da sua admissibilidade", *RePro*, v. 281, p. 353-365, jul. 2018; Ana Tereza Basilio, "Arbitragem e a sua controversa vinculação aos precedentes do novo Código de Processo Civil", *Justiça & Cidadania*, 217, p. 32-34, set. 2018.

[124] Carlos Alberto Carmona, "Precedentes na arbitragem", palestra proferida na OAB-RJ, em 27 set. 2017, em seminário promovido pela Comissão de Arbitragem do citado Órgão; Rômulo Greff Mariani, *Precedentes na arbitragem*, Fórum, 2018; André Roque e Fernando Gajardoni, "A sentença arbitral deve seguir o precedente judicial do novo CPC? – Precedente vinculante não pode ser causa da ruína da arbitragem no Brasil", *Jota Info*, 7 nov. 2016, acesso em: 30 out. 2018; Marcela Kobalch, "Vinculação do árbitro aos precedentes judiciais após a vigência do CPC/2015", disponível em: <http://www.processualistas.jusbrasil.

De nossa parte, temos entendimento eclético acerca do tema da aplicação dos precedentes judiciais em jurisdição arbitral, pois a conclusão a respeito da observância obrigatória ou facultativa, ou, da inobservância por parte dos árbitros no momento da prolação da sentença, dependerá de algumas premissas a serem estabelecidas e variáveis que precisam ser consideradas. Em outras palavras, o que se exige investigar e concluir é se a jurisdição arbitral de direito submete-se aos "precedentes judiciais" e, se positiva a resposta, quais são os tipos de "precedentes" que devem ser seguidos pelos árbitros, em que hipóteses, em que medida, e, em que extensão; em arremate, há de analisar-se também quais são as consequências da não observância de precedentes judiciais (vinculantes ou não) na sentença arbitral, isto é, se é passível de anulação. Vejamos, então.

Conforme já afirmado no início deste item, a primeira e principal premissa a ser estabelecida reside nas diferenças existentes entre as jurisdições estatal e a particular, e, como bem assenta Owen Fiss, inclusive no que concerne aos *precedentes*, pois os "árbitros são pagos pelas partes, escolhidos pelas partes; e influenciados por uma série de práticas (como relutância em redigir opiniões ou gerar precedentes) que localizam ou privatizam a decisão. A função do árbitro é resolver uma disputa. A função do juiz, por outro lado, deve ser compreendida em termos inteiramente diferentes: ele é um agente público, não é escolhido pelas partes, mas pelo público ou seus representantes [ou por outros processos públicos, como o concurso público de provas e títulos], e investido pelos órgãos públicos [no Brasil, exceto no primeiro grau de jurisdição] para criar e impor normas de amplitude social [...] como um meio de dar sentido aos nossos valores públicos".[125]

Ademais, não se pode perder de vista que a "ausência do controle estatal, até mesmo sobre a regulamentação dos conflitos, caracteriza o projeto neoliberal. Ou melhor: o projeto neoliberal deseja a mínima interferência possível do Estado e, assim, certamente pressupõe as ideias de autorregulação e autorresolução dos conflitos, tendo a arbitragem como mecanismo próprio para tanto, e, dessa maneira, como parte da engrenagem para o desenvolvimento livre do mercado".[126]

---

com.br/artigos>, acesso em: 7 fev. 2017; Ana Carolina Weber, "Relembrando: no Brasil, o Código de Processo Civil não é automaticamente aplicado a procedimentos arbitrais", disponível em: <www.jusbrasil.processualistas.com.br/artigos>, acesso em: 30 out. 2018; Scripes Wladeck, *Impugnação da sentença arbitral*, 2014, p. 144-146.

[125] "The forms of justice", *Harvard Law Review,* p. 30-31 (*apud* Luiz Guilherme Marinoni, "Rápidas observações sobre a arbitragem e jurisdição" (p. 7), disponível em: <http://www.marinoni.adv.br/home/artigos>, acesso em: 14 nov. 2017.

[126] Luiz Guilherme Marinoni, estudo cit. (p. 8-9), baseado em Karl-Heinz Ladeur ("Post--modern constitutional theory: a prospect for the self-organising society", *The modern Law Review*, v. 60, n. 5, p. 617-629).

Para os fins deste estudo, consideraremos como "precedentes judiciais" aqueles arrolados no art. 927 do CPC que, na jurisdição estatal, haverão de ser observados pelos juízes e tribunais, quais sejam: " [...] I – as decisões do Supremo Tribunal Federal em controle concentrado de constitucionalidade; II – os enunciados de súmula vinculante; III – os acórdãos em incidente de assunção de competência ou de resolução de demandas repetitivas e em julgamento de recursos extraordinário e especial repetitivos; IV – os enunciados das súmulas do Supremo Tribunal Federal em matéria constitucional e do Superior Tribunal de Justiça em matéria infraconstitucional [...]".

De início, impende observar se uma das partes litigantes na jurisdição arbitral é ente público da administração direta ou indireta, nas esferas federal, estadual ou municipal, na exata medida em que a eles estendem-se as decisões definitivas de mérito proferidas pelo Supremo Tribunal Federal em ações diretas de inconstitucionalidade e nas ações declaratórias de constitucionalidade (CF, art. 102, § 2º) bem como os enunciados de súmulas vinculantes (CF, art. 103-A).

Nas demais arbitragens, em que as pessoas jurídicas de direito público não são partes – diga-se de passagem, grande e expressiva maioria –, o espectro que tenta assombrar a decisão arbitral fundada em direito e que desconsidera os precedentes judiciais parece-nos de pouca envergadura, abrangência e consequência.

Se, por um lado, a jurisdição privada é jurisdição paralela e independente da jurisdição estatal, em tudo e por tudo, não menos verdadeiro é também a observância pelos árbitros às regras de direito definidas pelas partes em convenção arbitral, tudo em estrita sintonia ao devido processo legal.

Por seu turno, a motivação do julgado pressupõe a formação de silogismo perfeito entre *fato, norma* e *conclusão,* o que exige dos árbitros a cognição articulada de elementos probatórios e teses jurídicas constantes do processo, considerando-se o *direito* não apenas a norma jurídica, produto de elaboração parlamentar, mas todo o arcabouço normativo que servirá de base para os fundamentos legais da decisão arbitral.

Nessa linha, considera-se a *arbitragem de direito* como sendo aquela em que as partes concedem aos julgadores poder jurisdicional para conhecer e resolver os conflitos que lhes são apresentados com fulcro no arcabouço normativo indicado em convenção arbitral, ou, se omissa, em observância ao sistema normativo do país que sedia o painel.

De outra banda, tem-se como sistema normativo todas as fontes do direito, primárias e secundárias, a serem observadas pelos árbitros na fundamentação de suas decisões. Contudo, tal assertiva não significa o dever de observância dos árbitros aos precedentes forjados pelos tribunais (superiores ou de segunda instância) para a resolução de conflitos a serem decididos dentro da própria jurisdição estatal.

Aliás, a Constituição Federal quando dispõe acerca da vinculação e observância obrigatória às decisões do Supremo Tribunal Federal deixa patente que a submissão a esses precedentes respeita aos órgãos do Poder Judiciário e à administração pública, direta e indireta, nas esferas federal, estadual e municipal, sem qualquer pertinência ou reflexo à jurisdição arbitral.

Com a devida vênia daqueles que entendem diferentemente, parece-nos equivocada a doutrina que defende a tese de observância de precedentes vinculantes ou vinculativos estatais quando da prolação da sentença arbitral, sob os fundamentos de que o árbitro é, como diz a Lei de regência (art. 18), "juiz de fato e de direito" e, como tal, em se tratando de arbitragem de direito, haverá de observar todas as normas jurídicas na sua mais ampla acepção, donde exsurge a sujeição aos precedentes judiciais já mencionados.

Tanto não estão os árbitros jungidos aos precedentes estatais que não só a Constituição Federal deixou de fazer qualquer referência a esse respeito quando tratou do tema alusivo à observância das súmulas vinculantes e aos julgados do Supremo Tribunal Federal em ações diretas de inconstitucionalidade e nas declaratórias de constitucionalidade, como também permaneceu silente o Código de Processo Civil de 2015, e, a Lei 13.129/2015, que alterou e atualizou a Lei 9.307/1996.

E mais: o Código de 2015 não passou ao largo do instituto da arbitragem; muito pelo contrário, erigiu-a ao patamar de norma fundamental do processo civil, inserindo-a na Parte Geral, Livro I, Capítulo I, art. 3º, § 1º ("é permitida a arbitragem, na forma da lei"), além de reconhecê-la como jurisdição, nos exatos termos da redação do *caput* do citado dispositivo que, sabiamente, assentou que "não se excluirá da *apreciação jurisdicional* ameaça ou lesão a direito", ou, em outras palavras, *não se excluirá da apreciação da jurisdição estatal e da jurisdição arbitral* ameaça ou lesão a direito (v. Capítulo Primeiro, item n. 5, *supra*).

E mais; o legislador de 2015 foi além, pois, em diversas passagens do Código, de uma forma ou de outra, traz à tona o instituto da arbitragem, ao versar sobre a competência (art. 42), cooperação nacional, carta arbitral e confidencialidade dos atos (art. 69, § 1º, e arts. 189, IV, 237, IV, 260, § 3º e 267), preliminar de contestação (art. 337, X, §§ 5º e 6º), sentença que extingue o processo, sem resolução do mérito (art. 485, VII), títulos executivos judiciais (art. 515, VII), competência para o cumprimento de sentença arbitral (art. 516, III), homologação de decisão arbitral estrangeira (art. 960, § 3º), efeito devolutivo a ser conferido ao recurso de apelação interposto contra sentença que acolhe o pedido de instituição de arbitragem (art. 1.012, § 1º, IV), cabimento de agravo de instrumento contra a decisão que rejeita a alegação de convenção de arbitragem (art. 1.015, III), além de ter alterado, no art. 1.016, o art. 33, § 3º, da LA.

Em nenhum momento, repita-se, o legislador estendeu aos árbitros a observância aos precedentes judiciais, pois oportunidades não lhe faltaram, sobretudo no *caput* do art. 927, quando então poderia ter assentado que *os juízes, os tribunais e os árbitros observarão...*

Ledo engano concluir que o legislador ao se referir aos "juízes" e "tribunais" no aludido art. 927 do CPC estaria deixando subentender, por simetria, a observância aos precedentes estatais ali apontados também aos *árbitros* e aos *tribunais arbitrais*, tendo-se por base a disposição contida no art. 18 da LA. Essa conclusão, com todas as vênias, é mais do que ingênua, é jocosa, pois a norma insculpida no mencionado art. 18 tem por escopo maior firmar o poder jurisdicional do árbitro e, por conseguinte, chancelar a natureza da arbitragem, ao arrematar que a sentença por ele proferida não ficaria sujeita a recurso ou a homologação do Poder Judiciário.

Ademais, quando o legislador desejou, por exemplo, estender os efeitos das decisões tomadas pelos tribunais estaduais ou federais em incidentes de resolução de demandas repetitivas aos juizados especiais, assim o fez, expressamente, segundo se infere do disposto no art. 985, I, do CPC, mesmo sem necessidade, pois os juizados especiais cíveis estaduais e federais são órgãos integrantes do Poder Judiciário e, portanto, submetidos aos precedentes estatais (art. 927).

Assim, e com maior razão, se desejasse o legislador estender à jurisdição arbitral a observância dos precedentes judiciais, assim teria dito e assentado. E, não deixou de fazê-lo por ser desnecessário, ou por estar subentendido ou, ainda, por um "cochilo"; assim procedeu permanecendo em silêncio em todas as passagens do Código de 2015, justamente por não se aplicarem os precedentes judiciais aos árbitros, que não integram a jurisdição estatal e aos juízes togados não se submetem, em aspecto algum, muito menos aos seus "precedentes", vinculantes ou não.

Nada obstante, se as partes optam na convenção arbitral por um julgamento fundado em regras de direito nacional, é de bom alvitre que, se desejarem, façam menção expressa à observância pelos árbitros às decisões judiciais com ou sem eficácia vinculante, em sintonia com o rol do art. 927 do Código de Processo Civil.

Diferentemente, se a convenção arbitral nada dispuser a esse respeito, limitando-se as partes a apontar que a arbitragem nacional será apenas de direito, ressalvada a participação de ente público, os árbitros estarão livres para decidir com base no sistema normativo, sem a necessária observância às súmulas ou precedentes chancelados pelo Poder Judiciário, pois a elas não estão jungidos, repita-se.

O tema da *segurança jurídica* que envolve múltiplos aspectos sintonizados com o devido processo legal, neste ponto de nosso estudo imbrica-se com a *garantia de previsibilidade*; "previsibilidade esta que permite à sociedade conhecer qual a norma de conduta a ser seguida, aquela que é estabelecida pela lei e aplicada pelo

Poder Judiciário",[127] e não pelo juiz privado, exceto nos casos já apontados acima (participação de ente público ou definição prévia em convenção arbitral).

Eduardo Talamini, quando aborda esse tema da (in)observância dos precedentes em sede arbitral afirma tratar-se de um "falso problema", com o argumento de que os árbitros costumam atentar ao ordenamento positivo que lhes cabe aplicar no caso concreto, no que se incluem os precedentes, decisões-quadros e orientações consolidadas na jurisprudência dos tribunais estatais. Em conclusão, observa Talamini que o "falso problema" pode tornar-se real se mal resolvido, isto é, se a decisão arbitral desconsiderar o precedente jurisprudencial estatal dando azo à eventual controle pelo Judiciário, "mediante a invocação de uma cláusula geral de 'violação à ordem pública' ou a importação da ideia do *Manifest Disregard of the Law* – ambas hipóteses não previstas no art. 32 da Lei de Arbitragem [...]".[128]

O pensamento do festejado professor paranaense, com o qual comungamos, vem ao encontro do que afirmamos e reforça o ponto da necessidade de cautela das partes quando da elaboração da convenção arbitral no que concerne à definição dos contornos e extensão das normas que incidirão na arbitragem de direito, certos de que, repita-se, a inobservância de precedentes estatais nos julgamentos privados não agasalha a possibilidade de formulação de pedido anulatório em ação a ser proposta perante o Poder Judiciário, pois não se enquadra em nenhuma das hipóteses taxativas elencadas no art. 32 da LA.

Sem dúvida, "os precedentes judiciais são fonte de direito, compõem o ordenamento jurídico e devem ser ponderados pelos árbitros no exercício de sua função jurisdicional. A afirmação não implica, contudo, na imediata importação à arbitragem dos remédios processuais (como reclamação) ou das mudanças procedimentais (como suspensão, julgamento de improcedência liminar, tutela de evidência) previstas para o processo judicial.

"Do mesmo modo, sendo o precedente aplicável à arbitragem na mesma medida que a lei, mas, a nosso ver, não mais que isso, não há 'novas' hipóteses de

---

[127] Pedro Miranda de Oliveira, *Novíssimo sistema recursal* – conforme o CPC/2015, 2015, p. 204, item 12.2.
Aliás, grande parte da doutrina que discorre acerca do tema dos "precedentes" no direito brasileiro, costuma dirigir toda a atenção exclusivamente à observância estrita pelo Poder Judiciário, nos moldes delineados na Constituição Federal e Código de Processo Civil, passando totalmente ao largo da aplicabilidade à jurisdição privada, o que parece ser um forte indicador no sentido de que a esta última não se dirige mesmo.

[128] "Arbitragem e precedentes: cinco premissas cinco conclusões, um epílogo (e um vídeo)". Exposição sobre o tema durante a XII Jornada Brasileira de Direito Processual (Belo Horizonte – 22 a 24 ago. 2018), disponível em: <http://www.justen.com.br/arbitragem-e--precedentes/> e www.migalhas.com.br, acessos em: 18 out. 2018.

anulatória, tampouco deve haver o alargamento das já previstas para permitir o controle judicial tão só pelo argumento de ofensa ao precedente."[129]

Em outras palavras, a verdade é que, em termos práticos, a não observância pelos árbitros de precedentes judiciais ou súmulas vinculantes, equipara-se à não observância ou interpretação equivocada da lei, o que se constitui em, nada mais, nada menos, que erro de julgamento que, por sua vez, não dá azo à propositura de demanda (exitosa) desconstitutiva da sentença arbitral perante o Poder Judiciário, seja em se tratando de sentença nacional ou estrangeira.[130]

Não se pode olvidar também que as regras a serem observadas no processo arbitral estão delineadas no art. 21 da Lei de regência que, por seu turno, exige o respeito aos "[...] princípios do contraditório, da igualdade das partes, da imparcialidade do árbitro e de seu livre convencimento", segundo se infere da redação insculpida no § 2º.

Portanto, em interpretação sistemática do art. 21 da LA, com o art. 927 do Código de Processo Civil e arts. 102, § 2º e 103-A, ambos da Constituição Federal, conclui-se que os árbitros não estão obrigados a observar orientações pretorianas de qualquer natureza, ressalvadas as hipóteses, como já indicamos, em que algum ente público integre um dos polos da demanda arbitral, no que concerne às súmulas vinculantes e ações diretas de inconstitucionalidade e às ações declaratórias de constitucionalidade, em decisões definitivas de mérito oriundas do Supremo Tribunal Federal.[131]

O que a lei exige é a observância por parte dos árbitros dos princípios jurídicos fundamentais,[132] e, neste particular, do *livre convencimento motivado*, em sintonia com o as normas de direito indicadas pelas partes em convenção ou termo arbitral.

---

[129] Sofia Temer, "Precedentes judiciais e arbitragem: reflexões sobre a vinculação do árbitro e o cabimento de ação anulatória", *RePro*, v. 278, p. 540-541.

[130] Assim também Rafaela Ferraz, "Arbitragem comercial internacional e enunciado de súmula vinculante pelo Supremo Tribunal Federal", *Revista de Arbitragem e Mediação*, v. 17, p. 105-108.

[131] Em sentido oposto, a conclusão de Ana Basilio sobre o tema, quando escreve que "[...] a arbitragem não pode desprezar a incidência dos princípios constitucionais (Lei 9.307/96, art. 21), sob pena de afrontar a unidade do ordenamento jurídico, deixando-o à míngua de qualquer ordem e unidade, permeando-o de contradições e casuísmos, a dispersá-lo, na célebre expressão de Canaris, 'numa multiplicidade de valores singulares desconexos'" (*ibidem*, p. 34).

[132] Para aprofundamento sobre o tema, v. interessante e profundo estudo realizado por Selma Maria Ferreira Lemes, intitulado "Arbitragem, Princípios jurídicos fundamentais. Direito brasileiro e comparado", in Arnoldo Wald (org.), *Arbitragem e Mediação*, v. I, p. 215-245, n. 8 (Coleção Doutrinas Essenciais).

Por certo, o escopo da jurisdição (pública e privada) é resolver o conflito com justiça, o que não passa, necessariamente, pelo acerto ou desacerto da decisão.

Ademais, essa conclusão "não é diferente do que acontece em qualquer outro caso de má aplicação do direito pelo árbitro na solução dada ao mérito da causa. Seria paradoxal conferir um instrumento de controle de inobservância do precedente quando não há mecanismo de controle de violação direta da lei. Se, ao resolver o mérito do conflito, p. ex., o árbitro, equivocadamente aplica lei revogada ou confere à determinada disposição legal interpretação errada, de que ninguém jamais cogitou (a ponto de a questão nem mesmo ter merecido qualquer discussão e consolidação jurisprudencial), esse erro não é judicialmente controlável".[133]

Em arremate, é bom frisar para que dúvidas não pairem, que esses motivos todos expostos não convergem para fomentar ou para fazer apologia ao descumprimento de precedentes judiciais pelos árbitros; muito pelo contrário, pois não temos a menor dúvida de que, como já dissemos, os precedentes judiciais, sobretudo os vinculantes, compõem as fontes do direito e integram o ordenamento jurídico nacional, motivo pelo qual servem perfeitamente aos árbitros como elementos hábeis a integrar a formação de convencimento motivado dos julgadores. Ademais, os árbitros – profissionais altamente qualificados que são – saberão aplicar não só a norma jurídica ao caso em exame, como também, se assim entenderem cabível, os precedentes judiciais.

O que não se pode exigir, salvo se estipulado pelas partes em convenção arbitral, é que os árbitros observem (caráter impositivo) os precedentes judiciais aos quais estão jungidos os juízes togados, e que eventual inobservância desta ordem agasalhe pedido de anulação de sentença arbitral, porquanto impossível juridicamente, por não integrar o rol apontado no art. 32 da LA.

Pelas mesmas razões, inexiste possibilidade de manejo de *reclamação* em face de decisão proferida na jurisdição privada, assim como não haverá suspensão de processo arbitral em razão de decisão emanada do Poder Judiciário em incidente de resolução de demandas repetitivas ou repercussão geral em recurso extraordinário ou especial repetitivo.

De qualquer forma, não resta a menor dúvida de que a tormentosa questão alusiva à observância ou não de precedentes estatais em sede de jurisdição privada está longe de chegar a um consenso; esperamos que, ao menos em breve, tenhamos um posicionamento menos fracionado e mais uniforme a respeito do tema, a começar pela doutrina.

---

[133] Eduardo Talamini, *ibidem*, 4ª conclusão.

9.2.2. Precedentes arbitrais

De início, "deve-se frisar que a noção de precedente arbitral se distingue, substancialmente, tanto da noção de jurisprudência da *civil law*, quanto da noção de precedente da *common law*, ambas inseridas em sistemas jurisdicionais caracterizados pela homogeneidade e pela hierarquia entre suas cortes, que os tribunais arbitrais não têm e não podem ter, uma vez que suas decisões são autônomas".[134]

Os "precedentes arbitrais", portanto, são as sentenças proferidas por árbitro ou tribunas arbitrais em casos idênticos ou semelhantes, no mesmo sentido e, preferencialmente, decisões estas tomadas por unanimidade de votos, mesmo que não sejam proferidas pelos mesmos julgadores, servindo esses julgados para orientar e persuadir os árbitros em novas decisões.

A força desses "precedentes", aliás, reside na conjugação harmoniosa desses fatores, pois, decisões isoladas nada mais são do que julgados desprovidos de conteúdo persuasivo mais elevado.

Por outro lado, a formação dos precedentes arbitrais passa, necessariamente, pela publicidade a ser conferida à sentença arbitral, o que se dá com a publicação do ato em *site* da entidade arbitral em que se desenvolveu o respectivo painel ou, ainda, em revistas especializadas, muitas vezes acrescidas de comentários em artigos doutrinários.

Para tanto, mister se faz a relativização da confidencialidade, o que exige autorização prévia das partes no que concerne à publicidade da sentença arbitral (para aprofundamento, v. Capítulo Quinto, item 5.3.), em sintonia com as disposições contidas sobre o tema no regulamento da entidade arbitral responsável pela administração do procedimento, o que se dá, via de regra, com a supressão do nome dos litigantes e terceiros intervenientes, dados financeiros ou econômicos etc., ressalvada a hipótese de tornar-se incompreensível a decisão, e com isso, prejudicar o escopo maior da divulgação da sentença.

O valor *segurança jurídica* em sede de jurisdição privada é redimensionado, sendo bastante distinto daquele definido para a jurisdição estatal, a começar pela inexistência de uma corte de julgamento hierarquicamente superior capaz de criar, desenvolver e formar uma "jurisprudência arbitral", somando-se a outros fatores, tais como a composição variada de membros em painéis arbitrais, mesmo que integrantes do rol de árbitros de uma mesma entidade, a independência e autonomia dos árbitros, o compromisso com a justiça do caso concreto, quase sempre com variações fáticas e jurídicas em relação a hipóteses anteriormente julgadas,

---

[134] Luiz Fernando Martins Kuyven, "O necessário precedente arbitral", *Revista de Arbitragem e Mediação*, v. 36, p. 298-299.

o apego ou observância mitigados ao direito positivado, mesmo em se tratando de arbitragem de direito.

Contudo, não se pode negar o interesse da comunidade jurídica nacional e internacional e, em particular dos sujeitos que acessam a jurisdição arbitral – notadamente pessoas jurídicas de grande porte e capacidade econômico-financeira – em ver ampliar-se cada vez mais a publicidade de sentenças arbitrais, de maneira a servir de norte para a elaboração de contratos com cláusulas sintonizadas com os temas decididos, fomentar a autocomposição antes da jurisdicionalização do conflito, bem como servir de orientação aos árbitros em novas decisões, quando a lide objeto da cognição for igual ou similar aos precedentes.

Aliás, a observância aos precedentes arbitrais reforça a credibilidade no instituto da jurisdição privada na exata medida em que aqueles agregam previsibilidade sobre a possível conclusão do julgado, o que de certa maneira conforta as partes e seus procuradores, e confere luz às novas decisões arbitrais, por óbvio, sem qualquer efeito vinculante, em que pese a probabilidade de observância dos precedentes quando da prolação de novas decisões, notadamente se a matéria é submetida à cognição de árbitros que já participaram de julgamentos anteriores e integram o rol de julgadores do mesmo órgão arbitral.[135]

10. PRINCÍPIOS GERAIS DE DIREITO, USOS, COSTUMES E REGRAS INTERNACIONAIS DE COMÉRCIO

As partes contratantes poderão, também, na convenção de arbitragem, acordar livremente no sentido de que o julgamento se dê com base nos princípios gerais de direito,[136] nos usos e costumes e nas regras internacionais de comércio[137] (art. 2º, § 2º).

---

[135] Nessa linha a decisão da CCI no caso *Dow Chemical c. Isover Saint Gobain, Year-book Commercial Arbitration*, v. 9, p. 131, 136-137, 1984: "As decisões dos tribunais arbitrais da CCI criam jurisprudência que deve ser levada em consideração, pois representam soluções construídas a partir da realidade econômica e em conformidade com as necessidades do comércio internacional, e cujas regras criadas ao longo do tempo, especialmente para a arbitragem internacional, devem ser observadas" (*apud* Luiz Kuyven, "O necessário precedente arbitral", *Revista de Arbitragem e Mediação*, v. 36, p. 299, n. 4.

[136] A respeito da decisão arbitral fundada apenas nos princípios gerais de direito, v. a crítica de Otto Gil (cf. *Rev. de Inf. Leg.*, 118, p. 433), entendimento este com o qual não partilhamos.

[137] Sobre o tema da *arbitragem comercial internacional*, v. Luiz Gastão Paes de Barros Leães, *Enciclopédia Saraiva do Direito*, v. 7, p. 359-372.

No tocante às *regras internacionais* ou *fontes normativas* para a solução dos conflitos arbitrais, v. Guido F. S. Soares, "Arbitragens comerciais internacionais no Brasil: vicissitudes", *RT*, 641, p. 29-57, n. 2, 2.1. e 2.2.

O silêncio quanto a essa estipulação não significa a absoluta exclusão dessas fontes integradoras do sistema jurídico que se destinam a fornecer subsídios ao julgador na busca da decisão justa. Elas estarão sempre mescladas e embutidas, direta ou indiretamente, na formação do convencimento dos árbitros e na fundamentação da sentença arbitral, não havendo necessidade de que a lei seja omissa para a utilização dessas fontes alternativas do direito.[138]

Aliás, como bem escreveu Sálvio de Figueiredo Teixeira, num de seus lapidares arestos proferidos no Superior Tribunal de Justiça, "[...] a interpretação das leis é obra de raciocínio mas também de sabedoria e bom senso, não podendo o julgador ater-se exclusivamente aos vocábulos mas, aplicar os princípios que informam as normas positivas".[139]

A regra contida no § 2º do art. 2º da Lei 9.307/1996 está disposta no sentido de conferir poderes ao árbitro ou colégio arbitral, desde que autorizado expressamente na convenção de arbitragem pelas partes contratantes, para proferirem sentença fundada tão somente nos princípios gerais de direito, nos usos e costumes e nas regras ou tratados internacionais de comércio aplicáveis à espécie.[140]

Significa dizer, em outros termos, que as partes poderão tanto escolher livremente excluir as regras típicas de direito para a solução do caso concreto como optar apenas pela indicação dos tratados internacionais de comércio ou os usos e costumes ou, ainda, simplesmente pelos princípios gerais de direito.

Quanto às convenções internacionais firmadas pelo Brasil, v. Carlos A. Carmona, "Arbitragem internacional", *RF*, 329, p. 25-39.

[138] Assinala-se que, na jurisdição estatal, os juízes togados também estão autorizados a complementar a interpretação normativa com fulcro na analogia, costumes e princípios gerais de direito. O que a Lei Instrumental não permite é que, não sendo a lei omissa, o julgador despreze e decida apenas com base nas aludidas fontes do direito (art. 4º, LINDB, e art. 140, CPC).

[139] Cf. Rec. Esp. 3.836/MG, Registro 90.0006202-0, Rel. Min. Sálvio Teixeira, *RSTJ*, 19, p. 461.

[140] A respeito dos tratados internacionais, o Superior Tribunal de Justiça já teve oportunidade de se manifestar no sentido de que, de acordo com o § 3º do art. 5º da Constituição Federal, os tratados internacionais sobre direitos humanos, observados alguns requisitos, terão *status* de emendas constitucionais, sendo que a prevalência da lei ou do tratado regula-se pela sucessão no tempo (REsp 74.376-0/RJ, Registro 95.0046406-3, Rel. Min. Eduardo Ribeiro, *RSTJ*, 78, p. 240).

E mais: "Tratado não se revoga com a edição de lei que contrarie norma nele contida. Perderá, entretanto, eficácia, quanto ao ponto em que exista antinomia, prevalecendo a norma legal.

Aplicação dos princípios, pertinentes à sucessão temporal das normas, previstos na Lei de Introdução ao Código Civil. A lei superveniente, de caráter geral, não afeta as disposições especiais contidas em tratado [...]" (Cf. STJ, Rec. Esp. 58.736/MG, Registro 95.0000670-7, Rel. Min. Eduardo Ribeiro, *RSTJ*, 83, p. 175).

Outra não é a orientação estabelecida no Código Comercial para as relações mercantis quando dispõe que "as leis particulares do comércio, a convenção das partes sempre que lhes não for contrária, e os usos comerciais, regulam toda a sorte de associação mercantil; não podendo recorrer-se ao direito civil para decisão de qualquer dúvida que se ofereça, senão na falta da lei ou uso comercial" (art. 291).

Para tanto, poderão inserir no compromisso arbitral a indicação da lei nacional ou das regras corporativas aplicáveis à arbitragem, quando assim resolverem convencionar (LA, art. 11, IV).

11. MOMENTO PROCESSUAL OPORTUNO À PROLAÇÃO DA SENTENÇA ARBITRAL

Tendo em vista que as partes poderão estipular procedimento particular para o desenvolvimento dos atos processuais perante o juízo arbitral ou delegar essa atribuição ao árbitro ou regulamentos de entidade especializada, não há como especificar exatamente o momento procedimental em que a sentença arbitral deverá ser prolatada.

Todavia, em linhas gerais, é possível essa identificação em fase imediatamente sucessiva ao término da instrução, tendo em vista que os processos arbitrais serão sempre de conhecimento, sem prejuízo da concessão de tutelas provisórias de natureza acautelatória (antecedente ou incidental) ou antecipatórias satisfativas, além da possibilidade de prolação de sentenças parciais (LA, art. 23, § 1º).

Portanto, desde que o árbitro ou colégio arbitral tenha formado o seu convencimento e esteja apto a proferir decisão parcial ou terminativa do conflito, julgando o mérito, por meio de cognição plena e exauriente, estaremos diante do momento adequado à prolação da sentença arbitral.

12. DO TÉRMINO DO JUÍZO ARBITRAL

Ao proferir a sentença arbitral (com ou sem resolução do mérito) o árbitro ou tribunal exaure a sua função jurisdicional privada e, via de consequência, dá-se por finda a arbitragem.

A publicação da decisão se dá por intermédio da comunicação às partes litigantes por qualquer meio idôneo que permita o recebimento de uma cópia do julgado, sendo que o envio é feito pelo árbitro ou presidente do colégio arbitral. O que se faz mister é que o veículo de comunicação utilizado permita a comprovação do recebimento.

Poderá ainda ser designada uma audiência destinada à leitura, intimação e publicação da sentença arbitral, entregando o árbitro uma cópia às partes pessoalmente mediante recibo (art. 29).

No prazo de 5 (cinco) dias, a contar do recebimento da notificação ou da ciência pessoal da sentença arbitral, salvo se outro prazo for acordado entre os litigantes, a parte interessada, mediante comunicação à outra parte, poderá solicitar ao árbitro ou ao tribunal arbitral que corrija qualquer erro material da sentença arbitral, esclareça alguma obscuridade, dúvida ou contradição da sentença arbitral, ou, ainda, pronuncie-se sobre ponto omitido a respeito do qual devia manifestar--se a decisão (LA, art. 30).

Por sua vez, o árbitro ou o tribunal arbitral decidirá no prazo de 10 (dez) dias ou em prazo acordado com as partes, aditará a sentença arbitral e notificará as partes na forma do art. 29 (LA, art. 30, parágrafo único).

Decorrido esse prazo, a sentença arbitral de mérito faz *coisa julgada material*, produzindo entre as partes litigantes e seus sucessores os mesmos efeitos da sentença proferida pelos órgãos do Poder Judiciário, constituindo-se em título executivo judicial se for de natureza condenatória (LA, art. 31 c/c CPC, art. 515, VII).

13. FUNÇÃO DA SENTENÇA ARBITRAL

A sentença arbitral, assim como aquela proferida pelo Estado-juiz, tem por escopo principal solucionar o conflito de interesses que é submetido ao conhecimento da jurisdição privada, em sintonia com os contornos definidos no compromisso arbitral.

Para tanto, a sentença arbitral haverá de pautar-se pela observância dos princípios jurídicos fundamentais constitucionais e processuais (LA 2°, § 1° c/c art. 21, § 2°), "garantidores de um julgamento justo, a fim de que se obtenha a tutela jurídica efetiva e a verdadeira distribuição da justiça".[141]

Em outras palavras, a função jurídica e material imediata da sentença arbitral é a solução da lide circunscrita pelas partes contratantes no compromisso arbitral, de forma menos gravosa e traumática àquele que deverá arcar com os ônus da sucumbência.

A sentença arbitral atinge também outros escopos mediatos, o que se dá por intermédio de sua função pacificadora de conflitos sociais, econômicos, comerciais e políticos, seja de ordem interna, seja de ordem internacional,[142] de maneira muito mais simplificada, célere e menos onerosa às partes litigantes.

---

[141] Selma Maria Ferreira Lemes, "Princípios jurídicos fundamentais. Direito brasileiro e comparado", in Arnoldo Wald (org.), *Arbitragem e Mediação*, v. I, p. 245, n. 8 (Coleção Doutrinas Essenciais).

[142] Sobre a diversidade de campos de atuação da jurisdição arbitral, sua importância e função socializadora na composição dos conflitos, v. na coletânea de artigos coordenada por Paulo B. Casella e intitulada *Arbitragem* – A nova lei brasileira (9.307/96) e a praxe internacional, os estudos de Ricardo T. da Cunha ("A arbitragem como método de solução de controvérsias

Nos dizeres de Fábio Nusdeo, "[...] as partes ao aceitarem a via arbitral para a solução de eventuais litígios, sobretudo quando remetidos a instituições de reconhecida idoneidade moral e técnica de que é módulo inconteste a Câmara de Comércio Internacional – CCI – de Paris, estão declaradamente abrindo mão de todos os possíveis expedientes procrastinatórios ensejados pelo processo judicial, submetendo-se a uma decisão que, além de célere, será proferida por especialistas na matéria em testilha por elas escolhidos e aptos a penetrarem no âmago para aí irem buscar o porquê dos comportamentos geradores do próprio litígio".[143]

Não foi por menos que Paulo Borba Casella afirmou com precisão que "a arbitragem se efetiva pela qualidade de seu funcionamento e tem de ser situada em contexto histórico, geográfico e cultural, sob pena de desprender-se da realidade e ater-se somente a dados técnicos, que falseiam a compreensão do todo".[144]

14. ANULABILIDADE DA SENTENÇA ARBITRAL

A decisão arbitral não impugnada é, de fato e de direito, irretratável, e, em alguns aspectos, análoga (mas não coincidente) à sentença estatal passada em julgado, pois gera todos os efeitos jurídicos decorrentes da *res judicata,* tornando-se, por conseguinte, imutável. Tanto é que, se decorrido o prazo decadencial de noventa dias para a desconstituição da sentença arbitral (parcial ou final), a decisão nada obstante viciada, passará a integrar o mundo jurídico de maneira cabal, tanto no plano da existência e da validade como também da eficácia, ressalvada a possibilidade de impugnação ao cumprimento de sentença arbitral perante o Estado-juiz.[145]

---

sobre investimentos estrangeiros", p. 215-228); Paulo Borba Casella ("Arbitragem: entre a praxe internacional, integração no Mercosul e o direito brasileiro", p. 169-186); José A. F. Costa e Gabriele Tusa ("Expectativas e âmbito de aplicabilidade da nova lei da arbitragem", p. 187-196); Selma M. F. Lemes ("Mercosul – Proposta de regulamentação quanto à solução de controvérsias privadas. Conciliação e arbitragem", p. 229-242); M. Marcos Vera ("Solución de controversias comerciales en Mercosur. Papel del Tribunal Internacional de conciliación y de arbitraje del Mercosur – Ticamer", p. 325-342).

[143] Prefácio, *Arbitragem* – A nova lei brasileira (9.307/96) e a praxe internacional (coletânea de estudos), p. 11.

Assinala ainda o citado professor que às partes litigantes "[...] importará antes superar e remover de vez a divergência do que explorá-la até as últimas consequências, mesmo porque poderão logo mais estarem de novo frente a frente ou lado a lado em outra grande negociação" (*idem, ibidem*).

[144] Cf. Introdução – Efetividade da arbitragem na nova lei, *Arbitragem* – A nova lei brasileira (9.307/96) e a praxe internacional (coletânea de estudos), p. 17.

[145] Dispõe o art. 516 do CPC que "o cumprimento da sentença efetuar-se-á perante: [...] III – o juízo cível competente, quando se tratar de sentença penal condenatória, *de sentença arbitral,* de sentença estrangeira ou de acórdão proferido pelo Tribunal Marítimo" (grifos nossos).

Nada obstante, a Lei 9.307/1996 concede ao interessado, além do manejo dos pedidos de esclarecimentos em face de decisões ou sentenças arbitrais proferidas, ("embargos de declaração"), dirigidos aos próprios árbitros, também o acesso ao Poder Judiciário para anular decisão viciada, mediante o ajuizamento de *ação anulatória* dentro do prazo legal, ou, se for o caso, por meio de impugnação ao cumprimento de sentença (LA, art. 33).

Em que pese o art. 32, *caput*, da Lei de regência fazer expressa referência à *nulidade* da sentença arbitral, se verificadas as hipóteses elencadas em seus incisos, estamos diante de *anulabilidade*, pois enquanto não desconstituída a decisão acoimada de vício pelo Poder Judiciário, estará gerando todos os seus efeitos no plano dos fatos e do direito.

Barbosa Moreira há muito identificou o equívoco do legislador no uso da terminologia em voga ("declaração de nulidade");[146] contudo, o "erro" do legislador, como bem explica Carmona, decorre de repetição da terminologia tradicional do direito brasileiro, e que tanto no Código de Processo de 1939 quanto no Código de 1973, as referências eram sempre acerca da "nulidade" das decisões arbitrais, verificando-se o mesmo, por exemplo, no Código de Processo Civil italiano (art. 829 – *casi di nullità*).[147]

Voltaremos ao assunto da anulabilidade e dos meios de impugnação das decisões arbitrais em capítulo reservado especificamente ao tema (Capítulo Décimo, *infra*) razão pela qual não abordaremos com maior profundidade neste tópico essas e outras questões correlatas. Neste ponto, especificamente, destaca-se apenas que as hipóteses de anulabilidade da sentença arbitral estão elencadas em rol taxativo[148] no art. 32 da LA, quando: *a) for nula a convenção de arbitragem; b)* emanou de quem não podia ser árbitro; *c)* não contiver os requisitos do art. 26 da Lei 9.307/1996, ressalvada a data e o lugar em que foi proferida, tendo em vista tratar-se de omissão de caráter material que poderá ser suprida a qualquer tempo pelo árbitro; *d)* for proferida fora dos limites da convenção arbitral (*ultra* ou *extra petita*); *e)* comprovado que foi proferida por prevaricação, concussão ou corrupção passiva, sem prejuízo da responsabilidade penal, equiparando-se o infrator aos funcionários públicos; *f)* proferida fora do prazo estipulado e desde que qualquer das partes interessadas tenha notificado o árbitro, ou o presidente do tribunal arbitral, concedendo-lhe prazo de dez dias para a prolação e apresentação da sentença arbitral; *g)* forem desrespeitados os princípios do contraditório, da

---

[146] "La nuova legge brasiliana sul'arbitrato", *Rivista dell'Arbitrato*, v. 1, p. 13.
[147] *Arbitragem e processo*, 3. ed., p. 398-399.
[148] Este também é o entendimento de Carlos Alberto Carmona (*Arbitragem e processo*, 3. ed., p. 399).

igualdade das partes, da imparcialidade do árbitro e de seu livre convencimento ou, em outros termos, inobservado o devido processo legal.

O terceiro não integrante da lide arbitral que se sentir prejudicado com a sentença, com base nos fundamentos acima expostos poderá, da mesma forma, ao mesmo tempo e através dos mesmos meios utilizados pelas partes litigantes, impugnar a decisão arbitral; igualmente o Ministério Público, se no caso concreto verificar-se qualquer violação atinente à matéria deduzida em juízo privado ou violação atinente à qualidade, estado ou capacidade das partes.[149]

---

[149] Aliás, essa é a regra contida no art. 996 do CPC/2015 que, *mutatis mutandis*, encontra ressonância na jurisdição arbitral, sobretudo porque se funda em direito de ação constitucionalmente garantido (pleno acesso aos tribunais: direito de acesso à justiça).

A título comparativo, por exemplo, o art. 827 do CPC italiano prevê expressamente a possibilidade de impugnação da decisão arbitral por parte de terceiros prejudicados.

CAPÍTULO IX
DAS DESPESAS E DA SUCUMBÊNCIA

Sumário: 1. Das despesas do processo arbitral e da sucumbência – 2. Litigância de má-fé e seus efeitos

1. DAS DESPESAS DO PROCESSO ARBITRAL E DA SUCUMBÊNCIA

As partes podem dispor em comum acordo na convenção arbitral a respeito do pagamento, percentual ou valores dos honorários dos árbitros e advogados (se for o caso) e das despesas em geral para a realização da arbitragem (LA, art. 11, V e VI).

Fixando as partes os honorários do árbitro, ou dos árbitros, no compromisso arbitral, este constituirá título executivo extrajudicial, caso não haja a satisfação espontânea do crédito na forma definida; não havendo tal estipulação, o árbitro requererá ao órgão do Poder Judiciário, que seria competente para julgar a causa originariamente, que os fixe por sentença, valendo a manifestação do Estado-juiz como título executivo judicial.

Poderá, ainda, o árbitro ou o tribunal arbitral determinar às partes o adiantamento de verbas para despesas e diligências que entender necessárias (LA, art. 13, § 7º).

Assim, a forma do adiantamento e rateio das custas e despesas dependerá das definições insertas em convenção (LA, art. 11, V) ou das normas da entidade arbitral administradora do painel ou, ainda, das definições do árbitro ou colégio arbitral, em se tratando de arbitragem *ad hoc*.

Percebe-se que a Lei de Arbitragem é omissa acerca da responsabilidade pelo pagamento dos honorários advocatícios (sucumbenciais e contratuais), limitando-se a dispor no art. 27 que "a sentença arbitral decidirá sobre a responsabilidade das partes acerca das custas e despesas com a arbitragem, bem como sobre verba decorrente de litigância de má-fé, se for o caso, respeitadas as disposições da convenção de arbitragem, se houver". Portanto, se houver regramento acerca da forma de incidência dos honorários advocatícios em convenção arbitral, nenhuma questão há de ser posta, mas simplesmente observado o que as partes convencionaram em tempo e modo oportunos.

Merecem tratamentos distintos as relações decorrentes de *honorários contratuais* e *honorários sucumbenciais*, vejamos.

A doutrina diverge sobre estarem ou não os honorários advocatícios inseridos nas expressões "custas e despesas" apontadas no art. 27 da lei de regência. Entendemos que a resposta seja negativa, pois os honorários advocatícios integram categoria jurídica distinta, inclusive com natureza alimentar, podendo ser do tipo *contratual* ou *sucumbencial*. Parece-nos não restar a menor dúvida, como princípio geral da sucumbência que, independentemente de pedido expresso, o vencido pagará ao vencedor, total ou proporcionalmente, as despesas processuais, as custas e os honorários advocatícios do patrono do vencedor, sem contar que, via de regra, essas matérias estão previstas nos regulamentos das entidades arbitrais especializadas.

Essa matéria é muito bem abordada por Ricardo Aprigliano, que assim leciona: "Além dos valores pagos previamente pelas partes (taxas das instituições, honorários de árbitros e peritos, gastos com audiências etc.), a sentença deverá dispor sobre o reembolso de valores pagos diretamente pelas partes, como os assistentes técnicos, pareceres jurídicos e gastos com viagens de partes e testemunhas. A dificuldade quanto a tais itens é mais prática do que jurídica. Admite-se que tais rubricas se enquadrem, igualmente, na categoria de despesas processuais, que justificam a sua alocação na sentença arbitral.

"A questão prática que se põe é a existência de demonstração dos custos incorridos pelas partes antes da prolação da sentença arbitral, para que tais itens sejam incluídos desde logo na decisão. Não há espaço para a liquidação de sentença arbitral perante o juiz togado, nem é recomendável que, após a sentença quanto à questão de fundo, reste aos árbitros a tarefa de proferir uma decisão final, fixando concretamente os valores de reembolso e desembolso de parte a parte.

"Recomendável, assim, que o tribunal arbitral solicite às partes a apresentação dos contratos de honorários e/ou comprovante de pagamentos daquelas despesas, contemplando-as na decisão final. O reconhecimento do direito ao reembolso das despesas pode não significar a restituição integral dos valores, pois caberá sempre ao tribunal controlar se são razoáveis os valores cobrados."[1]

Num ponto não estamos de acordo com o entendimento de Aprigliano, qual seja, o reembolso ao vencedor da demanda das despesas por ele feitas com *pareceres jurídicos*; trata-se de mera liberalidade e de ato unilateral realizado fora do processo arbitral que, de forma alguma, se confunde com a produção de meios de prova,

---

[1] "Alocação de custas e despesas e a condenação em honorários advocatícios sucumbenciais em arbitragem", in Carlos Carmona, Selma Lemes e Pedro Martins (coord.), *20 anos da Lei de Arbitragem* – Homenagem a Petrônio R. Muniz, p. 682-683.

portanto, totalmente diferente dos gastos, por exemplo, com o deslocamento de testemunhas, honorários de assistentes técnicos etc.

Ademais, é assente que o valor do parecer é estabelecido diretamente entre as partes (contratante e contratado), sem qualquer tipo de critério objetivo ou "tabela" a ser observada, tudo dependendo da complexidade das questões apresentadas e do renome do parecerista contratado. A nosso sentir, com a devida vênia, esse ato de disposição patrimonial do interessado em arcar com os custos de parecer jurídico encomendado a algum especialista da área objeto da controvérsia não pode ser repassado às expensas da *ex adversa* que, ao fim e ao cabo, venha a sucumbir, não se enquadrando no conceito de reparação de danos amparada pelo Código Civil, o que bem diferencia-se dos honorários advocatícios convencionais.

Como dissemos, o princípio da sucumbência em sua inteireza encontra perfeita aplicação em sede de jurisdição privada, do que decorre também a condenação do vencido aos honorários advocatícios do procurador do vencedor da demanda, independentemente de pedido explícito, e, por certo, em parâmetros distintos daqueles estabelecidos pelo Código de Processo Civil, salvo se assim as partes estabelecerem em convenção arbitral, via de regra, em sintonia com os regulamentos das entidades arbitrais escolhidas para administrar o painel.

Em outras palavras, os percentuais de fixação não ficam limitados aos termos definidos no Código para o processo judicial (dez ou vinte por cento sobre o valor da causa, se a sentença for de natureza condenatória), assim como os critérios para as respectivas definições poderão ser outros, inclusive para as sentenças de natureza declaratória, constitutiva, mandamental ou executiva "lato sensu" (sobre o tema da *natureza jurídica e classificação das ações e das sentenças*, v. n. 2.1.3, Capítulo VIII).

"A explicação para a alocação de honorários advocatícios sucumbenciais nos processos arbitrais em parâmetros estranhos ao CPC é mais técnica e mais simples. Não há a automática aplicação daqueles parâmetros às sentenças arbitrais. O sistema dos honorários sucumbenciais no processo arbitral é, em certa medida próprio. [...] Assim, pode haver fixação de honorários sucumbenciais em valores fixados, em percentuais sobre o valor da declaração, constituição ou condenação, os quais se limitam aos parâmetros da legislação processual civil, ou seja, que podem ser inferiores a 10% ou superiores a 20%, segundo critérios fundamentados na própria sentença arbitral.

"Na falta de acordo entre as partes acerca da incidência dos honorários, a tarefa do tribunal arbitral será a de investigar, à luz do ordenamento aplicável à controvérsia, se incidem honorários contratuais (sempre mediante pedido) e/ou sucumbenciais e, diante das circunstâncias do caso concreto, quais os parâmetros objetivos para a sua fixação pela sentença arbitral."[2]

---

[2] Ricardo Aprigliano, *ibidem*, p. 687.

A verba honorária sucumbencial é crédito autônomo do advogado, portanto, somente a ele pertencendo, segundo se infere do disposto no art. 23 do EOAB.[3] Por outro lado, os honorários convencionais (contratuais) pagos pela parte contratante ao seu patrono, caso vencedora no litígio arbitral, hão de ser-lhe ressarcidos em forma de composição patrimonial em face dos prejuízos sofridos (perdas e danos), nos termos das regras definidas no art. 389[4] c/c art. 404,[5] ambos do Código Civil, e, para tanto, formulado pedido expresso, por não se tratar, repita-se, de honorários decorrentes de sucumbência arbitral, mas de componente a ser inserido no pedido de reparação integral formulado pela parte interessada.

Nada obstante, vale lembrar que as partes costumam reciprocamente dispensar em termo ou convenção arbitral o ressarcimento com os gastos realizados com os seus advogados (honorários convencionais). Isso porque são importâncias que decorrem de tratativas realizadas exclusivamente entre contratante e contratado, fundadas em critérios objetivos (lugar da arbitragem, complexidade da causa etc.) e subjetivos (em especial a capacitação profissional do advogado, sua experiência e fama no meio jurídico nacional ou internacional etc.), tudo em sintonia com a capacidade financeira do contratante, nem sempre equiparada às condições da *ex adversa* de maneira a poder suportar com essas despesas.

"Em conclusão, afirma-se que é possível deduzir pedido para a condenação do vencido ao ressarcimento dos honorários advocatícios, não com base no art. 27 da lei de arbitragem, mas em virtude da autorização contida na lei civil. Caso sejam deduzidos tais pedidos, o tribunal arbitral, a exemplo do que faz em relação às despesas do procedimento, deverá exigir a demonstração dos termos da contratação antes de proferir decisão. A efetiva estipulação dos valores de reembolso pode ser nos exatos valores contratados, ou sofrer reduções para adequar a verba a parâmetros razoáveis."[6]

Antes de optarem pela jurisdição privada, é importante que as partes procedam a um levantamento (ao menos aproximado), com antecedência e cautela, das custas e despesas em geral que haverão de suportar para o desenvolvimento do painel, notadamente se pretenderem que a administração da arbitragem se dê

---

[3] "Art. 23. Os honorários incluídos na condenação, por arbitramento ou sucumbência, pertencem ao advogado, tendo este direito autônomo para executar a sentença nesta parte, podendo requerer que o precatório, quando necessário, seja expedido em seu favor."
[4] "Art. 389. Não cumprida a obrigação, responde o devedor por perdas e danos, mais juros e atualização monetária segundo índices oficiais regularmente estabelecidos, e honorários de advogado."
[5] "Art. 404. As perdas e danos, nas obrigações de pagamento em dinheiro, serão pagas com atualização monetária segundo índices oficiais regularmente estabelecidos, abrangendo juros, custas e honorários de advogado, sem prejuízo da pena convencional."
[6] Ricardo Aprigliano, *ibidem*, p. 685.

por meio de uma entidade especializada, que disponibiliza o conhecimento da respectiva tabela de custas, despesas e honorários, de maneira a evitar surpresas indesejáveis e, quiçá, o descompasso entre o benefício econômico perseguido e as despesas com a arbitragem em seu todo.

Não foi por menos que dissemos alhures que a arbitragem é jurisdição extremamente qualificada e especializada, razão pela qual seus custos são, via de regra, elevados, não se prestando como foro adequado para demandas de pequeno e médio porte.[7]

O fenômeno dos elevados custos da jurisdição arbitral somado à eventual dificuldade dos litigantes em absorvê-los e a impossibilidade de acesso à jurisdição estatal em razão de cláusula compromissória já firmada, fez surgir um novo filão no mundo dos negócios, qual seja, o *financiamento de arbitragens* por terceiros que, em poucas palavras, "apostam" no provável direito de uma das partes envolvidas no conflito e passam a arcar com as despesas do painel, em favor do contratante, geralmente, baseados em contrato de risco, pois o ganho (pagamento) dependerá do êxito da demanda pelo patrocinado.

Trata-se do denominado *third party funding* que se torna cada vez mais comum no Brasil, originário de países de *common law*, já consolidado na arbitragem internacional. Tendo em vista que esse tema já foi abordado em capítulo precedente, para não sermos repetitivos, enviamos o leitor interessado ao Capítulo II, item n. 5, *supra*.

2. LITIGÂNCIA DE MÁ-FÉ E SEUS EFEITOS

Os deveres de lealdade e boa-fé norteiam também as partes na jurisdição privada, competindo aos litigantes e seus procuradores expor os fatos perante o árbitro ou tribunal arbitral conforme a verdade, não formular pretensões nem alegar defesa, cientes de que são destituídas de fundamento, não produzir provas, nem praticar atos inúteis ou desnecessários à declaração ou defesa do direito, dentre outras práticas incompatíveis com o dever de cooperação, reciprocidade e lealdade,

---

[7] Colhemos da arbitragem norte-americana interessantes exemplos sobre a matéria dos custos da jurisdição privada. Em determinado caso, a Suprema Corte dos Estados Unidos foi questionada acerca da nulidade de uma cláusula compromissória em que os custos da arbitragem ultrapassariam o valor da lide propriamente dita, terminando por acatar a cláusula apenas porque o autor não teria conseguido provar o alegado.
Em outro caso, determinada Corte de apelação declarou a invalidade de uma cláusula arbitral cujo custo da jurisdição privada implicaria U$ 4.000, o correspondente a doze vezes mais do que o interessado gastaria se fizesse uso da jurisdição estatal (cf. Alejandro Garro, professor da *Columbia Law School*, em entrevista concedida à Câmara de Arbitragem de Minas Gerais, publicada no *Informativo CAMARB*, n. 11, 2003).

tudo conforme definido pelas partes em convenção arbitral ou em regulamento de entidade arbitral administradora do painel.

Via de regra, no juízo arbitral as partes litigam por força de contingências, inesperadas ou indesejáveis, pois é comum que o conflito decorra de relação negocial estabelecida anteriormente entre elas, tendo-se como certo que o descumprimento de cláusula contratual, nada obstante previsível, é sempre não desejado pelos contratantes, até porque, se assim não fosse, não estabeleceriam qualquer tipo de relação. Significa dizer que em sede de jurisdição arbitral as partes têm interesse em solucionar a lide com justiça e dentro dos princípios da boa-fé objetiva, com rapidez e custos reduzidos.

Por isso, a possibilidade de se instaurar uma lide temerária ou verificar-se a litigância de má-fé propriamente dita é pouco provável na jurisdição arbitral. Nos dizeres de Fábio Nusdeo, caberá às partes antes de mais nada "[...] superar e remover de vez a divergência do que explorá-la até as últimas consequências, mesmo porque poderão logo mais estarem de novo frente a frente ou lado a lado em outra grande negociação".[8]

Nada obstante, as partes que não atenderem no juízo arbitral ao princípio da lealdade e boa-fé responderão pelo dano processual causado à *ex adversa*.

Na sentença arbitral, o árbitro ou tribunal decidirá a respeito da litigância de má-fé, e, se for o caso, fixará a responsabilidade da parte, condenando-a na verba honorária, custas e despesas que efetuou, acrescidas da indenização pelos prejuízos causados, respeitadas as disposições do compromisso arbitral a esse respeito, se houver.

Não dispondo a convenção sobre essa matéria, aplicar-se-ão as regras do órgão arbitral institucional ou entidade especializada referida, ou, conforme as normas procedimentais definidas pelo árbitro ou tribunal arbitral, por delegação das partes, e, subsidiariamente, como já tivemos oportunidade de observar, segundo as orientações contidas no Código de Processo Civil.

---

[8] Prefácio, in Paulo Borba Casella (coord.), *Arbitragem* – A nova lei brasileira (9.307/96) e a praxe internacional, p. 11.

CAPÍTULO X
RECURSOS E MEIOS DE IMPUGNAÇÃO

Sumário: 1. "Embargos de declaração" – 2. "Ação anulatória" e seus efeitos; 2.1. Subsidiariedade do controle estatal da sentença arbitral; 2.2. Do interesse e da legitimidade; 2.3. Ajuizamento e fundamentos da "ação anulatória"; 2.4. Ação anulatória fundada em violação da "ordem pública"; 2.5. Ação anulatória, litispendência, preclusão e coisa julgada; 2.6. Ação anulatória de sentenças parciais; 2.7. Efeitos da sentença proferida em "ação anulatória"; 2.8. Sentença *citra petita* e seus efeitos; 2.9. Multiplicidade de contratos e pluralidade de sujeitos: conexão e consolidação de arbitragens e ação anulatória; 2.10. Da renúncia à ação anulatória e aos meios de impugnação – 3. Da impugnação ao cumprimento de sentença parcial e final – 4. Outros meios de impugnação

1. "EMBARGOS DE DECLARAÇÃO"

Publicada a sentença arbitral, o árbitro ou tribunal exaure a sua jurisdição paraestatal, o que se verifica em termos práticos quando a decisão é entregue em mãos do secretário e há o subsequente envio de uma cópia às partes, mediante comprovação de recebimento, ou, ainda, em audiência de publicação e intimação do julgado, ocasião em que a entrega das cópias se dá pessoalmente (LA, art. 29).

No prazo de cinco dias, a contar da data do recebimento da notificação da sentença arbitral ou da intimação pessoal, salvo se outro prazo for acordado entre as partes, o interessado poderá dirigir requerimento ao árbitro ou colégio arbitral objetivando o esclarecimento ou correção de algum ponto do julgado, em estilo muito assemelhado aos conhecidos *embargos de declaração* do Código de Processo Civil.[1]

Uma das características da jurisdição privada é a irrecorribilidade das decisões do árbitro, sejam elas interlocutórias, sentenças parciais ou terminativas (finais), exceto se as partes definirem em convenção arbitral de maneira diversa, o que não é comum acontecer.[2] Esse fator diferencial da arbitragem funda-se em diversas

---

[1] Especificamente sobre o tema, v. Sônia Hase de Almeida Batista, *Embargos de declaração*; Teresa Arruda Alvim Wambier, *Omissão judicial e embargos de declaração*; Luiz Eduardo Simardi Fernandes, *Embargos de declaração* (efeitos infringentes, prequestionamento e outros aspectos polêmicos).

[2] Sobre o tema, v. Nelson Paloni, "Irrecorribilidade das sentenças arbitrais"; Arnoldo Wald (org.), *Arbitragem e Mediação*, v. III, p. 1.171-1.189 (Coleção Doutrinas Essenciais).

razões, em especial na confiança que as partes depositam nos árbitros (ética, moral e profissional), na excelência de seus julgados (qualidade diferenciada da decisão), bem como na celeridade (rapidez na prestação da tutela jurisdicional) em prol da satisfatividade (efetivação do julgado em prazo razoável).

Os recursos e os meios de impugnação, normalmente, são dirigidos à instância imediatamente superior àquela em que a decisão objurgada foi prolatada, para um colegiado e com o escopo de modificar (total ou parcialmente) o julgado, o que se denomina de *efeito modificativo*.

Portanto, não foi por acaso que o legislador deixou de usar a consagrada expressão chancelada no Código de Processo Civil ("embargos de declaração"), pois como bem observa Carlos Alberto Carmona, o remédio versado no art. 30 da LA não é um verdadeiro recurso.[3]

Por sua vez, os denominados "aclaratórios", "embargos de declaração" ou "pedido de esclarecimentos" não se revestem de função ou efeito modificativo, mas sim *integrativo* do ato jurisdicional impugnado, na exata medida em que se limita o interessado a postular ao árbitro ou tribunal arbitral que corrija qualquer erro material (inclusive de cálculo) da sentença arbitral, ou, esclareça alguma obscuridade, dúvida[4] ou contradição do ato decisório, ou, ainda, se pronuncie sobre ponto omitido a respeito do qual devia manifestar-se a decisão (LA, art. 30, I e II).

Tem-se como "erro material" aquele que é perceptível *primo ictu oculi* e sem maior exame, a traduzir desacordo entre a vontade do juiz e a expressa na sentença,[5] inserindo-se também os manifestos erros de cálculo, que exigem retificação.

Poderá ocorrer, contudo, em caráter excepcional, que o acolhimento dos aclaratórios possam acarretar em modificação do julgado defeituoso,[6] como, por exemplo,

---

[3] *Arbitragem e processo*, 3. ed., p. 383.

[4] O legislador persistiu no equívoco há muito sanado no revogado Código de 1973, com a reforma de 1994, por meio da Lei 8.950 que, dentre outras novidades na época, suprimiu a "dúvida" como uma das hipóteses de cabimento dos embargos de declaração.

Esse requisito sempre foi merecedor de críticas por boa parte da doutrina, porque se trata de elemento de caráter extremamente subjetivo, pois reside tão só no espírito daquele que, através da leitura, inteira-se da decisão; assim, a "dúvida" não se apresenta propriamente na sentença ou no espírito de quem a profere, mas sim na intelecção do sujeito que dela conhece.

Ademais, como bem observa Barbosa Moreira, jamais pode existir *dúvida* na decisão, mas apenas *ser gerada por ela*, em face da obscuridade ou da contradição (*O novo processo civil*, p. 185, § 22).

[5] Cf. STJ, REsp 15.640-0, Rel. Min. Antônio de Pádua Ribeiro, *DJU* de 06.12.1993, p. 26.653. Na mesma linha: REsp 1342642/RS, Rel. Min. Og Fernandes, 2ª T., j. 09.05.2017, *DJe* 30.05.2017.

[6] Assim também o entendimento de Carlos Carmona, *Arbitragem e processo*, 3. ed., p. 384.

a abordagem de matéria acerca da qual se verificou a omissão, os efeitos decorrentes da correção da contradição etc. Até mesmo o erro material, em alguns casos, mesmo não representando um vício que termine por macular a substância do julgado, poderá acarretar defeito em premissas (inexistentes ou equivocadas), causando um descompasso entre a vontade da decisão e o que, de fato, por erro foi redigido.[7]

Os efeitos infringentes podem ser também atribuídos aos "embargos" em situações excepcionais, tais como corrigir premissas equivocadas no julgamento, bem como nos casos em que o acolhimento tiver como consectário lógico a alteração da própria decisão.[8]

Percebe-se também que a lei de regência não trata expressamente a respeito de eventual *efeito suspensivo* a ser conferido aos "embargos" ou "pedido de esclarecimentos" opostos, assim como não dispõe acerca da interrupção da contagem do prazo decadencial para o ajuizamento de ação desconstitutiva ("anulatória") da sentença arbitral (LA, art. 32 c/c art. 33, § 1º); da mesma forma, silencia a respeito da interposição de embargos de cunho protelatório e seus consectários, diferentemente do que se verifica no processo judicial, em que a matéria está regulada no art. 1.026 do CPC.[9]

São os regulamentos das entidades arbitrais que administram os painéis ou as regras de processo e procedimento que as partes escolheram na convenção arbitral que disciplinarão todas essas questões apontadas e que não foram disciplinadas na lei de regência, tais como a possibilidade de concessão de efeito suspensivo acerca da eficácia da decisão impugnada, multa por interposição protelatória etc.

O que se pode concluir com clareza da redação do art. 33, § 1º, *in fine*, é que a contagem do prazo decadencial de noventa dias para a propositura de ação de

---

[7] Cf. STJ, REsp 1294294/RS, Rel. Min. Ricardo Villas Bôas Cueva, 3ª T., j. 06.05.2014, *DJe* 16.05.2014.

[8] STJ, EDcl nos EDcl no AgRg no REsp 1408452/PE, Rel. Min. Benedito Gonçalves, 1ª T., j. 08.06.2017, *DJe* 20.06.2017; AgRg no AREsp 622.677/SP, Rel. Min. Marco Aurélio Bellizze, 3ª T., *DJe* 1º.4.2016; EDcl no AgRg no REsp 1.393.423/RS, Rel. Min. Regina Helena Costa, 1ª T., *DJe* 18.05.2016.

[9] "Art. 1.026. Os embargos de declaração não possuem efeito suspensivo e interrompem o prazo para a interposição de recurso. § 1º A eficácia da decisão monocrática ou colegiada poderá ser suspensa pelo respectivo juiz ou relator se demonstrada a probabilidade de provimento do recurso ou, sendo relevante a fundamentação, se houver risco de dano grave ou de difícil reparação. § 2º Quando manifestamente protelatórios os embargos de declaração, o juiz ou o tribunal, em decisão fundamentada, condenará o embargante a pagar ao embargado multa não excedente a dois por cento sobre o valor atualizado da causa. § 3º Na reiteração de embargos de declaração manifestamente protelatórios, a multa será elevada a até dez por cento sobre o valor atualizado da causa, e a interposição de qualquer recurso ficará condicionada ao depósito prévio do valor da multa, à exceção da Fazenda Pública e do beneficiário de gratuidade da justiça, que a recolherão ao final. § 4º Não serão admitidos novos embargos de declaração se os 2 (dois) anteriores houverem sido considerados protelatórios".

nulidade da sentença arbitral começa a fluir a partir do recebimento da notificação do respectivo julgado (parcial ou final) ou *da decisão do pedido de esclarecimentos*, isto é, o pedido aclaratório ou de simples correção de erro material *interrompe* a contagem do prazo decadencial.

Por outro lado, fluindo em branco o prazo indicado no art. 30 da LA, efetiva-se, no plano jurídico, a *coisa julgada arbitral* (LA, art. 31).

O árbitro ou tribunal arbitral decidirá acerca dos aclaratórios no prazo de dez dias, ou em outro prazo acordado com as partes, rejeitando-os ou acolhendo-os para corrigir, esclarecer ou complementar a sentença, o que será feito, se for o caso, por meio de aditamento; na sequência, as partes serão notificadas na forma estabelecida no art. 29 da LA. Na hipótese de rejeição dos embargos, será intimada apenas a parte interessada na impugnação, não cabendo qualquer recurso ou meio de impugnação da decisão que acolhe ou rejeita a impugnação.

Decorrido o prazo de cinco dias (LA, art. 30), tratando-se de simples erro ou inexatidão material, em tese, os árbitros poderão de ofício, ou mediante provocação de uma das partes, proceder ainda à correção, pois o conteúdo decisório permanecerá irretocável. Isso porque "erro material é aquele perceptível *primo ictu oculi* e sem maior exame, a traduzir desacordo entre a vontade do juiz e a expressa na sentença, e, nesse contexto, insere-se também a retificação do erro manifesto de cálculo. Contudo, essa possibilidade é bastante remota de ocorrer na prática – por isso dissemos "possível em tese" –, porque, diferentemente da jurisdição estatal, o árbitro não só encerra o seu ofício jurisdicional com a prolação e notificação às partes da decisão arbitral como também finda-se e dissolve-se o painel (LA, art. 29, 1ª parte), o que obsta, de fato e de direito, qualquer possibilidade de correção de erro material após o prazo de cinco dias apontado no art. 30 da Lei de regência.

Não há que se admitir embargos de declaração com *efeitos infringentes*, em nenhuma hipótese, porquanto importaria em flagrante inobservância ao art. 18 da Lei 9.307/1996, que veda expressamente a interposição de qualquer tipo de recurso. Finalmente, assinalamos que não apenas da sentença arbitral (parcial ou final) cabe a interposição de embargos de declaração, mas de qualquer decisão arbitral de natureza incidental ou antecedente que esteja a exigir correção material ou esclarecimento, pois a interpretação meramente literal do art. 30 conflita com o próprio microssistema da Lei 9.307/1996.

2. "AÇÃO ANULATÓRIA" E SEUS EFEITOS

2.1. Subsidiariedade do controle estatal da sentença arbitral

Sobre o tema em voga, o primeiro ponto a ser bem esclarecido e assentado respeita à compreensão sobre o caráter subsidiário que deve ser atribuído ao controle jurisdicional da sentença arbitral, em observância à autonomia da vontade das partes que, livre e espontaneamente, optam negocialmente pela resolução de seus conflitos (atuais ou futuros) por meio da jurisdição privada.

Registra-se, *en passant,* que os países integrantes dos sistemas legislativos de *civil law* e de *common law*, cada qual com as suas particularidades, de uma forma ou de outra, estão preocupados com a estabilidade a ser conferida à sentença arbitral, bem como a valorização do instituto da arbitragem, enquanto jurisdição privada, valendo apontar, por exemplo, a legislação portuguesa, que autoriza o juiz a suspender o processo de anulação e devolver a jurisdição ao árbitro para sanar o vício apontado pela parte.[10]

Constataremos na sequência de nosso estudo que o microssistema arbitral, assim como o macrossistema processual-constitucional, garantem a todos o acesso ao Poder Judiciário com fulcro em cláusula pétrea matizada no princípio da inafastabilidade da jurisdição estatal atinente à tutela à lesão ou à ameaça a direito (CF, art. 5º, XXXV).

Contudo, esse princípio constitucional-processual requer interpretação restritiva quando se trata de controle das decisões proferidas em sede arbitral, seja em observância à vontade das partes que optam pela jurisdição privada, seja pela manutenção da higidez, da harmonia e da segurança jurídica depositadas pelos contratantes no instituto da arbitragem, como método e instrumento não ortodoxo adversarial de resolução de controvérsias que envolvam direitos patrimoniais disponíveis.

A segunda premissa a ser estabelecida repousa na impossibilidade de controle judicial sobre o mérito da sentença arbitral (parcial ou final), ou seja, do acerto ou desacerto da decisão – o chamado *error in judicando* – ou a inadequação da motivação (de fato e de direito) do julgado, o que não se confunde com a ausência de fundamentação, esta última hipótese passível de anulação.

Não se pode perder de vista também que o princípio *kompetenz-kompetenz* garante ao árbitro o controle primário e absoluto de todas as matérias e questões alusivas à jurisdição arbitral (LA, art. 8º), cabendo às partes alegar no bojo do próprio procedimento arbitral e na primeira oportunidade, dentre outras, as matérias apontadas no art. 20 da Lei de regência. Significa dizer que as partes estão submetidas, de início, em tudo e por tudo, à jurisdição arbitral e, subsidiariamente, em caráter excepcional, podem acorrer ao Poder Judiciário em hipóteses bem restritas, conforme analisaremos mais adiante.

---

[10] Sobre o tema da impugnação da sentença arbitral em sede de direito comparado, notadamente na França, Inglaterra, Estados Unidos, Portugal e Brasil, v. Marcela Kohlbach de Faria, *Ação anulatória da sentença arbitral* – aspectos e limites.

O núcleo de toda a questão que envolve a impugnação de sentença arbitral reside na compreensão de que a *arbitragem é jurisdição, processo e procedimento autônomo*, destacado e independente, *in totum*, do Poder Judiciário, em que o exercício e o exaurimento do poder dos juízes privados iniciam-se e encerram-se nesse único contexto; ademais, não se pode confundir a autonomia da jurisdição arbitral com o seu exaurimento e cumprimento de sentença, o que se verifica espontaneamente pela parte que sucumbiu ou, por sub-rogação, mediante atuação e provocação do interessado em face do Estado-juiz (execução forçada).

Nessa linha, as orientações do microssistema arbitral, assim como a melhor doutrina e jurisprudência, estão voltadas à preservação máxima da sentença emanada do juiz privado, de maneira que a sua "anulação" seja excepcional e sempre versada com cautela e comedimento, por meio de análise ponderada de cada caso em concreto a ser procedida pelo Poder Judiciário, levando-se em conta os eventuais prejuízos a serem suportados pelas partes com a consequente desconstituição da decisão arbitral.[11] Aliás, neste ponto, a segurança jurídica passa pela eficácia da sentença arbitral.[12]

2.2. Do interesse e da legitimidade

Vale repetir, com brevidade, o que assinalamos no item n. 14 do Capítulo Oitavo deste estudo, no que concerne ao interesse e legitimidade na impugnação da sentença arbitral; a parte litigante que se sentir prejudicada com base nos

---

[11] Cf. Marcela Kohlbac de Faria, *Ação anulatória da sentença arbitral* – aspectos e limites, p. 199.

Por outro lado, observa a citada autora "que os meios existentes para a anulação da sentença arbitral, quando realmente necessária, devem ser eficientes e efetivos, preservando-se ao máximo as garantias fundamentais das partes. Conforme verificado, as principais sedes de arbitragens internacionais estão localizadas em países que admitem a reforma do mérito da sentença arbitral quando consentida pelas partes. Portanto, não é a existência de meios restritivos de controle judicial que garantem a evolução e eficácia da arbitragem, mas a confiança que as partes nutrem no Judiciário do país-sede, o que irá refletir a forma com que os julgadores tratam os pedidos de anulação das sentenças arbitrais. Neste sentido, o Brasil vem dando sinais de evolução e maturidade com relação ao controle judicial da arbitragem, demonstrando a compreensão dos julgadores com relação ao conceito de tutela jurisdicional adequada e aceitando a arbitragem como equivalente jurisdicional auxiliar e paralelo à jurisdição estatal" (*ibidem*, p. 199-200).

[12] Sobre o tema, em especial sobre o descabimento de suspensão dos efeitos de decisão arbitral, por meio de liminar de antecipação de tutela em ação anulatória de sentença arbitral, v. os comentários de Luiz Fernando Martins Kuyven ao acórdão do TJSP, AI 0293432-12.2011.8.26.0000, da lavra do Des. Manoel Justino Bezerra Filho.

fundamentos elencados no art. 32, assim como, excepcionalmente, terceiros que não integraram a lide arbitral, ou o Ministério Público,[13] se a hipótese verificar qualquer violação atinente à matéria deduzida em juízo privado, qualidade, estado ou capacidade das partes, poderão igualmente impugnar a decisão arbitral, da mesma forma, no mesmo tempo e através dos mesmos meios utilizados pelos sujeitos que integraram a relação arbitral.

É bom também frisar mais uma vez que, em princípio, a sentença arbitral não pode causar prejuízos a terceiros, pois assim como a sentença estatal, os efeitos da coisa julgada restringem-se às partes litigantes ou a terceiros que integraram, a qualquer título, a relação processual arbitral.

2.3. Ajuizamento e fundamentos da "ação anulatória"

Quando analisamos o *princípio da inafastabilidade da jurisdição estatal e o regime jurídico da arbitragem* (Capítulo Segundo, item n. 8, *supra*), procuramos demonstrar que as sentenças arbitrais não estão imunes ao controle do Poder Judiciário, diante do que dispõe o art. 33 da LA, que confere expressamente ao interessado o direito de demandar perante o Estado-juiz a desconstituição (*ação anulatória* ou *de nulidade*) da decisão que lhe causou gravame por inobservância dos requisitos estatuídos nos arts. 32, 26 e 21, § 2º da Lei 9.307/1996, repita-se, sempre em caráter subsidiário.

É precisa a lição de Flávio Luiz Yarshell no sentido de que se faz mister concluir "que a ação anulatória prevista pelo art. 32 da Lei de Arbitragem tem caráter subsidiário, entendendo-se como tal o fato de que, enquanto cabível impugnação no âmbito da própria arbitragem contra a solução do mérito, o controle estatal fica obstado".[14] Para tanto, isto é, para fazer uso da tutela estatal, o interessado haverá

---

[13] A respeito do tema "ação anulatória do terceiro juridicamente prejudicado e do Ministério Público", v. Felipe S. Wladeck, *Impugnação da sentença arbitral*, 2014, p. 144, n. 4.1.2.1.5 e p. 511, n. 8.8.
Observa o citado autor que o interesse de terceiro à desconstituição da sentença arbitral exsurge nos casos de conluio fraudulento entre as partes, com o escopo de esvaziar o patrimônio do devedor para prejudicar terceiro. Contudo, parece-nos que esta não é a única hipótese em que terceiro possa ajuizar ação para tutelar seus direitos perante o Estado-juiz, bastando citar, dentre tantos outros exemplos, a hipótese de litisconsórcio necessário, ou, de sujeito integrante da relação contratual objeto do litígio, participante de contrato acessório, que deixou de integrar a lide arbitral. Na verdade, essa ação não será anulatória (desconstitutiva), mas declaratória de inexistência de ato jurisdicional arbitral. Nesses casos, como a ação não é aquela fundada nos arts. 32 e 33 da LA, não observará o prazo decadencial de noventa dias, mas o prazo atinente à prescrição.

[14] "Caráter subsidiário da ação anulatória de sentença arbitral", in Arnoldo Wald (org.), *Arbitragem e Mediação*, v. III, p. 997, n. 54 (Coleção Doutrinas Essenciais).

de, primeiramente, envidar todos os esforços dentro da própria jurisdição privada para atingir seu intento, de maneira a buscar reverter, de alguma forma, a decisão arbitral e, com isso, tentar evitar o futuro acesso ao Poder Judiciário. Retomaremos esse assunto mais adiante...

O art. 32 da LA aduz à "nulidade" da sentença arbitral, repetindo a terminologia tradicionalmente utilizada nos revogados Códigos de Processo Civil de 1939 (art. 1.045), e de 1973 (art. 1.100) quando, na verdade, a maior parte das hipóteses descritas em seus incisos são de *anulabilidade,* dando azo ao ajuizamento de *ação desconstitutiva* da sentença viciada, e não à *ação declaratória de nulidade,* conforme equivocadamente referiu-se o legislador no art. 33.

Este ponto é também observado por Francisco Cahali, quando afirma "ter perdido o legislador uma ótima oportunidade para dar o correto tratamento à ação de invalidação da sentença arbitral. Como sustentamos, esta ação, pelas suas características e efeitos, tem natureza desconstitutiva [...]. Aliás, pretendeu-se aprimorar a redação ao se substituir 'decretação' por 'declaração', sob a equivocada ideia de que nulidade se 'declara', quando de forma equivocada passou despercebido que o ato onde se contém o vício (a sentença) deve ser desconstituído, e não apenas ser declarado o efeito de algo superado pela sentença quando proferida com perspectiva de imutabilidade".[15]

Não se pode confundir a "ação anulatória" prevista nos arts. 32 e 33 da Lei de Arbitragem (demanda de natureza desconstitutiva) com a ação declaratória de inexistência ou ineficácia de ato jurisdicional arbitral – a *querela nullitatis insanabilis,* que é imprescritível. Destarte, a secular *querella nullitatis* funda-se na inexistência ou ineficácia do ato em si (*non ullus*) e que é ainda hoje utilizada com o nome de *ação declaratória de inexistência de sentença* por ausência de requisito indispensável para a prestação da tutela jurisdicional (*v.g.,* demanda que se processa com a falta de citação).[16]

Para o ajuizamento da *ação* anulatória fundada no art. 32 c/c art. 33 da LA, deverá o interessado dirigir-se ao órgão competente do Poder Judiciário e propor a demanda nos moldes do art. 319 do CPC.

Os fundamentos de fato e de direito da demanda (causa de pedir remota e próxima) repousarão na demonstração de alguma das hipóteses elencadas no art.

---

[15] "Lei n. 9.307/96 consolidada com a Lei n. 13.129/2015 – destacadas as modificações com breves comentários", *Arbitragem* – Estudos sobre a Lei 13.129, de 26-5-2015, p. 626-627.

[16] Sobre o tema, v. Donaldo Armelin, "Notas sobre a ação rescisória em matéria arbitral", in Arnoldo Wald (org.), *Arbitragem e Mediação,* v. III, p. 911 (Coleção Doutrinas Essenciais); Ovídio A. Baptista da Silva, "Sobrevivência da *querela nullitatis*", *RF,* 333, p. 115-122; Adroaldo Furtado Fabrício, "Réu revel não citado, *querela nullitatis* e ação rescisória", *RePro,* 48, p. 27-44.

32 da Lei de Arbitragem, e, o objeto imediato (pedido) será a desconstituição da sentença arbitral.

O rol de hipóteses descritas no art. 32 é exaustivo e de natureza pública, significando dizer, em outros termos, que as partes, em comum acordo, não poderão ampliá-lo ou reduzi-lo, assim como não podem estabelecer em convenção arbitral novas formas de desconstituição da sentença. Diversamente, poderão estabelecer em convenção arbitral que a sentença poderá ser objeto de algum tipo de recurso dentro da própria jurisdição privada (meio de revisão do julgado), com indicação do colegiado ou entidade competente para esse fim específico; contudo, essa hipótese é pouco utilizada, por não se amoldar bem aos escopos da jurisdição privada.

Por seu turno, os juízes de direito não poderão conhecer, de ofício, em demanda que se impugne a sentença arbitral, matéria que não seja alegada pela parte na petição inicial, em sintonia com a causa de pedir e o pedido, exceto em se tratando de *matéria de ordem pública* (p. ex., ausência de citação).[17]

Situações excepcionais poderão exigir das partes o acesso ao Poder Judiciário para controle da decisão arbitral maculada de vício insanável; como exemplo mais evidente de exceção à regra mencionada, registra Carlos Alberto Carmona, a "[...] hipótese de não ser arbitrável um determinado litígio: proferido o laudo, não vem proposta a demanda de anulação, o que tornaria a sentença arbitral inatacável, gerando situação de perplexidade (pense-se em uma questão de estado dirimida pela via arbitral). A jurisprudência italiana, reafirmada em vários julgados da Corte de Cassação, estabeleceu entendimento que poderá ser seguido no Brasil, considerando inexistente a convenção arbitral na hipótese formulada, de tal sorte a permitir a sobrevivência da via impugnativa".[18]

E prossegue o festejado professor paulista: "Esta conclusão, porém, não pode servir para sustentar que o juiz togado possa, oficialmente, conhecer de eventual nulidade da sentença arbitral. O *tratamento excepcional* que preconizo para *situações excepcionais* é justificado, sem dúvida, para manter a validade do sistema imaginado

---

[17] Assim também José Augusto F. Costa e Rafaela L. V. Pimenta, "Ordem pública na Lei n. 9.307/96", in Paulo Borba Casella (coord.) *Arbitragem* – A nova lei brasileira (9.307/96) e a praxe internacional, p. 213.

[18] *Arbitragem e processo*. Um comentário à Lei 9.307/96, 2. ed., 2004, p. 318.
Nos dizeres de Carmine Punzi, "este problema deve-se colocar em geral para todos os casos de inexistência do compromisso ou da cláusula compromissória, que dão vida a uma hipótese de verdadeira e própria usurpação de poder por parte dos árbitros da *potestas decidendi* reservada ao juiz togado pela qual se afirma, exatamente, a inaplicabilidade do princípio da absorção dos motivos de nulidade em motivos de gravame e com a ulterior consequência da possibilidade de ser arguído o defeito dos pressupostos fundamentais do juízo arbitral" (*Enciclopedia Giudidica, Arbitrato*, 1988, v. II, p. 29 (*apud* Carlos Alberto Carmona, ob. cit., p. 318, nota de rodapé n. 56).

pela Lei de Arbitragem, não para quebrá-lo. Se assim é, a patologia lembrada no parágrafo anterior servirá apenas para justificar a sobrevivência dos mecanismos de impugnação da sentença arbitral, como já se disse, não para permitir uma perpétua e oficiosa perquirição, pelo juiz togado, acerca da nulidade da sentença arbitral, o que simplesmente destruiria a estabilidade e segurança imaginadas pelo legislador quando estabeleceu prazos curtos e hipóteses delimitadas de ataque ao resultado final do trabalho dos árbitros".[19]

Para bem compreender as tormentosas questões atinentes à anulabilidade, nulidade, ineficácia ou inexistência da sentença arbitral, havemos de transpor os mesmos princípios e ensinamentos que orientam o tema em sede judicial. Destarte, se a sentença judicial é juridicamente inexistente, ou, simplesmente não produz efeitos em determinado caso, da mesma forma a sentença arbitral também não produzirá.[20]

Em outras palavras, o regime das nulidades ou anulabilidades da sentença (judicial ou arbitral) não se confunde com a disciplina atinente à inexistência ou ineficácia do ato jurisdicional decisório.

Vejamos, então, alguns exemplos de sentenças arbitrais inexistentes, passíveis, portanto, de serem impugnadas a qualquer tempo, mediante ação declaratória negativa: *a)* sentença proferida sem a parte dispositiva do julgado;[21] *b)* sentença que resolve litígio de estado,[22] de direito pessoal de família ou outras questões que não tenham caráter estritamente patrimonial (art. 852, CC);[23] *c)* sentença proferida com fulcro em contrato com cláusula contratual com inserção de assinatura falsificada; *d)* ausência de citação; *e)* sentença proferida por terceiros, por delegação do árbitro ou tribunal arbitral;[24] *f)* sentença que viola a "ordem pública" (no plano material ou instrumental) atinente às garantias fundamentais processuais.

---

[19] Idem, ibidem.
[20] Cf. Edoardo Flavio Ricci, *Lei de arbitragem brasileira*, 2004, p. 205-206.
Na mesma linha Sérgio Cruz Arenhart, que distingue as hipóteses de nulidade, anulabilidade e inexistência das sentenças arbitrais, nos moldes das sentenças proferidas pelo Estado-juiz (VII Jornada Brasileira de Direito Processual Civil e Penal, painel intitulado "Controle judicial sobre a arbitragem", Florianópolis, 27 maio 2008).
[21] Edoardo Ricci, ob. Cit., p. 205; Carreira Alvim, *Tratado geral da arbitragem*, 2000, p. 478.
[22] Carlos Alberto Carmona, ob. cit., p. 318.
[23] Art. 852. "É vedado compromisso para solução de questões de estado, de direito pessoal de família e de outras que não tenham caráter estritamente patrimonial".
[24] Carreira Alvim, *Tratado geral da arbitragem*, p. 477. Observa o doutrinador que essa hipótese não versa sobre ato nulo, mas inexistente, porquanto praticado por quem não foi investido das funções de árbitro, diferente do inciso II, do art. 32 da LA, que prevê a desconstituição da sentença porque proferida por pessoa nomeada e investida nas funções arbitrais, mas que não podia sê-lo, em virtude de impedimento legal (art. 14, *caput*) (*ibidem*, p. 477-478).

2.4. Ação anulatória fundada em violação da "ordem pública"

Não obstante o rol apontado pelo legislador no art. 32 da LA, nos dizeres de Carlos Alberto Carmona, situações excepcionalíssimas poderão ocorrer terminando por macular, igualmente, a sentença arbitral. Assim como a sentença estrangeira que ofende a *ordem pública nacional* não será homologada (art. 39, II, LA), receberá o mesmo tratamento a sentença arbitral proferida internamente. "[...] o sistema arbitral brasileiro é coerente, de tal sorte que tanto as sentenças arbitrais nacionais quanto as sentenças arbitrais estrangeiras estão sujeitas à mesma condição geral de validade, qual seja, não atentar contra a ordem pública".[25]

Destarte, em que pese o art. 32 da LA trazer em seu bojo um rol taxativo de hipóteses de anulabilidade e de nulidade da sentença arbitral, há de ser interpretado sistematicamente com o art. 2º, § 1º e art. 39, II, ambos do mesmo microssistema, donde exsurge a necessidade de observância aos preceitos de *ordem pública* na jurisdição privada, seja em sede de homologação para o reconhecimento ou execução de sentença arbitral estrangeira, ou, para a eficácia das decisões arbitrais nacionais fundadas em direito ou em equidade.[26]

Em acréscimo ao que já foi dito precedentemente sobre a compreensão do fenômeno jurídico denominado "ordem pública", "arbitragem de direito" e "arbitragem de equidade" (v. Capítulo Oitavo, item n. 9, *supra*), desta feita com enfoque para os meios de impugnação da sentença arbitral, vale assentar que para a identificação de contrariedade do ato decisório à *ordem pública*, mister se faz adentrar no conteúdo da própria decisão, quando então se encontrará (ou não) o vício, por exemplo, de imposição a uma das partes de realizar um comportamento proibido por norma imperativa ou que estabeleça uma regra de conduta que, em sendo admitida, se põe em conflito com o caso concreto e cujos efeitos não são derrogáveis da autonomia privada.[27]

---

[25] *Arbitragem e processo*. Um comentário à Lei n. 9.307/96, 2. ed., 2004, p. 334-335.
Vale observar ser controvertida a questão atinente ao entendimento sobre a possibilidade de anulação de sentença arbitral com fundamento em violação da ordem pública; por exemplo, assenta Willian W. Park, nenhuma referência deveria ensejar a nulidade da sentença arbitral sob esse fundamento, "[...] por se tratar de conceito camaleônico que pode, por sua vez, promover interpretações equivocadas quando encarado através das lentes de uma cultura regional" ("Por que os tribunais revisam decisões arbitrais", in Arnoldo Wald (org.), *Arbitragem e Mediação*, v. III, p. 1.245 [Coleção Doutrinas Essenciais]).

[26] Diferentemente de outros sistemas jurídicos estrangeiros, a Lei de Arbitragem brasileira deixou de inserir a violação da ordem pública no rol das hipóteses de desconstituição da sentença arbitral (p. ex., o CPC italiano, art. 829, 12).

[27] Menchini, *Impugnazione del lodo "rituale"*, p. 200 (*apud* Giovanni Bonato, *La natura e gli effetti del lodo arbitrale*, 2012, p. 277, n. 262).

O contraste com a ordem pública verifica-se todas as vezes em que o resultado da decisão colide, objetivamente, com os princípios fundamentais do ordenamento, o que prescinde do fato de ser justa, injusta, acertada ou equivocada a sentença;[28] note-se que a hipótese genérica apontada não se refere e não se confunde jamais com *erro de fundamentação, erro de interpretação da lei, negativa (omissão) de aplicação de norma jurídica vigente à solução do caso concreto ou de precedentes judiciais*, situações estas que, conforme já apontado alhures, enquadram-se no chamado *erro in judicando* que, sabidamente, não macula o julgado ao ponto de ensejar a sua anulação ou invalidação, a qualquer título.

Será também contrária à *ordem pública* a sentença arbitral, por exemplo, quando for ilícito o pacto compromissório que confere ao árbitro ou tribunal arbitral a competência para a decisão acerca de um tema contrário à ordem pública, ou, para atribuir ressarcimento de danos por inadimplemento de um contrato ilícito,[29] ou, se deixar de reconhecer decadência ou prescrição.[30]

Em outras palavras, sempre que regras imperativas forem inobservadas pelos árbitros na prolação de sentença arbitral, ocorrerá a violação da ordem pública.

Como a *violação da ordem pública* não aparece no rol taxativo do art. 32 da LA que enseja o pedido de anulação da sentença arbitral, não se sujeita, por conseguinte, ao prazo decadencial de noventa dias indicado no art. 33, § 1º da Lei de regência, pois essa mácula acarreta a ineficácia da decisão privada; ademais, como assentado em doutrina, "a contrariedade da sentença arbitral à ordem pública não é outra coisa senão uma hipótese de descomprometida *quoad effectum*".[31]

Tendo em vista que essas hipóteses de desconstituição de sentença arbitral por violação de *ordem pública* são excepcionais, os magistrados devem fazer interpretação restritiva, acompanhada de boa dose de comedimento, assim como procede o Superior Tribunal de Justiça, por exemplo, em harmoniosa jurisprudência acerca do tema da homologação para o reconhecimento ou execução de sentença

---

[28] Luiso, *Diritto processuale civile*, v. V, p. 198 (*apud* Giovanni Bonato, *La natura e gli effetti del lodo arbitrale*, 2012, p. 277, n. 262).

[29] Loquin, *Arbitragem*: La décision arbitrale, § 49 (*apud* Giovanni Bonato, *La natura e gli effetti del lodo arbitrale*, 2012, p. 277, n. 262).

[30] Leciona Nelson Nery Jr. no sentido de que, "[...] mesmo em se tratando de juízo por equidade, a este não é dado violar ou afastar preceitos de ordem pública, como é o caso do instituto jurídico da prescrição". "Julgamento arbitral por equidade e prescrição", in Arnoldo Wald (org.), *Arbitragem e Mediação*, v. I, p. 213 (Coleção Doutrinas Essenciais).

[31] Giovanni Bonato, *La natura e gli effetti del lodo arbitrale*, 2012, p. 283, baseado em Carmine Punzi (*Disegno sistematico dell`arbitrato*, v. II, p. 410, nota 346 e p. 534).

arbitral estrangeira (LA, art. 39), sob pena de colocar-se em dúvida a higidez do sistema arbitral brasileiro, com todas as consequências nefastas não desejadas acerca desse fenômeno.[32]

2.5. Ação anulatória, litispendência, preclusão e coisa julgada

Para a propositura da ação desconstitutiva da sentença arbitral (LA, art. 33, *caput*), o interessado haverá de observar o prazo *decadencial* estabelecido na 2ª parte do § 1º do art. 33, que é de *noventa dias*, a contar da data do recebimento da notificação da sentença (parcial ou final) ou intimação pessoal; se tiverem sido opostos pedidos de esclarecimentos ("embargos de declaração"), conta-se o prazo decadencial a partir da nova comunicação a respeito do aditamento ou da rejeição dos pedidos (LA, art. 33, § 1º, *in fine*).

Decorrido *in albis* o prazo de noventa dias, verifica-se a preclusão, passando a incidir os efeitos da *coisa julgada arbitral* com o consequente perecimento do direito de demandar pretensão desconstitutiva da sentença perante o Estado-juiz, salvo tratando-se de sentença arbitral condenatória para pagamento de soma, não cumprida espontaneamente, que ficará na dependência de postulação do vencedor ao Poder Judiciário, nos termos do disposto no art. 523 e seguintes do CPC, hipótese em que o executado poderá oferecer impugnação, observando os limites das matérias apontadas no art. 525 do mesmo Diploma Legal.[33]

Tanto no regime jurídico da inexistência, quanto na ineficácia da sentença, os vícios não convalescem com o passar do tempo (no caso, prazo decadencial de noventa dias), podendo ser alegados a qualquer momento pelo interessado, pois a impugnação, nessas hipóteses, não tem natureza desconstitutiva (constitutiva negativa), mas sim meramente declarativa. Em outros termos, se a sentença não gera qualquer efeito, prescinde de desconstituição, bastando apenas que na impugnação se postule o acertamento e a declaração de ineficácia ou de inexistência.

---

[32] Há de se considerar que "não obstante as variáveis existentes e os conceitos abertos e indeterminados que envolvem a matéria, vale o registro de que a jurisprudência nacional, em particular o STJ, utiliza a ordem pública como fundamento de forma extremamente contida e responsável, não se valendo do conceito amplo para afastar a eficácia das sentenças estrangeiras, arbitrais e judiciais" (Juliana S. de Camargo, "Ação anulatória com base na violação à ordem pública", in Cahali, Rodovalho e Freire (org.), *Arbitragem* – Estudos sobre a Lei 13.129, de 26-5-2015, p. 322.

[33] Neste sentido também o entendimento de J. E. Carreira Alvim, *Tratado geral da arbitragem interno*, 2000, p. 475.

Assim, se a sentença é ineficaz, e os vícios não foram arguídos na forma e no prazo estatuídos no art. 33, § 1º da LA, resta absolutamente possível o manejo da *ação declaratória autônoma,* como remédio de caráter geral.[34]

Há de se levar em conta também a boa-fé das partes no decorrer do procedimento quanto à formulação do pedido impugnativo da sentença arbitral em sede estatal, especialmente com referência às questões sujeitas à preclusão, como, por exemplo, a alegação de impedimento ou de suspeição do árbitro. Igualmente, há de considerar-se a gravidade do vício que se alega macular a sentença arbitral, em ponderação com as consequências que a anulação do ato jurídico acarretará às partes.[35]

Significa dizer que algumas matérias somente podem ser trazidas ao conhecimento do Estado-juiz em ação anulatória se já foram arguídas em tempo e modo oportunos em sede arbitral, em observância ao princípio *kompetenz-kompetenz,* mas acabaram por ser rejeitadas, com exceção àquelas hipóteses que o legislador elencou no art. 32 da LA, ou, nos casos de nulidade absoluta, inexistência ou ineficácia da sentença arbitral, lembrando mais uma vez que essas últimas não precluem, razão pela qual podem ser atacadas a qualquer tempo por meio de ação declaratória.

Assim, por exemplo, se foi alegada em juízo arbitral, em preliminar de defesa, nulidade (total ou parcial) da convenção arbitral, e foi rejeitada, nada obsta que a parte sucumbente renove a pretensão, desta feita desconstitutiva, mediante o ajuizamento de ação anulatória, com fulcro no art. 32, I, da LA.

Dispõe o § 3º do art. 33 da LA que "a decretação da nulidade da sentença arbitral também poderá ser requerida na impugnação ao cumprimento da sentença, nos termos dos arts. 525 e seguintes do Código de Processo Civil, se houver execução judicial". Dessa assertiva, exsurge o questionamento sobre as matérias que poderão ser arguídas pelo executado e quais as consequências advindas do decurso do prazo de noventa dias sem que ele tenha manejado a ação anulatória preconizada no art. 32. Ainda, há de questionar-se se a ação anulatória pode tramitar, simultaneamente, com a impugnação ao cumprimento de sentença, e, se

---

[34] Edoardo Ricci, *Lei de arbitragem brasileira,* p. 206-210.
Em outras palavras, nos dizeres também do saudoso mestre italiano, "a ação de decretação da nulidade, por conseguinte, é o meio próprio de impugnar-se a sentença arbitral. Além de ser proposta para eliminar os efeitos da sentença arbitral eficaz, deveria sê-lo, de igual forma, para fazer declarar a ineficácia da sentença arbitral improdutiva dos efeitos. Contudo, se a sentença for radicalmente ineficaz, a impugnação não deveria ser o único meio idôneo para fazer valer a ineficácia. Deveria ser possível, pelo mesmo motivo, a ação declaratória de caráter geral" (*ibidem,* p. 201-211).

[35] Cf. Marcela Kohlbach de Faria, *Ação anulatória da sentença arbitral* – aspectos e limites, 2014, p. 190.

tal circunstância não acarretaria *litispendência,* ou, se já decidida uma delas, não estaríamos diante de *coisa julgada.*

O prazo de noventa dias apontado pelo legislador no art. 33, § 1º, da LA é *decadencial,* portanto, contínuo e peremptório (CC, art. 207), hábil a fulminar o direito acerca do qual se funda a ação anulatória se a parte interessada permanecer inerte durante esse período de tempo. Por conseguinte, passado esse prazo e se estivermos diante de sentença arbitral condenatória que exija o cumprimento forçado do comando decisório em virtude da recalcitrância do sucumbente, poderá este último oferecer impugnação nos limites preconizados nos incisos do art. 525, § 1º, do CPC, sem a possibilidade de articular em seu favor qualquer das matérias relacionadas no art. 32 da LA, por ter incidido em preclusão.[36]

Poderá ocorrer ainda que a parte sucumbente tenha ajuizado no prazo legal ação anulatória, com fulcro em qualquer dos incisos indicados no art. 32 da LA e, neste ínterim, por se tratar de sentença condenatória em que o vencedor não obteve satisfação espontânea, este último acessa também o Poder Judiciário, desta feita com o escopo de obter o cumprimento forçado da decisão arbitral. Nestes casos, se o executado oferecer impugnação fundada em algum dos motivos indicados no art. 525, § 1º, do CPC, dará ensejo à suspensão do cumprimento do julgado arbitral, por ser a ação anulatória prejudicial (CPC, art. 313, V, *a*).

Contudo, se a impugnação ao cumprimento de sentença versar apenas sobre as mesmas matérias já articuladas na petição inicial da ação anulatória, verificar--se-á identidade de causa de pedir, e, parcialmente, do pedido, pois as pretensões são inversas e não se identificam totalmente, motivo pelo qual não há falar em *litispendência,* tendo em vista que a impugnação ataca a execução e não a sentença arbitral propriamente dita, o que desfaz a identidade de objetos entre as duas demandas. Assim como, na hipótese anterior, o cumprimento de sentença haverá de ser suspenso por força de questão prejudicial objeto de cognição em ação anulatória (CPC, art. 313, V, *a*), o mesmo ocorrerá se o sucumbente impugnar a sentença arbitral repisando as mesmas matérias já articuladas em inicial de ação

---

[36] Assinalamos que, até a segunda edição desta obra, defendíamos tese diversa, ampliativa, no sentido de reconhecer a possibilidade de alegação das matérias elencadas no art. 32 da LA, em sede de impugnação ao cumprimento de sentença, mesmo que já tivesse ultrapassado o prazo de noventa dias. Registra-se *en passant* que assim também procedeu Carlos Alberto Carmona, que até a segunda edição (1998) de sua conceituada obra intitulada *Arbitragem e processo,* mesmo na qualidade de coautor da Lei da Arbitragem, entendia ser admissível esse entendimento. Na terceira edição da referida obra (2009), Carmona reflui e assenta que entendimento diverso do atual importaria em ampliação das matérias defensivas pelo devedor estimulando a inércia do vencido na arbitragem, não parecendo conveniente estimular o estado de incerteza em que cairiam as partes com a possibilidade, em sentenças arbitrais condenatórias, de somarem-se os motivos de nulidade (ob. cit., 3. ed., p. 429-430).

anulatória e as repetir em impugnação de sentença, somando-se a outros fundamentos elencados no § 1º do art. 525 do CPC.[37]

Aliás, nesse sentido já se manifestou o Superior Tribunal de Justiça, em aresto da lavra da Ministra Nancy Andrighi, quando assentou que "não há litispendência entre ação declaratória de [nulidade] compromisso arbitral e embargos do devedor objetivando a desconstituição da sentença arbitral. Embora exista coincidência entre alguns fundamentos jurídicos apresentados em ambas as ações, é inviável reconhecer a litispendência, pois seria necessária não apenas semelhança, mas identidade entre as causas de pedir".[38]

Diversamente, se o vencedor da demanda arbitral acessa o Judiciário postulando o cumprimento da sentença dentro do prazo de noventa dias, e, se neste, o sucumbente ainda não houver manejado a ação anulatória, poderá este último em sede de impugnação alegar as matérias elencadas no art. 525, § 1º e, ainda, a elas somar qualquer dos fundamentos apontados no art. 32 da LA, mesmo considerando-se que o acolhimento de um ou outro motivo de impugnação tenham efeitos distintos. Por exemplo, "se o impugnante, na hipótese estudada, demonstrar que a sentença foi proferida por concussão (art. 32, VI, da Lei da Arbitragem), o resultado será a anulação da sentença arbitral; se o mesmo impugnante demonstrar que houve pagamento posterior à sentença arbitral (art. 475-L, VI, do Código de Processo Civil [art. 525, § 1º, VII, CPC/2015]), a impugnação será acolhida para extinguir a execução, mas a decisão manterá hígida a sentença arbitral".[39]

Resta ainda uma outra hipótese a ser analisada, vejamos: a ação anulatória de sentença arbitral é ajuizada no prazo legal, oportunidade em que o autor alega nulidade da convenção arbitral e ausência de fundamentação da decisão objurgada (LA, art. 32, I e III) e, ao final, o Estado-juiz julga improcedente o pedido, sentença que transita em julgado. Na sequência, o vencedor da demanda arbitral (e vencedor da ação anulatória), por se tratar de sentença condenatória, afora perante o juiz competente pedido de cumprimento de sentença, quando então o executado (devedor) comparece e alega violação do contraditório e imparcialidade do árbitro (LA, art. 32, VIII c/c art. 21, § 2º). Esse caso permite duas variantes que darão ensejo a resultados distintos: *a)* a ação anulatória julgada improcedente transita em julgado em menos de noventa dias, e, dentro desse período, verifica-se

---

[37] Na mesma linha, v. Edoardo Ricci, *Lei de arbitragem brasileira*, 2004, p. 202; Rodrigo Garcia da Fonseca, "Reflexões sobre a sentença arbitral", *Revista de Arbitragem e Mediação*, v. 6, p. 40.
Em sentido contrário, v. Tiago Ambrizzi, "Reflexões sobre o controle judicial da sentença arbitral", *RePro*, v. 214, p. 318.
[38] REsp 693219/PR, 3ª T., j. 19.04.2005 (v.u.), *DJ* 06.06.2005. p. 327.
[39] Carlos Carmona, *Arbitragem e processo*, 3. ed., p. 430.

a impugnação ao cumprimento de sentença; *b)* antes da prolação da sentença ou antes do trânsito em julgado da sentença proferida em ação anulatória, o vencedor da demanda arbitral postula o cumprimento de sentença e, dentro do prazo de noventa dias, verifica-se a impugnação do executado nos termos acima expostos.

Soluciona-se a hipótese *"a"* com a aplicação do *princípio do deduzido e do dedutível*, recepcionado no revogado Código de 1973 no art. 474 e, no Código de 2015, no art. 508, *in verbis*: "Transitada em julgado a decisão de mérito, considerar-se-ão deduzidas e repelidas todas as alegações e as defesas que a parte poderia opor tanto ao acolhimento quanto à rejeição do pedido". Em outras palavras, em face da preclusão máxima, o devedor não mais poderá articular em sua defesa qualquer outra matéria que poderia ter sido deduzida no bojo da ação anulatória por ele proposta e já transitada em julgado. Resta-lhe apenas alegar em seu favor as matérias elencadas no art. 525, § 1º, do CPC em sede de impugnação de sentença arbitral.

Por sua vez, a hipótese *"b"* é solucionada de maneira diversa, na exata medida em que, além de não ter transcorrido o prazo decadencial para a formulação das alegações de matérias contidas no art. 32 da LA, também não se operaram os efeitos da *coisa julgada* em desfavor do devedor impugnante do cumprimento de sentença arbitral, o que significa dizer, em outros termos, inexistir qualquer óbice para articular em seu favor as aludidas matérias e outras tantas elencadas no art. 525, § 1º, do CPC.

2.6. Ação anulatória de sentenças parciais

As *sentenças parciais* (LA, art. 23, § 1º) são regidas pelas mesmas regras e princípios orientadores da sentença final, tendo por traço distintivo a não extinção do processo arbitral em toda a sua inteireza, na exata medida em que o ato jurisdicional arbitral resolve apenas uma parcela do conflito *sub examine*, razão pela qual o painel prossegue com os demais atos instrutórios até a sua conclusão.

Por conseguinte, cientificadas as partes sobre o conteúdo da decisão parcial, os prazos começam a fluir nos mesmos moldes da sentença definitiva, seja para a interposição de *pedidos de esclarecimentos* (LA, art. 30) por qualquer dos interessados, bem como para a propositura de ação anulatória.

Aliás, neste ponto, o legislador foi preciso, não deixando qualquer dúvida ao dispor no art. 33, § 1º, que o prazo decadencial de noventa dias começa a fluir a partir do recebimento da notificação da respectiva *sentença, parcial* ou final, ou da decisão do pedido de esclarecimentos.

Diante da prolação de duas sentenças arbitrais (parcial e final), a lei de regência oportuniza aos interessados dois momentos distintos para o manejo de demanda desconstitutiva e para a interposição de embargos de declaração, cujos pressupostos de admissibilidade (da ação e do meio de impugnação interno) haverão de ser analisados caso a caso, isto é, em cada um dos respectivos momentos, de forma independente.

Por conseguinte, serão formadas gradativamente duas *coisas julgadas*, independentes entre si, nada obstante a possibilidade de verificar-se, em algumas hipóteses, uma relação ou nexo lógico dedutivo formado entre os dois atos jurisdicionais arbitrais.[40] É o caso, por exemplo, em que o requerente formula pedido genérico e, numa primeira fase procedimental, concluída a coleta de provas, os árbitros proferem sentença parcial de mérito atinente ao reconhecimento do *an debeatur* e, na sequência, adentram à etapa de acertamento quantitativo para definição do *quantum debeatur*.

Essa tomada de decisão bifásica é muitas vezes salutar, não só para fins de agilização da prestação da tutela jurisdicional, mas também para a redução de custos, em benefício das próprias partes; tomando-se o exemplo dado acima, pode ser evitado adentrar na instrução probatória, muitas vezes de elevada complexidade e custos, se os árbitros concentram suas atenções à verificação do espectro qualitativo da demanda e prolatam sentença única de mérito terminativa do procedimento arbitral, julgando totalmente improcedente o pedido e, com isso, evitando a produção de provas que, ao fim e ao cabo, seriam inócuas. Diferentemente, seccionado o procedimento e confirmado o entendimento entre os julgadores acerca do reconhecimento da obrigação e do débito, a segunda etapa procedimental, destinada à verificação do quanto devido, não será desperdiçada.

De outro vértice, como um dos corolários das sentenças bifásicas é a abertura de frentes impugnativas (integrativas ou desconstitutivas), situações poderão ocorrer na prática em que a parte vencida na sentença parcial ajuíze ação anulatória que, sentenciada, poderá desconstituir a decisão arbitral impugnada ou, o que é mais grave, comprometer a validade de todo o processo arbitral, se comprovado, por exemplo, que a convenção arbitral é nula. Em outras palavras, dependendo do vício reconhecido em ação desconstitutiva, pode ser anulada apenas a sentença parcial ou toda a arbitragem, sem a possibilidade, inclusive, de prosseguimento.

E mais: não será incomum que o autor da ação anulatória de sentença parcial arbitral postule ao Estado-juiz liminar suspensiva do painel, o que colocará em xeque o resultado útil da própria arbitragem, a começar pelo longo tempo de tramitação do processo judicial, inçado por teias infindáveis de recursos e meios de impugnação.

---

[40] Esse nexo apontado não é condição alguma para a prolação da sentença parcial, mas simples possibilidade de verificação em alguns casos semelhantes ao apontado no exemplo citado, pois o julgamento parcial do mérito encontrará terreno fértil sempre que parcela dos pedidos se mostrar incontroversa, se houver cumulação de demandas e as provas atinentes a um deles já estiverem concluídas.

Deverão os juízes conhecer com extrema cautela e excepcionalidade desses pedidos liminares de suspensão dos painéis arbitrais, deferindo-os estreme de dúvidas diante de forte probabilidade do direito alegado e da possibilidade de manifesto prejuízo ou de difícil reparação, pois os riscos e consequências da medida ao final revogada podem ser irreversíveis.

A intervenção judicial na arbitragem, por todas as inúmeras razões já apontadas neste estudo, haverá de ser sempre pontual e excepcional, sob pena de essa prática tornar-se, como bem assinala Carmona, uma espécie de *anti arbitration injunction*. Fazemos coro com o festejado professor paulista no sentido de que esperamos "que os magistrados, diante da eventualidade de pleitos antecipatórios de tutela [acrescentamos, satisfativas ou cautelares] ajam com muita parcimônia, especialmente no que se refere à concessão de liminares. Se os membros do Poder Judiciário não tomarem o devido cuidado, certamente serão incentivadas aventuras judiciais que em pouco tempo inviabilizarão o desenvolvimento da saudável arbitragem no Brasil".[41]

2.7. Efeitos da sentença proferida em "ação anulatória"

Dependendo da hipótese de violação ocorrida, decretará o juiz a desconstituição da sentença arbitral em face de nulidade da convenção de arbitragem, por ter sido proferida por quem não poderia ser nomeado árbitro, proferida por prevaricação, concussão ou corrupção passiva, por ter sido prolatada fora do prazo estabelecido no compromisso arbitral, respeitado o disposto no art. 12, III, da LA, ou, por violação do devido processo legal (contraditório, igualdade das partes, imparcialidade do árbitro e o seu livre convencimento motivado – LA, art. 21, § 2º).

Em nenhuma hipótese a decisão proferida pelo Estado-juiz haverá de substituir a sentença arbitral impugnada no tocante ao mérito submetido ao conhecimento do árbitro; limitar-se-á em desconstituir a sentença arbitral com base no art. 32 da LA; se for o caso, o juiz determinará que o árbitro ou tribunal arbitral profira nova sentença (LA, art. 33, § 2º).

2.8. Sentença *citra petita* e seus efeitos

A Lei 13.129/2015 suprimiu, acertadamente, do rol do art. 32, o inciso V que previa a anulabilidade da sentença arbitral que não resolvesse todo o litígio submetido ao conhecimento do árbitro ou tribunal, ou seja, decisão aquém do pedido (*citra petita*). Com a supressão do aludido inciso, permanece hígida a sentença arbitral no tocante à resolução da parcela do conflito objeto da cognição.

---

[41] *Arbitragem e processo*, 3. ed., p. 432-433.

Além de manter a validade da sentença arbitral *citra petita*, o legislador apresentou proposta inteligente às partes prejudicadas com a solução parcial do conflito, ao inserir um novo parágrafo ao art. 33, de maneira a permitir ao interessado o ingresso em juízo para requerer a prolação de sentença arbitral complementar (§ 4º).

Assim, com a sistemática implementada pela Lei 13.129/2015, poderão os litigantes conformarem-se com a resolução parcial do conflito, nada obstante submetido em sua plenitude à jurisdição arbitral, sem que isso importe em anulabilidade do julgado, ou, poderão os interessados ajuizar demanda com o escopo de ver proferida decisão arbitral complementar.

Porém, essa omissão verificada em sentença arbitral (*citra* ou *infra petita*) pode e deve ser sanada pelo árbitro, por provocação de qualquer das partes, em sede de "embargos de declaração", nos cinco dias que a Lei lhes confere para os fins estatuídos no art. 30. Trata-se de mecanismo hábil, rápido e eficaz, pois em sintonia com todos os princípios norteadores da jurisdição arbitral, além de evitar o caminho espinhoso da demanda apontada como solução ao problema, no § 4º do art. 33 da LA.

Aliás, é dever processual da parte interessada, primeiramente, impugnar a sentença arbitral (parcial ou final) dirigindo a sua irresignação aos prolatores da sentença, seja em forma de *pedido de esclarecimentos* ("embargos de declaração") (LA, art. 30), *pedido de reconsideração* ou qualquer outro meio que seja hábil para atingir o seu intento, e, com isso, complementar, elucidar ou corrigir de alguma forma o ato decisório que, ao fim e ao cabo, poderá até resultar na modificação (total ou parcial) do próprio mérito. E mais: essa prática representa condição de recebimento e processamento da ação (desconstitutiva) a ser ajuizada perante o Estado-juiz, donde exsurge o *direito de agir*, matizado na tentativa infrutífera pretérita, manifestada em tempo oportuno e meio adequado perante o árbitro ou colegiado.

Em outros termos, se o interessado não impugna em tempo e modo oportunos a decisão arbitral, não mais poderá fazê-lo com base nos mesmos fatos e fundamentos jurídicos perante o Poder Judiciário, incidindo, portanto, em preclusão.

A verdade é que a omissão da parte, nesses casos, como bem assenta Flávio Yarshell, "vai além do descumprimento de um ônus de alegação e envereda para o campo da litigância ímproba, com violação ao dever de lealdade: a parte voluntariamente deixa de pedir ao órgão competente para dirimir o litígio que o faça e, assim, forja verdadeiro pretexto para ir ao Judiciário. Então, a consequência da falta de observância do ônus de alegação, dado o caráter subsidiário do controle jurisdicional, há que se resolver em aceitação do que foi decidido pelo órgão arbitral. Se a parte, tendo a prerrogativa de impugnar tempestivamente a decisão, deixou de fazê-lo, só se pode entender que a aceitou; donde se constata a falta de interesse de agir para o pleito de desconstituição em juízo. [...] Não se trata neste particular, de sugerir renúncia tácita ao direito de ação (que nem se fosse expressa caberia), mas sim de conformismo tácito – mas inequívoco – com a decisão arbitral que, podendo ser atacada naquela sede, permaneceu hígida. Aliás, a afirmação do caráter subsidiário do controle estatal não significa excluir que essa forma de intervenção possa ocorrer de forma preventiva, conforme reconhece a doutrina. Como se percebe, as duas situações são diversas: admitir-se a tutela jurisdicional estatal preventiva é apenas reconhecer que há interesse de agir para isso antes de prolatada a decisão arbitral, desde que presente fundamento para obstar a instauração ou o desenvolvimento do processo arbitral".[42]

Em arremate, o citado professor observa que, "na hipótese aqui examinada, cuida-se de saber até que ponto a jurisdição estatal poderia controlar a decisão arbitral indevidamente omissa. Vale dizer: de forma diversa, o problema aqui proposto envolve o potencial confronto de duas diferentes formas de exercício da jurisdição, isto é, por órgãos diversos. Portanto, trata-se de se cogitar da apreciação de um mesmo objeto por órgãos diversos; o que, como visto, não pode e não deve ser admitido".[43]

Os árbitros, ao rejeitarem o pedido de complementação da sentença *citra petita* por meio de aclaratórios, levarão as partes, inexoravelmente, à aceitação da decisão que não soluciona o conflito apresentado à cognição da jurisdição arbitral em toda a sua inteireza, ou, ainda, à submissão da *via crucis* de uma demanda perante o Estado-juiz para, ao fim e ao cabo, retomar-se o painel arbitral já extinto para fins exclusivos de prolação de sentença complementar.

Assim procedendo o árbitro ou o tribunal arbitral, dependendo do caso, isto é, se flagrante a omissão e, mesmo mediante provocação do interessado, for mantida a decisão arbitral, em tese, poderão ser responsabilizados a ressarcir as despesas suportadas pelas partes em face do processo judicial, ou, ainda, à indenização em face do retardo injustificado da prestação jurisdicional privada.

Nesses casos de sentença *citra petita,* outra alternativa que também pode interessar às partes na resolução da parcela do conflito que acabou não sendo conhecida pelo árbitro ou tribunal arbitral, talvez seja a definição de um novo termo

---

[42] Flávio Luiz Yarshell, "Ainda sobre o caráter subsidiário do controle jurisdicional estatal da sentença arbitral", *RArb*, v. 50, p. 160-161.

Escreve ainda, com bastante acuidade, o festejado professor paulista no sentido de que a inércia da parte em deixar de impugnar a decisão arbitral, perante o próprio juízo privado, "no fundo, trata-se de aspecto particular do princípio que proíbe o *venire contra factum proprium*". E, citando Barbosa Moreira, prossegue: "Em perspectiva dogmática, o impedimento sob exame subsume-se na figura denominada preclusão lógica, que consiste, como é sabido, na perda de uma faculdade processual pelo fato 'de se haver realizado uma atividade incompatível com o exercício da faculdade'" (*idem, ibidem*).

[43] *Ibidem*, p. 162.

de compromisso arbitral apontado em comum acordo e com esse fim específico, indicando-se, para tanto, os mesmos julgadores e entidade arbitral (se for o caso), resumindo-se o novo painel à prolação de sentença arbitral complementar, com uso de provas emprestadas do processo precedente já extinto. Com esse mecanismo, as partes deixam de acessar a jurisdição estatal.

2.9. Multiplicidade de contratos e pluralidade de sujeitos: conexão[44] e consolidação de arbitragens e ação anulatória

O direito das obrigações, notadamente no que concerne aos contratos em geral, sempre encontrou expressividade histórica, e, nos dias atuais, magnitude diferenciada, revestindo-se de formas multifacetadas nos planos negocial, civil, mercantil, financeiro, empresarial, dentre tantos outros, que ultrapassam as fronteiras nacionais para atender às relações entre partes no mundo cada vez mais globalizado e num tempo em que pessoas físicas e jurídicas interligam-se em velocidade de *chip* de computador através de infovias. É neste cenário global até pouco tempo atrás inimaginável que as relações contratuais são formadas, nacional ou internacionalmente.

De outro vértice, infere-se que na medida gradual em que se ampliam os objetos dos contratos e respectivos valores, não é incomum elevar-se também a participação do número de pessoas que a eles se vinculam, cada qual a seu tempo, com interesses e escopos diversos ou comuns (total ou parcialmente), mas sempre voltados à confluência de esforços e comprometimentos para a boa consecução das avenças em prol de um resultado positivo e que a todos os envolvidos satisfaça.

Em outras palavras, significa dizer que à medida que os negócios se ampliam e com eles os interesses econômicos e financeiros, aumenta também, via de regra, em alguma proporção, o espectro subjetivo das relações, fazendo surgir então *pluralidade de sujeitos* (*partes*) e *pluralidade de contratos*.

Diante do surgimento de eventual conflito envolvendo esses sujeitos e esses contratos, é muito provável que se verifique a instauração de *arbitragens multi-partes*, de maneira que qualquer um deles possa demandar, um contra os outros, sempre em observância a um prazo para a formulação do pedido, normalmente

---

[44] Neste item, trataremos especificamente do tema da reunião de demandas que tramitam ou poderiam tramitar sob a égide do mesmo órgão arbitral ("Corte"), e, assuntos correlatos, sem adentrarmos em sede de *conexão ou continência* de demandas que tramitam perante órgãos arbitrais distintos ou entre aquelas que tramitam perante a jurisdição privada e estatal, nem mesmo sobre eventuais conflitos de competência, pois essas questões já foram versadas em tópicos específicos, no Capítulo Quinto, itens n. 3 (O princípio *kompetenz--kompetenz* e conflitos de competência) e n. 4 (Conexão e continência).

estabelecido nos regulamentos de centros de arbitragem, e que coincide com a assinatura do "termo de arbitragem", exceto se autorizado pelo tribunal arbitral.[45]

Diga-se, de passagem, que o *termo de arbitragem é um instrumento processual organizador do painel arbitral*, pois fornece às partes e aos árbitros a oportunidade de definirem, em comum acordo, sobre o procedimento, os prazos, os documentos e, principalmente, identificarem e delimitarem a matéria objeto da arbitragem, que repercute no mister dos árbitros e garante que a sentença arbitral será decidida nos limites do pedido. Tem ainda por finalidade definir o local, a sede da arbitragem, a lei aplicável, a autorização para os árbitros decidirem (ou não) por equidade, qualificar os árbitros etc.[46]

Surgirão também demandas originárias de mais de um contrato relacionado entre si, independentemente de estarem fundadas em uma ou mais de uma convenção arbitral, hipóteses em que poderão ser formuladas em uma mesma arbitragem, isto é, um único painel que reunirá todas as pretensões das partes com interesses conflitantes. São os denominados litígios decorrentes de *múltiplos contratos*.[47]

Todavia, para que ocorra a *reunião (consolidação)* de *demandas* (duas ou mais) hão de ser observados alguns requisitos de ordem processual que, em linhas gerais, são os seguintes, variando conforme os regulamentos de entidades arbitrais e sempre sintonizados com a vontade comum das partes: *a)* concordância dos litigantes com a consolidação de demandas; *b)* conexão; *c)* inexistência de conexão, mas possibilidade de risco de decisões conflitantes ou contraditórias, caso decididas separadamente; *d)* estarem submetidas todas as arbitragens ao regulamento da mesma entidade administradora do painel; *e)* todas as demandas estejam baseadas na mesma convenção arbitral, ou, se formuladas com base em mais de uma convenção de arbitragem, que as disputas envolvam as mesmas partes e a mesma relação, e, desde que o ente ou órgão arbitral (entidade administradora do painel) entenda que as convenções de arbitragem são compatíveis entre si.

Nesses casos, por exemplo, o regulamento da Corte Internacional de Arbitragem da Câmara de Comércio Internacional – CCI, que muito bem dispõe sobre a matéria em voga, ainda acrescenta que ao decidir sobre a reunião (consolidação) de processos para julgamento conjunto, a Corte[48] deverá levar em conta quaisquer

---

[45] Aliás, essa é a regra contida no Regulamento de Arbitragem da CCI, art. 8º (1).
[46] Cf. Selma Lemes, "A função e uso do termo de arbitragem", *Valor Econômico*, 08 set. 2005, Legislação & Tributos, p. E2. Observa ainda a citada autora que "termo de arbitragem" em tudo se assemelha à "Ata de Missão" da Corte Internacional de Arbitragem da Câmara de Comércio Internacional (CCI).
[47] Essa previsão, por exemplo, encontra-se estampada no art. 9º do Regulamento de Arbitragem da CCI.
[48] Nos termos do disposto no art. 1º do Regulamento de Arbitragem da CCI, considera-se "Corte" a entidade internacional administradora do painel arbitral, ou seja, a Corte

circunstâncias que considerar relevantes, inclusive, se um ou mais árbitros tenham sido confirmados ou nomeados em mais de uma das arbitragens e, neste caso, se foram confirmadas ou nomeadas as mesmas pessoas ou pessoas diferentes. E mais: quando as arbitragens forem consolidadas (reunidas), estas devem sê-lo na arbitragem que foi iniciada em primeiro lugar, salvo acordo das partes em sentido contrário, conforme disposto no art. 10 do Regulamento Interno da aludida Corte.

Fizemos questão de inaugurar o assunto atinente à reunião de demandas arbitrais para fins de julgamento conjunto trazendo a lume o Regulamento de Arbitragem da Câmara de Comércio Internacional, em razão do reconhecido prestígio da Corte e da excelência de suas normativas. Por outro lado, conforme já assentado, a matéria alusiva ao regramento sobre "conexão" é recorrente em diversas entidades arbitrais, valendo citar, por exemplo, as disposições do *Centro de Arbitragem e Mediação da Câmara de Comércio Brasil-Canadá* – CAM-CCBC,[49] *Câmara de Conciliação, Mediação e Arbitragem da CIESP-FIESP*,[50] Câmara de

---

[49] Internacional de Arbitragem, que é órgão independente da CCI. Portanto, a "Corte" não soluciona (ela própria) os litígios, competindo-lhe a administração dos tribunais arbitrais (a CCI denomina "tribunal arbitral" o painel conduzido por um ou mais árbitros – art. 2º do Regulamento), sendo o único órgão autorizado a administrar arbitragens submetidas ao regulamento, incluindo o exame prévio e a aprovação (formal) de sentenças arbitradas proferidas conforme o seu regulamento. É também da competência da "Corte" definir e aprovar o seu próprio regulamento interno.

[49] "**4.5.** Antes de constituído o Tribunal Arbitral, o Presidente do CAM-CCBC examinará objeções sobre a existência, validade ou eficácia da convenção de arbitragem que possam ser resolvidas de pronto, independentemente de produção de provas, assim como examinará pedidos relacionados à conexão de demandas, nos termos do artigo 4.20. Em ambos os casos, o Tribunal Arbitral, após constituído, decidirá sobre sua jurisdição, confirmando ou modificando a decisão anteriormente prolatada. [...] **4.20.** Caso seja submetido pedido de instituição de Arbitragem que possua o mesmo objeto ou mesma causa de pedir de arbitragem em curso no próprio CAM-CCBC ou se entre duas arbitragens houver identidade de partes e causa de pedir, mas o objeto de uma, por ser mais amplo, abrange o das outras, o Presidente do CAM-CCBC poderá, a pedido das partes, até a assinatura do Termo de Arbitragem, determinar a reunião dos procedimentos."

[50] "**4.1.** Caberá ao Presidente da Câmara examinar em juízo preliminar, ou seja, *prima facie*, antes de constituído o Tribunal Arbitral, as questões relacionadas à existência, à validade, à eficácia e ao escopo da convenção de arbitragem, bem como sobre a conexão de demandas e a extensão da cláusula compromissória, cabendo ao Tribunal Arbitral deliberar sobre sua jurisdição, confirmando ou modificando a decisão da Presidência".

Mediação e Arbitragem Empresarial – Brasil – CAMARB,[51] *Câmara de Mediação e Arbitragem da Associação Comercial e Industrial de Florianópolis –* CMAA – ACIF.[52]

Percebe-se claramente que, se a hipótese agasalhar a possibilidade de reunião de demandas para fins de julgamento conjunto por um único tribunal arbitral, tudo deverá ocorrer antes da instauração da arbitragem ou em fase procedimental adequada à consolidação das demandas.

Destaca com propriedade Paulo Macedo Garcia Neto que "em relação às arbitragens regidas por um regulamento, na maior parte deles, a questão temporal, ou seja, o momento processual em que a consolidação das demandas é requerida parece ser decisivo. Na maior parte das instituições, o Termo de Arbitragem ou Ata de Missão constitui um importante marco temporal a respeito da possibilidade de se admitir a consolidação. O termo final para a consolidação deve ser o momento de estabilização das demandas.

"Nas hipóteses de arbitragem institucional, ao menos que seja definido de forma diferente pelo regulamento escolhido ou pelo próprio termo de arbitragem (que, algumas vezes, admite que a estabilização das demandas ocorra nas alegações iniciais), entende-se que o marco temporal deve mesmo ser a assinatura do termo de arbitragem ou ata de missão ou outro instrumento correspondente, ou seja, no momento da estabilização das demandas.

"Nas arbitragens *ad hoc,* entende-se que o marco final para a consolidação das demandas pelos árbitros também deve ser o momento em que haja a estabilização das demandas, entendendo-se este momento como sendo aquele em que as partes expuseram de forma definitiva seus pleitos, ainda que se admita certa

---

[51] "3.7. Quando uma parte apresentar solicitação de arbitragem com respeito à relação jurídica que seja objeto de procedimento arbitral instaurado entre as mesmas partes ou, ainda, quando for comum, entre as demandas, o objeto ou a causa de pedir, competirá ao Tribunal Arbitral da arbitragem já instituída decidir acerca de eventual conexão entre as demandas ou de consolidação dos procedimentos, permanecendo suspensos os demais procedimentos até a referida decisão. 3.8. Se, nas hipóteses do item precedente, não houver Tribunal Arbitral constituído, a Secretaria dará prosseguimento à solicitação que tenha sido protocolada em primeiro lugar e sobrestará as demais até a formação do Tribunal Arbitral do primeiro procedimento, que decidirá a respeito de eventual conexão das demandas ou de consolidação de procedimentos."

[52] "3.6. Arbitralidade e Conexão. Antes de constituído o Tribunal Arbitral, o Presidente da CMAA examinará: (i) objeções sobre a existência, validade ou eficácia da convenção de arbitragem que possam ser resolvidas de pronto, independentemente de produção de provas, assim como examinará (ii) pedidos relacionados à conexão e reunião de demandas. Em ambos os casos, o Tribunal Arbitral, após constituído, decidirá sobre sua jurisdição, confirmando ou modificando a decisão anteriormente prolatada. Na eventualidade de conexão com arbitragem em andamento, o Presidente poderá determinar que a decisão sobre a reunião dos efeitos seja tomada pelo Tribunal Arbitral constituído."

complementação, detalhamento ou adequação, mas não a ampliação ou modificação dos pedidos."[53]

Assim, reunidas as demandas e resolvidos os conflitos por meio da prestação de tutela jurisdicional arbitral, eventuais *aclaratórios* ou ação anulatória, por óbvio, haverão de atacar a única sentença arbitral proferida para a resolução conjunta de todas as controvérsias.

Situação totalmente diferente é aquela em que um determinado sujeito realiza contratos distintos com pessoas diversas, cada qual assinando os respectivos contratos, individualmente, contendo cláusula compromissória indicadora da mesma entidade arbitral à administração de cada painel. Nesse contexto, se diversos conflitos surgirem e se houver alguma identidade de partes, pedidos ou causa de pedir, além de tempo hábil para a reunião de demandas, tal requerimento haverá de ser formulado pelo interessado (ou todos os interessados), desde que com ele assintam os demais sujeitos e os árbitros ou entidade arbitral, caso ainda não instaurada a arbitragem, tudo em sintonia com o regulamento do órgão encarregado pela administração do painel.

Desta feita, se a aludida reunião de demandas não se deu em tempo e modo oportunos perante a jurisdição arbitral, de maneira que terminaram por ser processadas e julgadas separadamente, com a prolação de sentenças distintas, aqueles que as pretendam impugná-las haverão de propor, separadamente, ação anulatória perante o Estado-juiz, pois é inadmissível o ajuizamento de uma única ação anulatória para desconstituir, simultaneamente, sentenças diversas (ainda que a ação tenha sido proposta perante a mesma entidade administradora dos painéis), diante da impossibilidade jurídica de cúmulo subjetivo, ressalvadas as hipóteses de litisconsórcio.

Afigura-se evidente, nesses casos, a ausência de pressuposto processual intrínseco subjetivo de validade do processo em que se pretende a anulação das sentenças arbitrais, pois o sistema instrumental civil somente admite a *cumulação de demandas* (*cúmulo objetivo*) e *de sujeitos* (cúmulo subjetivo) em forma de litisconsórcio facultativo nas hipóteses autorizadas pelo art. 113, *caput,* do CPC/2015 se o objeto da tutela jurisdicional perseguido for o mesmo, ou seja, mister se faz a identidade da *causa petendi* em sintonia com o pedido formulado.

Sobre o tema, já tive oportunidade de manifestar-me doutrinariamente[54] no sentido de que a cumulação de pedidos significa, em linhas gerais, a possibilidade concedida pelo sistema instrumental de o interessado, numa única relação jurídico-processual, ajuizar, de forma simultânea e cumulativa, diferentes ações (CPC, art.

---

[53] *Arbitragem e conexão* – poderes para decidir sobre questões de conexidade, 2018, p. 177.
[54] Assinala-se que nada obstante o escrito ter se dado sob a égide do Código de Processo Civil de 1973, aplica-se integralmente ao Código atual (arts. 133 e ss. e art. 327).

327). Este instituto, também denominado de *cúmulo objetivo simples*, traz em seu bojo notável economia processual e de despesas, especialmente porque a sentença a ser prolatada haverá de examinar as diversas questões comuns às várias ações cumulativas, com a manifesta vantagem ulterior de evitar decisões conflitantes.

A *cumulação de pedidos* indica nada menos do que a *cumulação de pretensões*, ou seja, cumulação de elementos objetivos (causa de pedir e objeto), a qual se verifica quando a parte inclui, facultativamente, dentro da mesma demanda, pedidos diversos para obter do Estado-juiz uma única e favorável manifestação jurisdicional. Em síntese, podemos dizer que o chamado cúmulo objetivo de ações é uma acumulação de pretensões.[55]

Por outro lado, no que concerne ao litisconsórcio (cúmulo subjetivo) leciona Cândido Rangel Dinamarco: "O pedido é comum a duas demandas, para que se admita o litisconsórcio com fundamento no inc. III do art. 46 do Código de Processo Civil [atual art. 113, II, CPC/2015], quando envolve o mesmo bem da vida; a causa *petendi* será comum quando constituída pelos mesmos fatos ou mesma relação jurídica, concretamente considerados (*supra*, nn. 436 ss.). Exige-se que seja igual a algum desses elementos concretos, os quais concorrem para definir a identidade da demanda, diferenciá-la das demais e determinar sua possível relação com outra (conexidade etc.: *supra*, nn. 459 ss.): não há litisconsórcio por conexidade se nenhum dos elementos objetivos concretos for comum, *sendo irrelevante a coincidência entre os fundamentos jurídico-materiais do pedido, a natureza jurídica do provimento ou a do bem pretendido* (grifos nossos)".[56]

Colhem-se também os ensinamentos de Araken de Assis: "O cúmulo subjetivo ostenta os seus requisitos de admissibilidade. E, o primeiro deles, talvez o fundamental, e que vale para todas as espécies de litisconsórcio, independente do regime, comum ou especial, a que cada ação se submete, exsurge da estrita legalidade do litisconsórcio. Com efeito, duas ou mais pessoas não podem litigar em conjunto, quer agindo na demanda, quer reagindo na demanda, senão à vista de explícita permissão legal. Mesmo alargada a disciplina, constante do art. 46 [CPC 1973, atual art. 113, CPC/2015], relativa àquela do art. 88 do Código derrogado [CPC/1939], isto não significa, ao invés, que alguém possa se litisconsorciar fora dos números ali previstos. O elenco do art. 46 é taxativo [art. 113, CPC/2015]".[57]

E mais adiante assinala o festejado professor gaúcho: "O art. 46 [CPC/1973, atual art. 113, CPC/2015] estabelece os casos em que, ante às íntimas relações percebidas nas ações materiais, se afigura possível e recomendável a reunião dos

---

[55] *Comentários ao Código de Processo Civil* – do processo de conhecimento, 2. ed., v. 4, tomo II, p. 151-152, arts. 282 a 331.
[56] *Instituições de direito processual civil*, 5. ed., São Paulo: Malheiros, 2005, v. II, p. 336.
[57] *Cumulação de ações*, 4. ed., p. 169-170.

titulares desses direitos. Advertiu-se, linhas antes, que ao litisconsórcio se aplica o princípio da reserva legal, ou seja, o cúmulo se origina, exclusivamente, de uma das hipóteses previstas no art. 46 e a sua ocorrência, na demanda ajuizada, há de observar-se de maneira estrita, cabendo ao juiz investigar o pressuposto. Depreende-se, aliás, do *caput* do artigo que, se incluída a situação em um dos seus números duas ou mais pessoas podem litigar em conjunto, divorciando-se ela do permissivo, tais pessoas não devem empregar a demanda conjunta".[58] Por fim, destaca: "O cúmulo de ações materiais não respeita, simplesmente, ao mérito do processo, ou seja, à multiplicidade de seus objetos litigiosos. Ele se relaciona, fundamentalmente, à forma da inserção de vários objetos no mesmo processo. Neste sentido, o problema da cumulação indevida assume a natureza de um pressuposto de desenvolvimento válido e regular do processo (art. 267, IV) [CPC/1973, atual art. 485, IV, CPC/2015], e, portanto, sujeito ao controle de ofício, consoante a permissão expressa do art. 267, § 3º, primeira parte [CPC/1973, atual art. 485, § 3º, CPC/2015]".[59]

Caso interessante que se amolda para bem ilustrar hipóteses como essas foi recentemente julgado pela Quarta Câmara de Direito Civil do Tribunal de Justiça do Estado de Santa Catarina, em acórdão de nossa relatoria,[60] em que diversos sujeitos haviam ajuizado em litisconsórcio facultativo *ação anulatória* contra determinado condomínio de centro comercial (representado pelo seu síndico) objetivando a desconstituição de quatro sentenças arbitrais proferidas *sem o reconhecimento prévio de conexão ou qualquer espécie de consolidação de demandas,* portanto, separadamente, e prolatadas por tribunais arbitrais distintos (dois colegiados compostos pelos mesmos árbitros e os outros dois por árbitros distintos), nada obstante serem os julgadores integrantes da mesma entidade arbitral administradora dos painéis. Ademais, os fundamentos de fato e de direito articulados por cada um dos sujeitos na mesma petição inicial da demanda anulatória não eram necessariamente os mesmos (alguns coincidiam, outros não), em que pese figurar como réu um único sujeito passivo, qual seja, o centro comercial (condomínio) representado por quem de direito.

---

[58] Ob. cit., p. 197.
[59] *Ibidem,* p. 274.
Assim também TJMT, AC 95445/2016, Rel. Des. João Ferreira Filho, j. 18.04.2017; TJMT, RAI 15519/2013, Rel. Des. Maria Helena G. Póvoas, j. 22.05.2013; TJGO, AC 01266537120128090011, Rel. Des. Carlos Roberto Favaro, j. 31.05.2016; TJSC AC 0024064-84.2008.8.24.0023, Rel. Des. Rosane Portella Wolff, j. 1º.11.2018; AI 0119683-66.2015.8.24.0000, j. 18.07.2018, AI 0152608-18.2015.8.24.0000, ambos de nossa relatoria.
[60] AI 0025718-97.2016.8.24.0000, j. 07.02.2019, por unanimidade, de ofício, por força do efeito translativo, extinguiu o processo, sem resolução do mérito, com fulcro no art. 485, IV do CPC.

Para a melhor compreensão, mister se faz um breve relato dos fatos e das demandas arbitrais que antecederam a ação anulatória, vejamos. "A", "B" e "C", na qualidade de proprietários (condôminos) de lojas de um centro comercial (condomínio), pactuaram por meio de documento anexo à Convenção do Condomínio "Z", registrada no Cartório de Registro de Imóveis, cláusula arbitral cheia – devidamente assinada e rubricada pelos condôminos – indicadora da opção das partes por determinado órgão arbitral para a resolução de eventuais conflitos que viessem assurgir em virtude da relação estabelecida.

Ocorre que, com o passar do tempo, conflitos distintos, das mais variadas espécies (p. ex., alegação de prática de injúria/dano moral, conduta antissocial, sugestão de fraude fiscal, praticadas por sujeitos diversos, em momentos distintos) foram surgindo, envolvendo separadamente cada um dos lojistas condôminos ("A", "B" e "C") e o centro comercial "Z", ao ponto de, inexistindo solução amigável, este último protocolar, perante o ente arbitral indicado na cláusula compromissória, o seu pedido de instauração da jurisdição arbitral contra cada um dos condôminos, sendo que, contra "A" ajuizou duas demandas; cada uma das demandas continha causas de pedir e pedidos distintos.

Em nenhum momento, contudo, as demandas foram reunidas para julgamento conjunto, terminando cada um dos procedimentos por ser concluído com a prolação de quatro sentenças arbitrais distintas, em datas também distintas.

Inconformados, os lojistas condôminos "A", "B" e "C", reúnem-se desta feita em litisconsórcio ativo facultativo, e, ajuízam contra o centro comercial "Z" ação anulatória objetivando a desconstituição das quatro sentenças arbitrais.

Ocorre que não se encontra neste caso sequer "afinidade de questões por um ponto comum de fato ou de direito" (CPC, art. 113, IV) capaz de permitir a formação de litisconsórcio ativo, pois, nada obstante os litígios que deram azo às demandas arbitrais fossem decorrentes de uma relação comercial entre condôminos e condomínio (lojista e centro comercial), cada uma das respectivas causas de pedir e pedidos era distinta, e, o que é ainda mais importante, a ação anulatória ajuizada pelos condôminos visava à *desconstituição de atos jurisdicionais arbitrais distintos e por fundamentos, por vezes, diversos*, o que prejudicava, em muito, o direito de defesa do réu ("Z"), na exata medida em que haveria de contestar com base em fatos e fundamentos jurídicos distintos objetivando manter incólumes as sentenças arbitrais totalmente diferentes, pois ancoradas em fatos e fundamentos jurídicos distintos.

Por conseguinte, inadmissível o ajuizamento de uma única *ação anulatória* com o objetivo de desconstituir sentenças arbitrais distintas, diante da pluralidade de sujeitos integrantes do polo ativo sem o enquadramento da figura processual do litisconsórcio facultativo necessário e de congruência entre pedidos e causas de pedir. Aliás, o nó górdio deste caso reside, sobretudo, na formulação de pedidos de desconstituição de atos jurisdicionais arbitrais distintos, em demanda judicial única, cujas lides resolvidas em sede arbitral não foram reunidas para fins de processo e julgamento conjunto.

Diferentemente, em tese, se várias ações anulatórias fossem propostas por sujeitos distintos para impugnar *a mesma sentença arbitral*, poderiam as partes, se fosse o caso, demonstrar ao Estado-juiz a possibilidade de reunião de ações, seja por conexão (CPC art. 55, *caput*), continência (CPC, art. 57), ou, mesmo não havendo conexão, mas com o escopo de evitar a prolação de decisões contraditórias ou conflitantes (CPC art. 55, § 3º). Essa aventada consolidação de demandas, no caso apontado, não seria jamais possível, repita-se, por estar-se diante de pretensão desconstitutiva *não da mesma sentença, mas de sentenças arbitrais distintas*.

2.10. Da renúncia à ação anulatória e aos meios de impugnação

Questão também interessante e merecedora de análise é aquela que respeita à possibilidade ou não de as partes renunciarem ao direito de propor demanda fulcrada nos arts. 32 e 33 da LA, ou ainda a qualquer outra ação declaratória (negativa) ou meios de impugnação.

A renúncia à propositura de ação impugnativa de sentença arbitral afigura-se manifestamente inconstitucional, portanto, inadmissível, pois exclui da apreciação do Poder Judiciário o controle à lesão verificada no caso concreto, em decorrência de vícios que maculam a decisão arbitral (invalidade, inexistência ou ineficácia) ferindo frontalmente regra constitucional basilar insculpida no art. 5º, XXXV, da Lei Maior.

Todavia, esse entendimento não é pacífico, havendo respeitáveis posicionamentos doutrinários em ambos os sentidos ou intermediários (mistos).

Carlos Alberto Carmona, por exemplo, assinala que nenhum ordenamento jurídico foi tão longe ao ponto de retirar do Judiciário o controle de lesão de direitos e, em que pese a lei de regência nacional não tenha expressamente previsto essa irrenunciabilidade, isso pode ser deduzido do próprio texto constitucional. Porém, mais adiante defende tese no sentido de que essa irrenunciabilidade é genérica, isto é, anterior à prolação da sentença, pois proferida a decisão, pode a parte vencida renunciar à utilização da via impugnativa predisposta pela lei, expressa ou tacitamente.[61]

---

[61] *Arbitragem e processo*, 3. ed., p. 422-423.
Explica Carmona que "a renúncia será expressa se a parte sucumbente declarar – através de documento idôneo (mas em forma solene) – que não pretende exercer o direito conferido pela Lei de atacar o laudo arbitral proferido. Tal declaração pode decorrer até mesmo de troca de correspondência, fac-símiles, telegramas etc. A renúncia será tácita se a parte vencida deixar correr *in albis* o prazo para manejar a ação de anulação ou se praticar ato

Comungamos parcialmente do entendimento de Carmona, mais precisamente quando alude às hipóteses de renúncia tácita em sede de desconstituição da sentença arbitral por nulidade ou anulabilidade, tendo-se como certo que o ato inexistente ou ineficaz não convalesce jamais. Assim, se a parte interessada deixa fluir o prazo de noventa dias para o aforamento de demanda anulatória, ou, se pratica ato incompatível com a pretensão desconstitutiva, por exemplo, o cumprimento total da sentença arbitral,[62] chancela a *renúncia*.

Porém, admitir-se a *renúncia expressa* após a prolação da sentença arbitral parece-nos um tanto quanto temerário, sobretudo porque o art. 32 da LA é norma de ordem pública destinada à proteção dos jurisdicionados diante de vícios graves tendentes a macular a prestação jurisdicional privada por anulabilidade ou nulidade.

Ademais, não se pode negar que manobras escusas ou tendenciosas da parte vencedora podem induzir o vencido em erro, levando-o à manifestação equivocada de renúncia ao direito de ajuizamento de ação anulatória, com evidente prejuízo e afronta ao princípio constitucional da inafastabilidade da jurisdição estatal.

Por sua vez, Carreira Alvim tem entendimento radicalmente oposto, e, fundado no princípio da autonomia da vontade das partes, norteador de toda a jurisdição privada, conclui pela possibilidade jurídica de renúncia às ações impugnativas da sentença arbitral (LA, art. 33), assim como admite que as partes previamente ajustem que incidirá em cláusula penal àquela que ajuizar demanda anulatória.[63]

De outra banda, assim como as partes não podem, em nosso entender, renunciar ao controle jurisdicional estatal da decisão arbitral, nas hipóteses restritas acima expostas, por outro lado, não podem também criar novas hipóteses de impugnação à sentença arbitral.

Igualmente ineficaz a previsão em convenção arbitral de que a sentença poderá ser impugnada perante o Estado-juiz se contrariar súmula do Supremo Tribunal Federal ou se a decisão não for unânime, tratando-se de decisão arbitral colegiada.[64] Porém, nada impede que as partes convencionem a observância às súmulas vinculantes, seja em arbitragem de direito ou de equidade, sem que

---

incompatível com a vontade de anular a decisão (cumprimento parcial ou total da decisão arbitral). Não se pode considerar como ato de aquiescência o pagamento dos honorários dos árbitros ou a quitação das verbas relativas às despesas com a arbitragem (taxa de administração do órgão arbitral institucional, por exemplo)" (*ibidem*, p. 423).

[62] Entendemos que o cumprimento parcial da sentença arbitral para configurar a renúncia dependerá de análise da situação em concreto, a ser confrontada com o tipo de vício sobre o qual o pedido de anulação se funda.

[63] *Tratado geral da arbitragem*, 2000, p. 473.

[64] Carlos Alberto Carmona, *Arbitragem e processo*, p. 423.

tal ajuste importe, ao final, em nulidade da sentença arbitral, caso violada a tese sumulada, ressalvada a hipótese de ausência de fundamentação do julgado (LA, art. 32, III c/c art. 26, II).

Essa e outras questões atinentes à (in)observância de precedentes judiciais na jurisdição arbitral já foram exaustivamente por nós analisadas quando tratamos do tema da *arbitragem de direito e de equidade* e dos *elementos constitutivos da sentença arbitral*, razão pela qual, para não sermos repetitivos, enviamos o leitor interessado ao Capítulo Oitavo, itens ns. 2.1.2 e 9, *supra*.

Diferentemente, podem as partes convencionar no sentido de que a sentença arbitral somente adquira a qualidade de título executivo judicial (coisa julgada) se e quando confirmada por tribunal arbitral de segundo grau (recurso interno ao juízo arbitral) previamente instituído pelas partes na própria convenção.[65]

3. DA IMPUGNAÇÃO AO CUMPRIMENTO DE SENTENÇA PARCIAL E FINAL

Proferida a sentença arbitral (parcial ou final) e transcorrido *in albis* o prazo para a interposição de pedido de esclarecimentos ("embargos de declaração") ou, se formulados e decididos, intimadas as partes, passados cinco dias a contar do recebimento da notificação do último ato decisório, *transita em julgado* a sentença arbitral, cabendo ao sucumbente cumpri-la espontaneamente.

Contudo, se a sentença arbitral não for satisfeita espontaneamente pelo vencido, o seu cumprimento forçado haverá de ser pleiteado pelo vencedor, dirigindo sua pretensão ao Estado-juiz competente, seja a decisão de natureza condenatória, mandamental ou executiva *lato sensu*.

No Capítulo Oitavo, item n. 2.1.3, já tivemos oportunidade de discorrer acerca da natureza jurídica das ações e das sentenças, merecendo destaque no presente tópico apenas a complementação no que concerne ao assentamento de *sentença condenatória* que contém, em sua parte dispositiva, mera *exortação* ao vencido para o cumprimento do contido no ato decisório, restrita às obrigações de pagamento de soma, portanto, sem qualquer conteúdo mandamental.

Assim, não efetuado o pagamento espontâneo de quantia certa (ou incerta já liquidada) no tempo e modo determinados pelos árbitros, e, transcorrido o prazo indicado no art. 30 da Lei de Arbitragem, o vencedor formulará requerimento de cumprimento de sentença arbitral ao juiz competente, qual seja, aquele que seria competente para processar e julgar o processo de conhecimento, para que o

---

[65] Assim também o entendimento de Carreira Alvim, *Tratado geral da arbitragem*, 2000, p. 474, e de Carlos Carmona, *ibidem*.

executado seja intimado a pagar o débito em 15 dias, nos termos do disposto no art. 523 do CPC.

O aludido requerimento será instruído com demonstrativo discriminado e atualizado do crédito, devendo a petição do exequente conter o nome completo, o número de inscrição no Cadastro de Pessoas Físicas ou no Cadastro Nacional da Pessoa Jurídica do exequente e do executado, observado o disposto no art. 319, §§ 1º a 3º do CPC, o índice de correção monetária adotado, os juros aplicados e as respectivas taxas, o termo inicial e o termo final dos juros e da correção monetária utilizados, a periodicidade da capitalização dos juros, se for o caso, especificação dos eventuais descontos obrigatórios realizados e a indicação dos bens penhoráveis, sempre que *possível*, segundo se infere das disposições contidas no art. 524, I a VII, do CPC.

Como o pedido se funda em cumprimento de sentença arbitral, além dos requisitos apontados a serem observados, deverá também o credor juntar com a inicial: *a)* o título executivo judicial; *b)* a convenção arbitral; *c)* o termo de arbitragem (ou "ata de missão"), se houver;[66] *d)* a procuração dos advogados das partes; *e)* tratando-se de pessoa jurídica, os respectivos contratos sociais a fim de comprovar a representação legal em juízo.

Processar-se-á, então, a uma execução de título judicial (CPC, art. 515, VII)[67] que, por sua vez, abrirá em favor do executado a possibilidade jurídica de impugná-la, nos moldes do disposto nos arts. 523 a 525, §§ 6º e 10º do CPC, com o escopo de desconstituir o título que legitima a execução (sentença arbitral), oportunidade em que poderá deduzir as matérias elencadas no art. 525 do CPC, e, dependendo do caso, também aquelas delineadas no art. 32 da Lei 9.307/1996.

Por sua vez, as sentenças de natureza mandamental ou executiva "lato sensu" (obrigação de fazer, de não fazer, de entregar coisa, ou, imissão na posse de bem imóvel – demandas recuperatórias de natureza real ou interdital) são dotadas de comando que ultrapassa a mera *exortação* (condenação) para adentrar no plano da *ordem* (mandamento); em outras palavras, o juiz que condena, não ordena, mas apenas exorta o vencido a cumprir obrigação de pagar, enquanto o juiz que ordena,

---

[66] Se eventualmente não foi firmado termo de arbitragem – o que algumas vezes ocorre, especialmente em se tratando de arbitragem *ad hoc* – é de bom alvitre que o exequente preste, de início, essa informação ao magistrado, evitando com isso a prolação de despacho determinando tal esclarecimento, o que importa em ganho de tempo para o credor.

[67] V. sobre o assunto, Luciano dos Santos e Francisco Baleotti, "Formação e execução de título executivo em processo arbitral", in Arnoldo Wald (org.), *Arbitragem e Mediação*, v. III, p. 1.049-1.067 (Coleção Doutrinas Essenciais).

determina imperativamente o cumprimento da *ordem*, via de regra, acrescida de sanção pecuniária – as *astreintes*.[68]

Desta feita, inexiste propriamente um procedimento voltado ao cumprimento de sentença judicial mandamental, pois a satisfação do vencedor se dá na forma estabelecida nos arts. 536 a 537 para as obrigações de fazer ou de não fazer, e, no art. 538, para as obrigações de entregar coisa, todos do CPC.

Nada obstante o procedimento delineado no art. 538 a ser observado para os casos de cumprimento da obrigação de entregar coisa (bem móvel) ou imissão na posse (bem imóvel), há de considerar-se que as sentenças de natureza executiva "lato sensu" exaurem-se mediante a efetivação da ordem que se dá com a expedição de mandado a ser cumprido por oficial de justiça (se necessário com o auxílio de força policial), como se verifica, por exemplo, em imissão de posse, despejo ou reintegração de posse, ou busca e apreensão de bem móvel.

De outro vértice, equivoca-se o legislador ao dizer no art. 538, *caput*, 2ª parte, que "[...] será expedido mandado [...] em favor do credor [...]", pois a hipótese não versa sobre direito de crédito, inexistindo, por conseguinte, a figura do devedor ou credor, mas de sujeito vencedor de demanda de natureza executiva com direito reconhecido em sentença de recuperação ou imissão de posse.

Tendo-se em consideração que todo o procedimento alusivo ao cumprimento de sentença (de qualquer natureza) é regido pelos dispositivos já mencionados do Código de Processo Civil, deixaremos de adentrar no assunto com mais profundidade por não ser este o objeto de nosso estudo, pois a interpretação a ser dada é aquela definida pela doutrina e jurisprudência orientadoras do processo judicial.

Há de se deixar bem claro que inexiste qualquer possibilidade de impugnação ao cumprimento de sentença arbitral de natureza mandamental ou executiva *lato sensu*, por todas as razões expostas, o que aliás, depreende-se por interpretação lógica e sistemática dos dispositivos que tratam da matéria em voga. Infere-se do texto legal que a impugnação em exame somente encontra amparo nas hipóteses em que se executa sentença arbitral condenatória, portanto, para pagamento de quantia certa (CPC, art. 525).[69]

---

[68] Equivoca-se Carlos Alberto Carmona quando faz alusão ao "cumprimento de sentenças condenatórias de obrigação de fazer e entregar coisa" (*Arbitragem e processo*, 3. ed., p. 433), pois, como dissemos, essas decisões não têm natureza condenatória.

[69] "Art. 525. Transcorrido o prazo previsto no art. 523 sem o pagamento voluntário, inicia--se o prazo de 15 (quinze) dias para que o executado, independentemente de penhora ou nova intimação, apresente, nos próprios autos, sua impugnação. § 1º Na impugnação, o executado poderá alegar: I – falta ou nulidade da citação se, na fase de conhecimento, o processo correu à revelia; II – ilegitimidade de parte; III – inexequibilidade do título ou inexigibilidade da obrigação; IV – penhora incorreta ou avaliação errônea; V – excesso de execução ou cumulação indevida de execuções; VI – incompetência absoluta ou relativa

Aliás, não foi por menos que o saudoso mestre Donaldo Armelin, com precisão cirúrgica, observou que, conforme a Lei da Arbitragem, a ação anulatória "[...] é, no plano das *sentenças não condenatórias,* o último instrumento utilizável pelas partes no litígio arbitral, para afastar as nulidades da sentença prolatada".[70]

Em princípio, mesmo que tenha transcorrido em branco o prazo de noventa dias para o ajuizamento da ação de nulidade, o executado poderá impugnar o cumprimento de sentença, em sintonia com a previsão legal claramente estabelecida no art. 33, § 3º, da LA.[71] Percebe-se que o legislador não fez qualquer restrição ou distinção acerca do decurso do prazo de noventa dias para a arguição das matérias definidas no art. 32 da LA em sede de ação autônoma desconstitutiva (ação anulatória) ou em sede de impugnação ao cumprimento de sentença arbitral perante o Estado-juiz.

Aliás, a intenção do legislador é bastante clara com a redação conferida ao § 3º do art. 33 da LA, ao frisar que a "*decretação da nulidade da sentença arbitral também poderá ser requerida no cumprimento de sentença [...] se houver execução judicial*" (grifos nossos). Não é demais relembrar que esta é uma das poucas hipóteses em que o Estado-juiz realiza controle jurisdicional em sede arbitral, o que se faz em observância aos ditames constitucionais como garantia maior da subsistência incólume e o próprio sucesso do instituto da arbitragem.

Contudo, a impugnação ao cumprimento da sentença arbitral fundada em qualquer dos incisos do art. 32 da Lei de Arbitragem obsta o ajuizamento posterior

---

do juízo da execução; VII – qualquer causa modificativa ou extintiva da obrigação, como pagamento, novação, compensação, transação ou prescrição, desde que supervenientes à sentença."

[70] "Notas sobre a ação rescisória em matéria arbitral", in Arnoldo Wald (org.), *Arbitragem e Mediação,* v. III, p. 909 (Coleção Doutrinas Essenciais).

[71] Registra-se que este era também o entendimento de Carlos Alberto Carmona, modificado quando da publicação da segunda edição de sua conceituada obra intitulada *Arbitragem e processo,* em 2004.

Justificou o ilustre professor a sua mudança de entendimento sob o fundamento de que o somatório das matérias elencadas no art. 32 àquelas previstas no art. 475-L do CPC/1973 ampliaria consideravelmente os temas sobre os quais poderia versar a defesa do devedor, o que estimularia a inércia da parte vencida na arbitragem quando a decisão dependesse de execução civil. E arremata: "De fato, não parece conveniente estimular o estado de incerteza em que cairiam as partes com a possibilidade, em sede de sentenças arbitrais condenatórias, de somarem-se os motivos de nulidade. Se o objetivo da Lei foi – e de fato foi! – o de estabelecer um prazo peremptório para ataque ao laudo arbitral, não parece conveniente, para dizer o mínimo, interpretar de modo extensivo e isolado o § 3º do art. 33. Uma visão sistemática do tema sugere, portanto, uma reflexão para admitir que as hipóteses do art. 32 não se misturam e não se confundem com as do art. 741 [art. 475-L] do Código de Processo Civil" (ob. cit., p. 344).

de ação anulatória baseada nos mesmos fatos e fundamentos jurídicos, cabendo à parte interessada arguir exceção de *litispendência* ou de *coisa julgada;* a recíproca também é verdadeira, isto é, a propositura ou o julgamento de ação anulatória de sentença arbitral obstam que a mesma matéria seja trazida ao conhecimento do Estado-juiz em sede de impugnação ao cumprimento de sentença. E mais: o mesmo sucede se a matéria foi submetida ao conhecimento do árbitro, por meio de pedido de esclarecimentos ("embargos de declaração") com ou sem efeitos infringentes, ou por outra forma de impugnação, ou, inversamente, se a parte interessada deixou passar a oportunidade de procurar corrigir o julgado perante o árbitro ou tribunal arbitral prolator da decisão. Esse tema foi largamente analisado com profundidade no item precedente deste capítulo (v. item n. 2, *supra*), razão pela qual, para não sermos repetitivos, deixaremos de nos alongar.

4. OUTROS MEIOS DE IMPUGNAÇÃO

Como é cediço, a Lei de Arbitragem excluiu qualquer possibilidade de recurso, reclamação ou outros meios de impugnação ou controle da sentença arbitral pelo Poder Judiciário, ressalvadas as hipóteses previstas na própria lei de regência, as quais foram objeto de análise nos itens precedentes deste capítulo (LA, art. 18).[72]

Via de regra, o mesmo se verifica dentro da própria jurisdição privada, com exceção do manejo de pedidos de esclarecimentos ("embargos de declaração") (LA, art. 30), ou, de algum tipo de recurso previsto, em caráter excepcional, pelas partes em convenção de arbitragem, a ser dirigido para um colegiado igualmente privado e formado dentro da entidade que administra o painel, ou, por terceiros previamente definidos (arbitragem *ad hoc*).

A hipótese mencionada acima é pouco utilizada, pois um dos princípios orientadores da jurisdição privada é a irrecorribilidade das decisões arbitrais (interlocutórias, sentenças parciais ou finais) que, por sua vez, funda-se na confiança que as partes depositam em seus árbitros e na qualidade de seus julgados, o que decorre da elevada qualificação profissional dos juízes privados, somando-se ao interesse recíproco na solução rápida do conflito.

Contudo, repita-se, nada obsta que as partes façam a opção por um determinado meio de impugnação às decisões arbitrais, desde que em tempo e modo oportunos, isto é, quando da elaboração da convenção arbitral.

---

[72] Lembramos que o Supremo Tribunal Federal já teve oportunidade de manifestar-se, por unanimidade, em sessão plenária, acerca da constitucionalidade do art. 18 da Lei de Arbitragem (SE 5.206-7, Reino Unido da Espanha, Rel. Min. Sepúlveda Pertence, j. 12.12.2001).

Por outro lado, eventual inobservância de *precedentes judiciais*, inclusive *súmulas vinculantes*, em sede de decisão arbitral, não encontra amparo jurídico para o manejo de *reclamação*,[73] assim como não haverá suspensão de processo arbitral em razão de decisão emanada do Poder Judiciário em *incidente de resolução de demandas repetitivas* ou *repercussão geral em recurso extraordinário* ou *especial repetitivo*, pois a jurisdição arbitral é autônoma e independente da jurisdição estatal.

Também é incabível o manejo de *mandado de segurança*[74] contra qualquer espécie de decisão proferida pelo árbitro ou tribunal arbitral, não encontrando amparo legal a ação constitucional em sede de jurisdição privada.

Considerando-se que o sistema arbitral prevê o controle estatal das sentenças arbitrais por meio das *ações "anulatórias"* (desconstitutivas) (LA, art. 32 c/c art. 33) e da impugnação ao cumprimento de sentença condenatória, fundada em pagamento de soma (LA, art. 33, § 3º), ladeadas pela secular *ação declaratória de nulidade da sentença arbitral* (*querela nullitatis*), não se vislumbra qualquer possibilidade jurídica do ajuizamento de *ação rescisória* para a desconstituição de decisão arbitral, até porque a aludida demanda encetada para a jurisdição estatal

---

[73] Assim também, v. José Rogério Cruz e Tucci, "O árbitro e a observância do precedente judicial", *Consultor jurídico* (1º nov. 2016), acesso em: 22 out. 2018; André Roque e Fernando Gajardoni, "A sentença arbitral deve seguir o precedente judicial do novo CPC? – Precedente vinculante não pode ser causa da ruína da arbitragem no Brasil", *Jota Info* (7 nov. 2016), acesso em: 30 out. 2018.

[74] Não se desconhece existir entendimento diverso acerca do cabimento do mandado de segurança contra ato arbitral que cause gravame às partes litigantes na jurisdição privada, ou, também a terceiros prejudicados, como, por exemplo, a sempre abalizada doutrina de Arnoldo Wald, em trabalho escrito em coautoria de Rodrigo da Fonseca em que admite, em casos excepcionalíssimos, o manejo do *mandamus,* desde que se trate de decisão teratológica que atinja apenas a terceiros ("O mandado de segurança e a arbitragem", in Arnoldo Wald [org.], *Arbitragem e Mediação*, v. III, p. 871-876 [Coleção Doutrinas Essenciais]). Wald e Fonseca ponderam que o cabimento da aludida ação será apenas no curso do processo arbitral e em casos excepcionais, "[...] para que não se transforme em via de indevida *judicialização* da arbitragem" (p. 875-876). Esse é o grande problema, excepcionar onde inexiste espaço para exceções e, com isso, abrir-se espaço à formação de julgados que, com o tempo, transformar-se-ão em precedentes, colocando-se em risco a higidez do próprio sistema arbitral no Brasil. Ademais, o mandado de segurança é ação constitucional excepcionalíssima e de cognição limitada, fundada sempre em *direito líquido* e certo, e, *sempre* dirigida contra *ato ilegal ou abusivo* da responsabilidade de autoridade pública ou agente de pessoa jurídica no exercício de atribuição do Poder Público (CF, art. 5º, LXIX e Lei 12.016/2009, arts. 1º e 2º).
Em que pese o árbitro exercer jurisdição (juiz de fato e de direito), tal assertiva (LA, art. 18) não o torna ou o equipara à autoridade pública, até porque, árbitro não é *autoridade*, mas apenas juiz privado escolhido pelas partes para resolver, pontualmente, os seus conflitos particulares patrimoniais disponíveis, *sem poder de império*.

açambarca e conjuga o juízo *rescindens* e o juízo *rescisorium*, o que importaria em inaceitável revisão da decisão arbitral pelo Poder Judiciário.[75]

Em suma, é inadmissível o manejo de *ação rescisória* contemplada no art. 966 do CPC contra decisões arbitrais, "[...] quer sejam elas internas, quer se originem de jurisdições alienígenas. Os instrumentos legais previstos na Lei 9.307/1996 são suficientemente idôneos para tornarem supérflua a atuação dessa ação típica da jurisdição estatal no âmbito daquela privada. Entretanto, as decisões judiciais versando sobre as sentenças arbitrais serão passíveis de rescisória, quando encartáveis nas hipóteses do art. 485 do CPC [art. 966, CPC/2015], considerando-se sua natureza e a inexistência de qualquer ressalva legal a respeito da incidência desse dispositivo legal. Essa conclusão alcança também as decisões do STF prolatadas na tela da jurisdição contenciosa".[76]

---

[75] Assim também Donaldo Armelin, "Notas sobre a ação rescisória em matéria arbitral", in Arnoldo Wald (org.), *Arbitragem e Mediação*, v. III, p. 918 (Coleção Doutrinas Essenciais). Na mesma linha, v. Flávio Yarshell, "Ação anulatória de julgamento arbitral e ação rescisória", in Arnoldo Wald (org.), *Arbitragem e Mediação*, v. III, p. 987-988 (Coleção Doutrinas Essenciais).

[76] Donaldo Armelin, *ibidem*, p. 918.

CAPÍTULO XI
DA EXECUÇÃO DA SENTENÇA ARBITRAL

Sumário: 1. Eficácia da sentença arbitral e a força preponderante de seu comando – 2. Jurisdição e competência para a execução da sentença arbitral – 3. Regime execucional da sentença arbitral

1. EFICÁCIA DA SENTENÇA ARBITRAL E A FORÇA PREPONDERANTE DE SEU COMANDO

A *natureza jurídica das sentenças* é decorrência lógica da natureza da demanda ou tutela jurisdicional perseguida pelo autor da ação, tema este que já foi objeto de análise no Capítulo Oitavo, item n. 2.1.3 (*Natureza jurídica e classificação das ações e das sentenças*). Em síntese, considerando-se a tutela dos direitos como critério definidor da natureza da ação, havemos de classificá-la como declaratória, constitutiva (positiva ou negativa), ressarcitória, recuperatória, inibitória, acautelatória e executória *stricto sensu,* enquanto no plano puramente processual (instrumental) as ações cognitivas são classificadas como de natureza declaratória, constitutiva, condenatória, mandamental e executiva *lato sensu* (denominada de classificação quinária das ações).[1]

O comando da sentença que se agrega à parte dispositiva do julgado é normalmente misto (exceção à declaratória pura), apresentando-se com preponderância maior ou menor em relação ao outro, de acordo com a tutela perseguida pelas partes.

Assim, a sentença arbitral condenatória gera título judicial executivo que faculta ao vencedor utilizar-se da execução forçada (*cumprimento de sentença*), caso o vencido não satisfaça espontaneamente a prestação exortada na parte dispositiva do julgado; a sentença constitutiva, por sua vez, opera a extinção da relação jurídica litigiosa, ou, cria nova relação jurídica para as partes; a sentença declaratória gera a certeza jurídica sobre a relação deduzida em juízo;[2] as senten-

---

[1] Cf. Pontes de Miranda, *Tratado das ações* e *Comentários ao Código de Processo Civil*. Ovídio Baptista da Silva, apesar de alinhado sempre com a doutrina e teorias de Pontes de Miranda dissente, em parte, dessa classificação, de maneira a retirar as ações mandamentais e executivas *lato sensu* do processo de conhecimento para incluí-las no processo de execução.

[2] Cf. Humberto Theodoro Jr., *Curso de direito processual civil*, 18. ed., v. I, p. 520, n. 503.

ças mandamental e a executiva *lato sensu* geram ordem de efetivação do julgado (mandamento), com definição de multa a incidir contra o recalcitrante em favor da parte adversa (*astreintes*).[3]

A sentença arbitral se não for cumprida espontaneamente pelo vencido, haverá de ser executada em sede estatal (cumprimento de sentença), pois conforme já tivemos oportunidade de assentar em diversas passagens deste estudo, o juiz privado detém apenas o poder de dizer o direito, enquanto ao Estado-juiz é reservado o poder de império, para todos os fins, inclusive de fazer exercer o cumprimento do julgado de maneira forçada ("execução forçada").

Somente as sentenças arbitrais descumpridas pelo vencido de natureza condenatória, mandamental e executiva *lato sensu* é que necessitarão da intervenção do Poder Judiciário para cumprimento forçado e obtenção de satisfatividade no plano factual, pois aquelas de natureza declaratória e constitutiva (positiva ou negativa), exaurem-se em si mesmas, e, por conseguinte, satisfazem o vencedor simplesmente por gerar todos os seus efeitos no plano jurídico, diferente das outras três espécies que envolvem o plano dos fatos e, com isso, adentram na esfera patrimonial ou volitiva do sucumbente (pagamento de soma, dar, fazer ou não fazer).

Frisa-se que mesmo se o dispositivo da sentença arbitral contiver ordem (mandamento), caso o sucumbente não cumpra a decisão espontaneamente, o árbitro não poderá exercer qualquer ato de império contra o recalcitrante; nestes casos, caberá ao vencedor acessar o Poder Judiciário, munido de título executivo judicial privado (sentença arbitral), inclusive para fazer valer *astreintes* fixadas pelo árbitro em seu favor.

Na verdade, é por meio da *ordem executória* (ordenamento ou *exequatur*) da decisão arbitral emanada do Poder Judiciário que a sentença arbitral adquire *força executiva*. Embora a questão da irrecorribilidade das decisões arbitrais se entrelace com a ordem de execução da sentença arbitral, no tocante à intervenção do Estado-juiz, aquela "[...] tem a ver com a impugnação voluntária do laudo, independentemente de sua eficácia executiva, enquanto o *exequatur* diz com a atuação concreta da decisão, por meio de medidas coercitivas que assegurem a realização objetiva do decidido".[4]

Conforme já mencionado, essas questões já foram por nós analisadas em itens precedentes; frisamos, neste tópico, mais uma vez, de maneira breve, que as sentenças arbitrais, assim como as proferidas pelo Estado-juiz, portarão natureza idêntica àquela delineada pela tutela perseguida e descrita na pretensão do autor

---

[3] Cf. Ovídio A. Baptista da Silva, *Curso*, v. I, p. 418-419; e *Jurisdição e execução na tradição romano-canônica*, p. 176-179, letra "h".

[4] José Alexandre Tavares Guerreiro, "A execução judicial de decisões arbitrais", *Rev. de Dir. Mercantil*, 75, p. 35, n. 13.

em processo de conhecimento (pedido em sintonia com a causa de pedir). Assim, por exemplo, uma sentença arbitral pode trazer em seu bojo eficácia preponderantemente condenatória (sentença de exortação), mas, em graus menos intensos, apresentará natureza constitutiva e declaratória

Por conseguinte, o que definirá o regime para se obter a satisfação concreta da tutela prestada pelo árbitro é a força preponderante embutida no comando da sentença arbitral executada, sempre desenhado na parte dispositiva da decisão.

Como a lei de regência retirou do Poder Judiciário o controle direto e formal das sentenças arbitrais ao suprimir a fase de homologação,[5] o juiz, ao receber o pedido de cumprimento das decisões arbitrais não poderá obstar, *ex officio*, o seu processamento, cabendo à parte interessada arguir em seu favor, se for o caso, as matérias restritas à impugnação de sentença ou a desconstituição do título exequendo, com os fundamentos do art. 32 da LA (sobre esses temas, v. Capítulo Décimo).

Não se desconhece que existem entendimentos doutrinários diversos acerca da possibilidade de conhecimento, *ex officio*, de nulidades pelo togado no que concerne aos vícios da sentença arbitral.[6] Discordamos porque, se acolhida a tese do conhecimento de ofício pelo juiz togado de matérias enumeradas no art. 32 da Lei de Arbitragem, não só esvaziará a possibilidade de impugnação pela via autônoma da demanda desconstitutiva, ou, incidentalmente, por meio de impugnação ao cumprimento de sentença (LA, art. 33) como, ainda, o que é mais grave, manterá por meios transversos e não desejados pelo legislador a superada fase processual antecedente de "homologação" pelo Poder Judiciário da sentença arbitral, na medida em que as hipóteses de nulidade ventiladas pela lei de regência no art. 32 são substancialmente as mesmas inseridas no art. 1.100 do revogado CPC/1973, em seção então destinada a regular "homologação do laudo arbitral".

2. JURISDIÇÃO E COMPETÊNCIA PARA A EXECUÇÃO DA SENTENÇA ARBITRAL

Finda a arbitragem com a prolação da sentença, o árbitro ou o presidente do tribunal arbitral deverá enviar cópia da decisão às partes (intimação ou notificação), por via postal, ou por outro meio qualquer de comunicação, mediante comprovação de recebimento, ou, ainda, por intermédio de entrega direta da decisão aos litigantes, com recibo (LA, art. 29).

---

[5] O processo de homologação do então chamado "laudo arbitral" era definido nos arts. 1.098 a 1.102 do revogado CPC/1973.

[6] Nessa linha, o entendimento esposado por José A. F. Costa e Rafaela L. V. Pimenta que defendem a tese diametralmente oposta à nossa, em artigo intitulado "Ordem pública na Lei 9.307/96", publicado na coletânea de estudos *Arbitragem* – A nova lei brasileira, p. 197-214.

A ordem (mandamento) ou a exortação (condenação) ao cumprimento do julgado emanada do árbitro ou do colégio arbitral poderá ser atendida espontaneamente pelo vencido, satisfazendo inteiramente o vencedor da demanda.

Contrariamente, se o cumprimento se fizer necessário mediante execução forçada, o vencedor haverá de provocar a jurisdição estatal, e, neste caso, competente será o juiz que teria competência para conhecer da lide principal, nos moldes delineados nos arts. 523 a 525 do CPC, com prazo prescricional de dez anos (art. 205, CC).

Em qualquer hipótese, será competente para a execução da sentença arbitral o órgão do Poder Judiciário do local que seria competente para julgar o mérito da demanda.

Havendo mais de uma unidade jurisdicional em determinado foro, o juiz competente será definido aleatoriamente, por meio do sistema de distribuição, ressalvada a hipótese de prevenção verificada por qualquer das circunstâncias definidas nos arts. 6º, parágrafo único, 7º, 13, § 2º, 22, § 2º do CPC.

O tema da liquidação de sentença arbitral foi versado no Capítulo Oitavo (item n. 2.1.7), razão pela qual não o retomaremos nessa etapa de nosso estudo, para não sermos repetitivos, valendo apenas ressaltar, "para evitar maiores problemas, que as Câmaras, os advogados e os árbitros devem ficar atentos para que as sentenças não sejam prolatadas sem a correta indicação do valor a ser pago, sob pena de submeterem a parte que buscou a arbitragem para a solução de seu conflito a um calvário para a liquidação de sua sentença".[7]

3. REGIME EXECUCIONAL DA SENTENÇA ARBITRAL

Conforme assentado nos itens precedentes, em especial no Capítulo Décimo, o cumprimento forçado restringe-se às sentenças revestidas de comando preponderantemente condenatório, mandamental ou executivo em senso amplo, enquanto as sentenças de natureza e eficácia declaratória e constitutiva efetivam-se satisfazendo o vencedor da demanda no plano puramente jurídico-material, e, por conseguinte, são inexequíveis, na exata medida em que se exaurem em si mesmas.

O cumprimento das sentenças condenatórias observará o regime definido no art. 523 do CPC, enquanto as mandamentais ou executivas *lato sensu* dependerão da manifestação do interessado ao órgão competente do Poder Judiciário, a fim de enquadrar o pedido aos termos do art. 536, em combinação com os arts. 497 (obrigação de fazer e não fazer), 498 e 538 (obrigação de entrega de coisa certa ou incerta), todos do CPC.

---

[7] Luis Guerrero, "Cumprimento da sentença arbitral e a Lei 11.232/2005", in Arnoldo Wald (org.), *Arbitragem e Mediação*, v. III, p. 1.095 (Coleção Doutrinas Essenciais).

Far-se-á execução provisória da sentença arbitral condenatória quando esta tiver sido impugnada por meio de ação anulatória (arts. 32 e 33), nos moldes do disposto no art. 520 e seguintes do CPC.

Seja provisória ou definitiva, tratando-se de cumprimento de sentença arbitral, a angularização da relação jurídico-processual dar-se-á mediante citação do devedor no processo de liquidação ou de execução em vez de intimação promovida nos processos sincréticos, nos quais o ato citatório é promovido no bojo do feito em precedente fase processual de conhecimento; eis a única diferença procedimental entre o cumprimento da sentença proferida no processo civil e o da sentença arbitral.[8]

---

[8] STJ, REsp 1102460-RJ, Rel. Min. Marco Buzzi, Corte Especial, j. 17.06.2015, *DJe* 23.09.2015.

CAPÍTULO XII
DO RECONHECIMENTO E EXECUÇÃO DE SENTENÇAS ARBITRAIS ESTRANGEIRAS

Sumário: 1. Sentença arbitral estrangeira – 2. Da competência para o reconhecimento da sentença arbitral estrangeira – 3. Requisitos para o reconhecimento da sentença arbitral estrangeira – 4. Da homologação e eficácia da sentença arbitral estrangeira em território brasileiro – 5. Do processo e do procedimento para o reconhecimento da sentença arbitral estrangeira – 6. Denegação da homologação. Vícios de fundo e forma – 7. Da execução da sentença arbitral estrangeira

1. SENTENÇA ARBITRAL ESTRANGEIRA

Considera-se *sentença arbitral estrangeira* toda aquela decisão proferida por árbitro ou tribunal arbitral fora do território nacional (LA, art. 34, parágrafo único) que, por sua vez, será reconhecida e executada no Brasil de conformidade com os tratados internacionais com eficácia no ordenamento jurídico interno e, se ausente, estritamente de acordo com os termos da Lei 9.307/1996, conforme dispositivo citado.

No plano internacional, as sentenças ou os laudos arbitrais não possuem a mesma eficácia das decisões nacionais, "[...] circunstância que decorre da noção de soberania estatal, que a seu turno traça os limites da jurisdição estatal. Logo, a decisão proferida por autoridade estrangeira não adquire eficácia extraterritorial automática, sujeitando-se, na forma das convenções internacionais sobre a matéria ou da legislação nacional do Estado em que se lhe pretenda validar, a algum mecanismo de incorporação na ordem interna.

"Entre nós, esse processo de incorporação toma o nome de homologação de sentença estrangeira, e, no direito comparado, de um modo geral, é tratado como meio de reconhecimento e execução de decisões proferidas por tribunais estrangeiros."[1]

---

[1] Lauro da Gama e Souza Jr., "Reconhecimento e execução de sentenças arbitrais estrangeiras", *Arbitragem* – A nova lei brasileira (9.307/96) e a praxe internacional (coletânea de estudos), p. 309-324.

Nada obstante os diversos critérios utilizados no direito alienígena para classificar e definir se a arbitragem é ou não internacional (critério econômico, misto ou da sede da administração da arbitragem), o mais aceito e utilizado é aquele que considera o país sede do procedimento arbitral para identificar a respectiva nacionalidade da sentença.[2]

2. DA COMPETÊNCIA PARA O RECONHECIMENTO DA SENTENÇA ARBITRAL ESTRANGEIRA

Após o advento da Emenda Constitucional 45/2004, a competência para a homologação de sentença estrangeira que, até então, era do Supremo Tribunal Federal (art. 102, I, *h*, CF),[3] passou a ser do Superior Tribunal de Justiça (art. 105, I, *i*, CF), sendo esta a única exigência para a sua execução no Brasil após o adven-

---

[2] Cf. Joaquim Muniz e João Marçal da Silva, "A carta arbitral", in Leonardo de Campos Melo e Renato Resende Beneduzi (coord.), *A reforma da arbitragem*, p. 311-324, n. 12.
 Acrescentam ainda os citados articulistas que "diferentemente de outros ordenamentos jurídicos, como o francês e o espanhol, a Lei de Arbitragem brasileira, em seu art. 34, parágrafo único, restringe-se a distinguir sentença nacional de sentença estrangeira, notadamente com o fito de aferir a necessidade de homologação perante o STJ. Trata-se do conhecido 'critério geográfico' (*ius solis*), baseado apenas no local onde a decisão for proferida" (p. 319, n. 4.2).

[3] Sobre o tema v. André de Carvalho Ramos, "O reconhecimento de sentença arbitral estrangeira e a cooperação jurisdicional do Mercosul", *ibidem*, p. 281-308; Edilson Pereira Nobre Jr., "Dos efeitos da falência decretada no estrangeiro", *RTJE*, 137, p. 45-56; Jete Jane Fiorati, "A convenção interamericana sobre eficácia extraterritorial das sentenças e laudos arbitrais estrangeiros", *Rev. de Inf. Leg.*, 130, p. 19, abr./jun. 1996; Roberval C. Costa do Monte, "Homologação de sentença estrangeira", *Rev. Dir. da Proc. Geral da Just./RJ*, 8, p. 57-82; Luiz Olavo Baptista, "A homologação de laudos arbitrais estrangeiros na jurisprudência brasileira", *Vox legis*, 158, p. 1-15; *Idem*, "Notas sobre homologação de laudos arbitrais estrangeiros em direito brasileiro", *RT*, 556, p. 269-277; *Idem* e Milton Latorre, "Observações práticas sobre a homologação de sentenças e de laudos arbitrais estrangeiros no Brasil", *RF*, 276, p. 311-317; José Guilherme Villela, "Reconhecimento de decisões arbitrais estrangeiras", *Rev. de Inf. Leg.*, 75, p. 53-58; C. G. J. Morse, "Competência e homologação de sentenças estrangeiras na comunidade econômica europeia", *Rev. de Inf. Leg.*, 103, p. 311-340; Francisco Xavier da Silva Guimarães, "Relações jurisdicionais com autoridades estrangeiras", *Rev. do Trib. de Just. do Distrito Federal e dos Territórios*, p. 11-24, dez. 1988; Gastão Paes de Barros Leães, "Juízo arbitral. Homologação de decisão estrangeira", *RT*, 547, p. 254-258; Jürgen Samtleben, "Questões atuais da arbitragem comercial internacional no Brasil", *RT*, 712, p. 51-65; José Carlos Barbosa Moreira, "Efectos de las sentencias y laudos arbitrales extranjeros", *RePro*, 79, p. 184-189; P. Balmaceda Cardoso, "Homologação de sentença estrangeira", *RT*, 172, p. 422; Guilherme G. Strenger, "Homologação de sentença estrangeira de divórcio", *RF*, 298, p. 79-82; Beat Rechsteiner, "A homologação da sentença estrangeira de divórcio no Brasil", *RF*, 289, p. 157.

to da Lei 9.307/1996 que, finalmente, extirpou o retrógrado requisito da "dupla homologação"[4] (art. 35).

Por sua vez, o Regimento Interno do Superior Tribunal de Justiça (arts. 216-A a 216-X), dispõe sobre a homologação e cumprimento de sentenças estrangeiras e a concessão de *exequatur* às cartas rogatórias, assinalando em seu art. 216-B que a sentença estrangeira não terá eficácia[5] no Brasil sem a prévia homologação da referida Corte. Outro não é o teor do art. 961 do CPC/2015.[6]

Significa dizer que, no plano internacional, a sentença judicial ou arbitral não possui a mesma eficácia das decisões nacionais, como decorrência da noção de soberania nacional, que, por sua vez, traça os limites da jurisdição estatal.

Em sede de *competência internacional,* o Brasil não reconhece a exceção de *litispendência*; vale dizer que o nosso sistema instrumental admite a *competência concorrente*,[7] segundo se infere do art. 21 em sintonia com o art. 24, ambos do CPC.[8] Aliás, esse último dispositivo é taxativo ao afirmar que "a ação intentada perante tribunal estrangeiro não induz litispendência, nem obsta a que a autoridade judiciária brasileira conheça da mesma causa e das que lhe são conexas, ressal-

---

[4] No regime anterior, o Supremo Tribunal Federal, então competente para a homologação de sentença arbitral estrangeira, tinha como requisito essencial para a admissibilidade do reconhecimento de sentença arbitral estrangeira que ela houvesse sido preliminarmente homologada pelo Poder Judiciário do país de origem. Como muitos países não faziam essa exigência diante da falta de norma a esse respeito (como se verifica agora, no Brasil, com a Lei de Arbitragem) muitas decisões eram juridicamente impossíveis de serem executadas no Brasil.

[5] Já decidiu o STF que as "sentenças que julgam improcedente a ação são meramente declaratórias, produzindo, como atos decisórios que são, efeitos. A eficácia, a que aludem os arts. 483 do CPC [art. 961, NCPC] e 215 do Reg. Interno desta Corte, diz respeito a quaisquer efeitos da sentença, e não apenas ao efeito executivo. Verificação de ocorrência, no caso, dos pressupostos gerais de homologabilidade (arts. 216 e 217 do RISTF). Sentença homologada" (*RTJ*, 124, p. 471 e *RT*, 626, p. 236).

[6] Sobre o tema, por todos, v. Barbosa Moreira, *Comentários ao Código de Processo Civil*, v. V, p. 61-121.
No âmbito do Mercosul, v. o anexo ao Decreto Legislativo 55, de 19.04.1995 – Protocolo de Cooperação e Assistência Jurisdicional em Matéria Civil, Comercial, Trabalhista e Administrativa –, Capítulo V, que trata do reconhecimento e execução de sentenças e laudos arbitrais.

[7] Cf. Barbosa Moreira, "Relações entre processos instaurados, sobre a mesma lide civil, no Brasil e em país estrangeiro", *RePro*, 7-8, p. 51-77.

[8] Sobre o tema, v. Luís Cezar Ramos Pereira, "A litispendência internacional no direito brasileiro", *RT*, 711, p. 27-37.

vadas as disposições em contrário de tratados internacionais e acordos bilaterais em vigor no Brasil".[9]

O mesmo ocorre com a *coisa julgada*, ou seja, a decisão já proferida no exterior transitada em julgado diante da verificação de demanda idêntica que tramita no Brasil, simplesmente deve ser ignorada pelo juiz nacional. Somente depois de homologada pelo Superior Tribunal de Justiça, com decisão transitada em julgado, é que a sentença estrangeira terá eficácia no Brasil e, agora sim, com a possibilidade de alegação da parte interessada ou através do conhecimento de ofício da mencionada exceção, extinguindo-se o processo nacional ainda em tramitação, sem resolução do mérito (art. 485, V e § 3º).[10]

Diferentemente, a competência será *exclusiva* da autoridade judicial brasileira se a lide versar sobre imóveis, inventário ou partilha de bens situados no Brasil (art. 23, I e II, CPC/2015). De outra parte, não se verificando nenhuma dessas hipóteses, a circunstância de uma das partes litigantes ter domicílio no Brasil não a impede de submeter-se ao juízo arbitral no exterior e, consequentemente, a homologação da decisão pelo tribunal competente do país em que ocorreu a arbitragem, se for o caso.

3. REQUISITOS PARA O RECONHECIMENTO DA SENTENÇA ARBITRAL ESTRANGEIRA

Há que se fazer, ainda que brevemente, a distinção entre *reconhecimento* e *execução* da sentença estrangeira. O primeiro significa uma providência defensiva e de proteção da soberania nacional, em que reside a nossa ordem jurídica interna, fazendo valer a autoridade da coisa julgada que seja emanada de decisão do Superior Tribunal de Justiça, impedindo, assim, nova discussão sobre a matéria objeto da homologação, seja em sede judicial estatal, seja privada. Já a segunda apresenta-se com nítido caráter coercitivo e satisfativo, à medida que, além de possibilitar o reconhecimento da decisão estrangeira, permite que a parte interessada requeira ao tribunal judicial a utilização dos meios coativos necessários à satisfação do julgado.[11]

---

[9] Já decidiu o STF que a pendência, perante juiz brasileiro, de ação entre as mesmas partes e sobre a mesma matéria, não obsta a homologação de sentença estrangeira, salvo se já houver sido proferida decisão por juiz brasileiro versando sobre a mesma lide (*RT*, 705, p. 254), sob pena de incorrer em ofensa à soberania nacional, o que contrariava o art. 216 do Regimento Interno do Supremo Tribunal Federal (SE 4.694-7, EUA, *DJU* de 18.03.1994, p. 5.150).

[10] Cf. STF, SE 4087, Rel. Min. Moreira Alves, *RTJ*, 138-2, p. 466; *DJU* de 20.03.1992, p. 3.321.

[11] Cf. Lauro da Gama e Souza Jr., que assim escreve baseado em Alan Redfern e Martin Hunter, coletânea cit., p. 311-312.

A doutrina tem procurado distinguir, e com razão, os chamados pressupostos ou *requisitos positivos* e *negativos* necessários ao eficaz reconhecimento e execução das sentenças arbitrais estrangeiras. *Positivos* seriam aqueles que devem estar presentes para o acolhimento do pedido de homologação, enquanto os *negativos* são os elementos impeditivos para a admissibilidade e reconhecimento da decisão estrangeira perante o território nacional.

Primeiramente, proceder-se-á ao reconhecimento e execução de conformidade com os tratados internacionais com eficácia no ordenamento interno e, na sua ausência, estritamente nos termos da Lei 9.307/1996 (art. 34).[12]

O pedido de homologação que será dirigido ao Superior Tribunal de Justiça tem natureza de demanda judicial e, como tal, deverá obedecer aos requisitos estatuídos no art. 319 do CPC e vir acompanhado dos documentos indispensáveis que, no caso, são o original da sentença arbitral (texto integral) ou uma cópia devidamente certificada, autenticada pelo consulado brasileiro e acompanhada de tradução oficial, e o original da convenção de arbitragem ou cópia devidamente certificada, acompanhada de tradução oficial (art. 37, I e II da Lei 9.307/1996 e art. 216-C do RISTJ).

Nessa linha, há de ser homologada sentença arbitral estrangeira, proferida por autoridade competente no país de origem,[13] transitada em julgado, autenticada pelo cônsul brasileiro e traduzida por tradutor juramentado no Brasil, enquanto a convenção de arbitragem deverá contar com a chancela consular e estar devidamente traduzida. Por seu turno, a sentença arbitral estrangeira não poderá ofender a soberania nacional, a dignidade da pessoa humana ou a ordem pública. Assim preenchidos os pressupostos formais, há de ser homologada a sentença arbitral estrangeira.[14]

Eliminou-se, com a Lei de Arbitragem, a exigência do chamado duplo sistema de homologações, isto é, não mais se exige que a sentença arbitral estrangeira tenha sido homologada no país de origem, abraçando-se, assim, as fortes e modernas

---

[12] Sobre o tema com enfoque para o Mercosul, v. André de Carvalho Ramos, "O reconhecimento de sentença arbitral estrangeira e a cooperação jurisdicional no Mercosul", *Arbitragem* – A nova lei brasileira (9.307/96) e a praxe internacional (coletânea de estudos), p. 281-308.

[13] Aliás, há muito já havia assentado orientação o Supremo Tribunal Federal no sentido de que "não demonstrada a competência do juízo que proferiu a sentença estrangeira, resta inviabilizada sua homologação pelo Supremo Tribunal Federal. Pedido Indeferido" (SE 6.753-7, Reino Unido da Grã-Bretanha e da Irlanda do Norte, Rel. Min. Maurício Corrêa, j. 13.06.2002).

[14] STJ, SEC 14.408, Rel. Min. Luis Felipe Salomão, j. 21.06.2017, *DJe* 31.08.2017.

tendências alienígenas a respeito da matéria.[15] Para tanto, basta tão somente a homologação da sentença arbitral estrangeira pelo Superior Tribunal de Justiça (LA, art. 35), desde que reconhecida como válida a produzir seus efeitos no país de origem (interpretação restritiva).

Por último, os *pressupostos negativos* estão elencados nos arts. 38 e 39 da Lei de Arbitragem, em sintonia com o art. 216-F do Regimento Interno do STJ e Resolução 9/2005, que versam sobre as hipóteses de denegação do pedido de homologação.

Registra-se, por derradeiro, que o Supremo Tribunal Federal já firmou orientação sumulada no sentido de que "não se homologa sentença proferida no estrangeiro sem prova do trânsito em julgado" (Súmula 420) (art. 216-D do RISTJ).

4. DA HOMOLOGAÇÃO E EFICÁCIA DA SENTENÇA ARBITRAL ESTRANGEIRA EM TERRITÓRIO BRASILEIRO

Conforme já assentado pelo Superior Tribunal de Justiça, "o processo de homologação de sentença estrangeira tem natureza constitutiva, destinando-se a viabilizar a eficácia jurídica de provimento jurisdicional alienígena no território nacional, de modo que tal decisão possa vir a ser aqui executada. É, portanto, um pressuposto lógico da execução da decisão estrangeira, não se confundindo, por óbvio, com o próprio feito executivo, o qual será instalado posteriormente – se for o caso –, e em conformidade com a legislação pátria [...]".[16]

Atendidos os pressupostos positivos e negativos para o deferimento da pretensão homologatória – requisitos de fundo e forma –, não há como o Superior Tribunal de Justiça deixar de acolher o pedido de reconhecimento da sentença arbitral estrangeira (LA, art. 38).

Por sua vez, a homologação de decisão arbitral estrangeira obedecerá ao disposto em tratados e leis, aplicando-se, subsidiariamente, as disposições contidas no Código de Processo Civil (arts. 960 a 965), na Lei 9.307/1996, e no Regimento Interno do STJ se e quando a matéria procedimental não se encontrar regulada pela Convenção de Nova Iorque.[17]

---

[15] Dentre tantos outros julgados neste sentido, ver ARSE 5.206-7, Reino da Espanha, Rel. Min. Sepúlveda Pertence, j. 12.12.2001.

[16] STJ, SEC 14.408, Rel. Min. Luis Felipe Salomão, j. 21.06.2017, *DJe* 31.08.2017.
Para aprofundamento sobre o tema, v. João Otavio Noronha, Og Fernandes, Jean-Noël Acquaviva e Arnoldo Wald, "Concepções brasileiras sobre contrariedade à ordem pública em matéria de arbitragem internacional", in Luis Felipe Salomão e Cesar Cunha Campos (org.), *Brasil e França*: A arbitragem na visão comparada, p. 60-117.

[17] Observam Nadia de Araújo e Ricardo Almeida que, "definitivamente, é chegada a hora de o STJ cumprir o comando do art. 960, § 3º, c/c o art. 13, ambos do CPC/2015, além do art. 34 da Lei 9.307/1996, que determinam a aplicação prioritária dos tratados internacionais

Após a homologação, a sentença estrangeira adquire eficácia em todo o território nacional, podendo ser, então, executada pelo juiz federal competente (CPC, art. 965).

Destarte, "a sentença arbitral estrangeira, uma vez homologada pelo Superior Tribunal de Justiça, adquire plena eficácia no território nacional, não podendo, a partir daí, ser objeto de revisão ou modificação por quaisquer órgãos do Poder Judiciário. Eventual concorrência entre sentença proferida pelo Judiciário brasileiro e decisão do STJ que homologa sentença estrangeira sobre a mesma questão resolve-se pela prevalência da que transitar em julgado em primeiro lugar".[18]

5. DO PROCESSO E DO PROCEDIMENTO PARA O RECONHECIMENTO DA SENTENÇA ARBITRAL ESTRANGEIRA

Conforme já assinalado no item 3, *supra*, o processo a ser instaurado perante o Superior Tribunal de Justiça para o reconhecimento da sentença arbitral estrangeira é de natureza cognitiva constitutiva.

O procedimento obedecerá às normas do Código de Processo Civil, arts. 319, 961 e 965, no que couber, e o Regimento Interno do STJ (arts. 216-A a 216-X).

Em linhas gerais, a parte interessada formulará o pedido endereçado ao presidente do STJ, nos moldes do art. 319 do CPC, devendo aquele estar obrigatoriamente instruído com a certidão ou cópia autenticada do texto integral da sentença estrangeira e os documentos comprobatórios dos requisitos assinalados no art. 216-D do Regimento Interno da referida Corte.

Havendo alguma omissão, defeito ou irregularidade, o presidente ordenará que o postulante emende ou complete a inicial, sob pena de indeferimento liminar da peça inaugural (RISTJ, art. 216-E).

Preenchidos os requisitos legais, o feito será autuado e citada a parte contrária (por oficial de justiça, expedindo-se carta de ordem ou, no exterior, por carta rogatória) para oferecer contestação em quinze dias (RISTJ, art. 216-H), que poderá versar apenas sobre a autenticidade dos documentos que instruem a inicial ou a inobservância dos requisitos indicados nos arts. 216-C, 216-D e 216-F do mencionado Regimento.

---

vigentes, notadamente a Convenção de Nova Iorque de 1958, com prevalência sobre a legislação nacional e sobre o Regimento Interno" ("O Código de Processo Civil de 2015 e a homologação de laudos arbitrais estrangeiros", in Carlos Carmona, Selma Lemes e Pedro Martins (coord.), *20 anos da Lei de Arbitragem – Homenagem a Petrônio R. Muniz*, p. 714).

[18] STJ, AgRg na Rcl 14.005/SP, Rel. Min. João Otávio de Noronha, Corte Especial, j. 16.09.2015, *DJe* 05.10.2015.

Acerca da delimitação da matéria em sede de contestação e contraditório, há muito o Supremo Tribunal Federal, quando ainda era de sua competência o tema em voga, definira com base em seu Regimento Interno (art. 221) – correspondente ao art. 216-H do RISTJ – no sentido da impossibilidade, "[...] pela via processual de sentença estrangeira, discutir situações jurídicas diversas dos requisitos indispensáveis à homologação".[19]

Decorrido o prazo para a contestação ou para a réplica do autor, em cinco dias, ou manifestação de curador especial (incapaz ou revel), oficiará em qualquer caso o Ministério Público Federal, em dez dias (RISTJ, art. 216-H c/c art. 216-S).

Não havendo impugnação ao pedido de homologação, sobre ele decidirá o presidente, sendo que na hipótese de denegação do pedido, caberá a interposição de agravo, a ser distribuído para julgamento em plenário (RISTJ, art. 216-M).

Homologada a sentença estrangeira, com a oposição do réu por contestação, incidirá na sucumbência e, em consequência, arcará com as custas do processo e os honorários advocatícios, nos termos do art. 85 do CPC.[20]

Transitada em julgado a decisão homologatória, processar-se-á, em seguida, a execução do julgado.

6. DENEGAÇÃO DA HOMOLOGAÇÃO. VÍCIOS DE FUNDO E FORMA

Somente poderá ser negada a homologação para o reconhecimento e execução da sentença arbitral estrangeira quando o réu demonstrar em processo de conhecimento ao Superior Tribunal de Justiça que: *a)* as partes, na época da convenção de arbitragem, eram incapazes; *b)* a convenção de arbitragem não era válida segundo a lei à qual as partes a submeteram, ou, na falta de indicação, em virtude da lei do país onde a sentença arbitral foi proferida;[21] *c)* não foi notificado da designação do

---

[19] Cf. *RTJ*, 156, p. 504.
[20] Cf. *RTJ*, 95, p. 1.017; *RT*, 546, p. 232; e 736, p. 324.
[21] A esse respeito, fazendo análise sobre a Convenção de Nova Iorque e a Lei de Arbitragem nacional, escrevem Carmen Tiburcio e Felipe Albuquerque que esses dois sistemas normativos "[...] não exaurem as controvérsias relativas à determinação da lei aplicável aos mais variados aspectos da convenção de arbitragem. Isso, contudo, não significa que os diplomas sejam irrelevantes para a matéria. Ao contrário, o art. 38, II, da Lei de Arbitragem – que reproduziu parcialmente o art. V, 1, *a*, da convenção – é o principal ponto de partida para a análise da matéria no direito brasileiro [...].
"A complexa interação entre as regras e princípios relativos ao conflito de leis faz com que a questão em análise possua muitas nuances e, de forma mais ampla, coloca em risco a consecução do objetivo principal da Convenção de Nova York – a circulação de laudos arbitrais em diferentes jurisdições. Para não comprometer tal finalidade, além da interpretação *autônoma* e *uniforme* da convenção, é preciso identificar as consequências da interação

árbitro ou do procedimento de arbitragem, ou tenha sido violado o princípio do contraditório, impossibilitando a ampla defesa; *d)* a sentença arbitral foi proferida fora dos limites da convenção de arbitragem, e, não foi possível separar a parte excedente daquela submetida à arbitragem; *e)* a instituição da arbitragem não está de acordo com o compromisso arbitral ou cláusula compromissória; *f)* a sentença arbitral ainda não tinha se tornado obrigatória para as partes, teria sido anulada, ou, ainda, teria sido suspensa por órgão judicial do país onde a sentença arbitral foi prolatada (LA, art. 38, I a VI); ou, *g)* se o STJ constatar que, segundo a lei brasileira, o objeto do litígio não é suscetível de ser resolvido por arbitragem (direitos indisponíveis) ou que a decisão ofende a ordem pública nacional (art. 39, I e II).[22]

Destarte, o procedimento de homologação de sentença estrangeira não autoriza o reexame do mérito da decisão homologada, excepcionadas as hipóteses em que se configurar afronta à soberania nacional ou à ordem pública. Dado o caráter indeterminado de tais conceitos, para não subverter o papel homologatório do STJ, deve-se interpretá-los de modo a repelir apenas aqueles atos e efeitos jurídicos absolutamente incompatíveis com o sistema jurídico brasileiro. Ademais, a prerrogativa da imparcialidade do julgador é uma das garantias que resultam do postulado do devido processo legal, matéria que não preclui, aplicável à arbitragem, mercê de sua natureza jurisdicional. Assim, a inobservância dessa prerrogativa ofende, diretamente, a ordem pública nacional, razão pela qual a decisão proferida pela justiça alienígena, à luz de sua própria legislação, não obsta o exame da matéria pelo STJ. Por conseguinte, ofende a ordem pública nacional a sentença arbitral emanada de árbitro que tenha, com as partes ou com o litígio, alguma das relações que caracterizam os casos de impedimento ou suspeição de juízes (LA, arts. 14 e 32, II). Dada a natureza contratual da arbitragem, que põe em relevo a confiança fiducial entre as partes e a figura do árbitro, a violação por este do dever de revelação de quaisquer circunstâncias passíveis de, razoavelmente, gerar dúvida sobre sua imparcialidade e independência, obsta a homologação da sentença arbitral.[23]

---

entre os diferentes princípios de direito internacional privado e as regras previstas na convenção e na Lei de Arbitragem" ("Convenção de Nova York e a lei de arbitragem: algumas considerações sobre a lei aplicável ao consentimento das partes", in Carlos Carmona, Selma Lemes e Pedro Martins (coord.), *20 anos da Lei de Arbitragem* – Homenagem a Petrônio R. Muniz, p. 703.

[22] Sobre o tema, v. Fátima Nancy Andrighi, Isabel Gallotti, Patrick Matet e Luiz Olavo Baptista, no estudo intitulado "Concepções brasileiras e francesas sobre contrariedade à ordem pública em matéria de arbitragem internacional", in Luis Felipe Salomão e Cesar Cunha Campos (org.), *Brasil e França*: A arbitragem na visão comparada, p. 15-61.

[23] STJ, SEC 9412-US, Rel. Min. Feliz Fischer – Rel. p/ Acórdão Min. João Otávio de Noronha, j. 19.04.2017. Nesse caso, concluiu o STJ que "estabelecida a observância do direito brasileiro quanto à indenização, extrapola os limites da convenção a sentença arbitral que

Contudo, não será considerada ofensa à ordem pública nacional a efetivação da citação da parte residente ou domiciliada no Brasil, nos moldes da convenção de arbitragem ou da lei processual do país onde se realizou, admitindo-se, inclusive, a citação postal (pessoal ou por intermédio de terceiro com poderes para receber a citação em nome do citando) com a prova inequívoca de recebimento, desde que assegure à parte brasileira tempo hábil para o exercício do direito de defesa (art. 39, parágrafo único).

Portanto, estando o Superior Tribunal de Justiça adstrito ao juízo de delibação, "pelo qual são analisados os requisitos formais da sentença estrangeira, não lhe cabe examinar o mérito para, eventualmente, reconhecer erro de julgamento por parte dos árbitros em sentença arbitral estrangeira. Logo, por não constituir violação à ordem pública internacional e por ultrapassar o juízo de delibação cabível por parte do Superior Tribunal de Justiça, a sentença arbitral estrangeira que contemple *erro in judicando* deve ser reconhecida e executada no Brasil (exceto se padecer de outros vícios, não aqui tratados)".[24]

Merece reconhecimento a forma comedida, responsável e juridicamente elevada com que o Superior Tribunal de Justiça tem lidado com o tormentoso tema da *violação da ordem pública* em sede de homologação de sentença arbitral estrangeira, assunto, aliás, reconhecido por toda a comunidade jurídica.[25]

Por último, ressalta-se que a denegação da homologação para reconhecimento e execução de sentença arbitral estrangeira por vícios formais não obsta que a parte interessada renove o pedido, uma vez sanados os defeitos anteriormente apresentados (LA, art. 40); nessa linha, desde que se trate de vício formal, o pedido poderá ser renovado mais de uma vez.

7. DA EXECUÇÃO DA SENTENÇA ARBITRAL ESTRANGEIRA

A execução da sentença arbitral estrangeira será feita em conformidade com os tratados internacionais com eficácia no ordenamento interno e, na sua ausência, estritamente de acordo com a Lei 9.307/1996, o Código de Processo Civil e o Regimento Interno do Superior Tribunal de Justiça (RISTJ, art. 216-N).

---

a fixa com base na avaliação financeira do negócio, ao invés de considerar a extensão do dano. 6. Sentenças estrangeiras não homologadas".

[24] Rafaela Ferraz, "Arbitragem comercial internacional e enunciado de súmula vinculante pelo STF", *RArb*, v. 17, p. 105.

[25] Assim também Juliana S. de Camargo, "Ação anulatória com base na violação à ordem pública", in Cahali, Rodovalho e Freire (org.), *Arbitragem – Estudos sobre a Lei 13.129*, de 26-5-2015, p. 322 e nota de rodapé 22, em que aponta diversas decisões do STJ acerca do tema em voga.

A execução será feita por carta de sentença, extraída dos autos da homologação, e obedecerá às regras estabelecidas para a execução da sentença nacional em sintonia com a sua respectiva natureza, nos termos do disposto no Código de Processo Civil (art. 965).

A competência para a execução da sentença estrangeira homologada pelo STJ é do Juiz Federal (art. 109, X, CF e art. 216-N do RISTJ)[26] do foro do lugar indicado previamente pelas partes em convenção e de acordo com as regras da competência interna (CPC, art. 21 c/c arts. 42 a 63).

---

[26] Dispõe o art. 216-N do RISTJ, *in verbis:* "A sentença estrangeira homologada será executada por carta de sentença, no Juízo Federal competente".

BIBLIOGRAFIA

ABBOUD, Georges. "Jurisdição constitucional *vs.* Arbitragem: os reflexos do efeito vinculante na atividade do árbitro". *RePro*, v. 214, p. 271-298, dez. 2012.

ABRAHAM, Henry J. *The judicial process – an introductory analysis of the Courts of the United States, England and France*. 6. ed. New York/Oxford: Oxford University Press, 1993.

ABREU, Alcides. *A magistratura no Mercosul*. Florianópolis: Obra Jurídica, 1996.

ADDOR, Felix. "Le decisione equitative nel diritto svizzero". *Rivista Trimestrale di Diritto e Procedura Civile*, v. XLVIII, p. 141, 1994.

ALBERTON, Genacéia da Silva. "Repensando a jurisdição conflitual". In: CARNEIRO, Athos Gusmão; CALMON, Petrônio (Coord.). *Bases científicas para um renovado direito processual*. Brasília: Instituto Brasileiro de Direito Processual, 2008. v. I.

_____. *Assistência litisconsorcial*. São Paulo: RT, 1994.

ALBUQUERQUE, Felipe; TIBÚRCIO, Carmen. "Convenção de Nova York e a lei de arbitragem: algumas considerações sobre a lei aplicável ao consentimento das partes". In: CARMONA, Carlos; LEMES, Selma; MARTINS, Pedro (Coord.). *20 anos da Lei de Arbitragem – Homenagem a Petrônio R. Muniz*. São Paulo: Atlas, 2017. p. 691-704.

ALEN, Fábio Pedro; MÉDICI JR., Fernando. "Novas tendências para a solução de conflitos nas relações de consumo – arbitragem". In: VERÇOSA, Haroldo (Org.), *Aspectos da arbitragem institucional – 12 anos da Lei 9.307/1996*. São Paulo: Malheiros, 2008.

ALMEIDA, Cândido Mendes de. *Código Philippino ou Ordenações e Leis do Reino de Portugal anotadas*. Rio de Janeiro: Typographia do Instituto Philomathico, 1870.

ALMEIDA, Diogo Assumpção de; PANTOJA, Fernando Medina; PELAJO, Samantha (Coord.). *A mediação no novo Código de Processo Civil*. Rio de Janeiro: Forense, 2016.

ALMEIDA, Elizabeth Accioly Pinto de. *Mercosul e União Europeia*. Curitiba: Juruá, 1996.

ALMEIDA, Ricardo Ramalho; ARAÚJO, Nadia de. "O Código de Processo Civil de 2015 e a homologação de laudos arbitrais estrangeiros", In: CARMONA, Carlos; LEMES, Selma; MARTINS, Pedro (Coord.). *20 anos da Lei de Arbitragem – Homenagem a Petrônio R. Muniz*. São Paulo: Atlas, 2017. p. 705-714.

ALMEIDA, Tânia. "A mediação de conflitos e outros métodos não-adversariais de resolução de controvérsias". Disponível em: <http://www.mediare.com.br/artigos/cnc21.htm>. Acesso em: 11 abr. 2003.

ALPA, Guido. "Le clausole arbitrali nei contratti del consumatore". *Rivista dell'arbitrato*, p. 619-627.

ALVES, Janine da Silva. *Mercosul*. Características estruturais de Brasil, Argentina, Paraguai e Uruguai. Uma análise de base exploratória de indicadores econômicos e sociais. Florianópolis: Editora da UFSC, 1992.

ALVES, José Carlos Moreira. *Direito romano*. Rio de Janeiro: Forense, 1995. v. I e II.

ALVES, Rafael Francisco. *A inadmissibilidade das medidas antiarbitragem no direito brasileiro*. São Paulo: Atlas, 2009.

ALVIM, Eduardo Arruda. "Sentença parcial e arbitragem". In: ROCHA, Caio Cesar Vieira; SALOMÃO, Luis Felipe (Coord.). *Arbitragem e mediação* – a reforma da legislação brasileira. São Paulo: Atlas, 2017.

ALVIM, José Eduardo Carreira. *Tratado geral da arbitragem interno*. Belo Horizonte: Mandamentos, 2000.

ALVIM, José Manoel de Arruda. *Manual de direito processual civil*. São Paulo: RT, 1992 e 1996. v. I e II.

_____. *Direito processual civil*. Teoria geral do processo de conhecimento. São Paulo: RT, 1972. v. I e II.

_____. *Tratado de direito processual civil*. São Paulo, 1990 e 1996. v. I e II.

_____. *Manual de direito processual civil* – Teoria geral do processo e processo de conhecimento. 17. ed. São Paulo: Revista dos Tribunais, 2017.

_____. "Sobre a natureza jurídica da arbitragem". In: CAHALI, Francisco; RODOVALHO, Thiago; FREIRE, Alexandre (Org.). *Arbitragem* – Estudos sobre a Lei 13.129, de 26-5-2015. São Paulo: Saraiva, 2016.

ALVIM, Thereza Arruda. *O direito processual de estar em juízo*. São Paulo: RT, 1996.

_____. *Questões prévias e os limites objetivos da coisa julgada*. São Paulo: RT, 1977.

AMARAL, Guilherme Rizzo. "O ônus da prova e inferências negativas na arbitragem". Disponível em: <https:www.jota.info/opinião-e-analise/artigos/>. Acesso em: 10 set. 2018).

AMARAL, Lídia Miranda de Lima. *Mediação e arbitragem*. Uma solução para os conflitos trabalhistas no Brasil. São Paulo: LTr, 1994.

AMARAL, Paulo Osternack. *Arbitragem e Administração Pública* – Aspectos processuais, medidas de urgência e instrumentos de controle. Belo Horizonte: Editora Fórum, 2012.

_____. "A concessão de medidas urgentes em processo arbitral envolvendo o poder público". In: WALD, Arnoldo (Org.). *Arbitragem e Mediação*. São Paulo: RT, 2014. v. II, p. 1.177-1.215, n. 65. (Coleção Doutrinas Essenciais); *RePro*, 157, p. 18, mar. 2008.

AMARAL JR., Alberto do. *Comentário ao Código de Defesa do Consumidor* (arts. 46 a 54). São Paulo: Saraiva, 1991.

AMBRIZZI, Tiago Ravazzi. "Reflexões sobre o controle judicial da sentença arbitral". *RePro*, v. 214, p. 299-322, dez. 2012.

AMERICANO, Luiz Alberto. "O julgamento das questões oriundas dos contratos celebrados pelo Brasil com entidades estrangeiras ou internacionais". *Revista de Direito Tributário*, 4, p. 81.

ANDRADE, Gustavo Fernandes de. "Arbitragem e controle de constitucionalidade: algumas reflexões". In: CARMONA, Carlos; LEMES, Selma; MARTINS, Pedro (Coord.). *20 anos da Lei de Arbitragem* – Homenagem a Petrônio R. Muniz. São Paulo: Atlas, 2017. p. 737-760.

APRIGLIANO, Ricardo de Carvalho. "Jurisdição e arbitragem no novo Código de Processo Civil". In: MELO, Leonardo; BENEDUZI, Renato (Coord.). *A reforma da arbitragem*. Rio de Janeiro: Forense, 2016. p. 233-265, n. 9.

_____. "Alocação de custas e despesas e a condenação em honorários advocatícios sucumbências em arbitragem". In: CARMONA, Carlos; LEMES, Selma; MARTINS, Pedro (Coord.). *20 anos da Lei de Arbitragem* – Homenagem a Petrônio R. Muniz. São Paulo: Atlas, 2017. p. 667-688.

ARAGÃO, Egas Dirceu Moniz de. *Comentários ao Código de Processo Civil*. Rio de Janeiro: Forense, 1979. v. II.

_____. "Medidas cautelares inominadas". *Revista Brasileira de Direito Processual Civil*, 57, p. 33.

ARENHART, Sérgio Cruz. "Controle judicial sobre a arbitragem". In: VII JORNADA BRASILEIRA DE DIREITO PROCESSUAL CIVIL E PENAL. Florianópolis, 27 maio 2008.

ARMELIN, Donaldo. "A tutela jurisdicional cautelar". *Revista da Procuradoria Geral do Estado de São Paulo*, v. 23, p. 111.

_____. "Tutela jurisdicional diferenciada". In: MARINONI, Luiz Guilherme (Coord.). *O processo civil contemporâneo*. Curitiba: Juruá, 1994.

_____. "Tutela de urgência e arbitragem". In: ARMELIN, Donaldo (Coord.). *Tutelas de urgência e cautelares* – Estudos em homenagem a Ovídio A. Baptista da Silva. São Paulo: Saraiva, 2010. p. 360-378.

_____. "Notas sobre sentença parcial e arbitragem". *RArb*, v. 18, p. 274, jul. 2008; In: WALD, Arnoldo (Org.). *Arbitragem e Mediação*. São Paulo: RT, 2014. v. III, p. 669-730, n. 34. (Coleção Doutrinas Essenciais).

_____. "Notas sobre a ação rescisória em matéria arbitral". In: WALD, Arnoldo (Org.). *Arbitragem e Mediação*. São Paulo: RT, 2014. v. III, p. 906-918. (Coleção Doutrinas Essenciais); *RArb*, v. 1, p. 11, jan. 2004.

AYOUB, Luiz Roberto; PELLEGRINO, Antônio Pedro. "A sentença parcial". In: WALD, Arnoldo (Org.). *Arbitragem e Mediação*. São Paulo: RT, 2014. p. 773-792, n. 39. (Coleção Doutrinas Essenciais); *RArb*, v. 22, p. 33, jul. 2009.

ASCENSÃO, José de Oliveira. *O direito* – Introdução e teoria geral (uma perspectiva luso-brasileira). Rio de Janeiro: Renovar, 1994.

ASSIS, Araken de. *Processo Civil Brasileiro* – Parte Geral: fundamentos e distribuição de conflitos. São Paulo: Editora RT, 2015. v. I.

_____. *Manual do processo de execução*. 3. ed. São Paulo: RT, 1996. [20. ed., 2018.]

_____. *Cumulação de ações*. 4 ed. São Paulo: Revista dos Tribunais, 2002.

AZEVEDO, Antônio Junqueira de. "A arbitragem e o direito do consumidor". *RDC*, v. 23-24, p. 3-40.

AZEVEDO NETO, Mauro Cunha. "A interrupção da prescrição arbitral em face das alterações introduzidas na Lei 9.307/96". In: CAHALI, Francisco; RODOVALHO, Thiago; FREIRE, Alexandre (Org.). *Arbitragem* – Estudos sobre a Lei 13.129, de 26-5-2015. São Paulo: Saraiva, 2016. p. 435-442.

BACELLAR, Roberto Portugal. "A mediação no contexto dos modelos consensuais de resolução de conflitos". *RePro*, v. 95, p. 122.

_____. *Juiz servidor, gestor e mediador*. Brasília: ENFAN, 2013.

_____. *Administração judiciária* – com justiça. Curitiba: Intersaberes, 2016.

BALDWIN, John. "L' erosione del sistema accusatorio in Inghilterra". *Rivista Trimestrale di Diritto e Procedura Civile*, XLIV, p. 991, 1990.

BALEOTTI, Francisco Emílio; SANTOS, Luciano Alves Rodrigues dos. "Formação e execução de título executivo em processo arbitral", *RT*, v. 928, p. 283, fev. 2013; e in: WALD, Arnoldo (Org.). *Arbitragem e Mediação*. São Paulo: RT, 2014. v. III, p. 1.049-1.067, n. 58. (Coleção Doutrinas Essenciais).

BAPTISTA, Luiz Olavo. "Ética e arbitragem". In: CARMONA, Carlos; LEMES, Selma; MARTINS, Pedro (Coord.). *20 anos da Lei de Arbitragem* – Homenagem a Petrônio R. Muniz. São Paulo: Atlas, 2017. p. 103-117.

_____. "As soluções de divergência no Mercosul". In: BASSO, Maristela (Org.). *Mercosul*. Seus efeitos jurídicos, econômicos e políticos nos Estados-membros. Porto Alegre: Livraria do Advogado Editora, 1995.

_____. "A homologação de laudos arbitrais estrangeiros na jurisprudência brasileira". *Vox legis*, v. 158, p. 1.

_____. "Notas sobre homologação de laudos arbitrais estrangeiros em direito brasileiro". *RT*, v. 556, p. 269.

_____; LATORRE, Milton. "Observações práticas sobre a homologação de sentenças e de laudos arbitrais estrangeiros no Brasil". RF, v. 276, p. 311.

_____. MAGALHÃES, José Carlos de. *Arbitragem comercial*. Rio de Janeiro: Freitas Bastos, 1986.

_____; ANDRIGHI, Nancy; GALLOTTI, Isabel; MATET, Patrick. "Concepções brasileiras e francesas sobre contrariedade à ordem pública em matéria de arbitragem internacional". In: SALOMÃO, Luis Felipe; CAMPOS, Cesar Cunha (Org.) *Brasil e França:* A arbitragem na visão comparada. São Paulo: FGV Projetos, 2019. [edição gratuita para download disponível em <https://fgvprojetos.fgv.br/publicacao/brasil-e-franca-arbitragem-na-visao-comparada>].

BARBI, Celso Agrícola. *Comentários ao Código de Processo Civil*. Rio de Janeiro: Forense, 1981. v. I.

BARBI FILHO, Celso. *Acordo de acionistas*. Belo Horizonte: Del Rey, 1993.

_____. "Execução específica de cláusula arbitral". *Revista de Direito Mercantil, Industrial, Econômico e Financeiro,* v. 97, p. 29.

BARBIERI, Giorgio; BELLA, Enrico. *Il nuovo diritto dell'arbitrato*. Padova: Cedam, 2007. (Trattato di diritto commerciale e di diritto pubblico dell'economia, dir. Francesco Galgano, v. XLV).

BARBOSA, Águida Arruda. "Interdisciplinaridade da mediação". In: BACELLAR, Roberto; LAGRASTA, Valeria (Coord.). *Conciliação e Mediação* – ensino em construção. São Paulo: IPAM-ENFAN, 2016. p. 523-536.

BARBOSA, Flávio Spaccaquerche. "A homologação das sentenças arbitrais estrangeiras desde o advento da Lei nº 9.307/1996". In: MELO, Leonardo de Campos; BENEDUZI, Renato Resende (Coord.). *A reforma da arbitragem*. Rio de Janeiro: Forense, 2016.

BARBUTO, Mario Barbuto. "La riforma dell'arbitrato". Disponível em: <http://www.csm.it/quaderni/qua_92_36.pdf>. Acesso em: 30 mar. 2008.

BARRAL, Welber. *A arbitragem e seus mitos*. Florianópolis: OAB/SC Editora, 2000.

BARROS, Manuel Pereira. *Manual da arbitragem*. Coimbra: Almedina, 2010.

BASILIO, Ana Tereza. "Arbitragem e a sua controversa vinculação aos precedentes do novo Código de Processo Civil". *Justiça & Cidadania,* Rio de Janeiro, 217, p. 32-34, set. 2018.

_____. "O novo sistema de solução de controvérsias do Mercosul". Disponível em: <http://www.camarb.com.br>, "artigos jurídicos nacionais".

BARRANDEGUY, Marcelo Solari. "Importancia del derecho internacional privado en el ambito del Mercosur". *Revista Jurídica del Centro Estudiantes de Derecho*, volume especial para o Mercosul.

BARROS, Vera Cecília Monteiro de. "A reforma da Lei de Arbitragem e as listas de árbitros". In: CAHALI, Francisco; RODOVALHO, Thiago; FREIRE, Alexandre (Org.). *Arbitragem – Estudos sobre a Lei 13.129, de 26-5-2015*. São Paulo: Saraiva, 2016.

BARROSO, Luís Roberto. "Sociedade de economia mista prestadora de serviço público. Cláusula arbitral inserida em contrato administrativo sem prévia autorização legal. Invalidade". *Revista de Direito Bancário e do Mercado de Capitais*, 19, p. 415, jan. 2003; e in: WALD, Arnoldo (Org.). *Arbitragem e Mediação*. São Paulo: RT, 2014. v. IV, p. 947-984, n. 51. (Coleção Doutrinas Essenciais).

BASSO, Maristela. *Contratos internacionais do comércio*. Porto Alegre: Livraria do Advogado, 1994.

BATALHA, Wilson de Souza Campos. *Tratado de direito internacional privado*. São Paulo: RT, 1977. v. I.

BATISTA, Sônia Hase de Almeida. *Embargos de declaração*. São Paulo: RT, 1991.

BAUR, Fritz. *Tutela jurídica mediante medidas cautelares*. Trad. Arlindo E. Laux. Porto Alegre: Sergio Antonio Fabris Editor, 1985.

BEDAQUE, José Roberto dos Santos. *Poderes instrutórios do juiz*. São Paulo: RT, 1991.

BELLOCCHI, Márcio. *Precedentes Vinculantes e a aplicação do direito brasileiro na convenção de arbitragem*. São Paulo: RT, 2017.

BENETTI, Sidnei Agostinho. "Perspectivas da arbitragem no processo civil brasileiro". *RT*, 696, p. 78, out. 1993; e in: WALD, Arnoldo (Org.). *Arbitragem e Mediação*. São Paulo: RT, 2014. v. I, p. 549-557, n. 27. (Coleção Doutrinas Essenciais).

BERALDI, Eliana B. "Arbitragem e contratos com a Administração Pública". In: MELO, Leonardo de Campos; BENEDUZI, Renato Resende (Coord.). *A reforma da arbitragem*. Rio de Janeiro: Forense, 2016.

BERALDO, Leonardo de Faria. "O impacto do novo Código de Processo Civil na arbitragem". *Revista de Arbitragem e Mediação*, v. 49, p. 175-200, abr./jun. 2016.

BERMUDES, Sérgio. *Introdução ao processo civil*. 2. ed. Rio de Janeiro: Forense, 1996.

_____. *Direito processual civil*: estudos e pareceres. São Paulo: Saraiva, 2002.

BERNARDINI, Piero. *L'arbitrato internazionale*. 2. ed. Roma: Luiss, 1987.

_____. "Arbitrato e consulenza técnica". *Rivista Trimestrale di Diritto e Procedura Civile*, XLVII, p. 613, 1993.

BEVILÁQUA, Clóvis. *Teoria geral do direito civil*. 7. ed. Rio de Janeiro: Livraria Francisco Alves/Paulo de Azevedo, 1955.

BEZERRA, Helga Maria Saboia. "Defensor do Povo: origens do instituto do *Ombudsman* e a malograda experiência brasileira". *Revista de Direito, Estado e Sociedade – PUC-SP*, v. 36, p. 46-73, jan./jun. 2010.

BIDART, Adolfo Gelsi. "Conciliación y proceso". In: GRINOVER, Ada; DINAMARCO, Cândido; WATANABE, Kazuo (Coord.). *Participação e processo*. São Paulo: RT, 1988.

_____. "Un enfoque sobre procedimientos no adversariales y arbitrales en el Mercosur". *Revista Uruguaya de Derecho Procesal*, v. 3, p. 306, 1995.

BITTENCOURT, Rubens. *Instituições de direito econômico*. Curitiba: Juruá, 1996.

BOARETTO, G. "L'esperienza del collegio arbitrale per il licenziamento dei dirigenti". *Rivista di Diritto Processuale Civile*, 43,496.

BOISSESON, Matthieu de. "As *anti-suit injunction* e o princípio da 'competência-competência'". In: WALD, Arnoldo (Org.). *Arbitragem e Mediação*. São Paulo: RT, 2014. v. I, p. 153-161, n. 6. (Coleção Doutrinas Essenciais); *RArb*, v. 7, p. 138, out. 2005.

BONATO, Giovanni. *La natura e gli effetti del lodo arbitrale* – studio di diritto italiano e comparato. Napoli: Jovene Editore, 2012.

_____. "Panorama da arbitragem na França e na Itália. Perspectiva de direito comparado com o sistema brasileiro". *Revista Brasileira de Arbitragem*, v. 43, p. 70, jul./set. 2014.

BONILLA, Sérgio Abreu. *Mercosur e integración*. Montevideo: Fundación de Cultura Universitaria, 1991.

BORJA, Célio. "O juízo arbitral". *Revista de Informação Legislativa*, v. 125, p. 97.

BORTOLAI, Edson Cosac. "Do juízo arbitral". *RePro*, 31, p. 23.

BRAGA, Umberto. In: BARBERIO, Roberto; LUPO, Dario; GAUDENZI, Andrea (Coord.). *Mediazione e Conciliazione delle Liti* – Rapporti con la giurisdizione e l'arbitrato. Forlì: Experta Edizione, 2011. p. 31-40.

BRITO, Wanda Ferraz de; MESQUITA, Duarte Romeira; SOARES, Fernando Luso. *Código de Processo Civil português – actualizado e anotado*. 9. ed. Coimbra: Almedina, 1994.

BROGGINI, Geraldo. "L'equità nell'arbitrato commerciale internazionale." *Rivista Trimestrale di Diritto e Procedura Civile*, v. 48, 1.125.

BRUNELLI, Brunella. "L'arbitrato commerciale negli Stati Uniti e i metodi di risoluzione alternativa delle controversie". *Rivista Trimestrale di Diritto e Procedura Civile*, v. XLI, p. 1.015, 1987.

_____. "L'arbitrato commerciale negli Stati Uniti e i metodi di risoluzione alternativa delle controversie (parte seconda)". *Rivista Trimestrale di Diritto e Procedura Civile*, XLII, p. 235, 1988.

_____. "La nuova disciplina dell'arbitrato in Inghilterra". *Rivista Trimestrale di Diritto e Procedura Civile*, XXXIX, p. 351.

BUENO, Cassio Scarpinella. *"Amicus curiae" no processo civil brasileiro*: Um terceiro enigmático. 2. ed. São Paulo: Saraiva, 2008

_____. "Quatro perguntas e quatro respostas sobre o *amicus curiae*". *Revista da Escola Nacional da Magistratura* – AMB, n. 5, p. 132-138, 2008.

BURDESE, Alberto. *Manuale di diritto privato romano*. Torino: Utet, 1987.

BUSHATSKY, Daniel. "A reforma da lei e a arbitragem no direito societário: importância da sociedade empresária, oportunidade de reforço e regramento do instituto e proteção ao acionista minoritário". In: CAHALI, Francisco; RODOVALHO, Thiago; FREIRE, Alexandre (Org.). *Arbitragem – Estudos sobre a Lei 13.129, de 26-5-2015*. São Paulo: Saraiva, 2016.

BUZAID, Alfredo. "Do juízo arbitral." *RT*, v. 271, p. 7.

_____. *Estudos de direito*. Do despacho saneador. São Paulo: Saraiva, 1972.

CABRAL, Trícia Navarro Xavier; CURY, Cesar Felipe (Coord.). *Lei de mediação comentada artigo por artigo*. São Paulo: Editora Foco, 2018.

CAHALI, Francisco José. *Arbitragem*: mediação e conciliação. 4. ed. São Paulo: RT, 2014.

_____. "Lei n. 9.307/96 consolidada com a Lei n. 13.129/2015 – destacadas as modificações com breves comentários". In: CAHALI, Francisco; RODOVALHO, Thiago; FREIRE, Alexandre (Org.). *Arbitragem – Estudos sobre a Lei 13.129, de 26-5-2015*. São Paulo: Saraiva, 2016. p. 605-632.

_____. *Curso de arbitragem*. 4. ed. São Paulo: RT, 2014.

_____. "Ensaio sobre arbitragem testamentária no Brasil com paradigma no direito espanhol". *Revista de Arbitragem e Mediação*, v. 17, p. 54-70, abr./jun. 2008.

CALMON, Petrônio. *Fundamentos da mediação e da conciliação*. 3. ed. Brasília: Gazeta Jurídica, 2015.

CÂMARA, Alexandre de Freitas. *Arbitragem – Lei 9.307/96*. Rio de Janeiro: Lumen Juris, 1997.

CAMARGO, Juliana Schledorn de. "Ação anulatória com base na violação à ordem pública". In: CAHALI, Francisco; RODOVALHO, Thiago; FREIRE, Alexandre (Org.). *Arbitragem – Estudos sobre a Lei 13.129, de 26-5-2015*. São Paulo: Saraiva, 2016.

CANTIDIANO, Luiz Leonardo. "Notas sobre a arbitrabilidade subjetiva na sociedade por ações. Evolução doutrinária e legislativa". In: CARMONA, Carlos; LEMES, Selma; MARTINS, Pedro (Coord.). *20 anos da Lei de Arbitragem – Homenagem a Petrônio R. Muniz*. São Paulo: Atlas, 2017. p. 885-908.

CAPONI, Remo. "'A natureza' da arbitragem e controvérsias arbitrais". In: WALD, Arnoldo (Org.). *Arbitragem e Mediação*. São Paulo: RT, 2014. v. I, p. 1.143-1.154, n. 74. (Coleção Doutrinas Essenciais).

CAPPELLETTI, Mauro. *Access to justice and the welfare state*. Firenze: Istituto Universitário Europeo, 1981.

_____. (Coord.). *Access to justice*. Milano: Giuffrè; Alphen aan den Rijn: Sijthoff/Noordhoff, 1978-1979. 6 tomos.

_____. "Appunti per una fenomenologia della giustizia". *Rivista Trimestrale di Diritto e Procedura Civile*, XXXII, p. 1.318, 1978.

_____. "Appunti su conciliatore e conciliazione". *Rivista Trimestrale di Diritto e Procedura Civile*, XXXV, p. 49, 1981.

_____. *Processo e ideologie*. Padova: Cedam, 1969.

_____. "Problemas de reforma do processo civil nas sociedades contemporâneas". In: MARINONI, Luiz Guilherme (Coord.). *O processo civil contemporâneo*. Curitiba: Juruá, 1994.

_____. "Os métodos alternativos de solução de conflitos no quadro do movimento universal do acesso à justiça". *RePro*, 74, p. 82.

_____. "Acesso alla giustizia come programma di riforma e come método di pensiero". *Rivista di Diritto e Procedura*, v. 37, p. 233.

_____. *Giustizia e società*. Milano: Comunità, 1972.

_____; GARTH, Bryant. *"Access to justice: The newest wave in the worldwide movement to make rights effective"*. *Buffalo Law Review* – State University of New York at Buffalo School of Law, v. 27, p. 181-292, n. 2.

_____; GARTH, Bryant (Coord.). *Access to Justice* – A World Survey. Milano: Giuffrè; Alphen aan den Rijn: Sijthoff/Noordhoff, 1978. v. I.

_____; GARTH, Bryant (Coord.). *Access to Justice*: Emerging Perspectives and Issues. Milano: Giuffrè; Alphen aan den Rijn: Sijthoff/Noordhoff, 1979. v. III.

_____. *Acesso à justiça*. Trad. Ellen Gracie Northfleet. Porto Alegre: Sergio Antonio Fabris Editor, 1988.

_____; WEISNER, John. *Access to Justice*: Studies of Promising Institutions. Milano: Giuffrè; Alphen aan den Rijn: Sijthoff/Noordhoff, 1978. v. II.

_____; KOCH, Klaus-Friedrich. *Access to Justice*: The anthropological Perspective – Patterns of Conflict Management: Essays in The Ethnography of Law. Milano: Giuffrè; Alphen aan den Rijn: Sijthoff/Noordhoff, 1979. v. IV.

_____; VIGORITTI, Vincenzo. "I diritti costituzionali delle parti nel processo civile italiano". *Rivista di Diritto Processuale*, XXVI, p. 604-650, 1971.

_____. *L'eficácia del giudicato civile nel tempo*. Milano: Giuffrè, 1991.

CARDOSO, P. Balmaceda. "Homologação de sentença estrangeira". *RT*, v. 172, p. 422.

CARDOZO, Benjamin N. *The nature of the judicial process*. New Haven: Yale University Press, 1921.

CARMONA, Carlos Alberto. *A arbitragem no processo civil*. São Paulo: Malheiros, 1993.

_____. *Arbitragem e processo*. Um comentário à Lei 9.307/96. São Paulo: Malheiros, 1998. [2. ed. Editora Atlas, 2004; 3. ed. Editora Atlas 2009.]

_____. "A crise do processo e os meios alternativos para a solução de controvérsias". *RePro*, 56, p. 91.

_____. "Arbitragem e jurisdição". In: GRINOVER, Ada; DINAMARCO, Cândido; WATANABE, Kazuo (Coord.). *Participação e processo*. São Paulo: RT, 1988; *Jurisprudência Brasileira*, 145, p. 19.

_____. "Arbitragem internacional". *RF*, v. 329, p. 25.

_____. "A crise do processo e os meios alternativos de controvérsias". *RePro*, 56, p. 91.

_____. "A arbitragem no Brasil: em busca de uma nova lei". *RePro*, 72, p. 53; e in: WALD, Arnoldo (Org.). *Arbitragem e Mediação*. São Paulo: RT, 2014. v. I, p. 285. (Coleção Doutrinas Essenciais).

_____. "A propósito do novo anteprojeto de lei sobre a arbitragem no Brasil". *Jurisprudência Brasileira*, 142, p. 27; *RePro*, 55, p. 244; e in: WALD, Arnoldo (Org.). *Arbitragem e Mediação*. São Paulo: RT, 2014. v. I, p. 273. (Coleção Doutrinas Essenciais).

_____. "A arbitragem nos juizados especiais cíveis". *Repertório IOB de Jurisprudência*, 24, dez. 1996.

_____. "Ensaio sobre a sentença arbitral parcial". *Revista Brasileira de Arbitragem*, v. 18, p. 7-26, 2008; *RePro*, 165, p. 9, 2008; In: JAYME, Fernando Gonzaga; FARIA, Juliana Cordeiro de; LAUAR, Maria Terra (Coord.). *Processo civil*: novas tendências – Estudos em homenagem ao Professor Humberto Theodoro Júnior. Belo Horizonte, Del Rey, 2008. p. 115-135; e in: WALD, Arnoldo (Org.). *Arbitragem e Mediação*. São Paulo: RT, 2014. v. III, p. 663-686, n. 32. (Coleção Doutrinas Essenciais).

_____. "Precedentes na arbitragem", palestra proferida em seminário promovido pela OAB-RJ, em 27 set. 2017.

_____. "O processo arbitral", In: WALD, Arnoldo (Org.). *Arbitragem e Mediação*. São Paulo: RT, 2014. v. III, p. 133-144. (Coleção Doutrinas Essenciais); *Revista de Arbitragem e Mediação*, v. 1, p. 21, jan. 2004.

_____. "A lista de árbitros", In: ROCHA, Caio Cesar Vieira; SALOMÃO, Luis Felipe (Coord.). *Arbitragem e mediação* – a reforma da legislação brasileira. São Paulo: Atlas, 2017. p. 65-79.

CARNACCHIONI, Daniel. *Manual de Direito Civil*. Salvador: JusPodivm, 2017.

CARNEIRO, Athos Gusmão. "O juízo arbitral e a simplificação do processo". *Ajuris*, v. 24, p. 51.

_____. "Juizado de pequenas causas". In: GRINOVER, Ada; DINAMARCO, Cândido; WATANABE, Kazuo (Coord.). *Participação e processo*. São Paulo: RT, 1988.

CARNEIRO, Paulo Cezar Pinheiro. "Aspectos processuais da nova Lei de Arbitragem". In: CASELLA, Paulo Borba (Coord.). *Arbitragem – A nova lei brasileira (9.307/96) e a praxe internacional*. São Paulo: LTr, 1997.

CARPI, Federico. "L'esecutorietà della sentenza arbitrale secondo la convenzione di New York". *Rivista di Diritto Processuale*, v. 43, p. 386.

_____. "Il procedimento nell'arbitrato irrituale". *Rivista Trimestrale di Diritto e Procedura Civile*, v. 45, p. 389.

_____. "Gli aspetti processuali della riforma dell'arbitrato". *Rivista Trimestrale di Diritto e Procedura Civile*, v. 38, p. 47.

CARRARA, Cecilia Carrara, "Occasione perduta sull'arbitrato". Disponível em: <http://www.professionisti24.isole24ore.com>. Acesso em: em 30 mar. 2008.

CARULLI, Ombretta F. "Il potere giudiziario tra crisi e rinnovamento". *Rivista Trimestrale di Diritto e Procedura Civile*, XXXVII, p. 628, 1983.

CARVALHO, Pedro Caetano de. "A mediação familiar". *Revista Dimensão*, v. 30, p. 14.

CASADO FILHO, Napoleão. "A falência e seus efeitos em arbitragens multiconectadas". In: WALD, Arnoldo (Org.). *Arbitragem e Mediação*. São Paulo: RT, 2014. v. IV, p. 439-450, n. 27. (Coleção Doutrinas Essenciais); e *RePro*, 216, p. 363, fev. 2013.

CASEIRO, Luciano. *Lide cautelar*. São Paulo: Leud, 1996.

CASELLA, Paulo Borba. Introdução – "Efetividade da arbitragem na nova lei; Arbitragem: entre a praxe internacional, integração no Mercosul e o direito brasileiro". In: CASELLA, Paulo Borba (Coord.). *Arbitragem – A nova lei brasileira (9.307/96) e a praxe internacional*. São Paulo: LTr, 1997.

CASTILLO, Santiago Pérez del. "Las posibilidades del Mercosur y nuestro desarrollo social". *Revista Jurídica del Centro Estudiantes de Derecho*, volume especial para o Mercosul.

CASTRO, Leonardo Freitas de Moraes; MONTEIRO, Alexandre Luiz Moraes do Rego. "Direito tributário e arbitragem – Uma análise da possibilidade e dos óbices ao juízo arbitral em matéria tributária no Brasil". In: WALD, Arnoldo (Org.). *Arbitragem e Mediação*. São Paulo: RT, 2014. v. IV, p. 577-602. (Coleção Doutrinas Essenciais); e *Revista Tributária e de Finanças Públicas – RTrib*, v. 88, p. 18, set. 2009.

CECHELLA, C. "L'arbitrato del lavoro sportivo". *Rivista di Diritto Processuale*, v. 43, p. 958, 1988.

_____. "Arbitrato libero e processo (contributo ad una nozione unitaria dell'arbitrato italiano)". *Rivista di Diritto Processuale Civile*, v. 42, p. 881.

CECI, Massimo. "Osservazioni in materia di giudizio di equità necessario". *Rivista Trimestrale di Diritto e Procedura Civile*, 48, p. 1.313.

CENEVIVA, Walter. "Desafio arbitral". *Folha de S. Paulo*, 09 nov. 1996.

CHASE, Oscar G. *Gestire i conflitti* – Diritto, cultura, rituali. Bari, Editore Laterza, 2009.

CHINA, Sergio La. "L'arbitrato interno ed internazionale". *Rivista Trimestrale di Diritto e Procedura Civile*, XL, p. 1.003, 1986.

_____. "L'arbitrato interno ed internazionale". *Rivista Trimestrale di Diritto e Procedura Civile*, LXVI, p. 345, 1992.

_____. "L'arbitrato interno ed internazionale". *Rivista Trimestrale di Diritto e Procedura Civile*, XLVII, p. 357, 1993.

_____. "L'arbitrato interno ed internazionale". *Rivista Trimestrale di Diritto e Procedura Civile*, XLVIII, p. 339, 1994.

_____. "La nuova legge spagnola sull'arbitrato". *Rivista di Diritto Processuale*, 45, p. 486.

CHIOVENDA, Giuseppe. *Istituzioni di diritto processuale civile*. Napoli: Jovene, 1933 e 1934. v. I II.

CLAY, Thomas. "La responsabilité de l'arbitre pour absence d'indépendance", *RArb*, v. 38, p. 257; e in: WALD, Arnoldo (Org.). *Arbitragem e Mediação*. São Paulo: RT, 2014. v. II, p. 987-1.010, n. 54. (Coleção Doutrinas Essenciais).

CORNU, Gérard; FOYER, Jean. *Thémis droit privé*. Procédure civile. 3. ed. Paris: Presses Universitaires de France, 1996.

COSTA, José Augusto Fontoura; TUSA, Gabriele. "Expectativas e âmbito de aplicabilidade da nova Lei da Arbitragem". In: CASELLA, Paulo Borba (Coord.). *Arbitragem – A nova lei brasileira (9.307/96) e a praxe internacional*. São Paulo: LTr, 1997.

_____; PIMENTA, Rafaela Lacôrte Vitale. "Ordem pública na Lei 9.307/96". In: CASELLA, Paulo Borba (Coord.). *Arbitragem – A nova lei brasileira (9.307/96) e a praxe internacional*. São Paulo: LTr, 1997.

_____; MATEOS, Antônio César Ribeiro. "Obrigatoriedade de motivação e o reconhecimento das sentenças arbitrais no direito brasileiro e hispano-americano". *RArb*, v. 30, p. 61, jul. 2011; e in: WALD, Arnoldo (Org.). *Arbitragem e Mediação*. São Paulo: RT, 2014. v. III, p. 565-604, n. 28. (Coleção Doutrinas Essenciais).

COSTA, Ramón Valdés. "Aspectos jurídico-tributários del Mercosur". *Revista Jurídica del Centro Estudiantes de Derecho*, volume especial para o Mercosul.

COULANGES, Fustel. *A cidade antiga*. Estudos sobre o culto, o direito, as instituições da Grécia e Roma. Trad. Jonas Leite e Eduardo Fonseca. São Paulo: Hemus, 1975.

COUTURE, Eduardo. *Introducción al estudio del proceso civil*. 2. ed. Buenos Aires: Depalma, 1949. [reimpresso em 1988.]

CRAIG, Laurence; PARK, William W.; PAULSSON, Jan. *Annotated Guide to the 1998 ICC Arbitration Rules with commentary*. New York: Oceana Publications, 1999.

_____. *International Chambre of Commercer Arbitration*. 3. ed. New York: Oceana Publications, 1998.

CRETELLA JR., José. *Direito romano*. 19. ed. Rio de Janeiro: Forense, 1995.

_____. *Comentários à Constituição de 1988*. Rio de Janeiro: Forense, 1992. v. VI.

_____. "Da arbitragem e seu conceito categorial". *Revista de Informação Legislativa*, v. 98, p. 127.

CRETELLA NETO, José. *Curso de Arbitragem*. São Paulo: Forense, 2004.

CRUZ, Aloysio Álvares. "A transação, a conciliação e o acordo extrajudicial". *Revista de Jurisprudência do Tribunal de Justiça do Estado de São Paulo*, v. 109, p. 8.

CRUZ, José Raimundo Gomes da. "Juiz particular (*rent-a-judge*): nova tendência do juízo arbitral?", *Ajuris*, v. 44, p. 107-110.

CUNHA, Alcides Munhoz da. *A lide no processo cautelar*. Curitiba: Juruá, 1992.

CUNHA, J. S. Fagundes; BALUTA, José Jairo. *Questões controvertidas nos juizados especiais*. Curitiba: Juruá, 1997.

CUNHA, Pedro. *Conflito e negociação*. 2. ed. Lisboa: Edições ASA, 2008.

CUNHA, Ricardo T. da. "A arbitragem como método de solução de controvérsias sobre investimentos estrangeiros". In: CASELLA, Paulo Borba (Coord.). *Arbitragem – A nova lei brasileira (9.307/96) e a praxe internacional*. São Paulo: LTr, 1997.

CUTOLO, Daniele. "La conciliazione stragiudiziale societária". *Rivista dell'arbitrato*, v. 17, t. 4, p. 764-780.

DALL'AGNOL, Ana Carolina Dall'Agnol; MARTINI, Pedro C. de Castro. "A sentença arbitral parcial: novos paradigmas?" In: CAHALI, Francisco; RODOVALHO, Thiago; FREIRE, Alexandre (Org.). *Arbitragem – Estudos sobre a Lei 13.129, de 26-5-2015*. São Paulo: Saraiva, 2016. p. 17-37.

DALL'AGNOL, Jorge Luís. *Pressupostos processuais*. Porto Alegre: Lejur, 1988.

DAVID, René. *Arbitrage dans le commerce international*. Paris: Economica, 1982.

_____; JAUFFRET-SPINOSI, Camille. *I grandi sistemi giuridici contemporanei*. Trad. Rodolfo Sacco. 5. ed. Milano: Cedam, 2004.

DE GIORGI, Maurizio. *Il nuovo arbitrato*. Matelica: Halley Editrice, 2007.

DELPÉREÉ, Francis; ANDERSEN, Robert; JADOT, Benoît; LEJEUNE, Yves; RASSON-ROLAND, Anne; RIGAUX, Marie-Françoise; SIMONART, Henri; TULKENS, François; VAN COMPERNOLLE, Jacques. *La cour d'arbitrage. Actualité et perspectives*. Bruxelles: Bruylant, 1988.

DENTI, Vittorio. *Processo civile e giustizia sociale*. Milano: Edizione di Comunità, 1971.

_____. "Acesso alla giustizia e Welfare State (a propósito del Florence Access to Justice Project)". *Rivista Trimestrale di Diritto e Procedura Civile*, XXXVI, p. 618, 1982.

_____. "Crisi della giustizia e crisi della società". *Rivista di Diritto Processuale*, 38, p. 585.

_____. "Valori costituzionali e cultura processuale". *Rivista di Diritto Processuale*, 39, p. 443.

_____. "Giustizia e partecipazione nella tutela dei nuovi diritti". In: GRINOVER, Ada; DINAMARCO, Cândido; WATANABE, Kazuo (Coord.). *Participação e processo*. São Paulo: RT, 1988.

_____. "Diritto e processo nella common law: letture di un civil lawyer." *Rivista Trimestrale di Diritto e Procedura Civile*, XL, p. 150.

DERAINS, Yves; NETTO, Carlos Nehring. "A prática de uma arbitragem CCI". In: CASELLA, Paulo Borba (Coord.). *Arbitragem – A nova lei brasileira (9.307/96) e a praxe internacional*. São Paulo: LTr, 1997.

DI PIETRO, Maria Sylvia Zanella. *Parcerias na administração pública*. São Paulo: Atlas, 2005.

DINAMARCO, Cândido Rangel. *Arbitragem na teoria geral do processo*. São Paulo: Malheiros, 2013.

_____. *Execução civil*. São Paulo: Malheiros, 1994.

_____. *Manual das pequenas causas*. São Paulo: RT, 1986.

_____; CINTRA, Antônio Carlos de Araújo; GRINOVER, Ada Pellegrini. *Teoria geral do processo*. São Paulo: RT, 1991.

_____. *Instituições de direito processual civil*. 5. ed. São Paulo: Malheiros, 2005. v. II.

DINAMARCO, Júlia Raquel de Queiroz. "Arbitragem e administração pública", *Revista do Advogado*, n. 51, p. 46-50, 1997.

DINIZ, Maria Helena. *Código Civil anotado*. São Paulo: Saraiva, 1995.

_____ et al. *Código Civil comentado* (Coord. Regina Beatriz Tavares da Silva). 10. ed. São Paulo: Saraiva, 2016.

D'OTTAVI, Francesco; MASTROCOLA, Cesare; MELE, Eugenio; RACCO, Mario. *Manuale teorico-pratico dell'arbitrato*. Padova: Cedam, 2007.

DUARTE, Berto Herculano; OLIVEIRA JÚNIOR, Zulmar Duarte de. *Princípios do processo civoil* – noções fundamentais. São Paulo: 2012.

ESPIELL, Héctor Gros. "El tratado de Asunción y algunas cuestiones jurídicas que plantea". *Revista Jurídica del Centro Estudiantes de Derecho*, volume especial para o Mercosul.

ETCHEVERRY, Carlos Alberto. "A nova lei de arbitragem e os contratos de adesão. Algumas considerações". Disponível em: <http://www.teiajuridica.com/arbitral.htm>.

FABRÍCIO, Adroaldo Furtado. "Réu revel, *querella nullitatis* e ação rescisória". *RePro*, 48, p. 27.

FARIA, José Eduardo. *A crise constitucional e a restauração da legitimidade*. Porto Alegre: Sergio Antonio Fabris Editor, 1985.

FARIA, Leonardo Beraldo de. *Curso de arbitragem*: nos termos da Lei n. 9.307/96. São Paulo: Atlas, 2014.

FARIA, Luis Cláudio Furtado; COZER, Felipe Rodrigues. "A arbitragem e a recuperação judicial". *RArb*, 31, p. 251, out. 2011; e in: WALD, Arnoldo (Org.). *Arbitragem e Mediação*. São Paulo: RT, 2014. v. IV, p. 365-377, n. 22. (Coleção Doutrinas Essenciais).

FARIA, Marcela Kohlbach de. *Ação anulatória da sentença arbitral* – aspectos e limites. Brasília: Gazeta Jurídica Editora, 2014.

_____. "Vinculação do árbitro aos precedentes judiciais após a vigência do CPC/2015", Disponível em: <www.processualistas.jusbrasil.com.br/artigos>. Acesso em: 7 fev. 2017).

_____. "A produção de prova no procedimento arbitral". In: WALD, Arnoldo (Org.). *Arbitragem e Mediação*. São Paulo: RT, 2014. v. III, p. 461-480. (Coleção Doutrinas Essenciais); *RArb*, v. 32, p. 207, jan. 2012.

FARIA, Werter R. "Métodos de harmonização aplicáveis no Mercosul e incorporação das normas correspondentes nas ordens jurídicas internas". In: BASSO, Maristela (Org.). *Mercosul*. Seus efeitos jurídicos, econômicos e políticos nos Estados-membros. Porto Alegre: Livraria do Advogado Editora, 1995.

FASSÒ, Guido. "Il giudice e l'adequamento del diritto alla realtà storico-sociale". *Rivista Trimestrale di Diritto e Processo Civile*, XXVI, p. 897-952.

FAZZALARI, Elio. *Istituzioni di diritto processuale*. 7. ed. Milano: Giuffrè, 1994.

_____. "Arbitrato". *Enciclopédia giuridica*. Roma, 1988. v. II.

_____. "Lodo e sentenza (ancora sulla natura negoziale del lodo)". *Rivista di Diritto Processuale*, 45, p. 377.

_____. "Giudici, diritto, storia". *Rivista Trimestrale di Diritto e Processo Civile*, XXXVI, p. 757-773.

_____. "La riforma dell'arbitrato". *Rivista Dell'Arbitrato*, 94, p. 2.

_____; LUISO, Francesco P. *Codice di procedura civile e norme complementari*. Milano: Giuffrè, 2007.

FERNANDES, Luiz Eduardo Simardi. *Embargos de declaração* (efeitos infringentes, prequestionamento e outros aspectos polêmicos). São Paulo: RT, 2003.

FERNANDEZ, Wilson. *Mercosur*. Economia, política y estrategia en la integración. Montevideo: Fundacion de Cultura Universitária, 1992.

FERRAZ, Rafaela. "Arbitragem comercial internacional e enunciado de súmula vinculante pelo Supremo Tribunal Federal". *Revista de Arbitragem e Mediação*, v. 17, p. 92-109, abr./jun. 2008.

FERRAZ JR., Tercio Sampaio. *Introdução ao estudo do direito*. Técnica, decisão, dominação. São Paulo: Atlas, 1994.

_____. "Suspeição e impedimento em arbitragem sobre o dever de revelar na Lei 9.307/1996". *RArb*, v. 28, p. 65; e in: WALD, Arnoldo (Org.). *Arbitragem e Mediação*. São Paulo: RT, 2014. v. II, p. 969-986, n. 53. (Coleção Doutrinas Essenciais).

FICHTNER, José Antônio; MANNHEIMER, Sérgio Nelson; MONTEIRO, André Luis. *Novos temas de arbitragem*. Rio de Janeiro: Editora FGV, 2014.

_____. "Cinco pontos sobre a arbitragem no projeto do novo Código de Processo Civil". In: WALD, Arnoldo (Org.). *Arbitragem e Mediação*. São Paulo: RT, 2014. v. I, p. 425-451. (Coleção Doutrinas Essenciais).

_____. "A confidencialidade na arbitragem: regra geral e exceções". *Revista de Direito Privado*, São Paulo, v. 49, p. 227-285, jan./mar. 2012.

_____; MONTEIRO, André Luis. "A confidencialidade na reforma da lei de arbitragem In: ROCHA, Caio Cesar Vieira; SALOMÃO, Luis Felipe (Coord.). *Arbitragem e mediação* – a reforma da legislação brasileira. São Paulo: Atlas, 2017.

_____. "Tutela provisória da arbitragem e o novo Código de Processo Civil: tutela antecipada e tutela cautelar, tutela de urgência e tutela da evidência, tutela antecedente e tutela incidental". In: CARMONA, Carlos; LEMES, Selma; MARTINS, Pedro (Coord.). *20 anos da Lei de Arbitragem* – Homenagem a Petrônio R. Muniz. São Paulo: Atlas, 2017. p.473-517.

FIGUEIRA JR., Joel Dias. *Comentários ao Código de Processo Civil*. 2. ed. São Paulo: RT, 2007. v. 4, t. II.

_____. *Juizados especiais da fazenda pública.* 3. ed. São Paulo: Saraiva, 2017.

_____. *O novo procedimento sumário.* 2. ed. São Paulo: RT, 1996, 2009.

_____. *Responsabilidade civil do Estado-juiz.* Estado e juízes constitucionalmente responsáveis. Curitiba: Juruá, 1995.

_____. *Liminares nas ações possessórias.* 2. ed. São Paulo: RT, 1995, 1999.

_____. "A trama recursal no processo no civil brasileiro e a crise da jurisdição estatal". *Revista de Processo,* v. 188, p. 265-276, out. 2010.

_____. *Lições de teoria geral do processo.* Florianópolis: [s.n.], 1992.

_____. "Tutelas de urgência e acesso à justiça". *Jurisprudência Brasileira,* 175, p. 61; e *Jurisprudência Catarinense,* 73.

_____. "Acesso à justiça e tutelas de urgência. O pleno acesso à ordem jurídica justa e a efetividade do processo". *Jurisprudência Brasileira,* 177, p. 61; e *Jurisprudência Catarinense,* 73, p. 27.

_____. "O acesso ao Poder Judiciário". *RT,* v. 686; *Jurisprudência Brasileira,* v. 166; e *Jurisprudência Catarinense,* v. 68.

_____. "A metodologia no exame do trinômio processual: pressupostos processuais, condições da ação e mérito da causa". *RePro,* 72, p. 335; *Jurisprudência Brasileira,* 172, p. 33; e *Jurisprudência Catarinense,* 71, p. 31.

_____. "Simetria entre a jurisdição pública e privada e a garantia constitucional de acesso à justiça". *Informativo INCIJUR,* n. 3, p. 3, 1999.

_____. "Acesso à jurisdição arbitral e os conflitos decorrentes das relações de consumo" – Conclusão das teses apresentadas no V Congresso Brasileiro e II Congresso Mineiro de Direito do Consumidor (Belo Horizonte, 30 maio 2000). *Informativo INCIJUR,* n. 11, p. 2, 2000; *Rev. Dir. Cons.,* v. 37, p. 92, 2001; e in: WALD, Arnoldo (Org.). *Arbitragem e Mediação.* São Paulo: RT, 2014. v. IV, p. 1.121, n. 62. (Coleção Doutrinas Essenciais).

_____. "Cláusula compromissória, contrato de adesão e juízo arbitral". *Revista de Direito do Consumidor,* v. 30, p. 85.

_____. "Execução simplificada e a desjudicialização do processo de execução: mito ou realidade". In: ARRUDA ALVIM; ARRUDA ALVIM, Eduardo; BRUSCHI, Gilberto Gomes; CHECHI, Mara Larsen; COUTO, Mônica Bonetti (Coord.). *Execução civil e temas afins do CPC/1973 ao novo CPC* – Estudos em homenagem ao Professor Araken de Assis. São Paulo: RT, 2014.

_____. *Posse e ações possessórias* – Fundamentos da posse. Curitiba: Juruá, 1994. v. I.

_____; TOURINHO NETO, Fernando da Costa. *Juizados Especiais Estaduais Cíveis e Criminais.* Comentários à Lei 9.099/1995. 5. ed. São Paulo: RT, 2007. [6. ed. 2010; e 8. ed. Editora Saraiva, 2017].

_____; TOURINHO NETO. Fernando da Costa. *Juizados Especiais Federais Cíveis e Criminais.* 4. ed. São Paulo: Saraiva, 2018.

FIORATI, Jete Jane. "A convenção interamericana sobre eficácia extraterritorial das sentenças e laudos arbitrais estrangeiros". *Revista de Informação Legislativa,* 130, p. 19, abr./jun. 1996.

FISHER, Roger; PATTON, Bruce; URY, William. *L'arte del negoziato* – Per chi vuole ottenere il meglio in uma trattativa ed evitar elo scontro. Trad. Aldo Giobbio. Milano: Corbaccio, 2011.

FIUZA, Cézar. *Teoria geral da arbitragem.* Belo Horizonte: Del Rey, 1995.

FOLGER, Joseph P.; BUSH, Robert A. Baruch. *La promessa della mediaziono –* L'approccio trasformativo alla gestione dei conflitti. Trad. Silvia Marucelli e Monica Castoldi. Firenze: Vallecchi Spa, 2009.

FONSECA, Elena Zucconi Galli. "Riflessioni sulla sospensione dell'esecuzione della sentenza arbitrale". *Rivista Trimestrale di Diritto e Procedura Civile,* XLVII, p. 385.

FONSECA, Rodrigo Garcia da. "Reflexões sobre a sentença arbitral", *Revista de Arbitragem e Mediação,* v. 6, p. 40, jul./set., 2005.

FORBES, Carlos Suplicy de Figueiredo; KOBAYASHI, Patrícia Shiguemi. "Carta arbitral: instrumento de cooperação jurisdicional". In: CARMONA, Carlos; LEMES, Selma; MARTINS, Pedro (Coord.). *20 anos da Lei de Arbitragem –* Homenagem a Petrônio R. Muniz. São Paulo: Atlas, 2017. p. 521-536.

FORMIGGINI, Aldo. "Arbitrato irrituale e provvedimenti cautelari". *Rivista Trimestrale di Diritto e Procedura Civile,* 2, p. 701, 1992.

FORNACIARI Jr., Clito. "E agora, Justiça?". *O Estado de S. Paulo,* 24 out. 1996.

FORTES, Fernando Said Filho. *(Re)pensando o acesso à Justiça*: A arbitragem como mecanismo alternativo à crise funcional do Poder Judiciário. Rio de Janeiro: Lumen Juris, 2016.

FRANCO FILHO, Georgenor. "Arbitragem nas relações de trabalho". *Revista de Direito do Trabalho – RDT,* 148, p. 243, out. 2012; e in: WALD, Arnoldo (Org.). *Arbitragem e Mediação.* São Paulo: RT, 2014. v. IV, p. 1.041-1.049, n. 56. (Coleção Doutrinas Essenciais).

FRANCHI, Giuseppe. "La convenzione arbitrale secondo la convenzioni internazionali". *Rivista Trimestrale di Diritto e Procedura Civile,* XXXIX, p. 328, 1985.

FREITAS, José Lebre de. "Intervenção de terceiros em processo arbitral". In: WALD, Arnoldo (Org.). *Arbitragem e Mediação.* São Paulo: RT, 2014. v. II, p. 545-561, n. 28. (Coleção Doutrinas Essenciais).

FRIEDMAN, Gary; HIMMELSTEIN, Jack. *La mediazione attraverso la comprensione –* sfidare il conflito: principi e tecniche di um método rivoluzionario. Trad. Marzia Faggiano. Milano: FrancoAngeli, 2012.

FRONTINI, Paulo. "Arbitragem e execução da sentença arbitral. Apontamentos sobre os reflexos da Lei n. 11.232/2005 no âmbito do cumprimento forçado da sentença arbitral". *Revista do Advogado*, v. 87, p. 76-86, set. 2006.

FURTADO, Paulo. "Juízo arbitral". *Revista de Direito Civil, Imobiliário, Agrário e Industrial*, 72, p. 90.

_____; BULOS, Uadi Lammêgo. *A Lei da Arbitragem comentada*. São Paulo: Saraiva, 1997.

GABBAY, Daniela Monteiro. *Mediação & Judiciário no Brasil e nos EUA*. Condições, desafios e limites para a institucionalização da mediação no judiciário. Brasília: Gazeta Jurídica, 2013.

GAILLARD, Emmanuel. *Teoria jurídica da arbitragem internacional*. Trad. Natália M. Lamas. São Paulo: Atlas, 2014.

GAJARDONI, Fernando da Fonseca; ROQUE, André Vasconcelos. "A sentença arbitral deve seguir o precedente judicial do novo CPC? – Precedente vinculante não pode ser causa da ruína da arbitragem no Brasil". *Jota Info*, 7 nov. 2016. Disponível em: <www.jota.info>. Acesso em: 30 out. 2018.

GALGANO, Francesco. "L'equità degli arbitri". *Rivista Trimestrale di Diritto e Procedura Civile*, 45, p. 409.

GARBAGNATI, Edoardo. "Sull'efficacia di cosa giudicata del lodo arbitrale rituale". *Rivista di Diritto Processuale*, 40, p. 425.

GARCIA NETO, Paulo Macedo. *Arbitragem e conexão* – poderes para decidir sobre questões de conexidade. São Paulo: Almedina, 2018.

GARRO, Alejandro. *Informativo CAMARB* – Câmara de Arbitragem de Minas Gerais, n. 11, 2003. "Entrevista".

GAUDENZI, Andrea Sirotti; LUPO, Dario; BARBERIO, Roberto. *Mediazione e Conciliazione delle Liti – Rapporti* con la giurisdizione e l'arbitrato. Forlì: Experta Edizioni, 2011.

GIL, Antoni Hernandez. *La posesión* – Como institución jurídica y social. Madrid: Espasa-Calpe, 1987. t. II.

GIL, Otto Eduardo Vizeu. "A nova regulamentação das arbitragens. Projeto de Lei do Senado n. 78, do Senador Marco Maciel". *Revista de Informação Legislativa*, 118, p. 427.

GILISSEN, John. *Introduction historique au droit*. Bruxelles: Établissements Émille Bruyant, 1979 (*Introdução histórica do direito*. Trad. António Manuel Botelho Hespanha e Manuel Macaísta Malheiros. 2. ed. Lisboa: Fundação Calouste Gulbenkian, 1995).

GIMÉNEZ, José Antonio Pajares; GUIJARRO, Javier Medina. *Enjuiciamiento civil*. Madrid: Civitas, 1995.

GIULIANI, A. "L'ordo judiciarius medioevale (riflessione su un modello puro di ordine isonomico)". *Rivista di Diritto Processuale*, 43, p. 598.

_____. "Dalla 'litis contestatio' al 'pleading-system' (riflessioni sui fondamenti del processo comune europeo)". *Rivista di Diritto Processuale*, 48, p. 954.

GIUSTI, Gilberto. "Financiamento de terceiros na arbitragem". Disponível em: <https://www.migalhas.com.br/quentes/17,mi290979,81042-em+ny+gilberto+giusti+fala+sobre+o+financiemento+de+terceiros+na>. Acesso em: 13 nov. 2018).

GREBLER, Eduardo. "Nomeação de árbitros em arbitragens multiparte: Questão resolvida?". In: CARMONA, Carlos; LEMES, Selma; MARTINS, Pedro (Coord.). *20 anos da Lei de Arbitragem* – Homenagem a Petrônio R. Muniz. São Paulo: Atlas, 2017. p. 211-225.

GODOY, Arnaldo Sampaio e Moraes. "O tema da arbitragem no contexto da Administração Pública". In: CAHALI, Francisco; RODOVALHO, Thiago; FREIRE, Alexandre (Org.). *Arbitragem* – Estudos sobre a Lei 13.129, de 26-5-2015. São Paulo: Saraiva, 2016.

GODOY, Luciano de Souza; FERREIRA, Gabriela Lotufo Cintra; BOSONI, Gustavo de Oliveira. "Arbitragem e *Third Party Funding*: uma nova oportunidade para investimentos no Brasil". Disponível em: <pvg.com.br/artigos/arbitragem-e--third-party-funding-uma-nova-oportunidade-para-investimentos-no-brasil>. Acesso em: 17 mar. 2018.

GOMES, Gustavo Gonçalves. "Diagnóstico da litigiosidade no Brasil: Necessárias mudanças estruturais e conceituais, muito mais complexas que a criação de um novo CPC". In: LUCON, Paulo; OLIVEIRA, Pedro Miranda (Coord.). *Panorama atual do novo CPC*. Florianópolis: Empório do Direito, 2017. v. 2, p. 229-238.

GOMES NETO, Idalécio. "Medidas cautelares inominadas". *Jurisprudência Brasileira Trabalhista*, 26, p. 13.

GONÇALVES, Carlos Roberto. *Direito civil brasileiro* – contratos e atos unilaterais. 12. ed. São Paulo: Saraiva, 2015. v. III.

GONÇALVES, Eduardo Damião. "O papel da arbitragem na tutela dos interesses difusos e coletivos". In: CARMONA, Carlos Alberto; LEMES, Selma; MARTINS, Pedro Batista (Coord.). *Arbitragem* – Estudos em homenagem ao Prof. Guido Fernando Silva Soares. São Paulo: Atlas, 2009.

GONÇALVES, Tatiana Oliveira. "Arbitragem expedita – uma breve análise crítica". *Informativo CONAB*, n. 22, jun./jul. 2006.

GOZAÍNI, Osvaldo Alfredo. *Mediación y reforma procesal*. Buenos Aires: Ediar, 1996.

GRANDI, Mário. "L'arbitrato irrituale in matéria di lavoro". *Rivista Trimestrale di Diritto e Procedura Civile*, 45, p. 417, 1991.

GRAU, Eros Roberto. "Da arbitrabilidade de litígios envolvendo sociedades de economia mista e da interpretação de cláusula compromissória". *Revista de Direito Bancário e Mercado de Capitais – RDB*, 18, p. 395, out. 2002; e in: WALD, Arnoldo (Org.). *Arbitragem e Mediação*. São Paulo: RT, 2014. v. IV, p. 811-826, n. 44. (Coleção Doutrinas Essenciais).

GRECO FILHO, Vicente. "Notas sobre medidas cautelares e provimento definitivo". *Rev. de Jurisp. do TJSP*, 90, p. 15-22.

GREBLER, Eduardo. "A solução de controvérsias em contratos de parceria público--privada". *RArb*, 2, p. 60, maio 2004; e in: WALD, Arnoldo (Org.). *Arbitragem e Mediação*. São Paulo: RT, 2014. v. IV, p. 787-802. (Coleção Doutrinas Essenciais).

GREIF, Jaime. "Conciliación, mediación, arbitraje como formas alternativas de solucionar conflitos de família". *Revista Uruguaya de Derecho Procesal*, 1, p. 43, 1995.

GRINOVER, Ada Pellegrini. *Os princípios constitucionais e o Código de Processo Civil*. São Paulo: José Bushatsky, 1975.

_____. "A conciliação extrajudicial no quadro participativo". In: GRINOVER, Ada; DINAMARCO, Cândido; WATANABE, Kazuo (Coord.). *Participação e processo*. São Paulo: RT, 1988.

_____; GONÇALVES, Eduardo Damião. "Conferência sobre a arbitragem na tutela dos interesses difusos e coletivos". *RePro*, São Paulo, v. 136, p. 249-267, 2006.

GRION, Renato Stephan. "Árbitro de emergência – perspectiva brasileira à luz da experiência internacional". In: CARMONA, Carlos; LEMES, Selma; MARTINS, Pedro (Coord.). *20 anos da Lei de Arbitragem* – Homenagem a Petrônio R. Muniz. São Paulo: Atlas, 2017. p. 403-448.

GROSSI, Dante. "Il 'giusto processo' arbitrale: La nuova disciplina del termine per La pronuncia del lodo". *Rivista dell' arbitrato*, v. 16, t. 4, p. 655-672.

GUERRA, Marcelo Lima. *Execução forçada*. Controle de admissibilidade. São Paulo: RT, 1995.

GUERRERO, Luis Fernando. *Os métodos de solução de conflitos e o processo civil* – De acordo com o novo CPC. São Paulo: Atlas, 2015.

_____. "Cumprimento da sentença arbitral e a Lei 11.232/2005". In: WALD, Arnoldo (Org.). *Arbitragem e Mediação*. São Paulo: RT, 2014. v. III, p. 1.087-1.105. (Coleção Doutrinas Essenciais); *RArb*, 15, p. 102, out. 2007.

GUERREIRO, José Alexandre Tavares. "A execução judicial de decisões arbitrais". *Revista de Direito Mercantil, Industrial, Econômico e Financeiro*, 75, p. 31.

GUIMARÃES, Francisco Xavier da Silva. "Relações jurisdicionais com autoridades estrangeiras". *Revista do Tribunal de Justiça do Distrito Federal e dos Territórios*, dez. 1988.

GUINCHARD, Serge. *Code de Procédure Civile*. Paris: Éditions Litec, 1996/1997.

_____; VINCENT, Jean. *Procédure civile*. 22. ed. Paris: Dalloz, 1991.

HABSCHEID, Walter J. "Il concordato svizzero sull'arbitrato e l'arbitrato Internazionale". *Rivista Trimestrale di Diritto e Procedura Civile*, XL, p. 1.197, 1986.

_____. "Il nuovo diritto dell'arbitrato internazionale in Svizzera". *Rivista di Diritto Processuale*, XLIV, p. 738.

HALL, Margaret E. *Selected writings of Benjamin Nathan Cardozo*. New York: Fallon Law Book Company, 1948.

HARO, José Vicente. "La administración de justicia: ¿Monopolio exclusivo del Estado?" *Revista de Derecho Administrativo*, Caracas, n. 1, p. 173-190, sep./dic. 1997.

_____. "Justicia Arbitral y la Justicia Judicial". Seminario sobre la Ley de Arbitraje Comercial. Academia de Ciencia Políticas y Sociales. Caracas. Serie Eventos n. 13, 1999.

HASELOF, Fabíola Utzig. *Jurisdições mistas* – Um novo conceito de jurisdição. Belo Horizonte: Fórum, 2018.

HAUTOT, Isabelle. "L'arbitrato come strumento al servizio del commercio Internazionale". *Rivista Trimestrale di Diritto e Procedura Civile*, XLVIII, p. 613, 1994.

HIDAL, Eduardo Tabacow; SAMPAIO, Lia Regina Castaldi. "Negociação e suas técnicas". In: BACELLAR, Roberto; LAGRASTA, Valeria (Coord.). *Conciliação e Mediação* – ensino em construção. São Paulo: IPAM-ENFAN, 2016. p. 337-343.

HOFFER, Peter Charles. *The law's conscience*: equitable Constitutionalism in America. Chapel Hill: University of North Carolina Press, 1990.

HOLMES JR., Oliver Wendell. *The common law*. Boston: Little Brown, 1881.

_____. *Collected legal papers*. Boston: A. Harcourt, 1920.

HUCK, Hermes Marcelo. *Sentença estrangeira e* lex mercatoria – Horizontes e fronteiras *do comércio internacional*. São Paulo: Saraiva, 1994.

_____. "Deficiências da arbitragem comercial internacional". *RT*, v. 593, p. 26.

_____. "As táticas de guerrilha na arbitragem". In: CARMONA, Carlos; LEMES, Selma; MARTINS, Pedro (Coord.). *20 anos da Lei de Arbitragem* – Homenagem a Petrônio R. Muniz. São Paulo: Atlas, 2017. p. 311-315.

JÚDICE, José Miguel. "Árbitros: características perfis, poderes e deveres". *RArb*, v. 22, p. 119; e in: WALD, Arnoldo (Org.). *Arbitragem e Mediação*. São Paulo: RT, 2014. v. II, p. 835-860, n. 45. (Coleção Doutrinas Essenciais).

KAUFFMANN, Hans; GUNTZ, Dieter; SCHMITT, Jochem; MACHER, Ludwig; QUACK, Friedrich; WEIDENKAFF, Walter. *Rechtswörterbuch*. München: C.H. Beck'S Verlagsbuchhandlung, 1996.

KOHL, Alphonse; BLOCK, Guy. *Code Judiciaire*. Bruxelles: Bruylant; Antwerpen: Maklu, 1995.

KOLB, D.; MNOOKIN, R.; RUBIN, J.; BENJAMIN, R; HOROWITZ, S.; LÓPEZ FAURA, N.; GARAT, S. *Mediación – Uma respuesta interdisciplinaria*. Buenos Aires: Eudeba, 1997.

KREBS, Hélio Ricardo Diniz. *Sistemas de precedentes e direitos fundamentais*. São Paulo: RT, 2015.

KUYVEN, Luiz Fernando Martins. "O necessário precedente arbitral". *Revista de Arbitragem e Mediação*, v. 36, p. 297-315, jan./mar. 2013.

_____. "Eficácia da sentença arbitral e segurança jurídica". In: WALD, Arnoldo (Org.). *Arbitragem e Mediação*. São Paulo: RT, 2014. v. III, p. 761-771. (Coleção Doutrinas Essenciais); *Revista de Direito Bancário – RDB*, v. 56, p. 443, abr. 2012.

LACERDA, Galeno. *Comentários ao Código de Processo Civil*. Rio de Janeiro: Forense, 1980. v. VIII, t. I.

LA CHINA, Sergio. *L'arbitrato. Il sistema e l'esperienza*. Milano: Giuffrè, 2007.

LAGRASTA, Valeria Ferioli. "Outros métodos de solução de conflitos". In: BACELLAR, Roberto; LAGRASTA, Valeria (Coord.). *Conciliação e Mediação – ensino em construção*. São Paulo: IPAM- ENFAN, 2016.

LANCELLOTTI, Franco. "Vicende e natura della conciliazione giudiziaria". *Rivista Trimestrale di Diritto e Procedura Civile*, XXXV, p. 844, 1981.

LAZZARINI, Alexandre Alves. "Poder geral de cautela no sistema do CPC brasileiro e nos sistemas alemão, italiano, argentino e espanhol". *RePro*, 76, p. 192.

LEÃES, Gastão Paes de Barros. "Arbitragem comercial internacional". *Enciclopédia Saraiva do Direito*, 7, p. 359.

_____. "Juízo arbitral. Homologação de decisão estrangeira". *RT*, v. 547, p. 254.

_____. MAGALHÃES, José Carlos; COSTA, Alcides Jorge. "Juízo arbitral". *RT*, 652, p. 222.

LEITÃO, João Morais. "Autonomia e validade da convenção de arbitragem incluída em contrato de comercialização de energia celebrado com sociedade de economia mista". In: WALD, Arnoldo (Org.). *Arbitragem e Mediação*. São Paulo: RT, 2014. v. IV, p. 865-869. (Coleção Doutrinas Essenciais); e *RArb*, 9, p. 150, abr. 2006.

LEMES, Selma Maria Ferreira. *Arbitragem*. Árbitro. Princípios da independência e da imparcialidade. São Paulo, LTr, 2001.

_____. "Princípios jurídicos fundamentais. Direito brasileiro e comparado". *RT*, 686, p. 73; e in: WALD, Arnoldo (Org.). *Arbitragem e Mediação*. São Paulo: RT, 2014. v. I, p. 215-245, n. 8. (Coleção Doutrinas Essenciais).

_____. "Mercosul – Proposta de regulamentação quanto à solução de controvérsias privadas. Conciliação e arbitragem". In: CASELLA, Paulo Borba (Coord.). *Arbitragem* – A nova lei brasileira (9.307/96) e a praxe internacional. São Paulo: LTr, 1997.

_____. "Árbitro: o padrão de conduta ideal". In: CASELLA, Paulo Borba (Coord.). *Arbitragem* – A nova lei brasileira (9.307/96) e a praxe internacional. São Paulo: LTr, 1997.

_____. "A inteligência do art. 19 da Lei de Arbitragem – instituição da arbitragem – e as medidas cautelares preparatórias", *Revista de Direito Bancário, do Mercado de Capitais e da Arbitragem,* v. 20, 2003.

_____. "Arbitragem na concessão de serviço público – perspectivas", *Revista de Direito Bancário e do Mercado de Capitais – RDB,* 17, p. 342, jul. 2002; e in: WALD, Arnoldo (Org.). *Arbitragem e Mediação.* São Paulo: RT, 2014. v. IV, p. 997-1.012, n. 53. (Coleção Doutrinas Essenciais).

_____. "A arbitragem e a decisão por equidade no direito brasileiro e comparado". In: LEMES, Selma; CARMONA, Carlos Alberto; Martins, Pedro Batista (Coord.). *Arbitragem.* São Paulo: Atlas, 2007. p. 189-229.

_____. " A função e uso do termo de arbitragem", *Valor Econômico,* 8 set. 2005, Legislação & Tributos, p. E2.

_____. "Árbitro, conflito de interesses e o contrato de investidura". In: CARMONA, Carlos; LEMES, Selma; MARTINS, Pedro (Coord.). *20 anos da Lei de Arbitragem* – Homenagem a Petrônio R. Muniz. São Paulo: Atlas, 2017. p. 271-290. São Paulo: Atlas, 2017.

_____; WALD, Arnoldo (Coord.). *Arbitragem comercial internacional* – A convenção de Nova Iorque e o direito brasileiro. São Paulo: Saraiva, 2014.

LESSA NETO, João Luiz. *Arbitragem e Poder Judiciário:* A definição da competência do árbitro. Salvador: Juspodivm, 2016.

LETTERIELLO, Rêmolo. *Temas de mediação no direito comparado* – a mediação em 66 países. Florianópolis: Conceito, 2017.

LEVY, Fernanda Rocha Lourenço. *Cláusulas escalonadas* – A mediação comercial no contexto da arbitragem. São Paulo: Saraiva, 2013.

LIEBMAN, Enrico Tullio. *Manuale di diritto processuale civile.* Milano: Giuffrè, 1984 e 1968. v. I e II.

_____. *Efficacia ed autorità della sentenza* (ed altri scritti sulla cosa giudicata). Milano: Giuffrè, 1983.

LIMA, Alcides de Mendonça. *Dicionário do Código de Processo.* 2. ed. São Paulo: RT, 1994.

_____. "O juízo arbitral e o art. 150, § 4.º, da Constituição de 1967". *RT*, v. 402, p. 9.

LIMA, Bernardo. *A arbitrabilidade do dano ambiental*. São Paulo: Atlas, 2010.

LIMA, Cláudio Vianna de. *Arbitragem – A solução*. Rio de Janeiro: Forense/Emerj, 1994.

_____. "Reforma do judiciário e juízo arbitral. Arbitragem: técnica objetiva de pacificação de interesses". *Informativo COAD – ADV*, 21, p. 418-420, 1996.

_____. "Os juizados especiais cíveis e o juízo arbitral. Advocacia Dinâmica". *Informativo COAD – ADV*, 21, p. 238, 1996.

LISE, Pasquale de. "L'arbitrato nel diritto amministrativo". *Rivista Trimestrale di Diritto e Procedura Civile*, XLIV, p. 1.195, 1990.

LOPES, João Batista. "Medidas cautelares inominadas". *RT*, v. 605, p. 13.

LOTTI, Alberto. "La nuova disciplina dell'arbitrato in Belgio". *Rivista Trimestrale di Diritto e Procedura Civile*, XXXVI, p. 845, 1982.

_____."*La* riforma dell'arbitrato in Francia". *Rivista Trimestrale di Diritto e Procedura Civile*, 37, p. 254.

LUCHIARI, Valeria Ferioli Lagrasta. *Mediação judicial – análise da realidade brasileira: origem e evolução até a resolução n. 125 do conselho nacional de Justiça*. Rio de Janeiro: Forense, 2012.

_____. "Conciliação e mediação: por que diferenciar? Conceituação Brasileira". In: BACELLAR, Roberto; LAGRASTA, Valeria (Coord.). *Conciliação e Mediação – ensino em construção*. São Paulo: IPAM- ENFAN, 2016.

LUCON, Paulo Henrique. "Imparcialidade na arbitragem e impugnação aos árbitros". *RArb*, v. 39, p. 39; In: WALD, Arnoldo (Org.). *Arbitragem e Mediação*. São Paulo: RT, 2014. v. II, p. 901-913, n. 49. (Coleção Doutrinas Essenciais).

_____. "Garantia da motivação das decisões no Novo Código de Processo Civil brasileiro: miradas para um novo processo civil". *RBDPro*, v. 90, abr./jun. 2015.

LUGO, Andrea. *Manuale di diritto processuale civile*. Milano: Giuffrè, 1992 [e suplemento (addenda II), 1994].

LUISO, Francesco Paolo. "Primi risultati di una ricerca sul giudice conciliatore". *Rivista Trimestrale di Diritto e Procedura Civile*, XXXIX, p. 762, 1985.

_____. "Il giudice delegato: problemi attuali e prospettive di riforma". *Rivista Trimestrale di Diritto e Procedura Civile*, XLVII, p. 817.

MACHADO, Luís Melíbio Uiraçaba. "Juízo arbitral – Comentários sobre a Lei 9.307/96." Palestra proferida na UFRGS, 31 out. 1996. Disponível em: <http://www.ufrgs.br/mestredir/artigos/arbitro.htm>.

MACIEL, Marco. "Reforma do judiciário e juízo arbitral". *Informativo COAD – ADV*, 21, p. 420-421, 1996.

MADEIRA, Daniela Pereira. "A força da jurisprudência". In: FUX, Luiz (Coord.). *O novo processo civil brasileiro:* o direito em expectativa (reflexões acerca do projeto do novo Código de Processo Civil). Rio de Janeiro: Forense, 2011.

MAGALHÃES, José Carlos de. "Do Estado na arbitragem privada". *Revista de Direito Público*, v. 71, p. 162.

_____. "A arbitragem como forma de atuação da sociedade civil". *RArb*, 9, p. 165, abr. 2006; e in: WALD, Arnoldo (Org.). *Arbitragem e Mediação*. São Paulo: RT, 2014. v. I, p. 959-967, n. 61. (Coleção Doutrinas Essenciais).

_____. "A tutela antecipada no processo arbitral". *RArb*, 4, p. 11-20, jan./mar. 2005.

MAIOR, Jorge Luiz do Souto. "Arbitragem e direito do trabalho." *Diário do Comércio e Indústria*, São Paulo, 24 e 26 dez. 1996.

MAITLAND, F. W. *The constitutional history of England*. Ed. por H. A. L. Fisher. Cambridge: Editora da Universidade de Cambridge, 1961.

MANACCIO, L. "L'arbitrato in matéria di lavoro". *Rivista di Diritto Processuale*, 41, p. 927, 1986.

MANCHESTER, A. H. *A modern legal history of England and Wales 1750-1950*. Butterworths. London: University of Birmingham, 1980.

MANCUSO, Rodolfo de Camargo. Processo cautelar. "A tutela judicial na segurança". *RT*, 643, p. 29.

_____. *Sistema brasileiro de precedentes* – natureza – eficácia – operacionalidade. São Paulo: RT, 2014.

MANDRIOLI, Crisanto. *Corso di diritto processuale civile*. Torino: G. Giappichelli 1993. v. I, II e III.

_____. *Corso di diritto processuale civile* – "Appendice di aggiornamento alla nona edizione con riguardo alla L. 5 gennaio 1994, n. 25, che modifica la disciplina dell'arbitrato". Torino: G. Giappichelli Editore, 1994. v. III

MANNHEIMER, Mario Robert. "Mudanças na lei de arbitragem (Lei 9.307, de 23.09.1996). Observações sobre a Lei 13.129, de 26.05.2015. Visão de um antigo magistrado". *Revista de Arbitragem e Mediação*, v. 47, p. 45-65. São Paulo: RT, out./dez. 2015.

MARANI, Giovanni. "In tema di arbitrato, arbitraggio, perizia contrattuale". *Rivista Trimestrale di Diritto e Procedura Civile*, XXXVII, p. 610, 1983.

MARCATO, Ana Cândida Menezes. "A influência do sistema probatório da arbitragem no regime da prova pericial do novo CPC". In: LUCON, Paulo; OLIVEIRA, Pedro Miranda (Coord.). *Panorama atual do novo CPC*. Florianópolis: Empório do Direito, 2017. v. 2, p. 53.

MARIANI, Rômulo Greff. *Arbitragens coletivas no Brasil*. São Paulo: Atlas, 2015.

_____. *Precedentes na arbitragem*. Belo Horizonte: Fórum, 2018.

MARINELLI, Damiano. "ADR. Alternative Dispute Resolution. Guida operativa per conciliatori e arbitri". Milano: Edizioni Giuridiche Simone, 2007. Disponível em: <http://www.unilibro.it/find_buy/Scheda/libreria/autore-marinelli_damiano/sku-12422474/adr_alternative_dispute_resolution_guida_operativa_per_conciliatori_e_arbitri_.htm;http://www.unilibro.it/find_buy/findresult/libreria/prodotto-libro/editore-edizioni_giuridiche_simone_.htm>.

MARINONI, Luiz Guilherme. *Coisa julgada sobre questão*. São Paulo: RT, 2018.

_____. *Tutela cautelar e tutela antecipatória*. São Paulo: RT, 1992.

_____. *Novas linhas do processo civil*. O acesso à justiça e os institutos fundamentais do direito processual. São Paulo: RT, 1993.

_____. *Tutela antecipatória e julgamento antecipado*. Parte incontroversa da demanda. 5. ed. São Paulo: RT, 2002.

_____. "Inovações na antecipação dos efeitos da tutela e a resolução parcial do mérito". *Revista de Processo*, v. 110, p. 232, 2003.

_____. *Tutela inibitória* (individual e coletiva). São Paulo: RT, 1998.

_____. "Rápidas observações sobre a arbitragem e jurisdição". Disponível em: <www.marinoni.adv.br/home/artigos>. Acesso em: 14 nov. 2017).

_____; MITIDIERO, Daniel. *O projeto do CPC* – Críticas e propostas. São Paulo: RT, 2010.

_____; ARENHART, Sérgio Cruz; MITIDIERO, Daniel. *Novo curso de processo civil*, São Paulo: RT, 2015. v. I.

MARINS, Victor A. A. Bomfim. *Tutela cautelar*. Teoria geral e poder geral de cautela. Curitiba: Juruá, 1996.

MARQUES, José Frederico. *Instituições de direito processual civil*. 4. ed. Rio de Janeiro: Forense, 1971. v. II.

MARTELLO, Maria. *Mediatore di sucesso* – cosa fare – come fare. Milano: Giuffrè, 2011,

MARTINO, Roberto. "L'equità del giudice di pace". *Rivista di Diritto Processuale*, 49, p. 122.

MARTINS, André Chateaubriand. "Arbitragem e Administração Pública". In: CAHALI, Francisco; RODOVALHO, Thiago; FREIRE, Alexandre (Org.). *Arbitragem* – Estudos sobre a Lei 13.129, de 26-5-2015. São Paulo: Saraiva, 2016.

MARTINS-COSTA, Judith. "O árbitro e o cálculo do montante da indenização". In: CARMONA, Carlos; LEMES, Selma; MARTINS, Pedro (Coord.). *20 anos da Lei de Arbitragem* – Homenagem a Petrônio R. Muniz. São Paulo: Atlas, 2017. p. 609-638.

MARTINS, Eliane M. Octaviano. "Sistema de solução de controvérsias do MERCOSUL: o Protocolo de Brasília e o Protocolo de Olivos". *Revista Bonijuris*, n. 525, p. XIII-XVII, ago. 2007.

MARTINS, Pedro Antônio Batista. "Anotações sobre a arbitragem no Brasil e o Projeto de Lei do Senado n. 78/92". *RF*, 332, p. 127.

_____. "Apontamentos sobre a arbitragem no Brasil". Disponível em: <www.Batistamartins.com>.

_____. CARMONA, Carlos Alberto; LEMES, Selma M. Ferreira. *Aspectos fundamentais da Lei de arbitragem*. Rio de Janeiro: Forense, 1999.

_____. "A arbitragem e o mito da sentença parcial". CARMONA, Carlos Alberto; LEMES, Selma; MARTINS, Pedro Batista (Coord.). *Arbitragem – Estudos em homenagem ao Prof. Guido Fernando Silva Soares – in memoriam*. São Paulo: Atlas, 2009. p. 265-284.

_____. "Dever de revelar do árbitro", *RArb*, v. 36, p. 219; e in: WALD, Arnoldo (Org.). *Arbitragem e Mediação*. São Paulo: RT, 2014. v. II, p. 915-925, n. 50. (Coleção Doutrinas Essenciais).

_____. "Arbitragem e intervenção voluntária de terceiros: uma proposta". *RArb*, 33, p. 245, abr. 2012; e in: WALD, Arnoldo (Org.). *Arbitragem e Mediação*. São Paulo: RT, 2014. v. II, p. 583-607, n. 31. (Coleção Doutrinas Essenciais).

_____. "Sentença arbitral parcial, coligação de contratos e litisconsórcio necessário". In: CARMONA, Carlos; LEMES, Selma; MARTINS, Pedro (Coord.). *20 anos da Lei de Arbitragem – Homenagem a Petrônio R. Muniz*. São Paulo: Atlas, 2017. p. 593-607.

MATTOS NETO, Antônio José de. "Direitos patrimoniais disponíveis e indisponíveis à luz da Lei de Arbitragem". *Revista de Arbitragem e Mediação*, São Paulo, v. 122, p. 151-166, 2005.

MAXIMILIANO, Carlos. *Hermenêutica e aplicação do direito*. 12. ed. Rio de Janeiro: Forense, 1992.

MAZZONETTO, Nathalia. "A discussão em torno dos terceiros na arbitragem e a modernização da Lei de Arbitragem brasileira". In: CAHALI, Francisco; RODOVALHO, Thiago; FREIRE, Alexandre (Org.). *Arbitragem – Estudos sobre a Lei 13.129, de 26-5-2015*. São Paulo: Saraiva, 2016. p. 443-460.

MCDOWELL, Gary L. *Equit and the Constitution*: the supreme court, equitable relief, and public policy. Chicago: University of Chicago Press, 1981.

MELLO, Eugenio Xavier de. "Vigencia del arbitraje em un Mercosur cuestionado", *Revista de Arbitragem e Mediação – RArb*, v. 8, p. 176, jan. 2006; e in: WALD, Arnoldo (Org.). *Arbitragem e Mediação*. São Paulo: RT, 2014. v. V, p. 1.019-1.045. (Coleção Doutrinas Essenciais).

MENDEZ, Francisco Ramos. "La nuova disciplina dell'arbitrato in Spagna." *Rivista Trimestrale di Diritto e Procedura Civile*, 44, p. 241.

MENDONÇA, Priscila Faricelli de. *Arbitragem e transações tributárias*. Brasília: Gazeta Jurídica, 2014.

MENEZES, Caio Campelo de. "O papel do *amicus curiae* nas arbitragens". In: WALD, Arnoldo (Org.). *Arbitragem e Mediação*. São Paulo: RT, 2014. v. II, p. 465-475, n. 24. (Coleção Doutrinas Essenciais).

MIRANDA, Agostinho Pereira de. "O estudo deontológico do árbitro – passado, presente e futuro", *RArb*, v. 26, p. 116; e in: WALD, Arnoldo (Org.). *Arbitragem e Mediação*. São Paulo: RT, 2014. v. II, p. 611-622, n. 32. (Coleção Doutrinas Essenciais).

MORAES, Felipe Ferreira Machado. "Arbitragem e falência". In: CARMONA, Carlos; LEMES, Selma; MARTINS, Pedro (Coord.). *20 anos da Lei de Arbitragem – Homenagem a Petrônio R. Muniz*. São Paulo: Atlas, 2017. p. 763-792.

MORTARA, Lodovico. *Commentario del codice e delle leggi di procedura civile*. Milano: Casa Editrice Dottor Francesco Vallardi, s.d. v. III.

MONTE, Roberval Clementino Costa do Monte. "Homologação de sentença estrangeira". *Revista de Direito da Procuradoria-Geral da Justiça do Estado do Rio de Janeiro*, v. 8, p. 7.

MONTELEONE, Girolamo. "Il nuovo regime giuridico dei lodi arbitrali rituali". *Rivista di Diritto Processuale*, 40, p. 552.

MONTESANO, Luigi. "Sugli effetti del nuovo lodo arbitrale e sulle funzioni della sua 'omologazione'". *Rivista Trimestrale di Diritto e Procedura Civile*, XLVIII, p. 821, 1994.

_____. "Negozio e processo nel nuovo arbitrato". *Rivista di Diritto Processuale Civile*, 39, p. 214.

_____. "Aspetti problematici dell'arbitrato irrituale dopo la riforma del 1983". *Rivista Trimestrale di Diritto e Procedura Civile*, 45, p. 441.

_____. "Magistrature – ordinarie e speciali – e arbitri nella giustizia civile secondo la Costituzione". *Rivista di Diritto Processuale Civile*, 3, p. 645, 1996.

MOREIRA, José Carlos Barbosa. *O novo processo civil brasileiro*. Rio de Janeiro: Forense, 1995 e 1997.

_____. "Tutela sancionatória e tutela preventiva". *Temas de direito processual*, São Paulo: Saraiva, 1984. (Segunda série).

_____. *Comentários ao Código de Processo Civil*. Rio de Janeiro: Forense, 1981. v. V.

_____. "Sobre a 'participação' do juiz no processo civil". In: GRINOVER, Ada; DINAMARCO, Cândido; WATANABE, Kazuo (Coord.). *Participação e processo*. São Paulo: RT, 1988.

_____."A efetividade do processo de conhecimento". *RT*, 74, p. 126.

_____. "Relações entre processos instaurados, sobre a mesma lide civil, no Brasil e em país estrangeiro". *RePro*, 7-8, p. 51.

_____. "Efectos de las sentencias y laudos arbitrales extranjeros." *RePro*, 79, p. 184.

_____. "La nuova legge brasiliana sull'arbitrato". *Rivista dell`arbitrato*, v. 1, p. 1-18, 1997.

MOREL, René. *Traité élémentaire de procédure civil*. Paris: Librairie du Recueil Sirey, 1948.

MORSE, C. G. J. "Competência e homologação de sentenças estrangeiras na comunidade econômica europeia". *Revista de Informação Legislativa*, 103, p. 311, jul./set. 1989.

MORTARA, Lodovico. *Commentario del codice e delle leggi di procedura civile*. La conciliazione – Il compromesso – Il procedimento di dichiarazione in prima istanza. Milano: Casa Editrice Dottor Francesco Vallardi, s/d. v. III.

MUJALLI, Walter Brasil. *Juízo arbitral*. A nova lei de arbitragem. São Paulo: LED Editora de Direito, 1997.

MÜLLER, Júlio Guilherme. "Apontamentos sobre conciliação e mediação". In: LUCON, Paulo; OLIVEIRA, Pedro Miranda (Coord.). *Panorama atual do novo CPC*. Florianópolis: Empório do Direito, 2017. v. 2, p. 267-277..

_____. *Negócios processuais e desjudicialização da produção da prova*. Análise econômica e jurídica. São Paulo: RT, 2017.

MUNIZ, Joaquim Tavares de Paiva; SILVA, João Marçal Rodrigues Martins da. "A carta arbitral". In: MELO, Leonardo; BENEDUZI, Renato (Coord.). *A reforma da arbitragem*. Rio de Janeiro: Forense, 2016. p. 311-324, n. 12.

MURIEL, Marcelo A. "Produção de provas na arbitragem". In: CARMONA, Carlos; LEMES, Selma; MARTINS, Pedro (Coord.). *20 anos da Lei de Arbitragem – Homenagem a Petrônio R. Muniz*. São Paulo: Atlas, 2017. p. 315-329.

MUSOLINO, Giuseppe. "La figura del mediatore fra Codice Civile e leggi speciali". *Rivista Trimestrale di Diritto e Procedura Civile*, XLIV, p. 1.269, 1990.

MÜSSNICH, Francisco Antunes Maciel. "Cláusula compromissória no direito societário". In: ROCHA, Caio Cesar Vieira; SALOMÃO, Luis Felipe (Coord.). *Arbitragem e mediação – a reforma da legislação brasileira*. São Paulo: Atlas, 2017.

_____. "Cláusula compromissória estatutária e a vinculação dos administradores". In: CARMONA, Carlos; LEMES, Selma; MARTINS, Pedro (Coord.). *20 anos da Lei de Arbitragem – Homenagem a Petrônio R. Muniz*. São Paulo: Atlas, 2017. p. 871-884.

NAGÃO, Paulo Issamu. *Do controle judicial da sentença arbitral*. Brasília: Gazeta Jurídica, 2013.

NALINI, José Renato. *O juiz e o acesso à justiça*. São Paulo: RT, 1994.

_____. "Implicações éticas nas alternativas de resolução de conflitos". In: SILVEIRA, João da; AMORIM, José (Coord.). *A nova ordem nas soluções alternativas de conflitos e o Conselho Nacional de Justiça*. Brasília: Gazeta Jurídica, 2013.

NASCIMENTO, Amauri Mascaro. *Curso de direito do trabalho*. São Paulo: Saraiva, 1989.

NANNI, Giovanni Ettore. *Direito civil e arbitragem*. São Paulo: Atlas, 2014.

_____. "Notas sobre o negócio jurídico da arbitragem e a liberdade de escolha do árbitro à luz da autonomia da vontade privada". *Revista de Arbitragem e Mediação*, v. 49, p. 263-284, 2016.

_____. "Os cuidados na elaboração da cláusula arbitral". Disponível em: <https://www.consultorjurídico.com.br/2011-jun-17/arbitragem-não-fundada--equidade>. Acesso em: 17 jun. 2011).

_____. GUILHARDI, Pedro. "Medidas cautelares depois de instituída a arbitragem: Reflexões à luz da reforma da Lei de Arbitragem". *Revista de Arbitragem e Mediação*, v. 45, p. 123-153, abr./jun. 2015.

_____. "Medidas de urgência na arbitragem". *Revista de Arbitragem e Mediação*, v. 49, p. 67-101, abr./jun. 2016.

NASCIMENTO, Bruno Dantas. *Teoria dos Recursos Repetitivos*: Tutela Plurindividual nos Recursos Dirigidos ao STF e a o STJ (arts. 543-b e 543-c do CPC). São Paulo: RT, 2014.

_____. *Tutela recursal plurindividual no Brasil*: formulação, natureza, regime jurídico, efeitos. 2013. Tese (Doutorado) – Pontifícia Universidade Católica de São Paulo, São Paulo, 2013. Disponível em: <https://sapientia.pucsp.br/handle/handle/6204>.

NEGRÃO, Theotonio. *Código de Processo Civil e legislação processual em vigor*. 27. ed. São Paulo: Saraiva, 1996. [28. ed. 1997].

_____. *Código Civil e legislação civil em vigor*. 15. ed. São Paulo: Saraiva, 1996.

NERY, Ana Luiza. *Arbitragem coletiva*. São Paulo: RT, 2016.

NERY JR., Nelson. *Atualidades sobre o processo civil*. São Paulo: RT, 1995.

_____. "Arbitragem. Alternativa para solução de conflitos". *Correio de Uberlândia*, 17 out. 1996. Caderno Direito e Justiça.

_____. *Código brasileiro de Defesa do Consumidor comentado pelos autores do anteprojeto*. 3. ed. Rio de Janeiro: Forense Universitária, 1994. Cap. VI – Da proteção contratual.

_____. "Julgamento arbitral por equidade e prescrição". In: WALD, Arnoldo (Org.). *Arbitragem e Mediação*. São Paulo: RT, 2014. v. I, p. 163-214, n. 7. (Coleção Doutrinas Essenciais); *RDPriv*, v. 42, p. 323, jan. 2011.

_____; NERY, Rosa Maria Andrade. *Código de Processo Civil comentado*. 2. ed. São Paulo: RT,1996. [9. ed. 2006].

_____. *Comentários ao Código de Processo Civil* – Novo CPC – Lei 13.105/2015. São Paulo: RT, 2015.

_____. *Leis Civis Comentadas*. 3. ed. São Paulo: RT, 2012.

NEVES, Daniel Amorim Assunção. *Novo Código de Processso Civil* – Lei 13.105/2015. São Paulo: Método, 2015.

NEVES, Flávia Bittar. "Arbitragem e construção civil". *Justilex*, n. 16, p. 57-59, abr. 2003.

_____. "Produção antecipada de provas na arbitragem". In: XII JORNADA BRASILEIRA DE DIREITO PROCESSUAL. Belo Horizonte, 22 a 24 ago. 2018.

_____; LOPES, Christian S. Batista. "Medidas cautelares em arbitragem". In: CARMONA, Carlos; LEMES, Selma; MARTINS, Pedro (Coord.). *20 anos da Lei de Arbitragem* – Homenagem a Petrônio R. Muniz. São Paulo: Atlas, 2017. p. 451-472.

NEVES, José Roberto de Castro. "Arbitragem nas relações de consumo. In: ROCHA, Caio Cesar Vieira; SALOMÃO, Luis Felipe (Coord.). *Arbitragem e mediação* – a reforma da legislação brasileira. São Paulo: Atlas, 2017.

NICOLETTI, C. "L'arbitrato della riforma". *Rivista di Diritto Processuale Civile*, 40, p. 116.

NOBRE JR., Edilson Pereira. "Dos efeitos da falência decretada no estrangeiro". *Revista Trimestral de Jurisprudência dos Estados*, 137, p. 45.

NOGUEIRA, Carlos Alberto. *La justicia entre dos épocas. Las transformaciones del proceso civil y la política procesal*. La Plata: Platense, 1983.

NOLAN, Joseph R.; NOLAN-HALEY, Jacqueline M. et al. *Black's law dictionary*. St. Paul: Press West Publishing Co., 1990.

NORMAND, Jacques; WIEDERKEHR, Georges. *Noveau Code de Procédure Civile*. Paris: Dalloz, 1993.

NORONHA, Fernando. "Contratos de consumo, padronizados e de adesão". *Revista de Direito do Consumidor*, v. 20, p. 88.

NOVA, Giorgio De. "Nullità del contratto e arbitrato irrituale". *Rivista Trimestrale di Diritto e Procedura Civile*, 45, p. 401.

NOVELLI, Giovanni; PETITTI, Stefano. *Codice di procedura civile*. Annotato con la giurisprudenza. Milano: Giuffrè, 2007.

NUNES, Thiago Marinho. "As listas fechadas de árbitros das instituições arbitrais brasileiras". In: CAHALI, Francisco; RODOVALHO, Thiago; FREIRE, Alexandre (Org.). *Arbitragem* – Estudos sobre a Lei 13.129, de 26-5-2015. São Paulo: Saraiva, 2016.

_____. "Arbitragem e demandas paralelas: a visão do árbitro". In: CARMONA, Carlos; LEMES, Selma; MARTINS, Pedro (Coord.). *20 anos da Lei de Arbitragem* – Homenagem a Petrônio R. Muniz. São Paulo: Atlas, 2017. p. 343-362.

NUSDEO, Fábio. In: CASELLA, Paulo Borba (Coord.). *Arbitragem* – A nova lei brasileira (9.307/96) e a praxe internacional. São Paulo: LTr, 1997.

OCCHIPINTI, Elena. "La rilevanza della volontà delle parti nell'impugnazione per nullità e i requisiti del lodo dopo La riforma 2006". *Rivista dell'arbitrato*, v. 17, t. 2, p. 249-261.

OLIVEIRA, Carlos Alberto A. de. "Considerações sobre a tutela cautelar". *Ajuris*, 37, p. 159.

OLIVEIRA, Gilberto Callado de. *A verdadeira face do direito alternativo*. Curitiba: Juruá, 1995.

OLIVEIRA, Gustavo H. J. de. "A arbitragem e as parcerias público-privadas". *RArb*, 12, p. 29, jan. 2007; e in: WALD, Arnoldo (Org.). *Arbitragem e Mediação*. São Paulo: RT, 2014. v. IV, p. 827-863, n. 45. (Coleção Doutrinas Essenciais).

OLIVEIRA, Pedro Miranda de. *Novíssimo sistema recursal* – conforme o CPC/2015. São Paulo: Conceito Editorial, 2015.

OLIVEIRA JR., Waldemar Mariz de. "Do juízo arbitral". In: GRINOVER, Ada; DINAMARCO, Cândido; WATANABE, Kazuo (Coord.). *Participação e processo*. São Paulo: RT, 1988.

OGILVIE, Charles. *The king's government and the common law*: 1471/1641. Oxford: Basil Blackwell, 1958.

ONO, Taynara Tiemi. *Execução por quantia certa* – acesso à justiça pela desjudicialização da execução civil. Curitiba: Juruá, 2018.

OTERMIN, Jorge Pérez. *El mercado comun del sur*. Aspectos jurídico-institucionales. Montevideo: Fundación de Cultura Universitaria, 1995.

PABST, Haroldo. *Mercosul*. Direito da integração. Rio de Janeiro: Forense, 1996.

PACHIKOSKI, Silvia Rodrigues. "A cláusula escalonada". In: ROCHA, Caio Cesar Vieira; SALOMÃO, Luis Felipe (Coord.). *Arbitragem e mediação* – a reforma da legislação brasileira. São Paulo: Atlas, 2017.

PALONI, Nelson Alexandre. "Irrecorribilidade das sentenças arbitrais". In: WALD, Arnoldo (Org.). *Arbitragem e Mediação*. São Paulo: RT, 2014. v. III, 1.171-1.189. (Coleção Doutrinas Essenciais); e *Revista de Direito Bancário e do Mercado*, v. 10, p. 375, out. 2000.

PARENTE, Eduardo de Albuquerque. "Jurisprudência estatal comentada. *Revista de Arbitragem*, v. 47, p. 125-137, 2015.

_____. *Processo arbitral e sistema*. São Paulo: Atlas, 2012.

PARIZATTO, João Roberto. *Arbitragem*. Comentários à Lei 9.307, de 23/9/96. São Paulo: LED Editora de Direito, 1997.

PARK, Willian W. "Por que os tribunais revisam decisões arbitrais". In: WALD, Arnoldo (Org.). *Arbitragem e Mediação*. São Paulo: RT, 2014. v. III, p. 1.231-1.246. (Coleção Doutrinas Essenciais); e *RArb*, v. 3, p. 161, set. 2004.

PASOLD, César Luiz. *O advogado e a advocacia* – Uma percepção pessoal. Florianópolis: Terceiro Milênio, 1996.

PAUMGARTTEN, Michele Pedrosa. *Novo processo civil brasileiro*: métodos adequados de resolução de conflitos. Curitiba: Juruá, 2015.

PAULA, Adriano Perácio de. "Da arbitragem nas relações de consumo". *Revista de Direito do Consumidor*, v. 32, p. 55.

PEREIRA, Ana Lucia. "As modificações propostas para a utilização da arbitragem nos contratos individuais de trabalho". In: CAHALI, Francisco; RODOVALHO, Thiago; FREIRE, Alexandre (Org.). *Arbitragem* – Estudos sobre a Lei 13.129, de 26-5-2015. São Paulo: Saraiva, 2016.

PEREIRA, Luiz Cézar Ramos. "O juízo arbitral e o projeto de Lei sobre Arbitragem". *RT*, v. 564, p. 275, out. 1982; e in: WALD, Arnoldo (Org.). *Arbitragem e Mediação*. São Paulo: RT, 2014. v. I, p. 493-509, n. 23. (Coleção Doutrinas Essenciais).

_____. "A litispendência internacional no direito brasileiro". *RT*, v. 711, p. 27.

PERROT, Roger. "La riforma dell'arbitrato in Francia". *Rivista Trimestrale di Diritto e Procedura*, 39, p. 416.

PETIT, Eugène. *Traité Élémentaire de droit romain*. (*Tratado elemental de derecho romano*. Trad. José Ferrández González. Buenos Aires: Editorial Universidad S.R.L., 1994).

PICARDI, Nicola et al. *Codice di Procedura Civile*. Milano: Giuffrè, 1994.

_____. "Il conciliatore". *Rivista Trimestrale di Diritto e Procedura Civile*, XXXVIII, p. 1.067, 1984.

_____; GIULIANI, Alessandro. "Attualità del processo civile inglese". *Rivista di Diritto Processuale*, 46, p. 156.

PINI, Guido. "European common law". *Rivista Trimestrale di Diritto e Procedura Civile*, XLVIII, p. 949, 1994.

PINTO. José Emílio Nunes. "Cláusulas arbitrais patológicas – Esse mal tem cura". *Informativo INCIJUR*, 68, p. 11-12, mar. 2005.

_____. "Arbitragem na recuperação de empresas". In: WALD, Arnoldo (Org.). *Arbitragem e Mediação*. São Paulo: RT, 2014. v. IV, p. 299-323, n. 18. (Coleção Doutrinas Essenciais).

PINTO, Nelson Luiz. "Medidas cautelares – Poder cautelar geral de juiz". *RePro*, 59, p. 179.

PISANI, Andrea Proto. *La nuova disciplina del processo civile*. Napoli: Jovene, 1991.

_____. "Sulla tutela giurisdizionale differenziata". *Rivista di Diritto Processuale*, XXXIV, p. 536.

PIZZORUSSO, Alessandro. "Partecipazione popolare e funzione giurisdizionale". In: GRINOVER, Ada; DINAMARCO, Cândido; WATANABE, Kazuo (Coord.). *Participação e processo*. São Paulo: RT, 1988.

PIZZOTTI, Maria Lucia. "Conciliação e mediação – da necessidade de adequada capacitação para obtenção de resultados efetivos". In: SILVEIRA, João da; AMORIM, José (Coord.). *A nova ordem nas soluções alternativas de conflitos e o Conselho Nacional de Justiça*. Brasília: Gazeta Jurídica, 2013.

PODESTÁ, Fábio Henrique. "O juízo arbitral em face do princípio da inafastabilidade do controle jurisdicional". *Tribuna da Magistratura*. Caderno de Doutrina, jan./fev. 97.

PORTENTO, Franco Portento, "Breve introduzione alla riforma dell'arbitrato". Disponível em: <www.altalex.com/index.php>. Acesso em: 30 mar. 2008.

PONTES DE MIRANDA, Francisco Cavalcante. *Comentários ao Código de Processo Civil*, Rio de Janeiro: Forense, 1977, 1979 e 1998. t. III, IV, VI, XIII e XV.

_____. *Tratado das ações*. São Paulo: RT, 1979.

_____. *Tratado de direito privado*. São Paulo: RT, 1983. t. V.

PORTO, Sérgio Gilberto. *Coisa julgada civil* (análise e atualização). Rio de Janeiro: Aide, 1996.

_____. "Sobre a common law, civil law e o precedente judicial". Disponível em: <www.abdpc.org.br/abdpc/artigos/sergio%20porto-formatado.pdf>. Acesso em: 12 nov. 2018.

PORTO, Sérgio José. "Perspectivas da arbitragem comercial no Brasil". *RT*, 638, p. 42.

POUND, Roscoe. *The spirit of the common law*. Boston: Little Brown, 1921.

PRÜTTING, H. "L'arbitrato internazionale nel diritto tedesco (note introduttive)". *Rivista di Diritto e Procedura*, XLVII, p. 550.

PUCCI, Adriana Noemi. *Arbitragem comercial nos países do Mercosul*. São Paulo: LTr, 1997.

_____. "A Arbitragem nos países do Mercosul". RT, v. 738, p. 41; e in: WALD, Arnoldo (Org.). *Arbitragem e Mediação*. São Paulo: RT, 2014. v. V, p. 783-802, n. 40. (Coleção Doutrinas Essenciais).

_____. "Impugnação de árbitros". In: CARMONA, Carlos; LEMES, Selma; MARTINS, Pedro (Coord.). *20 anos da Lei de Arbitragem* – Homenagem a Petrônio R. Muniz. São Paulo: Atlas, 2017. p. 171-188.

PUGLIA, Michele E. "La nuova disciplina dell`arbitrato". Disponível em: <www.camera-arbitrale-venezia.com>. Acesso em: 30 mar. 2008.

PUGLIESE, Giovanni. "Ius honorarium a Roma ed equity nei sistemi di common law". *Rivista Trimestrale di Diritto e Procedura Civile*, 42, p. 1.105.

PUNZI, Carmine. "La giustizia civile: giustizia delle norme e giustizia del processo". *Rivista di Diritto Processuale*, XXIX, p.47.

_____. "L'efficacia del lodo arbitrale nelle convenzioni internazionali e nell'ordimanento interno". *Rivista di Diritto Processuale*, XL, p. 268.

_____. "Conciliazione ed arbitrato". *Rivista di Diritto Processuale*, XLVII, p. 1.028.

_____. "La riforma dell'arbitrato". *Rivista Trimestrale di Diritto e Procedura Civile*, XXXVIII, p. 78.

_____. "Arbitrato". *Enciclopedia Giudidica*. Roma: Istituto della Enciclopedia Italiana Fondata da Giovanni Treccani, 1988. v. II, p. 1-46.

_____. *Il processo civile. Sistema e problematiche*. Padova: Cedam, 2010. v. I.

_____. *Disegno sistematico dell`arbitrato*. Padova: Cedam, 2012. v. II.

RAMOS, André de Carvalho. "O reconhecimento de sentença arbitral estrangeira e a cooperação jurisdicional no Mercosul". In: CASELLA, Paulo Borba (Coord.). *Arbitragem – A nova lei brasileira (9.307/96) e a praxe internacional*. São Paulo: LTr, 1997.

RAMOS, Rui M. Moura; SOARES, Maria A. Bento. *Contratos internacionais*. Coimbra: Almedina, 1986.

RAPISARDA, Cristina. *Profili della tutela civile inibitória*. Padova: Cedam, 1987.

REALE, Miguel. "Direito alternativo". *Folha de S. Paulo*, 31 jul. 1991. Opinião – tendências/debates.

RECHSTEINER, Beat. "A homologação da sentença estrangeira de divórcio no Brasil". RF, v. 289, p. 157.

REINALDO FILHO, Demócrito Ramos. "A cláusula compromissória de arbitragem nos contratos de adesão". Disponível em: <http://www.teiajuridica.com/arbitral.htm>.

_____. "A arbitragem como forma alternativa de solução de conflitos". Disponível em: <http://www.teiajuridica.com/arbitral.htm>.

REYMOND, Claude. "L'evoluzione del diritto comune dell'arbitrato internazionale: esperienze e prospettive". *Rivista Trimestrale di Diritto e Procedura Civile*, XXXIX, p. 120, 1985.

REZEK, Francisco. "O Direito que atormenta". *Folha de S. Paulo*, 15 nov. 98.

RIBEIRO, Flávia Pereira. *Desjudicialização da execução civil*. São Paulo: Saraiva, 2013.

RICCI, Edoardo. "L'efficacia vincolante del lodo arbitrale dopo la legge n. 25 del 1994". *Rivista Trimestrale di Diritto e Procedura Civile*, XLVIII, p. 809.

_____. "Note sull giudizio di equità". *Rivista di Diritto Processuale*, 48, p. 87.

_____. "Sull'efficacia dell lodo rituale dopo la legge 9 febbraio 1983, n. 28". *Rivista di Diritto Processuale*, 38, p. 635.

_____. "Disciplina dell'arbitrato e riforme dell'ordinario processo civile". *Rivista di Diritto Processuale*, 41, p. 913.

_____. *Lei de arbitragem brasileira*. Oito anos de reflexão. Questões polêmicas. São Paulo: Revista dos Tribunais, 2004.

RIOS, Arthur. "Juízes particulares ou *rent-a-judge*". *Informativo COAD – ADV*, 52, p. 223-224, 1995.

RIPPE, Siegbert. "El derecho comercial ante El Mercosur". *Revista Jurídica del Centro Estudiantes de Derecho*, volume especial para o Mercosul.

RIVAS, Adolfo Armando. "El arbitraje según un derecho argentino". *RePro*, 45, p. 70.

ROBERT, Jean. *L'arbitrage, droit interne, droit internacional privé*. 6. ed. Paris: Dalloz, 1993.

ROCHA, Sílvio Luís Ferreira da. "A cláusula compromissória prevista na Lei 9.307, de 23/9/1996 e as relações de consumo". *Revista de Direito do Consumidor*, v. 21, p. 32.

ROCHA, José de Albuquerque. *Lei de arbitragem* – uma visão crítica. São Paulo: Atlas, 2008.

RODOVALHO, Thiago. *Cláusula Arbitral nos contratos de adesão*. São Paulo: Almedina, 2016.

RODRIGUES, Horácio Wanderlei. *Acesso à justiça no direito processual brasileiro*. São Paulo: Acadêmica, 1994.

ROSA, Eliézer. *Dicionário de processo civil*. Rio de Janeiro: Editora de Direito Ângelo de Oliveira Ltda, 1957.

ROSA, Luis Fernando Franceschini da. *Mercosul e função judicial. Realidade e superação*. São Paulo: LTr, 1997.

ROSAS, Roberto. "Juízo arbitral". *RT*, 568, p. 9.

ROVELLI, L. "Arbitrato e figure affini (sulla natura dell'arbitrato irrituale)". *Rivista di Diritto Processuale*, 49, p. 671.

RUFFINI, G. "Sui lodi arbitrali non definitivi". *Rivista di Diritto Processuale*, 43, p. 856.

SABBATO, Luiz Roberto. "O Tribunal de Luxemburgo. A formação do Mercosul. Raízes. Os tribunais arbitrais. A jurisdição europeia. Da competência dos juízes supranacionais. Do processo supranacional. Conclusões". *RT*, v. 717, p. 56.

SAID FILHO, Fernando Fortes. *(Re)pensando o acesso à Justiça*: A arbitragem como mecanismo alternativo à crise funcional do Poder Judiciário. Rio de Janeiro: Lumen Juris, 2016.

SALVADOR, Antônio Rafael Silva Salvador. "O Poder Judiciário não aceita nem precisa partilhar a jurisdição". *Tribuna da Magistratura*. Caderno de Doutrina, out. 96.

SAMTLEBEN, Jügen. "Questões atuais da arbitragem comercial internacional no Brasil". *RT*, v. 712, p. 51.

SANTANA, Renata Duarte de. "A sentença parcial na arbitragem". *Informativo Camarb*, n. 13, p. 2, 3º e 4º trim. 2003.

SANTOS, Fernando Silva Moreira dos. "Medidas de urgência no processo arbitral". *RT*, v. 912, p. 327-372, 2011.

SANTOS, Marcelo Fonseca. "A arbitragem nas sociedades de administração indireta". In: CAHALI, Francisco; RODOVALHO, Thiago; FREIRE, Alexandre (Org.). *Arbitragem* – Estudos sobre a Lei 13.129, de 26-5-2015. São Paulo: Saraiva, 2016. p. 381-394.

SANTOS, Maurício Gomm F. dos. "Táticas de guerrilha na arbitragem internacional". In: CARMONA, Carlos; LEMES, Selma; MARTINS, Pedro (Coord.). *20 anos da Lei de Arbitragem* – Homenagem a Petrônio R. Muniz. São Paulo: Atlas, 2017. p. 331-342.

SCHLEINSGER, P. "L'esecuzione del lodo arbitrale rituale". *Rivista di Diritto Processuale*, 43, p. 751.

SCHLOSSER, Peter. "Alternative dispute resolution (uno stimolo alla riforma per l'Europa?)". *Rivista di Diritto Processuale*, 44, p. 1.005.

SEREC, Fernando Eduardo Serec. "Provas na arbitragem". In: CARMONA, Carlos; LEMES, Selma; MARTINS, Pedro (Coord.). *20 anos da Lei de Arbitragem* – Homenagem a Petrônio R. Muniz. São Paulo: Atlas, 2017. p. 295-310.

SERENI, Angelo Piero. *El proceso civil en los Estados Unidos*. Trad. Santiago Sentis Melendo. Buenos Aires: Ediciones Jurídicas Europa-América, 1958.

SHIMURA, Sérgio. *Título executivo*. São Paulo: Saraiva, 1997.

SICA, Heitor Vitor Mendonça, "Arbitragem e Fazenda Pública". In: CAHALI, Francisco; RODOVALHO, Thiago; FREIRE, Alexandre (Org.). *Arbitragem – Estudos sobre a Lei 13.129, de 26-5-2015*. São Paulo: Saraiva, 2016. p. 273-287.

SILVA, Clóvis do Couto e. *Comentários ao Código de Processo Civil*. São Paulo: RT, 1982. v. XI.

_____. "O juízo arbitral no direito brasileiro". *Revista de Informação Legislativa*, 98, p. 139.

SILVA, Eduardo Silva da. *Arbitragem e Direito da Empresa – Dogmática e implementação da cláusula compromissória*. São Paulo: RT, 2003.

SILVA, Érica Barbosa e. *Conciliação judicial*. Brasília: Gazeta Jurídica, 2013.

SILVA, Nuno J. Espinosa Gomes da. *História do direito português*. 2. ed. Lisboa: Fundação Calouste Gulbenkian, 1992.

SILVA, Ovídio A. Baptista da. *Curso de processo civil*. Porto Alegre: Sergio Antonio Fabris Editor, 1991, 1993 e 1996. v. I, II e III.

_____. *A ação cautelar inominada no direito brasileiro de acordo com a Constituição de 1988*. Rio de Janeiro: Forense, 1992.

_____. *Do processo cautelar*. Rio de Janeiro: Forense, 1996.

_____. Conferência proferida no Congresso Brasileiro de Direito Processual Civil, realizado em Brasília, jun. 1995.

_____. *Jurisdição e execução na tradição romano-canônica*. São Paulo: RT, 1996.

_____. *Teoria de la acción cautelar*. Trad. Martha Olivar. Porto Alegre: Sergio Antonio Fabris Editor, 1993.

_____. *Juizado de pequenas causas*. Porto Alegre: Lejur, 1985.

_____. "Sobrevivência da querella nullitatis". *RF*, v. 333, p. 115.

_____; GOMES, Fábio Luiz. *Teoria Geral do Processo Civil*. São Paulo: RT, 1997.

SILVESTRI, Elisabetta. "Adversary e inquisitorial system nella prospettiva di *common law*: un problema aperto". *Rivista Trimestrale di Diritto e Procedura Civile*, XLII, p. 257, 1988.

SIMÕES JÚNIOR, Áureo. "A mediação". In: I WORKSHOP RELATIVO AOS JUIZADOS ESPECIAIS. Florianópolis, 31 out. 1996.

SNIJDERS, Henk J.; BOER, Margreet B. de; DAM-LELY, J. Henriëtte van; KOPPENOL-LAFORCE, Marielle E.; KOTTENHAGEN, Rob J. P.; MEIJER, Gerard J.; NAUTA, Renée Y; SMITS, Peter; YNZONIDES, Marc. *Access to civil procedure abroad*. London: Beck, Kluwer, Sakkoulas, Stämpfli, Sweet & Maxwell, 1996.

SOARES, Guido Fernando Silva. "Arbitragem internacional. Introdução histórica". *Enciclopédia do direito*. São Paulo: Saraiva, 1978. v. 7, p. 374.

_____. "Arbitragens comerciais internacionais no Brasil: vicissitudes". *RT*, v. 641, p. 29.

_____. "Mercosul – Das negociações à implantação". In: BAPTISTA, Luiz Olavo; MERCADANTE, Araminta de Azevedo; CASELLA, Paulo Borba (Org.). *As instituições do Mercosul e as soluções de litígio no seu âmbito. Sugestões de lege ferenda*. São Paulo: LTr, 1994.

_____. *Common law* – Introdução ao Direito nos EUA. 2. ed. São Paulo: RT, 2000.

SOSA, Angel Landoni. "Las vías alternativas para la solución de los conflitos". *Revista uruguaya de derecho procesal*, 4, p. 507, 1995.

_____ (Coord.). *Curso de derecho procesal internacional y comunitário del Mercosur*. Uruguay: Fundación de Cultura Universitaria, 1997.

SOUSA, Lília Almeida. "A utilização da mediação de conflitos no processo judicial". Disponível em: <http://www.jusnavegandi.com.br/doutrina>. Acesso em: 13 ago. 2009.

SOUZA, James J. Marins de. "O juízo arbitral e sua viabilidade na solução de litígios". *RePro*, 64, p. 186.

SOUZA JR., Lauro da Gama e. "Reconhecimento e execução de sentenças arbitrais estrangeiras". In: CASELLA, Paulo Borba (Coord.). *Arbitragem – A nova lei brasileira (9.307/96) e a praxe internacional*. São Paulo: LTr, 1997.

_____. "Sinal verde para a arbitragem e parcerias público-privadas (a construção de um novo paradigma para os contratos entre o estado e o investidor privado". Disponível em: <http://www.mundojuridico.adv.br>. Acesso em: 5 fev. 2010.

SOUZA, Luciane Moessa de. *Meios consensuais de solução de conflitos envolvendo entes públicos – Negociação, mediação e conciliação na esfera administrativa e judicial*. Belo Horizonte: Fórum, 2012.

SOUZA, Luiz Sérgio Fernandes de. *O papel da ideologia no preenchimento das lacunas do direito*. São Paulo: RT, 1993.

SPERANDIO, Felipe Vollbrecht. "Transmissão de cláusula compromissória à seguradora por força de sub-rogação legal. Arbitragem, direito securitário e consentimento no direito brasileiro". In: CARMONA, Carlos; LEMES, Selma; MARTINS, Pedro (Coord.). *20 anos da Lei de Arbitragem – Homenagem a Petrônio R. Muniz*. São Paulo: Atlas, 2017. p. 795-843.

STRAUBE, José Frederico. "Vinculação das partes e árbitros ao regulamento de arbitragem". In: CARMONA, Carlos; LEMES, Selma; MARTINS, Pedro (Coord.). *20 anos da Lei de Arbitragem – Homenagem a Petrônio R. Muniz*. São Paulo: Atlas, 2017. p. 387-401.

STRENGER, Guilherme Gonçalves. "Do juízo arbitral". *RT*, v. 607, p. 24.

_____. "Homologação de sentença estrangeira de divórcio". *RF*, v. 298, p. 79.

STRENGER, Irineu. *Arbitragem comercial internacional*. São Paulo: LTr, 1996.

_____. "Formação da prova no litígio arbitral". In: CASELLA, Paulo Borba (Coord.). *Arbitragem – A nova lei brasileira (9.307/96) e a praxe internacional*. São Paulo: LTr, 1997.

_____. *Comentários à Lei brasileira de arbitragem*. São Paulo: LTr, 1998.

TAKAHASHI, Bruno. *Desequilíbrio de poder e conciliação*. O papel do conciliador em conflitos previdenciários. Brasília: Gazeta Jurídica, 2016.

TALAMINI, Eduardo. "Cabimento de arbitragem envolvendo sociedade de economia mista dedicada à distribuição de gás canalizado". *RePro*, 119, p. 151-171, 2005.

_____. "Idioma local da arbitragem sobre parcerias público-privadas". *Informativo Incijur*, n. 69, p. 5-6, abr. 2005.

_____. "Competência-competência e as medidas antiarbitrais pretendidas pela Administração Pública". *Revista de Arbitragem e Mediação*, v. 50, p. 127-163, jul./set. 2016.

_____. "Arbitragem e a tutela provisória no Código de Processo Civil de 2015", *Revista de Arbitragem e Mediação*, v. 46, p. 287-313, jul./set. 2015.

_____. "Arbitragem e precedentes: cinco premissas cinco conclusões, um epílogo (e um vídeo)". In: XII JORNADA BRASILEIRA DE DIREITO PROCESSUAL. Belo Horizonte, 22 a 24 ago. 2018. Disponível em: <www.justen.com.br/arbitragem-e-precedentes/> e <www.migalhas.com.br>. Acessos em: 18 out. 2018).

_____; WLADECK, Felipe Scripes. "Sentença arbitral e liquidez". In: PEREIRA, Cesar Augusto Guimarães; TALAMINI, Eduardo (Coord.). *Arbitragem e poder público* São Paulo: Saraiva, 2010.

TARIGO, Enrique E. *Lecciones de derecho procesal civil secun el nuevo Código*. 2. ed. Montevideo: Fundación de Cultura Universitaria, 1994. v. I.

TARTUCE, Flávio. *Teoria Geral dos Contratos e Contratos em espécie*. 9. ed. Rio de Janeiro: Forense, 2014.

TARUFFO, Michele. "La ricerca della verità nell'adversary system anglo-americano", *Rivista di Diritto Processuale*, XXXII, p. 596, 1977.

_____. "Precedente e giurisprudenza". *Rivista Trimestrale di Diritto e Procedura Civile*, Milano, v. 3, p. 710, set. 2007.

_____; CARPI, Federico; COLESANTI, Vittorio. *Commentario breve ao Codice di Procedura Civile*. 3. ed. Padova: Cedam, 1994.

TARZIA, Giuseppe. *Il nuovo processo cautelare*. Padova: Cedam, 1993.

_____. "Legittimazione e partecipazione delle associazioni di categoria ai processi civili con rilevanza coletiva". In: GRINOVER, Ada; DINAMARCO, Cândido; WATANABE, Kazuo (Coord.). *Participação e processo*. São Paulo: RT, 1988.

_____. "Efficacia del lodo e impugnazioni nell'orbita rituale e irrituale". *Rivista di Diritto Processuale*, 42, p. 14.

_____. "Nullità e annullamento del lodo arbitrale irrituale". *Rivista Trimestrale di Diritto e Procedura Civile*, 45, p. 451.

_____. "La legge di riforma dell'arbitrato". *Rivista di Diritto Processuale Civile*, 49, p. 241.

TECIER, Pierre Tercier. "'L'éthique des arbitres'". *RArb*, v. 33, p. 189; e in: WALD, Arnoldo (Org.). *Arbitragem e Mediação*. São Paulo: RT, 2014. v. II, p. 927-948, n. 51. (Coleção Doutrinas Essenciais).

TEIXEIRA, Sálvio de Figueiredo. "A efetividade do processo e a reforma processual". In: TUCCI, José Rogério Cruz e (Coord.). *Processo civil – evolução – 20 anos de vigência*. São Paulo: Saraiva, 1995. p. 229; *RePro*, v. 78, p. 85.

_____. "A arbitragem como meio de solução de conflitos no âmbito do Mercosul e a imprescindibilidade da Corte Comunitária". *Genesis Revista de direito processual civil*, v. 4, p. 97.

_____. "A arbitragem no sistema jurídico brasileiro". In: SEMINÁRIO A ARBITRAGEM E O BRASIL – UMA PERSPECTIVA MÚLTIPLA. São Paulo, 13 nov. 1996; *Revista Jurídica*, v. 236, p. 15, jun. 97.

_____. *Código de Processo Civil anotado*. São Paulo: Saraiva, 1996

TEMER, Sofia. "Precedentes judiciais e arbitragem: reflexões sobre a vinculação do árbitro e o cabimento de ação anulatória". *RePro*, v. 278, p. 523-543, abr. 2018.

THEODORO Jr., Humberto. *Curso de direito processual civil*. 18. ed. Rio de Janeiro: Forense, 1996 e 2008. v. I e v. II.

_____. "Tutela jurisdicional cautelar". *Revista Ajuris*, 32, p. 7.

_____. "Medidas cautelares – Requisitos da tutela cautelar". *Revista Jurídica*, 129, p. 143.

_____. "Medidas cautelares atípicas". *Revista Forense*, 282, p. 3.

_____. *A execução de sentença e a garantia do devido processo legal*. Rio de Janeiro: Aide, 1987.

_____. "Arbitragem e terceiros – litisconsórcio fora do pacto arbitral – outras intervenções de terceiros". In: WALD, Arnoldo (Org.). *Arbitragem e Mediação*. São Paulo: RT, 2014. v. II, p. 509-543, n. 27. (Coleção Doutrinas Essenciais).

_____. *As novas reformas do Código de Processo Civil*. Rio de Janeiro: Forense, 2006.

TIMM, Luciano Benetti; LIMA, Felipe Esbroglio de Barros. "Dos efeitos da convenção de arbitragem no processo de execução". In: WALD, Arnoldo (Org.). *Arbitragem e Mediação*. São Paulo: RT, 2014. v. III, p. 1.069-1.085. (Coleção Doutrinas Essenciais); *RArb*, v. 31, p. 17, out. 2011.

_____; MOSER, Luiz Gustavo Meira Moser (Coord.). *Arbitragem e mediação* – em propriedade intelectual, esportes e entretenimento. Curitiba: Appris, 2014.

TOFFOLI, José Antônio Dias. "A Lei da Arbitragem e seus limites constitucionais". *Boletim da Associação dos Juízes para a Democracia*, n. 9, out. 1996.

TOMMASEO, Ferruccio. "Le impugnazioni del lodo arbitrale nella riforma dell'arbitrato (d. lgs. n. 40 2 febbraio, 2006)". *Rivista dell'arbitrato*, v. 17, t. 2, p. 199-217, 2007.

TORELLO, Luís A. "Mediación, negociación y conciliación". *Revista Uruguaya de Derecho Procesal*, 4, p. 541, 1994.

TROCKER, Nicolò. *Le clausole arbitrali nei contratti dei consumatori*: quale ruolo per il giudice ordinario?. Sull'arbitrato – Studi offerti a Giovanni Verde. Napoli: Jovene Editore, 2010. p. 845-859.

_____. "La direttiva CE 2008/52 in materia di mediazione: una scelta per il rinnovamento della giustizia civile in Europa". In: TROCKER, Nicolò; DE LUCA, Alessandra (Coord.) *La mediazione civile ala luce dela diretiva 2008/52/CE*. Firenze: Firenze University Press, 2011.

TUCCI, José Rogério Cruz e. *A "causa petendi" no processo civil*. São Paulo: RT, 1993.

_____. *Processo civil, realidade e justiça*. 20 anos de vigência do CPC. São Paulo: Saraiva, 1994.

_____. "A liberdade das partes na escolha dos árbitros". Disponível em: <http://www.migalhas.com.br/dePeso/16,MI188210,51045-A+liberdade+das+partes+na+escolha+dos+arbitros>. Acesso em: 31 jul. 2018.

_____. "Garantias constitucionais do processo e eficácia da sentença arbitral". In: PEREIRA, Cesar Augusto Guimarães; TALAMINI, Eduardo (Coord.). *Arbitragem e poder público* São Paulo: Saraiva, 2010.

_____. "Parâmetros de eficácia e critérios de interpretação do precedente judicial". In: WAMBIER, Teresa Arruda Alvim (Coord.). *Direito jurisprudencial*. São Paulo: RT, 2012.

_____. "O árbitro e a observância do precedente judicial". *Consultor Jurídico*. Disponível em: <www.conjur.com.br>. Acesso em: 1º nov. 2016.

_____; TUCCI, Rogério Lauria. *Constituição de 1988 e processo*. São Paulo: Saraiva, 1989.

_____; AZEVEDO, Luiz Carlos de. *Lições de história do processo civil romano*. São Paulo: RT, 1996.

VALENÇA, Clávio Filho. "Tutela judicial de urgência e a lide objeto de convenção de arbitragem". *Revista Brasileira de Arbitragem*, Porto Alegre, v. 7, p. 7-29, jul./set. 2005.

_____. "Sentença arbitral e juízo de execuções". *Revista do Advogado*, v. 87, p. 41-45, set. 2006.

_____. "A propósito do art. 2º, § 1º, da Lei de Arbitragem: o direito aplicável à convenção de arbitragem, à jurisdição direta do juiz do foro e à indireta do juiz estrangeiro". In: CARMONA, Carlos; LEMES, Selma; MARTINS, Pedro (Coord.). *20 anos da Lei de Arbitragem* – Homenagem a Petrônio R. Muniz. São Paulo: Atlas, 2017. p. 23-40.

VALVERDE, Marcus. "Apontamentos sobre a adoção do direito de retirada como solução para a questão da vinculação subjetiva à cláusula arbitral estatutária". In: CAHALI, Francisco; RODOVALHO, Thiago; FREIRE, Alexandre (Org.). *Arbitragem* – Estudos sobre a Lei 13.129, de 26-5-2015. São Paulo: Saraiva, 2016.

VARANO, Vincenzo. "La cultura dell'ADR: una comparazione fra modelli". *Rivista critica del diritto privato*, p. 495 e ss., 2015.

VANZ, Francesco. "Domanda de delibazione del lodo arbitrale straniero e sua riproponibilità". *Rivista Trimestrale di Diritto e Procedura Civile*, XLVII, p. 409.

VAZ, José Gilberto. "Breves considerações sobre os *dispute boards* no direito brasileiro". *Revista de Arbitragem e Mediação – RArb*, v. 10, p. 165, jul. 2006.

_____; NICOLI, Pedro Augusto Gravatá. "Os *Dispute Boards* e os contratos administrativos – São os *DBs* uma boa solução para disputas sujeitas a normas de ordem pública?". *Revista de Arbitragem e Mediação – RArb*, v. 31, p. 37, jul. 2013; e in: WALD, Arnoldo (Org.). *Arbitragem e Mediação*. São Paulo: RT, 2014. v. VI, p. 1.145, n. 59. (Coleção Doutrinas Essenciais).

VELLOSO, Adolfo Alvarado. "El arbitraje: solución eficiente de conflictos de interesses". *RePro*, 45, p. 94.

VENTURA, Deisy de Freitas Lima. *A ordem jurídica do Mercosul*. Porto Alegre: Livraria do Advogado, 1996.

VERA, M. Marcos. "Solución de controvérsias comerciales en Mercosur. Papel del Tribunal Internacional de conciliación y de arbitraje del Mercosur – Ticamer". In: CASELLA, Paulo Borba (Coord.). *Arbitragem* – A nova lei brasileira (9.307/96) e a praxe internacional. São Paulo: LTr, 1997.

VERITÀ, Federico "Dalla. Un disegno di legge per la riforma dell'arbitrato". *Rivista Trimestrale di Diritto e Procedura Civile*, 44, p. 633.

VERDE, Giovanni. *Profili del processo civile*. Parte generale. Napoli: Jovene, 1994.

_____. Arbitrato e giurisdizione. In: VERDE, Giovanni (Coord.). *L'arbitrato secondo la Legge 28/1983*. Napoli: Jovene, 1985. p. 168.

_____. *Lineamenti di diritto dell'arbitrato*. 3. ed. Torino: G. Giappichelli Editore, 2010.

VESCOVI, Eduardo. "Efectos de las sentencias extranjeras y de los audos arbitrales". *Revista Uruguaya de Derecho Procesal*, 2, p. 201, 1995.

VIANELLO, Elisabetta. "Appunti sulle recenti riforme processuali in Inghilterra". *Rivista Trimestrale di Diritto e Procedura Civile*, XLVII, p. 893.

VIGNALIA, Heber Arbuet et al. "Mercosur – Balance y perspectivas". Coletânea de estudos sobre o *IV Encuentro internacional de derecho para América del Sur*. Montevideo: Fundación de Cultura Universitaria, 1996.

_____. "El concepto de soberania y el ingreso al Mercosur". *Revista Jurídica del Centro Estudiantes de Derecho*, volume especial para o Mercosul.

VIGORITTI, Vincenzo. "Homologação e execução de sentenças e laudos estrangeiros na Itália". *RePro*, 50, p. 72-87.

_____. "La revisione delle 'rules of arbitration' dell'UNCITRAL (a proposito della seduta di New York del 9-13 febbraio 2009)". In: ARMELIN, Donaldo (Coord.). *Tutelas de urgência e cautelares* – Estudos em homenagem a Ovídio A. Baptista da Silva. São Paulo: Saraiva, 2010. p. 1.033-1.038.

VILELA, Marcelo Dias Gonçalves. *Arbitragem no direito societário*. Belo Horizonte: Mandamentos, 2004.

VILLELA, José Guilherme. "Reconhecimento de decisões arbitrais estrangeiras". *Revista de Informação Legislativa*, 75, p. 53, jun./set. 1982.

VOCINO, Corrado. *Intorno al nuovo verbo* "tutela giurisdizionale differenziata". Studi in onore di T. Carnacini. Milano: [s.n.], 1984. v. I.

WALD, Arnoldo. "A infraestrutura, as PPP's e a arbitragem". *Revista de Arbitragem e Mediação*, v. 5, p. 14-28.

_____. "Arbitragem e os contratos empresariais complexos". In: WALD, Arnoldo (Org.). *Arbitragem e Mediação*. São Paulo: RT, 2014. v. IV, p. 79-90, n. 2. (Coleção Doutrinas Essenciais); e *RArb*, 7, p. 11, out. 2005.

_____. "A ética e a imparcialidade na arbitragem". *RArb*, v. 39, p. 17; e in: WALD, Arnoldo (Org.). *Arbitragem e Mediação*. São Paulo: RT, 2014. v. II, p. 623-643, n. 33. (Coleção Doutrinas Essenciais).

_____. "Jurisprudência comentada: STJ. Corte Especial, SEC n. 802". *RArb*, v. 7, p. 205, out./dez. 2005.

_____. "A validade da sentença arbitral parcial nas arbitragens submetidas ao regime da CCI". *Revista de Direito Bancário e Mercado de Capitais*, v. 17, p. 329, jul. 2002; e in: WALD, Arnoldo (Org.). *Arbitragem e Mediação*. São Paulo: RT, 2014. p. 647-662, n. 31. (Coleção Doutrinas Essenciais)

_____. "Arbitragem de classe no direito societário". In: CARMONA, Carlos; LEMES, Selma; MARTINS, Pedro (Coord.). *20 anos da Lei de Arbitragem – Homenagem a Petrônio R. Muniz*. São Paulo: Atlas, 2017. p. 849-870.

_____; SERRÃO, André. "Aspectos constitucionais e administrativos da arbitragem nas concessões". In: WALD, Arnoldo (Org.). *Arbitragem e Mediação*. São Paulo: RT, 2014. v. IV, p. 653-680, n. 36. (Coleção Doutrinas Essenciais); e *RArb*, 16, p. 11, jan. 2008.

_____; BORJA, Ana Gerdau. "Arbitragem envolvendo entes estatais: a evolução da jurisprudência e a Lei n° 13.129, de 26/5/2015". In: CAHALI, Francisco; RODOVALHO, Thiago; FREIRE, Alexandre (Org.). *Arbitragem – Estudos sobre a Lei 13.129, de 26-5-2015*. São Paulo: Saraiva, 2016.

_____; FONSECA, Rodrigo Garcia da. "O mandado de segurança e a arbitragem". In: WALD, Arnoldo (Org.). *Arbitragem e Mediação*. São Paulo: RT, 2014. v. III, p. 871-876. (Coleção Doutrinas Essenciais); *RArb*, 13, p. 11, abr. 2007.

_____; ACQUAVIVA, Jean-Noël; FERNANDES, Og; NORONHA, João Otávio de. "Concepções brasileiras sobre contrariedade à ordem pública em matéria de arbitragem internacional". In: SALOMÃO, Luis Felipe; CAMPOS, Cesar Cunha (Org.). *Brasil e França: A arbitragem na visão comparada*. São Paulo: FGV Projetos, 2019. [edição gratuita para download disponível em: <https://fgvprojetos.fgv.br/publicacao/brasil-e-franca-arbitragem-na-visao-comparada>].

WALTER, Gerhard Walter. "L'arbitrato internazionale in Svizzera". *Rivista Trimestrale di Diritto e Procedura Civile*, XLIII, p. 517, 1989.

_____. "L'arbitrato irrituale: osservazioni di uno straniero". *Rivista Trimestrale di Diritto e Procedura Civile*, XLVIII, p. 151.

_____. "Aspetti internazionali del diritto processuale". *Rivista Trimestrale di Diritto e Procedura Civile*, 4, p. 1.159, 1996.

WAMBIER, Luiz Rodrigues. "A arbitragem internacional e o Mercosul". *Jurisprudência Brasileira*, 171, p. 49.

WAMBIER, Teresa Arruda Alvim. *Omissão judicial e embargos de declaração*. São Paulo: RT, 2005.

WATANABE, Kazuo. "Acesso à justiça e sociedade moderna". In: GRINOVER, Ada; DINAMARCO, Cândido; WATANABE, Kazuo (Coord.). *Participação e processo*. São Paulo: RT, 1988.

_____. "Política judiciária nacional de tratamento adequado dos conflitos de interesses – utilização dos meios alternativos de resolução de controvérsias". In: SILVEIRA, João da; AMORIM, José (Coord.). *A nova ordem nas soluções alternativas de conflitos e o Conselho Nacional de Justiça*. Brasília: Gazeta Jurídica, 2013.

WEBER, Ana Carolina. "Relembrando: no Brasil, o Código de Processo Civil não é automaticamente aplicado a procedimentos arbitrais". Disponível em: <www.jusbrasil.com.br>. Acesso em: 30 out. 2018.

WIEACKER, Franz. *Privatrechtsgeschichte der neuzeit inter besonderer berücksichtigung der deutschen entwicklung*. 2. ed. Göttingen: Vandenhoeck & Ruprecht., 1967. (*História do direito privado moderno*. Trad. António Manuel Botelho Hespanha. Lisboa: Fundação Calouste Gulbenkian, 1993.)

WLADECK, Felipe Scripes. *Impugnação da sentença arbitral*. Salvador: JusPodivm, 2014.

YARSHELL, Flávio Luiz. "Ainda sobre o caráter subsidiário do controle jurisdicional estatal da sentença arbitral". *RArb*, São Paulo, v. 50, p. 155-163, jul./set. 2016.

_____. "Caráter subsidiário da ação anulatória de sentença arbitral". In: WALD, Arnoldo (Org.). *Arbitragem e Mediação*. São Paulo: RT, 2014. v. III, p. 989-998, n. 54. (Coleção Doutrinas Essenciais); *RePro*, v. 207, p. 13, maio 2012.

_____. "Ação anulatória de julgamento arbitral e ação rescisória". In: WALD, Arnoldo (Org.). *Arbitragem e Mediação*. São Paulo: RT, 2014. v. III, p. 983-988, n. 53. (Coleção Doutrinas Essenciais); *RArb*, 5, p. 95, abr. 2005.

ZAFFARONI, Eugênio R. *Poder judiciário, crise, acertos e desacertos*. Trad. Juarez Tavares. São Paulo: RT, 1995.

ZAVASCKI, Teori Albino. "Sentenças declaratórias, sentenças condenatórias e eficácia executiva dos julgados". *RePro*, v. 109, p. 51-52.

ÍNDICE ALFABÉTICO-REMISSIVO

(Os números que seguem os capítulos referem-se aos itens respectivos)

A

AÇÃO
- acautelatória – **Cap. VIII, 2.1.3**
- ajuizamento/propositura – **Cap. V, 1**
- "anulatória de convenção arbitral" – **Cap. V, 3**
- "anti-suit injunctions" (providências antiarbitragem) – **Cap. V, 3**
- condições da – **Cap. III, 1**
- constitutiva – **Cap. VIII, 2.1.3**
- cumulação de demandas e sujeitos – **Cap. X, 2.9**
- declaratória – **Cap. VIII, 2.1.3**
- "declaratória de competência" – **Cap. V, 3**
- declaratória de constitucionalidade – **Cap. VIII, 9.2.1**
- declaratória de nulidade – **Cap. X, 2.3; 2.5**
- de compromisso arbitral – **Cap. X, 2.5**
- de instituição de arbitragem – obrigação de fazer (LA, art. 7º) – **Cap. III, 6**
- desistência – **Cap. II, 3**
- direta de inconstitucionalidade – **Cap. VIII, 9.2.1**
- executiva "stricto sensu" – **Cap. VIII, 2.1.3**
- inibitória – **Cap. VIII, 2.1.3**
- litispendência – **Cap. V, 1, 3**
- natureza jurídica e classificação – **Cap. VIII, 2.1.3**
- "querela nullitatis insanabilis" – **Cap. X, 2.3, 4**
- recuperatória – **Cap. VIII, 2.1.3**
- rescisória – **Cap. X, 4**
- ressarcitória/indenizatória – **Cap. VIII, 2.1.3**
- tutela cautelar e de urgência – **Cap. VI, 1**

AÇÃO ANULATÓRIA
- ajuizamento – **Cap. X, 2.3**
- caráter subsidiário – **Cap. V, 3; Cap. X, 2.1**
- coisa julgada – **Cap. X, 2.5**
- conexão e consolidação de arbitragens – **Cap. X, 2.9**
- competência – **Cap. X, 2.3**
- cumulação de demandas e sujeitos – **Cap. X, 2.9**
- efeitos – **Cap. X, 2, 2.7**
- escolha do árbitro – vício – **Cap. IV, 3**
- fundamentos – **Cap. X, 2.3**
- hipóteses – **Cap. VIII, 14; Cap. X, 2.3**
- interesse e legitimidade – **Cap. X, 2.2**
- "kompetenz-kompetenz" – **Cap. X, 2.5**
- litisconsórcio – **Cap. X, 2.9**
- litispendência – **Cap. X, 2.5**
- meios de impugnação – renúncia ao direito – **Cap. X, 2.10**
- multiplicidade de contratos e pluralidade de sujeitos – **Cap. X, 2.9**
- prazo decadencial – interrupção – **Cap. X, 1; 2.4**
- preclusão – **Cap. X, 2.5**
- "querela nullitatis insanabilis" – **Cap. X, 2.3**
- renúncia ao direito de ajuizamento – **Cap. X, 2.10**
- sentenças parcial e única – **Cap. VIII, 2.1.6; Cap. X, 2.6**
- terceiros – **Cap. VIII, 14**
- tutelas provisórias – **Cap. VI, 5**
- violação da ordem pública – **Cap. X, 2.4**

ACESSO À JUSTIÇA (JURISDIÇÃO) – Cap. II, 2.1
ACESSO À ORDEM JURÍDICA JUSTA – Cap. II, 2.1; Cap. II, 4
AGRAVO DE INSTRUMENTO – Cap. V, 3
"ALTERNATIVE DISPUTE RESOLUTION – ADR" – Cap. II, 2.1
"AMIABLE COMPOSITEUR" – Cap. II, 3
"AMICUS CURIAE" – Cap. III, 3.8
APELAÇÃO
   efeito devolutivo – **Cap. II, 9**
   sentença que reconhece convenção arbitral – **Cap. V, 3**
ARBITRADOR – Cap. II, 3
ARBITRAGEM
   ação de instituição – **Cap. III, 6**
   acesso à jurisdição (justiça) – **Cap. I, 5; Cap. II, 4**
   "Alternative Dispute Resolution – ADR" – **Cap. II, 2.1**
   América Latina – **Cap. I, 3.1.2**
   "amicus curiae" – **Cap. III, 8**
   anteprojetos de lei – **Cap. I, 6**
   "anti-suit injunctions" (providências antiarbitragem) – **Cap. V, 3**
   aplicação subsidiária do CPC – **Cap. I, 9**
   "arbitration bounded" ("arbitration high-low")– **Cap. II, 2.2.6**
   "arbitration incentive" – **Cap. II, 2.3.12**
   "arbitration-mediatio" – **Cap. II, 2.4.2**
   "arbitration night baseball" – **Cap. II, 2.2.5**
   assistência simples e litisconsorcial – **Cap. III, 8**
   ata de missão – **Cap. V, 1**
   atos e pronunciamentos – **Cap. VIII, 1, 2**
   auxiliares (terceiros) – **Cap. IV, 2, 4, 5**
   "baseball arbitration" – **Cap. II, 2.2.4**
   bons costumes – **Cap. VIII, 9.2**
   carta arbitral e cooperação – **Cap. VII, 1**
   chamamento ao processo – **Cap. III, 8**
   civil law – **Cap. I, 3.1.1**
   cláusula compromissória (arbitral) – **Cap. II, 9; Cap. III, 4, 5, 6**

Código Tipo para a Ibero-América – **Cap. I, 3.3**
comercial internacional, origens e desenvolvimento histórico – **Cap. I, 2**
common law – **Cap. I, 3.2**
competência – competência ("kompetenz-kompetenz") – **Cap. V, 3**
compromisso arbitral – **Cap. III, 4, 7**
confidencialidade, privacidade, sigilo e segredo – **Cap. V, 5.3**
constitucionalidade – **Cap. II, 9**
controle incidental de constitucionalidade – **Cap. VIII, 7**
convenção arbitral – **Cap. III, 4**
convenções internacionais – **Cap. I, 2**
Código de Ética – **Cap. IV, 4**
Código de Processo Civil/1973 – **Cap. I, 4**
Código de Processo Civil/2015 – **Cap. I, 5**
conflitos de família – **Cap. III, 3.1**
conflitos trabalhistas – **Cap. III, 3.8**
conflitos tributários – **Cap. III, 3.9**
contrato de adesão e relação de consumo – **Cap. III, 5**
contrato de franquia – **Cap. III, 5; Cap. VIII, 2.1.6**
contrato padrão – **Cap. III, 5**
contratos coligados ou conexos – **Cap. III, 8; Cap. VIII, 2.1.6**
"court-annexed arbitration" – **Cap. II, 2.2.3**
crescimento no Brasil – **Cap. II, 2.5**
decadência – **Cap. VIII, 7**
de direito – **Cap. VIII, 2.1.2; VIII, 9.2; 9.2.1**
de equidade – **Cap. VIII, 9.1**
denunciação da lide – **Cap. III, 8**
direito estrangeiro – **Cap. I, 3**
direitos autorais e fonográficos – **Cap. III, 3.10**
direitos da personalidade – **Cap. III, 3.7**
direitos metaindividuais – **Cap. III, 3.3**
distinções e similitudes – **Cap. II, 3**
eficácia da lei – **Cap. I, 8**
embargos de terceiros – **Cap. III, 8**
entes públicos – **Cap. III, 2; Cap. VI, 6; Cap. VIII, 9.2.1**
equivalentes jurisdicionais – **Cap. II, 1, 2, 3, 5**
"errores in judicando et in procedendo" – **Cap. IV, 9**

escopos e importância – **Cap. II, 5**
Estados Unidos da América – **Cap. I, 3.2.1.2**
Europa continental – **Cap. I, 3.1.3**
execução de sentença – **Cap. XI**
foro adequado – **Cap. III, 5**
fundos de investimento/financiamentos por terceiros ("third party funding") – **Cap. II, 5; Cap. IV, 3, 5; Cap. IX, 1**
globalização – **Cap. I, 2**
incidente de resolução de demandas repetitivas – **Cap. VIII, 9.2.1; Cap. X, 4**
Inglaterra – **Cap. I, 3.2.1.1**
instauração do processo – **Cap. V, 1**
instituição – obrigatoriedade – **Cap. II, 9**
institucional (entidades arbitrais) – lista de árbitros – **Cap. IV, 3**
internacional e fontes normativas – **Cap. I, 2; Cap. VII, 3**
juiz natural – **Cap. I, 9**
juizados especiais – **Cap. II, 6; Cap. III, 5**
jurisdição – **Cap. I, 5, 6**
    estatal e arbitral – vantagens e desvantagens – **Cap. II, 10**
    não exauriente – **Cap. II, 7**
litigância de má-fé – **Cap. IX, 1**
litisconsórcio – **Cap. III, 8; Cap. IV, 3**
mandado de segurança – **Cap. X, 4**
"mediatio-arbitratio" – **Cap. II, 2.4.1**
multiparte – **Cap. III, 8; Cap. IV, 3; Cap. V, 4; Cap. X, 2.9**
natureza jurídica – **Cap. II, 7, 8**
"non-binding arbitration" – **Cap. II, 2.3.11**
nomeação à autoria – **Cap. III, 8**
objeto litigioso – **Cap. III, 3**
operação "arbiter" – **Cap. I, 6**
oposição – **Cap. III, 8**
ordem pública – **Cap. VIII, 9.2; 9.2.1**
origens e desenvolvimento histórico – **Cap. I, 1**
pessoas que podem convencionar – **Cap. III, 2**
precedentes judiciais – (in)observância – **Cap. VIII, 9.2.1; Cap. X, 4**
preliminares e prejudiciais – **Cap. III, 3.6; Cap. VIII, 7**
prescrição/interrupção – **Cap. V, 1; Cap. VIII, 7**

presidente do tribunal arbitral – **Cap. IV, 3**
princípios – **Cap. II, 11**
princípios gerais de direito – **Cap. VIII, 10**
procedimento/fases – **Cap. V, 5**
provas – **Cap. V, 5**
providência "anti-suit" – **Cap. V, 1**
questões incidentais e prejudiciais – **Cap. III, 3.6; Cap. VIII, 7**
questões prévias – **Cap. VIII, 7**
reclamação – **Cap. VIII, 9.2.1; Cap. X, 4**
recuperação judicial e falência – **Cap. III, 3.5**
regime jurídico – **Cap. I, 7; Cap. II, 8**
regras internacionais de comércio – **Cap. VIII, 10**
renúncia ao direito de ação anulatória e meios de impugnação – **Cap. X, 2.10**
repercussão geral – **Cap. VIII, 9.2.1; Cap. X, 4**
requisito de admissibilidade – **Cap. III, 1**
responsabilidade civil (árbitros/entidades) – **Cap. IV, 3, 4, 9**
segurança jurídica – **Cap. VIII, 9.2.1**
sentença – v. sentença arbitral
sentença estrangeira – **Cap. XII, 1**
sociedade por ações – **Cap. III, 2; Cap. VIII, 2.1.6**
sociedades coligadas – **Cap. III, 8; Cap. VIII, 2.1.6**
"statutary law" – **Cap. I, 3.1.1**
sucessões e partilha de bens – **Cap. III, 3.2**
sucumbência/despesas – **Cap. IX, 1**
súmula vinculante – **Cap. VIII, 9.2.1; Cap. X, 4**
superveniência de fato independente – **Cap. VIII, 8**
terceiros – **Cap. III, 8; Cap. V, 4**
término – **Cap. VIII, 12; Cap. X, 1**
termo de – **Cap. IV, 3; Cap. X, 2.9**
usos – **Cap. VIII, 10**

ARBITRAMENTO – **Cap. II, 3**

ÁRBITROS
    ação anulatória – **Cap. IV, 3**
    arbitragem multiparte – **Cap. IV, 3**
    ata de missão – **Cap. V, 1**
    atos e pronunciamentos – **Cap. VIII, 1, 2**

Código de Ética – **Cap. IV, 4**
competência ("kompetenz-kompetenz") – **Cap. V, 3**
contrato (de investidura) para arbitrar – **Cap. IV, 3, 5**
controle incidental de constitucionalidade – **Cap. VIII, 7**
deontologia – **Cap. IV, 4**
deveres: revelação, independência, imparcialidade, disponibilidade, discrição – **Cap. IV, 5, 7; Cap. V, 5.3**
"errores in judicando et in procedendo" – **Cap. IV, 9**
escolha/critérios – **Cap. IV, 3**
escusas à nomeação – **Cap. IV, 7**
falecimento – **Cap. IV, 8**
função-desempenho – obstáculos – **Cap. IV, 4, 8**
juizados especiais – distinção – **Cap. IV, 1**
impedimento e suspeição – **Cap. IV, 5**
interpretação equivocada da lei – **Cap. VIII, 9.2.1**
lista de (arbitragem institucional) – **Cap. IV, 3**
litisconsórcio – interesses divergentes – **Cap. IV, 3**
nomeação – **Cap. IV, 3**
ofício jurisdicional – encerramento – **Cap. X, 1**
plantonista (de urgência) – **Cap. VI, 4**
poderes instrutórios – **Cap. V, 5.2**
precedentes judiciais – (in)observância – **Cap. VIII, 9.2.1**
presidente do tribunal arbitral – **Cap. IV, 3**
primeiro ato – **Cap. V, 1**
recusa – **Cap. IV, 6**
requisitos – **Cap. IV, 1, 4**
responsabilidade civil (árbitros/entidades) – **Cap. IV, 3, 4, 9**
suplente – **Cap. IV, 6**
terceiros auxiliares – **Cap. IV, 2, 4**
termo de arbitragem – **Cap. IV, 3**
"third party funding" (financiamento de terceiros) – **Cap. IV, 3**
tribunal arbitral – número de integrantes – **Cap. IV, 2**
ASTREINTES – **Cap. VI, 5; Cap. X, 3**

ATOS PROCESSUAIS E PRONUNCIAMENTOS
classificação – **Cap. VIII, 1**
das partes – **Cap. V, 5.1**
decisões não terminativas – **Cap. VIII, 3**
despacho – **Cap. VIII, 4**
sentença – **Cap. 2.1**
"AUTHORIZED REPRESENTATIVE" – **Cap. II, 2.3.3**
AUTOCOMPOSIÇÃO – **Cap. II, 2.1; 3**
AUTOTUTELA – **Cap. I, 1**
AVALIAÇÃO – **Cap. II, 3**

B

"BASEBALL ARBITRATION" – **Cap. II, 2.2.4**

C

CAPACIDADE
integração – **Cap. III, 2**
para estar em juízo (negocial) – **Cap. III, 2**
CARTA ARBITRAL
carta rogatória – **Cap. VII, 3**
competência – **Cap. VII, 3**
comunicação e princípio da cooperação – **Cap. VII, 1**
conteúdo – **Cap. VII, 5**
cumprimento/processamento – **Cap. VII, 1, 3, 4, 5, 6, 7**
devolução – **Cap. VII, 7**
objeto – **Cap. VII, 2**
sigilo – **Cap. VII, 4**
"CASO LIBRA" – **Cap. III, 2**
CLÁUSULA ARBITRAL/ COMPROMISSÓRIA
cheia e vazia – **Cap. III, 4**
competência para analisar – **Cap. V, 3**
efeitos e o art. 7º da LA – **Cap. III, 5, 6**

eficácia, existência e validade – competência para apreciar – **Cap. III, 4**
geral em contratos precedentes – **Cap. III, 6**
incompleta – **Cap. III, 6**
pré-contrato de compromisso – **Cap. III, 4**
sub-rogação – **Cap. III, 7**
viciadas (patológicas) – **Cap. III, 4**

CLÁUSULAS UNILATERAIS – Cap. III, 5

COISA JULGADA
efeitos – **Cap. VIII, 2.1.7; Cap. X, 2.2, 2.5**
limites objetivos e subjetivos – **Cap. VIII, 5; Cap. VIII, 12**
sentença parcial – **Cap. X, 2.6**
sentença estrangeira – **Cap. XII, 2**

COMPETÊNCIA
conflito (positivo-negativo) de – **Cap. V, 3**
conexão e continência – **Cap. V, 4**
liquidação de sentença – **Cap. VIII, 2.1.7**
tutelas provisórias – **Cap. VI, 5**

COMPROMISSO ARBITRAL – **Cap. III, 4**
ação declaratória – **Cap. X, 2.5**
e transação civil – **Cap. II, 3**
conceito, efeitos e requisitos – **Cap. III, 7**
conceito e requisitos indispensáveis – **Cap. III, 7**
negócio jurídico – **Cap. II, 8**

CONCESSÕES PÚBLICAS – Cap. III, 2

CONCILIAÇÃO – DISTINÇÕES E SIMILITUDES – Cap. II, 3

CONCILIADOR
atividades – **Cap. II, 3**

CONEXÃO E CONTINÊNCIA – **Cap. V, 1, 4; Cap. X, 2.9**

"CONFIDENTIAL LISTENER" – Cap. II, 2.3.7

CONFLITO
gestão – **Cap. II, 3**

CONTRATOS
coligados ou conexos – **Cap. III, 8; Cap. VIII, 2.1.6**
complexos – **Cap. III, 8**
de adesão e de consumo – **Cap. III, 5**

de franquia – **Cap. III, 5; Cap. VIII, 2.1.6**
de investidura (para arbitrar) – **Cap. IV, 3, 5**
de longa duração – **Cap. III, 8**
de seguro – sub-rogação – **Cap. III, 7**
de "swap" – **Cap. III, 8**
multiplicidade e ação anulatória – **Cap. X, 2.9**
padrão – **Cap. III, 5**
principal e acessório – **Cap. III, 8**
supervenientes – **Cap. III, 8**

CONVENÇÃO DE ARBITRAGEM – **Cap. II, 9; Cap. III, 4**
aditamento – **Cap. III, 8**
impossibilidade de conhecimento de ofício pelo juiz – **Cap. III, 7**
observância a precedentes judiciais – referência – **Cap. VIII, 9.2.1; Cap. X, 4**
opção por recurso – **Cap. X, 4**

CONVENÇÕES INTERNACIONAIS – Cap. I, 2

"COURT-ANNEXED ARBITRATION" – "COURT-ANNEXED MEDIATION" – Cap. II, 2.2.3; 2.3.10

D

DECADÊNCIA – Cap. VIII, 7; Cap. X, 2.4

DECISÃO NÃO TERMINATIVA/ INTERLOCUTÓRIA – Cap. VIII, 3

DESPACHO – Cap. VIII, 4

DESPESAS PROCESSUAIS
auxiliares da arbitragem – adiantamentos – **Cap. IV, 4**
e sucumbência – **Cap. IX, 1**

DIREITO
comum – **Cap. I, 1**
de ação – **Cap. III, 2**
patrimonial disponível – **Cap. III, 3**
visão tridimensional – **Cap. II, 4**

"DISPUTE REVIEW BOARD (DRB) ("PARTNERING") – Cap. II, 2.3.1; 2.5

E

"EARLY NEUTRAL EVALUATION" – ENE ("NEUTRAL EVALUATION" – "EXPERT FACT-FINDER") – Cap. II, 2.3.4

EMBARGOS DE DECLARAÇÃO – Cap. X, 1

EMBARGOS DO DEVEDOR (À EXECUÇÃO) LITISPENDÊNCIA – AÇÃO DECLARATÓRIA DE NULIDADE DE COMPROMISSO ARBITRAL – Cap. X, 2.5

ENTES PÚBLICOS – Cap. III, 2; Cap. VIII, 9.2.1

EQUIDADE – Cap. VIII, 9.1

EXCEÇÕES
de caráter subjetivo (impedimento e suspeição) – Cap. IV, 5; Cap. X, 2.5
momento para arguir – Cap. V, 2

F

FINANCIAMENTO DE ARBITRAGEM – Cap. II, 5

"FOCUSED GROUP" – Cap. II, 2.3.9

FORMAS ALTERNATIVAS DE RESOLUÇÃO DE CONTROVÉRSIAS – Cap. II, 2.1

H

HETEROCOMPOSIÇÃO – Cap. II, 2.1, 2.2

HONORÁRIOS
advocatícios (contratuais/sucumbenciais) – Cap. IX, 1
assistentes/auxiliares – Cap. IX, 1

I

INTERESSE DE AGIR – v. ação

INTERVENÇÃO DE TERCEIROS
assistência – Cap. III, 8
chamamento ao processo – Cap. III, 8
conexão/continência – Cap. V, 4
denunciação da lide – Cap. III, 8
litisconsórcio – Cap. III, 8
nomeação à autoria – Cap. III, 8
oposição – Cap. III, 8

J

"JOINT FACT-FINDER" – Cap. II, 2.3.8

JUIZ
natural – Cap. I, 9

JUIZADOS ESPECIAIS
arbitragem – Cap. II, 6; Cap. IV, 1
demandas de menor complexidade – Cap. III, 5
estaduais, federais e fazendários – Cap. II, 1

JULGAMENTO SIMULADO ("MINI-TRIAL") – Cap. II, 2.3.2

JURISDIÇÃO
arbitral – Cap. I, 5, 9
civil – Cap. I, 5
de equidade e de direito – Cap. VIII, 9
equivalentes jurisdicionais – Cap. II, 1, 2
estatal – crise – Cap. II, 1
mista – Cap. VIII, 9.2.1
privada – Cap. I, 6, 9; Cap. II, 7; Cap. II, 11
pública – Cap. II, 4, 8; Cap. VIII, 9.2.1

JURISPRUDÊNCIA
pacífica e dominante – Cap. VIII, 9.2.1
precedentes – Cap. VIII, 9.2.1.

JUSTIÇA
arbitral e estatal – Cap. II, 7
coexistencial – Cap. II, 2.1, 2.3
participativa e coexistencial – Cap. II, 2.1

pública e privada – **Cap. I, 1**
de resultados – **Cap. II, 1**
do processo – **Cap. II, 1**

L

LEGITIMIDADE ATIVA AD CAUSAM –
v. ação
LITIGÂNCIA DE MÁ-FÉ – Cap. IX, 1
LITIGIOSIDADE CONTIDA – Cap. II, 1

M

MANDADO DE SEGURANÇA
descabimento – **Cap. X, 4**
MEDIAÇÃO
autocomposição – **Cap. I, 5**
"court-annexed mediation" – **Cap. II, 2.3.10**
distinções e similitudes – **Cap. II, 3**
escopos – **Cap. II, 3**
"mediatio-arbitratio" – **Cap. II, 2.4.1**
MEDIADOR
"amiable compositeur" – **Cap. II, 3**
atividades – **Cap. II, 3**
Código de Ética – **Cap. IV, 4**
MEIOS DE IMPUGNAÇÃO
diversos – **Cap. X, 4**
e recursos – **Cap. X**
renúncia – **Cap. X, 2.10**
"MINI-TRIAL" (MINIJULGAMENTOS) –
Cap. II, 2.3.2

N

NEGOCIAÇÃO – DISTINÇÕES E SIMILITUDES – Cap. II, 3
"NEUTRAL FACT-FINDER" – Cap. II, 2.3.5
NULIDADE
Processo arbitral – **Cap. V, 3**
v. sentença arbitral; nulidade; anulabilidade

O

OBJETO LITIGIOSO – Cap. III, 3
conflitos de família – **Cap. III, 3.1**
conflitos trabalhistas – **Cap. III, 3.8**
conflitos tributários – **Cap. III, 3.9**
contrato de adesão e relação de consumo – **Cap. III, 5**
contrato de franquia – **Cap. III, 5**
direitos autorais e fonográficos – **Cap. III, 3.10**
direitos da personalidade – **Cap. III, 3.7**
direitos metaindividuais – **Cap. III, 3.3**
questões incidentais e prejudiciais – **Cap. III, 3.6**
recuperação judicial e falência – **Cap. III, 3.5**
sucessões e partilha de bens – **Cap. III, 3.2**
título executivo extrajudicial – **Cap. III, 3.4**
"OMBUDSMAN" – Cap. II, 2.3.13
ORALIDADE – v. princípio

P

PARCERIAS PÚBLICO-PRIVADAS – Cap. III, 2
"PARTNERING" – "DISPUTE REVIEW BOARD" (DRB) – Cap. II, 2.3.1
PERITAGEM
distinções e similitudes – **Cap. II, 3**
e avaliação vinculantes – **Cap. II, 2.2.1**
PORTARIAS OU PROGRAMAS PARA RECEBIMENTO DE RECLAMAÇÕES E APOIO VOLTADOS À RESOLUÇÃO DE CONFLITOS – Cap. II, 2.3.14
PRECEDENTES ARBITRAIS
efeitos – **Cap. VIII, 9.2.2**
PRECEDENTES JUDICIAIS
efeito vinculativo – **Cap. VIII, 9.2.1**
"distinguishing" – **Cap. VIII, 9.2.1**
(in)observância – **Cap. VIII, 9.2.1; Cap. X, 4**

PRESCRIÇÃO – Cap. V, 1; Cap. VIII, 7; Cap. X, 2.4

PRESSUPOSTOS PROCESSUAIS
  cláusula arbitral – Cap. II, 9
  existência – validade – Cap. III, 1, 2, Cap. V, 3

PRINCÍPIOS
  autonomia da vontade – Cap. II, 3, 11
  congruência (relação entre o pedido e o pronunciado) – Cap. II, 11; Cap. VIII, 2.1.5
  contraditório e ampla defesa – Cap. II, 11
  cooperação – carta arbitral – Cap. VII, 1 – Cap. VIII, 2.1.5
  deduzido e dedutível – Cap. VIII, 5; Cap. X, 2.5
  definitividade – Cap. VIII, 2.1.5
  deontológicos – Cap. IV, 4
  discrição – confidencialidade – Cap. II, 11
  dispositivo – Cap. II, 11
  economia processual – Cap. II, 11
  deontológicos – Cap. IV, 4
  efetividade do processo – Cap. II, 11
  exercício qualificado da função arbitral – Cap. II, 11
  flexibilidade procedimental – Cap. II, 11
  gerais de direito – Cap. VIII, 10
  igualdade das partes – Cap. II, 11; Cap. IV, 3
  imparcialidade e dever de revelação – Cap. II, 11
  impulso oficial flexibilizado – Cap. II, 11
  inafastabilidade da jurisdição estatal – Cap. II, 8, 9, 11; Cap. X, 2.1
  independência – Cap. II, 11
  instrumentalidade das formas – Cap. II, 11
  irrecorribilidade das decisões – Cap. II, 6, 9, 10
  juiz natural – Cap. I, 9; Cap. II, 11
  lealdade processual – Cap. II, 11
  licitude das provas – Cap. II, 11
  livre acesso à jurisdição arbitral/iniciativa – Cap. II, 11
  livre convencimento motivado – Cap. II, 11; Cap. VIII, 9.2.1
  observância dos bons costumes e à ordem pública – Cap. II, 11
  oralidade – Cap. II, 11
  "kompetenz-kompetenz" – Cap. II, 11; Cap. III, 4; Cap. V, 3; Cap. X, 2.1, 2.5
  publicidade e definitividade – Cap. VIII, 2.1.5
  publicidade mitigada/privacidade mitigada – Cap. II, 11; Cap. V, 5.3; Cap. VIII, 2.1.5
  razoável duração do processo – Cap. II, 11
  sigilo e segredo das provas – Cap. II, 11
  simplicidade, informalidade, economia processual e celeridade – Cap. II, 1, 10; Cap. VIII, 9.1
  sucumbência – Cap. II, 11; Cap. IX, 1
  duplo grau de jurisdição – Cap. II, 9
  imediatismo, imediação ou imediatidade – Cap. II, 10

PROCESSO
  "adversary system" – Cap. II, 1
  ata de missão ("terms of reference") – Cap. V, 1
  atos – v. atos processuais e pronunciamentos
  conhecimento – Cap. VIII, 11
  conexão/continência – Cap. V, 1, 4
  confidencialidade, privacidade, sigilo e segredo – Cap. V, 5.3
  crise – Cap. II, 1, 2.1
  despesas/sucumbência – Cap. IX, 1
  dimensão social – Cap. II, 4
  exceções – momento para arguir – Cap. V, 2
  instauração/efeitos – Cap. V, 1
  "inquisitory system" – Cap. II, 1
  litigância de má-fé – Cap. IX, 1
  litispendência – Cap. V, 1, 3
  prevenção – Cap. V, 1
  procedimento/fases – Cap. V, 5
  provas – Cap. V, 5
  publicização, oralidade e socialização – Cap. II, 1
  reconhecimento de sentença arbitral estrangeira – Cap. XII, 5
  superveniência de fato independente – Cap. VIII, 8
  suspensão – Cap. VIII, 7
  término – Cap. VIII, 12
  trinômio processual (condições da ação, pressupostos processuais e mérito) – metodologia no exame – Cap. VIII, 7

PROCON – Cap. III, 5

PROJETO FLORENÇA – Cap. II, 2.1

PROVAS – Cap. V, 5
   confidencialidade, privacidade, sigilo e segredo – **Cap. V, 5.3**
   desjudicialização – **Cap. V, 5.2**
   inversão da carga probatória (inferência inversa) – **Cap. V, 5.2**
   produção antecipada de – **Cap. V, 5.2**

Q

QUESTÕES PRÉVIAS, PRELIMINARES E PREJUDICIAIS INCIDENTES – Cap. VIII, 7

R

RECLAMAÇÃO
   decisão/sentença arbitral – **Cap. VIII, 9.2.1**

RECONHECIMENTO DO PEDIDO – Cap. II, 3

RECURSOS
   e meios de impugnação – **Cap. X**
   opção das partes – **Cap. X, 4**

REGRAS INTERNACIONAIS DE COMÉRCIO – Cap. VIII, 10

RELAÇÃO PROCESSUAL
   existência e validade – **Cap. III, 1**

"RENT-A-JUDGE" – Cap. II, 2.2.2

RENÚNCIA – Cap. II, 3

RESPONSABILIDADE CIVIL
   árbitros/entidades arbitrais – **Cap. IV, 3, 4, 9; Cap. X, 2.8**

S

SENTENÇA ARBITRAL
   anulabilidade – **Cap. VIII, 14; Cap. X, 2.3**
   aplicação equivocada/inobservância da lei – **Cap. VIII, 9.2.1**
   arbitragem de direito – **Cap. VIII, 2.1.2; Cap. VIII, 9.2.1**
   "astreintes" – **Cap. X, 3**
   "citra petita" – **Cap. X, 2.8**
   coisa julgada/efeitos/limites – **Cap. VIII, 2.1.7; Cap. VIII, 5; Cap. VIII, 12; Cap. X, 2.2**
   concussão – **Cap. X, 2.5**
   condenatória – **Cap. X, 3**
   "contra legem" – **Cap. VIII, 9.1**
   contratos coligados – **Cap. VIII, 2.1.6**
   controle subsidiário – **Cap. X, 2.1**
   cumprimento de – **Cap. X, 2.5, Cap. X, 3; Cap. XI, 1**
   decadência/prescrição – **Cap. X, 2.4**
   direito societário e corporativo – **Cap. VIII, 2.1.6**
   eficácia – **Cap. II, 9; Cap. VIII, 2.1.7; Cap. XI, 1**
   elementos constitutivos – **Cap. VIII, 2.1.2**
   embargos de declaração – **Cap. X, 1**
   "errores in judicando et in procedendo" – **Cap. IV, 9; Cap. X, 2.1, 2.4**
   execução – jurisdição e competência e regime execucional – **Cap. XI, 2**
   força preponderante – **Cap. XI, 1**
   função – **Cap. VIII, 13**
   global – **Cap. VIII, 2.1.4**
   impugnação – **Cap. X, 3**
   ineficácia, inexistência, nulidade, anulabilidade – **Cap. X, 2.3; 2.5**
   intervenção de terceiros – **Cap. VIII, 2.1.7**
   irrecorribilidade – **Cap. II, 9; Cap. X, 1**
   julgamento antecipado do mérito – **Cap. VIII, 2.1.4**
   justa – **Cap. VIII, 9.1**
   liquidação – **Cap. VIII, 2.1.7; 5**
   litigância de má-fé – **Cap. IX, 1**
   mandamental e executiva "lato sensu" – **Cap. X, 3**
   "manifest disregard of the law" – **Cap. VIII, 9.2.1**
   momento – **Cap. VIII, 11**
   natureza jurídica e classificação – **Cap. II, 7; VIII, 2.1.3**
   noções fundamentais – **Cap. VIII, 2.1.1**
   parcial – **Cap. VIII, 2.1.4, 2.1.6; Cap. X, 2.6, 3**

precedentes judiciais/estatais – (in)observância – **Cap. VIII, 9.2.1**
precedentes arbitrais – **Cap. VIII, 9.2.1**
princípios da congruência, publicidade e definitividade – **Cap. VIII, 2.1.5; 5**
reclamação – **Cap. VIII, 9.2.1**
regime execucional – **Cap. XI, 3**
segurança jurídica – **Cap. VIII, 9.2.1**
sucessão – **Cap. VIII, 6**
súmulas vinculantes – **Cap. VIII, 9.2.1**
superveniência de fato independente – **Cap. VIII, 8**
título judicial – **Cap. X, 3**
única – **Cap. VIII, 2.1.6**
violação à ordem pública – **Cap. VIII, 9.2.1; Cap. X, 2.4**

SENTENÇA ARBITRAL ESTRANGEIRA
coisa julgada – **Cap. XII, 2**
competência – reconhecimento – **Cap. XII, 2**
conceito – **Cap. XII, 1**
eficácia – **Cap. XII, 1, 4**
execução – **Cap. XII, 7**
"exequatur" – **Cap. XII, 2**
homologação e cumprimento – **Cap. XII, 2, 3, 4, 6**
litispendência – competência concorrente – **Cap. XII, 2**
processo e procedimento – **Cap. XII, 5**
requisitos para o reconhecimento – **Cap. XII, 3**
vícios – **Cap. XII, 6**

SENTENÇA ESTATAL
efeitos – ação anulatória – **Cap. X, 2.7**
instituição de arbitragem – natureza jurídica – **Cap. III, 6**

SISTEMAS – CONCEITO – Cap. I, 9

SOCIEDADES COLIGADAS – Cap. III, 8

SOCIEDADE POR AÇÕES – Cap. III, 2

SOLUÇÃO E PREVENÇÃO EXTRAJUDICIAL DE LITÍGIOS – MOVIMENTO BRASILEIRO – Cap. II, 2.5

"SUMMARY JURY TRIAL" – Cap. II, 2.3.6

SÚMULA VINCULANTE – Cap. VIII, 9.2.1
Superveniência de fato independente – **Cap. VIII, 8**

T

"THIRD PARTY FUNDING" (FUNDOS DE INVESTIMENTOS – FINANCIAMENTO DE TERCEIROS) – Cap. II, 5; Cap. IV, 3, 5; Cap. IX, 1

TÍTULO EXECUTIVO JUDICIAL
sentença arbitral – **Cap. II, 7**

TRANSAÇÃO
distinções e similitudes – **Cap. II, 3**

TUTELA DA EVIDÊNCIA – Cap. VI, 2

TUTELAS DE URGÊNCIA
"anti-suit" – **Cap. V, 1**
árbitro plantonista (de apoio ou urgência) – **Cap. VI, 4**
função social – **Cap. VI, 3**
noções – **Cap. VI, 1, 2**

TUTELAS PROVISÓRIAS – NOÇÕES FUNDAMENTAIS – Cap. VI, 1, 2
ação anulatória – **Cap. VI, 5**
antecedente – **Cap. VI, 4**
árbitro de plantão – **Cap. VI, 4**
competência – **Cap. VI, 5**
estabilização – **Cap. VI, 4**
Fazenda Pública – **Cap. VI, 6**
incidental – **Cap. VI, 5**
liminar – **Cap. VI, 5**
medidas coercitivas ("astreintes") – **Cap. VI, 5**
poder geral jurisdicional – **Cap. VI, 5**
recurso cabível de liminar – **Cap. VI, 4**

U

USOS – Cap. VIII, 10

ANEXO
LEI Nº 9.307, DE 23 DE SETEMBRO DE 1996

Dispõe sobre a arbitragem.

O PRESIDENTE DA REPÚBLICA Faço saber que o Congresso Nacional decreta e eu sanciono a seguinte Lei:

Capítulo I
Disposições Gerais

Art. 1º As pessoas capazes de contratar poderão valer-se da arbitragem para dirimir litígios relativos a direitos patrimoniais disponíveis.

§ 1º A administração pública direta e indireta poderá utilizar-se da arbitragem para dirimir conflitos relativos a direitos patrimoniais disponíveis. (Incluído pela Lei nº 13.129, de 2015)

§ 2º A autoridade ou o órgão competente da administração pública direta para a celebração de convenção de arbitragem é a mesma para a realização de acordos ou transações. (Incluído pela Lei nº 13.129, de 2015)

Art. 2º A arbitragem poderá ser de direito ou de eqüidade, a critério das partes.

§ 1º Poderão as partes escolher, livremente, as regras de direito que serão aplicadas na arbitragem, desde que não haja violação aos bons costumes e à ordem pública.

§ 2º Poderão, também, as partes convencionar que a arbitragem se realize com base nos princípios gerais de direito, nos usos e costumes e nas regras internacionais de comércio.

§ 3º A arbitragem que envolva a administração pública será sempre de direito e respeitará o princípio da publicidade. (Incluído pela Lei nº 13.129, de 2015)

Capítulo II
Da Convenção de Arbitragem e seus Efeitos

Art. 3º As partes interessadas podem submeter a solução de seus litígios ao juízo arbitral mediante convenção de arbitragem, assim entendida a cláusula compromissória e o compromisso arbitral.

Art. 4º A cláusula compromissória é a convenção através da qual as partes em um contrato comprometem-se a submeter à arbitragem os litígios que possam vir a surgir, relativamente a tal contrato.

§ 1º A cláusula compromissória deve ser estipulada por escrito, podendo estar inserta no próprio contrato ou em documento apartado que a ele se refira.

§ 2º Nos contratos de adesão, a cláusula compromissória só terá eficácia se o aderente tomar a iniciativa de instituir a arbitragem ou concordar, expressamente, com a sua instituição, desde que por escrito em documento anexo ou em negrito, com a assinatura ou visto especialmente para essa cláusula.

§ 3º (VETADO). (Incluído pela Lei nº 13.129, de 2015)[1]

§ 4º (VETADO). (Incluído pela Lei nº 13.129, de 2015)[2]

Art. 5º Reportando-se as partes, na cláusula compromissória, às regras de algum órgão arbitral institucional ou entidade especializada, a arbitragem será instituída e processada de acordo com tais regras, podendo, igualmente, as partes estabelecer na própria cláusula, ou em outro documento, a forma convencionada para a instituição da arbitragem.

Art. 6º Não havendo acordo prévio sobre a forma de instituir a arbitragem, a parte interessada manifestará à outra parte sua intenção de dar início à arbitragem, por via postal ou por outro meio qualquer de comunicação, mediante comprovação de recebimento, convocando-a para, em dia, hora e local certos, firmar o compromisso arbitral.

Parágrafo único. Não comparecendo a parte convocada ou, comparecendo, recusar-se a firmar o compromisso arbitral, poderá a outra parte propor a demanda de que trata o art. 7º desta Lei, perante o órgão do Poder Judiciário a que, originariamente, tocaria o julgamento da causa.

Art. 7º Existindo cláusula compromissória e havendo resistência quanto à instituição da arbitragem, poderá a parte interessada requerer a citação da outra parte para comparecer em juízo a fim de lavrar-se o compromisso, designando o juiz audiência especial para tal fim.

§ 1º O autor indicará, com precisão, o objeto da arbitragem, instruindo o pedido com o documento que contiver a cláusula compromissória.

---

[1] Texto vetado: "§ 3º Na relação de consumo estabelecida por meio de contrato de adesão, a cláusula compromissória só terá eficácia se o aderente tomar a iniciativa de instituir a arbitragem ou concordar expressamente com a sua instituição".

[2] Texto vetado: "§ 4º Desde que o empregado ocupe ou venha a ocupar cargo ou função de administrador ou de diretor estatutário, nos contratos individuais de trabalho poderá ser pactuada cláusula compromissória, que só terá eficácia se o empregado tomar a iniciativa de instituir a arbitragem ou se concordar expressamente com a sua instituição".

§ 2º Comparecendo as partes à audiência, o juiz tentará, previamente, a conciliação acerca do litígio. Não obtendo sucesso, tentará o juiz conduzir as partes à celebração, de comum acordo, do compromisso arbitral.

§ 3º Não concordando as partes sobre os termos do compromisso, decidirá o juiz, após ouvir o réu, sobre seu conteúdo, na própria audiência ou no prazo de dez dias, respeitadas as disposições da cláusula compromissória e atendendo ao disposto nos arts. 10 e 21, § 2º, desta Lei.

§ 4º Se a cláusula compromissória nada dispuser sobre a nomeação de árbitros, caberá ao juiz, ouvidas as partes, estatuir a respeito, podendo nomear árbitro único para a solução do litígio.

§ 5º A ausência do autor, sem justo motivo, à audiência designada para a lavratura do compromisso arbitral, importará a extinção do processo sem julgamento de mérito.

§ 6º Não comparecendo o réu à audiência, caberá ao juiz, ouvido o autor, estatuir a respeito do conteúdo do compromisso, nomeando árbitro único.

§ 7º A sentença que julgar procedente o pedido valerá como compromisso arbitral.

Art. 8º A cláusula compromissória é autônoma em relação ao contrato em que estiver inserta, de tal sorte que a nulidade deste não implica, necessariamente, a nulidade da cláusula compromissória.

Parágrafo único. Caberá ao árbitro decidir de ofício, ou por provocação das partes, as questões acerca da existência, validade e eficácia da convenção de arbitragem e do contrato que contenha a cláusula compromissória.

Art. 9º O compromisso arbitral é a convenção através da qual as partes submetem um litígio à arbitragem de uma ou mais pessoas, podendo ser judicial ou extrajudicial.

§ 1º O compromisso arbitral judicial celebrar-se-á por termo nos autos, perante o juízo ou tribunal, onde tem curso a demanda.

§ 2º O compromisso arbitral extrajudicial será celebrado por escrito particular, assinado por duas testemunhas, ou por instrumento público.

Art. 10. Constará, obrigatoriamente, do compromisso arbitral:

I – o nome, profissão, estado civil e domicílio das partes;

II – o nome, profissão e domicílio do árbitro, ou dos árbitros, ou, se for o caso, a identificação da entidade à qual as partes delegaram a indicação de árbitros;

III – a matéria que será objeto da arbitragem; e

IV – o lugar em que será proferida a sentença arbitral.

Art. 11. Poderá, ainda, o compromisso arbitral conter:

I – local, ou locais, onde se desenvolverá a arbitragem;

II - a autorização para que o árbitro ou os árbitros julguem por eqüidade, se assim for convencionado pelas partes;

III - o prazo para apresentação da sentença arbitral;

IV - a indicação da lei nacional ou das regras corporativas aplicáveis à arbitragem, quando assim convencionarem as partes;

V - a declaração da responsabilidade pelo pagamento dos honorários e das despesas com a arbitragem; e

VI - a fixação dos honorários do árbitro, ou dos árbitros.

Parágrafo único. Fixando as partes os honorários do árbitro, ou dos árbitros, no compromisso arbitral, este constituirá título executivo extrajudicial; não havendo tal estipulação, o árbitro requererá ao órgão do Poder Judiciário que seria competente para julgar, originariamente, a causa que os fixe por sentença.

Art. 12. Extingue-se o compromisso arbitral:

I - escusando-se qualquer dos árbitros, antes de aceitar a nomeação, desde que as partes tenham declarado, expressamente, não aceitar substituto;

II - falecendo ou ficando impossibilitado de dar seu voto algum dos árbitros, desde que as partes declarem, expressamente, não aceitar substituto; e

III - tendo expirado o prazo a que se refere o art. 11, inciso III, desde que a parte interessada tenha notificado o árbitro, ou o presidente do tribunal arbitral, concedendo-lhe o prazo de dez dias para a prolação e apresentação da sentença arbitral.

Capítulo III
Dos Árbitros

Art. 13. Pode ser árbitro qualquer pessoa capaz e que tenha a confiança das partes.

§ 1º As partes nomearão um ou mais árbitros, sempre em número ímpar, podendo nomear, também, os respectivos suplentes.

§ 2º Quando as partes nomearem árbitros em número par, estes estão autorizados, desde logo, a nomear mais um árbitro. Não havendo acordo, requererão as partes ao órgão do Poder Judiciário a que tocaria, originariamente, o julgamento da causa a nomeação do árbitro, aplicável, no que couber, o procedimento previsto no art. 7º desta Lei.

§ 3º As partes poderão, de comum acordo, estabelecer o processo de escolha dos árbitros, ou adotar as regras de um órgão arbitral institucional ou entidade especializada.

§ 4º As partes, de comum acordo, poderão afastar a aplicação de dispositivo do regulamento do órgão arbitral institucional ou entidade especializada que limite a escolha do árbitro único, coárbitro ou presidente do tribunal à respectiva lista de árbitros, autorizado o controle da escolha pelos órgãos competentes da instituição, sendo que, nos casos de impasse e arbitragem multiparte, deverá ser observado o que dispuser o regulamento aplicável. (Redação dada pela Lei nº 13.129, de 2015)[3]

§ 5º O árbitro ou o presidente do tribunal designará, se julgar conveniente, um secretário, que poderá ser um dos árbitros.

§ 6º No desempenho de sua função, o árbitro deverá proceder com imparcialidade, independência, competência, diligência e discrição.

§ 7º Poderá o árbitro ou o tribunal arbitral determinar às partes o adiantamento de verbas para despesas e diligências que julgar necessárias.

Art. 14. Estão impedidos de funcionar como árbitros as pessoas que tenham, com as partes ou com o litígio que lhes for submetido, algumas das relações que caracterizam os casos de impedimento ou suspeição de juízes, aplicando-se-lhes, no que couber, os mesmos deveres e responsabilidades, conforme previsto no Código de Processo Civil.

§ 1º As pessoas indicadas para funcionar como árbitro têm o dever de revelar, antes da aceitação da função, qualquer fato que denote dúvida justificada quanto à sua imparcialidade e independência.

§ 2º O árbitro somente poderá ser recusado por motivo ocorrido após sua nomeação. Poderá, entretanto, ser recusado por motivo anterior à sua nomeação, quando:

a) não for nomeado, diretamente, pela parte; ou

b) o motivo para a recusa do árbitro for conhecido posteriormente à sua nomeação.

Art. 15. A parte interessada em argüir a recusa do árbitro apresentará, nos termos do art. 20, a respectiva exceção, diretamente ao árbitro ou ao presidente do tribunal arbitral, deduzindo suas razões e apresentando as provas pertinentes.

Parágrafo único. Acolhida a exceção, será afastado o árbitro suspeito ou impedido, que será substituído, na forma do art. 16 desta Lei.

Art. 16. Se o árbitro escusar-se antes da aceitação da nomeação, ou, após a aceitação, vier a falecer, tornar-se impossibilitado para o exercício da função, ou for recusado, assumirá seu lugar o substituto indicado no compromisso, se houver.

---

[3] Redação anterior: "§ 4º Sendo nomeados vários árbitros, estes por maioria, elegerão o presidente do tribunal arbitral. Não havendo consenso, será designado presidente o mais idoso".

§ 1º Não havendo substituto indicado para o árbitro, aplicar-se-ão as regras do órgão arbitral institucional ou entidade especializada, se as partes as tiverem invocado na convenção de arbitragem.

§ 2º Nada dispondo a convenção de arbitragem e não chegando as partes a um acordo sobre a nomeação do árbitro a ser substituído, procederá a parte interessada da forma prevista no art. 7º desta Lei, a menos que as partes tenham declarado, expressamente, na convenção de arbitragem, não aceitar substituto.

Art. 17. Os árbitros, quando no exercício de suas funções ou em razão delas, ficam equiparados aos funcionários públicos, para os efeitos da legislação penal.

Art. 18. O árbitro é juiz de fato e de direito, e a sentença que proferir não fica sujeita a recurso ou a homologação pelo Poder Judiciário.

Capítulo IV
Do Procedimento Arbitral

Art. 19. Considera-se instituída a arbitragem quando aceita a nomeação pelo árbitro, se for único, ou por todos, se forem vários.

§ 1º Instituída a arbitragem e entendendo o árbitro ou o tribunal arbitral que há necessidade de explicitar questão disposta na convenção de arbitragem, será elaborado, juntamente com as partes, adendo firmado por todos, que passará a fazer parte integrante da convenção de arbitragem. (Incluído pela Lei nº 13.129, de 2015)[4]

§ 2º A instituição da arbitragem interrompe a prescrição, retroagindo à data do requerimento de sua instauração, ainda que extinta a arbitragem por ausência de jurisdição. (Incluído pela Lei nº 13.129, de 2015)

Art. 20. A parte que pretender argüir questões relativas à competência, suspeição ou impedimento do árbitro ou dos árbitros, bem como nulidade, invalidade ou ineficácia da convenção de arbitragem, deverá fazê-lo na primeira oportunidade que tiver de se manifestar, após a instituição da arbitragem.

§ 1º Acolhida a argüição de suspeição ou impedimento, será o árbitro substituído nos termos do art. 16 desta Lei, reconhecida a incompetência do árbitro ou do tribunal arbitral, bem como a nulidade, invalidade ou ineficácia da convenção de arbitragem, serão as partes remetidas ao órgão do Poder Judiciário competente para julgar a causa.

---

[4] O § 1º contém a mesma redação anterior que, por sua vez, encontrava-se definida no então parágrafo único, decorrendo a renumeração em virtude da inclusão de um novo parágrafo (§ 2º) ao art. 19.

§ 2º Não sendo acolhida a argüição, terá normal prosseguimento a arbitragem, sem prejuízo de vir a ser examinada a decisão pelo órgão do Poder Judiciário competente, quando da eventual propositura da demanda de que trata o art. 33 desta Lei.

Art. 21. A arbitragem obedecerá ao procedimento estabelecido pelas partes na convenção de arbitragem, que poderá reportar-se às regras de um órgão arbitral institucional ou entidade especializada, facultando-se, ainda, às partes delegar ao próprio árbitro, ou ao tribunal arbitral, regular o procedimento.

§ 1º Não havendo estipulação acerca do procedimento, caberá ao árbitro ou ao tribunal arbitral discipliná-lo.

§ 2º Serão, sempre, respeitados no procedimento arbitral os princípios do contraditório, da igualdade das partes, da imparcialidade do árbitro e de seu livre convencimento.

§ 3º As partes poderão postular por intermédio de advogado, respeitada, sempre, a faculdade de designar quem as represente ou assista no procedimento arbitral.

§ 4º Competirá ao árbitro ou ao tribunal arbitral, no início do procedimento, tentar a conciliação das partes, aplicando-se, no que couber, o art. 28 desta Lei.

Art. 22. Poderá o árbitro ou o tribunal arbitral tomar o depoimento das partes, ouvir testemunhas e determinar a realização de perícias ou outras provas que julgar necessárias, mediante requerimento das partes ou de ofício.

§ 1º O depoimento das partes e das testemunhas será tomado em local, dia e hora previamente comunicados, por escrito, e reduzido a termo, assinado pelo depoente, ou a seu rogo, e pelos árbitros.

§ 2º Em caso de desatendimento, sem justa causa, da convocação para prestar depoimento pessoal, o árbitro ou o tribunal arbitral levará em consideração o comportamento da parte faltosa, ao proferir sua sentença; se a ausência for de testemunha, nas mesmas circunstâncias, poderá o árbitro ou o presidente do tribunal arbitral requerer à autoridade judiciária que conduza a testemunha renitente, comprovando a existência da convenção de arbitragem.

§ 3º A revelia da parte não impedirá que seja proferida a sentença arbitral.

§ 4º (Revogado pela Lei nº 13.129, de 2015)[5]

§ 5º Se, durante o procedimento arbitral, um árbitro vier a ser substituído fica a critério do substituto repetir as provas já produzidas.

---

[5] Texto revogado: "§ 4º Ressalvado o disposto no § 2º, havendo necessidade de medidas coercitivas ou cautelares, os árbitros poderão solicitá-las ao órgão do Poder Judiciário que seria, originariamente, competente para julgar a causa".

Capítulo IV-A
(Incluído pela Lei nº 13.129, de 2015)
Das Tutelas Cautelares e de Urgência

Art. 22-A. Antes de instituída a arbitragem, as partes poderão recorrer ao Poder Judiciário para a concessão de medida cautelar ou de urgência. (Incluído pela Lei nº 13.129, de 2015)

Parágrafo único. Cessa a eficácia da medida cautelar ou de urgência se a parte interessada não requerer a instituição da arbitragem no prazo de 30 (trinta) dias, contado da data de efetivação da respectiva decisão. (Incluído pela Lei nº 13.129, de 2015)

Art. 22-B. Instituída a arbitragem, caberá aos árbitros manter, modificar ou revogar a medida cautelar ou de urgência concedida pelo Poder Judiciário. (Incluído pela Lei nº 13.129, de 2015)

Parágrafo único. Estando já instituída a arbitragem, a medida cautelar ou de urgência será requerida diretamente aos árbitros. (Incluído pela Lei nº 13.129, de 2015)

Capítulo IV-B
(Incluído pela Lei nº 13.129, de 2015)
Da Carta Arbitral

Art. 22-C. O árbitro ou o tribunal arbitral poderá expedir carta arbitral para que o órgão jurisdicional nacional pratique ou determine o cumprimento, na área de sua competência territorial, de ato solicitado pelo árbitro. (Incluído pela Lei nº 13.129, de 2015)

Parágrafo único. No cumprimento da carta arbitral será observado o segredo de justiça, desde que comprovada a confidencialidade estipulada na arbitragem. (Incluído pela Lei nº 13.129, de 2015)

Capítulo V
Da Sentença Arbitral

Art. 23. A sentença arbitral será proferida no prazo estipulado pelas partes. Nada tendo sido convencionado, o prazo para a apresentação da sentença é de seis meses, contado da instituição da arbitragem ou da substituição do árbitro.

§ 1º Os árbitros poderão proferir sentenças parciais. (Incluído pela Lei nº 13.129, de 2015)

§ 2º As partes e os árbitros, de comum acordo, poderão prorrogar o prazo para proferir a sentença final. (Incluído pela Lei nº 13.129, de 2015)

Art. 24. A decisão do árbitro ou dos árbitros será expressa em documento escrito.

§ 1º Quando forem vários os árbitros, a decisão será tomada por maioria. Se não houver acordo majoritário, prevalecerá o voto do presidente do tribunal arbitral.

§ 2º O árbitro que divergir da maioria poderá, querendo, declarar seu voto em separado.

Art. 25. (Revogado pela Lei nº 13.129, de 2015)[6]

Parágrafo único. (Revogado pela Lei nº 13.129, de 2015)[7]

Art. 26. São requisitos obrigatórios da sentença arbitral:

I – o relatório, que conterá os nomes das partes e um resumo do litígio;

II – os fundamentos da decisão, onde serão analisadas as questões de fato e de direito, mencionando-se, expressamente, se os árbitros julgaram por eqüidade;

III – o dispositivo, em que os árbitros resolverão as questões que lhes forem submetidas e estabelecerão o prazo para o cumprimento da decisão, se for o caso; e

IV – a data e o lugar em que foi proferida.

Parágrafo único. A sentença arbitral será assinada pelo árbitro ou por todos os árbitros. Caberá ao presidente do tribunal arbitral, na hipótese de um ou alguns dos árbitros não poder ou não querer assinar a sentença, certificar tal fato.

Art. 27. A sentença arbitral decidirá sobre a responsabilidade das partes acerca das custas e despesas com a arbitragem, bem como sobre verba decorrente de litigância de má-fé, se for o caso, respeitadas as disposições da convenção de arbitragem, se houver.

Art. 28. Se, no decurso da arbitragem, as partes chegarem a acordo quanto ao litígio, o árbitro ou o tribunal arbitral poderá, a pedido das partes, declarar tal fato mediante sentença arbitral, que conterá os requisitos do art. 26 desta Lei.

Art. 29. Proferida a sentença arbitral, dá-se por finda a arbitragem, devendo o árbitro, ou o presidente do tribunal arbitral, enviar cópia da decisão às partes, por via postal ou por outro meio qualquer de comunicação, mediante comprovação de recebimento, ou, ainda, entregando-a diretamente às partes, mediante recibo.

Art. 30. No prazo de 5 (cinco) dias, a contar do recebimento da notificação ou da ciência pessoal da sentença arbitral, salvo se outro prazo for acordado entre as

---

[6] Texto revogado: "Art. 25 Sobrevindo no curso da arbitragem controvérsia acerca de direitos indisponíveis e verificando-se que de sua existência, ou não, dependerá o julgamento, o árbitro ou o tribunal arbitral remeterá as partes à autoridade competente do Poder Judiciário, suspendendo o procedimento arbitral".

[7] Texto revogado: "Parágrafo único. Resolvida a questão prejudicial e juntada aos autos a sentença ou acórdão transitados em julgado, terá normal prosseguimento a arbitragem".

partes, a parte interessada, mediante comunicação à outra parte, poderá solicitar ao árbitro ou ao tribunal arbitral que: (Redação dada pela Lei nº 13.129, de 2015)[8]

I – corrija qualquer erro material da sentença arbitral;

II – esclareça alguma obscuridade, dúvida ou contradição da sentença arbitral, ou se pronuncie sobre ponto omitido a respeito do qual devia manifestar-se a decisão.

Parágrafo único. O árbitro ou o tribunal arbitral decidirá no prazo de 10 (dez) dias ou em prazo acordado com as partes, aditará a sentença arbitral e notificará as partes na forma do art. 29. (Redação dada pela Lei nº 13.129, de 2015)[9]

Art. 31. A sentença arbitral produz, entre as partes e seus sucessores, os mesmos efeitos da sentença proferida pelos órgãos do Poder Judiciário e, sendo condenatória, constitui título executivo.

Art. 32. É nula a sentença arbitral se:

I – for nula a convenção de arbitragem; (Redação dada pela Lei nº 13.129, de 2015)[10]

II – emanou de quem não podia ser árbitro;

III – não contiver os requisitos do art. 26 desta Lei;

IV – for proferida fora dos limites da convenção de arbitragem;

V – (Revogado pela Lei nº 13.129, de 2015)[11]

VI – comprovado que foi proferida por prevaricação, concussão ou corrupção passiva;

VII – proferida fora do prazo, respeitado o disposto no art. 12, inciso III, desta Lei; e

VIII – forem desrespeitados os princípios de que trata o art. 21, § 2º, desta Lei.

Art. 33. A parte interessada poderá pleitear ao órgão do Poder Judiciário competente a declaração de nulidade da sentença arbitral, nos casos previstos nesta Lei. (Redação dada pela Lei nº 13.129, de 2015)[12]

---

[8] Redação anterior: "Art. 30. No prazo de cinco dias, a contar do recebimento da notificação ou da ciência pessoal da sentença arbitral, a parte interessada, mediante comunicação à outra parte, poderá solicitar ao árbitro ou ao tribunal arbitral que:".

[9] Redação anterior: "Parágrafo único. O árbitro ou o tribunal arbitral decidirá, no prazo de dez dias, aditando a sentença arbitral e notificando as partes na forma do art. 29".

[10] Redação anterior: "I – for nulo o compromisso;".

[11] Texto revogado: "V – não decidir todo o litígio submetido à arbitragem".

[12] Redação anterior: "A parte interessada poderá pleitear ao órgão do Poder Judiciário competente a decretação da nulidade da sentença arbitral, nos casos previstos nesta Lei".

§ 1º A demanda para a declaração de nulidade da sentença arbitral, parcial ou final, seguirá as regras do procedimento comum, previstas na Lei nº 5.869, de 11 de janeiro de 1973 (Código de Processo Civil), e deverá ser proposta no prazo de até 90 (noventa) dias após o recebimento da notificação da respectiva sentença, parcial ou final, ou da decisão do pedido de esclarecimentos. (Redação dada pela Lei nº 13.129, de 2015)[13]

§ 2º A sentença que julgar procedente o pedido declarará a nulidade da sentença arbitral, nos casos do art. 32, e determinará, se for o caso, que o árbitro ou o tribunal profira nova sentença arbitral. (Redação dada pela Lei nº 13.129, de 2015)[14]

§ 3º A decretação da nulidade da sentença arbitral também poderá ser requerida na impugnação ao cumprimento da sentença, nos termos dos arts. 525 e seguintes do Código de Processo Civil, se houver execução judicial. (Redação dada pela Lei nº 13.105, de 2015)[15]

§ 4º A parte interessada poderá ingressar em juízo para requerer a prolação de sentença arbitral complementar, se o árbitro não decidir todos os pedidos submetidos à arbitragem. (Incluído pela Lei nº 13.129, de 2015)

Capítulo VI
Do Reconhecimento e Execução de Sentenças Arbitrais Estrangeiras

Art. 34. A sentença arbitral estrangeira será reconhecida ou executada no Brasil de conformidade com os tratados internacionais com eficácia no ordenamento interno e, na sua ausência, estritamente de acordo com os termos desta Lei.

Parágrafo único. Considera-se sentença arbitral estrangeira a que tenha sido proferida fora do território nacional.

---

[13] Redação anterior: "§ 1º A demanda para a decretação de nulidade da sentença arbitral seguirá o procedimento comum, previsto no Código de Processo Civil, e deverá ser proposta no prazo de até noventa dias após o recebimento da notificação da sentença arbitral ou de seu aditamento".

[14] Redação anterior: "§ 2º A sentença que julgar procedente o pedido: I – decretará a nulidade da sentença arbitral, nos casos do art. 32, incisos I, II, VI, VII e VIII; II – determinará que o árbitro ou tribunal arbitral profira novo laudo, nas demais hipóteses".

[15] Redação anterior: "§ 3º A declaração de nulidade da sentença arbitral também poderá ser arguida mediante impugnação, conforme o art. 475-L e seguintes da Lei n. 5.869, de 11 de janeiro de 1973 (Código de Processo Civil), se houver execução judicial".

Art. 35. Para ser reconhecida ou executada no Brasil, a sentença arbitral estrangeira está sujeita, unicamente, à homologação do Superior Tribunal de Justiça. (Redação dada pela Lei nº 13.129, de 2015)[16]

Art. 36. Aplica-se à homologação para reconhecimento ou execução de sentença arbitral estrangeira, no que couber, o disposto nos arts. 483 e 484 do Código de Processo Civil.

Art. 37. A homologação de sentença arbitral estrangeira será requerida pela parte interessada, devendo a petição inicial conter as indicações da lei processual, conforme o art. 282 do Código de Processo Civil, e ser instruída, necessariamente, com:

I – o original da sentença arbitral ou uma cópia devidamente certificada, autenticada pelo consulado brasileiro e acompanhada de tradução oficial;

II – o original da convenção de arbitragem ou cópia devidamente certificada, acompanhada de tradução oficial.

Art. 38. Somente poderá ser negada a homologação para o reconhecimento ou execução de sentença arbitral estrangeira, quando o réu demonstrar que:

I – as partes na convenção de arbitragem eram incapazes;

II – a convenção de arbitragem não era válida segundo a lei à qual as partes a submeteram, ou, na falta de indicação, em virtude da lei do país onde a sentença arbitral foi proferida;

III – não foi notificado da designação do árbitro ou do procedimento de arbitragem, ou tenha sido violado o princípio do contraditório, impossibilitando a ampla defesa;

IV – a sentença arbitral foi proferida fora dos limites da convenção de arbitragem, e não foi possível separar a parte excedente daquela submetida à arbitragem;

V – a instituição da arbitragem não está de acordo com o compromisso arbitral ou cláusula compromissória;

VI – a sentença arbitral não se tenha, ainda, tornado obrigatória para as partes, tenha sido anulada, ou, ainda, tenha sido suspensa por órgão judicial do país onde a sentença arbitral for prolatada.

Art. 39. A homologação para o reconhecimento ou a execução da sentença arbitral estrangeira também será denegada se o Superior Tribunal de Justiça constatar que: (Redação dada pela Lei nº 13.129, de 2015)[17]

---

[16] Redação anterior: "Art. 35. Para ser reconhecida ou executada no Brasil, a sentença arbitral estrangeira está sujeita, unicamente, à homologação do Supremo Tribunal Federal".

[17] Redação anterior: "Art. 39 Também será denegada a homologação para o reconhecimento ou execução da sentença arbitral estrangeira, se o Supremo Tribunal Federal constatar que:".

I – segundo a lei brasileira, o objeto do litígio não é suscetível de ser resolvido por arbitragem;

II – a decisão ofende a ordem pública nacional.

Parágrafo único. Não será considerada ofensa à ordem pública nacional a efetivação da citação da parte residente ou domiciliada no Brasil, nos moldes da convenção de arbitragem ou da lei processual do país onde se realizou a arbitragem, admitindo-se, inclusive, a citação postal com prova inequívoca de recebimento, desde que assegure à parte brasileira tempo hábil para o exercício do direito de defesa.

Art. 40. A denegação da homologação para reconhecimento ou execução de sentença arbitral estrangeira por vícios formais, não obsta que a parte interessada renove o pedido, uma vez sanados os vícios apresentados.

Capítulo VII
Disposições Finais

Art. 41. Os arts. 267, inciso VII; 301, inciso IX; e 584, inciso III, do Código de Processo Civil passam a ter a seguinte redação:

"Art. 267..

VII – pela convenção de arbitragem;"

"Art. 301..

IX – convenção de arbitragem;"

"Art. 584..

III – a sentença arbitral e a sentença homologatória de transação ou de conciliação;"

Art. 42. O art. 520 do Código de Processo Civil passa a ter mais um inciso, com a seguinte redação:

"Art. 520..

VI – julgar procedente o pedido de instituição de arbitragem."

Art. 43. Esta Lei entrará em vigor sessenta dias após a data de sua publicação.

Art. 44. Ficam revogados os arts. 1.037 a 1.048 da Lei nº 3.071, de 1º de janeiro de 1916, Código Civil Brasileiro; os arts. 101 e 1.072 a 1.102 da Lei nº 5.869, de 11 de janeiro de 1973, Código de Processo Civil; e demais disposições em contrário.

Brasília, 23 de setembro de 1996; 175º da Independência e 108º da República.

FERNANDO HENRIQUE CARDOSO
Nelson A. Jobim